KB268954

韓國의 風水

村山智順 著

鄭鉉祐 譯

明文堂

譯者의 말

산세(山勢)와 지세(地勢), 그리고 수세(水勢) 등을 보아 인간의 길흉화복(吉凶禍福)을 점치는 것을 풍수(風水)라 함은 주지(周知)의 사실이다.

풍수설은 중국의 전국시대(戰國時代) 말기에 시작되었는데, 그것이 음양오행(陰陽五行) 사상(思想), 참위설(讖緯說) 등과 연결되어 전한(前漢) 말부터 후한(後漢)에 걸쳐 인간의 운명이나 화복(禍福)에 관한 각종 예언설(豫言說)을 만들어 내고, 그것이 다시 초기(初期) 도고(道敎)의 성장에 따라 체계화되어 민간신앙으로 뿌리 내리게 되었다.

풍수설에서는 방위(方位)를 중요시하여 동쪽을 청룡(靑龍), 남쪽을 주작(朱雀), 서쪽을 백호(白虎), 북쪽을 현무(玄武)라 하였다. 모든 산천(山川)과 당우(堂宇)는 이 네 가지 동물을 상징하는 것으로 간주하였고, 어느 것을 주(主)로 하느냐는 그 장소나 풍수에 따라 달라지게 된다.

풍수설이 우리나라 문헌에 처음 보이는 것은 《삼국유사(三國遺事)》의 신라(新羅) 탈해왕(脫解王)조에서이다. 탈해왕은 호공(瓠公)으로 있던 석탈해(昔脫解) 시절 산에 올라가 초승달[弦月形]의 택지(宅地)를 발견하고 속임수를 써서 그 택지를 빼앗았는데 그후 왕이 되었다는 기록이 있다.

이 풍수설은 인간이 살아 있을 때에 사는 집터라든가 도읍터 등을 보는 양기(陽基)와 죽은 후에 장사지내는 묘지(墓地)를 보는 음택(陰宅)으로 나뉘는데, 풍수라고 하면 일반적으로 양기보다 음택을 의미한다. 사람이 죽어서 땅에 묻히면 살은 썩어 흙으로 화(化)하지만 뼈는 영원히 남고, 그 뼈에서 발(發)하는 정기가 자손들의 화복(禍福)과 관계된다는 데서 음택을 더 소중히 여긴 것이다.

풍수설의 기원을 중국 전국시대 말기로 보았는데 그럼 그 이전의 장제(葬制)는 어떠했으며 고대(古代) 인간의 사생관(死生觀) 내지 묘제(墓制)는 어떠했는지 더듬어 보기로 한다.

인간에게 있어 가장 불가해(不可解)하고 무서운 것은 '죽음'일 것이다. 생명이 있는 것은 모두 반드시 죽는다.

그러나 그런 당위적 사실에도 불구하고, 자신과 가까운 사람이 죽는다든가 중병(重病)에 걸린다거나 눈앞에서 교통사고라도 당하면 '죽음'이란 것을 정면에서 보아야 한다. 그리고 깊은 절망감(絶望感)과 공포심(恐怖心)을 느끼게 된다.

태고시대(太古時代)를 살다 간 사람들에게도 이 '죽음'은 무서운 것이었음에 틀림없다. 오늘을 살아가고 있는 우리는 의학(醫學)과 과학의 힘으로 다소는 '죽음'에 대한 지식을 가지고 있다. 그러나 태고의 사람들에게는 그것이 없었다. 자연 그대로인 채 찾아오는 죽음은 그만큼 더 무섭고 두려운 일이었을 것이다.

그러면 '죽음'이란 도대체 무엇일까? 현상적인 면으로 볼 때, '죽음'은 대자연에서 태어나고 자라며 새로운 생명을 낳는 생명현상의 사이클 가운데 하나의 통과지점에 불과하다.

우리들 한 사람 한 사람에게 있어 단 한 번밖에 없는 자기의 인생은 비길 데 없이 소중하고 큰 의미를 갖지만, 대자연의 입장에서 본다면 그 하나하나는 티끌과도 같이 사소하고 무의미한 것에 불과하다.

우리는 말, 즉 언어를 가지고 있고 감정도 가지고 있으며, 어느 정도의 지식도 가지고 있다. 어렸을 때는 엄마의 사랑 속에서 자라고 조금씩 자라게 되면서 친구와 어울리고 때로는 싸움도 한다. 그리고 사랑을 하며 아기를 낳는다.

태어난 아기는 또 부모가 했던 것과 똑같은 길을 걸으며 그 나름대로의 인생을 살다 죽어 간다. 죽어 버린 유해(遺骸)는 동물이든 식물(植物)이든 부패하여 모두 흙으로 돌아간다. 그리고 그 흙은 생명을 길러내는 거름이 된다. 이와 같이 죽음은 '삶'을 낳기 위한 한 가지 현상에 지나지 않는다.

비록 생전에 절대적인 권력을 가지고 사람들 위에 군림했던 왕이나, 빈곤을 견디지 못하여 어렸을 때 죽고 마는 유아(幼兒)도 '삶'과 '죽음'의 순간은 '평등'하게 공유(共有)한다.

원시적인 인류는 '죽음'에 대하여 어떻게 대처하고 있었는지 지금으로서는 알 길이 없지만 현대까지 모습이 남아 있는 여러 고분(古墳)들은 적어도 당시의 사생관(死生觀)을 상상할 수 있는 자료를 제공해 준다. 현재 이 지구상에서 발견되고 있는 가장 오래 된 '인골(人骨)'은 중국 북경(北京) 교외에 있는 주구점(局口店) 동굴(洞窟) 유적에서 발견된, 20만 년 전의 여러 두개골이다. 북경인(北京人)으로 불려지는 이 두개골의 무리를 어떤 학자는 식인(食人)의 흔적이라고 생각하고,

어떤 학자는 '장제(葬制)의 일종(一種)'이라고 생각한다. 그러나 이것도 그 이상은 아무것도 알려져 있지 않다.

그 이후 각지에서 갖가지 '묘(墓)'로 보이는 유적이 아주 많이 발견되었는데 그 대부분은 잠든 자세로 누워 있든가 혹은 무릎을 굽힌 채로 묻혀 있는 것이 많다. 무릎을 굽힌 채 묻혀 있는 이 굴장(屈葬)에 대해서는 학자들 사이에 의견이 분분하다.

'모태(母胎) 안에 있는 태아(胎兒)의 자세이다'라든가, '구석기시대(舊石器時代)에 시체를 묻기 위한 굴을 파기가 대단히 어려워서 굴장을 한 것이다'라는 설(說), 혹은 돌을 끌어안고 굴장된 것도 있다는 점에서 '죽은 사람에 대한 무서움 때문에 돌을 안긴 자세로 장사지냈다'는 등등의 여러 가지 설이 있다. 모두가 다 그럴 듯한 설이지만 추측에 불과할 뿐 아직도 정설은 없다.

고대 문명(古代文明)의 시대가 되면 차례로 권력을 잡은 자들이 나타나기 시작하여 그 힘의 상징으로서 묘(墓)도 큰 것들이 만들어진다. 이집트의 피라밋 등은 거대한 묘의 대표이다.

그런데 인간은 왜 '묘'를 가지게 된 것일까? '묘'는 인간 특유의 개념으로서 인간과 제일 가까운 능력을 가진 침팬지조차 어미나 새끼가 죽었다고 해서 묘를 만드는 일은 없다.

침팬지는 인간의 어미가 하는 것처럼 새끼를 안아 주고 젖을 먹이며 성체(成體)가 되도록 키워 준다. 추울 때면 새끼를 품에 안아 주기도 하고 털 속에 박혀 있는 이와 벼룩을 잡아 주는 등 '애정(愛情)'이라는 감정 면에서는 인간과 아주 유사하다.

그런데도 침팬지는 묘를 가지지 않는다. 그런데 왜 인간은 특정 장소에 '묘'를 만들고 죽은 사람을 장사지낸단 말인가?

'죽음'에 대한 대처방안이 침팬지와 다른 것은 아마도 '죽음' 그 자체가 주는 본능적인 공포감 이상의 감정을 인간이 가지고 있기 때문인지도 모른다.

독일의 어느 민족학자(民族學者)는 '장법(葬法)'에 대하여 '한쪽 극(極)에는 시체의 파괴, 다른 쪽 극(極)에는 시체의 보존이다'라고 주장한다. 죽은 사람을 무서워하는 마음에서 포석장(抱石葬)이라든가 죽은 사람의 몸을 묶는 장법이 생겨나고, 권력이나 영웅 혹은 조상 숭배 사상이 '사자숭배(死者崇拜)'를 낳은 것이다. '묘'가 단순히 시체 처리라는 의미를 떠나 독자적 존재가치를 가지기 시작한 것도 '죽은 사람'에게 어떤 힘이 있다고 생각한 고대(古代) 사람들의 '사자숭배(死者崇拜)'의 현현(顯現)이리라. '죽으면 어떻게 되느냐?'라는 의문에 대한 해답을 사람들은 현세(現世)와 다른 타계(他界)의 개념 속에서 구하려고 했다. '혼(魂)'이라는 것의 존재를 믿게 된 것도 '죽은 후에는 다른 세계로 간다'는 관념이 있기에 믿는 것이다.

죽은 사람을 어떤 수단으로 장사지내느냐는 어떤 종교(宗敎)를 믿으며 그 종교가 어떤 타계관(他界觀)을 가지고 있느냐에 따라서 다르다. 비교적 문명(文明)의 파도가 밀려들지 아니한 아프리카나 남아메리카 등의 지역에서는 아직도 풍장(風葬)이라든가 수상장(樹上葬) 등이 행해지기도 한다. 등에 지고 간 유해(遺骸)를 자연적으로 생긴 동굴 속에 놓아 둔다거나 나무에 매단다거나 큰 나무 밑 또는 바위 밑에 방치하는 방법이다.

그리고 죽은 사람을 메고 갔던 사람은 돌아오는 길에 죽은 사람의 혼이 자신에게 붙어 오지 않도록 기원(祈願)의 말을 몇 번이고 중얼거리면서 뒤도 안 돌아보고 집으로 돌아온다.

그러나 오랫동안 함께 살던 부모 형제를 그대로 산이나 들에 방치하는 행위는 장례식을 거행하고 묘지에 정성껏 장사지내는 습관을 가진 오늘날의 우리의 감각으로 볼 때 박정하기 짝이 없는 일이라 아니할 수 없다.

이상에서 고대의 장법, 그리고 미개지의 장법에 대하여 논했는데 세월이 흐르면서 장법은 토장(土葬)과 화장(火葬)이 주류가 되었다. 그러나 더러는 풍장·조장(鳥葬)의 풍습이 남아 있는 곳도 있다.

풍수설은 두말할 것도 없이 토장의 경우에 해당된다. 이 책은 서기 1931년 당시 조선총독부(朝鮮總督府) 촉탁으로 있던 무라야마〔村山智順〕가 쓴 것으로 조선총독부가 발행했다가 1979년 5월 일본 국서간행회(國書刊行會)에서 복간(複刊)한 것을 입수하여 번역한 것이다.

일본 사람 무라야마에 의해 씌어진 책이지만 객관성이 있고 또 자료로서의 가치가 충분히 있다고 보아 번역에 착수했다. 본문은 음택(陰宅)과 양기(陽基) 등 풍수(風水)의 전반에 걸쳐 실례를 곁들여 비교적 상세히 다루고 있으므로, 관심 있는 독자에게 큰 도움을 주리라 믿는다.

　끝으로 졸역(拙譯)을 상재(上梓)해 주신 명문당(明文堂) 김동구(金東求) 사장님과 바쁘신 시간에 감역(監譯)해 주신 김성원(金星元) 선생님께 심심한 사의를 표하는 바다.

1990년

譯者 識

參考文獻

風水地理 明堂全書(徐善繼・徐善述著, 韓松溪 譯, 明文堂刊)
地理明鑑 陰宅要訣全書(金榮昭譯編, 明文堂刊)
地理 八十八向眞訣(金明濟著 明文堂刊)
風水地理 萬山圖(金榮昭著, 明文堂刊)
墓相學(杉浦公昭著, みき書房刊)
家運의 繁榮する 墓相(加藤蕙著 日本文藝社刊)

監譯者의 말

   조상 숭배의 사상이 그 어느 나라보다도 강조되어 온 곳이 우리나라이다. 그러기에 부모가 살아 있을 때는 효도를 하고 타계한 다음에는 명당(明堂)에 안치하여 조상 숭배의 사상을 반영함과 동시에 조상의 정기를 받은 자손들이 발복(發福)케 하려는 풍수 사상(風水思想)이 예로부터 면면히 이어져 내려왔다.

   동아일보 문화센터와 한국일보 문화센터에서 다년간 역학(易學)을 강의하고 있는 정현우(鄭鉉祐) 박사가 조선총독부(朝鮮總督府)에서 1931년에 간행하였고 일본 국서간행회(國書刊行會)에서 1979년 5월에 복간(複刊)한 《조선(朝鮮)의 풍수(風水)》를 번역하고 발간함에 있어 감역했던 바, 우리나라 풍수의 연구 자료로 충실하다는 점을 느꼈다. 강호(江湖) 제현(諸賢)의 일독(一讀) 있기를 원하는 바이다.

1990년

監譯者 識

머리말

한국의 문화는 예로부터 그 땅에 살면서 생활을 영위해 온 사람들에 의해 형성된 것이다. 따라서 그 형성은 한국 사람들이 그 생활의 유지와 발전을 위해 필요하다고 생각하고 믿어 온 생활상의 이상(理想), 즉 생활에 대한 사상과 신앙에 기인하는 것이며, 한국의 문화가 다른 문화와 다소 차이가 있는 것은 이 사람들이 생활에 대한 사상과 신앙에 약간의 차이가 있기 때문이다. 그러므로 한국 문화를 이해하려면 이 땅에서 생활하던 사람들의 생활에 대한 사상과 신앙을 살펴보는 것이 가장 효과적이라고 할 수 있다.

본디 문화란 인간 생활에 대한 사상과 신앙의 표현이므로, 어떠한 문화에서라도 그 생활상의 이상을 관찰할 수 있다. 문화에는 또한 표리(表裏)가 있고 본말(本末)이 있다. 그 표면적인 것, 지엽적인 것이 바로 사람의 주의를 끌며, 비교적 화려한 모습을 띠고 있기 때문에 문화라고 하면 으레 이 표면적인 것을 의미하는 것이 보통이다. 그러나 이것이 아무리 화려하다 해도 표면적인 것인만큼 진정한 생활상의 이상에서 멀어진, 마치 단청(丹靑)을 칠한 겉옷처럼 아름답긴 해도 한낱 장식에 지나지 않는 것이다.

그런데 겉옷 속에 가려져 있는 속옷어는 설혹 하등의 장식이 없더라도 그것은 신체와 밀착하고 있는 것만으로 신체의 진상을 여실히 투시할 수 있다. 이처럼 문화의 이면적(裏面的)인 것, 근본적인 것은 비록 현란한 아름다움은 없더라도 생활상의 이상, 즉 생활에 대한 사상과 신앙을 있는 그대로의 모습으로 나타내 주는 것이다. 그러므로 문화를 이해하기 위하여 그 근저(根低)인 사상과 신앙을 살피고자 하면 반드시 생활 이상을 있는 그대로의 모습으로 표현하고 있는 경우가 많은 문화 현상, 즉 이면적이고 근본적인, 장식이 없는 문화를 고찰해야만 한다.

한국 문화의 이면적이고 근본적인 현상의 하나에 풍수(風水)라는 것이 있다. 표면적인 문화 현상만을 가지고 한국 문화를 운운하는 많은 사람들, 소위 새시대 사람들 가운데는 구시대의 천한 풍습이며 문맹자들 사이에서만 지지된 미신이라 하여, 이것을 한국 문화의 하나로 추가하기조차 꺼리는 사람이 있다. 비교적 진지한 문화연구가도 이것이 예로부터 내려오는 풍습이며, 민도(民度)가 낮은 자들에 의해 형성된 문화라는 이유로 그다지 중요하게 취급하지 않는 것 같다. 그렇지만 이 풍수가 적어도 십수 세기라는 오랜 기간 동안 한국 민속 신앙 체계에서 확고한 지위를 차지해 왔고, 고려(高麗)·조선(朝鮮)을 거쳐 한반도(半島) 어디를 가나 믿지 않는 자가 없을 정도로 일빈에게 보급되어 오늘에 이른 것이므로, 다른 문화에 비해 그 지지의 강도와 폭이 넓음을 인정하지 않을 수 없다. 그러면 이렇게 오랫동안 널리 지지되어 온 이유는 어디에 있을까? 그것은 다름 아닌 가장 근본적인 생활 요구에 따른 것이며, 가장 직접적인 생활 이상의 표현이기 때문이다. 한국의 풍수는 한반도에서 생활을 영위해 온 사람들의 생활상의 이상, 즉 어떻게 하면 보다 좋은 생활을 영위할 수 있을까 하는 사상과 노력을 여실히 말해 주고 있는 것이다.

한반도에서 살아 온 사람들도 그 사람들이 지니고 있던 원래의 성질상 공고한 통일사회를 만들어 내지 못하고 서로 다투었다는 점, 그리고 한반도의 지리적 위치가 북방으로는 만주·중국 대륙에 접하고, 동서남의 삼면은 바다로 에워싸인 하나의 작은 반도에 지나지 않는다는 점에서 역사적으로 많은 외침(外侵)을 피할 수 없었고 불안 속에서 생활하지 않으면 안 되었다. 이러한 약점 때문에 자기 친족 이외의 사람이나 동향(同鄕) 사람을 제외하고는 모두 적이라 여겨 두려워하는 생활상의 불안이 있었다. 또 외부로부터의 침입의 위협을 거듭 맛보아야만 했던 사람들이 생활의 안전을 보장받기 위하여 사람의 힘으로는 할 수 없는 불가사의한 힘을 믿고 거기에 의존하려 했다. 이리하여 한반도 사람들은 귀신(鬼神)과 천지의 생기(生氣) 등 두 가지를 대상으로 하여 생활보증(生活保證)을 삼으려 했다. 그랬기에 귀신신앙이 성하게 되었고 점복(占卜) 신앙이 나타났으며, 풍수신앙이 한국에서 중요한 역할을 담당하기에 이른 것이다.

풍수란 땅 속에 존재하는 지력(地力 : 땅 속을 흐르는 생기)에 의존하여 생활의 운명을 좋게 하려는 일종의 운명 신앙이다. 한반도에 살던 사람들은, 이 지력에 의하여 생활의 안정과 번영을 이루려고 하였다. 그것이 한국의 풍수 신앙이다.

한국의 풍수 신앙에도 중국의 풍수 신앙처럼 이대(二大) 범주인 양기(陽基)와 음택(陰宅)이 있다. 그 중 중요한 것은 양기보다 음택이어서 풍수라 하면 음택, 즉 묘지의 길흉을 운위하는 것으로 해석되고 있다. 한국에 있어서의 음택풍수가 목적하는 바는, 요컨대 길지(吉地)에 조상이나 부모의 유해를 매장하고 그 유해를 통해 땅의 생기를 향유하며, 이로써 자손의 번식과 일가의 흥륭을 비는 것이다.

자손의 번식과 일가의 흥륭을 희망하는 것은 비단 한국 사람들에게만 국한된 것이 아니라 어떠한 민속(民俗)에서도 이런 유의 욕구가 내재되어 있는 것은 사실이지만, 조상과 부모의 유해를 길지(吉地)에 매장함으로써 그 목적을 성취하려는 집념이 유독 강하다는 점에서 다른 문화와 구별된다. 이것은 원래 자기 혈족 이외의 사람을 신뢰할 수 없었던 한국인의 사회적 특성과, 부모 내지 가장(家長)의 지위에 있는 존속(尊屬)에 의해 생활의 보증이 주어지는 한국 가족 제도의 특성에 기인하는 것이다. 이 혈족 중심의 사회성과 가장 중심의 가족제도는 한국의 오랜 역사 속에 일관되어 온 특색이며, 한국 문화의 여러 양상은 실로 이러한 사회적 특질에 바탕을 둔 것이다. 이러한 특질을 가장 잘 표현하고 있는 것이 한국의 풍수 신앙, 즉 묘지풍수 신앙이다.

혈족 중심의 한국 사회에서는 혈족으로부터 국가 사회의 형태를 이룸에 이르러서도, 결국 가족과 통일국가와의 중간 결합 형태인 봉건 사회를 형성하지 못했다. 아득한 고대에는 각각 독립된 여러 사회가 통일사회에로 결합되어 갔는데, 그것은 군현제(郡縣制)의 통일사회였다. 그러므로 통일국가의 군왕이라고 해도 높은 지위에서 서성(庶姓)을 체계적으로 총괄하는 자가 아니라, 그 우세한 힘에 의해 백성 사이에서 정권을 획득한 자였다. 따라서 혈족이 우세하거나, 혈족 중에서 영걸이 출현함으로써 자기 혈족의 생활 발전이 구한히 증대될 수 있기 때문에 혈족의 번영을 열망했다. 그러나 봉건 제도가 없는 사회에서는 혈족의 발전을 혈족에 의지할 수가 없다. 근처의 다른 혈족은 물론, 목민관(牧民官)인 지방관조차 틈만 있으면 그 힘을 기르려고 하기 때문에, 자기 혈족을 제외하고는 사면초가(四面楚歌)의 환경에서 생활을 유지해 나가야만 하는 것이다. 그러므로 만약 자기 혈족의 유지와 발전을 위한 원조자(援助者)가 지력(地力)에 있는 것이라면 즉각 그것을 추구할 것이다. 이런 점에서 풍수가 단순히 조상과 부모의 유해를 통해서 자손의 번성과 입신 출세를 바라는 묘지 풍수만이 아니고, 주거지에 의해 그 목적을 달성하고자 하는 양기(陽基) 풍수에까지도 영향을 주었던 것이다.

　한국의 풍수는 이와 같이 한국 사회의 특질을 나타내는 것이다. 멀리 삼국시대(三國時代)로부터 통일신라, 고려, 조선이라고 하는 유구한 세월을 거쳐 오늘에 이르기까지 그 텽맥을 유지해 온 한국의 풍수는, 그 심원한 깊이와 강한 보급력으로 인해 장래에도 변함없이 생활에 큰 영향을 미칠 것이다.

차례

제1편 한국의 풍수

제2편   묘지풍수

제3편 주거풍수

제 1 편
한국의 풍수

제 1 장   풍수의 의의(意義)

1. 풍수의 명칭(名稱)

　풍수는 다른 말로 '감여(堪輿)', '지리(地理)' 혹은 '지술(地術)'이라고도 한다. '감여'는 천지가 만상(萬象)을 짇 지탱하여 싣고 있는 것을 의미하므로 원래 천지란 뜻이다. 이를 조화(造化)라는 점에서 관찰할 때 하늘보다는 오히려 땅에 중점을 두었기 때문에 '지리'나 '지술'과 마찬가지로 '감여'에 통한다고 하면 지리의 길흉을 판별함에 능한 것이고, 감여가라고 하면 점쳐서 사람 묻을 땅을 구하는 일에 전문적으로 종사하는 자를 말한다.

　'지리'란 산수의 지세, 지형 및 그 동정(動靜)이라는 뜻이며, 땅을 생적(生的), 동적(動的)으로 생각하고, 땅과 인간과의 관계를 직접적인 것으로서 관찰하는 점이 현대의 지리학과 다른 점이다. 즉 지리학에서는 땅이 광물·무생물로 취급되며, 인간의 거주 지역이자 인간의 생활을 돕는 재화(財貨)의 생산장 내지는 기후와 풍경의 변화를 일으키는 것으로 단지 인간의 이용에 맡겨지는 피동적 위치에 있다. 그러나, '지리'에서는 땅을 능동적인 것으로 보아, 만물을 키워 내는 생활력을 가지며 이 활력의 후박(厚薄) 정드에 따라 인간에게 길흉화복을 부여한다고 본다. 또한 땅에 존재하는 생기가 바로 인체에 지대한 영향을 미치는 것이라고 보는 것이다. 요컨대 지리학에서 말하는 땅은 물질적으로 인간의 이용후생(利用厚生)에 도움이 되는 것으로 취급되지만, '지리'에서의 땅은 활물적(活物的)이고, 이것이 바로 인간의 길흉화복을 좌우하는 능동자(能動者)이므로, 그 흉화(凶禍)를 면하고 길복(吉福)을 받게 하려는 데에 지리의 목적이 있다. '지술'은 지리의 술이란 뜻이다. 본디 '지리'가 뜻하는 바를 살펴보면, 땅이 인간에게 부여하는 길흉화복은 그 세상(勢相)으로 나타난다. 그러므로 '지리'는 지상(地相)에 의해 관찰하지 않으면 안 된다. 이 지상을 점치는 법이 지술이다. 이상의 '감여', '지리', '지술' 등 삼자(三者)는 그 뜻이 거의 비슷하나, '감여'는 땅과 인간과의 관계를 그 근본적 발생적 관계에서 관찰한 것이고, '지리'는 땅과 인간과의 관계를 학리적(學理的)으로 설명한 것이며, '지술'은 피흉(避凶)·구복(求福)이라고 하는 술법에 중점을 두는 것이므로 목적은 동일해도 그 명칭은 다르다.

풍수의 목적도 바로 이 세 가지와 동일하다. 그런데 이 세 가지는 그 명칭이 모두 다를 뿐 모두 땅의 의미를 가지고 있으며, 혹은 땅[地]이란 문자를 사용하고 있는 데 반해, 풍수에는 땅의 의미가 조금도 포함되어 있지 않으며, 그것과는 거리가 먼 바람[風]과 물[水]로 구성되어 있다. 그러나 이 '풍수'라는 명칭은 일반적으로 사용되고 있으며, 땅의 길흉에 관한 것이라면 인간의 주거를 점정(占定)하거나 장묘지(葬墓地)를 상정(相定)하는 일 등을 말하는데 그 상점법(相占法)을 풍수라 칭한다. 또 이러한 유의 법술에 통달한 자를 '감여가(堪輿家), '지리가(地理家)', '지가(地家)', '지사(地師)', '지관(地官)'등으로 부르지만 한국에서는 일반적으로 이들을 모두 '풍수사(風水師)' 또는 '풍수'라고 한다. 감여, 지리란 명칭을 모르는 사람은 많아도 풍수를 모르는 사람은 거의 없다. 이렇게 땅을 길흉화복의 대상으로 삼는 지리법에 있어, 지리와 직접 관계가 있는 명칭을 쓰지 않고 오히려 땅과는 간접적이며 추상적인 것으로 생각되는 풍수를 그 주된 명칭으로 사용하는 데에는 이유가 있다.

　감여이든 지리든 풍수든 간에 이는 모두 중국에서 전승된 것인데, 명나라 가정(嘉靖) 43년 갑자(甲子 : 1564)에 나온 《인자수지(人子須知)》라는 책을 보면, 저자 서씨(徐氏)는 그 서문에 '논풍수명의(論風水名義)'란 한 조목을 두고 거기서 이 풍수라는 명칭이 곽박(郭璞)의 《장경(葬經)》에서 유래된 것이라 적고 있다. 거기에 보면 풍수란 명칭의 유래는 다음과 같다.

　"곽박 장경의 주안점은 장자승생기야(葬子乘生氣也)이다. 이 생기가 바람을 만나면 흩어지고, 또 땅 속을 흐르면 둘에 가로막혀 멈추게 된다. 그러므로 이 생기를 타기 위해서는 생기를 저적(貯積)할 필요가 있고, 그래서 곽박도 '득수위상장풍차지(得水爲上藏風次之)'라는 말처럼 바람을 저장하는 일, 땅을 경계짓는 물을 얻는 일이 장법(葬法)의 근본 원칙이 된다고 했다. 이 원칙 때문에 지리법을 풍수라 하기에 이른 것이다. 혹자는 천지가 겨우 나뉘어지고 아직 혼돈(混沌)하던 때에, 단지 바람과 물만이 있어서 서로 퇴탕(推盪)하며 거기에서 우주만상이 생성되었기 때문에, 조화생성(造化生成)에 의해 길흉을 엿보고자 하는 장법을 별명으로 풍수라고 부르게 되었다고 하며, 혹자는 풍수의 원의(原義)를 설명하여, 바람은 만물을 추어올리며 물은 만물을 자라게 하기 때문이라고 논하지만, 이런 여러 가지 주장은 모두 장리(葬理)에 적절하지 않고 오히려 비껴간 듯한 느낌이다."

　서씨가 말한 것처럼 장법(葬法)의 근본원칙을 직접 취하여 풍수란 명칭을 쓰게 된 것이라면, 지리서는 전부 풍수라는 표제를 사용해야 마땅할 것이다. 그런데 서씨가 쓴 《인자수지(人子須知)》 그 자체에도 《인자수지자효지리심학통종(人子須知資孝地理心學統宗)》이라는 책이름을 붙이고 풍수라는 문자를 쓰지 않았다. 또한 그 이전이나 이후에 나온 지리서는 몇백 권에 이르지만, 그 중 하나도 풍수라는 이름을 사용한 것은 없다. 또 한국에서도 지리서를 산서(山書)라는 별칭으로 부르기는 했지만, 풍수서(風水書)라고 부르지는 않는다. 단지 일본의 고서(古書) 가운데는 풍수를 표제로 한 것이 몇 권 있다.

이 풍수라는 명칭은 지리의 설(說)이나 학명(學名)이 아니고 지리법의 술명(術名)이나 법명(法名)이라 할 수 있다. 그 이학(理學)에 통달한 지사(地師), 지리선생(중국의 호칭) 등이 실제로 학리(學理)를 응용해서 길지(吉地)를 정할 때 장풍(葬風)의 선악, 득수(得水)의 길흉 등을 따졌기 때문에 일반 민중이 이 술사(術師)를 풍수사라 부르게 되고, 결국 지리법, 장법까지 풍수라 부르게 되었던 것이니, 술명이 지리학의 속칭이 된 것이다. 속칭이기 때문에 학자, 술사는 이를 책이름으로 붙이거나 또는 학술어로 사용하기를 꺼리고, 다만 일반인들 사이에서는 땅에 관한 길흉점법을 모두 풍수라고 불렀던 것이다.

곽박의 《장경(葬經)》을 살펴보면 '經曰. 氣乘風則散. 界水則止. 古人聚之使不散. 行之使有止. 故謂之風水. 風水之法. 得水爲上. 葬風次之.'라는 《청오경》의 문구를 인용하여 풍수에 관한 설명을 하고 있다. 여기에서 고인(古人) 이하 위지풍수(謂之風水)에 이르는 구절과 풍수지법(風水之法)이란 말을 보면, 풍수라는 말은 곽박 이전부터 사용되었던 것으로, 주로 상지(相地) 법술의 의미로 사용되었다고 추정할 수 있다. 만약 이러한 추측이 허용된다면 필자는 이 풍수의 명칭에 관하여 다음과 같이 생각해 본다.

고대 중국에서는 그 생활상 바람〔風〕과 물〔水〕에 대한 관심을 가져야 했다. 한랭한 북풍은 북중국 일대를 공포에 휩싸이게 만들었으며, 비를 머금고 불어오는 남풍은 남중국의 하천을 범람시켰다. 북풍을 막아 유수(流水)를 경계짓는 일은 고대 생활에서 중대한 사항이었다. 거처를 안정시키고 삶을 즐기려면 우선 첫째로 바람과 물의 화(禍)를 입지 않을 만한 땅을 고르고 집을 장만하여야 했다. 그래서 토지를 선정하는 필수 요건으로 바람과 물을 관찰하는 습관이 생겼다. 따라서 토지를 점쳐 정하는 것이건 지상(地相)을 보는 것이건 모두 풍수를 본다〔風水觀〕고 했다. 주택이든 묘지든 지세나 지상을 보는 모든 행위를 풍수라 불렀다. 이후 상지법(相地法)이 묘지나 주택에 한정됨에 따라 풍수라는 말도 이 양자에 한정되기에 이르렀던 것이다.

이렇게 생각해 보면 풍수란 명칭이 지리설의 통속명임이 자명해진다. 즉 예로부터 일반 민중들은 상지(相地)를 풍수를 보는 것, 즉 풍수라고 생각해 왔다. 훗날 지리가(地理家)들이 권위를 갖추기 위해 '지리설' '감여' 등의 문자를 사용했지만 그것은 지리가들 사이에서만 사용되었을 뿐이다. 통속적으로는 상지를 풍수로 보는 관습 때문에 지리설도 상지법에 지나지 않으므로 일반에게는 풍수라 통용되었던 것이다.

만약 풍수가 '장풍득수(葬風得水)' 등 《장경》에서 나온 것이라 한다면 문자를 모르는 일반 민중이 이를 이해하기는 힘들었을 테고, 자연 많은 문맹자에게까지 널리 퍼지는 일은 없었을 것이다. 이런 점에서 보면, 《장경》의 저자 곽박이 장법의 원칙으로서 제창한 '장풍득수'도 실은 예로부터 중국 민간에서 바람과 물을 관찰하여 땅을 고르던 습관을 차용하여 상지법의 원칙을 삼은 것이라고 생각된다. 그렇다면 풍수라는 명칭은 곽박의 《장경》에서 유래된 것이 아니고, 예로부터 상지의 호칭이었던 풍수관(風水觀)에서 곽박이 장법의 원칙으로 삼아 암시한 것이 아닐까.

또한 곽박이 《금낭경(錦囊經)》에 의거하여 그 원전을 삼았다고 전해지는 《청오경(青鳥經 : 大唐國師 楊筠松의 青鳥經註)》을 보면, '陰陽符合. 天地交通. 內氣萌生. 外氣成形. 內外相乘. 虱水自成.'이라는 말이 있다. 여기에서 풍수라는 문자를 쓰고 있는 점을 생각해 보면 풍수라는 명칭이 서씨가 말한 것처럼 곽박의 《금낭경(錦囊經)》에서 유래한 것이 아니라, 청오경이 만들어진 한대(漢代)에 일반 상지술의 명칭으로서 통용되고 있었던 것이라고 말하지 않을 수 없다. 또 위의 인용문에서 '……風水自成'이라 하여 풍수의 뜻을 설명하는 글귀는 전혀 없다. 이것은 풍수란 말이 어떤 설명 없이도 누구나가 그것이 무엇임을 알고 있었음을 나타내 준다. 그렇다면 이 풍수라는 말은 청오씨(靑鳥氏)의 시대에 이미 일반적으로 이해되고 사용되었던 것이라고 생각해도 괜찮을 것이다.

따라서 풍수란 명칭은 주거를 정함에 있어 바람과 물을 보는 상지(相地)와 복거(卜居)를 의미하는 말이었으나, 일반인들은 풍수라 하면 바로 길지를 고르는 일처럼 이해하고 있었으므로 청오씨나 곽박이 경전을 지을 때 그대로 차용했거나 혹은 다소의 해설을 가하여 사용했을 것이다. 지리학, 감여 등의 명칭은 후대(唐代 이후)에 다른 학설과 대등한 위치의 권위를 풍수에 부여하기 위해 만든 이름인 것 같다.

2. 풍수의 목적

풍수의 근본 목적은 천지간에 의지하여 인간이 영화를 꾀하려 함에 있다. 인간이란 천지간에 생겨났고 천지간에서 살아가는 것이므로 그 시종(始終)과 성쇠(盛衰)는 완전히 천지에 의해 규정되며 천지 이외의 것에 의해 살아간다는 것은 불가능한 일이다.

그런데 인간이 천지에 의해 지배당한다고 할 때 천지가 하늘[天]과 땅[地]의 양자로 나뉜다면 인간에 대한 양자의 영향력에는 자연 직접 간접의 차이가 있다. 사람의 생활은 지상에서 영위되며, 따라서 생활 자료의 대부분을 땅에서 얻는다. 물론 사람은 하늘 없이 살 수 없다. 그러나 생산(生産) 보육(保育)은 주로 땅에 의존한다. 하늘은 아버지, 땅은 어머니 같은 것이니, 인생에 있어서 어머니가 아버지보다 직접적인 관계에 있는 것과 마찬가지다. 풍수는 인생에 직접 영향을 주는 어머니 같은 땅에서 그 생활의 발전을 구하려 하는 것에 다름 아니다. 땅을 어머니로 간주하는 관념은 예로부터 존재해 왔으며, 특히 풍수설이 발생, 발달한 본바닥인 중국에서는 지모(地母)에 대한 관념은 튼튼한 신앙이 되고 철학이 되어 대대로 전승되었다. 풍수설은 실로 이러한 지모 관념에 입각하여 수립된 것이고, 이 지모의 생산력에 의지하며, 이 지모의 보육력(保育力)에 의해서 생활의 발전을 도모하려는 것이다.

풍수의 땅에 관한 관념은 땅을 인간의 생모(生母)로 간주하는 데서 출발하는 것이므로 땅은 곧 인간을 생육하는 여성, 즉 어머니로서의 능력이 있기 때문에 이것을 찾아내는 것이 풍수의 내용이기도 하다. 앞 절에서도 말한 바와 같이, 근대 과학의 지리학처럼 인문 내지 경제적 측면에 따른 외면적인 이용후생을 논하는 것이 아니고, 풍수는 길흉화복을 점쳐 내면적으로 인생의 행복을 향수하고자 하는 것이다. 즉 풍수에 있어서 땅은 농산물, 광산물, 수산물 및 임산물 등 경제적 재물의 수확의 원천——이것들은 예로부터 남성의 의무로서 이를 외사(外事)로 칭하며, 여성이 해야 할 생아보육(生兒保育)의 내사(內事)와 구별해 왔다. 인간 생활사는 남녀 각각 그 본래의 성질에 따라 안팎의 분업이 있다고 생각한 것은 중국 고대부터의 일이다——이 아니고 땅이 점유하는 여성으로서의 생산력에 의해 어머니로서의 애정에 호소함으로써 행운을 증진시키고자 하는 것이다.

그러므로 풍수설은 지리과학처럼 그 목적을 달성하기 위하여 학리에 정통할 것을 요구하지만 실제 응용의 단계에 이르러서는 자연히 지리과학과 차이가 생기는데 풍수는 스스로 노력하지 않고 운(運)을 땅에 맡기는 데 반해, 지리과학은 노동으로써 당에 임하지 않으면 안된다. 이 차이는 지리과학이 땅을 하나의 무생물로 간주하여 취급하고 있음에 비해, 풍수설은 땅을 어머니로 보고 있기 때문에 대하는 태도도 자연히 자식으로서 요구할 뿐, 노동도 하지 않고 오로지 어머니의 사랑만을 믿는 유아의 태도를 취한다. 궁극적으로 볼 때 풍수설은 일종의 신앙이지 결코 과학이 아니다.

아무튼 풍수의 목적은 지력(地力)에 의해서 인생의 발달과 행복을 구하는 데 있다. 이를 구체적으로 말하면 주택을 길지(吉地)에 정해 행운을 구하는 일과, 조상의 묘를 길지에 구해서 자손의 번영을 꾀하려는 두 가지이다. 북풍이나 수해를 피하고 연료, 음료수 내지는 음식물의 채취에 용이한 땅에 주거를 선정하는 일은 예로부터 정주민족(定住民族) 사이에서도 행해졌던 일이지만, 이것은 아직 풍수라고 말하기 어렵다. 풍수 주거법은 이러한 사례에 학술적인 견해를 붙인 것인데, 갑을(甲乙) 양가(또는 부락)가 똑같이 남향의 산기슭에 자리잡았음에도 불구하고, 갑은 번영하는데 을은 쇠망하는 이유는 무엇일까? 이러한 의문을 해결하기 위해 각종의 무익한 점복법이 강구되기에 이르렀으며, 결국 그 원인은 갑을 양가의 기지(基地) 및 그 주위의 지상지기(地相地氣)의 길흉에 차이가 있기 때문이라고 설명하는 것이 풍수설이다.

요컨대 주거에 대한 풍수법은 경제적 환경 혹은 기후나 풍토가 주거에 미치는 영향이 아니라, 그 주거에 사는 사람들에게 미치는 길흉적 영향을 말하고 있음을 알 수 있다. 다시 말하면 풍수는 주거 및 그곳에 사는 사람들의 운명을 설명하고, 그에 의해 주택 및 사는 사람들의 운명을 행복과 번영으로 향하게 하려는 것에 지나지 않는다.

묘지는 주택의 연장(延長)으로 생각할 수 있다. 주택이 지상(地相)의 길흉 여하에 따라 그곳에 사는 사람의 운명을 좌우하는 것이라면, 묘지 역시 그 지상의 선악에 따라 사자(死者)의 행·불행을 정하는 것이다. 더욱이 묘지는 선인(先人), 즉 부모·조상이 영구히 안주해야 할 집이므로 그 자손된 자는 훌륭한 택지를 선정하여 선인의 영(靈)을 편하게 하도록 노력하는 것이 조상숭배, 보본반시(報本反始)의 의의에 맞을 것이다. 그러므로 이 묘지의 선악길흉을 보는 일, 즉 묘지풍수가 주택보다 한층 더 중요시되지 않으면 안 된다.

선인(先人)을 좋은 묘지에 안장하느냐 못 하느냐 하는 것은 보본반시, 조상숭배의 의의 외에 바로 그 자손의 성쇠에 중대한 영향을 미치는 것으로 생각한다. 그리하여 자손에게 불행이 계속되는 경우 이는 선인의 묘지가 좋지 못하기 때문이라고 여겨 다른 길지에 개장(改葬), 이장(移葬)하는 일조차 행하여지게 되었다. 따라서 묘지에 대한 풍수의 목적은, 선인에게 안주할 땅을 바치고 이로써 그 영을 영원히 수습하려고 하는 일차적인 추효관념(追孝觀念)보다도 오히려 자손의 번영, 행복을 이루기 위해 선인의 분묘를 좋은 땅으로 구한다고 하는 제 이차적인 이기적(利己的), 현실적인 관념에 의해 지지되고 있는 것이다. 그러므로 묘지 풍수란 결국 자손의 현실적 번영을 목적으로 하고 있다고 말하지 않을 수 없다.

따라서 풍수의 목적은 첫째 직접적이고, 둘째는 선인을 매개로 한 간접적인 것으로, 지력을 향수하여 이로써 인생의 행복과 발전을 증진시키려고 하는 운명 개척법이라고 할 수 있다. 그러나 여기서 말하는 직접 간접은 목적을 달성코자 하는 수단상의 이야기이고 자손의 생활 발전이란 면에서 보면 도리어 묘지 풍수 쪽이 주택 풍수보다도 한층 더 밀접한 관계에 있다고 할 수 있다. 다음 장(章)에서 상세히 논하겠지만, 묘지는 부모의 택지(宅地)이며, 주택은 그 자손의 거택(居宅)으로, 부모와 자손의 이러한 관계는 마치 근간(根幹)과 지엽(枝葉)의 관계와 같은 것이기 때문에, 지엽의 번성을 꾀하고자 하면 지엽 그 자체에 힘을 기울이기보다 차라리 근간을 보살피는 편이 목적을 달성함에 있어 빠르고 확실한 것과 마찬가지로, 부모의 안택, 즉 묘지가 지엽에 비기는 자손의 주택보다 자손의 생활에 직접적이며 신속한 영향을 미친다고 보는 것이다.

이런 이유 때문에 흔히 풍수설은 주거보다도 주로 묘지의 길흉을 보는 것으로 해석되고, 풍수라 하면 금방 묘지의 좋고 나쁨을 판단하여 길지에 부모의 시체를 안장함으로써 그 자손의 발전과 행복을 꾀하는 것으로 생각한다. 주택에 의해 행복을 추구하려는 것은 특별히 양기풍수(陽基風水)라는 명칭을 쓴다.

3. 풍수의 술어(術語)

풍수설에서는 지맥(地脈)을 '용(龍)'이라 칭하고 이 지맥이 생기를 맺는 곳을 '혈(穴)'이라 하며, 이 '혈'의 주위를 둘러싼 산, 언덕들을 '사(砂)'라고 부른다. 일반 지리학에서 사용되는 것과는 그 명칭이 다르다. 풍수설에 사용되는 술어를 들어 보면 다음과 같다.

음택(陰宅) 묘지·산 사람이 양(陽)인 데 대해, 음(陰)은 죽은 자의 안주지(安住地)인 까닭에 이렇게 부른다.

양기(陽基) 죽은 자의 안택인 음택에 대해, 양(陽)은 산 자의 주택지 또는 도성(都城), 읍촌의 기지(基地)를 말한다.

용(龍) 땅의 기복을 용이라 하는 것은 그 모습이 마치 용과 같다고 하는 점에서이며, 서선계(徐善繼)는 《인자수지쇄언잡설(人子須知瑣言雜說)》에서 그 의미를 다음과 같이 설명하고 있다.

"地理家以山名龍何也. 山之變態千形萬狀. 或大或小或起或伏逆或順
或隱或顯. 支壠之體段不段常. 咫尺之轉移頻異. 驗之干物惟龍爲然故
以名之. 取其潛見躍飛變化莫測云爾."

또한, 용은 음양이 조화된 것이므로 산의 무궁무진한 변화와 예측하기 어려운 조화가 마치 용과 같다고 하는 뜻에서 온 것이라고 말해

지기도 한다.

맥(脈), **절**(節) 용은 주로 그 형태에 의해서 이름지어진 것이지만, 용신(龍身)에 따라 음양의 생기가 유통하는 것은 마치 인체(人體)의 맥락에 기혈이 운행하는 것과 같기 때문어, 생기의 운행이란 점에서 말할 때는 이를 '맥'이라고 한다. 그리고 이 용맥이 일기일복(一起一伏), 좌절우곡(左折右曲)하는 곳은 나무 줄기가 가지를 분출하는 곳이나 대나무의 마디와 같으므로 이곳을 '절'이라고 한다.

혈(穴) 용맥(龍脈) 중에서 가장 생기가 많이 몰린 곳, 즉 핵심적인 곳이다. 이곳을 '혈'이라고 한다. 이것은 침구학상(鍼灸學上) 인체의 요처, 즉 침을 놓는 곳을 '혈'이라 하는 것과 동일한 관념에서 나온 것이다.

사(砂) '혈' 주위의 형체를 '사'라고 한다. 이것은 옛사람이 아주 좋은 산세나 지리를 설명하여 가르치거나 또는 상지술을 전수할 때 모래로써 그 형세를 그렸기 때문에, 일정한 땅의 산수 형세를 부를 때에는 보통 '사'라고 칭한다.

국(局) '혈'과 '사'가 합한 곳, 즉 양기(陽基)이든 음택이든, 하나의 취합 규모를 이룬 것을 '국'이라고 한다.

내룡(內龍) 이는 1국, 1혈에 이르기까지의 용맥에 이름을 붙인 것인데, 이 맥이 장차 '혈'로 들어가려고 하는 곳을 특별히 지칭하여 말하는 일도 있다(후술하는 '之玄' 참조). 여하튼 '혈' 뒤편의 산세를 의미한다.

조산종산(祖山宗山) 넓은 의미의 내룡 중에서, 그 혈에서 가장 멀고 높은 산을 '조산'이라 하며, 가깝고 높은 산을 '종산'이라 한다.

주산(主山), **후산**(後山) 이것은 내룡 맥절 중에 '혈' 뒤에 높게 솟은 산을 칭하는 것으로, 대개의 부락이나 묘지에는 이런 산이 있다. 부락의 경우에는 이 산이 그 부락을 지켜 준다고 해서 '진산(鎭山)'이라고도 부른다.

입수(入首) 좁은 뜻에서 내룡이 혈 속으로 들어가려고 하는 곳을 '입수'라 한다. 지리에서는 혈 또는 국을 용머리가 들어간 곳이라고 하고, 이 용머리가 바야흐로 국으로 들어갈 곳을 입수라고 한다.

성(城), 사성(砂城) 이 두뇌에서 소맥을 일으켜 혈의 주위를 둘러싸고 지키는 것을 '사성'이라고 칭한다. 이 '사성'은 아무리 훌륭하게 제사(諸砂)를 구비한 곳이라도 자연히 생겨 있는 것은 드물기 때문에 대부분 인위적으로 조성한다. 묘지의 '사성'은 분묘의 후방 좌우 측면을 둘러쌓고 앞면은 쌓지 않는 것이 보통이다. 돌을 가지고 쌓은 것, 흙을 가지고 쌓은 것이 있다. 그리고 양기(陽基)의 사성은 거의가 인위적으로 된 것으로, 흙 또는 돌을 쌓아올리며, 사방 또는 그 중간에 많은 문을 내어 사방을 둘러쌓은, 소위 읍성(邑城), 도성(都城), 성벽(城壁) 따위가 그것이다.

청룡백호(靑龍白虎) 혈이 남쪽으로 향한 경우, 혈 뒤의 내맥(來脈)으로부터 나와 혈의 동쪽을 둘러싸고 혈 앞을 지나 혈의 서쪽에서 끝나는 산의 맥을 '청룡'이라 칭하며, 혈 뒤의 내맥으로부터 나와 혈의 서쪽을 둘러싸고 혈 앞을 동쪽으로 질러 끝나는 산의 맥을 '백호'라 칭한다. 이 청룡백호는 수호신인 4신(四神 : 청룡, 백호, 朱雀, 玄武) 가운데서 동쪽과 서쪽을 호위하는 것인데, 풍수에서도 이 수호의 의미에서 동쪽의 맥을 청룡, 서쪽의 맥을 백호라 이름지은 것이다. 이렇게 동쪽을 청룡, 서쪽을 백호라 이름지은 것은 혈이 남쪽으로 면해 있을 때의 일인데, 혈의 방향이 그렇지 않을 때는 그 위치 또한 동서로 정해지지는 않는다. 그러나 본래 남향하고 있을 때에 동쪽(좌측)으로 있는 것이 청룡이고, 서쪽(우측)으로 있는 것이 백호이므로, 일반적으로는 좌청룡 우백호라 하여 그 방위(方位)를 정한다.

본디 용호(龍虎)는 혈을 호위하는 것이라 생각되었기 때문에 옷에 있어서의 옷깃과 같이 서로 긴밀하게 상호 보완하여 혈 속의 생기가 새어나가는 것을 방지하며, 또한 옷깃을 몇 겹이든 겹치면 겹칠수록 의복이 신체를 보호하는 힘이 더한 것처럼 용호에 있어서도 몇 겹이든 중첩되도록 하는 것이 이상적이다. 이러한 경우에는 그것들을 안팎으로 나누어 내청룡, 외청룡, 내백호, 외백호라고 부르는데, 그 중층(重層)을 바람직하다고 생각하여 외용호(外龍虎)가 혈에서 먼 지역에까지 미치는, 묘역(墓域)이 광대한 토지를 차지하게 되는 일이 더러 있게 마련이다.

명당(明堂) 이것은 혈 앞(묘지라면 분묘의 앞, 陽基라면 주 건축물의 전방)의 토지로서 청룡, 백호로 에워싸인 곳을 말한다. 여기에는 내외의 구별이 있으며, 혈 바로 앞의 평탄한 땅(묘지의 경우에는 墓板이라고 칭하는 곳, 양기의 경우에는 주 건축물의 앞뜰)을 내명당(內明堂)이라 칭하며, 그보다 앞쪽에 있는, 내명당에 비해 비교적 광대한 평지를 외명당(外明堂)이라고 부른다. 이 명당이라는 명칭은 천자(天子)가 군신의 배하(拜賀)를 받는 곳이라는 뜻에서 온 것이며, 이곳이 혈에 대하여 참배를 행하는 곳인 까닭에 이렇게 이름붙인 것이다.

득(得 : 水口) 혈이나 내명당 혹은 용호내(龍虎內)에서 발원(發源)하여 흐르는 수류(水流)의 발원지를 득이라 하며, 그 수류가 에워싸인 용호 사이로 흘러가는 지점을 '파(破)'나 '수구(水口)'라고 한다.

용호에 내외가 있는 것과 마찬가지로 여기에도 내득, 외득, 내수구, 외수구의 구별이 있다. 또 일반적으로 혈 앞을 흐르는 물에 있어 혈 앞에서 보이는 곳을 '득', 그 흐름이 감추어져 보이지 않는 곳을 '파' 혹은 '수'라고 한다.

지현(之玄) 이것은 내룡이 장차 입수(入首)로 올라가려고 할 때 그 맥의 형태가 '지(之)'자나 현(玄)자처럼 구부러져 진행되는 곳을 말하는데, 그 맥의 구부러진 모습이 마치 '지''현'의 글자와 비슷한 데서

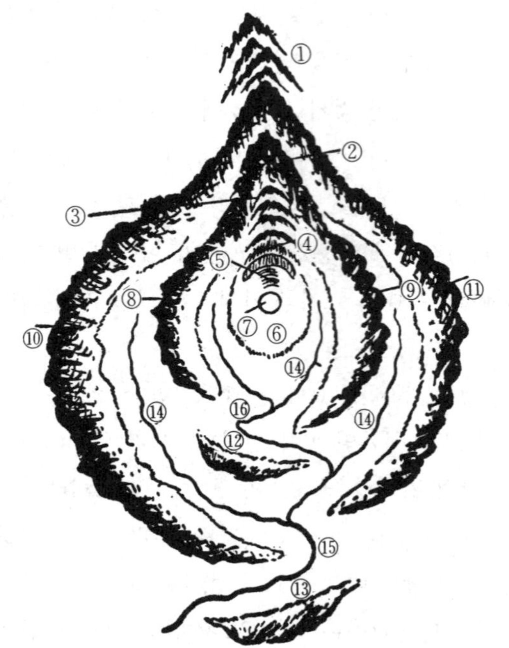

산국(山局)의 그림

이렇게 이름지은 것이다.

미사(眉砂) 이는 입수에 있어서 두뇌로부터 혈로 옮아가는 조금 높은 반월형(半月形) 혹은 판막상(瓣膜狀)을 이룬 곳을 말하는데, 그 형태에 따라 아미사(蛾眉砂), 월미사(月眉砂), 팔자미사(八字眉砂) 등의 명칭으로 불린다. 즉 '아미사'는 혈 위쪽의 작은 구릉이 판막상을 이루고 그 형태가 꼭 나방의 눈썹(촉각)과 흡사하며, 곡선이 좌우로 나누어져 마치 초승달이 연속된 것 같은 것은 '팔자미사'이다. 이것은 묘분에 물이 흘러들지 않게 하고, 묘혈에 생기를 모으기 위한 것이다.

안산(案山) 혈 앞에 있는 사(砂)의 하나로 혈 앞의 낮고 작은 산을 안산이라 한다. 혈의 의안(倚案), 즉 기대는 물건이라는 뜻에서 이렇게 부른 것이다.

조대산(朝對山) 이것은 혈 앞에 있는 사(砂)의 하나이며, 혈의 앞쪽에 있는 높고 큰 산으로 마치 빈객이 주인을 뵙는 것처럼, 신하가 임금을 배알하고, 아들이 아버지를, 부인이 남편을 따르는 것처럼 혈에 대해 조공(朝拱)하는 형태의 산이라는 의미이다. 이는 주인에 대해서는 빈(賓)이며, 임금에 대해서는 신하이므로 이것이 없을 때에는 그 주인, 임금은 주군으로서의 품위를 잃게 되기 때문에 혈에 없어서는 안 되는 것이다. 이 산도 혈의 호위를 맡는데, 사신 중 주작(朱雀)에 해당하는 것이다.

오성(五星) 풍수에서는 산의 형태를 '성(星)', '요(曜)'라고 칭하는 경우가 있다. 이것은 산의 형태를 오행(五行)으로 배열할 때, 또는 구성구요(九星九曜)로 배열할 때에 지어진 이름으로, 목성(木星)의 산이라고 함은 산형이 목형(木形), 목체(木體)를 이루는 것을 말하며, 금성(金星)의 산이라 함은 산의 형체가 금체(金體)와 흡사한 산을 가리킨다. 이를 성(星)이라고 칭하는 것은 오행이 하늘에 있어서는 상(象)을 이루며, 땅에 있어서는 형(形)을 이루어 천지상형(天地象形)이 상응(相應)하는 것이기 때문이다. 그 산형(山形)은 다음과 같다.

목성(木星)의 산—그 형상이 나무가 직립하듯이 솟은 것.

화성(火星)의 산—그 산형이 화염(火焰)같이 뾰죽한 것.

토성(土星)의 산—그 산형이 대(臺)와 같은 것.

금성(金星)의 산—그 산형이 윗부분은 둥글고 아랫부분이 넓게 퍼져 있어 종(鐘)을 엎어 놓은 형태를 취한 것.

수성(水星)의 산—그 산형이 구비쳐 흐르는 파도의 모습 같은 것.

구성(九星) 오성에서 변형한 것을 구성 산, 구요의 산이라고 한다. 구성은 빈랑(貪狼 : 목성의 변체), 거문(巨門 : 토성의 변체), 녹존(祿

存 : 토성의 변체), 문곡(文曲 : 수성의 변체), 염정(廉貞 : 화성의 변체), 무곡(武曲 : 금성의 변체), 파군(破軍 : 금성의 변체), 좌보(左輔 : 금성의 변체), 우필(右弼 : 금성의 변체)이며, 오성의 본모습에서 변형한 것이다. 그리고 구요는 다시 구성에서 변형한 것이며, 그 명칭은 태양(太陽), 태음(太陰), 금수(金水), 자기(紫氣), 천재(天財), 천강(天罡), 고요(孤曜), 조토(燥土) 및 소탕(掃蕩)이다.

낙산(樂山) 산룡(山龍)이 혈을 맺을 때에는 반드시 그것이 의지할 침락(枕樂)을 필요로 한다. 이 침락을 낙산이라고 하며, 혈의 뒤편에 있다.

간룡심룡(看龍尋龍) 산맥의 내왕(來往)을 찾아 그 진위(眞僞 : 生死)를 살펴보는 것을 '간룡' '심룡'이라 한다.

형세(形勢) 용이 혈을 맺는 경우, 내면적으로 생기의 내지융결(來止融結)을 엿보기 위해 산의 기세를 살피고, 호가(護街), 제사(諸砂)가 구비되었는지 어떤지를 알기 위해서는 외면적인 형태를 살펴 혈을 정하는 것이다.

좌향(坐向) 혈의 중심, 양기라면 주 건축물을 짓는 곳, 음택이라면 관(棺)을 넣는 곳을 '좌(坐)'라고 하며, 이 '좌'가 정면으로 향하는 방위를 '향(向)'이라고 한다. 따라서 이 좌향은 일직선상에 있으며, 이를 정하는 데는 명당(내명당)의 중앙에 지남침(指南針)을 두어 지침의 회전축과 좌(坐)를 결부시킨 선이 갑방위(甲方位 : 보통 24방위를 쓴다)의 위를 달릴 때 이를 을향(乙向)이라고 부른다. 예를 들면 자좌오향(子坐午向)이라고 하는 것은 좌가 정북방에 있고 그 방향이 정남방을 향하고 있는 것을 의미한다. 정북은 24방위의 '자(子)'에 해당하며, 정남은 24방위의 '오(午)'에 해당한다. 풍수에서는 방위를 말할 때 동서남북의 호칭을 쓰지 않고 '4괘(卦), 8간(干), 12지(支)'를 조합한 24방위의 명칭을 쓰는 것이 보통이다.

4. 풍수의 구성(構成)

풍수설에 있어서 길지(吉地)를 고를 때에 그 기본적 관점이 되는 것은 '산(山)', '수(水)', '방위(方位)'의 세 가지이다. 풍수의 구성은 이 삼자의 길흉 및 조합에 의해 성립된다. 그렇지만 이 산·수·방위의 세 가지는 풍수설에만 한정된 요소가 아니고, 인간 생활에 있어서도 없어서는 안될 필요조건이다. 따라서 풍수설이 아직 존재하지 않았던 시대에도, 또 풍수설이 행해지지 않았던 곳에서도 반드시 이 세 가지를 필수적인 생활요소로 했다.

산을 등지고 물을 구할 수 있는 곳에 거처를 잡는 일은 풍수설을 모르는 원시인이라도 거의 본능적으로 행하게 되는 것이다. 산과 물은 수렵을 업(業)으로 삼던 민족이든, 농경을 업으로 삼던 민족이든 그 생활을 유지하는 식량, 연료, 음료의 공급을 가능케 하는 자원으로서 실로 중요한 것이었다. 그러므로 생활의 본거(本據)를 정함에 있어서는 산과 물이 구비된 곳을 선택하고, 그 좋고 나쁨을 구별하는 일은 인간생활의 중요사항인만큼 어떤 지식이나 기술을 필요로 하지 않고도 누구나 체득할 수 있는 것이다.

방위도 역시 주택 및 경작물에 대한 기후 풍토의 영향 등, 볕이 잘 들거나 풍향이 양호한 방위의 땅을 골랐으니, 원시시대로부터 인간의 중요한 관심사항이었던바, 풍수설에만 국한된 요소는 아니다. 풍수설이 이렇게 산·수·방위의 셋을 구성요소로 하게 된 것은 원시시대로부터 인간생활상 필요불가결한 것으로 생각되어 왔기 때문이다.

풍수설은 이 세 가지에 의미를 더하여 그 목적 달성에 이용한 것에 지나지 않는다. 인생의 행복 증진을 지리에 의해 성취하려고 한 풍수설이므로 인간 생활에 중요한 역할을 띠고 있는 이 세 가지를 간과하지 않았던 것이다. 풍수설은 실로 생활상의 적지(適地)를 고르려는 사고(思考)에서 출발한 것임에 틀림없다.

그러나 풍수설은 과학적 지리학과는 다르므로, 지리학에서 말하는 산·수·방위와는 그 의미가 전혀 다르다. 지리학에서는 산·수·방위를 인간 생활의 본거이며, 그 생활 자료의 생산자로 보는 데 반해, 풍수에서는 이 세 가지를 인간의 운명을 지배하고 개척하는 것으로 본다. 인생에 있어서의 모든 길흉, 화복, 영고, 성쇠는 우선 이 산·수·방위에 의해 규정되며 지배되고 있기 때문에 이를 규명하고 길흉을 판단하여, 적절한 조합방법을 추구함으로써 인생의 발전에 이바지하고자 하는 것이 풍수의 본뜻이다.

풍수설에서는 초목과 조수(鳥獸) 등처럼 단순히 식량이나 연료를 구하고자 함이 아니라, 인생의 행복과 번영의 운명을 파헤쳐 찾아내기 위해 산을 보고 물을 고르는 것이다. 지리학적 입장에서 보면 아무 가치 없는 산수라 해도 풍수설에서는 최상의 길지가 되기도 하여, 풍수상으로는 일고의 가치도 없다고 보는 땅이 지리학에서는 아주 훌륭한 옥토가 되기도 한다. 이것은 산수에 대한 가치 판단에 있어 풍수설과 지리학의 기준이 전혀 다르기 때문이다.

그러면 풍수설에서는 이 산·수·방위의 세 가지를 어떻게 생각하며, 어떻게 취급하는 것일까? 이 같은 문제를 알려면 먼저 풍수설의 본질부터 살펴보아야 한다.

5. 풍수의 본질(本質)

풍수의 본질은 생기(生氣)와 감응(感應) 이 두 가지이다.

이것은 필자의 독단이 아니고, 고대 중국지리설, 풍수설의 본원으로서 귀중한 경전이며, 조선조에 편찬된 최초의 법전인 《경국대전(經

國大典)》에 의하면, 예전 음양과(禮典 陰陽科)의 시험과목 중에서 지리학은 중요한 과목으로 수험자는 《청오경(靑烏經)》 및 《금낭경(錦囊經)》의 두 경전만큼은 암송해야 한다고 규정되어 있는데, 이 두 경전에서 확인된 것이다. 즉 청오경을 보면,

"百年幻化. 離形歸眞. 精神入門. 骨骸返根. 吉氣感應. 累福及人. 東山吐焰. 西山起雲. 空吉而温. 富貴延綿. 其或反是. 子孫孤貧."

이라 하였다. 이는 사람이 늙어 죽는 것은 가화합체(假化合體)인 형태가 분리되어 화합 이전의 진체(眞體)로 돌아가는 것이다. 진체는 정신과 뼈인데, 정신은 우주의 정령계(精靈界 : 天)로 돌아가고, 뼈는 뿌리, 즉 땅으로 돌아간다. 땅으로 돌아간 뼈가 길기(吉氣)에 감응하면 그 자손에게 행복이 미친다. 그것은 마치 동쪽 산에 불꽃이 나오면 서쪽 산에 구름이 이는 것과 같이 동기상응(同氣相應)하기 때문에 부모의 골해(骨骸)가 길기(吉氣)가 충만한 온혈(温穴)에 매장되면 그 자손은 부귀를 얻게 된다. 하지만 만약 이에 반하면 쇠퇴한다고 한다. 이 길기감응(吉氣感應)과 친자감응(親子感應)이 풍수의 본질이라 할 수 있다.

《금낭경》은 진(晋)의 곽박(郭璞)이 지었다고 한다. 당나라 국사(國師) 양균송(楊筠松)의 《청오경》 주해를 보면, 곽박이 《청오경》을 참고로 하여 저술한 것이라 하며, 그 내용상 확실히 《청오경》의 원의(原義)를 취한 점이 많이 있다고 생각된다. 이 《금낭경》은 후세 지리서의 원류로서 존숭(尊崇)되고 있는데, 그 책에서는 풍수의 본질을 다음과 같이 서술하고 있다.

"葬者乘生氣也. 五氣行乎地中. 人受體於父母. 本體得氣. 遺體受蔭. 經曰. 氣感而應鬼福及人. 是以銅山西崩. 靈鍾東應. 木華於春. 栗芽於室."

"夫陰陽之氣. 噫而爲風. 升而爲雲. 降而爲雨. 行乎地中. 則爲生氣."

즉, 장(葬)은 생기를 타는 것이다. 오행의 기(氣)가 땅 속을 흐른다. 자손은 부모의 유체(遺體)이다. 부모의 본해(本骸)가 이 오행의 기를 받으면 부모와 자손은 같은 기를 서로 구하는 까닭에 마치 동산서(銅山西)로 무너지면 영종동(靈鍾東)이 응해서 소리를 내는 것처럼 본해의 수기(受氣)는 자손의 발복이 되어 나타난다. 그런데 이 땅 속을 지나는 오기(五氣)가 음양의 원기(元氣)이다. 이 원기의 발양(發揚) 여하에 따라 바람, 구름 혹은 비가 되는데, 이것이 땅 속을 흘러갈 때에 만물을 낳는 생기가 생긴다. 그리고 본디 음양의 원기가 발현할 경우에는 반드시 오행이 되기 때문에 오기라고도 한다. 결국 그 질(質)을 오기라 하고 그 작용을 생기(生氣)라 하는 것이니, 오기와 생기는 동일한 것이다.

이상이 《청오경》《금낭경》에 나타난 풍수의 본질이다. 요컨대 장(葬)이 생기를 받는 것과 부모·자식 양자(兩者)의 감응에 따르는 것 등 두 가지에 귀착한다고 말할 수 있다.

생기에 관해서는 '풍수와 음양'의 장에서 논하겠지만, 우주와 삼라만상은 음양이란 양기(兩氣)가 오기(五氣 : 木火土金水)로 되어 활동함으로써 비로소 생기는 것이다. 그러므로 기를 생기라 한다. 또한 만물은 이 생기에 따라 그 정교함을 달리하며, 성쇠의 차이를 가져오는 것이다. 동일한 생기에서 생긴 것이면서도 만물은 모두 제각기의 특색과 운명을 가지게 된다. 사람도 이 정기(精氣), 즉 음양오행의 생기에 의해 나타나며, 생기에 의해 삶을 유지하고, 생기를 입는 일의 다소에 따라 그 운명을 달리 하는 점은 다른 만물과 차이가 없다. 예컨대 요절하는 자는 이 생기의 누림이 적은 것이며 장수하는 자는 생기의 누림이 큰 것이다. 인생에 있어서 귀천의 강약, 빈부, 성쇠 등은 이 생기받음의 다과에 따라 일어나는 현상이다. 우주의 조화력을 가진 이 생기가 인생만물의 운명을 지배한다는 것이 풍수설의 본질인 생기론

(生氣論)이다.

　이처럼 운명의 지배력을 갖고 있는 생기를 인위적으로 취급할 수 있다면 인간은 이 생기를 이용하여 자기의 운명을 스스로 개척할 수 있을 것이다. 풍수설은 이 생기를 유동물(流動物)로 보고, 이를 인위적으로 취급한다. 즉 생기는 바람이 되고 혹은 구름이 되며, 비가 되기도 하지만 그 주된 흐름은 땅 속을 흘러가고 있다. 대지는 만물을 생산하고 포육(哺育)하는 일이 많기 때문에 예로부터 '어머니'로 여겨져 왔다. 이 어머니라고 여겨지는 대지의 생기 포육력은 토사(土砂) 그 자체가 아니고, 땅 속을 흐르는 생기에 지나지 않는 것이다. 그러므로 땅 속을 흐르는 생기의 유무를 확인하고, 그 내왕의 움직임을 보아 생기가 충실한 땅을 발견할 수 있으며, 그 땅에 거처를 정하면 좋은 생기를 받을 수 있어 쇠잔한 운명을 다시 일으키거나 빈약한 생명을 부강하게 할 수가 있는 것이다.

　이상에서 살펴본 생기관(生氣觀)에 의하면 풍수를 음택과 양기의 두 부문으로 나눌 필요는 없다. 생기가 충만한 땅을 구하여 그 땅에 거처를 정하면 그것이 양기이든 음택이든 생기를 받는 것은 마찬가지일 것이다. 따라서 음택만을 구별하여 논하거나, 양기풍수보다 음택풍수를 중요시할 필요가 없다는 것이다.

　《청오경》이나 《금낭경》을 장서(葬書)라고 하는 것은 이 책이 장법(葬法)을 취급하고 있으며, 양기는 음택에 준하는 것으로서 그다지 중요하게 취급되고 있지 않기 때문이다. 소위 지리, 풍수라면 으레 묘지 상지법(墓地相地法)을 연상할 만큼 음택풍수가 풍수의 전부인 양 생각하는 것은 지금이 아닌 먼 옛날부터 비롯된 습속이다.

　이렇게 풍수가 처음부터 음택풍수에 중점을 두게 된 이유는 과연 어디에 있는 것일까? 그 이유를 설명하기 위해서 풍수의 제 2 의 본질인 감응론(感應論)을 살펴보지 않을 수 없다.

　풍수에서는 부자(父子) 사이에 밀접한 관계가 있다고 믿고, 부모의 행복과 불행이 자식의 행복과 불행을 초래하게 된다고 생각한다. 이처럼 부모의 해골과 자식간에도 밀접한 관계가 있어 부모의 해골〔本骸〕이 생기를 받으면 그 유체(遺體)인 자손도 행운을 받는다고 믿는 것이다. 이것은 부모의 본해가 땅 속의 생기에 닿으면 부모 자식 사이에 감응이 생겨 생기의 효과가 자손에게 주어지기 때문이다. 이 감응은 흡사 서방(西方)에 있는 동산(銅山)이 붕괴되면 멀리 떨어진 동방에 있는 종이 울리며, 따뜻한 봄날 나뭇가지 끝에 꽃이 피고 실내에 저장된 밤이 싹을 틔우는 것과 같다. 양자(兩者)는 동기(同氣)에서 출발한 것이기 때문이다.

　이러한 시체와 땅 속 생기 사이의 생기감응과 부모 자식간의 동기감응이 풍수의 제 2 본질을 이루는 감응론이다. 따지고 보면 이 생기감응, 동기감응의 양자는 동기감응이라는 하나의 이치로 귀착된다.

　만물은 땅을 어머니로 하여 생겨난다. 사람도 역시 이 땅이 가진 생기의 산물에 지나지 않는다. 그러므로 인체, 특히 인체의 정수라 할 수 있는 뼈는 땅 속의 생기와 동기(同氣)이어야만 한다. 비유해서 말하면 땅은 부모이고 뼈는 부모가 낳은 아들과 같다. 따라서 생기에 찬 땅은 행복한 운명을 지닌 부모의 품이다. 사람이 매장되는 것은 마치 따뜻한 어머니의 품에 안기는 것과 같다.

　그러므로 풍수의 음택법, 즉 묘에 의해 인생의 행복과 번영을 구하려 함은, 부모 자식간에 있어서의 동기감응의 원리에 따라 땅을 부모로 하고 그 땅에 매장하는 시체를 아들로 하여 부자간의 동기감응을 예상한 것이다. 매장된 시체와 땅을 자식과 부모 사이의 동기감응으로 인정하여 부모의 시체를 땅의 아들로 인식함으로써 땅 속의 생기감응이 지상의 살아 있는 자에게 미치게 하고자 함이다. 다시 말하면 음택풍수법의 주된 요점은 부모의 시해(屍骸)를 매개로 하여 현재 살

아 있는 사람에게 복(福)을 가져다 주게 하려는 데 있다. 이것이 동기
감응의 이치이다.

　결론적으로 풍수의 본질은 천지의 생기설과 부자간의 동기감응론으
로 이루어지며, 이러한 본질에서 출발하여 인간세상의 행복을 증진시
키고자 하는 것이 풍수의 요체이다.

제 2 장 풍수의 법술(法術)

1. 법술(法術)의 가능성

풍수가 땅 속에 생기가 있음을 믿고 동기감응, 부자감응의 이치를 인정함으로써 이 생기와 감응을 이용하여 인생에 행복을 부르고 흉화를 피하려 하는 것임을 제 1 장에서 살펴보았다. 그러나 아무리 생기의 존재를 믿고 감응의 이치를 시인한다 해도 과연 이 부자감응의 이치에 의해 희망하는 목적이 달성될지 어떨지가 분명하지 않으면 실제로 이용되지 않을 것이다. 풍수의 경전인 《청오경》에는

"藏於杳冥. 實關休咎. 以言論人. 似若非是. 其於末也. 一無外此."

라고 하여 사람의 운명이 지력(地力)에 의해 좌우되는 것이 확실하며, 실제로 적중되는 바가 너무 많으므로 의심의 여지가 없다고 역설했다. 또한 《금낭경》에서도

"乘其所來. 審其所廢. 擇其所相. 避其所害. 禍福不施日. 是以君子. 奪神工. 改天命."

이라 논하여 생기의 내왕을 보고 그 적소(適所)를 택하면 부적당한 것을 버리니, 이를 이용하면 복이 더하고 이에 반하면 화가 아주 빠르게 미치기 때문에, 그 이유를 가려서 땅을 볼 수 있는 사(士)는 신공(神工)을 능가하는 조영(造營)으로써 자연으로부터 운명을 변경시킬 수가 있다고 힘주어 주장하고 있다. 또 《청오경》에서는

"察以眼界. 會以性情. 若能悟此. 天下橫行."

이라고 하여 풍수의 가능성을 강력히 인정하고 있다. 《청오경》의 '천하횡행(天下橫行)' 및 《금낭경》의 '탈신공 개천명(奪神工 改天命)'의 두 구절은 자연적인 것을 인위적으로 변경시킬 가능성을 주장한 것이다. 풍수의 법술에 통달한 자는 쉽게 인생에 행복을 가져올 수 있게 한다는 것이다. 즉 적절한 풍수의 기술만으로 풍수의 목적을 달성할 수 있다는 말이다. 법술의 가능성은 이 두 구절에 의해서 성립된다.

  풍수의 경전인 《청오경》《금낭경》에 나오는 위의 두 구절은 풍수가들에 의해 다시없는 격언으로 믿어지고 있다. 그렇지만 아무리 경전의 말이라 해도 이 법술을 써서 효과를 얻었다는 실증이 없다면 하나의 이론에 지나지 않을 것이니 일반 민간의 신앙이 될 수 없다. 중국의 풍수설이 이미 진한(晋漢)의 고대(古代)에 발성했음에도 불구하고 당대(唐代)에 이르러서야 조금씩 성행하게 된 것은 결국 이론에 그쳤을 뿐 실증적 설명을 할 수 없었던 탓이리라.

  풍수는 당대에 비로소 실증적으로 취급되기에 이르렀다. 일례를 들면 당 현종(玄宗) 때에 풍수학자인 승려 일행(一行)은 《장서(葬書)》에서 다음과 같이 설명하고 있다.

  "현종 황제가 아직 동궁(東宮)일 때, 하루는 백운선생(白雲先生) 장씨(張氏)와 온천(溫泉)의 들에서 사냥을 하며 놀고 있었다. 말달리기를 20여 리, 고삐를 늦추어 어느 작은 산에 당도하였는데 그곳에서 만든 지 얼마 되지 않은 새 묘를 하나 발견했다. 도(道)에 조예가 깊은 백운선생은 잠시 이 새 묘를 주목하더니 '묘혈이 법도에 어긋났나이다'라고 했다. 동궁이 어째서인가라고 질문하니 백운선생은 '이는 용두(龍頭)를 내려서 용각(龍角)을 베고 누운 형상이므로 3년이 지나지 않아 시체가 저절로 녹아 없어져 버리겠사옵니다'라고 대답했다. 마침 그곳을 지나가는 한 나무꾼이 있어 누구의 묘인지 물어 보니 이 산 남쪽에 살던 최손(崔巽)을 매장한 것이라고 한다. 동궁은 그 자손을 재해로부터 구해 주기 위해 나무꾼의 안내를 받아 최가네 집으로 갔다. 최가의 아들은 상복을 입고 손님을 맞았지만 방문자가 동궁임을 알 리 없다. 동궁이 앞산의 새 묘는 장법(葬法)에 어긋나는 것이라고 하자 아비의 유언대로 한 것이라고 대답한다. 어떤 유언이냐고 물으니 상주(喪主)는 이렇게 대답한다. '선친이 말씀하시기를, 이 장법은 용두를 편히 하여 용이(龍耳)를 베는 장법인데, 이 법대로 하면 장후(葬後) 3년 이내에 만승(萬乘)의 천자가 이곳으로 오실 것임에 틀림없다고 하셨습니다.' 상주의 말에 동궁은 물론이려니와 한다 하는 백운선생도 말 한 마디 못했다. 돌아오는 길에 '臣學未精. 經曰. 毫釐之差. 禍福千里라는 것은 바로 이를 두고 하는 말인가보옵니다'라고 하며 얼굴을 붉히고 자신의 불명함을 부끄러워했다고 한다."

이 에피소드는 당의 개천(開川) 16년(1728) 9월 현종 황제의 명령을 받아 연국공 장설(燕國公張說), 승려 홍사(泓師) 및 일행(一行) 등 세 사람이 《금낭경》을 주석할 때 금낭경의 제 7 형세편(形勢篇)에서 형세는 쉽게 식별하기 어렵다는 것을 설명하기 위한 자료로 제시된 것이려니와, 학리(學理)의 설명 자료로서 실제로 있었던 사건을 이용한 것은, 당시 풍수설에 이러한 사실적 설명, 즉 실증법이 이용되고 있었던 한 예로 생각할 수 있다. 당 이후 명(明)·청(淸)에 이르러 풍수설이 점점 더 유행하여 민간신앙으로까지 보급되었으나 당시의 출판된 장서, 즉 풍수서에는 거의 대부분이 '무슨 산은 어떤 형태이며 누구의 조묘(祖墓)이다'라는 식으로 실제 예를 첨부하여 풍수 법술의 가능성을 역설하고 있다. 풍수 법술이 단순한 이론에 그치지 않고 사실로 입증됨으로써 비로소 민간에게 강력한 지지를 받을 수 있게 되었던 것이다.

한국에서는 풍수신앙이 신라 때보다 고려 때 더 많이 이용되었다.

고려 시대에는 대개 귀족 유식자 층에만 한정되어 있었으나, 조선 시대에 들어와서 사회의 각계각층에 보급되었고 민간 신앙으로서도 유력한 지위를 차지하기에 이르렀다. 조선 시대에 풍수가 보급된 것은, 고려 때 사용된 풍수의 소응(所應)을 직접 보아 일반 민중의 신앙이 더욱 깊어졌던 까닭에서이다. 이런 점으로 볼 때 역시 풍수설은 이론보다는 그 법술의 실제적 가능성, 즉 실증에 의해 민간에 깊이 뿌리박히게 된 것이라고 할 수 있다.

2. 간룡법(看龍法)

이미 제1장 4절에서 논한 바와 같이 풍수의 구성은 산·수·방위의 세 가지 요소에 의해 성립된 것이다. 풍수의 법술 또한 이 세 가지 요소를 관찰하고 조합한 것에 불과하다. 따라서 풍수 법술의 설명은 결국 이 산·수·방위의 연구에 의해 얻어진다. 풍수에서는 산을 용이라고 한다. 풍수가 용, 즉 산을 어떻게 보는가 하는 것이 바로 풍수 법술의 제일보다. 이제부터 잠시 용(산)론을 살펴보기로 하자.

1. 용의 간지(幹枝), 지룡(支壟)

주문공(朱文公)이 《답산부(踏山賦)》에서 '山崑崙之子孫, 水東海之朝臣'이라고 말한 것처럼, 대부분의 산은 명산(名山)에서 출발하여 주군(州郡)으로 이어져 천리에 미치고, 이 산맥에서 분파된 것이 지맥(枝脈)이다. 풍수에서는 이 초발(初發)의 명산(중국은 곤륜산, 한국은 백두산)을 태조산(太祖山)이라 하며, 이곳에서 길게 뻗은 주군(州郡)의 척령(脊嶺)을 간룡(幹龍), 이 간룡에서 분맥한 3,4절(節) 내지 5,6절의 산맥을 지룡(枝龍)이라 한다. 그런데 용은 지표에 융기한 산맥만이 아니라, 평지 혹은 평야 가운데에 돌기한 높은 산에도 존재한다. 전자를 지룡, 후자를 농룡(壟龍)이라 한다. 그러므로 풍수설에 따르면 용은 산에만 한정된 것이 아니라 지표의 어느 곳에서나 존재한다.

만일 용이 소위 산에만 있다면 생기의 흐름은 산이 아닌 곳에서는 구할 수 없으며, 산이라 해도 평야에 고립된 산은 산맥으로 이어지지 않기 때문에 생기가 없다고 할 수 있다. 그러나 풍수설에서는 수(水)가 있는 곳에 산이 있고 용이 있으며, 땅의 높이가 한 치면 용이 되고 한 치 낮으면 수로 인정된다. 즉 보통은 산이나 수로 인정되지 않더라도 그 고저(高低) 관계에서 높은 곳을 용, 낮은 곳을 수로 봄으로써, 지표에 있어서의 용맥의 분포가 치밀하다. 다시 말해서 강의 양 둑이 산이며 용이기 때문에, 비가 온 경우 조금 낮은 땅에 물이 흐르면 조금 높은 곳은 둑, 즉 산이 된다. 이렇듯이 비록 비가 오지 않고 물의 흐름이 없더라도 조금 낮은 곳을 수, 조금 높은 곳을 용이라고 생각하므로, 지표에 약간의 고저 관계만 있으면 그곳에 수와 용이 있다고 하는 것이다. 그러므로 풍수설에서는 용이 거의 지표 전체에 걸쳐 있다고 할 수 있다. 이것은 생기는 땅 속을 간다고 하는, 풍수의 본질을 이루는 생기 관념에서 보아 당연한 귀결이라고 할 수 있다.

2. 용의 조종부모(祖宗父母)

용맥에 있어 그 발원하는 곳이 원대(遠大)한 산을 '태조(太祖)'라 하며, 그 다음을 '종(宗)', 그 중절(中節)은 소조(少祖), 그리고 현무정후(玄武頂後 : 혈의 뒤편, 來龍의 마지막 마디)의 일절(一節)을 부모라 한다. 또한 이 맥이 하강하는 곳을 '태(胎)', 기〔氣 : 脈形〕가 다발짓는 곳을 '식(息)', 현무의 꼭대기를 '잉(孕)', 융결(融結)해서 혈을 이루는 곳을 '육(育)'이라고 한다.

이러한 명칭들은 용이 생기를 가진다는 생각에서 붙여진 것으로, 생기는 만물을 생산한다고 한다. 이를 인간의 경우에 비추어 보면, 사람의 출생은 조종(祖宗)을 계승한 부모에 의해 행해지며, 그 출생과정은 태식잉육(胎息孕育)이므로, 사람에 대한 생기의 발현도 역시 이 시체에의 생기 발현과 마찬가지일 것이다. 그러므로 《지리대전(地理大全)》은 이러한 명칭을 해석하여, 맥이 하강하는 곳을 태라 하는 것은 부모의 혈맥을 받는 곳을 태라 하는 것과 같고, 기가 다발짓는 곳을 식이라 하는 것은 어머니의 회태양식(懷胎養息)하는 것과 같으며, 현무의 꼭대기를 잉이라 함은 태가 남녀의 성을 만드는 두면(頭面)의 형태가 있는 것과 같으며, 융합해서 혈을 이루는 것을 육이라 함은 출산된 아기를 기르는 것과 같다고 서술하였다.

3. 용의 귀천, 장단(長短), 노눈(老嫩)

아주 빼어난 조산이 귀룡(貴龍)이고, 그렇지 못한 것이 천룡(賤龍)이다. 장룡(長龍)은 3,4백리 내지 천리에 이르는 것으로서 그 결작(結作 : 생기를 融結하는 일)이 크고, 단룡(短龍)은 30리 이하의 것으로 그 결작이 작은 것을 말한다. 주군도읍(州郡都邑)의 터는 모름지기 결작이 큰 장룡에 두어야 한다. 그리고 용이 크고 엉성하게 이어져 있는 것을 노룡(老龍), 예쁘고 자그마한 것을 눈룡(嫩龍)이라고 한다. 노룡은 능선의 굽이침이 적고 그 성체(星體)가 혼탁한 것이 특색이며 눈룡은 활발하고 단정하며 새로운 가지를 가지는 것이 특색이다.

4. 용절(龍節)의 성체(星體)

용이 지나가는 곳곳에는 결절(結節)을 이루게 된다. 즉 산맥의 여기저기에 맥보다도 더 융출(隆出)하는 산이 있다. 이 결절이나 산은 하늘에 있는 성요(星曜)가 땅에다 그 형체를 이룬 것이라 하여 성요라 부른다. 이 산성(山星)에는 오성(五星)과 구요(九曜)가 있고, 그 이외의 것은 이 오성 구요의 변형이다. 실은 구성도 오성의 변형에 지나지 않는다고 한다. 오성을 오행(五行)으로 간주하여 오행은 생기의 발현이라 한 것은 모든 산체(山體)를 오행의 발현으로 설명하고자 하는 욕구에서 나온 것이리라.

오성의 정체(正體)는 목(木)의 직(直), 화(火)의 첨(尖), 토의 횡(橫), 금(金)의 원(圓), 수(水)의 곡(曲)으로서, 구성구요가 이 오성의 변형이며 그 산형(山形)은 다음 페이지의 그림과 같다.

오성의 형체에 관해서 《지리대전(地理大全)》에서는 이렇게 말하고 있다.

"오성은 오행을 말한다. 하늘에서는 상(象)을 이루며, 땅에서는 형(形)을 이룬다. 나뭇가지가 뻗어나가는 모양을 본떠서 곧은 것을 목, 불꽃을 본떠서 뾰족한 것을 화, 중후한 모양으로 네모진 것을 토, 견고하고 둥근 것을 금, 유동함을 본떠서 곡선을 이룬 것을 수라고 한다."

하늘에 있는 성상(星象)이 땅에서 형체를 이룬다고 한 것은 하늘의 오성을 본떠서 그 형태를 이룬다는 말이 아니다. 나무가 직립하는 형체, 불이 타는 형체, 땅의 네모진 형체, 가마솥이나 종의 둥근 모습, 물이 흐르는 모습을 취해 목성, 화성, 토성, 금성, 수성이 된 것이므로, 이 산형오성관(山形五星觀)이 완전히 똑같은 형체를 이루는 것은 동기(同氣)라는 유물(類物)신앙에서 나온 것이다.

그러므로 오행설의 출전인 《서경(書經)》의 홍범(洪範)에서 설명하고 있는 오행의 성정(性情), 즉 '水曰潤下. 火曰炎上. 木曰曲直. 金曰從革. 土爰稼穡'에서 유래된 것이 아님에 주의해야 한다. 육포씨(六圃氏)는 '山象物形. 取其彷彿. 若或逼眞. 則山川靈氣. 鍾干此峯. '이라고 하여, 산의 성형관(星形觀)이 완전히 유물신앙에서 유래된 것임을 암시하고 있다.

육포씨의 말처럼 풍수에서는 이 성체(星體)가 진(眞)에 가까울수록

오성정체(五星正體)

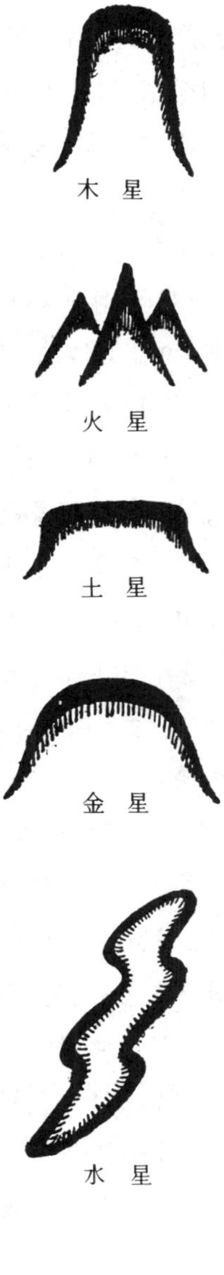

木 星

火 星

土 星

金 星

水 星

구성정체(九星正體)

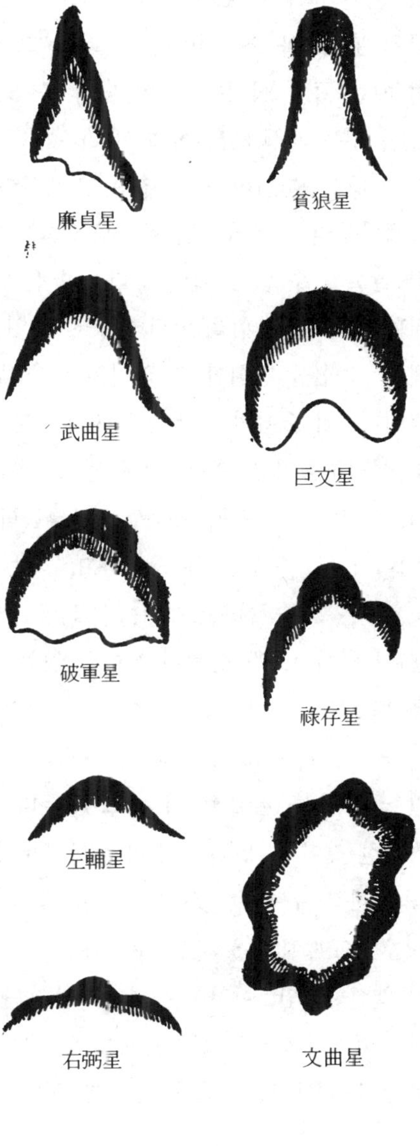

廉貞星

貪狼星

武曲星

巨文星

破軍星

祿存星

左輔星

文曲星

右弼星

빼어난 것으로 평가되기 때문에 산형(山形)은 맑고 수려한 것을 좋은 것으로 친다. 그리고 이 청수한 것의 운명은, 목성은 문(文), 화성은 현(顯)과 무(武), 토성은 녹(祿)과 문(文), 금성은 관(官)과 수(秀), 수성은 부(富)와 수(秀)이다. 그러나 그 산형이 추악하고 살(殺 : 凶)을 띨 때는 목은 형성(形星)이 되어 준(蠢), 화는 살성(殺星)이 되어 우(愚), 토는 체성(滯星)이 되어 완(頑), 금은 여성(厲星)이 되어 탕(蕩), 수는 탕성(蕩星)이 되어 흉을 초래한다.

제아무리 아름답고 참한 성체(星體)라도 그 관장하는 운명을 완전히 발휘할 수 없는 일이 있다. 이 산성(山星)이 오행의 상생(相生)에 적합할 때엔 그 힘을 발휘하지만, 만일 오행의 상극에 해당하는 경우에는 그 힘을 발휘할 수 없어서 고유(固有)의 운명을 다할 수 없다는 것이다. 이 오행의 상생 상극(相生相剋)에 대해서는 다음 장에서 상세히 설명하겠지만, 목은 화를 낳고, 화는 토를 낳고, 토는 금을 낳으며, 금은 수를 낳고, 수는 목을 낳는다고 하는 것이 오행의 상생(相生)이다. 한편 수는 화를 극하고, 화는 금을 극하고, 금은 목을 극하고, 목은 토를 극하고, 토는 수를 극한다고 하는 것이 오행의 상극(相剋)인 것이다. 즉 상생이란 다음 것의 성능발휘를 돕는 것이며, 상극은 다음 것의 성능을 저해하는 것이라 할 수 있다.

따라서 고관(高官)을 내고, 수재를 배출하는 운명의 관장자(管掌者)인 금성(金星 : 金山)이라도 그것은 다른 산과 상생관계에 있을 때만 가능한 것이고, 만약 그것이 상극관계에 있을 때는 아무런 발복(發福)을 찾아볼 수 없는 것이다. 예를 들면 산이 수산→목산→화산→토산→금산으로 내려올 때는 수목화토금은 상생관계에 있기 때문에 발복이 확실하지만, 이것이 목산→토산→수산→화산→금산으로 이어질 때에는 목토수화금은 상극관계에 있으므로 모처럼의 우수한 운명도 발복할 수 없게 되는 것이다. 간룡(看龍)이 필요한 이유가 여기에 있다.

그러면 어떠한 성체라도 상생관계에 있기만 하면 되는가 하면 여기서
는 하나의 예외가 있다. 그것은 화성만은 아무리 상생관계라 하더라
도 현무(혈 뒤편의 산)가 될 수 없다는 점이다. 외냐하면, 화(火)는 불
타오르는 성질인 까닭에 생기가 발양(發揚)해 버리든지, 또는 지기(地
氣)를 고갈시켜 버리기 때문에 혈을 맺을 수가 없는 것이다. 하물며
상생관계로서 그 성질이 더욱 강화된다면 한층 더 혈을 맺기 어렵게
될 것이다. 따라서 화성은 좌우의 호위로도 전대(前對)로도 부적당하
고, 단지 아주 먼 곳에서 슬쩍 보이는 정도가 좋다고 한다.

5. 용(龍)의 생사(生死)

산의 형체는 갖추고 있더라도 생기 없는 맥이 있다. 이것은 마치 나
무의 줄기에서 갈라져 나온 많은 가지가 있더라도 그 중에는 말라 죽
는 가지가 있는 것처럼, 언뜻 보면 다른 가지와 다를 바 없지만, 꽃을
피우거나 열매를 맺을 수 없는 것이 있다. 이와 같이 산의 형체는 갖
추고 있어도 인생에게 발복할 수 있는 생기가 없는 것이 있다. 이를
풍수에서는 사룡(死龍) 또는 위룡(僞龍)이라고 한다.

풍수에 따라 행복을 추구하려 한다면 우선 용의 생사(生死), 진위
(眞僞)를 확인한 연후에 터를 정해야 한다. 그러면 용의 생사는 어떻
게 식별하는가? 풍수에서는 동(動), 곡(曲)의 세상(勢相)을 생(生)으
로 보며, 정(靜), 직(直)의 세상을 사(死)로 본다. 그러므로 용이라 해
도 그 세상이 약동, 굴신하는 것이 진(眞)이고 생(生)이며, 그 세상이
반대로 정지, 경직된 것은 위(僞)이며 사(死)이다. 무릇 만물의 생사
는 음양오행의 생기에 의해 나타나는 현상으로서, 생기가 충만할 때
는 생이 되며 생기가 없어질 때는 사가 된다. 이리하여 살아 있는 것
은 신축, 굴곡활동을 조금도 쉬지 않는다. 즉 살아 있는 것은 동
(動)을 그 본질로 한다. 그런데 죽은 것은 완전히 경직된 상태를 띠고

조금도 굴신하는 일이 없는, 절대의 정(靜)을 그 본질로 한다. 이 '동'
과 '정'의 차이는 실로 생기의 유무에 관계되기 때문에 움직이는 것에
는 생기가 있고, 조용한 것에는 생기가 없다고 할 수 있다. 동(動), 곡
(曲)의 용을 생룡(生龍)이라 하고 정(靜), 직(直)의 용을 사룡(死龍)이
라 하는 것은 이러한 이유 때문이다. 풍수의 기본 사상은 곽박의 금언
(金言)인 '장승생기(葬乘生氣)'의 원칙에 있기 때문에, 생기가 흐르는
생룡을 구하고, 생기가 없고 생기가 흐르지 않는 사룡을 피하여 그 터
를 정하는 것이 풍수의 원칙이다.

　생룡이란 약동, 굴신, 활동하는 것인 반면에 사룡이란 정지, 경직된
것이므로, 산룡(山龍)이 생룡인가 사룡인가는 금방 식별할 수 있다.
대체로 산맥이 나가는〔送〕 것이 있으면 맞는〔迎〕 것이 있고, 봉(鳳)이
비상하고 학이 춤추는 것처럼 오거나, 또는 지(之)자, 현(玄)자처럼
굴신하며 진행하는 것은 생룡이다.

6. 길룡(吉龍)과 흉룡(凶龍)

　장(葬 : 陽基도 역시 마찬가지)은 생기를 타지 않으면 안 된다. 이 생
기는 생룡에서 흐르고, 사룡에서는 흐르지 않는다. 따라서 사룡은 좋
지 않다. 그렇다고 사룡이 아닌 모든 생룡이 좋은 것일까? 생룡은 생
기를 지니며 이를 운행한다. 하지만 그 생기에는 강약이 있고 선악이
있다. 사람의 출생도 모두 이 음양생기의 조화에 의해 이루어진다. 그
럼에도 불구하고 그 성격은 같지 않다. 현인(賢人)과 우자(愚者)가 있
고, 선인과 악인이 있다. 이것은 그 생기의 다소, 선악에 따라 나누어
지는 부성(賦性)에 불과하다. 용도 역시 이와 마찬가지로 아무리 생기
있는 생룡이라 하더라도 그 부성이 천차만별이라 복을 발하는가 하면
화를 입히기도 한다. 그럼 이번에는 생룡의 길흉에 대하여 논해 보기
로 한다.

흉룡의 대표적인 것을 들어 보면 다음과 같다.

석산(石山) 생기는 흙을 쫓아 움직이는 것이므로 토양이 없는 산에서는 생기가 흐르지 않는다. 따라서 이것은 흉룡이다.

단산(斷山) 생기는 구릉의 뼈대, 언덕의 지맥을 따라 흐른다. 그러므로 산의 맥이 단절되어 있으면 생기가 흐르지 못한다.

과산(過山) 생기는 산세가 멈추는 곳에서 멈추며 지맥이 끝나는 곳에 모인다. 그러므로 만일 산맥이나 지맥이 멈추지 않고 지나치면 생기도 그에 따라 지나쳐 버린다.

독산(獨山) 생기는 회룡(會龍), 즉 후강(後岡), 전응(前應 : 조산, 대산), 좌회(左回 : 靑龍), 우포(右抱 : 白虎), 중산(衆山)이 서로 어우러지는 곳에 멈추어 모인다. 그런데 이것들이 없는 독산에는 생기가 모이지 않는다. 만약 억지로 이 용에 장사를 지내면 화를 입게 된다. 흉지흉룡(凶之凶龍)이다.

동산(童山) 초목은 음양이 중화(中和)되는 곳에서 무성하게 자란다. 그러므로 나무나 풀이 울창한 곳에는 생기가 있다. 그렇지만 바위가 무너지고 언덕이 부서지며, 불타서 바싹 말라 어떠한 초목도 자라지 않는 동산은 이미 생기가 떠난 흉룡이다.

이상은 《금낭경》에 기재된 흉룡으로서, 곽박은 '童, 斷, 石, 過, 獨, 生新凶, 消己福'이라고 하는 옛 경전의 격언을 인용하여 흉룡의 사용을 경계하고 있다.

또한 흉룡이기 때문에 피해야 할 것은 경룡(驚龍 : 사물에 두려워하는 듯한 산), 광룡(狂龍), 쇠룡(衰龍), 병룡(病龍), 난룡(亂龍), 나룡(懶龍) 등이 있다. 이들 산은 말라 죽은 것이 아니므로 생기가 흐르지 않을 리는 없지만 이들의 용맥에 흐르는 생기는 생기 본연의 것(풍수에서는 이를 金氣라고 부른다)이 아니라, 그를 이끄는 용의 생기에 영향을 받아 저절로 경기(驚氣)로 변하여, 광기, 병기, 난기, 나기로 화하게 된 것이므로 흉화를 면할 수 없다.

다음으로 제일 많이 생룡으로 혼동되는 것에 극룡(克龍)이라는 흉룡이 있다. 이것은 그 활동, 굴곡, 영송(迎送)의 형세만 보아서는 지극히 활동적이므로 왕성한 생기를 이끄는 생룡으로 오인되는 일이 더러 있다. 그러나 이 극룡은 약동하는 맥절이 오행의 상생관계로 연속되는 것이 아니고 그 성체(星體：모양)가 오행의 상극관계로 연속되는 용인 까닭에 그 현상이 아무리 활동적이라 해도 살기를 발하므로 인간에게 도움이 되지 않는다. 따라서 흉룡인 것이다. 조선 시대에 음양과의 지리학 시험의 테스트로 정해진 《명산론(明山論)》에서는 십이용(十二龍)을 열거하고 그 길흉을 다음과 같이 논하고 있다.

산은 생기가 모이는 것을 선(善)으로 하며 생기가 흩어지는 것을 악으로 친다. 일반적으로 생기가 모이는 산은 그 강세(降勢：來勢)가 깊고 기복이 많으나, 생기가 흩어지는 산은 강세가 짧고 기복 또한 적다. 이러한 견지에서 보면 생기가 모이는 생(生), 복(福), 응(應), 읍(揖)의 사산(四山)이 있고, 기가 흩어지는 왕(枉), 살(殺), 귀(鬼), 겁(劫), 유(遊), 병(病), 사(死), 절(絶)의 팔룡(八龍)이 있다. 이제 이를 용의 형체로 관찰해 보면, 생룡은 산이 내려오는 조종(祖宗)에서부터 맥을 발하며 대돈소기(大頓小起)하는 것이 마치 산 뱀이 물을 타는 듯이, 딱따구리가 하늘을 나는 듯이 오며, 그 출신이 좌우수족입수(左右手足入首)라 단정하고, 횡안(橫案)이 분명한 것, 복룡(福龍)은 전기횡안(前起橫案)을 갖지 않더라도 그 옆을 날개처럼 감싸는 것, 응룡(應龍)은 횡안이 없이도 좌우회포(左右回抱)하는 것, 읍룡(揖龍)은 회포가 거듭되는 모습으로 형세를 옮기는 것, 왕룡(枉龍)은 국촉(局促)하여 서창(舒暢)하지 않고 배루(背戾)하여 수습(收拾)함이 없이 그 모습이 덩어리 같아서 혈을 받지 않는 것, 살룡(殺龍)은 좌우가 예리한 것, 귀룡(鬼龍)은 갈라짐이 많은 것, 유룡(遊龍)은 분리되어 어지럽게 흩어진 것, 병룡(病龍)은 한쪽으로 기울고 무너진 것, 사룡(死龍)은 전동(轉動)하는 능(能)이 없는 것, 절룡(絶龍)은 고단(孤單)으로서 무력한 것이다.

한편 이 십이산룡이 자손에게 미치는 영향력을 생각해 보면, 생룡은 자손의 장수, 복룡은 자손의 부귀, 응룡은 자손의 충효, 읍룡은 자손의 예양(禮讓), 왕룡은 자손의 요악전사(夭惡顚邪), 살룡은 충상호교(蟲傷虎咬), 귀룡은 온황질병(瘟黃疾病), 겁룡은 살육파멸(殺戮破滅), 유룡은 음란쇠망(淫亂衰亡), 병룡은 산난장병(産難長病), 사룡은 사상부절(死喪不絶), 절룡은 사절무후(死絶無後 : 자손 멸절) 등이다.

이렇게 묘지의 길흉이 바로 자손에게 미치기 때문에 산룡의 길흉을 분별하는 데 세심한 주의를 기울여야 한다.

7. 용의 성국(成局), 결혈(結穴)

풍수법은 생기를 타는 것인데, 이 생기를 타는 것은 용의 어떤 부위라도 가능한 것이 아니고 생기가 멈추는 곳, 모이는 곳이라야 한다. 《금낭경》은 이에 관해 다음과 같이 설명하고 있다.

"五氣行於地中. 發而生乎萬物. 其行也. 因地之勢. 其聚也. 因勢之
止. 葬者原其起乘其止."

즉, 산세(山勢)로 보면 그 세력이 멈추는 곳, 생기로 보면 생기가 모이는 곳을 골라야만 풍수의 목적을 달성할 수 있는 것이다. 풍수에서는 이 생기가 모이는 곳을 혈(穴), 세(勢)가 멈추는 곳을 국(局)이라 하고, 용이 멈추는 곳을 성국(成局), 기가 모이는 곳을 결혈(結穴)이라 한다. 따라서 성국의 위치가 결혈이며, 결혈이 있는 곳이 성국이 되는 것이다.

풍수에서 생기를 타기 위해서 반드시 그 세(勢)가 멈추는 곳, 그 기가 멈추는 곳을 골라야 하는 이유는 무엇인가? 꽃피고 열매를 맺는 것은 나무의 줄기에서가 아니라 반드시 가지의 끝이며, 생물의 생식이 그 형체가 미치는 곳에서 이루어진다. 이와 같이 대체로 생기의 작용 활동은 그 유체(流體)가 머무르는 곳에서 발휘되므로 땅 속을 흐르는 생기 역시 용세(龍勢)가 끝나는 곳에서 그 활동이 왕성해진다고 보았던 것이다.

그러면 생기의 활용이란 무엇인가? 《역경(易經)》의 계사전(繫辭傳)에 '天地絪縕萬物化醇. 男女構精萬物化生.'이라 하였듯이 화순이며 화생인 것이다. 대저 풍수는 생기의 소산인 인체를 땅으로 내려서 행복을 추구하려는 것인데 인체가 아무리 생기가 왕성하게 모인 곳에 묻혔다 하더라도 생기에 동화되지 않는다면 아무런 도움도 되지 않는다. 특히 풍수의 주된 요점은 사체를 땅 속에 매장함으로써 생기 감응을 구하고자 하는 것이다. 사체 중에서도 혈육은 없어지나 뼈만은 없어지지 않는다. 그 원인은, 뼈가 생기의 정(精)에서 생긴 것이므로 쉽게 부패하지 않기 때문이다. 이 부패하지 않는 뼈는 다른 부패하기 쉬운 혈육에 비하면 생기의 보유 기간이 길기 때문에 비록 사람은 죽더라도 그 뼈에 생기가 남아 있는 것이다. 이 생기가 남아 있는 뼈를 생기가 충일한 땅에 묻으면 당연히 감응하게 되는 것이다.

그러나 이 뼈가 땅 속의 생기와 동기상통(同氣相通)하여 감응하더라도 그 때문에 땅 속의 생기가 뼈에 통한다고 하는 식의 소극적인 의미로는 풍수의 완전한 목적이 달성될 수 없다. 부모의 유해가 생기를 받아서 오랫동안 땅 속에서 유지되는 것은 오히려 풍수의 부수적 목적이고, 자손에게 부귀를 가져다 준다는 것이 풍수의 주된 목적이다.

그러기에 풍수는 보다 적극적인 감응, 즉 뼈를 통해 그 자손의 번영을 도모하도록 하는 작용에 활용된다. 이 욕구에 응하는 것이 《역경(易經)》에서 말하는 순화(醇化)이며 화생(化生)이다. 순화와 화생이란 단순히 생기가 흘러서 모이는 것만이 아니라 생산적 활동을 의미한다. 천지의 생기, 남녀의 생기가 아무리 다량으로 존재하여 흐른다 해도 그것만으로는 생산 생식의 현상은 일어나지 않는다. 그것이 인온구정(絪縕構精)하는 경우, 즉 천지의 원기가 왕성하고 남녀의 정(精)이 얽히고 화합할 때에 비로소 생산의 발현을 볼 수가 있다.

풍수에 있어서의 성국, 결혈은 이러한 의미에서의 생기의 순화, 화생에 의해 생기의 활용을 추구하며, 이로써 정적(靜的) 생기를 동적(動的) 생기로 변화시켜, 생산활동이 불가능한 생기를 생산활동이 가능한 발현체로 나타내며, 이 생산력이 있는 생기를 부모의 뼈에서 자손에게 유도시키고자 하는 것이 구성국(構成局), 결합혈(結合穴)로, 생기융화의 굴(窟)에 다름 아니다.

한편 생기의 활동은 음양의 이원기(二元氣)가 되어 작용할 때에 개시된다. 이를 현대적 사례로서 보면 마치 전기의 활동이 음전기(陰電氣)와 양전기(陽電氣)가 화합할 때 발현되는 것과 마찬가지이다. 전기의 활동이 음양의 양(兩) 전기로부터 이루어짐과 같이 생기도 음양 2원기의 결합작용에 의해 발현하게 된다. 생기의 활동을 왕성하게 하는 것은 이 음양 양(兩) 원기의 교섭을 떠나서는 성립되지 않는다. 따라서 생기의 활동장인 성국과 결혈도 이 음양의 두 원기가 순화결합(醇化結合)하는 곳이 아니면 안 된다.

풍수에서는 이 음양 양기가 합하는 곳을 '양변음합(陽變陰合)'에서 구하고 '양래음수(陽來陰受)' 혹은 '음래양수(陰來陽受)'에서 구한다. 즉 국혈(局穴)을 결성하는 곳은 그 땅의 형세가 음양의 '변합래수(變合來受)'를 이루는 곳이어야만 한다는 것이다. 산은 음이며 수류(水流)는 양이다. 산의 변동을 이름붙여 용이라 한다. 변화가 있는 용은 성룡이다. 이 용에는 생기가 흐른다. 이것이 양변(陽變)이다. 양래음수도 역시 이와 같다. 곽박이 득수(得水)를 상(二)으로 친다고 한 것은 결국 결혈의 장소는 이러한 양변음합, 양래음수의 곳을 최상으로

침을 뜻하는 것이다.

여기에서 음래양수에 관하여 한 마디 부연해 두어야겠다. 풍수에서는 땅이 높은 곳을 음이라 하며, 낮은 곳을 양이라 한다. 강구(岡丘)를 음으로 보며, 평택(平澤)을 양으로 보는 것이다. 이 음양형상관(陰陽形狀觀)은 일반적인 음양형상관과 정반대인 듯하지만 풍수에서는 땅을 대상으로 하는 한 그 높은 곳을 음, 낮은 곳을 양이라 해야 하는 것이다. 그 이유를 설명하면 다음과 같다. 천지의 형태를 볼 때 하늘은 덮여 있고 땅은 놓여져 있다. 덮는 것은 그 형태가 요(凹)이며, 놓여진 것은 철(凸)이다. 하늘과 땅이 서로 마주보고 있을 때 하늘은 양이고 땅은 음이다. 그러므로 지상에서 본 천지화합의 형상은 하늘이 요(凹)이고 땅은 철(凸)인 것이다. 그래서 땅을 본위로 하여 말할 때는 그 성격이 음이고 형태상으로는 철(凸)이다. 따라서 철(凸)은 실은 지상의 산, 즉 높은 곳이므로 땅의 높은 곳을 가리켜 음이라 하지 않으면 안 된다. 음양은 상반되는 것인 까닭에 이미 땅의 높은 곳을 가리켜 음이라고 한다면, 땅의 낮은 곳이 양이 됨은 당연한 이치이다.

그러므로 '음래양수'라는 것은 결국 다가오는 철(凸)형의 용맥을 요(凹)형의 지역으로 받는다는 것이다. 이것은 《금낭경》에서 말하는 장풍(藏風)을 받아들인 장풍식(藏風式) 성국(成局), 결혈(結穴)에 다름 아니다. 내음(來陰)을 받는 지역이 요(凹)형이기 때문에 사방에 호위가 있고 빈틈이 없으므로 장풍에 적합한 것이다.

이 '양변음합' '음래양수'에 있어 비로소 음양의 원기가 중화화순하는 것이며, 이 화순에 의해 생기의 활용이 발휘되는 것이다. 이 생기의 발동이 있고, 자손의 뿌리인 부모의 뼈를 매개로 하여 자손의 번영을 바랄 수 있으므로, 풍수에서는 이 내룡(來龍)의 생사 및 성국, 결혈에 관해 많은 관심을 쏟는다. 간룡법이 풍수 법술의 중요한 부분이며, 대강(大綱)이어서 이를 빼고는 풍수의 이치가 성립되지 않는다.

장풍국(藏風局)
(개성이 그 예의 하나)

득수국(得水局)
(서울, 평양이 이에 속함)

3. 장풍법(藏風法)

풍수는 생기를 타는 것이라고 했다. 그런데 생기는 옛 장경(葬經)에
서도 논하고 있는 것처럼 바람을 타면 흩어진다. 생기를 타기 위해서
는 생기가 멈추고 모여야 한다. 그러나 바람을 만나면 흩어져 없어져
버리기 때문에 생기의 멈춤, 모임을 위해서는 바람에 주의하지 않으
면 안 된다. 첫째는 바람을 막아야 한다. 바람을 막으려면 병풍 같은
것이 필요하다. 생기를 산일(散逸)시켜 버리는 바람도 역시 음양원기
의 소산이다. 《금낭경》에서는 이를 '夫陰陽之氣. 噫而爲風. 升而爲雲.
降而爲雨. 行乎地中. .則爲生氣.'라 하여, 바람도 생기와 마찬가지로
음양 양기(兩氣)의 소생이라고 논술하였다. 따라서 바람도 역시 음양
의 원기에 불과하고, 자주 땅 속에서 발하는 생기를 흩어지게 하므로,
물론 그 속에는 생기도 포함되어 있다. 그러므로 생기를 포함한 음양
의 원기인 이 바람에서도 화순(化醇)을 도모할 수 있다. 《금낭경》에서
도 바람의 취급 방법을

　　"古人聚之. 使不散."

이라 하고 있듯이, 바람이 불어 가 버리게 해서는 안 된다. 이를 모으

면 화순이 된다. 풍수 법술에서 장풍법이 묘한 것은 이 때문이다.

장풍법은 불어오는 바람을 거부하는 것이 아니라, 불어 나가는 바람을 막는 방법이라고 할 수 있다. 이처럼 바람이 들어오게 하고 나가지 못하게 하는 것이기 때문에 방풍(防風)이라 하지 않고 장풍(藏風)이라 한다. 즉 물건을 넣고 내어쓰지 않는 것이 장(藏)이다. 풍수에서는 바람을 넣어 국혈에서 순화를 이루려 하는 것이다. 결국 흩어지지 않도록 한다. 그러므로 바람을 저장한다고 하는 것에 다름 아니다.

그러면 풍수에서 어떻게 하면 장풍이 가능해지는 것인가? 풍수의 장풍법은 음래(陰來)의 땅과 양수(陽受)의 땅으로서 국(局)을 이루며, 철(凸)의 형체로 다가오는 용을 요(凹)형의 지세로 받고, 혈을 요(凹)의 중앙에 정하는 것을 그 대요(大要)로 한다. 또 혈의 사방을 산으로 둘러싸서 그 중앙분지에서 음양 양원(兩元)을 충화(冲和)하게 하여 생기가 충실하도록 해야만 하는 것이다. 이 사방을 둘러싸는 것을 풍수에서는 사(砂)라고 한다. 장풍법의 연구는 우선 이 사에서부터 고찰해 나가지 않으면 안 된다.

사(砂)라고 하는 것은 국혈의 주위를 둘러싸고 생기의 멈춤과 모임을 촉진하거나 순화를 돕는 산 및 언덕의 총칭이다. 풍수에서 산이 용이 된다는 것은 앞 절에서 이미 논했지만, 통례상 그 말단에 결혈, 성국을 이루는 산, 내맥을 말하며, 혈을 중심으로 한 그 사방의 산을 모두 사라고 한다. 그러므로 이 내룡도 성국상(成局上)으로 보면 하나의 사이다. 대개 용이라 하면 산맥의 무궁한 변화나 약동을 말하고, 사라 하면 성국을 사도(砂圖)로 간주한 것이기 때문에, 용이라 해도 사, 사라 해도 용으로 해석된다. 예를 들면 청룡은 사의 하나이지만 갑국(甲局)인 청룡의 말단에 성국(成局) 을(乙)이 있으면 이 갑국(甲局)의 사(砂)인 청룡은 을국(乙局)의 내룡이 된다. 즉 용은 그 변동과 내세(內勢)를 말하고 사(砂)라는 것은 그 성국을 말한다.

이 국을 이루는 사에는 다음과 같은 것들이 있다.

1. 사신사(四神砂)

사신사라고 하는 것은 혈의 사방을 둘러싼 것으로서 혈의 후방에 있는 것을 현무(玄武), 전방에 있는 것을 주작(朱雀), 좌측에 있는 것을 백호(白虎)라 한다. 따라서 혈이 남향이면 현무는 북쪽, 청룡은 동쪽, 백호는 서쪽, 주작은 남쪽에 해당된다. 원래 이 청백현주(靑白玄朱)는 동방을 청, 서방을 백, 북방을 흑, 남방을 적, 중앙을 황으로 하는 5방위 배색(配色)에서 나온 것이므로, 청룡은 동방에, 백호는 서방에, 현무는 북방에, 주작은 남방에 정해야 할 것이다. 풍수에서는 이 것을 혈국의 사주위호사(四周衛護砂)로 간주하여 이 혈국이 남면하는 경우에는 청동(靑東), 백서(白西), 현북(玄北), 주남(朱南)이 되어 방위색과 합치하지만, 혈국의 방향이 남향이 아닐 때에는 그 사자(四者) 또는 사방위(四方位)에 합치되지 않는다. 그래서 후현(後玄), 전주(前朱), 좌청(左靑), 우백(右白)으로 취급한다. 그러므로 《금낭경》에서는 이 사신(四神)을 다음과 같이 정하고 있다.

"天葬. 以左爲靑龍. 右爲白虎. 前爲朱雀. 後爲玄武."

이 전후좌우를 정하는 방법은 혈에서 본 것이며, 현무는 본산의 뒷산(내룡)이고 청룡은 좌산이고, 백호는 우산이고, 주작은 앞산이다. 그러면 이 사사(四砂)는 풍수상 어떤 점에서 좋고 나쁠까? 곽박은 다음과 같이 말하고 있다.

"玄武垂頭. 朱雀翔舞. 靑龍蜿蜒. 白虎蹲踞. 形勢反此. 法當破死. 故虎繞謂之啣尸. 龍踞謂之嫉主. 玄武不垂者拒尸. 朱雀不舞者騰去."

즉, 뒷산은 정지(停止)하는 것이 좋고 앞산은 다가와서 상무(翔舞) 하는 것이 좋으며, 좌측 산은 지렁이처럼 길게 꿈틀거리고 뻗어서 둘러싸이고, 우측 산은 호랑이가 쭈그리고 앉아 서로 맞는 듯한 것이 좋다. 만약 이 네 산의 형세에 반하는 경우는 일족파멸의 위험을 면할 수 없다. 우측 산, 즉 백호가 둘러싼 것은 호랑이가 무덤의 시체를 물려고 하는 것이며, 좌측 산, 즉 청룡이 앉아 있는 것은 청룡이 뒷산을 질투한다는 의미이고, 현무가 머리를 숙이지 않고 있는 모습은 시체를 감싸안는 것이 아니라 시체를 거부하는 것이며, 앞산이 상무(翔舞)하지 않고 등을 대는 것은 뒷산을 돌아보지 않고 무정하게 날아가 버리는 것이다.

본디 이 사는 혈을 호위하는 혈을 위한 장벽이다. 그러므로 혈에 보이고 혈에서 화순(化醇)을 돕는 일에 전념해야 함에도 불구하고 그 어느 쪽이 무정으로 돌아서거나 혹은 서로 투기하며, 혹은 시체를 무는 듯이 하고 있으면 화순하기가 어렵다. 그러한 혈에 매장되면 그 일족이 멸망의 위기에 놓이게 된다는 것이다. 이처럼 무정, 질시의 사자가 유해하기·때문에 이 사사에 빠져서는 안 된다. 이 사사는 원래 장풍을 위한 것이기 때문에 사사에 결함이 있으면 장풍은 어렵다. 《청오경》에서도 사사의 결함이 있는 혈을 등루(騰漏)의 혈, 패곽(敗槨)의 장(藏)이라 하여 꺼리고 있다. 곽박도 이것을

"夫噫氣爲風. 能散生氣. 龍虎所以衛區穴. 疊疊中阜. 左空右缺. 前曠
後折. 生氣散於飄風."

이라 하여 사사가 장풍에 없어서는 안 될 것이라고 했다.

이상은 사신사(四神砂)의 총론이며, 다음에는 그 하나하나에 대하여 논술하기로 한다.

1. 청룡백호(靑龍白虎)

앞에서도 말했듯이 청룡백호는 소위 중국의 사천동물(四天動物)인 용(龍)·호(虎)·작(雀)·구(龜)의 넷 중에 그 동서에 위치하는 동룡

(東龍), 서호(西虎)의 양자를 말하는 것으로, 이 양자는 풍수의 성국에서 없어서는 안 되는 것이다. 용호의 임무가 장풍에 있음은 말할 필요도 없지만 그 주된 점은 팔다리가 인체를 잘 호위하는 것같이 새로 포위하여 혈을 지키는 데 있다. 그 모습은 마치 흉금(胸襟)을 맞춘 듯이 긴밀하게 서로 둘러싸고 있는 것이 좋다. 따라서 용호는 한 겹보다는 이중 삼중 몇 겹이고 둘러쌀수록 성국은 완전하게 보호될 수 있는 것이다. 제일 내부에 있는 것을 내용호(內龍虎), 그 바깥에 있는 것을 외용호(外龍虎)라 한다.

이 용호에는 그 출신에 따라 본신용호(本身龍虎), 외산용호(外山龍虎) 및 주합용호(湊合龍虎)의 삼격(三格)이 있다. 본신용호란 용호가 혈 뒤의 내산에서 좌우로 마치 양팔처럼 나온 것이며, 외산용호란 내룡, 즉 본신에서가 아니라 양측의 산이 다가와서 본신을 포용하는 것이고, 또한 주합용호란 용호의 어느 한쪽은 본신에서 나오고 다른 한쪽은 외산이 모여 용호를 이룬 것이다. 이중 본신에서 나온 용호가 가장 유력하기 때문에 이를 위로 하고 외산용호, 주합용호는 그 차례대로 이어진다.

이 형상은 이미 논한 바와 같이 대개 용은 길게 꿈틀거리면서 뻗은 것이며, 호(虎)는 웅크리고 앉은 모습이고 또한 상호 친밀하게 다정한 모습으로 혈에 대하는 것이 좋다. 용이 뒷산을 질투하듯하고 호가 시체를 물려 하는 것 같으며, 혹은 용호가 서로 싸우는 듯한 것과 그 형(形)이 또한 첨사(尖射), 파쇄(砂碎), 반역(反逆), 주찬(走竄), 사비(斜飛), 직장(直長), 고압저함(高壓低陷), 수약(瘦弱), 노근(露筋), 단요(斷腰), 절비(折臂), 앙두(昂頭), 파면(擺面), 조악단축(粗惡短縮), 박협(迫狹), 강경(强硬), 삽락(揷落), 순수치주(順水飛走), 여도(如刀), 여창(如鎗), 여퇴(如退) 등은 모두 흉악한 것들이다.

혹은 용호의 영향을 논하여 용은 왕자(王者)와 유문(有文)의 표상이며, 호는 무력과 용기의 표현이기 때문에 이 청룡백호의 모든 길혈(吉穴)의 발복은 그 자손으로 하여금 문무고관으로 출세하게 하는 것이라고도 하며, 용은 늙은이를, 호는 젊은이를 관장한다거나, 혹은 용은 재화의 증식을, 호는 자손의 번식을 관장하는 것이라고 주장하는 자도 있다. 요컨대 용호는 내룡 및 혈이 주된 것이기 때문에 이 용호가 아무리 뛰어난 것이라 해도 내룡이 진룡(眞龍)이 아니고 혈이 진혈(眞穴)이 아니라면 진정한 성국은 이루어지지 않는다. 그러므로 풍수에서는 이 호를 처(妻)로 여겨, 처는 지아비인 용혈(내룡과 결혈)의 귀천에 따른다고 비유하고 있다.

이와 같이 호는 위호(衛護)와 장풍을 돕는 것이며, 용혈을 따르는 것이기 때문에 성국에서는 이 양자가 반드시 구비되어야 할 만큼 중요한 것은 아니다. 다만 이 용호가 있어야 혈의 순화가 완전히 촉진되는 것이므로, 만일 이 용호의 두 개의 산이 없어도 혈 속의 순화가 충분히 행해진다면 그것으로 충분하다. 따라서 용호는 꼭 산이어야만 된다는 것도 아니고 그 중 하나 혹은 둘 다 결하는 경우에도 수(水)로 대신할 수 있다. 엄밀히 말하면 그 성국은 장풍국이 아니고 득수국(得水局)이다. 여하튼 수가 용호로서 내룡을 잘 포용하고 있다면 생기의 저축이 가능하기 때문에 혈 속에서 순화가 충분히 이루어질 수 있다. 그래서 용호는 산만이 아니라 수로도 대용이 가능하다는 것이다.

산이 있으면 수가 있고 양지가 있으면 음지가 있는 것과 마찬가지 이치이며, 여기에서 음양 양기(兩氣)가 충화(冲和)해서 생기가 나온다. 만약 산은 있고 수가 없으면 이는 음양이 충화되지 않는 곳이기 때문에 생기가 발동할 수 없다. 그래서 몇 겹이라도 겹쳐져 흡사 입은 옷의 동정이 겹치듯이 껴안은 용호가 가장 좋다. 중첩된 내외룡의 사이, 내외호의 사이에 물이 있어 용호를 둘러싸는 것이 최상이다. 이러한 용호를 가진 진룡의 성국은 왕후(王侯)를 나오게 하는 대지라고 한다. 이때의 성국은 생기를 타서 순화가 이루어졌다고 할 수 있다.

용호는 그 안팎 몇 겹이라도 겹겹이 싸안은 용호가 가장 좋다고 해도 무제한으로 허용한다는 것은 아니다. 만일 이를 무제한으로 허용한다면 용호의 삼격인 본신용호, 외산용호, 주합용호라는 점에서 보아 어떠한 산이라도 일혈(一穴)의 용호가 되지 않을 것이 없고, 이를 넓게 보면 일혈의 용호는 결국 전국에 미치게 될 것이다. 하지만 용호는 용혈의 종(從)이며, 지아비인 용혈의 처(妻)인 것이다. 이것이 지나치면 주인이 천하고 종이 귀하며, 지아비가 작고 처가 큰 것이 되어 오히려 재앙을 초래한다. 용호의 수가 많으면 많을수록 혈을 질시하거나 물려고 하는 것이 많게 된다. 호위하는 자 사이에 배반하는 자가 있으면 그 호위는 호위로서의 힘을 잃는다. 따라서 용호의 수는 내룡, 용혈의 대소 귀천 여하에 따라 그 범위를 정하지 않으면 안 된다. 그러므로 성국의 대소는 오로지 내룡의 본분에 맞는 것이어야만 하고, 용호의 범위는 용혈의 귀천에 따라 그 정도를 달리 함이 원칙이다.

풍수에서 사사 속의 현무는 내룡의 말단이므로 물론 매우 중요하지만 현무 다음으로는 용호가 중요하다. 이는 장풍득수의 원칙에서 용과 호가 중요하기 때문이다. 왜냐하면 공자도 《역경(易經)》의 문언전(文言傳)에서 '풍종호(風從虎)'라고 한 것처럼 중국에서는 고래로 바람을 좌우하는 것은 호랑이라는 민간신앙이 있으며, 또한 용은 구름을 불러서 비를 내리게 하는 것으로 기우제를 지내는 데는 반드시 용신(龍神)에게 지내야 한다는 것이 중국과 한국의 습속이다. 바람을 저장하고 물을 얻는 일에 전념하는 풍수가 이 풍호(風虎)와 운룡(雲龍)에 중점을 두는 것은 극히 당연한 일이라고 하지 않을 수 없다.

2. 주작(朱雀), 현무(玄武)

풍수에서는 성국을 이루는 사사 가운데 혈 뒤쪽의 산, 즉 내룡을 현무사(玄武砂)라 하며, 혈 앞에 대응하는 산을 주작(朱雀)이라 함은 이미 설명한 바 있다. 이 양자의 관계는 현무가 주인이라면 주작은 빈객이며, 현무가 남편이라면 주작은 처첩이다. 풍수가 국을 이루는 데는 앞에서 말한 바와 같이 음래양수, 즉 철(凸)이 와서 요(凹)가 받든가 혹은 양래음수, 즉 산래수수(山來水受)를 취하게 되는데, 현무와 주작은 실로 이 음래양수를 이루며 또 양래음수를 이루는 것이다. 이런 까닭에 《금낭경》에서도 현무는 수두(垂頭)가 좋고 주작은 상무(翔舞)의 형태가 좋다고 했으니, 이 머리를 내려뜨리는 것이 음래이며, 상무는 양수이다. 풍수에서는 산이 뒤덮여 오는 것을 음래라 이름짓고, 땅이 손바닥을 벌린 것처럼 내산을 받는 것을 양수라고 한다. 이미 설명한 바와 같이 《금낭경》에서 말하는 수두란 산이 뒤덮여 오는 것이며, 상무는 새가 날아오르는 형국이다. 결국 현무의 수두는 철(凸)형의 음래를 의미하며, 주작의 상무는 요(凹)형의 양수를 의미하는 것에 다름 아니다.

풍수에서 현무와 주작이 기대하는 바는 음양의 충화에 이르는 것이다. 음양 충화에는 주작이 산으로만 한정되지 않고 수(水)로 대신될 수도 있다. 이 경우에 산으로서 양(陽)인 현무가 다가오고 수(水)로서 음(陰)인 주작이 받는 소위 양래음수이기 때문에 음양의 양기(兩氣)가 상호 충화되는 것은 당연하리라.

그러므로 음양의 충화, 생기의 발동 순화를 목적으로 하는 풍수에서는, 그 성국을 이루는 사사 중에서도 이 현무와 주작이 가장 중요한데, 그것은 청룡백호에 비길 바가 아니다. 청룡백호는 현무주작의 음양충화, 생기의 순화를 호위하며 이를 돕는 보조자이긴 하지만 충화를 이루고 순화를 행하는 것은 아니다.

따라서 현무와 주작은 음양 양기의 보유자이며 공급자이고 또한 충화와 순화를 이루는 근본이다.

이로써 풍수의 성국에 있어 현무와 주작이 가장 중요시되는 이유는 자명해진다.

한편 장풍법에서는 산주작(山朱雀), 즉 음래양수의 성국을 주로 한다. 수주작(水朱雀), 양래음수의 성국은 득수법(得水法)에서 자세히 논할 것이므로 여기서는 산주작에 관해서만 고찰해 보기로 한다.

산주작은 혈의 앞쪽에 있으며 현무(혹은 主山)에 대응하는 산인데, 이 대응에는 조산(朝山), 안산(安山)의 양자가 있다. 조산이란 혈 앞에 있는 산으로 주산을 대하는 모습이 흡사 손님이 주인을 뵙는 것처럼, 신하가 임금을 알현하는 것처럼, 자식이 어버이에게 다스려지고 처가 남편에게 순종하는 것처럼 보이며, 혈에 올라서서 보면 그 형태가 단정하여 여러 산에서 두드러지고 자연스럽게 주산(主山 : 현무)에 조공(朝拱)하는 듯한 것을 말한다. 그 형태는 천차만별이지만, 단정하고 청수한 것을 으뜸으로 치며 이에 반하는 것을 불길한 것으로 본다. 예를 들면 그 형체가 모나고 빼어난 것은 왕후재상을 관장하는 까닭에 그 발복으로 자손이 고위관리가 되며, 뾰족하고 빼어난 것은 문장에 탁월한 선비가 나오고, 둥글고 비만한 것은 거부(巨富)가 나오는 것으로 되어 있다. 이를 성체(星體 : 산의 형체)로 보면, 일반적으로 토성(土星)이 최상이고 금성(金星), 목성(木星)이 그 다음, 수성(水星), 화성(火星)은 다른 성체와 결합한 장형(帳形), 귀인형(貴人形) 등과 같이 알맞은 형태를 이루어야 묘하다고 한다.

이 조산(朝山)에는 근조(近朝)와 원조(遠朝) 및 암공(暗拱)이 있다. 근조는 혈 앞에서 멀지 않은 조산으로 낮은 것이 좋으며, 만일 그 높이가 현무의 입수(入首)하는 두뇌를 능가할 경우는 손님이 주인을 억누르며 신하가 임금을 거역하는 것이 되니 피해야 한다. 이에 반해 원조는 혈 앞에서 멀기 때문에 혈에서 보면 그 첨단만이 보이고 하늘에 닿을 만한 높이라도 상관없다. 암공(暗拱)은 돗혈에서 바라볼 수 없는 조산이다. 예로부터 '명조(明朝 : 혈에서 볼 수 있는 朝山)가 암공만 못하다'는 말처럼 중요한 것이기는 한데, 조산으로서 도움이 될지 어떨지는 우선 내룡용혈(생략해서 현무)에 따라 결정되는 것이다. 즉 청룡백호의 영역이 현무에 의해 지배당하는 것과 같이 주작인 조산도 역시 현무의 대소귀천 여하에 따라 그 거리를 정해야 하는 것이므로 백리(百里)의 내룡에는 백리 이내의 조산, 천리의 내룡에는 천리의 조산이어야만 하고, 현무의 지배력이 미치지 못하는 원거리의 것은 비록 그것이 절대적으로 유력한 암공(暗拱)이라도 조산으로 보아서는 안된다.

다음으로 주작사의 하나로서 혈 앞쪽에 있으며 조산보다도 낮은 산을 안산(案山)이라고 한다. 안산은 일반적으로 낮고 작은 산이 좋다고 한다. 사람이 앞에 놓고 사용하는 서안(書案)처럼 주산의 서안에 상당하는 것이 안산이다. 그 형상은 옥궤(玉几), 횡금(橫琴), 면궁(眠弓 : 시위를 메기지 않은 활), 옥대(玉帶), 집홀(執笏), 안검(按劍), 석모(席帽), 아미(蛾眉), 삼대(三臺), 관담(官擔), 천마(天馬), 정절(旌節), 서대(書臺), 금상(金箱), 옥인(玉印), 필가(筆架), 서통(書筒) 등이 좋으며 일반적으로 조산의 다리 부분에 있고 단정원교(端正圓巧), 수미광채(秀媚光彩), 평정제정(平正齊整), 회포유정(回抱有情)한 것이 미사(美砂)이다. 또한 아무리 그 현상이 좋아도 물에 따라 흐르는 것, 혈을 향해 첨사(尖射)하는 것, 혹은 옹종조대(臃腫粗大), 파쇄참암(破碎巉巖), 추악주찬(醜惡走竄), 혈에 대해 반배무정(反背無情)한 것은 흉사라 하여 이를 꺼린다.

《금낭경》에 '全氣之地. 宛委自後. 回環重複. 若踞而候也. 若攬而有也. 云云'하는 구절이 있는데, 그 중 마지막 두 절이 이 조산·안산을 서술한 것으로서 이것이 없으면 그 혈은 자연히 생기가 순화하는 전기(全氣)가 되지 않는다는 뜻이다. 구래의 풍수에서 조산보다도 오히려 안산에 중점을 두는 것은 '若攬而有也'라는 말 때문인데, 이 안산은 주산에 대해 마치 인간의 일상생활에 없어서는 안 되는 의식주 및 생필품 같은 중요성을 갖는다. 내객이나 종자 따위보다 직접적이며, 이것이 없으면 하루도 생활해 나갈 수 없으며, 손님이며 신하며 종자인 조산보다는 생필품을 공급하는 안산이 보다 직접적이고 더욱 중요하기 때문이다. 요컨대 조산이 권위를 유지하는 데에 안산은 없어서는 안 될 장식품이고 일상생활에 없어서는 안 될 필수품인 것이다.

따라서 국도읍역(國都邑域) 내지 제릉왕기(帝陵王基) 등에는 그 지체에 알맞은 위엄을 과시하여 후(侯), 공(拱)의 조산을 필요로 하지만, 위엄을 구비해야 할 필요는 없고, 또한 이를 마련할 수도 없는 양택, 음기에서는 왼쪽으로 조산(朝山)에 이를 것을 필요로 하지 않는다. 그러나 안산만은 아무리 작은 묘지라 해도 없어서는 안 된다. 조산은 없어도 성국이 되지만 안산이 없으면 결코 국(局)을 이룰 수 없기 때문이다.

그런 까닭에 산주작, 즉 조산, 안산은 첫째로 현무에 대해 음래양수의 의미, 즉 장풍과 생기의 순화를 이루는 점에서, 둘째로 현무에 위엄을 더하며 주산의 필수품을 바치는 의미에서 성국에 있어 중요한 역할을 한다고 볼 수 있다.

주작사(朱雀砂)의 하나인 안산은 근대 풍수상 얼마나 중요시되는가 하면 '主星靈光形也. 案山靈光影也. 穴比日月. 案比水鑑. 正正對照. 不差分毫. 則穴光始放. 案影始回.'라 하여 특별히 중요시하고 있는데, 여기서 다음 두 가지 예를 들어 그 일단을 살펴보기로 한다.

경상북도 안동군(安東郡) 임북면(臨北面) 미질동(美質洞) 수다산(水多山)에는 안동면에 거주하는 고성 이씨(固城李氏)의 선산이 있다. 이 산은 '와우형(臥牛形)'으로 무덤이 와우의 뿔에 해당하는 곳에 있다. 축좌미향(丑坐未向)의 무덤 앞에는 이층의 돌계단이 있으며 그 앞에 비석을 두고 산 밑에 신도비(神道碑)를 세운 상당히 규모가 큰 것이다. 그리고 부인의 묘가 이 와우의 복부 유방에 해당하는 곳에 있다(이 산 옆에는 통칭 '황소고개'라고 하는 땅이 있으므로 아마 이 와우는 암소가 드러누운 것일 것이다. 따라서 부인의 묘는 이 소의 젖가슴에 해당하는 곳에 자리잡은 것이라 보지 않으면 안 된다).

이 산에 묘를 쓴 다음 5대째에 자손이 번영하고 많은 고관이 배출되었고, 13대가 지난 현재에는 이 일문(一門)의 자손이 무려 5,6천 명이나 된다. 이 묘지에 관해서 다음과 같은 전설이 있다. 이씨(李氏)가 이 산에 묘지를 정하고 나서 4,5대까지는 별로 발복이 없었는데 6대째부터는 계속해서 대관(大官)이 배출되었다. 이 대관들은 보본반시(報本反始)의 뜻대로 조상을 숭배코자 자주 이 산에 와서 제사를 지냈다. 그렇지만 이 대관이 참배하러 올 때마다 산 근처에 사는 주민들은 묘지 수리를 위한 부역 때문에 고통이 대단했다. 그 때문에 주민들은 곤경에 빠져 있었다. 이때 한 나그네 중이 와서 주민의 고통을 듣고 실제로 묘를 답사해 보니 묘가 상당히 훌륭한 것이어서 몇 대라도 대관이 속출할 것임을 알게 되었다. 그 중은 주민들에게 만약 많은 사주를 자기에게 바치면 대관의 참배로 인한 마을의 피해를 제거해 주겠다고 자청했다. 그것을 간절히 바라던 주민들이 많은 시주를 중에게 바쳤다. 그 중은 '이 산 앞쪽에 있는 바위가 이 산의 안산으로 그 형체가 인각상(籾殼狀)을 이루고 있어서 와우의 식량이 되고 있는 곳에 묘를 많이 썼기 때문에 이씨 가문에서 대대로 대관이 나오는 것이니 이 바위를 부숴 버리면 이씨 가문에서 대관이 안 나오고 이 마을의 액(厄)도 제거된다'고 말했다. 이 말을 들은 주민들은 일거에 바위를 부숴 버렸다. 이 일을 전해 들은 이씨 일문은 크게 놀라서 재빨리 그 부서진 바위를 다시 모아 옛날대로 복원해 두었지만 그 일이 있고 나서부터는 이씨 일문에서 대관으로 출세하는 자손이 끊기고 소관밖에 나오

지 않았다. 이 사건은 이씨 8, 9대경의 일이며, 소관이라도 나오는 것
은 부서진 바위를 전처럼 복원했기 때문이다. 그나마 복원하지 않고
그대로 두었다면 그 일족은 마침내 쇠망을 면치 못했을 것이다.

다음은 조선 초기의 이야기인데 서울(한양)의 양반으로 맹사성(孟思
誠 : 權陽村의 문하에서 權遇, 卞季良, 許稠, 權踶 등과 함께 배운 유명한 정
치가. 1360~1438)이라는 학자가 있었다. 이 사람은 비범한 지리학자로
서 풍수에 관해서는 모르는 게 없을 정도의 달인(達人)이었다. 한때
지방관이 되어 경상도 안동부사(安東府使)로 부임한 적이 있다. 그가
부임했을 무렵에 안동부에는 많은 양반들이 살고 있었는데, 그 중 경
주 김씨(慶州金氏 혹은 義城金氏)가 가장 위세가 드높아서 김씨 일문의
동정을 살피지 않고서는 아무리 뛰어난 부사(府使)라도 행정을 시행
할 수 없고 결국에는 관직을 떠나지 않으면 안 될 지경이었다. 그래서
신임부사는 만사를 제쳐놓고 제일 먼저 이 김씨 일문을 방문하여 부
임 인사를 하는 전통이 생겼다. 맹부사가 부임해서 많은 관리와 백성
의 마중을 받으며 읍내로 들어섰는데 제일 먼저 행차가 들어간 곳은
부성(府城)의 문이 아니라 김씨네의 대둔이었다. 이상히 여겨 종자에
게 물으니 그저 관습이라고 했다. 그는 몹시 분개했지만 표면으로는
예를 다하여 김씨 일문에 경의를 표했다. 그러나 그의 마음이 편안할
리 만무했다. 이러한 관습은 부사의 굴욕이며 부치(府治)의 장해가 되
는 일이므로 맹사성은 어떻게 해서든지 그러한 관습을 없애야겠다고
생각했다.

맹부사가 곰곰이 김씨 일문의 가운을 연구해 보니 그 가택이 잠두
산(蠶頭山) 아래에 있는데 그 남쪽에 뽕나무숲이 무성하다. 잠두산이
뽕밭을 앞에 두게 되면 이 땅은 풍수상 절호의 기지(基地)이다. 풍수
에 통달한 부사는 금방 김씨 일문의 가운이 이 뽕나무숲에 있음을 간
파했다. 그래서 서서히 부(府)의 가구개정(街區改正)을 구실로 안막

(安幕)에서 낙수(洛水)로 직류하는 물줄기를 우회시켜 김씨 가택과 뽕나무숲의 중간으로 흐르게 하고, 그 제방 위에는 옻나무를 심었다. 누에는 옻나무 잎을 먹으면 금방 죽어 버린다. 그렇게 되면 잠두의 생기는 쇠망하게 되고 그에 따라 김씨 가문의 가운도 절멸될 것임에 틀림없으리라고 생각한 것이다. 과연 이 예상이 적중해서 그후 김씨 가문은 점차 운이 기울어 쇠퇴하고 그렇게도 위세를 떨치던 그 일문은 흔적도 남기지 못하고 영락해 버렸다는 것이다.

  사신사(四神砂) 가운데 그 주위(主位)에 있으며 이것이 없으면 풍수가 성립되지 않을 만큼 중요한 것이 현무이다. 현무는 혈 뒤편에 있으므로 후산(後山)이라고도 칭하며, 종(從)인 청룡백호에 대해 주(主)이고 객(客)인 주작에 대해 주인인 까닭에 주산(主山)이라고도 칭하며, 성국이 이루어지는 곳이고 생기가 흐르는 용이기 때문에 본산(本山) 또는 내룡이라고도 한다. 그러므로 이를 광의로 해석하면 혈 후방에 있는 산을 무한정으로 현무로 볼 수 있겠지만, 풍수의 성국에서 볼 때 이렇게 광의로 해석하지 않고 성국을 이루기에 필요한 만큼을 취해 현무로 한다. 따라서 앞에서도 말한 바와 같이 성국결혈은 내맥(來脈)의 발달에서 나타나는 것이므로, 보통 말하는 현무사는 이 결혈(結穴)을 중심으로 삼으며, 결혈의 대소 여하에 따라 이를 결정하는 것이다. 그렇지만 결혈은 내룡의 역량에 비례하여 그 대소를 달리하며, 역량이 큰 용은 커다란 성국을 이루며, 작은 용은 작은 혈을 맺는다. 이에 따라 현무도 역시 그 대소를 달리하는 것이다. 현무의 형세는 역시 《장경(금낭경)》에도 나와 있는 것처럼 머리를 숙인 것이 좋으며 머리를 들고 거들먹거리는 것은 좋지 않다. 현무의 임무는 생기를 혈에 주입하여 주작과 함께 그 순화를 꾀함에 있으므로, 현무가 머리를 쳐들고 혈로 들어가지 않으면 아무리 힘이 좋은 생기를 보유하고 있다 해도 순화는 이룰 수는 없고 따라서 풍수의 목적에는 적합지 않기 때문이다. 현무가 머리를 숙인 것은 혈을 잘 맺는 것, 즉 유정(有情)한 것이지만 이에 반해 머리를 쳐든 것은 결혈(結穴)을 기피하는 무정한 것이기 때문에 아무리 유정한 주작이 이를 맞아들여도 결국 국을 형성할 수 없다. 이렇듯 성국, 결혈에는 이 현무사의 향배(向背) 여하가 가장 중요한 역할을 하기 때문에 풍수에서 이 형세의 길흉·선악을 판별하는 일에 가장 주의를 기울여야만 한다.

현무는 내룡이 혈을 맺는 산(山 : 地脈)의 총칭이며 풍수에서는 이를 부위에 따라 내룡(來龍), 입수(入首), 두뇌(頭腦), 아미(蛾眉)라는 이름을 붙인다. 이 내룡은 앞 절의 간룡법에서 논술한 광의의 내룡이 아니고, 현무사(玄武砂)의 일부를 이루는 협의의 내룡이다. 광의의 내룡은 산룡이 장차 혈국(穴局)에 이르려고 그 머리를 숙이고자 하는 수절(首節)에 해당되는 곳을 의미하는 것으로서, 지세상으로 보면 혈 뒤편의 조금 높은 곳에서 다소 낮아져서 뒷산으로 계속되는 맥을 말한다. 이 내룡의 형태는 지(之)자, 현(玄)자와 같이 약동 굴곡하며 오는 것, 혹은 많은 분맥(分脈)을 내면서 오는 것이 좋고, 직선인 것, 약간의 분맥(分脈)도 없이 고직(孤直)한 것은 좋지 않다. 약동 굴곡하며 오는 것이나 분지(分枝)가 있는 것은 생기발랄한 표상이고 고독 경직한 것은 생기가 상실된 것이기 때문이다.

입수(入首)란 용의 머리가 혈로 들어간다는 뜻이며, 그 부위는 내룡이 말절(末節)에서 조금 높은 두뇌로 옮아 가는 것이다. 두뇌라고 하는 것은 혈 뒤의 높은 곳, 혈을 둘러싼 사성(莎城)의 중앙 , 제일 높은 부위를 의미하며, 아미는 두뇌에서 혈의 중심에 이르는, 좀 불룩한 작은 구릉이다. 이 입수에는 직(直), 횡(橫), 곡(曲), 비(飛), 잠(蠶)의 오격(五格)이 있고, 아미에는 월미형(月眉形), 팔자미형(八字眉形)의 이격(二格)이 있는데 어느 것이나 양호하다고 한다.

풍수에서 이 현무사에 입수, 두뇌, 아미 등등의 이름을 붙인 것은

용두와 주작이 합국(合局)한 것으로 간주하는 까닭에, 용두가 있으면
머리와 두뇌가 있고, 머리가 있으면 미간이 있고 눈썹이 있다는 풀이
이다. 이렇게 현무가 용두를 본뜬 것이기 때문에 성국에는 용두가 있
어야 하고, 뿔, 눈, 코, 이마, 수염 및 입부분도 있어야 한다. 그래서
뿔에 매장한다든지, 용귀에 기(基)를 정한다든지 하는 일이 예로부터
전래되고 있다. 《장경》에서는 각 부위의 길흉에 관해 '鼻類吉昌. 角目
滅亡. 耳致候王. 脣死兵傷.'이라고 하고 있다. 코와 이마가 길창(吉
昌)이라 하는 것은 그 어느 쪽이나 중정(中正)을 얻고 있다는 뜻이며,
뿔부분이 흉한 것은 두 뿔이 함께 옆으로 편재하여 진혈(眞穴)을 이루
지 않으므로 이것은 멸망할 운이다. 귀가 왕후(王侯)의 조짐이 보일
만큼 대길한 것은 활처럼 굽은 까닭이며, 입술이 흉한 것은 얕고 드러
나 있으므로 죽은 상이라 한다(용체의 각 부위에 대해서는 龍形의 장에서
자세히 설명하겠다).

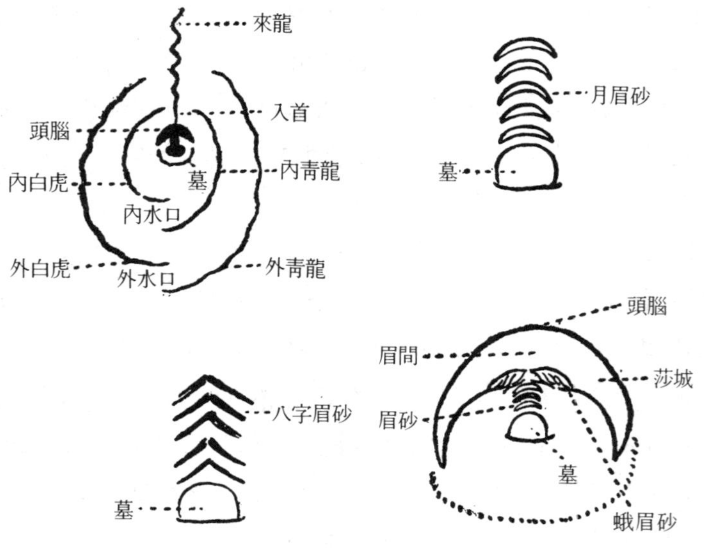

현무사

현무사를 그림으로 표시하면 위와 같다.

2. 그 외의 장풍사(藏風砂)

장풍에 필요한 조건은 혈 주위에 있는 중사(衆砂 : 山과 水)가 긴밀하게 둘러싸고 중첩하여 조금의 빈틈도 남기지 않는 것이다. 또한 사신사의 설명에서 이미 말한 것처럼, 혈 주위에 있는 사(砂)는 주산 내지 용혈의 종자이며 호위자이고 위엄을 함께 갖추며 필요한 것을 바치는 것, 즉 주산, 주혈의 종속물이며, 수식물이다. 따라서 장풍사는 그 수가 많을수록 풍수의 목적에 들어맞는다. 그래서 사실 풍수에서는 이 사의 숫자가 많고 완비된 것일수록 훌륭한 성국을 이루는 것으로 친다. 사신사 이외의 것을 들어 보면 다음과 같다.

1. 보필(輔弼)

사(砂)는 용혈의 좌우에 특별히 우뚝 선 두 산이 서로 대치하는 것으로서, 그 고저, 대소, 원근이 서로 대칭되는 것을 으뜸으로 친다. 이 사에는 다음과 같이 팔격(八格)이 있다.

① 일월협조(日月夾照)—이것은 둥글게 솟은 산으로 마치 태양태음과 같은 것이다.

② 문무시위(文武侍衛)—이것은 우뚝 서서 붓을 가지런히 세우고, 깃발을 펴놓은 듯한 모양이다.

③ 열병열장(列屛列帳)—이것은 길이, 너비가 네모지고 평평한 모양이다.

④ 천을태을(天乙太乙)—이것은 후룡의 좌우에 있고 쭈뼛하게 선 모양이다.

⑤ 천고천각(天孤天角)—이것은 내룡의 좌우에 있는 것이다.

⑥ 금오집법(金吾執法)―이것은 전조(前朝)의 좌우에 있는 것이다.

⑦ 천관지축(天關地軸)―이것은 명당(明堂)의 좌우에 있는 것이다.

⑧ 화표간문(華表稈門)―이것은 수구(水口)의 좌우에 있는 것이다.

이상은 모두 지극히 고귀한 것들을 관장하는 것이기 때문에 이것이 있으면 그 혈은 귀혈(貴穴)로 간주한다. 그러나 좌우 균형을 결한 것은 귀격(貴格)이 아니다.

2. 수구사(水口砂)

청룡 백호의 사이로 물이 흘러가는 곳을 수구라고 하는데, 이 수구의 양쪽 기슭에 있는 산을 수구사라고 한다. 일반적으로 수구사는 긴밀한 것이 좋고, 헛되이 사라지는 물을 직류시킨 것은 좋지 않다. 물의 직류는 득수법에서 설명하겠지만, 풍수상에서는 이 수류를 무정한 것으로 여겨 꺼리기 때문에 이 수구사로 물을 직류시키지 않도록 노력하지 않으면 안 된다. 그러므로 수구사는 물의 직류를 막고 혈내의 순화를 돕는 한편, 국혈의 위엄을 갖추어야 한다. 산이 주밀하고 빽빽히 포개지고, 높은 봉우리에 암벽이 가파른 것, 기이한 바위로 조금 높고 평평한 언덕이 인홀(印笏)같이 서서, 금수(禽獸), 귀사(龜蛇), 금어(金魚), 사상(獅象), 기고(旗鼓), 둔병포진(屯兵布陣), 창돈횡장(倉囷橫帳), 보전용루(寶殿龍樓) 등과 같거나 혹은 무기를 쥔 무사(武士)가 성을 방어하는 것 같고, 장수와 병졸이 손을 맞잡고 십리를 지키는 것 같은 것을 미사(美砂)라고 한다. 이 수구사의 주된 귀격(貴格)은 다음과 같다.

① 간문(稈門)―이것은 수구의 양쪽에 대치하여 문호를 지키는 신을 말한다. 그 형태가 깃발, 북, 문(文), 무(武), 시종(侍從), 일월(日月), 귀인, 천마(天馬), 나성(羅星), 북극성, 거북이나 뱀을 닮은 것을 으뜸으로 치며, 이 간문이 있으면 공경(公卿), 군주(君

主), 황후(皇后), 신선(神仙), 장원(狀元)이 난다고 한다.

② 화표(華表)—이것은 수구 사이에 기이한 봉으리가 불쑥 튀어나와서 우뚝 솟아 있거나 양쪽 산이 서로 대치하여 있어, 물이 그 사이의 빈틈을 따라 흐르는 산을 말한다. 그 형태는 횡란(橫欄), 수구를 막고 하늘 높이 치솟은 것이 좋다. 수구 사이에 이 화표가 있으면 그 근처에는 반드시 큰 부귀의 대지(大地)가 있으며, 천도(遷都)의 터로도 좋고 또 왕후(王侯)가 난다고 한다.

③ 북진(北辰)—이것은 수구 사이에 산이나 바위가 험하고 가파르게 솟아오른 것, 그 형상이 괴이한 것을 말한다. 중류(中流)쯤에서 불쑥 튀어올라 조입(朝入)하는 기세가 있는 것이 좋다. 이 사는 대단한 귀사(貴砂)로서 왕후의 대지가 아니면 쉽게 발견되지 않는다. 당의 양균송(楊均松)은 그 북진을 평하여 '一個北辰. 管萬兵駟. 馬公侯.'라 했으니 얼마나 풍수가들 사이에 숭앙되는 사인지 상상할 수 있다. 그 형태는 장군, 판관(判官), 소귀(小鬼), 와룡(臥龍), 기린, 사상(獅象), 소라, 비봉(飛鳳), 선학(仙鶴), 맹호, 펼친 깃발, 추갑(推甲), 양산(涼傘), 주기(走旗), 톱니, 창칼, 번체(幡蔕), 배부(排符), 필가(筆架) 등과 유사한 것으로 이를 바라보면 신이 놀라고 마음이 두려워질 만한 괴암(怪巖)일 것을 요한다.

④ 나성(羅星)—이것은 수구관란(水口關欄)의 사이에 약간 높고 평평한 둔덕이 일어나거나, 돌이나 흙으로 된 둔덕이 평지에서 돌기하여 문호(文戶)를 이루며, 물이 그 사면을 둘러싸고 흐르는 듯한 사를 말한다. 돌이 상(上)이고 흙이 그 다음이다. 이 나성에는 진가(眞假)가 있다. 진(眞)은 수미(首尾)가 있는데 머리는 흐름을 거슬러올라가고 꼬리는 물에 순응한다. 이에 반하는 것이 가(假)이다. 그리고 내수구에 있는 사는 좋지 않고 외수구에 있

는 것이 좋다. 만일 내수구에 있으면 포양타태산(抱養墮胎山)이라 하여 불길한 영향을 미친다.

이상의 간문, 화표, 북진, 나성은 수구사 가운데 지극히 귀한 것들이며, 그중 하나만 갖추어도 지극히 부귀한 용혈이 이에 응하는 것으로 친다.

3. 나성사(羅城砂)

혈의 주위에 있어서 사신(四神)을 따르며, 그를 보충하는 산이나 언덕을 나성사라고 한다. 이를 나성이라 하는 것은 이 여러 사가 충첩하고 높이 솟아 주선(周旋)하며, 층층이 표리(表裏)하고, 결함을 보완하고 빈틈을 막아서 마치 성의 담벼락처럼 혈을 둘러싸기 때문이다. 또 이 둘러싸인 형태가 하늘의 뭇 별들이 제왕의 자리를 담벼락처럼 둘러싸고 있는 것 같아서 원국사(垣局砂)라고도 한다. 양균송(陽均松)이 '外山百里作羅城'이라고 말했고, 주자가 '拱損環抱無空缺. 宛然自有一乾坤'이라고 한 것은 모두 이 나성원국(羅城垣局)을 논한 것이다. 이 사(砂) 가운데 혈 뒤에 있으며 혈의 베개가 되는 것을 낙산(樂山) 또는 탁산(托山)이라 하며, 내룡이 가로누운 형태로 입수하는 그 바깥쪽에 있는 것을 귀성(鬼星)이라 하고, 혈 앞 안산의 보산(補山)을 관성(官星)이라고 한다. 낙산은 다른 말로 고산(靠山)이라고도 한다. 내룡이 연약할 때 이 낙산에 기대어 설 수 있고, 의지하여 입수할 수도 있으나, 낙산이 없을 때는 열약한 용은 쇠퇴하고 결국 진혈을 맺을 수 없다. 귀(鬼)는 꼬리이며 침츤(枕襯)이다. 이것이 없는 횡룡(橫龍)은 진룡이 될 수 없다. 관(官)은 뒤를 버티어 주는 것이다. 또 안산을 유력하게 해주는 곳이기도 하다. 그러나 '一重案. 外見靑天. 後代絶人烟. 雖未必然. 發必不久.'라고 하는 격언이 있듯이 풍수에서는 고독한 안(案), 한 겹의 안을 피하기 위하여 이를 보좌하여 뒤에서 버티어 주는 관성(官星)이 필요하며, 이를 관성이라 부르는 것은 혈 앞의 산이 주로 관사를 담당하기 때문이다. 《지리대전(地理大全)》에서는 이들 산을 '혈의 전후좌우에서 발생하는 여기(餘氣 : 本身의 여기)의 산이라 하며, 앞에 있는 것을 요(曜), 명당의 좌우에 있는 것을 금(禽)이라고 부른다. 이것이 갖추어지면 부귀의 용혈이 된다'고 설명한다.

요컨대 장풍법은 후룡이 천천히 다가오고 둥글게 둘러싸는 조대(朝對)가 있으며, 좌우의 용호가 또한 빙 둘러싸고, 여러 산들이 중첩하여 모두 내조(來朝)하며, 여러 물줄기가 모여 세차게 흐르지 않고 음양이 충화되는 전기(全氣)의 땅을 찾는 것이며, 이로써 그 목적하는 바는 풍수의 주안점인 '貴若千里. 冨如萬金.'의 발복을 인생에 초래코자 하는 것이다. 용이 있으면 물이 따르며, 물이 있으면 용이 있는 것은 음이 있으면 양이 있는 것과 같다. 이 양자(兩者)는 떨어지려야 떨어질 수 없는 것이기 때문에 천산(千山)이 둘러싼 그곳에서는 만수(萬水)가 흐르는 것을 볼 것이다. 또 산수가 모인 곳, 거기에 음양 이원(二元)이 모일 것이다. 장풍법이란 먼저 천산의 모임에 주목하여 음양 생기의 화순을 찾는 것에 다름 아니다.

《명산론(明山論)》에서는 이 산의 모임을 용회(龍會)라 하고, 이를 도읍·촌락, 즉 양택에 관하여 그 대소를 수적으로 논하고 있는데 그것은 다음과 같다. 즉 용회는 작게는 마을이 되고 크게는 수도가 된다. 이 용회의 숫자는 36이 최대이다(이 36이란 최대수에 관해 《명산론》에서 아무런 설명을 가하지 않았기 때문에 명백하지 않다. 조선 《經國大典》의 陰陽科 地理學 시험과목의 하나였던 胡舜申의 《地理新法》에는 乾坤艮巽의 四維산의 기세가 하강되어 각기 9룡을 낳았기 때문에 용에는 36룡이 있다고 주장하고 있지만 왜 9룡을 낳았는지는 설명하지 않았다. 《금낭경》에서 산을 4勢로, 용을 8룡으로 정하고 있는데, 이것은 음양의 4象, 즉 大陽小陽, 大陰小陰의 8괘, 즉 乾, 兌, 離, 震, 巽, 坎, 艮, 坤에서 유래하는 것과 같이 36도 역

시 음양 8괘에서 연역된 것이다. 즉 8괘중에 陽爻의 획수 12와 陰爻의 획수 24
의 합계 36을 가지고 《금낭경》의 8룡을 증대시킨 것이 아니겠는가. 그리고 음
효〔┅〕는 양효〔━〕에 대한 음의 기호이나 ┅의 2획은 ━을 두 개 나열한 것이
며, ━는 양의 기호이므로 괘효를 단획(單劃)으로 분해하면 전부 양이 될 것
이다. 그런데 산이 내룡일 때에는 양이기 때문에 산의 수를 8괘로 나타냄에
있어 음을 가지고 할 수가 없으니 8괘를 전부 양으로 변화시킬 수 있는 分劃
法을 사용하여 12의 양효는 그대로, 12의 음효는 24개의 陽象으로 분해해서 이
를 합친 36의 전부가 陽象이 되며, 이로써 36룡으로 친 것인지도 모른다. 그
러므로 이 36룡은 8괘에서 분리된 것이 아니고 고래로 8괘에 따라 山을 정한
관념과 그 근본에서 일치하면서 나아가서는 그 수를 확대할 수 있기 때문인
것이다. 이와 관련하여 8괘를 爻의 측면에서 보면 다음과 같다. 건☰, 태☱,
이☲, 진☳, 손☴, 감☵, 간☶, 곤☷, 양효 ━가 12·음효 ┅가 12, 전획수
36이다). 그 수가 줄어듦에 따라 다음과 같은 차이가 있다.

① 용회(龍會) 30 이상 36 이하—열군(列郡), 방진(方鎭). 호구(戶
口) 수만(數萬)이며 물산이 풍성하며 영웅호걸이나 명신이 나옴.

② 용회 20 이상 30 이하—소군(小郡), 대읍(大邑). 인물이 창성하
고 보화가 산출됨.

③ 용회 10 이상 10 이하—소읍, 진채(鎭寨), 관사(官舍).

④ 용회 6,7 이상 10 이하—마을, 호구 풍족.

그리하여 용맥이 모이지 않는 곳, 또는 모이더라도 그 숫자에 미치
지 못하는 곳은 일시적으로 융성한다 해도 마침내 쇠퇴하고 영속하지
않는다.

대군(大郡)이 변하여 소군이 되고, 대읍이 소읍으로 변하는 것은
모두 이 때문이라고 했다.

4. 득수법(得水法)

"山川融結. 峙流不絶. 山來水回. 逼貴豊財. ……山頓水曲. 子孫千
億. 山走水直. 從人寄食. 水過西東. 財寶無窮. ……氣乘風散. 脈遇
水止. ……山來水回. 逼貴豊財. 山囚水流. 虜王滅侯. ……山欲其
迎. 水欲其澄."

이것은 《청오경(靑烏經)》의 산과 수에 대한 풍수적 원칙이다.

"風水之法. 得水爲上. 藏風次之. ……氣者水之母. 有氣斯有水. ……
法每一折潴而後泄. ……洋洋悠悠顧我欲留. 其來無源其去無流. ……
夫外氣所以聚內氣. 過水所以止來龍."

위 문장은 《금낭경》의 수(水)에 관한 설명 원리이다. 다음으로 《명
산론》을 보면 이미 앞에서 산수융결(山水融結)의 이치를 논술한 바 있
는데, 그것은 다음과 같다. 즉,

"음양 이기(二氣)가 융결하여 산이 되고 수가 된다. 그러므로 이 산
과 수가 서로 어울리면 음양이 화합하고 이 화합은 기를 충화시킨
다. 그러므로 산수가 서로 만나는 곳어 생기가 생긴다. 따라서 이
곳을 길지라 한다.

산이 크고 물이 작은 것을 독양(獨陽)이라 하며, 산이 작고 물이
큰 것을 독음(獨陰)이라 한다. 기복이 없는 산을 고음(孤陰)이라 하
고, 조용하지 않은 물을 고양(孤陽)이라 한다. 이런 곳에서는 음양
이 서로 화합하지 않으므로 흉지이다.

산은 천리(千里)의 근원을 바라보며 물은 천리의 끝을 본다. 산은
높은 것이 좋고, 물은 깊은 것이 좋다. 어지럽지 않게 일어나는 산
은 기를 모으고 물이 어지럽지 않게 구비치면 기가 멈춘다.

산은 기복을 그 수(數 : 性)로 하기 대문에 길흉은 그 고비(高卑),

후박(厚薄), 대소에 따라 정해지며, 물은 곡절(曲折)을 수로 하기 때문에 좋고 나쁨은 그 장단, 심천(深淺), 완급에 의해 정해진다.

산은 길위(吉位)에서 오는 것이 좋으며, 물은 흉방(凶方)으로 사라지는 것이 좋다. 산이 길위에서 일어나면 복록을 만나게 되고, 물이 흉방으로 가면 복록이 오래 머무른다.

산의 형태가 길한 것은 흉에 맞닥뜨리지 않으며, 물의 기운이 순한 것은 역화(逆禍)가 없다.

일반적으로 물이 없는 독양의 산은 절멸하고 산이 없는 독음의 물은 쇠잔해지는 결과를 가져온다. 그러나 산의 기는 물을 만나지 않으면 멈추지 않고, 물의 기는 산을 만나지 않으면 조화하지 않는다. 장혈(葬穴)에서 득산득수를 귀하게 여기는 이유는 산이 없으면 기를 받을 수 없고 물을 얻지 못하면 기를 도울 수 없기 때문이다.

혈의 방향은 산에 접해야 귀하고 물에 접해야만 상서롭다. 만약 혈의 방향이 산을 등지면 복록을 발하지 못하고 물을 등지면 긴 이익이 없다.

대저 '지리'는 '산수'를 의미하고 '지리의 법'은 산수 가운데서 길한 것을 얻어 자손이 부귀해지며 그것이 오래 지속할 것을 꾀하려는 것이라 할 수 있다."

호순신의 《지리신법》에 의하면,

"산은 본래 그 성질이 정(靜)이며 물의 성질은 동(動)이다. 그러므로 그 본성으로 말하면 산은 음이고 물은 양이다. 또 음은 체(體)이고 양은 용(用)이기 때문에 길흉화복은 물에서 더 빠르게 나타난다. 산수를 인체에 비유하면 산은 형체(形體)와 같고, 물은 혈맥과 같다. 사람의 생장영고(生長榮枯)는 첫째 혈맥에 의한다. 이 혈맥이 순조롭게 돌아야 건강하고 조화를 잃으면 질병을 얻는다. 산수도 이와 마찬가지이다. 물이 오가면서 산을 만나지 못하면 산의 길함은 성립되지 않는다. 풍수에서 물이 중요한 것은 이러한 이유에서이다. 일반적으로 산에 대한 물의 방향은 산의 길방(吉方)으로 흘러들어와 흉방(凶方)으로 나가는 것이 좋다.”
고 하였다.

또한 민간에서 읽혀지고 있는 대표적인 지리서인 《지리대전》에서도 물의 특성을 논하고 있으니, 그것은 다음과 같다.

“물은 용의 혈맥이며, 《장서》에서는 물을 외기(外氣)로 본다(이 외기는 본래 산수가 싸안은 것을 말한다). 양수(兩水) 중에는 반드시 용이 있고, 양수가 만나면 용기(龍氣)가 멈추며, 물이 빨리 흐르면 용기가 흩어진다. 따라서 물은 화복과 깊은 관계가 있다. 물이 깊은 곳에 백성이 살고 부유하며, 물이 얕은 곳에 백성이 적고 가난하다. 물이 모이는 곳은 백성이 빽빽하게 많고, 물이 흩어진 곳에는 백성이 살아도 떨어져 있다. 길흉이란 면에서 보면 물이 넓게 유유히 흘러 뒤를 돌아보고 머무르고자 하는 듯 그 흘러오는 근원이 없는(근원이 없음은 근원이 멀어서 알지 못하는 것) 것은 길하며, 정이 있어서 혈을 뒤돌아보며 둥글게 돌며 연연해하고 뿌리치지 않는 것이 좋다. 그러나 방위를 중요시할 필요는 없다(그런데 후대의 풍수사 중에는 방위에 지나치게 치중하여 풍수의 본말을 그르친 자가 있다). 득수를 관찰하는 사람은 외수(外水)의 크기나 깊이를 살펴서 땅의 경중(輕重)을 알고, 내수(內水 : 局內의 물)가 갈라지고 보이는 것을 살펴 땅의 진위를 식별하면 된다.”

《인자수지(人子須知)》의 물에 관한 논술도 이 《지리대전》과 큰 차이 없이 관자(管子)의 말을 인용하여 ‘水地之血氣筋脈之通流者. 故曰水其具財也. 而地理家謂山管人丁. 水管財識然’이라고 했다.

이상 몇 가지 책에서 풍수에 있어서 물의 의의와 중요성을 대략 살펴보았다. 이제 이를 요약하면, 풍수상 물에는 다음과 같은 특색이 있음을 알 수 있다. 즉 풍수에서는 물을 산과 마찬가지로 음양 이원기(陰陽二元氣)의 발현체로 보고 양자가 합치면 생기가 나타난다는 것이다. 풍수가 이 생기를 타는 데에 주안점이 있으니 생기를 발생시키기 위해서 산과 물은 반드시 필요하다. 둘째, 풍수에서는 산과 물을 대립시켜 산을 양으로, 물을 음으로 본다. 산수 양자가 모두 음양 이원의 발현체라고는 해도 그것이 금방 동적(動的)인 생기를 발생한다고는 할 수 없다. 조화를 이루는 생기는 음양 양자(兩者)가 충화 융합할 때에 비로소 나타난다. 그러므로 산과 물이 음양 양자로 나뉘어 있지 않으면 생기는 순환되지 않는다. 그래서 풍수에서는 산을 양, 물을 음으로 하여 소위 '양래음수'로 하려는 것이다. 셋째로 풍수에서는 물이 동적이기보다 정적이기를 바란다. 물은 유동하는 본성이 있지만 본성대로 유동해서는 아무리 유력한 산과 만나도 생기의 순화를 이룰 수는 없으며, 오히려 산의 생기까지도 씻어가 버린다. 그러므로 괴지 않고 흘러가는 물은 흡수라 하여 이를 피한다. 산주작(山朱雀)은 춤추며 나는 것이 좋다고 하지만 이는 산주작(山朱雀)일 경우이고, 물을 주작으로 삼은 경우에는 결코 약동해서는 안 된다. 산은 춤추지 않으면 날아가 버리고 물은 괴지 않으면 흘러가 버려 성국(成局)을 이룰 수 없기 때문이다. 넷째, 물이 만나면 산을 멈추게 한다. 양수(兩水)가 합치는 곳에서 내맥(來脈)이 멈춘다. 이 내맥이 내룡이다. 이렇게 물이 모이는 곳에서 용기(龍氣)가 멈추어 모인다. 다섯째로 풍수에서는 물이 재화를 취득하는 것이라 한다. 이것은 물이 있는 곳에서 사람이 많이 살며 재화를 축적한 실제적 경험으로부터 유래된 것이리라. 여섯째로 산이 체(體)인 데 대해 물은 용(用)이므로 그 영향이 급속히 나타난다는 것이다.

　풍수에서 물을 필요로 하는 것은 이상의 제설에서 분명히 알 수 있다. 그러면 이 물을 어떻게 처리하고 취급해야 할 것인가? 이런 점에서 득수법이 풍수상 중요한 역할을 하게 된다.

1. 물의 득파(得破)

풍수에서는 그 성국(成局)을 이루는 물이 흘러오는 것을 '득(得)', 흘러나가는 것을 '파(破)'라고 한다. 물은 원래 그 성격이 동적이다. 아무리 풍수상 정적인 것을 요구한다 해도 흘러온 물이 그대로 괴어 있어서 흐르지 않으면 그 물은 부패할 수밖에 없다. 부패한 물은 '家庭不昌. 子孫少亡'이라고 하여 풍수에서는 극히 꺼린다. 그러므로 혈 앞쪽을 유유히 흘러가는 것은 좋지만 결코 흘러가는 출구를 막아서는 안 된다. 《금낭경》에서 이 내수(來水)를 '法每一折潴而後泄'이라고 말하는 것처럼 혈 앞에서 체류한 다음에는 다시 흘러가게 하지 않으면 안 된다.

성국에서는 물이 오는 것을 득 또는 견(見)이라 하고, 지나가는 것을 파 또는 불견(不見)이라고 부른다. 득(得)이란 물을 얻는다는 뜻이며, 견은 내수를 처음으로 본다는 뜻이며, 불견은 물이 흘러가서 보이지 않는다는 뜻이다. 《주역(周易)》에서 '열리는 것〔闢〕은 건(乾)이라 하고, 닫히는 것〔闔戶〕은 곤(坤)이라 하며 일벽일합(一闢一闔)으로 만물이 변화된다' 하였으니, 벽(闢)이 곧 득이며, 합(闔)이 곧 파라고 할 수 있다. 즉 득파는 개폐(開閉)와 시종(始終)을 의미하며 또한 음양을 의미한다. 풍수의 요지는 음양이 생기를 타는 데 있으므로 물의 오고 감에 있어서도 이를 음양으로 분별하여 오로지 상기의 활동을 도우려고 노력하는 것임에 주의해야 한다. 득, 견, 파, 불견에 대해 구체적으로 다음과 같이 해석하고 있다.

"見者得也. 不見者破也. 見者夫婦相見之初. 不見者天明相樂之處. 相見之初. 人所相見. 相樂之處. 人所不相見. 故始見之爲得. 不相見之爲破."(地理抄妙)

물이 오가는 것을 이러한 측면에서 보는 까닭에 지나가는 물이 보여서는 안 된다. 왜냐하면 물이 보이면 상락(相樂)할 수 없고, 따라서 생기의 활동이 이루어지지 않기 때문이다. 또 풍수에서는 물이 직류하는 것을 꺼리고 굴곡하기를 바라는데 직류에는 불견이 없고 곡류수에는 불견이 있기 때문이다.

풍수에서는 물이 흘러오는 곳을 천문(天門), 흘러가는 곳을 지호(地戶)라고 한다. 즉 득(得)과 견(見)의 장소를 천문, 불견(不見)과 파(破)의 장소를 지호(地戶)라고 한다. 《주역》의 벽합(闢闔)은 물이 오가는 지점을 구체화한 것이다. 그러므로 천문은 넓게 열려 있어야 좋고, 지호는 밀폐되어 있어야 좋다. 만일 천문이 밀폐되고 지호가 열렸다면 산수를 만날 수 없어 진혈(眞穴)을 맺지 못한다.

2. 수구(水口)

국내(局內)의 양수(兩水)가 합하여 밖으로 나가는 것을 '수구'라고 한다. 여기에 내외의 구별이 있다. 수구는 일반적으로 청룡 백호가 서로 포옹하는 사이를 곡류(曲流)하는 것으로, 득파의 파에 해당되며, 견불견(見不見)의 불견에 해당되는 곳이다. 그런데 왜 이것을 수구라고 하는 것일까? 이에 관해서는 두 가지의 견해가 있다. 하나는 국, 혈은 용이 입수(入首)한 곳이기 때문이라는 것이다. 용에는 입이 있어야 한다. 청룡 백호가 얼싸안은 곳이 마치 입과 같이 생겼으니 용머리의 입이라는 의미에서 수구라고 하였다는 것이다. 또 다른 하나는 흡사 청룡과 백호가 서로 입을 갖다 댄 듯한 곳이기 때문에 수구라고 한다는 것이다. 이처럼 수구란 물의 출구라는 단순한 의미가 아니다. 풍수에서는 혈을 용혈, 즉 용두혈로 간주하므로 이 용두에 입이 있는 것은 당연하며 따라서 수구를 용구(龍口 : 용은 강물을 일으키는 까닭에 용구와 수구는 동일한 관념으로 결부된다)라 하는 데는 이의가 없다. 그러나 청룡과 백호의 입이 맞닿은 곳이기 때문에 수구라고 한다는 것은 좀더 연구해 볼 필요가 있는 것 같다. 풍수에서는 생기의 순화를 귀히 여기기 때문에 국을 이루도록 모두 살아 있지 않으면 안 된다. 혈의 호위를 맡은 청룡도 산 것이어야 하고, 백호도 산 것이어야 한다. 살아 있는 것은 무엇이든 음식물을 필요로 한다. 풍수가는 이 사료(飼料)를 물로 생각했다. 즉 '靑龍山頭食白虎陰水. 白虎山頭食靑龍陽水.'와 같이 청룡에게는 백호의 음수를 먹게 하고, 백호에게는 청룡의 양수를 먹게 함으로써 양자의 생기가 유지되도록 한다. 먹기 위해서는 입이 필요하다. 청룡과 백호가 모두 물을 먹는 입을 마주하고 있으니 여기를 수구라고 한다.

　그러나 수구에는 또 하나 풍수상의 중요한 의미가 있다. 그것은 음양의 충화이다. 풍수에서는 원래 청룡을 양, 백호를 음이라 하며, 청룡의 안쪽을 따라 흘러오는 물을 양수(陽水), 백호의 안쪽을 따라 흘러오는 물을 음수(陰水)라고 한다. 수구는 이 양수 음수가 합치는 곳이며, 양인 청룡은 백호의 음수를 받고 음인 백호는 청룡의 양수를 받음으로써 서로 음양이 충화된다. 마치 암수가 기를 합하기 위해 입을 맞추는 것과 같다. 이렇게 기가 충화됨으로써 생기가 통하고 기를 화합함으로써 서로 친목한다. 생기의 활동은 국내(局內), 혈 속에서 화순을 돕고 양자가 친목을 도모하고 상호 협력하여 오랫동안 국혈을 호위한다. 풍수의 성국에서 수구가 없어서는 안 되는 것은 바로 이 때문이다. 따라서 수구가 넓게 열리지 않고 극히 긴밀한 것, 즉《역경》에서 말하는 합(闔)을 필요로 한다는 것을 이해할 수 있을 것이다.

　이 수구에는 일반적으로 세 가지가 있다. 청룡이 짧고 백호가 길며 백호가 청룡을 둘러싼 듯한 경우의 수구를 음수구, 이와 반대인 경우의 수구를 양수구, 그리고 청룡 백호의 길이가 대등하게 상대하는 경우의 수구를 음양합수구라고 한다. 수구는 원래 음양 양수가 합치는 곳이므로 모두가 음양합수구이어야 할 테지만 특별히 음수구, 양수구라 하는 것은 청룡이 길 경우에는 양수가 음수보다 우세하고 백호가 길 때에는 음수가 양수보다 우세하기 때문에 그 어느 쪽이 우세한가에 의거하여 이름을 붙인 것이다.

3. 물의 음양(陰陽)

물이 산에 대해 음인 것은 이미 설명했지만 풍수에서는 혈 앞에 있는 물을 음양으로 나누어서 논하고 있다. 이 혈 앞의 물을 음양으로 나누는 데는 세 가지 방식이 있다. 첫째는 용호에 따라 나눈다. 즉 청룡에서 흘러나오는 물(청룡수)을 양수라 하며, 백호에서 흘러나오는 물(백호수)을 음수라 하는 것이다. 둘째는 방위(方位)에 따라 나눈다. 즉 24방위 중에 갑병경임(甲丙庚壬)은 양간(陽干)이므로 이 방위에서 발현하는 물은 양수이고, 을정신계(乙丁辛癸)는 음간(陰干)이므로 이 방위에서 발현하는 물은 음수이다. 셋째는 좌우에 의해 나눈다. 즉 왼쪽에서 시작되어 오른쪽으로 가는 것을 양수라고 하고, 오른쪽에서 왼쪽으로 흐르는 것을 음수라 한다.

이렇게 물을 음양으로 나누는 근본 관념은 '양래음수', '음래양수'를 이루게 하고 또 음양 양자의 충화를 성립시키고자 하는 데 있다. 물의 음양 충화는 수구의 설명에서 이미 논한 바 있다. 그러면 물의 음래양수, 양래음수라는 것은 대체 무엇일까? 이것은 물의 모임과 그 변화를 의미하는 것이다. 마치 옷을 입을 때의 동정 같은 것으로서 물이 좌우에서 와서 긴밀히 합치는 것이 국혈에도 필요하다. 그런데 이 양자가 같은 것이어서는 생기의 발동을 재촉할 수 없다. 즉 풍수에서는 물이 모이는 것으로 생기의 활동을 꾀하기 때문에 음수가 오면 양수가 이를 받으며, 양수가 오면 음수가 이를 받아야 하는 것이다. 물은 낮은 곳을 향하여 흐른다. 이 흐름은 결코 일직선으로 달리지 않

는다. 직류하며 변화가 없는 물은 자연에 반하는 것이다. 산도 생기가
있는 용은 구불구불 변화가 있다. 물의 성질은 원래 동(動)이다. 그러
므로 생기 있는 물은 산에 변화가 있는 것과 마찬가지로 굴곡이 있어
야 한다. 혹은 좌우로 굽어야만 비로소 생기 있는 물이라 할 수 있다.
양래음수, 음래양수라 함은 이 변화를 말하는 것이다. ' ╱ '은 양래이
고 ' ╰ '은 음수이다. ' ╲ '은 음래이고 ' ╯ '은 양수이다. 즉 물의 흐름
이 좌우로 굽어 진행되는 것을 음양래수라 한다. 풍수에서 변화하지
않는 직류수를 꺼리는 것은, 독양(獨陽) 혹은 독음(獨陰)으로서는 음
양의 충화를 이룰 수 없고 생기의 활동도 도모할 수 없기 때문이다.
물의 음양은 단순히 음양 충화를 이루며 생기의 활동을 도울 뿐 아니
라 양수는 남자를 관장하고 음수는 여자를 관장한다고 한다. 묘 앞의
물도 양수·음수 양자가 서로 합치는 것이 최상이며, 음수가 우세하
면 그 자손에 여자가 많이 나오고 양수가 우세하면 남자가 많이 나온
다고 한다. 물이 묘혈에 대해 흉방에서 나오든가 심한 냄새가 나는 경
우가 있는데, 이를 음수(淫水)라고 부르며, 음란한 남녀가 나온다고
한다. 이에 관해서는 다음과 같은 흥미있는 사례가 전해져 오고 있다.

　전라남도 영암군(靈巖郡) 곤이시면(昆二始面) 독천리(犢川里)에 독
천 시장이 있다. 이 시장은 지금(1929)으로부터 약 30년 전에 까닭이
있어 같은 면 용산리에 있던 것을 이곳으로 옮긴 것이다. 그 까닭이란
이러했다. 이 시장의 건너편에 묘지가 하나 있었다. 이것은 영암견 망
호리(望湖里)에 사는 어떤 사람이 지력이 왕성한 길지(吉地)라 하여
정한 것이다. 묘지를 설정한 바람이 헛되지 않아 자손은 부귀번성했
지만 일족간에 간음하는 자가 나왔다. 그래서 철저히 조사해 본즉, 묘
앞을 흘러나오는 음수가 마르는 일 없이 넘칠 만큼 왕성하게 흐르기
때문에 그 영향을 받은 것임을 알게 되었다. 풍수가와 상담한 결과,
그 영향을 면하려면 묘를 다른 곳으로 옮기든지, 그 왕성한 음기를 풀

어야만 된다고 했다. 자손에게 부귀와 번성을 가져다 준, 발복이 현저한 곳을 버리고 다른 곳으로 이전한다는 것도 바람직하지 않은 일이라고 보고, 왕성한 음기를 쫓는 방법이 없을까 생각한 끝에, 음기는 여기(女氣)이며, 여기는 남기(男氣)에 의해 충화되므로 이 묘 앞에 남기가 감돌게 하기로 결정했다. 그러기 위해서는 한 달에 여섯 번씩 많은 남자가 모이는 시장을 개설하는 것보다 더 좋은 방법이 없다고 하여, 결국 일족이 배후에서 운동하여 용산리에 있던 시장을 이 묘 앞 독천리로 옮긴 것이라고 한다.

4. 득수법(得水法)

풍수에 있어 득수의 원칙은 《금낭경》의 '源於生氣. 派於己盛. 朝於大旺. 澤於將衰流於囚謝. 以返不絶.'이다. 장설(張說), 홍사(泓師), 일행(一行)이 단 주(註)에 따르면 그 원칙은 이러하다.

"묘 앞을 흐르는 물은 묘지의 생기를 관장하는 방위에서 발생하며, 생기가 이미 왕성한 곳은 그냥 지나고, 생기가 크게 왕성한 묘의 바로 앞에서 조입(朝入 : 멈춰 모여서는 돌아보며 머무르는 곳)하며 생기가 장차 쇠하려 하는 곳을 적셔 주고, 생기가 새롭게 변천하려 하는 곳으로 흘러가서 그대로 멈춰 버리지 않도록 해야 한다. 실제 예를 들어 보면 태산(兌山 : 西山, 釜山)은 금(金)에 속하므로 물은 잠시 금(金)을 낳는 토(土), 토를 낳는 화(火)의 쪽, 즉 사(巳)의 쪽에서 그 근원을 발한 금수(金水)가 아니면 안 된다. 그리고 그 흐름의 방식은 잠시 흘러서 이 태산에서 생기가 성해지는 곤신(坤申)의 방향(즉 곤은 토, 신은 금, 곤신은 토생금으로서 상생관계)에 이르며, 이리하여 생기가 크게 성한 경유(庚酉)의 방향(전부 금)으로 모이고(즉 묘 앞), 한번 굽어서 생기가 장차 쇠하려 하는 신술(辛戌) 쪽으로 돌아오며, 나중에는 생기가 새롭게 변천하는 건해임(乾亥壬 건은 금, 해는 수, 금생수의 곳, 그 이후는 모두 수) 이후의 방향으로 흘러가야만 한다. 그리고 이 원류(源流), 택조(澤朝)의 물은 반드시 한때 괴었다가는 다시 흘러가는 것이 길하며 직류하여 무정한 것을 피한다. 특히 묘 앞으로 흘러들 때에는 유유히 자신을 뒤돌아보며 머물고자 하는 듯이, 또 물이 흘러오면 그 근원이 보이지 않고 흘러가면 앞의 산에 둘러싸여 흘러나가는 것이 보이지 않는 곳이 길하다.”

호순신(胡舜申)은 《지리신법》에서 이 원칙을 서술한 다음 그 응용의 범위를 확대했다. 그 개략을 살펴보면, 모든 산을 24방위로 나누어 자(子), 계(癸), 축(丑), 간(艮), 인(寅), 갑(甲), 묘(卯), 을 (乙), 진(辰), 손(巽), 사(巳), 병(丙), 오(午), 정(丁), 미(未), 곤(坤), 신(申), 경(庚), 유(酉), 신(辛), 술(戌), 건(乾), 해(亥), 임(壬)의 24산으로 하고, 이 24산을 다시 오행(五行)으로 나누어 신(申), 경(庚), 유(酉), 신(辛), 건(乾)의 산을 금산(金山), 인(寅), 갑(甲), 묘(卯), 을(乙), 손(巽)의 산을 목산(木山), 축(丑), 간(艮), 진(辰), 미(未), 술(戌), 곤(坤)의 산을 토산(土山), 해(亥), 임(壬), 자(子), 계(癸)의 산을 수산(水山), 사(巳), 병(丙), 오(午), 정(丁)의 산을 화산(火山)이라 한다. 이를 또한 9성의 배치에서 보아 금, 목, 토, 수, 화산의 길방과 흉방을 결정하는 것이다(상세한 것은 방위를 논할 때 설명하기로 하겠다).

이 법칙에 따르면,

금산은 사방(巳方)에서 물이 와서 인, 갑, 묘 쪽으로 가는 것이 길하다.

목산은 해방(亥方)에서 물이 와서 신, 경, 유 쪽으로 가는 것이 길하다.

수, 토산은 신방(申方)에서 물이 와서 사, 병, 오 쪽으로 가는 것이 길하다.

화산은 인방(寅方)에서 물이 와서 해, 임, 자 쪽으로 가는 것이 길하다.

이 법칙은 곧 물을 오행의 상생관계(相生關係)에서 고찰하여 흘러오는 물이 상생을 갖고 오며 묘 앞으로 흘러들 때에는 그 물이 산의 오행과 동일한 것이 되고, 물이 흘러가면 또한 상생을 가지고 가서 상생관계를 계속하며 흡사 산을 싸고 도는 것처럼 그 오고감을 정한 것이다. 이를 구체적으로 설명하면 금산이 사(巳)에서 오는 물을 길로 보는 것은 사는 화(火), 이것이 병(丙), 오(午), 정(丁)을 우회하며, 미(未), 곤(坤)에 이르면 미, 곤은 토(土)인 까닭에 화생토(火生土)의 상생이 되고, 이것이 신경(申庚)에 이르면 신경은 금이므로 토생금의 상생이 된다. 또한 유(酉)는 금의 정위(正位 : 東, 卯, 木. 南, 午, 火. 西, 酉, 金. 北, 子, 水. 中央戊, 己, 土)이기 때문에 이 내수는 이곳에서 가장 왕성하게 되고 신술건해(辛戌乾亥)에 이르면 건(乾)인 금(金)이 해(亥)인 수(水)로 변화하기 시작하므로 잠시 그 감쇠를 가져오며, 임자계(壬子癸) 등의 수를 거쳐 결국 간인신(艮寅申)의 목으로 가면 이윽고 이 물은 을손(乙巽)의 목에서 사의 화에로 오행의 상생을 갖고 순화하게 된다. 이를 여자에 비유하면 그 내원(來源)은 태어나서 장수함에 해당하며, 잠시 와서 묘 앞으로 모이는 것은 나이가 차서 출가하여 가사와 생산을 영위하는 것이고, 없어지는 것은 결국 노화하여 죽음으로 회귀하는 것이다. 이 법칙은 물의 가장 왕성하고 성숙된 생기를 묘 앞으로 모아서 산의 생기와 음양충화하고, 생기의 순화를 도모함으로써 발복하는 것을 그 주안점으로 하는 것이다.

따라서 풍수의 본질에서 살펴보면 방위는 그다지 중요한 것이 아니다. 그러나 호순신은 앞서와 같이 복잡한 득수의 법칙을 세우고《명산론》에서 '산은 길위(吉位)에서 오는 것이 좋고 물은 흉방으로 가는 것이 좋다고 하였으니, 산이 길위에서 일어나면 복록이 모이고 물이 흉방으로 가면 복록이 오래 간다'고 방위의 중요함을 말하고 있다.《금낭경》에도 앞서 말한 바와 같이 '생기를 근원으로 하고 번성했다가 갈라지고, 크게 왕성했다가 장차 쇠하며, 수사(囚謝)로 흘러감으로써 끊임없이 돌아온다'고 좀 막연하긴 하지만 방위에 대해 설명하고 있다. 그러나 《청오경》 등에서는 방위에 관한 설명이 거의 없다. 그러나 산수의 융결, 음양 생기의 멈추고 모임, 그리고 순화화생 때문에 그후의 풍수가들이 어디서나 방위를 운운하고 방위에 의존하지 않으면 풍수가 성립되지 않는 것처럼 방위를 중시하여 풍수의 근본을 완전히 망각하고 그 지엽말단에만 구애받아 본말을 전도시키고 있다. 《지리대전》에서는 득수의 관찰법이란 외수(外水)의 대소심천(大小深淺)을 기준으로 하여 땅의 경중을 식별하고, 내수(內水)가 나뉘고 모이는 것을 살펴서 땅의 진위를 식별하는 것이 그 전부라고 했는데, 이것은 극히 타당한 설이다.

5. 물의 종류와 그 길흉(吉凶)

《명산론》에서는 물의 종류와 그 길흉에 대하여 다음과 같이 논하고 있다.

① 진룡수(進龍水)—용구(龍口 : 內水口)로 뛰어들어 묘 앞에 이르는 것. 이 물은 사람들이 벼슬을 하거나 이득을 얻게 하는 것으로, 좌측에서 오는 것은 남자를 벼슬하게 하고 우측에서 오는 것은 여자에게 이득을 얻게 한다.

② 승룡수(乘龍水)—혈의 좌우에 있는 물이 묘분에서 모여서 합류하는 것, 이 물은 육축(六畜), 식(食), 재(財)를 얻게 하는 것이다. 그렇지만 이 물이 무덤을 지나서 세 가지 길한 방향[亥, 卯, 庚]으로 돌아가지 않으면 좋지 않다.

③ 수룡수(隨龍水)—이것은 멀리서부터 내룡을 뒤쫓아오며, 성국(成局)의 위치에 이르러서는 그것을 싸고 안음이 분명한 물이다.

부귀를 맡으며, 세 가지 길한 방향에서 오는 것이 가장 좋다.

④ 조룡수(朝龍水)―주작에서 와서 혈에서 모이며, 이중 삼중 내지는 사오중으로 물이 겹치는 것을 으뜸으로 친다. 부귀가 오래 가게 한다.

⑤ 요룡수(遶龍水)―이 물은 결혈(結穴)의 위치에 있고 혈을 둘러싸며, 이중보다는 오중이 좋다. 부귀를 맡는다.

⑥ 호룡수(護龍水)―지호(地戶), 즉 물이 흘러가야 할 쪽에서 역류하여 결혈 앞으로 모이는 물이다. 이것도 이중보다 오중이 좋다. 충효와 부귀를 모두 갖춘다.

⑦ 현무수(玄武水)―혈 주위를 난간처럼 둘러싸는 물이다. 백복(百福)을 누리고 자손이 번성한다.

이 칠수(七水)는 수법(水法)의 가장 기본을 이루는 것으로 국혈에 있어서 물이 칠수에 도움이 되지 않는 것은 그 물이 아무리 오행의 상생이라 해도 결국 훌륭한 효과를 기대할 수 없는 것이다.(《명산론》 수맥 제 8 장)

풍수에서 혈을 중심으로 하여 그 원근에 따라 물을 내수, 외수의 둘로 나누며, 혈에 가까운 것을 내수라 하고 먼 것을 외수라 한다. 《명산론》의 칠수에서는 앞의 넷은 외수이고, 뒤의 셋은 내수이다. 이 내외의 구별은 내룡호(內龍虎)로써 나누며, 내룡호 내에 있는 것을 내수, 그 바깥에 있는 것을 외수라고 한다. 이 외수의 주된 것은 주작수, 조수(朝水)이며, 내수의 주된 것은 팔자수(八字水) 또는 하수수(蝦鬚水), 극훈수(極暈水), 원진수(元辰水), 천심수(天心水) 등이다. 간단히 설명하면 다음과 같다.

(가) 외수(外水)

㉠ 주작수(朱雀水)―이것은 혈의 앞쪽을 가로질러 흐르는 물로 유유히 흐르다가 혈 앞에서 체류하여 유정(有情)한 것이 좋으며,

흐름이 급하고 소리가 나는 것은 무정하고 슬픈 눈물을 흘리는 것으로 흉이라고 본다.

ⓛ 조수(朝水)—이것은 특히 혈 앞을 흐르는 물을 말한다. 이 물은 둥글게 굽으며 천천히 흐르고 물이 깊은 것이 길하고 혈을 향해도 똑바로 급하게 흐르는 것이나 큰 소리를 내는 것은 흉하다.

ⓒ 거수(去水)—이것은 혈 앞의 물이 직류하여 흘러가는 것을 거수라 한다. 혈에서 보이는 것은 극히 흉하다. 그러나 약간의 거수의 형태를 취하더라도 수계(水系)의 대세가 혈을 향해 역조(逆朝)하는 것은 좋다.

(나) 내수(內水)

㉠ 팔자수(八字水)—혈의 뒤쪽 현무에서 좌우로 나뉘어 출발하는 양수가 있어 그 모습이 마치 팔자 같으므로 팔자수라고 한다. 이 물은 현무에서 주룡(主龍)의 기맥을 전송하며 내려오고 그 기를 혈에다 모으기 위한 것이므로 양수는 반드시 묘분 앞에서 합쳐져야만 한다. 이것을 팔자의 분합(分合)이라 한다. 윗부분에서 팔자로 나누어지는 팔자수가 있어도 혹 이것이 아래에서 합쳐지지 않으면 그 혈은 가혈(假穴)일 뿐 생기를 순화하는 진혈은 아니다. 팔자수에는 대소 두 가지가 있으며, 현무의 상부에서 나뉘는 것을 대팔자수, 두뇌의 상부에서 나뉘는 것을 소팔자수라고 한다.

ⓛ 하수수(蝦鬚水)—이것은 마치 새우수염 같은 물이 몇 가닥 혈을 둘러싸고 흐르는 것을 말한다. 이 물은 혈을 둘러싸고 보호하며 혈 속의 생기가 누출되지 않도록 하는 역할을 한다. 혈 앞에 있는 것을 특별히 합금수(合襟水)라고 하는데, 혈 앞에서 합치는 모습이 마치 한복의 동정을 여민 것과 같다.

ⓒ 극훈수(極暈水)—진혈에는 반드시 태극훈(太極暈)이라는 것이 있다. 이것은 혈 주위를 돌아 은밀히 작게 흐르는 것으로 언뜻

보면 형체가 있어도 없는 것 같고, 멀리서는 볼 수 있지만 가까이서는 볼 수 없는 모호한 지맥의 기복(起伏)을 일컫는다. 이 기복 사이에 있는 물을 극훈수라고 한다. 태극훈과 극훈수는 마찬가지로 혈을 지키며 혈 속에 개미나 벌레의 침입을 막는 것으로, 이것이 있는 혈은 극히 길하다.

㉣ 원진(元辰), 천심수(天心水)—용호의 안쪽, 혈 앞 동정이 여며지는 곳에 있는 것을 원진이라 한다. 물의 유무에 관계없이 낮은 곳을 점하고 있으며 그 앞쪽에 산이나 물이 있어서 이를 차단하면 길하다. 천심은 혈 앞 명당의 중정(中正)을 말한다. 이곳에 물이 모이면 길하고 바로 흘러가 버리면 '수파천심(水破天心)'이라 하여 후사가 끊기는 흉으로 친다.

㉤ 진응수(眞應水)—이것은 혈 앞에서 흘러넘치는 샘이다. 용의 기세가 성하여 그것이 흘러넘쳐 샘이 된 것이므로 진혈에만 있는 물이다. 그래서 진응수라고 부른다. 이 물은 맑고 감미로워야 하며, 영천(靈泉)이라고도 하는 이것은 부귀를 관장한다.

이상이 내수, 외수의 대략이며, 양택·음기 양자(兩者)에 공통된다. 내수의 진응수에 관해서는 다음과 같은 전설이 있다.

경상북도 안동군(安東郡) 신세동(新世洞) 이상룡(李相龍)의 집은 지금으로부터 4백여 년 전에 축조된 것인데, 이 집안 동북쪽 한 귀퉁이에 있는 한 칸의 내방(內房)은 예로부터 세 사람의 정승을 낳는 방이라고 하는데, 이미 두 사람이 나왔다. 지금으로부터 약 150년 전 이 집에서 태어나서 상주군(尙州郡) 낙동면(洛東面) 유씨(柳氏) 가문으로 시집간 딸이 임신하여 몸이 무거워지자 친정에 돌아와 정양하고 있었는데, 그녀가 까닭없이 이 방을 좋아하여 어머니의 만류에도 불구하고 시종 그 방에서 기거했다. 마침내 달이 차서 이 방이 산실이 되어 옥동자를 분만했는데 이 아이가 바로 영의정이 된 유심춘(柳尋春)이었다. 그런데 기묘한 일은 이 집 주부가 아무리 이 방을 거실로 하고 산실로 해도 정승을 낳지는 못했다. 두 사람은 모두 이 집의 딸로서 다른 곳에 시집갔던 사람이 돌아와 아이를 낳은 것이니, 즉 외손에 한한 일이었던 것이다.

이 집을 실제로 관찰해 보았던바 그 기지(基地)가 안동의 후방을 둘러싼 영남산(映南山)의 한 가닥인 상산(象山) 기슭에 있고, 동으로는 신라 시대에 읍(邑)을 진압하기 위해 세운 7층탑이 있는 탑동이 있으며, 강을 건너 무협(巫峽)의 연봉이 바라다보이고, 동남으로는 낙강(洛江)의 두 개천이 합류한 것을 금대(襟帶)로 하며, 남쪽으로는 멀리 열려서 자못 그 형세가 좋은 곳이었다. 집은 유좌묘향(酉座卯向), 방의 배치는 일(日)자형이고 그 방의 앞뜰에는 샘이 있어서 맑고 감미로웠으며, 언제나 마르는 일이 없는 영천(靈泉)이 지금도 음료수로 사용되고 있다. 생각건대 이 물이 소위 진응수로서 부귀를 관장하는 까닭에 대관을 낳았으며, 물은 일반적으로 여성을 덕되게 하는 것이므로 이 집에서 태어난 여성에게만 그 덕이 있고, 이 집의 대를 이을 남자에게는 그 혜택이 없었던 것이다. 따라서 이 집의 주부가 아무리 이 방에서 기거해도 정승을 낳지 못했다는 전설은 이러한 풍수적 관념에서 생겼을 것이며, 우연하게도 외손 가운데 대신이 된 자가 있었기 때문에 확실한 사실로 믿어지기에 이르렀을 것이다.

이상과 같은 것 외에도 물에는 여러 가지 종류가 있으나 일일이 열거하지 않고 다음에 그 주된 것만 골라 설명하기로 하겠다.

해조(海潮)—바다는 여러 강물이 모이는 것이다. 풍수에서는 물이 모이는 곳이 가장 길한데, 수세(水勢)가 고이면 용세(龍勢)도 크게 모이는 까닭이다. 대개 큰 용은 대부분 바닷가에 멈춰서 응결하고 왕후 부귀를 낳는 일이 적지 않다. 해조의 길흉은 조수의 머리가 높고 흰 것이 길하다.

강수(江水)―큰 강은 하천의 우두머리이다. 여러 물줄기가 이곳으로 모이기 때문에 그 혜택도 또한 위대하다. 따라서 예로부터 대부분의 도시는 큰 강이 둘러싼 곳에서 발달했다. 그 기세가 호탕하고 둥글게 곡선을 그리며 싸안은 것이 길하다.

호수(湖水)―호수도 역시 물이 모이는 곳이다. 그 형상이 넓고 수면이 잔잔하여 거울 같은 것이 가장 좋으며 대소는 상관없다. 이런 곳을 향한 음택, 양기는 모두 좋다.

계수(溪水)―용이 작은 것은 계곡 사이에서 융결한다. 계곡의 물은 굴곡이 완만하며 깊이 모여 천천히 흐르는 것이 길하고, 곧고 급하며 소리를 내는 것은 좋지 않다. 그 대소는 문제가 되지 않고 곡수(曲水)가 중요하다.

지당수(池塘水)―이것은 지세가 움푹 팬 곳에 여러 물줄기가 유입하는 것으로 그 생성이 자연적이며 원래부터 존재하는 것이 좋다. 이 물이 혈 앞에 있으면 화재, 질병을 막아 주므로 아주 길하다. 그러므로 자연적으로 생긴 것을 결코 메워 버려서는 안 된다.

평전수(平田水)―물이 논 안에서 모여 평평하고 원만한 것이 길하고 정(情)이 있다.

그리고 용출하는 샘은 다음과 같다.

가천(嘉泉)―그 맛이 달고 색깔이 옥과 같으며 향기가 나고 사시사철 넘치거나 마르지 않는다. 이 샘이 음혈 근처에 있으면 용의 기세를 왕성하게 해주므로 부귀를 가져오며, 양기에 있는 것은 마시면 부귀장수하는 등 경사가 많다.

예천(醴泉)―이것은 맛이 마치 단술 같다는 뜻이다. 이 물은 성덕의 상서로운 물로 이 샘이 솟아나면 사람이 장수한다고 한다.

온천(溫泉)―이것을 탕천(湯泉), 난수(煖水)라고도 한다. 이것은 용의 생기가 왕성한 까닭에 물이 끓어서 솟아나는 진혈이다. 따라서 부귀가 많다.

광천(礦泉)—이것은 용기(龍氣)가 광석에 모여 발설되는 것이므로 광석의 색깔이 붉은색을 띤다. 생기가 광석에 모이면 보석이 된다. 따라서 부귀발복할 것은 말할 필요도 없다.

용천(湧泉)—땅 속이나 바위에서 솟아나는데 잠깐 일어났다가는 금방 없어지는, 마치 조수(潮水)의 물거품과 같은 것이다. 이것은 지기(地氣)를 누설하는 것이므로 선궁(仙宮), 신서(神棲)의 자리로 좋으나 사람의 음택양기에는 적합하지 않다.

천천(濺泉)—구멍에서 쏘는 것처럼 나오며 차디차서 초목이 말라죽는 기운이 있는 가장 흉한 샘이다.

몰천(沒泉)·황천(黃泉)—물이 땅으로 잠입하는 것, 비가 오면 물이 갑자기 불지만 비가 그치면 금방 땅 속으로 스며들어서 언제나 바싹 마른 곳, 이런 곳은 용기(龍氣)가 헛되이 소모되므로 음택으로도 좋지 않다. 또 주민들은 빈곤함을 면할 수 없다.

냉천(冷泉)—맑고 차디찬 물이 나오며 극음(極陰)의 기를 받는 곳이기 때문에 융결 조화를 이룰 수 없다. 이런 샘이 있으면 고약한 치질에 걸리거나 땅의 기운(지기)이 새어나가서 가산을 허비한다.

폭포(瀑布)—이것은 끊어진 기슭에 걸린 비천(飛泉)이다. 그 대소나 형상에 따라 눈물 같고, 물로 된 발[簾] 같으며, 혹은 흰 칼날이나 떠들썩한 우레 같고, 북을 치거나 호소하며 울부짖는 듯하여 그 형세가 일정하지 않다. 음기로 인해 사람이 이런 곳에 있으면 견딜 수 없기 때문에 신선이 살기에는 적당하지만 음택 양기로는 좋지 않다.

위에서 언급한 것은, 요컨대 득수는 뭇 산에 물이 모이는 것이 좋고, 그 물은 산이나 도시의 중앙, 국혈을 향해 구심적으로 충화협심하는 것이 정(情)이 있으며, 혈 속으로 생기를 모아 왕성하고 충일하게 하며 또한 생기의 융결조화가 완전히 행해지기에 적합한 것이 좋다.

5. **점혈법**(占穴法)

풍수에서 혈이라 하는 것은 앞에서 말한 바대로 인체의 경혈(經穴) 같은 것으로, 주자(朱子)가 《산릉의장(山陵議狀)》에서 '所謂定穴之法. 譬如針灸. 自有一定之血. 而不可有毫釐之差.'라고 한 것이 바로 그것이다.

앞의 몇 절에서 성국결혈이 어떤 곳에서 발견되는지는 거의 명백해졌지만, 앞절에서 서술한 간룡은 생기가 충만한 진룡, 생룡의 선택이며, 장풍과 득수의 법은 둘 다 성국의 조건이고 결혈의 선행조건이지 아직 혈 그 자체에 대한 것은 아니다. 그러나 풍수의 주된 목적은 바로 이 혈에 있다. 길한 혈을 골라 생기의 융결조화를 얻고자 하는 것이기 때문에, 단지 혈의 전제가 되는 간룡법이나 장풍 및 득수법만으로는 완전한 풍수라 할 수 없다.

따라서 풍수에 있어서 가장 중요한 것이 이 혈이다. 성국내 어디에나 혈이 있는 것이 아니라 '以千里來龍入首. 惟融八尺之穴.'이라고 옛 노래에서도 읊고 있는 것처럼 극히 작은 부분에만 한정되어 있으므로 이를 찾아내는 일은 용이하지 않고, 또한 혈을 잃게 되면《금낭경》에서 말한 바와 같이 '毫釐之差. 福福千里.'의 결과가 되며, 내룡이 진이고 성국이 아무리 훌륭하다 해도 결국 발복하는 바가 없게 된다든지 오히려 큰 화를 초래하게 되는 까닭에 점혈(占穴)은 결코 소홀히 할 일이 아니다.

무슨 이유로 손가락 하나만큼이라도 벗어나면 소위 화복이 급변하고 길이 흉으로 바뀌는가? 혈이란 인체의 경혈과 같은 것이므로 이 경혈을 잘못 알고 혈이 아닌 곳에 뜸을 뜨고 침을 놓으면 곧 목숨을 잃게 되는 일이 있는 것처럼 생기가 융결하는 혈을 찾지 못하고 관

(棺)을 다른 곳에 내리면
생룡은 사룡으로 변하고
길국은 흉국으로 바뀌어
버릴 우려가 있다. 사룡
이나 흉룡은 파멸을 야

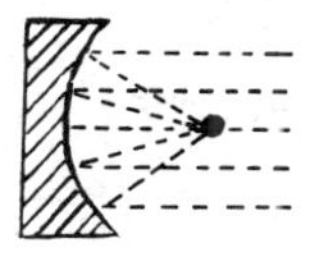
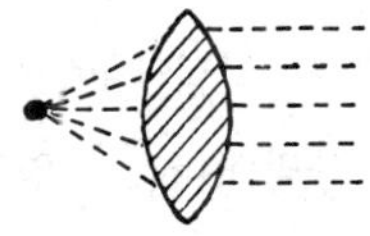

취화적수(聚火滴水))의 이치

기한다. 왜 조화의 생기가 집중함에 있어 천리에 뻗는 내룡이 겨우 8
척이라는 한정된 작은 부분, 즉 혈에서만 그것이 이루어지는 것일
까? 당(唐)나라의 양균송은 수정(水晶)이 빛을 모으고 거울이 물을
응집하는 데 비유하여 이것을 설명했다. 볼록렌즈는 쉽게 태양광선을
모아 열을 얻을 수 있고, 오목거울은 쉽게 태음, 즉 달의 빛을 모아
물방울을 맺게 할 수 있다.

불을 일으키고 물방울을 맺으려면 렌즈나 거울을 해와 달의 발광체
에 대해 직각으로 중정(中正)을 유지해야만 된다. 또한 불이 되고 물
이 되는 것은 렌즈나 거울의 원근 어디에서라도 되는 것이 아니고 렌
즈, 거울의 대소, 후박 여하에 따라 일정한 거리를 유지한 한 점, 즉
소위 광학상의 초점이어야만 한다. 음양의 기가 응집하는 것도 이와
마찬가지여서 성국의 대소 여하를 막론하고 기를 집중하는 곳은 혈,
그 한 점밖에 없다. 용맥의 혈이란 그 성국의 형체 여하에 따라 결처(結
處)를 달리하는 것이므로 점혈에서는 먼저 혈의 형태가 어떤 것인지
를 살펴보고, 입수가 어떠한지를 생각하며, 전후좌우의 명당을 둘러
보고 또한 결기(結氣)에 장해를 일으킬 것이 있는지 없는지를 규명해
야만 한다. 점혈법이 존재하는 이유가 여기에 있다.

1. 혈형(穴形)과 그 선악(善惡)

풍수에서는 와(窩), 겸(鉗), 유(乳), 돌(突) 등의 사형(四形)을 사상

(四象)이라 칭하여 혈의 기본형으로 삼는다. 이것은 소위 음양설의 양의(兩儀), 사상(四象)에서 취한 것으로, 태극은 즉 승생기(乘生氣)의 생기, 양의(兩儀)는 양래음수, 음래양수의 음양이며 이를 형태로 나타내면 요철(凹凸), 사상은 태양, 소양, 태음, 소음이며 이를 형태로 보면 와겸유돌(窩鉗乳突)이기 때문에 풍수의 생기에 근거하여 음양으로 발하며 형태로 구현되는 혈형은 바로 이 사상의 형태인 와겸유돌 이외에는 없다고 하는 것이다. 또한 풍수에서는 양균송이 말한 바와 같이 혈은 기를 모아 맺는 곳이며 마치 오목거울이 월정(月精 : 음기)을 맺고, 볼록렌즈가 일정(日精 : 양기)을 모으는 것과 같다고 생각한다. 음양의 원기를 모으는 것은 요철(凹凸)형의 것에 의하지 않으면 안 된다고 하는 경험적 유추에서 혈장(穴場)에 요(凹)형, 철(凸)형의 두 자를 선정하여 음양을 산의 형태로 나타내(양은 凹, 음은 凸) 요(凹)형은 양이고 철(凸)형은 음인 까닭에 그 혈장의 철요(凸凹)를 음양으로 간주하고 음양에는 사상이 있으므로 이 사상에 적합하도록 요(凹)장을 철(凸)형에 속하는 와(窩)와 겸(鉗), 철(凸)장을 요(凹)형에 속하는 유(乳)와 돌(突)의 네 가지로 나누어서 음양의 발전설에 일치시킨 것이다.

　양균송이 '穴亦如斯. 穴聚前朝山水氣. 來山旣聚衆氣. 來下了. 須臾百祥至.'라고 하여 혈에 있어서의 생기의 순화와 그 소응(所應)을 볼록렌즈, 오목거울이 쉽게 물불을 취하듯 설명한 것은 음래양수를 철래요수(凸來凹受)로 간주하고 철(凸)은 쉽게 양기를 모으며 요(凹)

窩(평면)

鉗(평면)

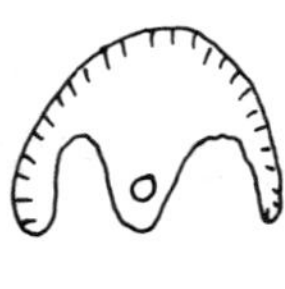

乳(평면)

突(평면)

는 쉽게 음기를 모으기 때문에 이 철(凸)이 오고 요(凹)가 받는 일은 집중된 양기와 음기가 서로 충화하고 융결하며 순화한다고 생각한 경험적 추론이 아니면 안 된다. 즉 양균송은 풍수의 성국법인 음래양수를 볼록렌즈와 오목거울에 비유하고, 혈은 이 볼록렌즈 및 오목거울의 결기점(結氣點), 즉 광학의 초점을 합한 곳에서 쉽게 음양 생기의 순화를 이루고 조화의 힘을 발휘하여 많은 상서로운 일들이 저절로 이루어진다고 했다. 풍수를 '草露尾端結. 花香腹中藏.'이라고 한 것은 위와 같은 내용 때문이다. 그리고 혈의 형태에는 와겸유돌의 네 가지가 있는데 와혈(窩穴)이란《금낭경》에서 '如形燕窠'라고 했으며 닭집이나 냄비 바닥, 손바닥, 소라껍질 또는 쇠대야, 징 같은 것으로 위를 향해 요(凹)형으로 입을 벌린 것이고, 요씨(廖氏)가 말한 소위 개구혈(開口穴)이다. 그 다음 겸혈(鉗穴)이란 요씨가 말한 소위 개각혈(開脚穴)로서, 그 형태는 마치 두 갈래 비녀나 호랑이 입, 골짜기가 합한 곳, 좁은 구멍, 또는 선궁(仙宮)처럼 토끼에 작대기 두 개를 끼운 것 같은 형상을 의미한다. 유혈(乳穴)은 흡사 양팔을 벌린 중간에 유방을 늘어뜨린 듯한 형태로서 수유(垂乳), 유두(乳頭)와 비슷한 것을 말한다. 요씨는 이를 현유혈(懸乳穴)이라고 했다. 돌혈(突穴)은 손바닥에 돌기가 있어 위쪽으로 부풀어오른, 흡사 물고기 부레 같은 것을 말한다. 《장서》에 '形如覆釜. 其巓可富'라 한 것이 이것이며, 닭 염통, 물고기 부레, 거위알, 용주(龍珠)나 같은 유의 것이다. 이제부터 이에 관한 각론을 부연하겠다.

藏口窩

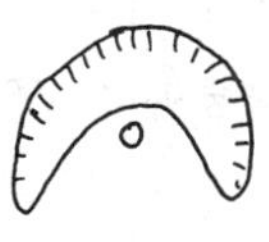

張口窩

① **와혈**(窩穴) 와혈은 전술한 것처럼 제비집 같은 형태로 입을 벌리고 좌우로 움켜쥐는 형태(양손으로 물건을 움켜쥐는 듯한 형태)이다. 와혈형은 평지나 높은 산 어디에나 존재하지만, 높은 산에서는 굴(窟)이 진(眞)이고 평지에서는 돌(突)이 진(眞)인 까닭에 이 와혈의 대부분은 높은 산에서 발견된다. 와혈에는 대체적으로 사격(四格)이 있으니 소위 심와(深窩), 천와(淺窩), 광와(廣窩), 협와(狹窩)이다. 그리고 어느 것에서나 좌우로 움켜쥔 듯한 것이 정격(正格)이고 그렇지 않은 것은 변격(變格)이다. 또 각각 이체(二體)가 있어서 좌우가 움켜쥐게 되어 서로 만나는 것을 장구와(藏口窩), 만나지 않는 것을 장구와(張口窩)라고 한다. 사격의 형태에도 또한 각기 머리를 숙인 것과 그렇지 않은 것이 있다. 그 성신(星身)이 숙인 것은 와 속에서는 미약하지만 유맥(乳脈)이 도는 것을 기다리는데, 혈은 이 유맥에 머물러야 한다. 성면(星面)이 치켜올라간 것은 와 속에 작은 돌기가 있는 것이 좋고, 와의 중심이 돌기의 꼭대기에 머무르는 것이 가장 좋다. 다시 말해서 현릉(弦稜 : 와를 이루는 주위의 언덕이 마치 초승달같이 둘러선 모습을 말한다)이 분명하고, 양쪽의 움켜쥠이 둥글고, 구중원정(口中圓淨)한 것이 길하며, 낙조(落槽) 편함(偏陷)한 것은 피하는 것이 좋다. 혹시 이를 분별치 않고 사용하면(장사지내면) 음란, 요절, 빈궁, 후사가 끊기는 등 재화가 있으므로 특별히 주의해야 한다.

심와(深窩)는 벌린 입 속이 깊고 오목한 것이다. 그러나 와는 원래가 조금 깊은 것이므로 그 깊이가 정도에 지나쳐서는 안 된다. 그러므로 이를 사용하려면 적당한 깊이를 알아야 한다. 와 속에 미유미돌(微乳微突)이 있는 것을 구해야 한다. 대개 와 속에 유돌이 있음은 양(陽) 속에 음이 있음과 같으니 즉 음양충화의 모양을 이루기 때문에 이 경우가 좋고, 깊이 빠져 있어도 괜찮다. 와 속은 원정(圓淨)하고 현릉(弦稜)이 명백하며, 양쪽의 움켜쥠이 활처럼 안은 것을 필요로 하고 혹시 깊이가 지나쳐서 유돌이 없든지, 현릉이 불명하고 좌우로 편중된 것은 가와(假窩)이거나 허와(虛窩)이므로 아무 쓸모가 없다.

천와(淺窩)는 열린 입 속이 얕고 평평한 것인데 그 얕음이 지나쳐서는 안 된다. 지나치게 얕으면 와를 이룰 수 없기 때문에 쇠대야나 연잎과 닮은 것을 구해 내야만 한다. 이것도 역시 와 속의 현릉이 명백하고 양쪽의 움켜쥠이 둥글지 않은 것이 좋으며, 얕지 않거나 또는 현릉이 둥글지 않은 것은 진와(眞窩)가 아니니 불가하다.

활와(濶窩)는 열린 입 속이 넓은 것이므로 너무 지나치게 넓어서는 안 된다. 이것 역시 와 속에 미유미돌이 필요하며 그 유두(乳頭), 돌정(突頂)에 안주해야 한다. 이에 반해 너두 넓은 것은 공망허냉(空亡虛冷)의 와로서 결코 기를 모을 수 없다. 와 속이 원정하고 현릉이 명백하며 양쪽의 움켜쥠이 둥근 것이 좋다. 이에 반하거나 유돌이 없는 곳에 장사지내서는 안 된다.

협와(狹窩)는 열린 입 속이 협소한 것이다. 그러나 지나치게 좁은 것은 진혈이 아니므로 좋지 않다. 가급적 그 속에는 제비집이나 닭집 같은 것이 있어야 한다. 이 혈도 또한 와 속이 원정, 현릉이 명백, 양쪽 움켜쥠이 둥글어야 하며 이에 반하는 것은 진와가 아니다.

이상은 와형혈의 기본형인데 이 와형의 양쪽 움켜쥠이 균등한 것, 즉 정격(正格)에는 오체(五體)가 있으며, 움켜쥠이 균등치 않은 것, 즉 변격에는 이십체(二十體)가 있으며, 또 이 양쪽 움켜쥠의 바깥쪽에서 요(曜)를 띠는 것(砂가 조금 있는 것), 즉 대요격(帶曜格)에는 팔체(八體)가 있는데, 그다지 중요하지 않으므로 여기서는 생략한다.

② 겸혈(鉗穴) 이것은 혈성(穴星 : 穴場의 산)이 마치 양다리를 벌린 것, 혹은 다리나 손가락 사이에 물건을 끼운 것같이 주둥이를 벌린 것으로, 와(窩)와 다른 점은 와의 입 속이 둥근 데 탄해 겸은 둥글지 않다는 것이다. 이 겸혈에는 직겸(直鉗), 곡겸(曲鉗), 장겸(長鉗), 단겸

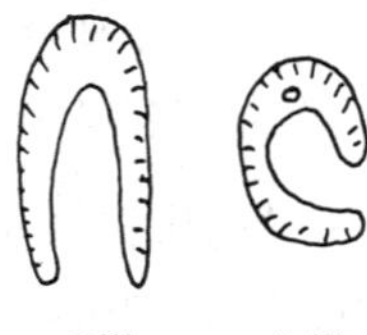

直鉗   曲鉗

(短鉗), 쌍겸(雙鉗)의 오정격(五正格)과 변곡변직겸(邊曲邊直鉗), 변장변단겸(邊長邊短鉗), 변쌍변단겸(邊雙邊單鉗)의 삼격(三格)이 있고 그 각각에는 작은 돌기가 있는 것, 겸 속에 작은 와가 있는 것의 두 가지가 있다. 또 고개를 숙이고 들어간 것이 있다. 그 길흉을 말한다면 정상(頂上 : 겸의 윗부분)이 단원(端圓)하고 겸 속이 장취(藏聚)하며, 궁각(弓脚)이 반드시 역수(逆水)하는 것이 길하고, 다리가 똑바르지 않고 물이 정상을 꿰뚫어 흐르거나 혹은 씻겨 흘러 버리는 것은 흉하다. 이것이 잘못되면 그 혜택이 없고 질병이 많으며, 고아나 과부, 홀아비가 많아 절멸(絶滅)을 초래한다.

직겸(直鉗)은 좌우의 양다리가 모두 똑바른 것이기 때문에 길고 단단한 것을 꺼리며, 혈 앞에 가로놓인 난간 모양의 안(案)이 있는 것이 좋다. 양다리가 바르고 길며 위가 둥글지 않고 아래로 주사(走瀉)하는 것은 내기(內氣)도 외기(外氣)도 공히 융결하지 않으므로 좋지 않다.

곡겸(曲鉗)은 좌우의 양다리가 둥글게 굽어서 안쪽으로 싸안은 것으로 소뿔같이 혈의 좌우를 싸안은 것이 으뜸이다. 정상이 단원하고 겸 속이 장취(藏聚)한 것이 좋으며, 꼭대기가 둥글지 않고 물에 씻긴 것은 진결을 맺지 않는다.

장겸(長鉗)은 좌우의 양다리가 모두 긴 것이다. 똑바르고 단단한 것과 너무 긴 것은 좋지 않다. 다리가 부드럽게 구부러지고 아름다우며 가깝고 낮은 안(案)이 가로로 싸안으면 조금 길더라도 상관없다. 정상이 둥글고 겸의 속이 장취한 것이 좋으며 양다리가 길고 단단하며 안(案)이 없으면 진결이 되지 않으므로 장사지내서는 안 된다.

단겸(短鉗)은 좌우의 양다리가 모두 짤막한 것이다. 다리가 짧으면 혈을 지킬 수 없으므로 불길하며, 혈을 밖에서 둘러싸서 지키는 것이

雙鉗一　　　　雙鉗二　　　　雙鉗三　　　邊曲邊直鉗　　邊單邊雙鉗

길하다. 짧아서 혈을 지키지 않으면 혈 속의 생성(生成：胎)을 새어나가게 하고, 밖에서 둘러쌈이 없으면 혈이 가난하고 미미함을 면할 수 없다. 그러므로 쓸데없이 크지 않고 어리고 부드럽게 굽어 아름다우며, 머리 쪽에 광채가 나고, 사응유정(四應有情)한 것이 좋다.

쌍겸(雙鉗)은 좌우의 양다리에서 쌍가지가 생긴 것인데 이 쌍가지는 서로 맞물린 것이 좋다. 그렇지 않으면 진기가 브이지 않기 때문에 불길하다. 쌍겸에는 좌우 양다리 중 하나는 길고 하나는 짧은 것이나 양면이 가지런한 것, 하나는 앞에서 하나는 뒤에서 맞물린 것, 한쪽의 안가지가 심하게 짧은 것 등이 있는데 이 중에서 제일 좋은 것은 부드럽게 굽어 유정(有情)하며 서로 싸우고 경쟁하지 않는 것이 좋고, 다음으로는 서로 빛을 쐬지 않는 것이 길하며, 세번째는 빛을 쐬지 않는 것이 좋지만 부득이한 때는 인공적으로 말발굽형을 만들어 주면 좋다.

변곡변직겸(邊曲邊直鉗)은 양다리의 좌우가 서로 같지 않아서 어느 한쪽은 곧고 다른 한쪽은 구부러진 것을 말한다. 긴다리는 물에 거슬리는 것이 좋고 순응하는 것은 흉하다. 또 오른쪽 팔이 날카로워 왼쪽 팔을 찌르면 자손이 귀해서 좋지 않다.

변장변단겸(邊長邊短鉗)은 양다리의 좌우가 같지 않고 한쪽은 길고 한쪽은 짧은 것을 말한다. 긴다리는 물에 거슬리는 것이 좋다.

변단변쌍겸(邊單邊雙鉗)은 좌우의 한쪽이 단각(單脚)이고 한쪽이 쌍고(雙股)인 것을 의미한다. 쌍변이 물에 거슬리고 좌우 어느 쪽이든

긴 쪽이 활처럼 싸안는 것이 길하며, 물에 순응하여 뛰어 달아나는 기세는 좋지 않다.

③ 유혈(乳穴) 여기에는 대략 육격(六格)이 있는데 그 중에 장유(長乳), 단유(短乳), 대유(大乳), 소유(小乳)의 네 가지를 정격(正格)으로 보고 쌍유(双乳), 삼수유(三垂乳)가 변격이다. 대개의 이 유혈은 그 유체(乳體)가 이지러지거나 드러나거나 오목하거나 굽은 것을 가장 꺼려하며 양팔이 활처럼 싸안은 것을 좋아한다. 따라서 육격에는 각기 양팔이 교차하는 것과 교차하지 않는 것 등 이체(二體)가 있다. 유(乳)의 원(圓) 속에서 서창(舒暢)하고, 유상(乳上)이 광원(光圓)하며, 양궁(兩宮 : 兩臂)이 유정(有情)하여 밖에서 그것을 보면 양쪽이 손을 맞잡고 있는 듯한 것이 좋고, 양팔이 무정하거나 좌공우결(左空右缺)하고 꺾이며 푹 빠져 물과 바람이 스며드는 곳은 흉하다. 이러한 흉한 곳에 장사지내면 사람이 절멸하고 도적떼가 들며, 고인으로부터 해를 당하고, 어린애가 죽거나 후사가 끊기는 등의 일이 일어나니 삼가야 한다.

장유(長乳)는 양팔의 중간에 유방이 길게 늘어져 있는 것을 말한다. 그 길이가 너무 길면 용맥(龍脈)이 활동을 못하기 때문에 좋지 않다. 양팔이 활처럼 싸안고 한쪽 유방이 중앙으로 똑바로 돌출하여 기울지 않고 넘어지지 않으며, 가파르거나 조잡하지 않은 것이 좋다. 그렇지 않은 것은 진결이 아니다. 또한 이 장유의 혈을 내리는 데 천지인(天地人)의 삼정입법(三停立法)이 있다.(天은 上位, 地는 下位, 人은 中位에 내리는 法)

단유(短乳)는 양팔 중간에 늘어진 짧은 유방을 말한다. 너무 짧으면 그 힘과 기가 약해서 좋지 않다. 좌우로 둘러싸인 하나의 유방이 한

紐會乳　　　　不紐會乳

복판에 있고 크거나 가파르지 않은 것이 길하며 그렇지 않은 것은 나쁘다.

대유(大乳)는 양팔 중앙에 늘어진 큰 유방이다. 너무 커도 쓸데가 없다. 그 형상이 좌우로 완만하고 둥글게 안은 듯 지키고 유정(有情)하며 한쪽 유방이 한복판에 있고 기울거나 가파르지 않은 것이 좋으며, 이에 반하면 좋지 않다.

소유(小乳)는 양팔 중앙에 늘어져 있는 작은 유방이다. 너무 작아서 힘이 약하고 기(氣)가 미약하거나 또 양팔이 유방을 압박하는 듯한 것은 좋지 않다. 유두는 둥글고 빛나며 좌우 대칭인 것이 좋고, 양팔로 둥글게 싸안아 유방이 한가운데에 있고, 기울거나 가파르지 않은 것이 좋다. 그렇지 않으면 흉하다.

쌍유(雙乳)는 양팔 가운데에 쌍유방이 늘어진 것이다. 쌍유의 대소 장단이 서로 같은 것이 좋다. 또한 그 복력(福力)은 방향이 같은 것이 길하다. 산의 모습이 중후하고 귀하며, 쌍유가 가지런히 늘어진 것, 좌우에서 얼싸안고 호위하며 유정한 것이 좋으나, 일장일단(一長一短), 일대일소(一大一小), 한쪽은 살이 쪘는데 다른 한쪽은 마르거나, 한쪽은 바른데 다른 한쪽은 비스듬한 것은 좋지 않다. 유두가 둥글고 빛나는 것을 쌍성유(雙星乳), 우뚝 솟은 것을 기린유(麒麟乳)라고 한다.

삼수유(三垂乳)는 양팔의 중간에 유방이 세 개 늘어진 것을 말한다. 이것도 그 대소, 장단, 살이 찐 정도가 서로 같은 것이 좋다. 후룡(後

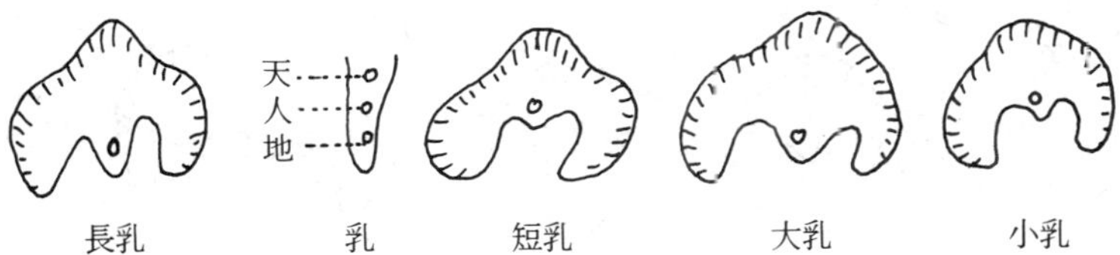

龍)이 왕성하고 넓으며 크고 좌우로 둘러싼 것이 좋고 이에 반한 것은 나쁘다. 이 유혈을 삼대유혈(三臺乳穴)이라고도 한다.

이 밖에도 수금(垂金), 생수(生水), 협목(夾木), 대화(帶火), 천토(穿土)의 오변격(五變格), 대요팔격(帶曜八格)이 있다.

④ 돌혈(突穴) 돌혈은 높은 산에 있으며 반드시 좌우양팔이 되어 장풍하여야 하며, 홀로 드러나서 바람을 받는 일은 피해야 한다. 넓은 평지에서는 혈장만이 홀연 돌기하고 사방이 높낮이 없이 평평한 것이라도 계수(界水)가 명백하고 내맥이 분명하면 좋다. 왜냐하면 넓은 평지의 바람은 지면을 따라 불어 해를 당하지 않기 때문이다. 고산보다도 넓은 평지에 돌혈이 많다. 그 형태에는 사격(四格)이 있다. 대돌과 소돌, 이 두 가지는 정격(正格)이고 쌍돌과 삼돌(三突), 이 두 가지는 변격(變格)이다. 돌기의 표면이 둥글고 빛이 나며 형체가 빼어난 것이 좋다.

대돌(大突)은 돌기(突起)가 높고 큰 것이다. 그렇다고 너무 높거나 큰 것은 돌격(突格)이 아니다. 지나치게 크거나 들뜨거나 느슨하지 않고 돌기의 표면이 둥글게 빛나며 형체가 빼어난 것이 좋다. 너무 작고 높낮이가 불명한 것은 좋지 않다.

쌍돌(雙突)은 두 개의 돌기가 가지런한 것을 의미한다. 양쪽의 대소 고저와 비옥한 정도가 균등하고 돌기의 표면이 바르며 형체가 빼어난 것이 좋다. 그 반대인 것은 좋지 않다.

둥근 것을 쌍성돌(雙星突)이라고 하며, 양쪽에 가지가 나온 것을

기린돌(麒麟突)이라고 한다.

삼돌(三突)이란 혈성(혈이 있는 산) 세 개가 나란히 돌기한 것이다. 이것도 역시 그 대소가 서로 같고 돌기면에 광택이 나며 기름지고 형체가 빼어난 것이 좋고 대소가 같지 않은 것은 불길하다. 이것을 삼대돌혈(三台突穴)이라고도 한다.

2. 혈성(穴星)과 그 취사선택

혈장의 형태에는 와(窩), 겸(鉗), 유(乳), 돌(突)의 네 가지가 있으며, 그 형상 여하에 따라 점혈을 하는 방법은 앞에서 이미 설명한 바와 같다. 그러나 혈장은 애초에 내룡이 입수(入首)한 다음의 일이므로 이 입수하는 내룡의 진위선악(眞僞善惡)에 따라 사상(四象)의 길흉이 좌우된다. 입수된 내룡이 혈장을 이루는 것을 혈성(穴星)이라 한다. 혈을 정하기에 앞서 잠시 이 혈성에 관해 살펴보기로 한다(풍수에서 산이나 땅이 일체를 이루는 것을 星이라 함은 이미 말한 바 있다. 입수하는 산이 穴場의 한 부분을 이루므로 혈성이라 부른다). 이 혈성에는 오성(五星)이 있으며, 이 오성에는 각기 정체(正體), 측뇌(側腦), 평면(平面)의 삼격(三格)이 있다. 오성이란 금성, 목성, 수성, 화성, 토성이며, 삼격은 그 성체(星體)의 정면, 측면, 평면에 따라 나뉜다. 즉 성체란 그 성진(星辰)의 두면(頭面)이 단정하고 규모가 훌륭한 것이다. 이것은 오행의 정기를 모아서 성상(星象)의 정형(正形)을 융출(融出)하는 것이다. 그 결작(結作 : 산의 모습)이 맑고 수려한 용(龍)이 상격(上格)이며 극품(極品)이다. 그러나 성체가 어지럽고 착한 용이라도 소귀거부(小貴巨富)를 이룬다. 측뇌라 함은 성진의 두뇌가 비스듬하고 형체가 기운 것을 말한다. 머리와 두개골이 같지 않더라도 그 융결(融結)에는 변함이 없다. 단지 그 모습이 번득이듯 예쁘고 기이하기 때문에 낙산

탁산(樂山托山)에 준해서 그 본맥을 정하지 않으면 안 된다. 성체가 맑고 수려한 것이 상격으로써 존귀하며 권위 있게 되며, 성체가 어지럽고 탁한 것은 인색하고 궤사하며 재물을 다스린다. 평면이라 하는 것은 그 성진(星辰)의 땅에 쓰러져서 그 형태가 평평한 것을 말한다. 평면 혈성은 그 고저가 달라도 역량에는 차이가 있다. 성체가 맑고 수려한 것이 상격이며 부귀가 오래 지속된다. 성체가 분명한 것은 부(富)를 관장한다. 이하 각 혈성에 관해 설명하기로 한다.

1. 금성혈(金星穴)

이것에는 이체(二體)가 있는데 상하가 함께 둥근 것을 태양금성, 위가 둥글고 아래가 모난 것을 태음금성이라고 하며, 그 각각에 정체(正體), 측뇌(側腦), 평면(平面)의 삼격(三格)이 있다. 또 격에는 각각 와겸유돌의 혈이 있어서 진혈을 맺는다. 그 형태는 둥근 것을 근본으로 한다. 그 혈형을 관찰해 보면 다음과 같다.

① 정체금성(正體金星)—모양이 둥글고 단정한 것으로 가운데서 혈을 맺는다. 정체금성으로서 그 성진이 존중되면 조화가 완전해지므로 길한 혈이다.

② 측뇌금성(側腦金星)—모양이 둥글고 몸체가 기운 것으로, 옆에서 혈을 맺는다.

③ 평면금성(平面金星)—면이 위를 향하고 몸이 둥근 것이며, 혈을 꼭대기에서 맺는다.

이것을 그림으로 나타내면 다음과 같다(《人子復知》 중에 게재된 것으로 이하 同).

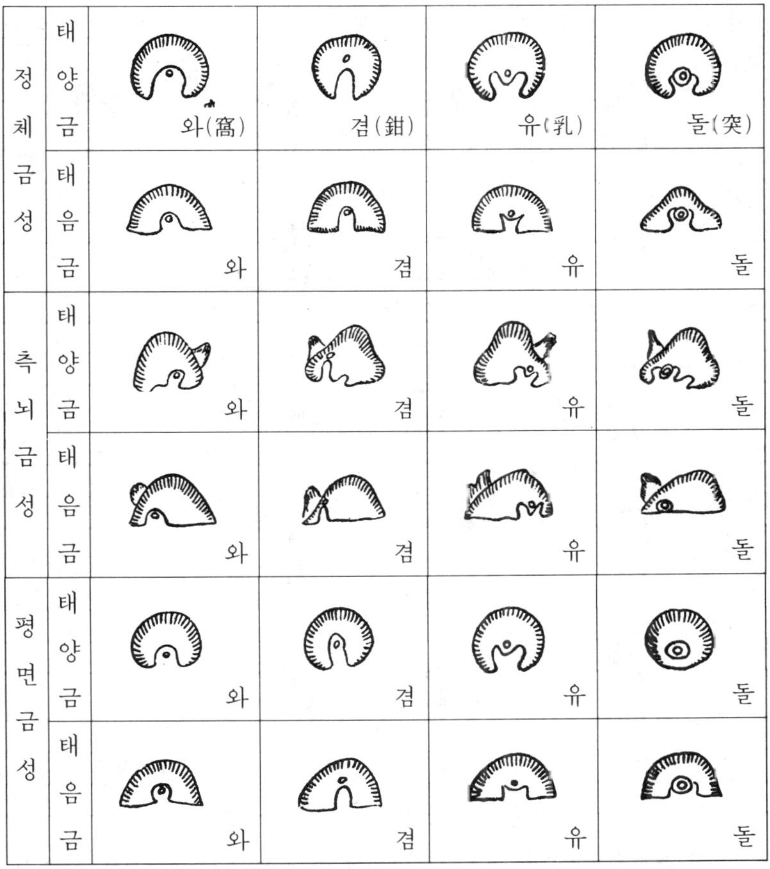

		와(窩)	겸(鉗)	유(乳)	돌(突)
정체금성	태양금				
	태음금	와	겸	유	돌
측뇌금성	태양금	와	겸	유	돌
	태음금	와	겸	유	돌
평면금성	태양금	와	겸	유	돌
	태음금	와	겸	유	돌

＊혈성(穴星)의 좌우에 있는 산은 침(枕)·낙(樂)의 산, 측뇌는 이것이 있음으로써 편안할 수 있다. 이하 동.

2. 목성혈(木星穴)

이것은 몸체가 곧고 끝이 둥글며, 혈성의 윗부분이 뾰족하고 둥글며 몸체가 곧게 솟은 것이다. 삼격(三格) 사상(四象)이 있는 것은 금성

정체목성	와(窩)	겸(鉗)	유(乳)	돌(突)
측뇌목성	와	겸	유	돌
평면목성(와)	직(直)	횡(橫)	곡(曲)	
평면목겸성	직	횡	곡	
평면목유성	직	횡	곡	
평면목돌성	직	횡	곡	

과 마찬가지이다. 그 형태는 곧은 것을 근본으로 삼는다.

① 정체목성(正體木星)—머리가 둥글고 몸체가 곧게 솟고 단정한 것으로, 가운데에서 혈을 맺는다.

② 측뇌목성(側腦木星)—머리가 둥글고 몸체가 솟았으나 옆쪽으로 기운 것으로, 옆에서 혈을 맺는다.

③ 평면목성(平面木星)—면이 위를 향하고 몸체가 편편하게 길고 견고한 것으로, 절포(節苞)에서 혈을 맺는다. 직목(直木), 횡목(橫

＊혈성(穴星)의 좌우에 돌출된 것은 요(曜).

정체수성	와(窩)	겸(鉗)	유(乳)	돌(突)
측뇌수성	와	겸	유	돌
평면수성	와	겸	유	돌

木), 곡목(曲木)의 삼체(三體)가 있다. 그림으로 표시하면 위와 같다.

3. 수성혈(水星穴)

이것은 혈성의 머리가 둥글고 몸체가 굽은 것을 말한다. 이 둥근 것은 금(金)인데, 물은 원래 그 성질이 동적이며 유약하여 금에 의지하고 있기 때문에 금을 가함으로써 비로소 혈을 맺을 수 있게 된다. 여기에도 삼격 사상이 있다. 그 형태는 굽은 것을 근본으로 삼는다.

① 정체수성(正體水星)—머리가 둥글고 몸체가 굽었으나 단정한 것으로, 속에서 혈을 맺는다.

② 측뇌수성(側腦水星)—머리가 둥글고 몸체가 굽었으며 조금 기울어진 것으로, 옆에서 혈을 맺는다.

③ 평면수성(平面水星)—면이 위를 향하고 몸체가 굽었으며 땅에 쓰러진 것으로, 꼭대기에서 혈을 맺는다.

4. 화성혈(火星穴)

이것은 그 형태가 뾰족한 것을 말한다. 극히 건조하므로 여기에 쇠

*겸(鉗)·돌(突)은 생략.

정면토성	와(窩)	겸(鉗)	유(乳)	돌(突)
측뇌토성	와	겸	유	돌
요뇌토성	와	겸	유	돌
평면토성	와	와	유	유

를 넣으면 녹고, 나무를 넣으면 타 버리며, 물은 마르고, 흙도 타므로 쉽게 혈을 맺을 수 없다. 풍수에서는 이런 산을 사용하지 않는다.

5. 토성혈(土星穴)

토(土)라면 중후하고 모난 것이 특성이다. 따라서 토성혈은 단정하게 모가 난 것이 좋다. 즉, 혈성의 머리가 정방형이고 몸체가 평평한 것을 길한 것으로 본다. 여기에는 정체, 측뇌, 요뇌(凹腦：머리가 네모지고 가운데가 오목하게 들어간 것) 및 평면의 사격(四格)이 있으며, 사상(四象)을 가지는 것도 다른 혈성과 같다.

① 정체토성(正體土星)—머리가 네모지고 몸체가 평평하며 단정한 것으로, 안에서 혈을 맺는다.

② 측뇌토성(側腦土星)—머리가 네모지고 몸체가 옆으로 기운 것으로, 옆에서 혈을 맺는다.

③ 요뇌토성(凹腦土星)—머리가 네모지고 가운데가 오목하며 몸체
가 평평한 것으로서 요(凹) 아래에서 혈을 맺는다.
④ 평면토성(平面土星)—면이 위로 향하고 몸체가 네모나며 땅에
쓰러진 것으로, 꼭대기에서 혈을 맺는다.

3. 진혈(眞穴)의 징좌(澄左)

이상이 점혈(占穴)에 필요한 혈성 혈장(穴場) 관찰법의 대략적인 설
명인데, 이외에도 성국의 요소인 전후좌우의 산수가 어떠한가에 따라
진혈을 찾는 점정법(占定法)이 있다. 일반적으로 진혈을 맺는 곳은 앞
쪽에 좋은 조안(朝案)과 올바른 명당이 있고, 세력이 모이는 물이 있
으며, 뒤쪽에 좋은 산이 솟아 있고, 귀성(鬼星)이 버티고 있으며, 좌
우의 용호가 유정(有情)하고 휘감아서 지키며, 사방에 여러 갈래의 길
이 있고, 경계를 짓는 물과 분합이 명백한 중심이다. 따라서 진혈을
맺는지, 안 맺는지, 혹은 어느 곳에 있는지 등은 위에 든 것들의 유무
(有無), 형세, 상태 여하에 의해 고찰하는데, 이것이 징좌법이다.

1. 조산징혈(朝山澄穴)

조산에는 원근의 구별이 있고, 그 각각에 고저가 있음은 앞에서 이
미 말한 바 있다. 또 여기에는 좌·우·증에 의한 구별도 있다. 징혈
은 이 원근, 고저의 상태, 좌·우·정(正)에 있는지 아닌지에 따라 그
위치가 달라지므로, 점혈에서는 우선 이 조산의 원근과 고저, 결혈과
의 관계 등을 확실히 해야 한다. 그런데 우선 언급해 두어야 할 것은,
풍수에서는 혈을 그 위치의 고저(高低)로 보아 천지인(天地人)의 세
가지로 나누고 있다는 점이다. 천혈(天穴)은 산 높은 곳에 위치해 있
는 것이다. 그리고 지혈(地穴)은 산기슭에 있는 것이며 인혈(人穴)은

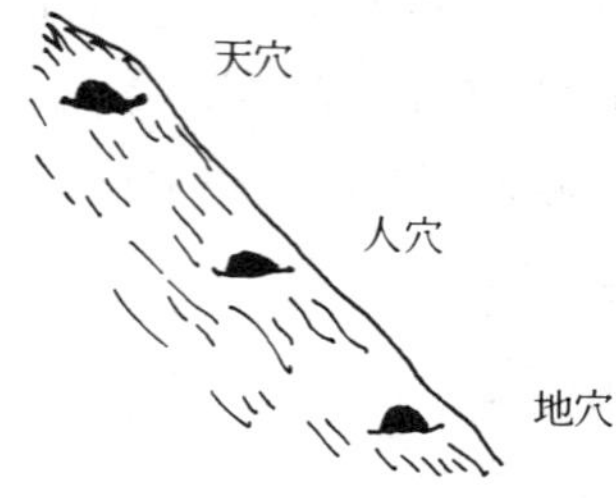

천혈과 지혈의 중간, 즉 산 중턱에 위치해 있는 것이다.

한편, 조산이 높거나 가까우면 혈을 억누를 우려가 있다. 혈이 억눌리면 조화를 이룰 수 없다. 또 조산이 낮거나 멀면 국내(局內)의 기(氣)가 흩어지기 쉬우므로 생기의 융결(融結)이 충분히 이루어질 수 없다. 그러므로 생기가 융결하는 곳, 즉 렌즈의 초점은 조산의 고저와 원근에 따라 그 결처(結處)를 달리한다. 그와 마찬가지로 좌(左)·우(右)·정(正)의 위치에 따라서도 그 결처는 달라진다. 따라서 양자간에 다음과 같은 관계가 성립된다. 점혈은 이 관계를 고찰한 다음에 그 공을 논해야 한다

① 조산고(朝山高)—혈, 고(혈의 위치가 조산의 눈썹에 이르러야 한다).

② 조산저(朝山低)—혈, 저(혈의 위치가 조산의 중심에 응해야한다).

③ 조산근(朝山近)—혈, 천혈(天穴).

④ 조산원(朝山遠)—혈, 지혈(地穴).

⑤ 조산이 좌에 있음—혈, 왼쪽을 향함.

⑥ 조산이 우에 있음—혈, 오른쪽을 향함.

⑦ 조산이 정에 있음—혈, 정을 향함.

아무리 수려해도 너무 떨어져 있는 원조(遠朝)의 산은 기를 모으는 데는 도움이 될지 모르지만 혈을 맺는 일에는 참여하지 않으므로 혈을 점정(占定)하는 경우에는 근조(近朝)를 주로 고찰해야 한다.

2. 명당(明堂), 전수징혈(前水澄穴)

이것은 혈 앞의 명당과 혈 앞을 흐르는 물과의 관계에서 결혈의 확고한 위치를 점정하고자 하는 것이다. 대저 명당이란 혈 앞의 평탄한

장소로서, 마치 임금이 신하들을 모아 놓고 정사를 의논하는 장소 같
다는 것은 앞에서도 이야기했지만, 이곳 역시 생기가 모이고 멈추는
곳이므로 명당이라 하면 바르고 평평해야 한다. 기울거나 옆으로 넘
어진 듯하면 생기를 융결하지 못하므로 진정한 명당이 아니며, 이러
한 명당의 뒤편에서 진혈이 맺어지는 예는 없다. 명당에는 대·중·
소의 세 가지가 있다. 소명당(小明堂)은 혈 앞의 작은 것, 중명당(中明
堂)은 청룡과 백호의 안쪽에 있는 것, 그리고 대명당(大明堂)은 안산
(案山) 안쪽에 있는 넓은 것으로, 외명당(外明堂)이라고도 한다(이에
대해 소·중 명당은 內明堂이라고 한다).

　혈과 명당과의 관계는 대체적으로 명당이 바르고 평평하며 둥글고
혈을 향해 유정(有情)한 것이 좋다. 평평하여 사람이 누울 수 있는 정

명당(明堂)과 혈(穴)

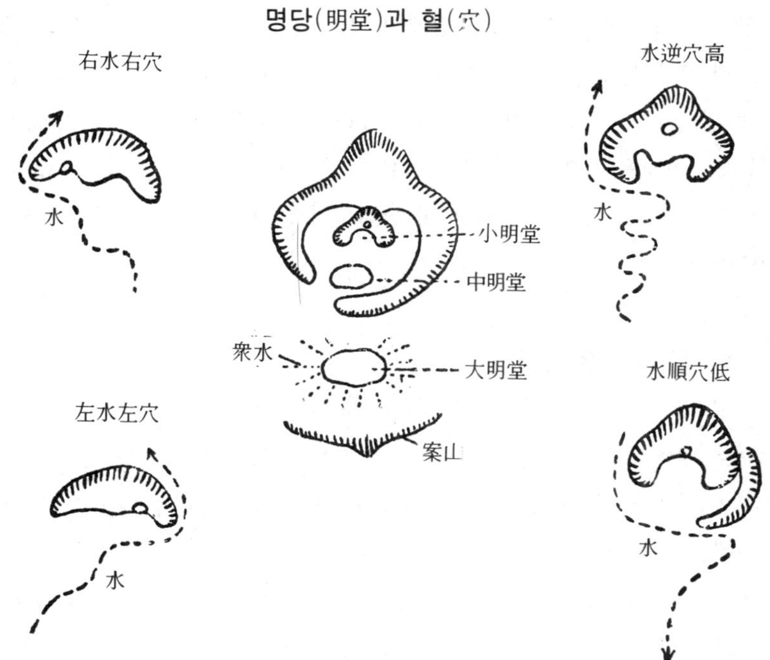

도는 거기에 진혈이 있다는 증거이며, 혈이 그 속에 있다는 뜻이다. 좌우상하로 기울어져 있으면 혈을 잃게 된다. 중명당은 교회(交會)의 뜻이 있는 것이 좋다. 그렇지 않으면 혈의 기가 소실될 우려가 있어서 진혈을 맺지 못한다. 마지막으로 대명당은 융취(融聚)하는 곳이 좋다. 만일 그렇지 않으면 혈기를 잃을 뿐 아니라 이 혈장성국의 결작(結作)은 결국 가짜가 된다.

이번에는 혈과 물의 관계를 살펴보자. 이미 서술한 바와 같이 물에 경계가 생기면 용이 멈추고 생기 역시 멈추므로, 전수(前水)와 생기융결하는 혈과는 밀접한 관계가 있음은 당연한 이치이다. 물이 왼쪽으로 모이거나 혹은 혈장의 왼쪽을 활처럼 싸안는 경우에는 왼쪽에서 혈을 맺고, 물이 오른쪽에서 모이거나 혈장의 오른쪽을 싸안을 경우에는 오른쪽에서 맺으며, 또 물이 중앙에 모이거나 혈 앞을 둥글게 싸안는 유정한 것이면 혈을 중앙에서 맺는다. 그리고 그 발원이 멀고 조용히 오되 명당에서 모이면 혈은 높은 곳에서 맺어지고, 물이 순조롭게 혈 앞에서 모인 후에 흩어져서 흘러가면 혈은 낮은 곳에서 맺어지는데, 이것을 물과 혈 사이에 이루어지는 대강이라고 볼 수 있다. 따라서 점혈은 바로 이 앞의 물이 어떠한가를 보고 진혈의 위치를 가려내야 한다.

3. 낙산징혈(樂山澄穴)

혈 뒤에 기대고 있는 산을 낙산이라 하며, 혈성이 기울어지거나 옆으로 떨어짐을 버티어 주는 산을 귀성(鬼星)이라고 한다는 것은 앞에서 이미 언급한 바 있다. 중정(中正)을 얻지 못한 혈성, 예를 들면 요뇌(凹腦), 측뇌(側腦) 등의 혈성을 횡룡(橫龍)이라 하는데, 이 횡룡은 앞에서 든 낙산이나 귀성이 없으면 그곳에 빈틈이 생겨 생기의 융취(融聚)를 초래할 수 없다. 그러므로 횡룡에서 혈을 맺는 것이요, 낙귀

(樂鬼)에 의해 그 초점을 이루는 법이다. 다라서 다음과 같은 관계가 양자 사이에 성립된다.

① 낙산이 왼쪽에 있을 때―혈장의 왼쪽에서 혈을 맺는다.

② 낙산이 오른쪽에 있을 때―혈장의 오른쪽에서 혈을 맺는다.

③ 낙산이 좌우 양쪽에 있을 때―혈장의 가운데에서 혈을 맺는다.

④ 낙산이 사방에 있을 때―혈장의 가운데에서 혈을 맺는다.

⑤ 귀성이 혈 뒤를 받쳐줄 때―혈장의 가운데에서 혈을 맺는다.

⑥ 귀성이 왼쪽을 받쳐줄 때―혈장의 왼쪽에서 혈을 맺는다.

⑦ 귀성이 오른쪽을 받쳐줄 때―혈장의 오른쪽에서 혈을 맺는다.

⑧ 귀성이 양쪽을 감싸안을 때―거중(居中)에서 혈을 맺는다.

4. 용호징혈(龍虎澄穴)

용호, 즉 청룡과 백호는 혈장(穴場)의 호위구역이므로, 용호가 없으면 혈을 이룰 수 없을 만큼 혈에 유리한 영향을 미친다. 그러므로 이 용호의 대소 역량이 결혈에 관계됨은 당연한 일이라고 할 수 있다. 그 관계를 살펴보면 다음과 같다.

① 좌룡이 강하든지 유정할 때―왼쪽으로 기울어진 곳에서 혈을 맺는다.

② 우룡이 강하든지 유정할 때―오른쪽으로 기울어져 혈을 맺는 다.

③ 용호가 낮을 때―바람을 피하기 위하 소명당에서 혈을 맺는다.

④ 용호가 높을 때―억압을 피하기 위해 천혈에서 혈을 맺는다.

⑤ 용호가 서로 유정하고 높지도 낮지도 않을 때―가운데에서 혈을 맺는다.

5. 천심십도징혈(天心十道澄穴)

천심십도라는 것은 전후좌우 사응(四應)의 산을 한꺼번에 가리키는

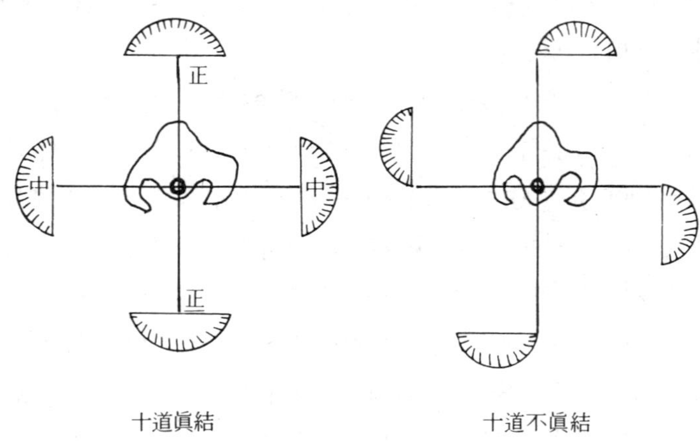

十道眞結　　　　　　　　十道不眞結

말이다. 사응(四應)의 산이란 뒤에는 개산(蓋山), 앞에 조산(照山), 좌우 양쪽에 협이(夾耳) 같은 산이 있는 것으로서, 이것을 사응등대(四應登對), 개조공협(蓋照拱夾)이라고 칭하기도 한다. 무릇 진혈에는 이 전후좌우의 사조(四照)가 있어서 그 중심(中心 : 天心)에서 혈을 맺게 되므로, 혈이 진결되는 곳을 알려면 먼저 이 개조공협을 보아야만 한다. 이를 십도천심이라고 하는 것은, 진혈이 개조공협의 사산(四山) 사이를 결부시킨 십자의 중심에서 결부된 것을 말하며, 산을 결부시킨 것이 십자를 이룬다 해도 그 선이 사산 가운데서 시작된 것이 아니면 결코 진혈을 맺지 않는다. 즉 좌우협이(左右夾耳)의 산은 고저의 차가 있어서는 안 되며, 전후개조(前後蓋照)의 산은 좌우로 기울면 안 된다. 만일 고저의 차가 있으면 기맥을 잃게 되고 기울면 기가 없어져 버린다.

6. 분합징혈(分合澄穴)

이것은 혈에서 가장 가까운 주위의 지맥, 수맥에 의해 결혈의 장소 및 그 진위를 판단하는 징혈법(澄穴法)으로서, 풍수의 점혈상 가장 홍미있는 것이다. 분합이란 혈 뒤에서 갈라진 수맥이 혈 앞에서 합쳐지는 것인데, 이 분합에는 대팔자수(大八字水), 소팔자수(小八字水), 하수수(鰕鬚水 : 毬簷水) 등 세 가지가 있다. 우선 하수수가 분합하여 혈을 둘러싸고, 그 바깥쪽을 소팔자(小八字)가, 소팔자의 바깥쪽을 대팔자(大八字)가 각기 분합하여 혈을 둘러싸는 것을 의미한다. 이 세 가지는 어느 것이든 갈라지면 반드시 합해지고, 합해지면 갈라짐을 요한다. 만일 합쳐졌다가 갈라지지 않으면 용맥이 진이 아닐 뿐 아니라 안으로 생기에 접할 수 없고, 갈라졌다가 합쳐지지 않으면 용맥의 멈춤이 불명확하다. 따라서 밖으로 계맥(界脈)을 증명할 만한 것이 없으면 둘 다 진결이 아니다. 그러나 이 분합은 기맥을 보내고 멈추게 함으로써 혈에 생기를 융합시키는 중대한 임무를 맡고 있으므로, 그 분합이 분명치 알거나, 갈라졌다가 합쳐지지 않고, 합쳐졌다가 갈라지지 않는 것은 결코 생기가 순화하는 혈을 맺지 못한다.

이를 도해(圖解)하면 다음과 같다.

분합도

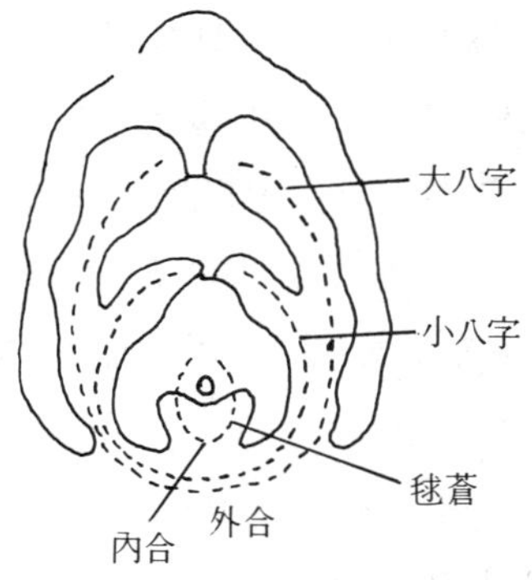

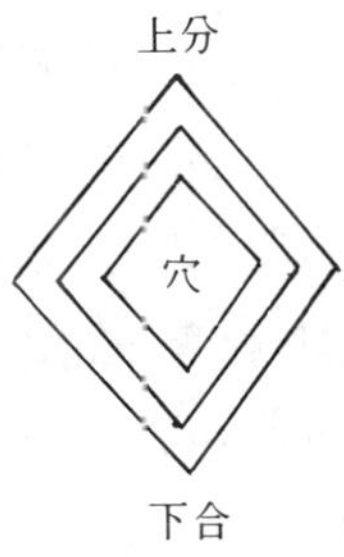

4. 혈장(穴場)에서 피해야 하는 형세

혈(穴)이 아무리 합리적으로 진결(眞結)의 장소에 점정(占定)되었다 해도 그 혈장이 만약 좋지 않은 곳이라면 모처럼 융취한 생기가 흩어지고 소모되어 길(吉)이 흉(凶)으로 변하므로 잘 가려서 선택해야 한다. 다음은 기피해야 할 나쁜 형세들이다.

① 조악한 것—대저 결혈의 장소는 혈성(穴星)이 곱고 광채가 있으며 정교하고 세밀함을 중시하고 조잡한 것을 싫어한다. 산도 사람과 마찬가지여서 조잡하고 누추한 것은 그 마음 역시 흉측하고 불량하므로 조잡한 혈처(穴處)는 틀림없이 추악하고 불량한 소응(所應)을 발할 것이라는 생각에서 이를 기피하는 것이다.

② 가파른 것—무릇 혈처는 평탄하고 원만한 것을 중시하고 가파르고 곧고 단단한 것을 싫어한다. 가파르면 수용하는 성질이 결핍되어 융결(融結)을 바랄 수 없다.

③ 단한(單寒)한 것—이것은 홀로 고립되어 사면으로 구릉에 이어지는 산이 없고, 혈에 임함에 있어 고로(孤露)하고 장취(藏聚)하지 않음을 말한다. 무릇 혈처는 그 주위가 빽빽하고 따뜻하며 굳은 것을 중시하고 단로고한(單露孤寒)을 기피한다. 고한의 혈은 빈궁하여 고아와 과부 등을 많이 나오게 하여 절멸하게 만든다.

④ 종기가 난 곳— 혈처는 사람 얼굴의 미목(眉目)과 같이 광채가 나고 명백한 것을 중히 여긴다. 그 성진(星辰)이 조옹비종미만만추(粗臃肥腫瀰慢蠻醜)한 것은 흉화(凶禍)가 그 장소에 이르는 까닭에 기피한다.

⑤ 손상된 것—용기(龍氣 : 龍脈)가 허약해서 뱀이나 쥐의 서식처가 되고 이로 인해 손상되고 마모된 것을 말한다. 무릇 생기가 모이

는 곳은 그 땅이 견실하고 강고(强固)허서 좀처럼 손상되지 않는다. 그런데 허약한 곳에는 원래 생기가 모이지 않고, 또 모인다 해도 땅강아지, 개미, 뱀, 쥐 따위가 구멍을 뚫음으로써 생기를 누설시킨다. 혈처로 적합하지 않음은 자명한 일이다.

⑥ 요(凹)가 있는 것—입혈(入穴) 장소는 반드시 주위가 빽빽하고 차단된 곳이라야 한다. 그런데 혈처가 오목하게 꺼져 낮으면 적풍(賊風)이 불어들어와 장정이 절멸하는 흉을 발한다.

⑦ 말라서 뼈가 드러난 것—혈처에 해당되는 산 모양이 비채(肥彩)하지 않고 앙상하게 뼈가 드러난 듯한 것을 말한다. 이런 곳은 용기(龍氣)가 미약한 곳으로서, 마치 용모(容貌)가 쇠약해 기(氣)와 혈이 쇠퇴한 사람과 같아서, 신(神)이 머굴기에는 적당하나 인간의 양기음택(陽氣陰宅)으로는 부적당하다.

⑧ 돌출된 것—혈처에 해당되는 장소가 장취(藏聚)하지 않고 돌출되어 바람을 받고 있는 것을 말한다. 이런 곳에는 생기가 모이지 않아 진혈을 결합하지 못한다.

⑨ 파면(破面)된 것—혈성의 머리면이 부서진 것을 말한다. 혈처는 단단하고 손상됨이 없어야 한다. 이미 부서져 기맥이 누설된 곳에 장사지내면 복을 바라기 어렵다.

⑩ 머리에 종기가 난 것—혈처에 흑백의 사석(砂石)이 섞여 있어서 나무를 자라지 못하게 하고 누런 갈대나 풀만 듬성듬성 나 있어서 마치 종기를 앓는 사람의 머리 같은 형상을 말한다. 이런 곳은, 혈기가 왕성하지 못한 사람이 피부에 맥이 잘 활동하지 못해 병이 생긴 것처럼 용신(龍神)이 말라 버리고 기맥이 허약하여 이런 외형을 띠게 된 것이므로 좋은 혈을 맺기는 어렵다.

⑪ 산만한 것—혈처는 수렴하고 결집되는 것을 중시한다. 산만하여 혈장이 평평하게 넓으며 계수(界水)가 없고 돌와(突窩)하지 않은

곳에서는 융결을 기대하기 어렵다.

⑫ 날카롭고 가는 것—혈처가 첨예미세(尖銳微細)한 것을 말한다. 날카롭고 가늘며 미약하므로 생기가 모이지 않는다.

⑬ 질펀하고 무른 것—혈처가 넓고 질펀하여 광연(曠軟)해서 마치 손바닥처럼 평평한 곳은 좋지 않다.

⑭ 완고하고 딱딱한 것—산형이 죽어 버려 활동하지 않아서 거칠고 완고하며 가파르고 딱딱한 것을 말한다. 혈처는 그 활동이 완만하고 순한 것을 중시한다. 완고하고 딱딱하며 준직(峻直)한 것은 융결하기 어렵다.

⑮ 높고 험한 것—혈에 해당되는 장소에서 돌이 나오고 가파르며 높거나 무서운 곳은 좋지 않다. 기(氣)는 흙으로 모이기 때문에 돌산에 묻지 않는 것은 예로부터 명사(明師)의 금조(金條)로 여겨져 왔다.

⑯ 어둡고 찬 것—매우 어둡고 그늘지고 한랭한 땅을 말한다. 이런 땅을 양시(養尸)라고 하는데, 이런 곳에 묻으면 백 년이 지나도 무너지지 않고, 관을 열면 여전히 살아 있는 것처럼 얼굴색이 변하지 않으며, 피부의 광택도 그대로이다. 그러다가 바람을 맞으면 그제야 비로소 얼굴색이 변하는 것이다. 이러한 곳은 용에 진맥(眞脈)이 없고, 산에 정혈(正穴)이 없으므로 이용해서는 안 된다. 생기가 있으면 그 혈(穴)이 따뜻해지고 따뜻해지면 부패하게 마련이다.

그런고로 백년이 지났는데도 살아 있을 때의 모습 그대로라는 것은 그곳에 한랭한 음기만 있고 생기가 없다는 증거이다. 풍수의 요체는 생기에 편승하는 데 있다.

어둡고 찬 땅인 양시(養尸)를 기피하는 것은 이러한 이유에서이다.

5. 혈(穴)에 있어서 시체의 변화와 추효(追孝)

혈처로서 기피해야 할 곳을 나열해 보았는데, 이상에서 특히 주의해야 할 것은 맨 마지막에 설명한 어둡고 찬 땅, 즉 양시(養尸)이다. 백년이 지나도 시체가 변하지 않는 어둡고 차가운 땅은 기피하는 이유는 결국 풍수의 무덤에 대한 관념, 부모의 시체에 대한 생각을 여실히 드러내 주는 것이다. 따라서 이 양시를 기피하는 것은 부모 장례에 대한 근본 관념을 설명해 준다고도 볼 수 있다.

이런 땅을 기피하는 이유의 하나는, 되풀이해서 말하거니와, 장사는 생기에 편승하는 것을 중시하기 때문이다. 양시는 생기의 맥이 없는 땅이므로 기피한다는 것이다. 이런 땅에 묻으면 시체의 살이 빨리 부패되지 않는다. 예로부터 존속 부모를 매장할 때는 관이 두껍지 않은 것을 썼지만, 관재(官材)는 썩지 않는 것을 골라서 사용했고, 관 속에는 빨리 부패하는 것을 방지하는 각종 약물을 넣기도 했다. 이것은 시체가 부패하는 것을 꺼려 오래 구체(舊體)를 유지하려 함이 아니겠는가. 그렇다면 부모의 시체를 매장함에 있어 백년이 지나도록 옛 모습을 유지시켜 주는 양시야말로 가장 바람직한 길혈(吉穴)이라 할 수 있을 것이다. 그런데 풍수에서는 두꺼운 관을 안 쓰고, 냉혈(冷穴)을 버리고 오히려 시체가 빨리 부패하는 따뜻한 땅을 구한다. 따라서 풍수는 사람의 자식으로서 부모의 사후를 편하게 하는 정을 끊고 소위 효의 본뜻을 망각하고 있는 듯이 보여진다.

이 점에 대해 서씨(徐氏)는 다음과 같이 설명하고 있다.

"어떤 사람이 나를 비난하여 말했다. '자식이 땅을 구하는 것은 부모를 편하게 하기 위해서이다. 그러니 백년 동안 썩지 않고 얼굴이 그대로 살아 있는 듯한 양시 외에 길(吉)한 땅이 또 어디에 있겠는

가. 그런데도 그런 곳보다는 부패하고 썩기 쉬운 혈을 원해서 부모의 몸을 빨리 부패시킴으로써 부귀가 살아 있는 자에게 미치게 하려 하니 이를 어찌 효자의 마음이라 할 수 있겠는가?' 이에 대답하기를, '그것은 이를 말이 안 된다. 만물은 화귀(化歸)한다. 어느 곳이고 불화(不化)하는 것은 없다. 그 양시가 변하지 않음은 그늘지고 매우 찬 땅으로, 북쪽 사람이 얼음을 저장함이 이와 같다. 옛사람이 왕비(王妃)를 염할 때 수은을 시체 속에 넣으면 오랫동안 변하지 않았다. 이 수은은 대단히 차서 시체를 보존해도 변하지 않았을 따름이다. 지금 양시의 땅에서 냉기가 시체에 침범하고, 시체를 변하지 않게 하려 해도 영혼이 편하지 않은즉, 어찌 사람의 자식으로 부모를 편하게 하고 싶은 마음이 없겠는가. 또한 감응이 산 사람에게 미치어 자손을 못 낳게 하거나 혹은 생겨나도 자라지 않아 점차 대를 끊기에 이른다. 또한 사람의 자식으로 부모에게 효도하고 싶은 마음이 없겠는가. 《장서(葬書)》에서 고해득기(枯骸得氣)라 하는 득기를 지맥충화(地脈冲和)의 생기로 해서 원음(原陰)의 냉기가 없어지게 된다. 생기를 얻으면 따뜻하고, 따뜻하면 부패하기 쉬워 뼈가 오래 존속한다. 유해 역시 이것에 의해 사속번창(嗣續蕃昌), 제사불체(祭祀不替)하니 큰 효도가 실로 여기에 있다 할 수 있다'고 하였다."

풍수가 양시(養尸)를 꺼리고 살이 빨리 부패하는 혈을 원하는 것은 부모의 몸을 땅에 돌려보냄으로써 그 자손에게 음덕이 되고, 자손의 번창과 그에 따른 제사가 영속됨으로써 부모에게 효도가 되기 때문이다. 아무리 부모의 시체가 백년 동안 옛 몸을 그대로 유지한다고 해도 제사 지낼 자손이 없다면 결코 효도라 할 수 없다. 제사를 영원하게 지속할 수 없어서는 효도가 안 된다. 영원한 제사를 바랄진대는 자손의 번영을 바라지 않으면 안 된다. 자손의 번영은 부모의 본 형체가 생기에 감응할 때 비로소 바랄 수 있는 것이다. 그런데 시체가 옛모습 그대로라면 그 해골은 생기를 받을 수 없다. 무릇 자손과 부모의 죽음과의 관계에 의하면 부모의 정기는 자손에게 있고 부모의 정기는 뼈에 있다. 즉 자손이 받는 것은 부모 일신(一身)의 뼈이지, 살이나 가죽은 아닌 것이다. 그러므로 생기의 영향을 빨리 받아서 제사가 완전히 영구히 행해지도록 자손의 번성을 구한다면 기세 좋게 그 살이 빨리 부패되어 생기가 직접 뼈에 감응하도록 하지 않으면 안 된다.

이 뼈가 지기(地氣)를 받음으로써 비로소 자손의 번영을 바랄 수 있다고 하는 관념은, 서씨(徐氏)의 창의가 아니다. 그것은 《청오경》과 《금낭경》에서도 명백히 밝히고 있다. 즉 '百年幻化. 離形歸眞. 精神入門. 骨骸返根. 吉氣感應. 累福及入.'이라고 하는 《청오경》의 골해감응설(骨骸感應說)이나 '本骸得氣, 遺體受蔭'이라는 금낭경의 본해득기설(本骸得氣說)과 같은 것은 바로 이 관념을 말한 것이다. 좀더 역사적으로 거슬러올라가면 장사는 해골만 묻는 것으로서, 사람이 사망하면 나무나 풀 위, 또는 땅 위에 방치해서 그 피부가 부패하기를 기다렸다가 해골만 거두어 땅 속에 묻었던 것이다. 이와 같은 풍습의 이유를 논증하기란 쉽지 않지만, 아마 원시사회에서는 죽은 사람이 살아나는 경우를 두려워하여 산야에 버렸던 것인데, 시일이 경과됨에 따라서 그 피부는 부패해도 그 해골은 쉽게 썩지 않으므로 경외의 대상물이 되어 해골을 영구히 산 사람의 시야에서 사라지게 하기 위해서 흙 속에 묻었다고 볼 수 있다.

이것은, 뼈가 사람의 정령(精靈), 즉 신체 중 가장 불멸의 근본적인 정령이라고 믿은 동시에, 뼈가 산 사람에게 가장 강력하게 작용한다고 믿었던 탓이라 할 수 있다. 사람이 죽으면 마을에서 멀리 떨어진 산야에 내버리거나, 화장하러 가는 길과 오는 길을 달리해서, 죽은 자의 영혼이 따라오는 것을 막듯이 옛날 송사(送死)의 풍습은 시체를 정령시하여 그 영향으로부터 벗어나려고 하였던 것이다. 또한 옛날부터 인체의 각 부분은 각기 정령이 있다고 믿어 머리카락 하나, 손톱 한 개라도 소홀히 해서는 안 된다고 보았고, 가장 부패되지 않는 해골이 가장 강고한 정령이며 두려운 것으로서 산 사람에 대하여 가장 영향력 있는 정령이라고 생각했음은 결코 무리가 아니다.

이처럼 해골이 산 사람에게 가장 영향력 있는 정령이라는 정령 관념에 의하면 사람의 해골은 인체를 형성하는 생기 있는 정기가 된다. 여기에다 사람은 부모의 정기를 받아서 출생한다는 음양의 정기 관념이 결합되면 여기서 부모의 해골은 자손과 교섭을 갖게 된다. 부모 해골의 길흉선악은 즉시 그 자손에게 영향을 미치고, 부모의 해골이 음양의 생기에 순화되면 그 발전체인 자손도 감응해서 부귀번영을 얻는다. 이에 반해서 부모의 해골이 너무 생기에 넘친다든가 너무 쉽게 부패하는 경우에는 그 자손이 쇠퇴하고 후사가 단절된다는 것도 간과해서는 안 된다. 따라서 풍수에서는 부패되는 것을 원하기는 하지만 뼈가 썩는 것은 ‘不蓄之穴. 是謂腐骨. 其爲可畏. 可不愼也. ’(《靑鳥經》)라고 하여 크게 꺼리는 것이다.

이를 요약하면, 풍수에서는 혈이 따뜻해서 시체가 들어가면 그 부패가 빠르고 여기에 융주(融注)해서 순화하는 생기를 즉시 해골로 받아, 이 생기에 넘치는 해골의 감응에 따라 자손이 번영을 이루고 자손의 번영에 따라서 부모 선조의 제사가 끊기지 않도록 하는 것이 효도의 극치이다. 따라서 효를 완전히 수행하려고 하면 마땅히 길지(吉地)를 찾아서 부모의 해골이 쉽사리 생기에 넘치게끔 노력해야 한다는 것이 다름 아닌 풍수의 본령인 것이다.

풍수가 양기(陽氣)보다도 음택(陰宅)에 중점을 두는 것은 극진한 효도를 그 목표로 삼기 때문이며, 음택에 중점을 두는 풍수가 혈족을 중심으로 하여 단결하는 사회, 나아가서는 충(忠)보다도 효(孝)에 중점

을 두는 사회로 발전시켰던 것에도 자연히 수긍이 갈 것이라고 생각된
다.

6. 혈(穴)의 토색과 심천(深淺)

좋은 혈(穴)을 점정해서 얻은 다음에는 그 흙 색깔 및 흙 속의 매장
물에 대해서 고려하지 않으면 안 된다. 대개 혈은 생기의 순화를 이루
는 곳이므로 순화융합을 돕는 것이어야지 이를 방해하는 것이어서는
안 되기 때문이다. 그래서 무덤을 팔 때는 우선 토질부터 검사해야 한
다. 일반적으로 길토(吉土)라고 하면, 토질이 가늘고 부드러우며 습기
가 적당해서 그 단면에 윤이 많고 광택이 있으며 오색(五色)을 갖춘
것을 말한다. 반면에 그 토질이 건조하고 윤이 없어 마치 조〔粟〕를 쌓
아 놓은 것과 같은 것, 혹은 습기가 많아서 토질이 부드럽지 않고 그
모양이 잘라 놓은 고기가 썩은 듯한 것, 또 무덤 속에 물샘이 있거나
모래·자갈이 있는 것은 모두 땅강아지, 개미, 뱀, 쥐 따위가 들락거
리지 않으면 물이 스며들고 바람이 들이치기 때문에 생기를 누설하게
된다. 그러므로 이런 곳에 묻는 관은 건조시키거나 검게 그슬려야 한
다. 그렇지 않으면 썩든가 물에 떠돌게 되어 마침내 양시(養尸), 초골
(焦骨), 부골(腐骨), 패곽(敗槨) 등의 결과를 가져오게 된다. 따라서
이들 양시, 초골, 부골, 패곽 등은 풍수에서 가장 흉악한 것으로 꺼린
다. 다음으로 토색(土色)의 길흉에 대해 설명하면 다음과 같다. 토색
에는 청황적백흑의 오색(五色)이 있다. 혈 속의 흙이 이 오색을 겸비
하면 대길(大吉)하다. 그런데 이 오색은 본래 오방(五方), 오행(五行)
의 배치로서, 동(東)·목(木)은 청색, 서(西)·금(金)은 백색, 남
(南)·화(火)는 적색, 북(北)·수(水)는 흑색, 중앙(中央)·토(土)는
황색 등을 말한다. 이 배색은 동쪽에는 오행의 목기(木氣)가 성하기

때문에 그 색이 청색, 남쪽은 오행의 화기가 성하기 때문에 그 색이 적색을 띤다는 것인데, 이 오색은 오행의 기(氣)의 색이며, 오행의 기가 있는 곳에는 오색이 있고, 역으로 오색이 있는 곳에는 오행의 기가 존재하게 된다는 것에서 왔다. 따라서 혈 속의 토색도 역시 이와 같이 생기가 흙 속에 있으면 그 기의 본성에 의해 결정되는 것이다.

일반적으로 흙색이 황색을 띠는 것은 토기가 응결되었기 때문이다. 이와 같이 흙 속에 금기(金氣)가 모이면 흙색은 백색이 되고, 목기(木氣)가 모이면 청색이, 수기(水氣)가 모이면 흑색이, 화기(火氣)가 강하면 적색을 띠게 된다. 그런데 무덤 속의 토색이 오색을 갖추었다는 것은 오행의 전기(全氣)가 모두 모였음을 뜻하며, 이런 곳을 장골(藏骨)에 적당하다고 보는 것이다.

그러나 혈은 원래 흙을 본체로 하는 것이기 때문에 아무리 오색을 갖추었다 하더라도 여기에 황색을 주(主)로 하고 다른 네 가지 색을 종(從)으로 하는 경중(輕重) 관계가 존재한다는 것을 간과할 수는 없다. 이리하여 주된 황색을 기본으로 하고 다른 네 가지 색은 이 황색과 서로 상생관계에 있는 것이 아니면 안 된다. 만일 오색이 구비된 것이라면, 그 토층(土層)에 따라 색깔층이 백, 흑, 청, 적, 황〔金, 水, 木, 火, 土〕의 순위로 되어야 할 것을 요구하며, 오색이 갖추어지지 않았다 해도 예를 들면 백, 청, 황이라든가 청, 적, 황, 또는 흑, 적, 황 등 어느 것도 상생관계라야 하는 것이다. 풍수에서 혈 속의 기온이 따뜻해야 한다는 것은 이미 말했지만, 이 온난은 화(火)의 성(性)이며, 온난한 혈, 즉 온혈(溫穴)은 온(溫 : 火) 혈(穴 : 土)로서, 화생토의 상생관계를 이루기 때문에 그 생기를 빠르게 순화시키는 동시에 순조로이 운행시킨다.

혈, 특히 장묘(葬墓)에 있어서 혈의 핵심은 매장에 있다. 매장에는 혈의 깊이가 없으면 안 된다. 혈은 마치 인체의 경혈(經穴)과 같은 것이다. 인체에 있어서 혈이 오체(五體)의 각 국부에 의해서 그 깊이를 달리하는 것과 같이, 생기가 주입(注入)하는 지중(地中)의 혈도 역시 성국(成局) 여하에 따라서 그 깊이에 차이가 있는 것이다. 따라서 진혈(眞穴)에 입장(入葬)시키려면 반드시 그 깊이를 고찰해서 이에 맞추어야 한다.

일반적으로 풍수에서는 '陰脈入穴. 穴宜深. 陽脈入穴. 穴宜淺'으로써 진혈의 결처(結處)를 얻지만 이는 음맥이 철형(凸形)이기 때문에 그 기가 모이는 곳은 그 돌단(突端)이 이제 곧 양수(陽受)에 접하는 곳이며, 양맥은 그 모양이 요형(凹形)이기 때문에 그 기가 응집하는 곳은 그 중앙이 이제 곧 음래(陰來)에 접하는 곳이다. 철맥(凸脈)으로 입혈하는 것은 깊고, 요형(凹形)으로 혈을 이루는 것은 얕은 곳에 생기의 응집이 행해져 진혈을 맺는다는 것이다.

이 깊이에 대하여 풍수에서는 혈토(穴土)를 부토(浮土)와 진토(眞土)로 이분(二分)한다. 부토란 지표로부터 진혈을 맺는 곳까지의 흙이고, 진토란 진혈을 맺는 곳의 흙이다. 혈토에서는 이 부토층의 두께가 2, 3척(尺)에서 1장(丈) 정도 되는 것이 대부분이다. 이 부토 다음에 비로소 진토가 나타나는 것이다. 이 진토는 진기(眞氣)가 응집하는 곳이기 때문에 입장(入葬) 때에 많이 파서는 안 된다. 입장에서는 그 후박(厚薄) 여하를 보아 개혈(開穴)의 깊이를 정한다. 요는 이 진토가 관을 감싸도록 그 아래쪽에 많은 진토를 남겨야 길하다는 것이다. 개혈의 깊이를 지나치게 얕게 해서도 깊게 해서도 안 된다는 속담이 있는 것은 바로 이 때문이리라.

제 3 장 풍수와 음양(陰陽)

1. 총설(總說)

풍수의 구성요소인 산(山), 수(水), 방위 중 산과 수에 대해서는 제 1, 2장에서 언급했고 풍수상에 있어서의 취급방법도 논술했다. 이번에는 세 번째 구성 요소인 방위에 대해서 논하고자 한다. 풍수에서는 산과 수가 가장 중요한 구성요소이기 때문에 이 둘을 빼고는 풍수가 성립되지 않는 데 반해, 방위는 그 정도로 중요한 것은 아니다. 이를 알기 위해서는 음양오행(陰陽五行) 내지 십간 십이지(十干十二支)의 예비지식이 없으면 안 되므로, 제 2 장에서는 풍수의 구성에서 가장 중요한 산과 수의 양자(兩者)를 '풍수의 법술'로서 논술했던 것이다. 음양, 특히 풍수설에 도움이 되는 음양오행을 약술한 뒤에, 음양오행의 풍수적 응용의 하나로서 방위에 대한 것을 고찰해 보고자 한다.

음양오행설은 옛날 중국 상고시대(上古時代)에 발생, 발달된 것이라고 보여지고 있다. 그러나 그 유래는 아직 명확하지 않으며 언제 어느 곳에서 창설(創說)된 것인가에 대해서는 현재 확고한 정설도 없다. 그러나 그 영향은 상당히 넓은 범위에 미치고 있다. 동양문화의 대부분은 다소를 불문하고 모두 이오설(二五說 : 음양이 二, 오행이 五라고 해서 이오설이라 한다)의 영향을 받지 않은 것이 없을 정도이고 풍수설도 그 영향을 받았다.

앞에서 이미 논했듯이, 풍수설은 원시민족이 지상에서 생활적 요구로부터 땅을 상대한 데서 유래하여 점차 추상적이고 전문적으로 진행됨에 따라서 일종의 상지법(相地法) 상지술(相地術)이 되었던 것이다. 이 법술에 뛰어난 자는 상지술자로서 취급되었을 테지만, 그것이 차차 전문화되고 또한 각종 학설의 자극을 받음에 따라, 보통사람으로서는 쉽게 이해하기 어려운 유력한 법술이 되었을 것이다. 민간에서 전승되어 온 이 상지법을 가지고 하나의 체계 있그 기초 있는 학설법술(學說法術)인 풍수로까지 발전되게 한 기반은 음양오행설이다.

풍수의 본질을 이루는 생기라든가 부모·자식간에 있어서의 정기감응인 이른바 정기(精氣)에 대한 관념은, 단지 양호한 토지——생활상 안전하게 자료를 얻기에 좋은 토지——를 상정하고 점정(占定)하기 위함이라기보다는 차원이 높다고 할 수 있다. 그러므로 풍수의 본질을 이루는 생기, 정기 등과 상지법이 풍수설의 체계를 형성하는 과정에서 음양오행설의 영향을 받았음에 틀림없다. 상지법이 약간 전문적으로 되자, 실제 생활상의 좋고 나쁨을 떠나 사람의 운명을 상정하는 미지미견(未知未見)의 것임을 믿고, 이 사물의 길흉을 알기 위해서 점복술이 나타난 것은 민족생활상 당연한 정신적 발전이며, 역사적 사실이다. 사람의 운명을 규정하는 어떤 힘이 토지에 있다고 보는 것은 어느 민족에 있어서나 공통된 정령신앙(精靈信仰)이다. 이는 정령이 눈에는 안 보여도 일종의 물적(物的) 존재로 그 개체가 길흉을 지배한다고 믿는 관념인데, 생기나 정기가 이적(理的) 존재, 기적(氣的) 존재의 관념, 또한 생기의 유동이라는 추상적 관념으로까지 비약하는 일은 결코 없다. 풍수가 원시적 상지법, 점지술(占地術)에 머무르고 있지만, 그 실질 내용은 민간신앙보다 훨씬 진보된 것이다. 이 실질 내용인 생기, 정기는 음양오행설의 본질이며 어느 시대인가는 분명하지 않지만 풍수의 발전과정에서 원시적 민간신앙을 버리고, 음양오행설의 본질인 생기론을 채용한 것이다.

이미 《청오경》, 《금낭경》 등에서 음양팔괘(陰陽八卦), 오행(五行), 생기(生氣) 등의 관념을 취급하고 있는 것으로 보아, 풍수설의 발전은 이 음양설과 오행설을 채용한 뒤에 비로소 하나의 법술, 학술로서의 체계를 정비하고 세상에 나타난 것이라고 볼 수 있다. 그러므로 음양설과 오행설이 없었거나 이를 채용하지 않았더라면 원시적 상지법에 머물러 있을 뿐, 풍수설로까지 발전할 수는 없었을 것이다.

풍수설에서 토지의 길흉에 의해 사람의 운명이 좌우된다고 말해지는 까닭에, 부모의 시체를 길치(吉地)에 묻어 번영하고자 하며, 부모의 사후 길지를 미리 정하느라 분주하거나 가산을 탕진하고, 심지어는 긴 기간 동안 관을 길바닥에 유치(遺置)하는 일도 더러 있다. 이와 같은 행위는 불효이므로 따라서 풍수는 세상에 해독을 끼치는 악설이라고 배척하는 사람도 많이 있었다. 그러나 강력한 반대와 배척에도 불구하고 그 명맥을 잘 유지하고, 사회 각층에 널리 신도(信徒)를 보유해 온 것은 풍수의 밑바탕에 음양오행설이 깔려 있었기 때문이다. 만약 풍수설을 철저하게 비난 공격하려면 반드시 그 기저를 이루는 음양오행설부터 부정하지 않으면 안 된다. 그런데 중국, 한국을 막론하고 풍수설의 공격자였던 유학자(儒學者)치고 이 음양오행설을 비난 공격한 자는 없다. 오히려 음양오행설을 신봉하여 연구에 몰두하였다. 우주와 인생을 해석할 수 있는 철학으로, 금과옥조(金科玉條)처럼 믿었다. 풍수설이 이 음양오행설을 버리지 않는 한 아무리 큰 공격의 포효를 듣는다 해도 흔들림이 없을 것이다.

대개 풍수에 관한 책은 장서(葬書), 장경(葬經)이라 하므로 장례에 한정된 것 같다. 만일 그 내용에 음양설이 없다면, 매장에 관한 원시적 관념이란 무엇인가? 그것은 죽음이란 태어나기 전의 곳으로 되돌아가는 것이며, 장례는 모체(母體)로 들어가는 의식이며, 궁극적으로 그것과 관련해서 생각되는 재생(再生)의 관념이다. 이 모체복귀의 관념,

재생의 관념에 대해 잘 설명할 수 있는 것이 음양오행설이다. 음양오행설은 사람이나 생물의 출생에 있어서 요소와 과정은 구체적인 학설로 발전되든가 혹은 그것에서 출발하지 않았다 해도 이 구체적 사실에 의해서 발달이 촉진된 것이므로, 장묘(葬墓)의 재생관념을 설명하는 데는 이 음양설, 오행설이 가장 적합한 학설이라 할 수 있다.

땅을 모(母)로 간주하는 관념은 풍수설이 발달된 중국에서도 상고시대(上古時代)부터 존재해 왔다. 사람의 사후 재성의 관념도 각 민족에게 공통된 관념이며 중국에도 옛날부터 존재한 관념인데, '칠생보국(七生報國)'이란 말이 이 관념을 잘 반영해 주고 있다. 이 재생 관념과 지모(地母) 관념이 결부되어, 땅에 묻힘으로써 재생할 수 있다는 관념으로 발전하였다. 그러나 재생은 일종의 전설, 민담에 지나지 않으며 누구도 이 재생을 확실히 실험하고 명백히 증명할 수는 없다. 이집트에서는 시체가 재차 생명을 되살려 소생한다고 해서, 그때까지 육체가 손상되지 않도록 미이라로 보존하는 등 구체성을 띠고 있지만, 중국에서는 죽은 사람을 모체인 땅 속에 복귀시키고, 이 모체로부터 다시금 새 생명을 출생시키고자 하는 추상적이면 실제적인 관념을 발달시켰다. 이 관념을 여실히 실현시키고자 한 것이 풍수설이다.

풍수설이 그 성국결혈(成局結穴)을 구할 때, 음양의 충화, 음양 양기의 융합, 생기의 순화등을 고려하여 부고 몸의 정기인 뼈를 기(氣)에 편승시켜 그 정(精)인 자손의 발전과 번영을 구한다고 하는 것은, 완전히 지모에 의해서 재생을 바라는 관념의 확대임에 틀림없다. 부모와 자식은 그 정(精)의 연결상 하나이지 둘로 될 수 없기 때문에, 자손의 번식은 곧 죽은 부모의 재생이라고 보는 것이 당연하다. 이 재생 관념에 이론적 기저를 준 것은 실로 음양의 이원오행(二元五行)의 정기의 융합과 소장(消長), 순환에 의해 만물의 생사를 설명하려 한 음양오행설이다. 그러면 그 음양설과 오행설이란 어떤 것인가?

2. 음양오행설(陰陽五行說)

대저 음양설에 의하면, 우주 일체의 현상은 태극으로부터 음양 양원기(兩元氣)의 동정(動靜)에 의해 현멸(現滅)하고 소장(消長)하는 것이라고 한다. 그러므로 삼라만상은 모두 그 활동 내용에 속하지 않는 것이 없다. 이 만유를 자연과 인생으로 구분하면(넓은 의미에 있어서 자연과 인생은 삼라만상을 총괄했다) 이 자연과 인생은 둘이면서 동일한 음양 양원(兩元)의 지배를 받아 소장기멸(消長起滅)하는 것이기 때문에, 인생에 있어서 영고성쇠(榮枯盛衰), 길흉화복(吉凶禍福) 등이 하나이며 모두 음양에 의해 조작되지 않는 것은 없다. 따라서 이 음양의 법칙을 숙지할 수가 있으면 자연 인생에 대한 관계도 명백해지고, 또 인생에 있어서의 영고성쇠도 해석될 수 있다는 것이다. 오행설은 우주만유의 본질을 이루는 요소를 목화토금수(木火土金水)의 다섯 가지로 간주하고, 삼라만상, 즉 자연과 인생은 모두 이 다섯 가지의 활동〔五行〕의 범주에 속하는 것이기 때문에, 이 오행의 소장(消長) 활동의 법칙에 따라서 인생의 성쇠화복(盛衰禍福)이 좌우된다고 보는 것이다. 따라서 음양설이건 오행설이건 간에 모두 자연과 인생의 생성발전(生成發展) 기멸소장(起滅消長)의 법칙을 규명하고, 이 법칙에 순응해서 인생에 있어서 이용후생의 목적에 도움이 되는 학설이라고 볼 수가 있다.

이렇게 음양설과 오행설은 인생의 영고(榮枯)를 판별하고, 이용후생에 이바지하려는 점에 있어서는 똑같기 때문에 이용후생을 목적으로 한다면, 어느 것 하나는 충당될 수 있으므로 굳이 양자(兩者)를 필요로 하지 않는다. 그러나 본질적인 내용이 전혀 다르므로, 흔히 '음양오행설'이라고 부르기는 하지만 양자가 동일한 것은 아니다. 그렇다면 그 본질적인 차이란 대체 무엇일까?

음양설과 오행설은 우주만유의 생성소멸에 대한 견해를 전혀 달리한다. 즉 음양설은 우주의 현상을 둘로 대립시켜 밝음이 있으면 어둠이 있고, 큰 것이 있으면 작은 것이 있고, 동정(動靜), 득실(得失), 성쇠(盛衰), 생멸(生滅), 천지(天地), 남녀(男女)와 같이 우주의 존재 및 그 활동은 모두 대립적 관계에 의해 다스려진다는 것이다. 오행설은 만유를 그 구성적 관계에 의해 관찰하고, 삼라만상은 모조리 목화토금수라는 다섯 가지 원소의 이합(離合), 집산(集散), 다소(多少), 유무(有無), 즉 이 다섯 가지 원소의 구성 관계에 따라 정해진다는 것이다. 이와 같이 음양설과 오행설은 하나의 우주현상을 서로 다른 방면에서 관찰한 것이기 때문에 조금도 충돌하거나 모순되지 않는다. 오히려 이 두 가지는 상호 제휴해 나가지 않으면 안 된다. 그런 의미에서 볼 때 음양설과 오행설을 합쳐서 음양오행설이라 하는 것은 타당하다고 본다.

음양설이라는 말은 《역경(易經)》에서 나왔다고 한다. 역(易)의 계사전(繫辭傳)을 보면,

"是故易有太極. 是生兩儀. 兩儀生四象. 四象生八卦. 八卦定吉凶.
吉凶生大業."

이라는 말이 있다. 역(易)이란 영원(蝾蚖 : 도룡뇽과에 속하는 양서동물)의 상형문자이다. 이 동물은 낮 열두 시에 변색한다는데, 변색, 변역(變易)의 의미를 딴 문자이다. 길흉화복을 점치는 복서(卜筮)의 근거가 되어 있는 점으로 보아도, 이 역(易)이 우주의 변화를 말한 것임에 틀림없다. 태극을 무극(無極)이라고 한다. 이것은 현상에 대한 본체(本體), 음양이라는 대립적 활동이 아직 발현되지 않은 본원(本原)의 상태, 또는 음양이 완전히 융합해서 소장(消長) 없이 수식(收息)하는 듯한 절대 경지를 의미한다. 양의(兩儀)라는 것은 음양의 대립을 총칭

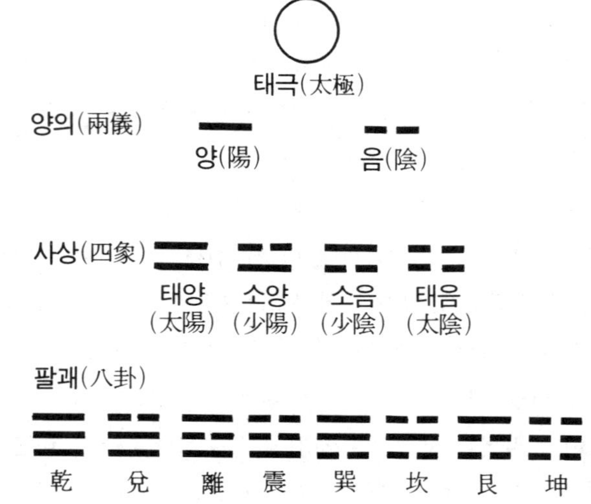

하며, 이제부터 우주의 활동이 개시된다는 뜻이다. 사상(四象)은 그 활동의 제 2 단계로, 음양이 서로 조합되어서 4조(組)의 대립 형식을 낳으니 태양(太陽), 태음(太陰), 소양(少陽), 소음(少陰)이 바로 그것이다. 그리고 팔괘는 사상(四象)의 각 형식에 재차 음양을 조합시킨 팔괘의 대립 형식을 이룬 것이며, 이것이 역서(易筮)의 기본인 건(乾), 태(兌), 이(離), 손(巽), 진(震), 감(坎), 간(艮), 곤(坤) 등, 소위 팔괘를 대립 형식으로 해서 자연과 인생의 길흉을 정할 수가 있고, 이 길흉을 정함으로써 인생의 대업을 이루어 간다는 것이다.

　음양설에서는 이 양의사상(兩儀四象) 내지 팔괘를 표시하는 데에 효(爻)라는 것을 사용하여 발전 형식을 표시한다. 효에는 두 개의 기본형이 있다. 횡련(橫連) 일획〔—〕을 양효(陽爻)라 하고, 중공(中空) 이획〔- -〕을 음효(陰爻)라 한다. 즉 양을 —로, 음을 - -로 표시한다. 사상 팔괘는 위의 표와 같다. 또 음양을 수(數)로도 표시하는데 양을 홀수〔奇數〕로 하고, 음을 짝수〔偶數〕로 한다. 삼(三)을 양의 기본수로 하

고, 이(二)를 음의 첫수로 한다. 절대의 태극에서 상대의 음양이 발현
한다는 이론뿐만 아니라 원시인들이 자연의 사상(事象)을 설명하고
있는 것을 알 수 있다. 즉 알기 쉬운 인간사를 가지고 추측하는 의인
적(擬人的) 해석법 또는 몸을 표준으로 설명을 시도했던 준기적(準己
的) 설명법에 의해 세운 이론임을 알 수 있다. 역(易)의 계사전(繫辭
傳)에는

"古者包犧氏之王天下也. 仰則觀象於天. 俯則觀法於地. 觀鳥獸之文
　與地之宜. 近取諸身. 遠取諸物. 於是始作八卦. 以通神明之德."

이라 하였는데, 음양에 의해 길흉을 정하려 했던 팔괘는 옛 성인 포희
(包犧)씨가 만들었다는 뜻이다. 포희씨같이 위대한 문화인에 의해 만
들어진 것이기 때문에, 고원한 견지에서 창설된 역이나 음양팔괘는
믿을 만한 가치가 있는지도 모른다. 그러나 중요한 것은 어떤 사람이
만들었느냐가 아니고 그것을 만들게 된 동기와 과정이다. '仰則觀象
於天'이하 '於是始作八卦'란 말은 확실히 자연현상에 대한 원시적 관
찰, 의인적 해석 과정으로 음양팔괘가 제작되었음을 말해 준다. 또 계
사전에 나오는

"天地絪縕. 萬物化醇. 男女構精. 萬物化生."

이라는 말은 천지 자연계에서 일어나는 현상을 인간사에 비유해서 해
석한 것이다. 우노[宇野哲人]씨는 다음과 같이 말하고 있다. '역의 작
자는 아마 인류의 남녀 성별로부터 음양 이원(二元)을 설정했을 것이
다. 홀수를 양으로 하고, 짝수를 음으로 한 것도 역시 같은 이유에서
일 것이다. 인류는 남녀에 의해서 생기가 생겨나는 것처럼, 사물이나
만물에도 암컷 수컷이 있다. 더 나아가 고래의 신앙에서 만물의 근본
을 삼은 천(天)이 땅(地)을 지음으로써, 천지를 음양으로 단정하기에
이른 것이다.'

　그의 말대로 남녀간의 일을 표준으로 안출한 것임에 틀림없다고 보

는 것이 가장 자연스럽다. 음양의 표상은 남녀의 특징을 구상화한 것이다. 형상을 ━와 ━ ━으로 하고, 수로는 삼(三)과 이(二)를 취한 것은, 남녀의 특징을 상형적으로, 또한 우의적(寓意的)으로 상징화한 것이다. ━을 양으로 ━ ━을 음으로, 삼(三)을 양으로, 이(二)를 음으로 한 유래는 무엇인가. 전자는 남녀의 특징을 동적으로 보고, 후자는 정적으로 본 것이다. 계사전 제 6 장에

> "夫乾其靜也專. 其動也直. 是以大生焉. 夫坤其靜也翕. 其動也闢. 是
> 以廣生焉."

이라고 하여 건곤(乾坤)의 정적 상태를 설명하고 있는데, 이 건곤이란 남녀, 즉 남녀의 특징을 말한다. 기동야직(其動也直), 남성의 특징은 움직이고 곧으며 이것을 구상화하면 ━이고, 여성의 특징은 동태(動態), 즉 기동야벽(其動也闢)에 의해 구상화하면 ━ ━로밖에 달리 옮길 길이 없다(정적 상태에 있을 때 남녀의 특징을 ┃과 ┃┃로 해도 지장이 없다). 그러나 정(靜)한 상태일 때는 하나는 전(專), 하나는 흡(翕)이다. 전은 곡선인 것도 있을 수 있고, 흡은 두 조각이 합쳐진 것이지만, 이미 합쳐진 것이라면 두 조각인지 아닌지를 명시하지 않는 경우도 없지는 않다. 따라서 그 특징을 확실히 구상화하려 하면, 그 직(直)과 벽(闢), 즉 그 동태를 묘사하지 않으면 안 된다. 또 효(爻)를 나타낼 때 ┃┃┃를 즉 ━ ━ ━로 횡으로 나타낸다. 이것은, 음양의 조합이나 괘(卦)를 만드는 경우에 효를 세우면 음양의 다름을 확실히 나타낼 수 없기 때문이다. 음양의 수적(數的) 표시, 즉 남녀의 특징을 정적으로 나타낸 것은, 역의 설괘전(說卦傳) 1장에

> "昔者聖人之作易也. ……參天兩地而倚數."

라고 나와 있듯이 천삼(天三), 지이(地二)의 표현이다. 이 삼천양지(參天兩地)에 대해서 우노[宇野]씨는 '천(天)은 원(圓)이고 지(地)는 방(方), 원은 하나로서 주삼(周三), 방은 하나로서 주사(周四), 그 반

(牛)을 취해서 둘로 한다. 또 일(一)은 수의 시작이므로, 이를 홀수로 보지 않고, 삼(三)을 홀수의 시작으로 보고, 이(二)를 짝수의 시작으로 한다. 천(天)은 양으로서 기(奇), 지(地)는 음으로서 우(偶)이다. 그러므로 천을 삼(三)으로 하고, 지를 양(兩)으로 한다'고 해석하고 있다. 하지만 이것은 지나치게 추상적이고 억지를 부린 것 같아서 자연스럽지가 않다.

이 삼천양지(參天兩地)의 천과 지는 건곤이고, 그것이 남녀인 것은 이미 설명하였다. 그렇다면 왜 천을 삼(三), 지를 양(兩), 즉 남자를 삼(三), 여자를 양(兩)으로 한 것일까? 이것 역시 음양의 형상 표시를 남녀의 특징인 심벌로 한 것같이, 남녀의 특징을 정적(靜的)으로 보고 수적(數的)으로 고찰해서 표현했던 것이다. 무엇을 천삼(天三)이라 하는가? 그것은 남삼(男三)으로서 남자의 특징물이 중앙에 하나가 위치하고, 둘은 그 양쪽에 따름을 나타내는 것이다. 그래서 그 동태에 있어서는 중앙의 하나만 주인 위치를 점하여 양쪽의 둘은 거의 그 존재를 인정할 수 없을 것같이 변화를 이루는 데 반해, 이것이 정적일 때에는 중앙, 양측 등 삼자(三者) 모두 그 존재가 인정되므로, 이를 수적으로 표시해서 삼(三)으로 한 것이다. 즉 그 모양이 흡사 고형(弧形)의 두 조각을 현(絃)을 중심선으로 해서 늘어놓은 것처럼, 중앙으로부터 분할된 양편에 의해 형성되는 것이기 때문에 이것을 수적으로 봐서 양(兩), 즉 둘이 된 것이다(더욱이 양을 三으로 하고 음을 二로 하는 것에 대해서는 앞서의 '參天兩地'의 '參' '兩' 문자의 형상이 남녀 특징물의 형상과 유사하므로 '三天二地'라 하지 않고 '參天兩地'라고 한 것으로 보이나, 여기서는 詳述하지 않겠다).

《중국 고대의 경제사상 및 제도〔支那古代經濟思想及制度〕》의 저자 다자키〔田崎仁義〕씨는 음양 및 건곤의 문자를 그 구성으로부터 고찰해서 '음은 구름에서, 양은 해에서 그 뜻을 취한다. 중국 고대사상에서는

구름을 수(水)의 기(氣)로 하고, 해를 화(火)의 정(精)으로 하는 것이
통설이었으니, 음을 물〔水〕로 표시하고, 양을 불〔火〕로 표시하기에 이
른 것은 그러한 사상으로 보아 당연한 귀결이며, 이로써 물은 습윤하
고 불은 건조하니 습윤을 음으로 하고 건조를 양으로 한다. 해는 하늘
에 걸려 있고, 물은 땅에서 흐른다. 따라서 천을 양으로, 땅을 음으로
한다. 또한 아버지는 남자, 어머니는 여자이므로 남자를 양으로, 여자
를 음로 한다. 이처럼 존재하는 모든 사물의 상대적인 것은 배동법(配
同法)에 따라서 하나는 양성, 다른 하나는 음성이 된다. 즉 상하남북
(上下南北), 존비귀천(尊卑貴賤), 대소장단(大小長短), 강유강약(剛柔
强弱), 명암주야(明暗晝夜), 동정진퇴(動靜進退), 원방기우(圓方奇偶)
등, 그 둘 중 어느 것이건 전자는 양, 후자는 음이 된다. ……건(乾)은
해가 주요소가 되고, 천의 양기로서 만물에 빛과 열을 주며, 곤(坤)은
흙을 주요소로 하고, 땅의 덕이 만물을 양육 신장시킴을 표시하는 것
이 건곤 두 자이다'라고 말했다. 그리고 음양의 문자는 암운(暗雲)의
자연현상으로부터 생각해서 만든 것으로, 이 자연현상에 동류적(同類
的)인 상대물을 모조리 음양의 양자로 간주했던 것이다. 건곤 역시 천
광지육(天光地育)의 자연현상에서 취해서 순양순음(純陽純陰), 따라서
부모로 간주한 것이라고 하지만, 이들 문자는 그 구성을 천지자연의
현상에서 본뜬 것임에 틀림없다고 했다. 이 자연현상으로부터 자극받
아서 비로소 부모, 남녀 등의 대립을 인정했던 것은 아니다. 오히려
부모, 남녀에 의해서 생산이 행해지는 사실을 가지고 천지자연의 생
산현상을 해석하려고 하였던 것이다. 자연현상을 부와 모, 남과 여로
간주한 것은 사람이 존재하지 않는 자연현상 그 자체를 남녀 또는 부
모라는 인적 명칭으로 부른 것인데 이는 적당치 않다. 모든 삼라만상
을 이것으로 설명하려고 한 것은, 우주현상의 일부분에 속하는 사람
의 명칭, 즉 부모라든가 남녀 등을 사용하는 것이 포괄적이지 못하기

때문이다. 따라서 사람의 부모, 남녀에 상등(相等)하고 동시에 모든 현상을 설명하는 데 적당한 명칭을 사람 이외의 해, 구름, 천지 등 일체를 포용한 대립적 대현상에서 찾았던 것이니, 여기에 일청(日晴)에서 '양'을, 운우(雲雨)에서 '음'을 취하여 천일(天日)을 '건'으로, 지토(地土)를 '곤'으로 하기에 이른 것이다. 즉, 음양, 건곤 등의 문자 역시 사람의 남녀, 부모에 근거하여 자연현상 일체를 해석한 것이다.

　역(易)의 '天地之大德日生'(계사전 하)이라든가, '乾道成男. 坤道成女. 生生之謂易'(계사전 상)처럼 음양설의 본질은 생(生), 생산(生産)에 있다. 즉 '생', '생산'으로 우주의 현상을 해석하고, 인사(人事)의 길흉을 판정하려는 것이므로, 이 생과 생산을 가장 구체적으로 인식하기 쉬운 부모, 남녀의 관념을 연역(演繹)하여, 그 학설의 체계를 형성했던 것이다. 음양에서 발전했던 팔괘인, 건, 쾌, 이, 손, 진, 감, 간, 곤이 자연현상에 배합되면 천(天), 택(澤), 화(火), 뇌(雷), 풍(風), 수(水), 산(山), 지(地)로 되지만 역(易)의 설괘(說卦) 제10장에 의하면 건은 부(父), 곤은 모(母), 다른 여섯은 건곤의 육자(六子)로 되어 있다. 즉 진이 장남(長男), 손이 장녀(長女), 감이 중남(中男), 이가 중녀(中女), 간이 소남(少男), 태가 소녀(少女)이다. 따라서 팔괘는 부모 육자의 부모자식 단체이고, 부모와 삼남 삼녀의 이성결합이다. 이를 생산적으로 보면, 부모가 삼남 삼녀를 출생했던 현실의 생산과 장래의 생산을 이룰 삼남삼녀의 미래 생산과의 조합이다. 다시 말해서, 현생과 재생을 모두 갖춘 자연의 발전관계, 소위 생생한 길을 표현하려 한 것이다. 팔괘를 모두 부모 육자로 나누어 설명한 것을 역(易)에서 보면,

"乾天也, 故稱乎父. 坤地也, 故稱乎母. 震一索而得男, 故謂之長男. 巽一索而得女, 故謂之長女. 坎再索而得男, 故謂之中男. 離再索而得女, 故謂之中女, 艮三索而得男, 故謂之少男. 兌三索而得女, 故

謂之少女."(설괘 제10장)

이라고 되어 있다. 이 일색(一索) 이색(二索), 삼색(三索)의 색(索)은 음효양효(陰爻陽爻)의 조합방법을 아래로부터 순차적으로 일재삼(一再三)한 것이다. 이 육자설괘(六子設卦)도 역시 추상적, 이론적인 것이 아니라, 구체적이고 사실적인 것이다. 즉 진(震)은 ☳로 표시되지만, 이를 수적으로 보면 오(五)이니 양(陽)에 속하는 것은 당연하다. 오수(五數)를 구성하는 효는 양효가 가장 밑에 있기 때문에 즉시 양적(陽的) 활동을 할 수 있다. 환언하면 성숙한 남성을 표시하는 것이기 때문에 장남이다. 손(巽)은 괘상(卦象)이 ☴, 그 수는 사(四)이다. 따라서 음효가 최하위에 있으므로, 음으로서 음성적 활동에 적합함을 나타내니, 이는 장녀이다. 감(坎)은 괘상이 ☵로 표시되어 그 수가 오(五)이기 때문에 양이다. 하지만 양효가 중간에 있어 남자는 남자이지만 양성적 활동기에 이르지 못했기 때문에 중남(中男)이다. 이(離)는 그 괘상이 ☲, 그 수가 사(四)인데다가 음효가 중간에 위치해 있기 때문에 중녀(中女)이다. 간(艮)은 괘상이 ☶, 수가 오(五)이니 남자이긴 하지만, 특징물이 가장 후위(後位)에 있으므로 가장 성숙하지 못한 남자, 즉 소남(少男)이다. 태(兌)는 괘상이 ☱, 수는 사(四)이다. 따라서 여자이긴 하지만 특징물이 가장 미숙하므로 소녀(少女)이다. 이와 같이 육자설괘는 실제적 사실로부터 상정된 것이라고 할 수 있다.

특히 이 건곤 육자설에 있어서 주의해야 할 일은 삼남삼녀의 각 괘상의 구성이 음효양효로 이루어진다는 것이다. 음양의 양요소는 남자에게도 여자에게도 모두 포함되어 있고, 그 남녀의 구분을 기우(奇偶)의 수적 관계로 하며, 장소(長少)의 차는 특징의 발현 정도에 의한다. 남녀장소(男女長少)의 차이는 두 요소의 양적(量的) 다소에 의한 것이 아니라, 그 발현관계의 우열에 의해 좌우된다. 이 우성(優性)을 양으로, 열성(劣性)을 음으로 하는 관념은 구체적인 것에서 점차 추상적으로, 실제적인 것에서 이론적인 것으로 진전하려는 것이다. 남녀의 성별이라는 것도 본래부터 절대적인 것이 아니라, 양성이 우위에 설 때는 남성, 음성이 우위에 설 때는 여성이 된다. 자연계의 현상도 역시 본래부터 절대적으로 대립된 것이 아니고, 양성음성(陽性陰性)의 우열 여하에 따른 상대적인 현상이라는 것이다.

양성음성이란 무엇인가? 주무숙(周茂叔)은 《태극도설》에서, 일원기(一元氣)의 유행증진(流行增進)을 양, 일원기의 수렴소퇴(收斂消退)를 음으로 해석하고, 이 일원기를 태극으로 하여 '太極動而生陽. 動極而靜. 靜而生陰. 靜極後動. 一動一靜. 互爲其根. 分陰分陽. 兩儀立焉.'(태극도설)이라 하여 종래의 부모 남녀와 같이 음양의 이원적인 것을 완전히 일원적인 것으로 귀납하고, 우주의 현상은 일원적인 태극에서 일어난다고 말하였다. 현상은 일원기의 발전 과정에 있어서 동(動)과 정(靜), 진퇴와 소장(消長)의 두 가지 형식을 취한다 했다.

이와 같이 우주의 발현을 동정, 진퇴, 소장으로 논하려 했을 뿐, 그 본체를 개체적인 것으로서 두지 않았다. 그 소장이 자유로운 것은 기체(氣體)이다. 이것은 변화와 유동성이 강하다. 역의 본체가 기(氣)이고 음양의 본체인 태극이 기라고 하면, 그 유형인 음양 역시 기적 유형(氣的 流形)이 되지 않을 수 없다. 따라서 일원기의 진장(進長)을 양기로, 일원기의 소퇴(消退)를 음기로 하게 된 것이다.

양기음기(陽氣陰氣)란 일원기의 진퇴, 소장을 말하는 것이지 결코 이원적인 것이 아니다. 그러나 우주의 현상을 설명하려면 양기, 음기 등 양기(兩氣)로서 취급하는 것이 이해하기 쉬우므로, 음양설에서는 통상 양기, 음기를 각각 다른 것처럼 간주하고, 이 음기양기의 우열에 따라 자연현상에 양자(陽者)와 음자(陰者)를 구별하여 자연현상을 해석하고 있다. 이 해석법에 따르면, 화(火)는 양기가 왕성한 것이고, 수(水)는 음기가 왕성하다고 하는데, 이것은 화에 음기가 부족하고,

수에 양기가 부족하기 때문이 아니라, 화는 양기가 우세하고, 수는 음기가 우세하기 때문인 것이다. 또한 양기를 진장(進長)의 기이며 동적인 기이고 활동적으로 보는 것은 양기가 음기보다 그런 면에서 우세하기 때문이다. 또 음기는 쇠퇴의 기이며, 정적인 기이고, 일반적으로 활동적이지 못하다고 보는 것은 그런 면에서는 음기가 양기보다 우세하기 때문이라고 해석된다. 이런 의미에서 봄과 여름은 양이 되고, 가을과 겨울은 음이 되며, 태양과 낮은 양이 되고, 달과 밤이 음이 되는 것이다.

그런데 우주의 현상은 원래 유형적(流形的)인 것이지 절대적이고 영구불변한 것은 아니다. 우주의 현상계는 변화체계라 할 수 있다. 이 변화체계를 이름하여 '역(易)'이라 하고, 음양설에서는 '음양의 순환'이라 한다. 봄이 있으면 가을이 있고, 여름이 있으면 겨울이 있고, 태어나는 것은 죽고, 형성되면 부서진다. 이처럼 언제나 같은 모습을 유지하는 것이란 없다. 마찬가지로 부서진 것은 생겨나고, 죽은 것으로부터 태어나고, 겨울은 봄으로 돌아가며, 양은 음으로 가고 음은 양에서 온다. 이것을 음양의 왕래라 한다. 이 왕래순환이 저절로 행해지는 것을 천지의 도수(度數) 또는 천지의 조화라고 하는 것이다.

그런데 음양은 본래 태극에서 갈라진 두 개의 작용이고, 두 개의 기이기 때문에, 한쪽만으로는 우주현상을 발현시킬 수 없다. 양자(兩者)가 서로 어울려 조화를 이루는 일은 그 유래로 보건대 당연지사이다. 즉 양은 음을 만나 비로소 활동하고, 음은 양을 얻어서 비로소 발동하는 것이다. 이와 같이 양기건 음기건 단독으로는 조화(造化)를 이룰 수 없으며 음양의 충화에 의해서 비로소 생산이 가능한 것이다. 이것이 바로 생기(生氣)이다. 이 생기는 일원기인 태극에서 갈라진 음양이 합친 소일원기(小一元氣)이다. 따라서 이 생기로부터 출생한 자 역시 또 하나의 소태극(小太極)으로 볼 수가 있다. 즉 음양설에서는 음양이

충화되어 생긴 것을 태극이라고도 일
컫는다. 예컨대 부모는 어느 쪽이나
양기음기의 충화물이지만, 아버지〔父〕
의 왕성한 양기와 어머니〔母〕의 왕성
한 음기를 받아서 태어난 자식은, 음
양양기를 충화한 생기의 소산인 일태
극(一太極)이다.

　음양의 충화로 생겨나는 것은 중지되
지 않는다. 즉 부모로부터 태어난 자
식에는 남자, 여자가 있어서, 한 명은
양을 우세하게, 한 명은 음을 우세하
게 보유하고 있게 되며, 이들은 다시
아버지가 되고 어머니가 되어 자식을
낳는 것처럼 태극으로부터 음양이 갈
라졌다가 음양이 충화해서 태극을 이
루고, 이 태극은 또 음양으로 갈라지
는데 이러한 분합(分合)은 그치는 일
없이 반복된다. 따라서 본체인 태극에
서 갈라진 음양은 제2차, 제3차 내
지 무한차의 소태극, 즉 현상태극(現
象太極)을 끊임없이 생성해 낸다. 이를
표로 나타내면 우측과 같다. 이처럼
현상계는 계속 발전하는 것이다.

　음양 활동에는 이미 전술한 바와 같
이 순환적 원리가 존재한다. '動極而
靜. 靜而生陰. 靜極後動. 一動一靜. 互

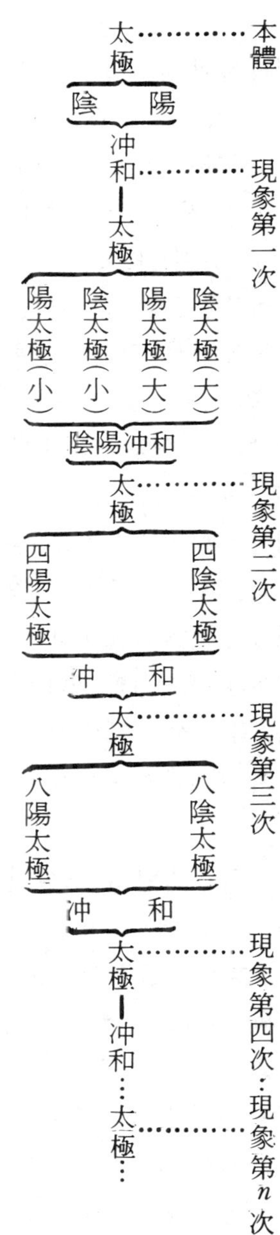

爲其根.'이것이 바로 그 뜻이다. 낮이 지나면 밤이 되고, 밤이 지나면 다시 낮이 되고, 봄이 가면 여름, 여름이 가면 가을, 가을이 가면 겨울이 되고, 겨울의 다음에는 다시 발전하여 봄이 오듯이 음양은 순환한다. 따라서 영(榮)은 고(枯)를, 성함은 쇠함을, 생은 죽음을 기약하는 것이고, 시듦, 쇠함, 죽음은 역시 그것이 다하면 영(榮), 성(盛), 생(生)으로 향하는 것이니 이를 기뻐하거나 근심할 이유는 조금도 없다.

이처럼 음양설은 자연현상을 설명하기 위하여 구체적인 인사(人事)로 출발해서, 점차 추상적인 이론으로 발전하여 우주에 항존(恒存)하는 원리를 규명하고자 한 것이다. 그 결과, 우주의 본체인 태극에서 음양의 두 활동 형식이 나타나 현상계를 발전시킨다. 거기에는 음양의 활동 원리인 생성발전의 원리와 순환의 원리, 이 두 가지 원리가 있어서 무한하게 거듭된다는 것이다. 이 생성발전의 원리와 순환의 원리를 모두 터득하여 자연현상의 소장기멸(消長起滅)을 예측할 수가 있다면, 인생에 있어서의 이용후생(利用厚生)은 대단히 쉽게 이루어질 것이다. 음양설의 토대를 이루는 역(易)이 길흉화복의 예지(豫知) 행사, 즉 복서(卜筮)에 이바지되고, 팔괘, 육십사괘가 복서의 금과옥조로서 중시되는 이유가 여기에 있다.

3. 오행설(五行說)

오행설은 중국에서 생겨 발달한 것으로, 그 근거는 《서경(書經)》, 홍범구주(洪範九疇)의 하나인 오행(五行)이라고 전해진다. 오행이란 수화목금토의 행용(行用)을 말한다. 처음에는 자연과 인생에 있어서 없어서는 안 되는 재용(材用)의 의미로 해석되었으나 후에는 우주만유를 형성하는 다섯 가지 활동적 원소(元素)를 의미하게 되었고, 마침내 음양설과 결부되어서, 자연현상을 설명하기에 이르렀다(이 오행의 발달에 대해서는 史學雜誌 제41편 제 1 호에 佐中壯씨의 〈오행의 기에 대하여〉란 논문이 있다. 그에 의하면 오행의 원뜻은 처음에는 완전히 물질적인 관념에서 출발하였으나 후에는 精이 모이면 物이 된다는 중국 고대의 사상이 되었고, 물질인 오행을 氣的으로 고찰하게 되었다. 그후 鄒衍이 印度의 五代 사상인 地, 水, 火, 風, 空의 영향을 받아서 우주를 구성하는 五원소를 오행으로 하고, 특히 土는 다른 四원소를 포함하는 것으로서 중앙에 위치시키게 되었다고 한다. 상세한 것은 생략하고, 풍수설에 영향을 주는 것에 한해서만 논술해 보기로 하자). 그런데 오행이란 것은 어떤 것일까? 《서경》 홍범을 보면,

> "水曰潤下, 火曰炎上, 木曰曲直, 金曰從革, 土爰稼穡. 潤下作鹹, 炎
> 上作苦, 曲直作酸, 從革作辛, 稼穡作甘."

이라고 해서 그 성상(性狀)과 미각적 속성을 말하고 있다. 이들 성상 및 맛은 오행을 완전히 물질적으로 관찰한 것이다. 수(水)의 윤하(潤下), 화(火)의 염상(炎上), 목(木)의 곡직(曲直), 금(金)의 종혁(從革 : 임의로 형체를 변화시킬 수 있는 것), 토의 가색(稼穡 : 파종 및 수확) 등은 모두 구체적인 실상으로 주어진 것이다. 또한 그 맛에 있어서도, 바닷물을 끓여서 얻는 소금, 재에 포함되어 있는 알칼리, 목피를 짠 즙의 산미(酸味), 토양의 감미로움 및 금물(金物)의 피부를 자극하는 통각(痛覺), 마치 매운맛에 의해 자극되는 것같이 일상 경험상의 사실로부터 미루어 상정했던 것이다. 오행으로 자연현상을 설명하려는 관념도, 음양설과 마찬가지로, 완전히 인적 경험을 기초로 해서 출발했던 것이다. 오행의 상호관계에는 상생(相生)과 상극(相剋)의 두 가지 원리가 있다.

木生火, 火生土, 土生金, 金生水, 水生木(相生原理)

水剋火, 火剋金, 金剋木, 木剋土, 土剋水(相剋原理)

이상의 두 원리는 오행설에서 가장 중요한 법칙이다.

반고(班固)의 설(說)에 의하면,

"木生火, 火生土, 土生金, 金生水, 水生木, 其火燋金, 金生水, 水滅火報其理. 火生土, 土則害水, 莫能而禦. 五行所以相害者天地之性. 衆勝寡, 故水勝火也. 精勝堅, 故火勝金. 剛勝柔, 故金勝木. 專勝散. 故木勝土. 實勝虛, 故土勝水也."

라고 하여 상생상극은 실제적인 경험에 근거한 것이라고 한다. 즉 일상의 경험에서 나무를 태우면 불이 나고 타다 남은 재는 모여서 흙이 된다. 금속이 흙 속에서 나오는 것은 물론, 금속은 자주 공기중의 물기를 차게 응고시켜 물방울을 만들고, 식물은 물을 주지 않으면 말라죽으며 물을 충분히 섭취하면 번성한다.

이것이야말로 불로 금을 녹이고, 금속으로 나무를 자르고 나무로 흙을 파고, 흙으로 물을 막고, 물로 불을 끄는 등 가장 보편적이고 실제적인 방법이다. 반고(斑固)는 '오행이 상해(相害)하는 이유는 천지의 성(性)'이라고 추상적으로 말하고, 다시 이를 상세히 설명하기 위하여 재차 실험적인 입장에서 다음과 같이 말했다. '중(衆)은 과소(寡小)함에 이기므로 수(水)는 화(火)에 이긴다. 정(精)은 견(堅)을 이기므로 화(火)는 금(金)을 이긴다. 강(剛)은 유(柔)를 이기므로 금(金)은 목(木)을 이긴다. 전(專)은 산(散)을 이기므로 목(木)은 토(土)를 이긴다. 실(實)은 허(虛)를 이기므로 토(土)는 수(水)를 이긴다고 오행을 구체적 물질적인 것보다 추상적인 존재로 취급해서 설명했던 것이다.

한대(漢代)부터 오행을 오색(五色), 오방(五方), 오계(五季)로 나누었으니 다음과 같다.

五行 : 木 火 金 水 土
五色 : 靑 赤 白 黑 黃
五方 : 東 南 西 北 中央
五季 : 春 夏 秋 冬 四季

후천방위도(後天方位圖)
(甲)

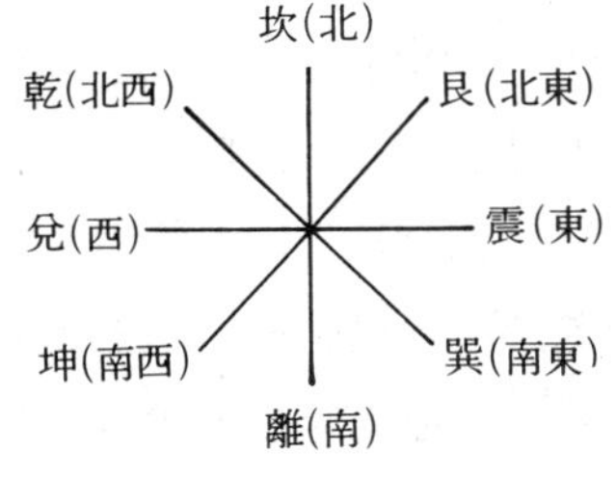

선천방위도(先天方位圖)
(乙)

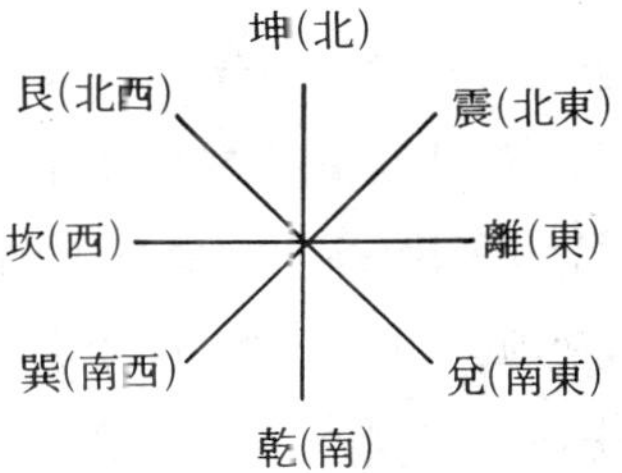

위의 오색도 역시, 나뭇잎이 푸르기 때문에 나무〔木〕를 청(靑), 화염이 붉기 때문에 불〔火〕을 적(赤), 금속의 광택이 백색을 반사하기 때문에 금(金)을 백(白), 깊은 심연의 물이 암흑이기 때문에 수(水)를 흑(黑), 흙은 대개 황색(黃色)이므로(특히 중국에서는 문명의 전파지역인 황하지역에는 황토층이 많기 때문에) 토(土)를 황(黃)으로 했다. 즉 일상 경험에 의한 배색임에 틀림없다. 또 나무를 봄으로 한 것은 봄이 되면 식물의 새싹이 돋아나기 때문이고, 불을 여름으로 한 것은 여름이 뜨겁기 때문이며, 금을 가을로 한 것은 낙엽이 마치 금속의 색깔과 비슷하기 때문이고, 물을 겨울로 한 것은 물의 한랭함과 겨울의 한랭함이 비슷하기 때문이다. 그리하여 토(土)의 사계(四季)는 토(土)가 중앙을 점해서 사방을 통합한다는 뜻이며, 토(土)가 춘하추동을 종합한 것, 즉 사계를 관장하는 것이기 때문일 것이다.

다음으로 오행을 오방(五方)으로 나눈 것은 관자(管子)가 말한 바와 같다. 그것을 보면, '東方其氣風, 風生木. 南方其氣陽, 陽生火, 西方其氣陰, 陰生金. 北方其氣寒, 寒生水. 中央土.'라고 했다. 즉, 남방(南方)은 따뜻하고 온난함은 양(陽)이므로 화(火), 서방(西方)은 해가

지는 곳이고 달이 시작되는 곳이기 때문에 음양으로 말하면 음, 또 금성(金聲)이 음이므로 서방을 금(金)으로 하고, 북방(北方)은 한랭하니 눈이나 얼음으로 대표되고 설빙(雪氷)은 물이므로 북(北)은 수(水), 동방(東方)에서 바람이 불어올 때는 모든 나무가 새롭게 재생해서 싹을 틔우므로 동(東)을 목(木)이라고 정한 것이리라.

이 오행의 방위에 대해서 주의해야 할 점은, 역의 팔괘가 생겼을 무렵에는 중앙이라는 관념이 아직 나타나지 않았다는 점이다. 즉 그 무렵, 팔괘를 방위로 나눈 것은 복희(伏羲)씨가 정했다고 하는 선천도(先天圖)와 문왕(文王)이 정했다고 하는 후천도(後天圖)가 있다. 그것은 각각 위와 같이 어느 것도 중앙을 세우고 있지 않다(이 八卦方位의 설명은 易의 說卦傳에 있다). 그렇다면 방위에 중앙을 세운 것은, 오행이 한참 성했던 한대(漢代) 이후라고 봐야 옳다. 그렇다면 이 오행에 있어서 중앙이라는 관념은 어떻게 해서 생겼던 것일까?

사쥬〔佐中壯〕씨는 중국에서 오행을 사계(四季) 및 방위로 나눌 때 토(土)를 중앙으로 하고, 사계로 한 것은, 인도의 '오대(五大)' 사상의 영향을 받은 탓일 것이라고 했다 (史學雜誌 제41편 1호).오행의 대발전은 전국시대(戰國時代)에 추연(鄒衍) 등에 의해서 성립된 것이다(기원전 500년). 추연의 사상체계는 인도의 오대사상과 공통되는 점이 많으며, 인도의 오대사상에서는 아트만(Atman)에서 하늘, 하늘〔空〕로부터 바람, 바람으로부터 불이, 불에서 물이, 물에서 땅〔地〕이 생겼다고 한다. 또한 하늘은 소리를 가지며, 바람은 소리와 촉각, 불은 소리·촉각·형상을, 물은 소리·촉각·형상·맛을, 땅은 소리·촉각·형상·맛·향기를 가지고 있기 때문에 다섯 가지〔五大〕는 각기 자기를 낳은 것의 성질(속성)도 겸비하고 있다. 따라서 흙은 물, 불, 바람, 하늘의 네 가지 성질을 갖추고 있다는 것이다. 이 땅의 사대(四大) 구유(具有) 사상에서 영향을 받아 오행에서 흙〔土〕을 사계(四季)로 하고 방위의 중앙으로 한 것이라고 한다.

그러나 흙을 중앙으로 하는 사상은 본래 중국에도 미약하나마 존재하고 있었다. 흙〔土〕이 중앙에 있어 수화목금 사자(四者)를 통할하는 것이라는 이론적인 관념은 인도의 오대사상에서 영향을 받았는지 모르지만, 흙을 중앙으로 하는 관념이 옛날 중국에 존재하고 있었기 때문에, 오행 사상의 발달 과정에서 이 흙을 중앙으로 하는 원시적인 사고가 생겨난 것이지, 특별히 인도의 오대사상에 의해서 발전된 것은 아니다. 우연하게도 인도 사상에서 땅〔地〕을 주위(主位)로 정하고 다른 사대(四大)를 통괄하게 한 것과, 오행에서 흙〔土〕을 중앙으로 하려는 관념이 완전히 일치되었기 때문에 인도의 오대사상이 거론되었던 것 같다.

토(土)를 중앙으로 하는 사상은 오행설을 떠나서 이미 중국의 실생활상의 경험에서 발생되었다. 그것은 중앙을 중시하는 경향과 땅〔土〕을 어머니〔母〕로 생각했던 데서 출발했다. 중앙을 중시하는 것은 자기 사회를 중심으로 하고 주위의 민족을 천시하는 관념, 즉 자기 민족의 긍지, 자기 사회, 자기 문화 존중이라는 원시민족의 공통적인 관념에서 나온 것이다. 옛날 중국에서는 자기 사회를 천하(天下)라 부르고, 그 주위를 이아(爾雅)라고 해서, 소위 '구이(九夷), 팔적(八狄), 칠융(七戎), 육만(六蠻), 이것을 사해(四海)라 한다'며 천시했다. 따라서 중국혁명은, 그 긴 역사를 통해서 주위의 웅강(雄强) 민족이 소위 중원의 사슴을 포획하는 일, 즉 중국에 군림하는 것으로 반복되고 있다. 이 역사적 사실은 중국사회에 있어서(넓은 의미에서) 중앙에 진출하는 것이 천하를 얻는 일인 동시에, 중앙이 가장 주목되고 존중받는 위치였음을 말해 준다. 또한 중국 고래의 정치관념에 의하면, 가장 중시되어야 할 통치자는 가장 중앙에 있어야 되고, 사방의 모든 나라의 중앙에 중국이 있고, 중국의 중앙에 천자의 특별영토〔畿甸〕가 있고, 특별영토의 중앙에 제도(帝都)가 있고, 도성의 중앙에 궁전을 세워, 이곳에서 군주가 천하를 다스리고 사해(四海)를 유지하고, 만기(萬機)를 총람하는 것이라고 생각되었다.

중국에서는 예로부터 땅을 만물의 생산 모체(母體)로서 중요시했다. 유목 민족 사이에서는 땅이 그렇게 중요한 것이 아니었는지 모르지만, 일찍부터 농사를 지으면서 사회생활을 영위했던 중국인 사이에서는, 생활의 근본이고 생활의 자재를 생산하는 토지는 극히 존중해야 할 대상임에 틀림없었다. 토지의 생산력은 기실 하늘이 맑거나, 비가 내림으로써 크게 영향을 받는다는 것도 알고는 있었겠지만 원시인이 살던 유치한 시대에는, 인문발달의 통상적인 법칙대로, 마치 유아가 직접 자기를 양육하고 사랑해 주는 엄마를 제일 먼저 인식하는 것과 같이, 직접 생활의 물자를 생산하는 땅을 중시하고, 간접적이라 생각되는 하늘에 대해서는 그다지 관심을 가지지 않았던 것이다. 중국도 이 통칙에서 예외는 아니다. 사람들의 뇌리에는 땅을 중시해야 한다는 것이 먼저이고, 이 선입 관념에서 땅을 가장 존중해야 하는 것으로 믿었던 것이다. 하늘을 인정하고, 생산물 내지 우주의 현상은 하늘과 땅의 조화에 의해서 생성되는 것이라고 생각되기에 이르렀을 무렵에는 음양설이 발생하고, 이윽고 자연현상은 음양이기(陰陽二氣)가 영구히 계속되는 발전과정이라는 이론이 학설화되었다. 그래서 천(天)을 양으로, 지(地)를 음으로 하고, 아버지〔父〕를 양으로, 어머니〔母〕를 음으로 하고, 남자를 양, 여자를 음, 성(盛)을 양, 쇠(衰)를 음, 강(强)을 양, 약(弱)을 음, 대(大)를 양, 소(小)를 음이라고 했다. 이와 같이 대립적으로 음양을 나누는 경우, 우위(優位), 상위(上位)에 있는 것을 양으로 하고, 하위(下位), 열위(劣位)에 있는 것을 음으로 했던 것이다. 이를 보통 사용하는 말의 순서대로 하면 천지(天地), 부모(父母), 남녀(男女), 성쇠(盛衰), 강약(强弱), 대소(大小)가 된다. 따라서 음양이라고 부르는 것도 사실은 '양음'이라고 해야 한다. 그런데도 음양설에서 양음 혹은 양음설이라 하지 않고 음양이라 하는 것은 실생활상 지(地)를 직접적인 것, 천(天)을 간접적인 것으로 본 동시에 하늘보다도 땅을 중시했던 선입관념이 저절로 용어상으로 표현된 것이라고 보여진다.

'양음'을 '음양'이라 부른 것은 여하튼 생산적인 면으로 봐서 하늘보다도 땅을 중시하는 경향에 의한 것임이 분명하다. 이 토지를 중시하는 사고가 중앙 존중의 관념과 결부되면, 흙(土)은 다른 것에 비해서 중앙을 점해야만 한다는 관념에 이른다. 오행에서 흙이 중앙에 놓이는 것도 역시 당연한 귀결인 것이다. 특히 토(土)는 만물을 낳는 모체(母體)이기 때문에 오행에서 여타 사자(四者) 역시 모두 토를 부모(親)로 해야 하며, 토와 다른 사자와의 관계는 마치 부모와 자식의 관계와 같다고 할 수 있다. 부모가 중앙에 있고, 자식이 네 주위에서 받들어 모시는 것이 가정의 원칙이다. 이 가정의 원칙에 따라 우주에 있어서의 오행의 위치를 정하는 것이 오행오방위(五行五方位 : 木東, 金西, 水北, 火南, 土中)의 법이다.

지(地)를 어머니로 하는 지모(地母) 관념에 관련해서 흙색을 황(黃)으로 보는 관념이 옛날부터 중국에 존재해 왔지만, 이 황토사상 역시 흙을 중앙으로 하는 사고방식에서 나왔을 것이다. 무릇 수천 년의 역사를 거친 중국 사회가 황토 위에 건설되었고, 중국의 문화는 황토에 의해서 보호 육성되었다. 중국 사회는 상고(上古)에 파미르 고원지방에서 황하유역을 따라서 동쪽으로 내려와서 고토(高土) 지방에 그 자리를 정했다. 이 황토는 농업 생산상 비료를 필요로 하지 않을 정도로 비옥한 토양이었다. 따라서 농사를 생활의 근본으르 했던 중국 사회에서는 황토가 가장 귀중한 것이 되었을 것이다. 전설에 의하면 중국 사회의 건국 첫 제왕은 헌원(軒轅)씨라 한다. 제호(帝號)를 황제(皇帝)

라 했는데, 토덕(土德)을 지닌 왕이라는 의미다. 이것은 중국 사회가 황토 위에서 생겨나고, 그 문화도 덕으로 발생했던 것임을 인격적으로 설명한 것이다. 역(易)에 나오는 '하늘은 검고[玄], 땅은 누르다[黃]'라는 천지배색의 관념은 그 본원을 실생활 중에서, 즉 황토에 의해서 구체화된 것이다.

이처럼 흙을 황색이라고 하는 관념은 황토 위에서 생활한 경험에서 출발한 것임은 의심의 여지가 없다. 따라서 황토를 존중하기 때문에 중앙에 놓는 것 역시 당연하게 보이지만, 황색을 중앙에 놓고 존중하는 관념은, 생식기관을 존중하는 고대 사회의 민간신앙에서 영향을 받았다고 할 수 있다. 민간신앙은 생산력의 위력을 바탕으로 하는 일이 많다. 생식기관 및 이에 유사한 것 내지 생식과정에 유사한 행사가 위대한 힘을 발휘하는 것으로 믿고, 마귀 퇴치나 축복을 위하여 생식에 유사한 일을 행하는 것을 성신앙(性信仰)이라고 칭한다. 이 성신앙은 예로부터 각민족 각사회에 널리 퍼져 있었던 것이다.

고대 중국에 있어서도 이 성신앙이 성행했던 것은 다시 말할 필요도 없다. 이 신앙은 단순히 원시적인 것에 머물지 않고, 종교, 미술 내지 철학으로까지 이론화되어 발전하였다. 오랜 역사와 커다란 문화의 영향을 받아서 외면으로 볼 수 있는 성기관(性機關)의 형상에만 머물지 않고, 성기관의 전체계(全體系) 및 성식(性殖)의 전과정이 신앙의 대상이 되고 있을 정도로 발달되었다. 일찍부터 전 성기관에 대한 지식과 신앙이 있었다. 공자가 '군자는 부엌을 멀리한다'고 경계했으나 중국에서는 가정에서 식용이나 제사에 바칠 소와 양을 요리했기 때문에, 생식기관에 대한 지식은 꽤 있었던 것 같다. 광포한 자들은 임산부의 배를 갈라서 태아를 끄집어내고, 변태성욕자들은 성기관(性器官)을 요리하였으며, 또 악성 질병을 치유하기 위해서 성기를 잘라내는 일도 감행되었기 때문에 성기에 대한 지식은 의외로 많았을 것이라고 생각된다.

이렇게 일찍부터 이미 생식기관(生殖器官)에 관해 상세한 지식과 더불어 성기에 대한 신앙이 있었다. 생산을 관장하는 것은 음정(陰精)과 양정(陽精)이 융합해서 신생(新生)을 해내는 내생식기(內生殖器 : 卵巢, 子宮)로 보고, 가장 중요하고 가장 존중해야 할 위력 있는 것으로 믿었던 것이리라. 이 내성가(內性器)는 수태 후 태아의 발육에 따라서 황막(黃膜)을 형성하는 것, 즉 이 내성기가 그 기능을 가장 잘 발휘할 때 황색을 띠는 것도 관찰했을 것이다. 이 점에 관해서는 고바야시〔小林胖生〕씨가 《아동(亞東)》 제 7 권 제 1 호와 제 2 호에 발표한 〈황토문명과 신앙〉이라는 논문에서 상세하게 논하고 있다. 즉 숭황(崇黃) 사상은 첫째 농(農), 즉 황토 지상숭배(地上崇拜)이고, 둘째로 오행설에서 황토를 중앙으로 하는 점이다. 동(東)을 청룡(靑龍), 서(西)를 백호(白虎), 북(北)을 현무(玄武), 남(南)을 주작(朱雀), 중앙(中央)을 '황파(黃婆)'라고 하였다. 이 황파는 모체 성기의 분비액 내지 난황, 난황막, 중궁(中宮)이 노쇠할 때 황반(黃班)을 만들어 황화(黃化)하듯이, 생리적 실험에서 상정된 것이라고 생각하여 숭황사상은 황토 지상숭배와 모체 황색숭배가 결부되어서 발달된 것이리라. 극히 암시성이 풍부한 흥미있는 관찰이다.

이 중황(中黃) 관념에 대해서는 또 하나 으리들이 늘 경험하는 사실로 '생산은 중황에 의해'라는 생각이 있다. 새의 알은 알껍질 속에 난백(卵白)을 띠고, 그 중앙에 난황을 품고, 이 난황은 알끈(chalaza)에 의해서 감등식(龕燈式)으로 매달려 있기 때문에, 아무리 동요하거나 회전해도 언제나 그 위치에는 변함이 없다. 새의 새끼는 이 중앙에 있는 난황에서 발생하기 때문에(실은 난황의 일부에 있는 수정점, 속된 말로 눈이라고 하는 데서부터 발생하고, 난황은 이것이 발육해서 새끼가 될 때 필요한 양분이 된다) 생명의 원천은 이 알의 중앙에 위치하는 황체이고,

이 황체가 생육의 덕을 갖춘 것이라고 생각하는 것은 극히 자연스럽다. 더구나 이 황체는 고열(高熱)을 만나면 응고해서 마치 황토의 덩어리와 같은 모습을 띠는 일도 일상생활에서 경험하는 바이다. 이 현상은 오행의 상생 원리인 화생토(火生土)를 상기시키기에 충분하다. 오행설도 음양설처럼 우주만유의 현상을 주로 생산적으로 해석하려 하였다. 그 해석의 표준도 역시 가장 알기 쉬운 인체에 대한 경험에 두고 있다. 그것은 주로 생식이나 생산에 속하는 종류이다. 오행은 원래 인생에 도움이 되는 다섯 가지의 재(財)라는 관념에서 출발해서 자연계를 구성하는 다섯 가지의 원소적 물질을 상정하고 자연현상을 생산적으로 해석하려고 한 중국 고대의 일관된 민속 의식 때문에 음양이 생산에 도움이 되는 것과 마찬가지로 다섯가지의 작용이 인식되었고, 오행은 기(氣)가 되고, 음양이 결부되어, 우주현상을 생산적으로 해석하는 음양오행설이 되었던 것이다.

역(易)의 계사전(繫辭傳) 상(上)에는 '精氣爲物, 遊魂爲變'이라는 말이 있는데, 왕필(王弼)은 이에 주석을 붙여 '精氣絪縕, 聚而成物, 聚極則散'이라 했다.《회남자(淮南子)》〈천문훈(天文訓)〉에는 '天地襲精, 爲陰陽'이라는 말이 있는데, 고유(高誘)는 이를 주석해서 '襲合也, 精氣也'라 했다. 이처럼 중국에는 옛날부터 정기가 모여서 물질을 낳는다는 생각이 있었다(佐中씨 〈八行의 氣에 대해서〉, 史學雜誌 41호의 1 참조). 이 정(精), 기(氣)가 물질을 이룬다는 관념은 조금이라도 자연현상을 주시하는 자라면 바로 알 수 있다. 무릇 문화가 유치한 단계에서는 같은 인간이면서도 강약(强弱), 대소(大小), 현우(賢愚)의 차이가 있고, 이 차이를 생기게 하는 무언가가 존재하고, 무언가를 많이 주고 적게 줌에 의해서, 즉 비료를 주는 다소(多少)에 의해서 식물의 성장 결실에 차이가 나는 것처럼 결정되는 것이라고 하였다. 또 건강한 자가 병이 나고, 부자가 하루 아침에 영락하는 것은 보통 인간이 볼 수 없는 정령(精靈)이 그 힘을 떨치기 때문이라고 생각했던 것이다. 이 무엇, 또는 정령은 어떤 작용(힘)을 갖는 물적인 존재로 생각하였다. 이 볼 수 없는 존재물에 의해 볼 수 있는 현상이 나타난다고 믿는 사상은 자연현상을 설명하는 데에도 보편화되었다. 즉 자연현상의 배후에는 볼 수 없는 세력이 있어서, 이것을 좌우하는 것이라고 생각하기에 이른 것이다. 역(易)에 나오는 '精氣絪縕聚而成物'의 '정기'야말로 정령관념에서 출발한 것임에 틀림없다.

기존해 있는 현상 뒤에 이 현상을 발생시키는 정기가 있다고 생각하는 이상, 가시(可視)의 현상이 그 만상(萬象)을 띠는 것은 그 이면에 각종의 보이지 않는 정기가 있다는 것이 전제된다. 들에 피는 많은 꽃의 색이 여러 종류인 것은, 꽃을 피우게 하는 정기의 작용 때문이라는 것이다. 즉 빨간 꽃은 적기(赤氣), 흰 꽃은 백기(白氣), 노란 꽃은 황기(黃氣)에 의해서 핀다는 것이다. 이렇게 자연현상이 각각 다른 정기에 의해서 다른 현상을 띠는 것이라 한다면, 자연현상의 요소를 얼마간의 요소로 분섭(分攝)할 때는 정기 역시 당연히 그 요소의 수에 분섭되지 않으면 안 된다. 때문에 만약 자연계를 수화목금토의 다섯 요소로 분섭하면 자연계에 활동하는 정기도 역시 수화목금토의 다섯 가지가 된다.

5재(五材), 5물(五物)의 물질적인 오행은 위와 같은 심리적 발전과정을 거쳐서 《여씨춘추(呂氏春秋)》의 성립 무렵에는 멋지게 토기(土氣), 목기(木氣), 금기(金氣), 화기(火氣), 수기(水氣)라는 다섯 개의 기를 만들어 냈다. 《여씨춘추》 응동편(應同篇)의 한 구절을 살펴보자.

"凡帝王者之將興也. 天必先見祥乎下民. 黃帝之時, 天先見大螾大螻. 黃帝曰, 土氣勝. 土氣勝, 故其色尙黃, 其事則土. 及禹之時, 天先見草木秋冬不殺. 禹曰, 木氣勝. 木氣勝, 故其色尙靑, 其事則木. 及湯之時, 天先見金刃生於水. 湯曰, 金氣勝. 金氣勝, 故其色

尚白, 其事則金. 及文王之時, 天先見赤鳥銜丹書集于周社. 文王
曰, 火氣勝. 火氣勝, 故其色尚赤, 其事則火. 代火者必將水. 天且
先見水氣勝. 水氣勝, 故其色尚黑, 其事則水. 水氣至而不知數備,
將徒于土."

이 구절은 중국 상대(上代)의 혁명을 오행의 상극원리, 즉 목(木)은
토(土)를 이기고, 금(金)은 목(木)을 이기고, 화(火)는 금(金)을 이기
고, 수(水)는 화(火)를 이기고, 토(土)는 수(水)를 이기는 것으로써 설
명하기 위해 시도했다고 생각되지만, 그 시도가 역사적 사실과 부합
되는가 안 되는가는 별도로 하고, 우주의 자연현상을 그 이면에서 활
동하는 다섯 가지의 원력(元力), 즉 오기(五氣)에 의해서 발휘되는 것
및 그 기가 이긴다는 전조(前兆)로서 그 기의 상징이 되는 동식물이
나타나는 일 등, 오행사상이 어떻게 민간신앙적 과정을 거친 것인가
를 충분히 말해 주고 있다.

오행의 기가 만물에 작용하는 순서는 어떠한가? 우주만물은 오행
을 요소로 하는 것이기 때문에, 만물은 오행이 아닌 것이 없다. 전술
한 바와 같이 자연현상은 기에 의해서 나타난다. 예를 들면 초목은 목
(木)의 기에 의해서 무성한 것과 같이 각 현상은 각기 그 현상을 낳게
하는 특별한 기에 의해서 지배되는 것이기 때문에, 엄밀히 말하면 우
주의 현상은 다섯 가지밖에 없다고 한다. 즉 우주일체의 현상은 금기
(金氣)에서 출발한 금(金) 현상, 목기(木氣)에서 출발된 목(木) 현상
등 다섯 가지 현상으로 한정된다. 이런 현상은 한정된 것이기 때문에
다섯 현상 사이에 변통자재(變通自在)할 수 없다. 아무리 오행설이 오
행의 상생칙(相生則)을 고집한다 해도 전혀 다른 원기(元氣)에서 나타
난 현상 사이에 상생이라는 것이 있을 수는 없다. 금수(金水)를 낳는
다고 해도, 금(金)과 수(水)가 전혀 다른 기에서 발한 것인 이상, 금
(金)은 수(水)를 조금도 포함하고 있지 않기 때문에, 결코 금(金)에서

수(水)가 생긴다는 이론을 세울 수가 없다. 따라서 오행설은 음양설의 도움을 받지 않으면 안 된다.

음양설에서는 태극에서 분리된 음양이 발전해서 만물을 이룬다고 한다. 이 점은 오행의 기가 활동해서 만물을 이룬다고 하는 오행설과 공통되고 있다. 이와 같이 음양설과 오행설은 서로 일치되는 성질이 있다. 다만 음양설은 자연현상에서 남녀(男女), 우열(優劣), 강약(强弱), 생사(生死)와 같이 대립적 현상의 존재적 관념에서, 오행설은 인생에 필요한 오재(五材)와 같은 재료적 관념에서 출발했다. 재료가 되어야 할 오행이 우열, 강약이라는 상대적 관계, 즉 음양의 법칙에 따라서 만물이 생긴다는 식으로 음양설과 오행설이 조화되었다. 양자(兩者)가 조화됨으로써 비로소 양설(兩說) 모두 발전체계를 완성할 수가 있다. 요컨대, 우주현상은 상대적으로 발전하는 것이라는 형식 설명이 바로 음양설이기 때문에, 오행이라는 재료적인 요소가 없으면 상대적 발전의 내용을 갖출 수 없게 되고, 만물화생(萬物化生), 특히 생산적으로 우주현상을 설명하기는 어렵다. 한편 오행설은 음양설이 없이는 발전형식을 가진 만물의 생출을 완전히 설명할 수가 없다. 오행은 내용이 되고 음양은 형식이 되어 발전한다고 보면, 우주의 본체에서 현상이 발전하는 것, 소위 천지의 조화로 설명할 수 있다. 이 양설이 합쳐져야 비로소 자연현상의 설명이 완전해진다. 조화(造化), 즉 우주의 현상에 대하여 음양오행설은 다음과 같이 설명한다. 우주에는 만물의 성분이 되는 다섯 가지 원기가 있다. 이 다섯 기(氣)가 만물을 생성시키지만 생출된 것이 서로 다른 것은, 이 기(氣)로부터 사물이 생출할 때 음양의 지배를 받기 때문이다. 우주로부터 생출된 것이 하나의 소태극(小太極)이라는 것은 이미 논한 바 대로이다. 그러므로 만물은 모두 하나의 소태극이고, 이 소태극은 그 규모가 작은 점이 대태극과 다른 것이지만, 그 조직의 본질면에서는 별로 다르지 않다. 마치 큰 사진을 명함판으로 줄여 찍은 것과 같은 것으로, 작지만 전부를 갖추고 있는 것이다. 따라서 만물이 오행의 기로부터 생긴다고 하면, 만물은 모두 오행의 기를 전부 갖춘 것이라고 할 수 있다. 왜냐하면 오행의 기는 태극 밖으로 벗어나지 않고 전부 태극에 구비된 것이기 때문에, 이 태극을 축소시킨 소태극인 만물에도 역시 오기(五氣)와 오행(五行)이 전부 구비되어 있음은 두말할 필요도 없다.

만물이 소태극으로 오행을 모두 구비한 것이라면 만물은 그 본질에 있어서 똑같을 터인데, 그 외형, 즉 사물로서 차이가 있는 것은 어떤 이유 때문일까? 이것이야말로 음양으로 설명하지 않으면 안된다. 즉 오행의 기가 발해서 만물을 이루는 경우 반드시 음양의 법칙에 따라 어떤 기는 양, 어떤 기는 음을 발한다. 양적 발전을 우성, 음적 발전을 열성으로 간주하면, 오행의 기가 만물에 발할 때 어떤 것은 우성(優性)에 작용하고 어떤 것은 열성(劣性)에 작용한다. 사물의 외형이 모두 다른 것은 마치 부모의 정(精)을 두 가지 함께 받았으면서도 그 자식에게 남녀의 차별이 생기는 것과 같다. 즉 하나는 부(父)의 정(精)이 우성에, 하나는 모의 정이 우성에 작용한 것이라고 할 수 있다. 이렇게 자식이 남녀의 차를 가지는 것은, 남자는 아버지의 정을 양성으로 받고, 어머니의 정을 음성으로 받은 것이다. 여자는 부모의 양쪽 정을 갖추면서, 단지 여성이 양성으로 작용한 것뿐이다.

이와 같이 우리가 사용하는 오행, 예를 들어 금(金)에 대해서 말하면, 금은 오행의 오기(五氣)로부터 생긴 것으로, 금기(金氣)만으로 생긴 것은 아니지만, 수(水)나 목(木)에 있지 아니한 이유는, 금을 이루는 경우, 금기가 양위(陽位)를 유지하는 우성에 작용하고, 나머지 네 개의 기는 음기에 놓여져 열성으로 작용하고 있기 때문이다. 이것은 목(木)이나 수(水)에 있어서도 마찬가지이다. 목은 목기(木氣)가 양으로 작용하고 다른 것이 음으로 작용하기 때문이고, 수는 수기(水氣)가

주(主)로 작용하고, 다른 기는 종(從)으로 작용하기 때문이다. 그래서 오행을 방위로 나누어 동목(東木), 서금(西金), 남화(南火), 북수(北水), 중토(中土)가 되는 것도, 동쪽에는 목(木)의 기만이 존재하는 것이 아니라 목의 기가 양위를 유지한다는 것이고, 남화는 남쪽의 화기가 성해서 다른 나머지 네 기가 열위(劣位)에 있다는 것이다.

　이렇게 오행의 발전을 음양적으로 관찰해야 비로소 오행간에 있어서의 변통자재(變通自在)가 인정된다. 목(木)이 화(火)를 낳고, 화(火)가 토(土)를 낳는다고 하는 오행의 상생관계도, 금(金)이 목(木)을 이기고, 수(水)가 화(火)를 이긴다고 하는 오행의 상극관계도 역시 목(木)을 태우면 화(火)가 발한다든가, 화(火)에 수(水)를 끼얹으면 꺼진다는 구체적이고 실제적인 설명이 아니고, 추상적이고 이론적인 것으로 설명된다. 즉 목(木)이 화(火)를 낳는 것은, 목(木)에 있어서 양기를 점하고 있던 목기(木氣)가 화기를 위해서 그 양위(陽位)를 둘려주고 열위(劣位)로 물러가는 것이며, 수(水)가 토(土)를 낳는 것은, 수기의 양위가 토기의 양위와 교체되기 때문으로, 그 관계는 완전히 양이 음으로 변하고, 음이 양으로 변한다는 음양의 변화에 귀착되는 것이다. 이 때문에 오행의 상생법칙은, 사실 음양설의 변화법칙이 된다. 또 금(金)이 목(木)을 이기고, 수(水)가 화(火)를 이기는 관계도, 목(木)에 있어서 목기가 금(金)의 금기에 그 양위를 점령당해서 음위로 물러나고, 수에 있어서 수기가 화의 양위를 점하는, 화기의 지위를 탈취해 버리는 이 상극관계도 역시 전적으로 음양의 변화법칙에 통합되는 것이다.

　이렇게 오행의 상생상극은 음양설의 음양 변화법칙에 의해서 멋지게 설명되고, 양자는 완전히 음양 변화법칙에 귀결되는 것이기 때문에, 오행설은 음양설에 의해서 그 완성을 이룬다고 말할 수 있다. 더욱이 오행의 상생상극이 필요한 이유는, 무엇 때문에 오행이 현상으

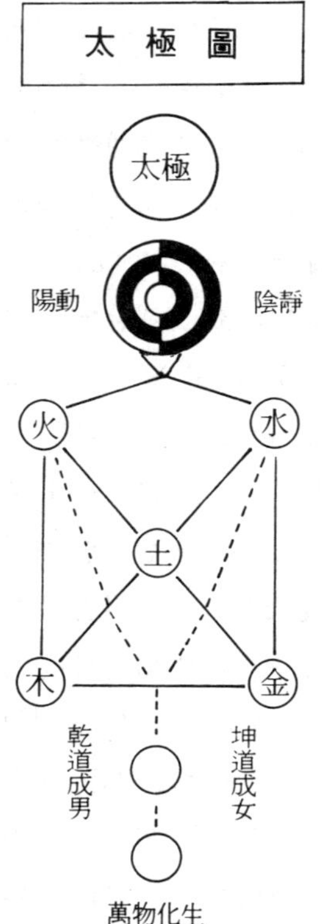

로 발전할 때에, 상생과 상극의 두 방식을 취하는가 하는 점도 음양설에 의해 비로소 설명되기 때문이다. 태극에서 만물로 발현하는 데는 음양 두 가지가 있다. 즉 동(動)·정(靜)·진(進)·퇴(退)·장(長)·소(消)·생(生)·사(死)와 같이 동·진·장·생의 양(陽)방식—진동(進動)방식과, 정·퇴·소·사의 음(陰)방식—정퇴(靜退)방식의 두 가지가 있다. 모든 현상의 발현(發現)에서는 이 진동방식, 정퇴방식 또는 양방식, 음방식이 실제로 오행의 상생법칙이고, 상극법칙인 것이다. 따라서 오행의 상생은 오기(五氣)가 만물에 발성(發成)하는 양적, 진동적 발현이며, 상극은 이것과 반대로 음적, 정퇴적 발현을 말한 것에 지나지 않는다. 따라서 오행의 상생상극은 동등하게 행해지는 자연현상 발현의 법칙이고, 인생에 있어서 그 상극관계를 싫어하여 흉(凶)하다 하고, 상생관계를 길(吉)하다 하여 기뻐하는 것은, 생산·생생(生生)을 바라는 인간이 진동을 기뻐하고, 정퇴를 싫어하여 진동방식인 상생을 좋아하고, 정퇴방식인 상극을 싫어하는 인정 때문일 것이다.

이상은 음양오행설의 논리적 해석이지만, 이를 구체적으로 설명하려 한 것에 《태극도설(太極圖說)》이 있다. 이 도설은 송(宋)나라의 주돈이(周敦頤 : 1017~1073)가 지은 것이다. 이것이 후세의 음양·오행에 관련된 각종 도설의 으뜸이 되었다. 이 《태극도설》은 역(易)의 태극으로부터 만물이 생성하는 과정을 '양(陽)이 변하고 음이 합해져 수(水), 화(火), 목(木), 금(金), 토(土)를 낳고, 이 무극(無極)의 진(眞: 태극), 2·5의 정(精: 음양오행의 정기)이 합하여 뭉쳐져 건도(乾道)인 남(男)을 이루고, 곤도(坤道)인 여(女)를 이루니 여기에서 만물이 생성한다'고 하는 의미를 그림으로 설명한 것이다.

이 도설에 의하면 본체로부터 현상이 되는 것은, 태극에서 음양, 음양에서 오행, 오행에서 양성(兩性)의 만물이 형성되는 것이다. 결국 역(易)의 '陽變陰合 萬物化生'을 구체적으로 설명하려 한 것이다. 이 그림에서 가장 중요한 점은 음양과 오행과의 협합(協合)으로서, 양과 음으로부터 오행에의 교차선 ﹀은 양변음합을 나타내고, ﹀은 음양오행의 과정을 거쳐 생성된 것, 즉 남녀 양성이고 만물이기 때문에 태극에서 만물, 본체에서 현상에로의 중간과정으로서 빠져서는 안 되는 것이 이 음양오행 협합의 중심이다. 이리하여 양변음합과, 이것에 순응하는 오행의 활동이라는 두 요소가 협합한다.

이 양변음합 및 오행의 활동은 어떤 것일까? 이것은 남녀 양성의 협합(協合)에 의해 새로운 생명이 발생하는 과정 그것이다. 왜냐하면 음양은 형상적으로나 수상적(數象的)으로나, 남녀의 성별을 분별하는 특징물인 성기(性器)를 상징한 것이기 때문에 '양변음합'도 역시 이 남녀 특징물의 실제적 활동상태(남녀 양성의 생적 교섭상태)를 상징적으로 나타낸 것이라고 할 수 있다. 남녀의 성기가 성행위를 하기 위해서는 반드시 그 형상에 변화가 일어난다. 즉 부드러운 것이 딱딱한 것으로 둥근 것에서 곧은 것으로(易에서 말하는 '夫乾其靜也專, 其動也直') 변하며, 여성의 성기가 생적 활동을 할 때에는, 그 작용은 생적 교섭을 이루는 것의 대소강약 여하에 따라서 적합하게 된다(易에서 '夫坤其靜也翕, 其動也闢'이라 하는 것이 이 合을 의미하는 것이다). 때문에 남성 성기의 활동상태는 변화이고, 여성 성기의 활동상태는 적합성이다. 따라서 이를 생식적 교섭, 즉 생산활동으로 말하면 남양(男陽)의 변(變)에 대해서 여음(女陰)의 합(合)이 이루어진다. 역(易)에서 말하는 '男女構精'이 행해지는 것이다. 오행의 성정(性情)에 대한 《서경(書經)》, 홍범(洪範)의 설명에 의하면 화는 염(炎)과 상(上)이고, 수(水)는 윤(潤)과 하(下)이고 목은 곡(曲)과 직(直)이고 금은 종(從)과 혁(革)이며 토는 가색(稼穡)을 의미한다. 이것은 결국 음양충화의 상태, 환언하면 남녀양성의 성적 교섭상태를 나타내는 것으로 볼 수 있다. 즉 화(火)의 염상은 남양(男陽)이 건조해서 위로 발양(發陽)하는 것이며, 수(水)의 윤하는 여음(女陰)이 습윤해서 압하(壓下)하는 것이다. 목(木)의 곡직은 남양의 전회(轉回), 직돌(直突)하는 활동이다. 금(金)의 종혁은, 부드러워서 어떠한 식으로라도 순응 영합하는 여음의 활동상태를 나타낸 것이고, 토의 가색에서 가(稼)는 종자를 뿌리는 것, 즉 하종(下種：射精)이며, 색(穡)은 베는 것을 나타내므로 수납(收納：受精)을 의미한다. 이리하여 가색이 중앙의 황토에서 일어나는 것은, 생식에 있어서의 수정 작용이 그 중앙에 위치하고 황색을 이루는 곳, 즉 자궁에서 일어남을 말한다.

이렇게 〈태극도설〉은 역(易)의 음양 발전을 '천지 인온(絪縕)하고 만물이 순화해서, 남녀 정기를 갖추고 만물이 화생한다'고 설명하고, 태극에서 만물이 생기기 위해서는 음양오행의 활동과정을 거치지 않으면 안 된다고 하였다. 음양오행의 활동과정이야말로 역(易)의 계사(繫辭)에서 말하는 '男女構精'이고, 이 정(精)을 갖추는 것이다. 기능·성상(性狀)·동작의 측면에서 관찰해 보면, 이 구정(構精)이 바로 오행의 활동이며, 그 과정을 궁리한 결과 음양설 중에서 오행설이 없으면 안 되며, 천지의 현상은 이 음양오행의 화합에 의해 비로소 완전히 설명될 수 있다고 한 것 같다.

4. 풍수에 있어서 음양오행의 응용

　앞의 제 2 절에서 기술한 음양과 오행은 어떻게 풍수에 응용되고 있는 것일까? 풍수설은 음양설 및 오행설에 의해서 어떻게 발달되었는가? 풍수가 원시적 상지술에서 발전한 지리설로 체계화하면서 생기감응(生氣感應), 음양충화(陰陽冲和) 등 풍수설의 기초적 근거를 이 음양설에서 찾고 있다. 그 생기가 흘러가는 지맥인 용(龍), 사(砂) 등의 형태가 오성(五星)을 이룸에 따라 생기의 흐름에는 여러 가지 종류가 있으며, 그 오성의 계승이 상생될 때는 길(吉)하고 상극관계에 있을 때는 흉(凶)한 결과를 나타낸다고 오행설의 두 가지 법칙에 따라 그 길흉을 정하려는 것 등은 앞에서 말한 바 있으므로 여기서는 생략하기로 하고, 기타 방면에 대한 풍수상의 영향을 생각해 보기로 하자.

　그 영향의 첫째가 방위이다. 풍수에서는 방위에 의해 길흉의 차가 있다고 한다. 그 방위란 어떤 것인가? 풍수에서 사용하는 방위는 주로 이십사(二十四) 방위이다. 음양, 오행의 관점에서 만들어진 것이다. 다음 페이지의 그림은 이를 나타낸 것이다.

　이 그림은 오행, 팔괘 및 십간, 십이지를 조합시킨 것으로, 오행은 동서남북과 중앙으로 나뉘고, 팔괘는 진태이감(震兌離坎)을 동서남북의 4정(正)으로, 건곤손간(乾坤巽艮)을 북서, 남서, 북동, 남동의 4우(隅)로 나누고, 십간의 '甲乙丙丁戊己庚辛壬癸'는 이를 오행으로 나누고, 갑을(甲乙)을 목(木), 병정(丙丁)을 화(火), 무기(戊己)를 토(土), 경신(庚辛)을 금(金), 임계(壬癸)를 수(水)로 하고, 오행의 방위 나열에 따라서 갑을을 동쪽에, 병정을 남쪽에, 무기를 중앙에, 경신을 서쪽에, 임계를 북쪽으로 배열하고, 다음에 십이지(十二支)의 '子丑寅卯辰巳午未申酉戌亥'는 자(子)를 정북(正北)에 두고 순서대로 왼쪽에 30

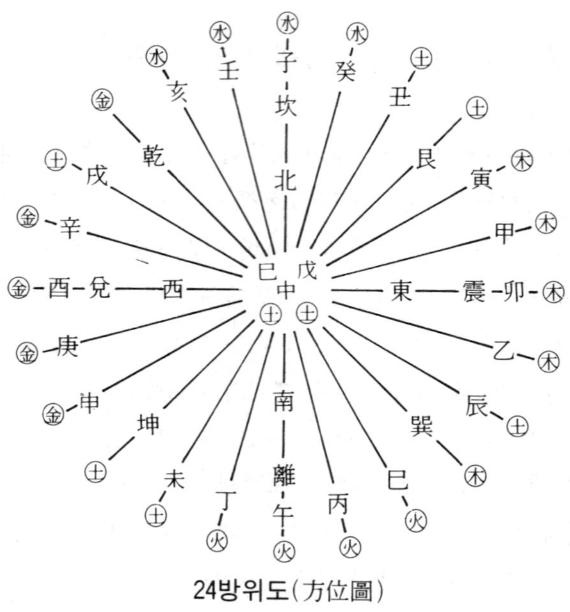

24방위도(方位圖)

도의 거리를 유지하면서 계간(癸艮) 사이에 축(丑)을, 간갑(艮甲) 사이에 인(寅)을, 갑을 사이에 묘(卯 : 正東)를, 을손(乙巽) 사이에 진(辰)을, 손병(巽丙) 사이에 사(巳)를, 병정 사이에 오(午 : 正南), 정곤(丁坤) 사이에 미(未)를, 곤경(坤庚) 사이에 신(申)을, 경신(庚申) 사이에 유(酉 : 正西)를, 신건(辛乾) 사이에 술(戌)을, 건임(乾壬) 사이에 해(亥)를 배열한 것이다. 때문에 이 24방위는 오행의 오 방위, 팔괘의 팔 방위, 십간의 십 방위, 십이지의 십이 방위를 조합한 것이지만, 오행의 오 방위는 중앙에 배치했기 때문에 사 방위와 팔괘의 팔 방위는 사정오행(四正五行)의 사 방위에 중복되기 때문에 4, 십간은 무기(戊己)를 중앙에 배치하므로 8, 그리고 십이지는 자묘오유(子卯午酉)가 오행의 사정과 팔괘의 사정이 중복되므로, 중복되지 않는 축인진사미신술해(丑寅辰巳未申戌亥)의 8과, 오행팔괘의 사정과 중복하는 자묘오유의 사(四), 이상 4,8,8,4를 합해서 24가 된 것이다.

다음으로 이 24위(位)를 오행음양으로 나누면 4수(水), 4화(火), 5금(金), 5목(木), 6토(土)이고, 수화금목토를 음양으로 나누는 것이다. 또 이것을 팔괘로 나누면 일괘삼위(一卦三位)를 관장하는 것으로 되어 있다. 즉 다음과 같다.

水	陽	亥	壬	子		坎	壬 子 癸	
	陰	癸				艮	丑 艮 寅	
火	陽	巳	丙	午		震	甲 卯 乙	
	陰	丁				巽	辰 巽 己	
金	陽	乾	庚	申		離	丙 午 丁	
	陰	辛	酉			坤	未 坤 申	
木	陽	寅	甲			兌	庚 酉 辛	
	陰	卯	乙	巽		乾	戌 乾 亥	
土	陽	艮	辰	戌				
	陰	坤	丑	未				

십간십이지(十干十二支)는 역(易)에서 발전했다고 말하고, 간(干)은 하도(河圖)에서, 지(支)는 낙서(洛書)에서 유래되었다고 하며, 황제(黃帝) 때 생긴 것이라고도 한다. 여하튼 이 간지는 시공(時空)의 순환도수를 표시하는 데에 사용되어 왔다. 간지고(幹枝考)에는 '黃帝內傳曰, 帝旣斬蚩尤, 命大撓造甲子正時. 月令章句曰, 大撓探五行二情, 占斗剛所建, 於是始作甲乙以名日, 謂之幹. 作子丑以名月, 謂之支. 支幹相配, 以成六旬'이라 되어 있다. 여기서 갑자는 십간과 십이지의 첫자를 말한다. 때를 바르게 하기 위해 간지(干支)가 만들어지고, 간(干)은 일(日)에, 지(支)는 월(月)에 이름붙여서 이 양자를 서로 나누어 60

으로 하고, 이것으로써 일년의 일수를 계산하였다. 12월, 12시 등은 모두 십이지로써 일년과 하루의 시간을 정했던 것이다. 그후 이 시간적 측정법이 공간적 측정법에 응용되어, 여기에 간지로써 방위를 구분하고 공간적 도수 순환의 이치를 설명했던 것이다. 십간을 양음(陽陰)으로 나누어 갑, 병, 무, 경, 임을 5양으로 하고, 을, 정, 기, 신, 계를 5음으로 한다. 또 이것을 오행으로 나누어서 간・을을 동목(東木), 병・정을 남화(南火), 무・기를 중토(中土), 경・신을 서금(西金), 임・계를 북수(北水)라 한다. 십이지도 역시 음양, 오행으로 나누어서 자・인・진・오・신・술을 6양, 축・묘・사・미・유・해를 6음으로 하여, 인・묘・진은 목(木)에 속하고 동쪽이며, 사・오・미는 화에 속하고 남쪽이며, 신・유・술은 금에 속하고 서쪽이며, 해・자・축은 수(水)에 속하고 북쪽이며, 토(土)는 진・술・축・미의 사이에 왕성한 것이므로 이를 사계(四季 : 중앙)로 나눈 것이다. 이 십이지를 또 십이수(十二獸)로 나누었으며, 그것은 다음 표와 같다.

간지는 시간 및 공간의 순환도수를 측정하는 데 그치지 않고, 음양 및 오행, 특히 오행의 생극(生剋)법칙을 적용해서 때 및 방위의 길흉을 판단하는 데에 널리 사용되었다. 인생이 이 간지의 순환 속에 있으면 좋고 따라서 인생에 이익이 되는 좋은 방향에 있는, 기운이 성한 길지(吉地)를 구하려 하는 풍수설에 이 간지 점길법(占吉法)이 차용되었던 것은 당연하다. 풍수는 토지를 주로 하는 것이기 때문에, 간지의 시공(時空)의 측정기능 가운데 토지와 관계가 많은 공간적 직능, 즉 방위를 중시한다. 그러나 그 시간적 직능이 완전히 무시되는 것은 아니다. 장사지낼 때 사망자의 사주(생년, 월, 일, 시)가 고려되는 것은 확실히 간지의 시간적 직능 때문이다. 풍수에서 이 방위가 어떻게 사용되는가? 풍수에서는 음양의 충화(冲和), 오행의 상생을 꾀하여 생기가 왕성한 활동을 이루는 땅을 점을 쳐 정하려고 한다. 방위에는 음

십이지명	지명(支名)의 뜻	배수(配獸)	배 당 이 유
子	陰極(幽潛隱晦)	쥐	발자국을 감춘다
午	陰極(顯易剛健)	말	기분좋게 달린다
丑	陰	소	구부려 송아지를 핥고 자애(慈愛)스럽다
未	陽	양	무릎 꿇고 젖을 먹이고, 고개 들어 예를 취한다.
寅	三陽(陽이 이길 때는 暴)	호랑이	성격이 난폭하다.
申	三陰(陰이 이길 때는 黠)	원숭이	성격이 간사하다.
卯	月門	토끼	한 구멍으로 느끼며 성(盛)하지 않다.
酉	日門	닭	한 구멍으로 성(盛)하고 못 느낀다.
辰	陽起變化盛	용	용은 변화가 다양하다.
巳	陽起變化次	뱀	변화에 있어 용 다음이다.
戌	陰을 탐해서 가지고 지킨다	개	진정(鎭靜)한 것이다.
亥	陰을 탐해서 가지고 지킨다	돼지	진정(鎭靜)한 것이다.

(《일본백과대사전》井上圓了의 설에 의함)

위(陰位)가 있고, 양위(陽位)가 있으며, 목위(木位), 금위(金位), 수위(水位), 화위(火位)가 있어서 그 방위에 순응된 기운이 흘러온다고 생각하였다. 즉 금위에 해당되는 유방(酉方)에서 금기(金氣)가 흐르고, 목위에 해당되는 묘방(卯方)에는 목기가, 또 양(陽)이 성한 오방(午方)에서는 양기가, 음이 성한 자방(子方)에서는 음기가 흐른다고 생각한 것이다.

이 시간과 방위에 따르는 기운의 차등에 대해서 《청오경》은 명확히 논하지 않았다. 다만 장례법의 주의서(注意書) 속에 '穴吉葬凶. 與棄屍同'이라는 문구가 있을 뿐이다. 양균송(楊筠松 : 唐나라 때 사람)은 이에 주를 달아서 '穴雖吉而葬不得其年月亦凶'이라 해석하고 있지만, 이 한 구절이 과연 장례 때의 길흉을 말한 것인지는 분명치 않다. 양균송이 살았던 시절에도 장사지낼 때 길흉이 논해지고 있었기 때문에 청오(靑烏)의 이 한 구절을 그런 식으로 설명하였을 것이다. 그런데 《금낭경》에는 '寅申巳亥四勢也. 衰旺繫乎形應. 震離坎兌乾坤艮巽八方也. 來止迹乎岡阜', '四勢之山生八方之龍. 四勢行氣八龍施生', '朱雀源於生氣, 派於已盛, 朝於大旺, 澤於將衰, 流已囚謝, 以返不絶', '葬有六凶. ……時之乖爲二凶', '耳角之辨, 百尺之山十尺相邇. 以坎爲首, 甲角, 震耳, 八山對求乾角在癸. 龍目宛然直離之申. 兌以坎爲鼻, 艮以坎爲唇. 土圭測其方位玉尺度其遠邇' 등, 여러 군데에서 시간과 방위의 길흉에 대하여 논하고, 특히 방위에 대해 상당량을 할애하고 있다.

또 호순신(胡舜申)의 《지리신법(地理新法)》에 이르면 풍수는 완전히 방위에 따라 정해지는 것같이 느껴질 정도이다. 이 작은 책의 서설을 보면 방위를 얼마나 중하게 여겼는지 잘 나타나 있다.

지리설(地理說)은 한진(漢晉) 이전에 지어진 것이지만, 당(唐) 이후 지금까지 이 술(術)을 팔아 이익을 탐하는 자가 많아 속설(俗說)이 속출되어 믿을 수 있는 것이 어느 것인지 구별하기 어렵게 되었다. 의약(醫藥) 복서(卜筮)는 한 사람 한 집안에 관한 것이지만 지리는 한 집안의 번영과 멸족에 커다란 영향을 미치는 것이기 때문에 소홀히 해서는 안 된다. 십여 년 전념하여 연구하고 궁리한 후에야 겨우 그 심오한 기(氣)를 관철할 수가 있었다. 《지리신법》이라 해도 옛것을 가지고 새롭게 한 것뿐으로, 청낭(靑囊)을 조(祖)로 하고, 곽박(郭璞)을 종(宗)으로 해서, 증(曾), 양(楊), 일(一)을 명(明)으로 하고, 월사(月師)를 거쳐 유차장(劉坎莊)에 이른 것이다. 그런데 이 신법의 대요는 오행 생왕사절(生旺死絶)을 경(經)으로 하고, 구성(九星)을 위(緯)로써 편제한 것으로 대단히 간명하기 때문에 이를 실제로 실험하면 적중되지 않는 것이 없다. 이 법은 본(本)과 정도건국천상립현(定都建國

遷相立縣)을 주로 하여, 음양의 택기(宅基)를 정하기에 적절하다. 작은 책인만큼 음양의 택에 쓰기 편리하다. 세상의 어리석음을 깨치고 모든 사람으로 하여금 복을 얻게 하고 재앙을 면하게 하기 위해서, 그리고 판(板)에 새겨 널리 유행하도록 하기 위해서이다. 순신의 방위론은 대략 다음과 같다.

24방위가 있는데, 이 방위의 길흉은 절대적인 것은 아니고, 중심이 되는 산의 여하에 따라서 그 길흉을 달리하는 상대적인 것이다. 따라서 갑산(甲山)에서는 길한 방향이라도, 을산(乙山)에서는 흉한 방향이 되기도 한다. 호(胡)는 24산을 오행으로 나누어 수산(水山), 화산, 목산(木山), 금산(金山), 토산(土山)의 오국(五局)으로 하고, 그 국을 중심으로 해서 24방위의 길흉을 생각했다. 이 이차적 방위의 길흉은 무엇에 따라 정해지는가? 호(胡)는 이것을 오행의 기와 구성(九星)의 배합에 의해서 정하려고 했다. 즉 오행의 기(氣)도 그 음양순환으로 보면 포(胞), 태(胎), 양(養), 장생(長生), 목욕(沐浴), 관대(冠帶), 임

| 五　行 | 養 | 長生 | 沐浴 | 冠帶 | 臨官 | 帝旺 | 衰 | 病 | 死 | 墓 | 胞 | 胎 |
九星 山局	貪狼	貪狼	文曲	文曲	武曲	武曲	巨門	廉貞	廉貞	破軍	祿存	祿存
金　山	辰	巳	午	未	申	酉	戌	亥	子	丑	寅	卯
木　山	戌	亥	子	丑	寅	卯	辰	巳	午	未	申	酉
水　山	未	申	酉	戌	亥	子	丑	寅	卯	辰	巳	午
土　山	未	申	酉	戌	亥	子	丑	寅	卯	辰	巳	午
火　山	丑	寅	卯	辰	巳	午	未	申	酉	戌	亥	子

金山—丁・酉・乾・亥

木山—艮・卯・巳

水山—子・寅・甲・辰・巽・申・辛・戌

土山—未・坤・庚・癸・丑

火山—乙・丙・午・壬

관(臨官), 제왕(帝旺), 쇠(衰), 병(病), 사(死), 묘(墓)의 십이윤회(十
二輪廻)를 반복하는 것이기 때문에 이것을 방위로 나누면 이 윤회도
(輪廻圖)상의 어떤 것이 방위도 위의 한 방위에 맞을 경우, 그 방위는
윤회도 위에서 어떤 것에 상당하는 기운을 보유하는 것이다. 또 구성
(九星)을 운행적으로 보면 탐랑(貪狼), 탐랑, 문곡(文曲), 문곡, 무곡
(武曲), 무곡, 거문(巨門), 염정(廉貞), 염정, 파군(破軍), 녹존(祿存),
녹존의 12를 반복하는 것으로 오행의 십이윤회에 맞는 것이다. 그래
서 오산국(五山局)은 각각 다음과 같이 방위가 나누어진다.

이것을 보면 방위의 길흉은 오행구성에 의해 정해진다. 그렇다면
이 오행구성은 각각 어떤 성질일까? 이 오행은 기운의 순환을 마치
사람의 일생처럼 보았기 때문에 포, 태, 장에서 기(氣)의 발달을 보
고, 임관제왕에 이르러 극도로 성행하다가 쇠병(衰病)에 이르러 쇠퇴
하고, 사묘(死墓)에 수납되어 재차 포태되어 그 싹이 나타난다. 그 각
각 방위에 해당되는 기운이 있음은 명백할 것이다. 구성(九星)에는 각
기 다음과 같은 성질이 있다.

① 탐랑(貪狼)―구성(九星)의 괴신(魁神), 생기, 생룡(生龍), 총명,
　　문필, 인구(人口), 관직을 관장한다.

② 문곡(文曲)―유혼(遊魂). 음일(淫佚), 유탕(遊蕩), 질액(疾厄)을
　　관장한다.

③ 무곡(武曲)―본(本)과 고장(庫莊)의 별. 부(富)를 관장하고, 왕
　　성한 기운을 얻어 번창한다.

④ 거문(巨門)―천의제왕(天醫帝王)의 궁(宮). 좌우의 보필이 있어
　　서 돕는다. 총명, 귀(貴), 수(壽), 재물을 관장한다.

⑤ 염정(廉貞)―오귀(五鬼), 독화(獨火), 왕룡(枉龍), 형살흉독(刑殺
　　凶毒)의 일을 관장한다.

⑥ 파군(破軍)―절명(絶命), 사룡(死龍), 살요(殺曜). 형겁악질(刑

劫惡疾)을 관장한다.

⑦ 녹존(祿存)－절체(絶體), 병룡(病龍). 질병을 관장한다.

세상에서 육수산(六秀山)이라 일컫는 것은 탐랑, 거문, 무곡에 해당하는 산으로서, 어느 것이나 천성(天星)이 우수하고 고귀하기 때문에 육귀룡(六貴龍)이라고도 한다. 사실 경도주현(京都州縣), 사관(寺觀), 총택(塚宅)이 좋은 것은 대개 이 육산을 주산(主山)으로 한 것이다. 다음의 수(水)는 일반적으로 길한 방향에서 와서 흉한 방향으로 사라지는 것을 말하는데, 그것을 구체적으로 설명하면 다음과 같다.

탐(貪 : 養生)－이것은 무(武 : 官, 旺)에서 오는 것이 좋다. 사라지면 생왕(生旺)의 기를 충패(衝敗)한다.

문(文 : 沐, 寇)－이것은 염(簾 : 病, 死), 녹(祿 : 胞胎)으로 사라짐이 좋다. 오면 괴려(乖厲)의 기운을 따라 도달한다.

거(巨 : 衰, 輔弼)－이것이 물건의 출입문이 된다면 오고 가는 것이 좋다.

파(破 : 墓)－이것은 기가 저장되는 방법으로, 으고감이 모두 좋지 않다.

방위를 보는 데는 규준점을 필요로 한다. 이 점을 정중(正中)이라 한다. 공사(公舍)는 청사(廳事)로 정중을 삼고, 신불의 사당은 대전(大殿)으로 정중을 삼고, 거택은 당(堂)으로 정중을 삼고, 가묘(家墓)는 광(壙)으로 정중을 삼는다. 요컨대 심(心)에 기준점을 두고, 그곳에서 방위를 정해야만 한다. 풍수에서는 이 정(正), 심(心)을 좌(坐)라고 하며, 이 정의 정면을 향(向)이라고 한다. 좌산으로부터 향해서 자기를 극복하는 것은 삼가야 한다. 더욱이 호순신은 방위 외에 '때〔時〕'에 대해서 장시(葬時)에 묻히는 자의 사주(匹柱)가 장사하는 목적에 영향이 있다는 것도 기술했다. 그에 따르면, 장사를 지내는 날은 산운일(山運日), 산두백일(山頭白日)이 제일 좋고 작산일(作山日), 장산일(葬山日)이 그 다음이라고 했다. 참초(斬草), 기공(起工), 기령(起靈), 행상(行喪)의 행사는 날을 정해 행해야 하는 것이다. 따라서 장삿날을 정하는 데는 주산(主山)을 근본으로 해야 하며, 간산(艮山)이면 어느 때가 간산의 산 기운이 얻어지는지, 언제 백(白)을 얻고 못 얻는지를 생각해야만 한다. 이 장사의 때에 관해서는 '해〔歲〕의 좋음은 달이 좋은 것 같지 않고, 달이 좋은 것은 날이 좋은 것과 같지 않고, 날이 좋은 것은 때가 좋은 것과 같지 않으며, 때의 좋음은 땅이 좋은 것과 같지 않다'고 했다. 토지가 아무리 좋은 땅이라 해도, 이곳에 묻히는 사람의 사주(四柱 : 생년월일시의 오행)가 이 토지와 맞지 않으면 그 효과를 볼 수 없다. 일반적으로 부귀한 자가 된 것은 선인(先人)을 잘 장사지낼 때, 선인의 본명(本命)과 지리가 적합했기 때문이며, 가난한 자가 된 것은 이 두 가지를 못 갖추었던 탓이다. 아무리 훌륭한 땅을 선정했어도 위와 같은 효험이 나타나지 않는 것은 술(術)이 나빠서가 아니라 술을 이용하는 방법, 즉 때를 잘못 정했기 때문이라는 것이다.

호순신의 지리신법은 명대(明代)의 것이지만, 그 당시 나타났던《인자수지(人子須知)》등에도 빈번히 방위를 논하고 있는 것으로 미루어 보아, 그 무렵에도 방위가 풍수의 주된 요소를 이루었던 것으로 추측된다. 따라서 이들 산서(山書)에 의해서 배양된 이후의 풍수설이, 방위에 중점을 두는 것은 당연하다고 할 수 있다. 호순신이 말하듯이, 결국(結局)을 중심으로 해서 그 주위의 24방위 가운데 길한 방향이 있고, 흉한 방향이 있다. 이 '결국'을 어떻게 정해야 좋은 결과를 가져오고 재앙을 면할 수 있게 될 것인가, 그것이 문제이다. 이것을 좌향(坐向)이라고 한다. 이 좌(坐)라는 것은 결국의 중심이고, 향(向)은 이 좌의 정면에 해당하는 방위를 말한다. 이 좌향을 정하는 방법이 있으니, 그것은 나경(羅經)을 이용해 분금(分金)하는 것이다. 무덤으로 말하면 시체를 입장(入葬)시킬 구덩이를 파기 전에, 관을 넣을 좌향의 방향을 정해야 한다. 주산(主山) 맥절(脈節)을 중심으로 해서 일직선으로 선을 긋고, 그 방위에 따라 정하는 것이다. 이것을 분금(分金)이라 한다. 이 분금한 선을 분금선이라 하는데, 이때 사용되는 기기(機器)가 나경이다. 이 나경을 윤도(輪圖)라고도 한다. 윤도는 하도낙서(河圖洛書)가 나온 뒤, 주(周)의 삼대(三代) 시대에 이루어졌다고 한다.

 이 분금은 기좌(基坐)를 정할 때, 주산의 용맥과 좌(坐)와 수구(水口)의 세 곳의 간지를 고찰하여, 오행의 상생상극에 적용해서 상극을 피하고 상생을 구해 발복의 효험을 얻는 것이지만 주산이나 수구는 고정되어 있는 것이기 때문에, 좌를 이 분금선에 맞도록 잘 고찰해서 정해야 한다. 예를 들면 임감맥(壬坎脈), 해좌(亥坐), 진수구(辰水口)에서 감(坎)은 자(子)에 해당되어 수, 해는 신해(辛亥)에 해당되어 금(納音五行에 의하면 신해는 釵釧金이므로 금), 수구는 진(辰)에 해당되어서 토(진은 丙辰 沙中土)이므로, 이 묘지는 수구, 묘혈(좌) 및 주맥의 삼자(三者) 관계가 오행의 상생관계에 해당한다. 즉 수구와 좌는 토생금(土生金), 좌와 주맥은 생금수(生金水)이기 때문에 이 묘지는 길한 것이 된다. 이 분금을 사용해서 어떤 방위가 오행의 어디에 해당되는가를 따져 상생상극을 결정할 수 있는 방위오행 발견법을 납음오행법(納音五行法)이라 한다. 이것은 간지를 조합시킨 육십갑자에, 팔괘오행을 배합한 것으로, 다음에 나오는 표와 같다(보통 이것을 '六十花甲子'라 한다).

 그런데 분금선을 결정하려면 윤도(輪圖) 또는 나경(羅經)이라 말하는 자침을 중앙에 놓고, 그 주위에 여러 층으로 천지의 도수를 배열한 분도기를 사용해서 용맥의 방위와 수구의 방위가 어떤 간지에 해당되고 있는가를 검출해, 이 간지를 납음오행표에 으해서 그 방위의 오행을 찾아서, 주맥의 오행과 수구의 오행 사이에 들어가, 이 양자의 것

납음오행 〔六十花甲子〕

干支	納音	干支	納音	干支	納音	干支	納音
甲子乙丑	海中金	丙寅丁卯	爐中火	戊辰己巳	大林木	庚午辛未	路傍土
壬申癸酉	釼鋒金	甲戌乙亥	山頭火	丙子丁丑	澗下水	戊寅乙卯	城頭土
庚辰辛巳	白蠟金	壬午癸未	楊柳木	甲申乙酉	泉上水	丙戌丁亥	屋上土
戊子乙丑	霹靂火	庚寅辛卯	松柏木	壬辰癸巳	長流水	甲午乙未	紗中金
丙甲丁酉	山下火	戊戌己亥	平地木	庚子辛丑	壁上土	壬寅癸卯	金箔金
甲辰乙巳	玉燈火	丙午丁未	天河水	戊甲己酉	大驛土	庚戌辛亥	釵釧金
壬子癸丑	桑栢木	甲寅乙卯	大溪水	丙辰丁巳	沙中土	戊午己未	天上火
庚申辛酉	石榴木	壬戌癸亥	大海水				

과 상생관계를 이루는 오행에 상당하는 방위를 생각해, 그 방위를 좌로 하는 것이다. 예를 들어 보면, 우선 용맥이 감(坎)이기 때문에 수(水)가 됨을 알고, 다음으로 수구의 진(辰)은 병진(丙辰)으로 해서 토가 됨을 알며, 뒤에 이 토와 수 사이에 들어가서, 토와 수 양자와 서로 상생을 이루는 것을 찾는다. 토와 수 사이에 들어가 이들과 서로 상생을 이루는 것은 금밖에 없다. 그래서 육십화갑자 표의 금에 해당되는 신해를 찾아서, 이 땅을 좌로 한다.

이상은 풍수가 방위를 얼마나 존중하는지를 단적으로 말해 준다. 풍수의 전부가 방위로서 성립되는 것처럼 각종 관계를 세워 놓고 있는데, 요는 그것들은 24방위를 오행의 상생 상극 규칙에 비추어 상생을 구하고, 상극을 피하는 것에 다름 아니다. 풍수의 모든 것이 마치

이 오행의 상생상극에 따라서 지배되는 것으로 보여지는 것은, 풍수가 얼마나 오행설의 영향을 많이 받았는가를 말하는 것이다.

음양설이 풍수 발달상에 커다란 기초가 된 것은 다시 말할 필요도 없다. 풍수설이 민속 사이에 오랫동안 심어져 유지되어지고 여러 문화에도 영향을 미친 그 철학은 여태껏 지지받고 있다. 풍수설이 음양오행설의 세력을 가지고 있는 한 그것은 쉽사리 사라질 수 없다. 풍수의 통속적인 관념은 구체적 음양의 충화에 있음이 음양설로 인해 긍정되고, 그 생기, 정기의 발전은 민간신앙적 관념을 증명하는 것처럼 보이므로 풍수야말로 생산과 재생에 대한 신뢰이다. 음양의 원리는 인간사의 일상 경험을 표준으로 한 방법에 의해서 이루어진 것이므로, 누구든 쉽게 이해할 수 있었기에 널리 사용되었던 것이다.

풍수의 정국(定局)은 양래음수(陽來陰受), 음래양수를 원칙으로 한다. 이것은 남녀의 성행위란 관념에서 출발한 것이다. 이 구체적, 사실적 관념에서 출발한 것이 요지부동의 풍수법의 원칙으로 된 것은 음양설에 의해 철학적, 이론적 해석을 부여받았기 때문이다. 또한 천지의 본체로부터 자연의 만유현상의 생기(生起)가 발전하는 과정을 설명한다고 하여도 일반 민중에게 용이하게 이해되지 않으면 의미가 없다. 풍수설은 인생에 필요한 것이며 구체적인 점에서 출발하고 남녀 양성간의 생산을 표준으로 했기 때문에 고원(高遠)한 풍수 이론 같지만 일상적 경험으로부터 쉽게 이해할 수 있는 것이다. 따라서 풍수설에서는 이 음양을 남녀의 양성이라고 보아, 양래음수(陽來陰受)는 남래여수(男來女受)이고, 음래양수(陰來陽受 : 山來水回)도 남래여수로 간주한다. 천지의 음양이 부부가 될 때 비로소 단물이 화생하는 것이기 때문에 24방위에 해당되는 산(山)을 음양——남녀 양성(男女兩性)——으로 나누고, 다음과 같이 부부를 이루어야 생기(生氣) 왕성한 길산(吉山)이 된다고 하는데, 그것은 다음과 같다.

부부배(夫婦配)

<table>
<tr><td>乾 · 甲(老父)
坤 · 乙(老母)</td><td>坎 · 癸 · 申 · 辰(中男)
離 · 壬 · 寅 · 戌(中女)</td></tr>
<tr><td>震 · 庚 · 亥 · 未(長男)
巽 · 辛(長女)</td><td>艮 · 丙(少男)
兌 · 丁 · 巳 · 丑(少女)</td></tr>
</table>

위와 같이 음양의 배합충화를 근본요건으로 한다. 따라서 풍수는 이 음양충화의 범위를 벗어날 수 없다. 관을 묻는 깊이를 측정하는 예를 들어 보자. 풍수에서는 매장을 하는 혈(穴)의 깊이를 일정하게 하지 않고, 산의 형태를 봐서 다르게 한다. 일반적으로 산이 볼록한 땅에는 얕게, 오목한 땅에는 깊게 파는 것으로 되어 있다. 그것은 볼록형 땅은 생기가 밖으로 발산되려는 힘이 있기 때문에 '생기를 타게 하기' 위해서 외부에 근접하도록 얕게 묻을 필요가 있다. 오목형의 땅은 생기를 내장하는 힘이 있으므로 내부로 깊이 묻을 필요가 있다. 따라서 깊게 판다. 얕으면 3척 내지 5척, 깊으면 6천 내지 10척이 보통인데, 요는 지표(地表)에서 파내려가다가 음양의 서기가 가장 융합되는 지점에 관을 묻어야 한다.

이 깊이를 측정하는 자는 옥척(玉尺)이라 한다. 구슬로 만든 자라는 의미가 아니라 '옥수(玉手)로서 측정한 자'란 뜻이다. 옥수는 옥녀(玉女 : 십칠팔세에서 삼십세 정도까지의 젊은 여자를 말한다)의 손가락을 의미한다. 옥척은 옥수 이지이(二指二), 삼지삼(三指三)을 한 척 길이에, 같은 손가락 세 개를 나란히 해서 세 번 측정한 길이를 합친 것을 1척의 길이로 한 단위이다. 즉 젊은 여자 손가락 두 개를 나란히 해서 두 번 측정한 길이로 한 것으로, 즉 여자의 손가락 하나의 폭이 a 라면 (a

+a)를 2회 계속한 것. 즉 2(a+a)에 a+a+a를 세 번, 즉 3(a+a+a)를 더한 것, 즉 4a에 9a를 더한 13a를 한 척의 길이로 한 것이다. 옥척 일척의 길이는, 결국 젊은 여자의 손가락을 13개 늘어놓은 폭의 길이로, 장혈(葬穴)을 재는 한 척의 단위로 삼는 것이다.

옥수 이지이, 삼지삼을 기본으로 하는 것은 음양의 충화에서 유래한 것이다. 즉 이지(二指)의 둘은 음의 기본형을 나타내는 것이며, 이것을 두 번 늘어놓는 것은 음의 기본수를 표시하는 것이다. 이 이지이, 삼지삼을 합한 것은 음양을 수적 그리고 형상적으로 화합시킨 것이다. 열세 손가락 중 네 손가락이 음이고, 아홉 손가락이 양이기 때문에, 일척 사이에 음의 부분과 양의 부분이 있고, 이 척을 가지고 음양을 반복해 가면서 깊이를 측정하여, 지표로부터 관을 놓을 깊이를 잰다. 예를 들면 그 혈의 깊이가 세 척이라면 음, 양 음, 양 음, 양으로 되고, 오척이라면 음, 양 음, 양 음, 양 음, 양 음, 양으로 되어 어디까지나 음양의 변화를 반복해서 혈의 깊이를 찾는 것이다.

실제로 묘의 혈을 파는 사람은 남자이기 때문에 이 옥척을 측정할 수가 없다. 남자 손가락의 폭은 여자 손가락의 폭보다 크기 때문에, 여자의 손가락으로 측정하는 듯 길고 짧음을 가감한다(이 옥척을 가지고 혈의 깊이를 재는 것이 음양의 충화에서 온 것이란 의미도 모르고 보통 造營 등에 사용하는 나무자를 사용해서 멋대로 재는 자도 있다). 무엇 때문에 남자 손으로 하지 않고 여자 손으로 하는가에 대한 이유는 자세히 모른다. 아마 그것은 묘지를 모체로 생각하고 생산의 모체가 되는 처녀, 더구나 생산 가능기(可能期)에 있는 옥녀의 손가락을 사용함으로써 생산을 바란 데서 유래된 것이 아닌가 생각된다.

이 옥척은 옥지 열셋을 연결한 폭인데, 이 '13'은 동서양에서 두루 발견되는 신앙의 일종으로 보여진다. '13'신앙은, 생산가능기간에 있는 여성은 연 13회의 월경이 있기 때문에, 묘지를 모체로 간주하는 이

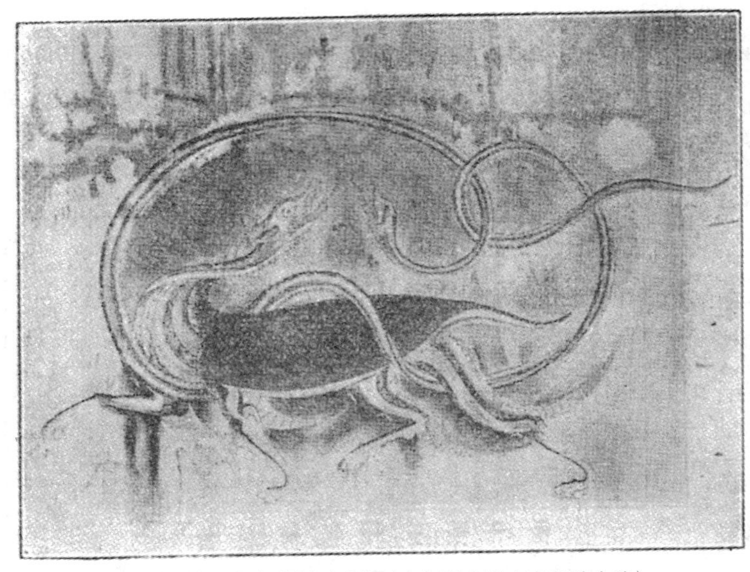

고구려 고분 현실의 북벽 현무(高句麗古墳玄室北壁玄武)

상 묘혈에 입장하는 것을 마치 모체가 수태하는 것으로 생각하는 데서 온 것이므로, 수태는 월경이 없을 때 불가능하며, 또한 월경 뒤에 그 가능성이 높기 때문에, 묘혈에도 월경의 숫자에 따라 입장시키는 의제적(擬制的) 방법에 의해서, 이지이, 삼지삼, 즉 13지의 옥척으로써 묘혈을 파게 되었던 것이라 생각된다. 민간 신앙적 견지에서 볼 때 옥척은 월경에 대한 관념에서 출발한 것이므로, 이를 음양의 충화로 간주했고, 이것은 다시 음양설에 의해서 이 13이 우연히 음의 기본수 2(음의 기본수만큼)에 양의 기본수 3(양의 기본수만큼)을 합친 음양의 충화라고 해석되었을 것이다. 이와 같이 음양에 의해서 생산 가능하게 되고, 이 가능성에 도움이 되게 하는 것은, 많은 묘지의 구성 및 장례에서도 볼 수 있다. 예를 들면 후원전방(後圓前方)묘는 원을 양, 방을 음으로 해서, 음양의 결합을 의미하는 것이다. 평안남도 강서(江西) 고분에 있는 현무의 벽화는 거북과 뱀이 뒤엉킨 것을 그린 것으로, 거

고구려 고분 현실 천정 : 방형(方形)을 3중으르 조합하여
음양의 충화를 도모하고 중앙에 용을 그려서 그 충화를
마무리했다.

북을 음, 뱀을 양으로 해서 음양의 충화를 구상화시킨 것이다.

　이상과 같이 이 음양오행의 적용 방법은 광범하고 미세하기 때문에
도저히 상세히 거론할 수는 없다. 요컨대 음양의 충화와 오행의 상생
상극의 두 원칙의 범주를 벗어나지 않기 때문에, 이 원칙만 알면 풍수
의 이용과 적용방법의 대강을 훑은 것이다. 대강만 알면 그 말단에 구
애받을 염려는 없을 것이다.

제 4 장 풍수와 유형(類形)

1. 유형의 영향

5백여 년 전 고려의 태조가 삼한(三韓)을 통일해서 국도(國都)를 개성(開城)으로 정한 것은 유명한 풍수학자인 국사 도선(道詵)의 복상(卜相)에 의했던 것인데, 도선은 여기를 '천년도성(千年都城)'이라고 단언했다. 그런데 고려 말기에 이르러 국위가 점차 쇠퇴해 가자 '천년도성'도 의심스럽게 되었다. 마침내 국도는 천년을 유지할 만한 장소가 아니고, 바야흐로 그 쇠운(衰運)을 맞이했으니, 국운(國運)을 만회하기 위해 반드시 운이 왕성한 한양(漢陽)이라든가 평양(平陽)으로 천도(遷都)하지 않으면 안 된다고 하는 자, 또는 이 국도의 운수가 다된 것이 아니라 무언가 풍수상 결함이 있기 때문이라고 논하는 자 등이 나오기에 이르렀다. 후자의 이론은 다음과 같다.

개성이란 도읍지는 유명한 술승(術僧) 도선이 지리를 상세히 조사해서 선정한 곳이라, 풍수상 결함이 있을 리가 없겠지만, 도선이 지리를 상정하던 날은 일기가 흐려 있었기 때문에, 멀리 바라볼 수가 없었다. 그런데 맑은 날 바라보면 개성에서 손(巽)의 방향 쪽에 한양의 삼각산이 보이고, 그 삼각산은 개성으로서는 규봉(窺峯 : 허점을 엿보아 그 운을 빼앗으려는 봉우리)의 형세이다. 이 규봉[盜峯] 때문에 개성이 국도로서의 운수가 점차 쇠진해지고 국운이 날로 기우는 것이라고 했다. 그러나 천도는 쉽지 않으므로, 후자의 논의에 따라 이 규봉을 막는 방법을 강구하게 되었다. 규봉은 적봉(賊峯), 도봉(盜峯)이라고 하듯 마치 사람의 뱃속을 노리고 있는 것 같으므로 도적을 물리치는 데 쓰는 등(燈)과 개(犬)로써 막을 수밖에 없다. 그래서 상명등(常明燈) 한 개를 거대한 바위 위에 놓고, 철로 만든 개를 열두 개 만들어서, 도성의 동남쪽 구석(巽 방향)에 배열함으로써 멀리 보이는 삼각 규봉을 눌러 막도록 했다. 현재 개성군 청교면(靑郊面) 덕암리(德岩里)에 있는 등경암(燈擎岩)과, 송도면(松都面)과 청교면을 경계로 하는 오천(烏川)에 놓여 있는 좌견교(坐犬橋 : 선죽교의 남쪽에 있다)는, 모두 그 당시의 유적·유물이다.

이러한 풍수적 방비를 했음에도 불구하고, 고려조는 마침내 조선(朝鮮)에 의해 대체되고, 국도가 개성에서 한양으로 옮겨지기에 이른 것은 무엇 때문인가? 그것은 개성의 규봉인 삼각산이 원래는 훌륭한 산이었지만, 이태조 즉위 30년 전쯤 낙뢰가 있어서, 지금 보는 것같이 세개의 날을 세운 것 같은 삼각산 형태로 변했기 때문에 등(燈)도 개(犬)도 그것을 제압할 수 없어서 개성은 이 앙도(仰刀)의 위력 때문에 마침내 치명적인 타격을 입었다고 한다(현재 민간에 전해지는 개성 멸망의 전설).

경상남도 창원군(昌原郡)은 그 옛날 오랫동안 군 소재지였던 의창(義昌)으로부터 한 불상사가 생겨서 이곳으로 옮겼다고 전해지고 있다. 현재 동네사람 사이에 전해지는 전설에 의하면, 이 군 소재지 이전을 야기시킨 불상사란 다음과 같다. 이 군에 부임해 온 어떤 군수에게 한 아리따운 딸이 있었는데, 나이 열두 살에 웬일인지 아기를 갖게 되었다. 외출한 일도 없었고 남자 손님도 없었는데도 불구하고 이런 일이 생겼다. 이상하기에 여러 가지로 조사해 보니, 병영(兵營)의 남쪽에 자리잡고 있는 연산(連山)의 한 봉우리 꼭대기에 커다란 암석이 있었다. 멀리서 바라보니 마치 들개가 꼬리를 틀고 있는 모습 같았다. 군수의 딸이 방에서 바라볼 때 그것은 바로 정면에 있었으므로 이 소녀가 아침저녁으로 이 괴암만을 바라보고 있는 동안 임신을 했던 것이다. 이 대단한 불상사를 당한 군수는 마침내 관아를 창원으로 이전했다고 한다(경남 사적 명승 담총).

평안북도 강계(江界)는 산하금대(山河襟帶)의 땅으로, 평안북도 변경지역에서는 보기 드문 번성한 도읍이다. 이 강계가 번성한 것은 단순히 교통상, 지형상만이 아니고, 이 지형이 풍수로 봐서 영구하게 융성해 갈 장소이기 때문이라고 믿어지고 있다. 강계를 개관하면, 남천(南川), 북천(北川)의 두 강이 주산인 남산을 끼고 독로강(禿魯江)으로 합류하는 곳에 있으며, 이 강을 사이에 두고 독산(獨山)을 마주보게 되어 있다. 전설에 의하면 남산은 여성이며, 강계읍에 임하는 곳이 여자의 성기이고, 그 자세가 마치 옷을 걸치고 이것을 펴고 있는 것 같기 때문에, 이것을 바라보고 지금 앙연(昻然)해서 우뚝 서 있는 독산이, 그 옛날 남산의 매력에 이끌려 멀리 위원(渭原) 땅에서부터 하룻밤에 뛰어왔지만, 독로강에 의해 차단되었기 때문에 하는 수 없이 강가에 머무르지 않을 수 없었다고 한다. 강계는 위원으로부터 독산을 끌어들일 만큼 매력적인 남산 기슭에 자리잡고 있으며 위원에서 단숨에 뛰어온 사나운 독산을 마주보고 있다. 그 발랄하고 원기 왕성한 음양의 양쪽 산이 서로 대치하고 있으므로 저절로 생기의 발동이 촉진되어 그 영향 때문에 강계의 번성이 지속되는 것이라 한다. 더욱이 강계에서는 옛날부터 음탕한 여자가 나왔으며, 또한 음탕한 기운이 심한 땅이라 말해지고 있다. 음탕한 부녀를 내고 음탕한 기운이 성한 것도 남산, 독산이 서로 마주 서 있기 때문이라고 한다(1929년).

충청남도 천안군(天安郡) 병천(並川) 시장은, 같은 군 북면(北面) 은지리(銀芝里) 은석산(銀石山) 기슭에 거주하는 박남희(朴男熙)의 조상 박문수(朴文秀)의 묘 때문에 설립된 것으로서, 은석산 꼭대기에 있는

그 묘로부터 약 십리 떨어져 있는데도 묘에서 잘 볼 수 있다. 이 시장
이 어떻게 생겼느냐 하면, 지금부터 약 2백 년 전, 어사였던 박문수가
병천지방에 체재중 그의 마부 김모씨(일설로는 마부가 아니고, 그의 문객
으로서 상담 상대였다고도 한다)가, 이 고장의 관사(觀師)로서 묘자리 선
정에 뛰어났기 때문에 박문수는 이 김모씨에게 명해서 자신이 죽은
후의 분묘를 결정하게 했다. 이리하여 정해진 곳이 천안군 북면 은석
산의 꼭대기, 즉 지금의 박문수의 묘지이다. 그런데 이 땅의 모양이 마
치 장군상(한국 고대의 장군의 모습)과 유사하므로, 이곳에 묘를 선정하
게 되면 반드시 병졸이 있을 것이 요구된다. 병졸이 없는 장군은 하등
의 위력이 없기 때문이다. 따라서 그 자손에의 발복을 원할 수가 없으
며, 만약 그 위력을 유지시키거나 발복을 왕성하게 하려면, 반드시 많
은 사람이 모이는 시장을 묘 앞에 개설하고, 시장에 모이는 군중을 병
졸로 삼게 해야 한다는 것이었다. 박문수가 죽자 그의 자손은 아버지
의 유언에 따라서 이 조건을 충족시키기 위해, 병천시장을 개설했던
것이다. 박문수의 유언에 의하면 이 시장이 분묘로부터 바라볼 수 있
는 범위 내에 있는 동안은 자손이 번영을 이루지만, 만약 바라볼 수
없는 곳으로 이전해 버리면, 자손은 즉시 쇠퇴한다고 했다 한다(1930
년 天安 경찰서장 報告).

　조선 영조 때의 사람 추파(秋波) 선사(禪師)의 속리산 유람기에 송
시열의 기록문이 인용되어 있는데 그것에 의하면, 속리산은 세상에서
소금강이라 칭해지고, 세조대왕이 순유(巡遊)한 일이 있을 만큼 유명
한 산이며, 그 산세는 모두 서쪽을 향하고 있는데다 그 한 봉우리인
수정봉 위에는 머리를 들고 서쪽을 향해 있는 거북바위가 있다. 역사
에 의하면, 중원인(中原人)이 여기에서 놀다가 이 바위를 보고, 중원
의 재물과 비단이 날로 동쪽 나라로 옮겨지는 것은 이 거북 때문이라
고 해서, 마침내 그 머리를 잘라서 등에 십층의 부도(浮圖 : 탑)를 세

움으로써 이것을 눌러 이기도록 했다고 한다(《조선불교通史》).

이상의 여러 가지 전설은 풍수설이 얼마나 사물의 형세에 비중을 두는가를 말하는 대표적인 것들이다. 풍수는 이와 같이 물체의 유형의 영향에 따라서 인간의 길흉과 운명을 정하게 되는 것이다. 따라서 단순히 '생기를 타는' 원칙에 따라서 생기가 모이는 땅을 구하는 것도 중요하지만, 그 땅의 유형, 성질 및 그것으로부터 주어지는 인생에의 영향을 생각하지 않으면 안 된다. 이 형세의 영향관념은 풍수설의 원류를 이루는 《청오경》,《금낭경》에서 이미 발달했고, 그후 풍수설의 주요 관념이 되어 있다.

그런데 이 물체의 형상이 인생에 길흉의 영향을 준다는 관념은, 원시 시대에 이미 나타나고 있는 민간신앙의 하나인, 유물(類物) 신앙으로부터 유래된 것이다. 원시인이 자연현상을 해석하려 할 때, 자기와 자기의 주위에 있는 것을 표준으로 하는 것이 가장 손쉽다. 이를 표준으로 해서 해석하는 의인화 작용이란 것이 있다. 이 의인화 작용에 의해서 민간신앙이 된 경우, 그곳에 만물이 사람과 같이 지정의(知情意)의 정신적 활동이 있다고 하는 만유신(萬有神)의 관념이 형성되고, 이 관념이 보물상자가 되어 신(神), 정령, 귀신, 마귀 등 눈에 보이지 않는 것까지 나오는 것이다. 주위에 있는 것을 표준으로 해서 해석할 때도 역시 이와 같이 개의 얼굴과 닮은 사람은 개와 닮은 점이 있고, 원숭이를 닮은 사람은 원숭이같이 교활하고, 남자 성기를 닮은 돌은 남자 성기와 같은 신비력을 발휘하며, 여자 성기를 닮은 바위 틈은 출산의 위력을 가지고 있다고 여겨졌으므로, 마침내 어떤 물건 갑(甲)에 유사한 물건 을(乙)은 그 형상이 유사함으로 해서 갑과 동등한 힘을 발휘할 수 있다고 하는 유물신앙이 발생되었다. 풍수에 있어서 물체 영향의 관념은 이 유물 신앙적 요소를 받아들인 것이라 생각되는데, 이 관념도 역시 풍수가 음양오행설에 의해서 이론화된 것처럼, 음양오행설로 인해 시인될 수 있었던 것이다. 음양오행설에서는 우주만물은 일원기(一元氣)에서 이기(二氣), 오기(五氣)로 발전하며, 이기가 변해서 물(物)을 이룬다고 하므로, 모든 만물은 바로 기의 소산이다. 그런데 만물은 모두 동일한 것이 없다. 이 차별은 주로 형상의 차이이다. 이 차별상은 기의 작용에 따른다. 때문에 '기의 상(象)은 형태'이며, 어떤 사물이 어떠한 기의 소산인가는 그 사물의 형태에 따라서 표현된다. 목기(木氣)가 흐르는 목산은 직립한 나무줄기 같은 형상을 이루고, 금산에는 복종(伏鍾)처럼 금기가 흐르며, 화염형태를 이루는 산에는 화기가 흐르기 때문에 화산을 이룬다. 이 음양오행의 발전이론을 밝혀 나가 보면 같은 형상을 이루는 두 사물은 같은 기의 소산이고, 같은 기의 소산이기 때문에 이 두 사물 사이에는 그 사물의 속성이나 작용, 즉 '힘'에 있어서도 유사점이 많이 있다. 유사한 사물은 유사한 힘을 발휘한다고 믿어진 유물신앙이 권위 있는 음양오행설로부터 이론적 해석을 부여받게 되면, 그 모호함을 탈피해서 확고한 신념이 된다.

유물신앙은 애매하면서 서로 대립하는 두 가지 사이에 상당한 간격을 두고도 서로 영향을 주고받는 것이며, 양자가 직접 교접하지 않아도 간접적으로 그 작용을 서로 미치게 되는 것이라고 생각하는 면이 있다. 이 간접교섭, 간접영향의 관념도 역시 음양오행설에 의해서 이론적으로 증명할 수 있다. 즉 그것은 기의 감응 원리이며, '생극' 즉 상생상극의 법칙이다. 만물은 기의 소산이다. 그 기가 극에 달하면, 오행의 다섯 기, 음양의 두 기, 마침내 태극의 일원기(一元氣)에 포섭되는 것이다. 봄의 산과 들에는 갖가지 아름다운 꽃이 다투어 피고, 모든 풀이 금단을 이루는, 이 백화천초(百花千草)의 만발도 생각해 보면 봄의 기운 때문이고, 토(土)의 기운 때문이다. 장유남녀(長幼男女)의 차이는 있어도 동포는 부모 양(兩) 정기어 의해 이루어지는 것이다.

이미 기를 같이 하고 있기 때문에 만물 사이에는 감응이 있다. 상생과 상극의 작용이 있어서, 우주만물의 증진감퇴(增進減退)는 모두 이 두 작용의 범주에 속하는 것이다. 기에는 감응이 있고, 두 작용이 있으며, 이 기의 소산인 만물 사이에는 교섭이 있고 영향이 있다. 직접이든 간접이든 그리 문제되지 않는다. 이처럼 음양오행설에 의해 이론화된 유물신앙에 의해서 산수의 형세가 바로 인생의 운명을 좌우하는 것으로 믿게 된다. 앞에서 보았듯이 개성(開城)은 한양에 있는 삼각산이 규봉이 되어 있는 동안은 등화와 좌견(坐犬)으로 막을 수 있었지만, 앙도(仰刀)의 감응에 의해서 마치 그 복부에 칼을 찌른 것 같은 치명상을 입게 되어 마침내 몰락하기에 이르렀다고 말하는 것도, 극히 자연적인 풍수전설이라 하지 않을 수 없다. 의창군수의 딸이 저절로 잉태한 것도 성행위의 모양을 이루는 개바위를 아침 저녁으로 바라보았기 때문에 감응되어 감응임신을 가져온 것이며, 강계가 여기(女氣)가 성해서 음란한 기운이 끊이지 않음은 남산의 음암(陰岩)이 그 유물적(類物的) 힘을 발휘하는 데 있고, 박문수의 묘지가 자손에게 번영을 가져온 것은 장군이 시장의 군중을 병졸로 간주해서 그 위세를 뻗치기에 적합했기 때문이며, 중원인(中原人)이 속리산에 있는 거북바위의 머리를 절단해서 등에 십층의 탑을 세운 것도, 거북이가 물건을 등에 싣고 수중(水中)을 잘 다니는 점에 착안하여, 이 거북바위 역시 중국의 화물을 조선으로 수송하는 힘을 발휘하리라고 여겼던 탓에 행한 것으로, 이 모든 것은 풍수의 유물적 신앙관념에 의해 해석된 것이다.

또 유물신앙의 일종으로, 성스러운 물건이 나오는 것은 장차 성인이 나오려는 징조로 간주되었다. 서물(瑞物) 신앙은 중국에서 전래된 것이다. 지금 두세 개의 전거(典據)를 들어 보면,

"昔者黃帝治天下……鳳凰翔於庭, 麒麟遊於郊."(淮南子, 覽冥訓)

"昔者禹及立爲天子天下化之, 蠻夷率服……麟鳳在郊."(新書, 雜事

篇)

"或曰, 鳳凰麒麟太平之瑞也, 太平之際見來至也."(論衡, 講瑞篇)

"天下太平, 符瑞所以來至者, 以爲王者承統理, 調和陰陽, 陰陽和萬
物序, 休氣充塞, 故符瑞立臻, 皆應德而至……則鳳凰翔, 鸞鳥舞, 麒
麟臻."(白虎通, 對禪篇)

이라 하듯이 이 서물신앙에 따르면, 서물――예를 들면 성스러운 별,
성스러운 새, 성스러운 짐승 등이 세상에 나오면 성인이 나와서 천하
태평을 이룬다. 이때는 천지의 음양이 잘 조화를 이룬다. 황제(黃帝)
의 시대에 봉황의 보금자리가 나타나고, 하후(夏后) 때 신귀(神龜)가
강에서 나오고, 복희(伏羲) 때 용마가 나타나고, 문왕(文王) 때 봉황
이 기산(岐山)에서 울고, 공자 때 기린(麒麟)이 출현했다는 것 등은 모
두 음양이 조화되어 천하태평을 이룬 좋은 때임을 나타낸다.

　이 서물신앙은 유형신앙의 으뜸인만큼 또한 풍수에도 강한 영향을
미쳤다. 즉 서물이 세상에 나오는 것은 음양이 조화된 것이기 때문에
산도 마찬가지로 서물이 출현하는 곳, 즉 서물의 형태를 이루는 것은
저절로 음양이 조화된 곳이다. 기(氣)와 물(物)이란 본체와 현상이 같
은 것으로, 갑물(甲物)이 나타나는 것은 갑기(甲氣) 때문이고, 또한
을기(乙氣)가 안에 있어야 비로소 을형(乙形)이 바깥으로 나타나기 때
문에, 서물이 출현하는 곳에 서기(瑞氣)가 있다고 보는 것은 틀림없
다. 그러므로 서기란 바로 음양이 잘 조화된 생기를 뜻하므로, 서물의
형태를 나타내는 산에는 잘 조화된 음양의 기가 축적되어 있다고 하
는 것은 당연한 일이다. 예로부터 한국에서는 군, 읍, 도시, 묘지 등
을 항시 서물의 형태와 유사한 땅에 선정했던 것은, 이 유형서물신앙
에서 유래한 것이다.

　일반적으로 한국에는, 이 유물신앙과 재생신앙이 결부되어 나타난
묘지의 형태가 적지 않다. 그것은 처녀형과 모성형으로서, 모두가 처

녀 내지 모성에 유사한 묘지 형태이다. 그곳에 묻히는 사람은 우세한 재생의 운을 향유할 수가 있다고 하는 신앙에서 나왔음은 말할 필요도 없다. 일반적으로 한국의 묘지, 특히 풍수적으로 조영된 묘지는, 모성에 유사한 곳이 많고, 그 중에는 아주 흡사한 것도 적지 않은데, 특히 그 묘의 형태가 팔자 교차형(八字交叉形)을 이루는 것, 또는 내외 팔자수(八字水)의 분합(分合)이 많은 것 등은, 대단히 모성을 잘 나타낸 것이다. 그것이 재생관념을 구체화한 모성 묘지인지 아닌지는 대번에 알 수 있다. 그 영향은 단지 그 외관뿐만 아니라, 내부의 구조에까지 미치고 있다.

고구려 및 백제의 고분으로 널리 이용되고 있는 연도(羨道)와 현실(玄室)을 구비한 묘는 실로 모성을 여실히 나타내는 것으로, 현실은 모체의 태실(胎室)을, 연도는 모체의 산도(産道)를 형상화시킨 것이다. 또 이 연도와 현실, 묘는 사람이 사후에 거주하는 곳이므로 생전에 거주하던 가옥구조를 본떠서 땅 속에 앞뜰, 후실의 거택에 비유되도록 지은 것이다(사실 이런 사고방식은, 현실과 연도 사이에 기둥을 세우고, 싸리문과 같은 것을 붙여서, 마치 가옥처럼 구조를 이루는 것에서 엿볼 수 있지만, 이것은 오히려 2차적인 것이고, 1차적인 것은 모성형을 주택화하고 미화시킨 것임에 틀림없다).

류큐〔琉球〕의 묘지 형태에는 '칼라프압'식이라는 파풍조형(破風造形)의 것과, '가미누크'식이라는 귀갑형(龜甲形)의 두 가지가 있다. 후자는 모성을 잘 구상화시키고 있다. 앞쪽에 장방형의 앞뜰이 있고, 그 뒤쪽에 앞뜰과 마주보는 하나의 작은 입을 벌린 것 같은 무화과형의 암실이 있어, 죽은 자가 생기면 앞뜰에 모시고, 살이 썩은 다음에 뼈를 씻어서 항아리 속에 넣어 뒤쪽 암실 속에 넣어 둔다. 이 앞뜰이 바로 연도에 해당되고, 무화과형의 암실이 바로 현실이다. 이 무화과형의 암실 및 앞뜰을 향해 작은 입을 벌린 것 등은 완전히 모성의 태실을 상징한다.

처녀형(處女形)의 묘는 묘반(墓畔)에 수목을 심지 않고, 무덤 뒤쪽에 미사(眉砂)라 하는 빗 모양의 판막을 붙인 것이다. 이 미사가 무덤 속에 물이 흘러들어오는 것을 방지하기 위한 것이라 한다면, 그것보다도 뒤쪽의 현무 두뇌의 조금 높은 언덕에 의해 이 목적은 달성될 수 있으므로, 구태여 이 미사를 필요로 하지 않았을 것이다. 이 미사를 누수방지라 하는 것은 이차적(二次的)인 것이며, 일차적인 의미는 훨씬 원시적인 것, 즉 처녀성을 표징하는 것이었을 것이다. 수목은 옛날부터, 그 지표에 있음은 인체의 모발과 같다고 말해지고 있기 때문에,

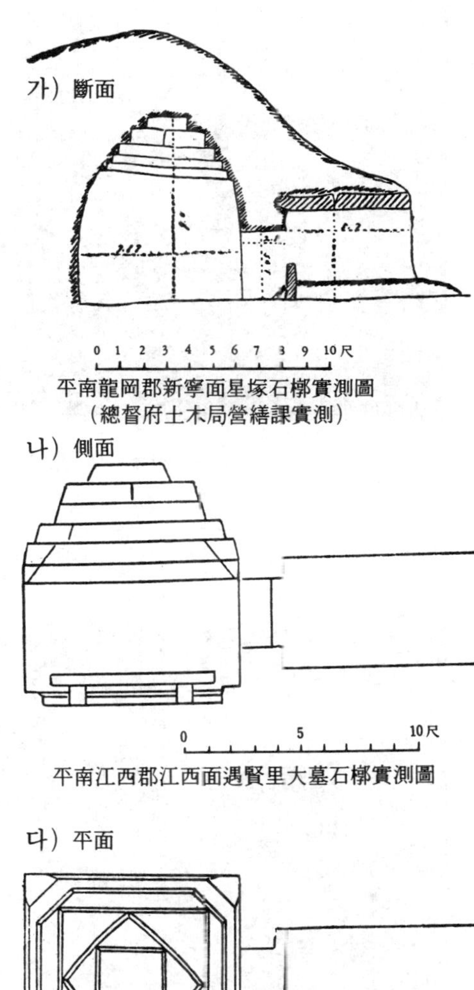

류큐(琉球)의 귀갑형 묘

류큐(琉球)의 가미누크식 묘

다른 곳에 이장한 모성묘의 혈(穴 : 서울 부근)

묘반에 수목을 두지 않는 것은 처녀성을 표시하는 것이다. 또는 나무 뿌리가 무덤 속에 들어가면 묘실을 침범하여 무덤 속의 생기를 빼앗아 가기 때문에 나무를 심는 것을 금한다고 하는 사람도 있지만, 만약 그것뿐이라면 나무 뿌리가 뻗어 미칠 수 없는 지역에까지 나무 심는 것을 금할 필요는 없으리라 본다.

분묘를 만들 때 산의 경사면을 깎아 둥글게 분구만을 남기고, 무덤을 팔 때 그 분구의 뒤쪽 부분을 그대로 두고 중앙 전방부를 파서 구덩이를 이루고 관을 안치한 후, 중앙 전방부의 흙을 보충해서 원분(圓墳)을 이루는 장법(葬法)을 취한다. 이 분구의 후반부를 그대로 남겨 두고, 관을 안치시키는 것은 처녀성의 특징을 나타낸 것으로밖에 설명될 수 없다.

묘지형(墓地形)의 종류

(1) 가미누크 묘의
  전경(前景)

(2) 가미누크 묘의
  측경(側景)

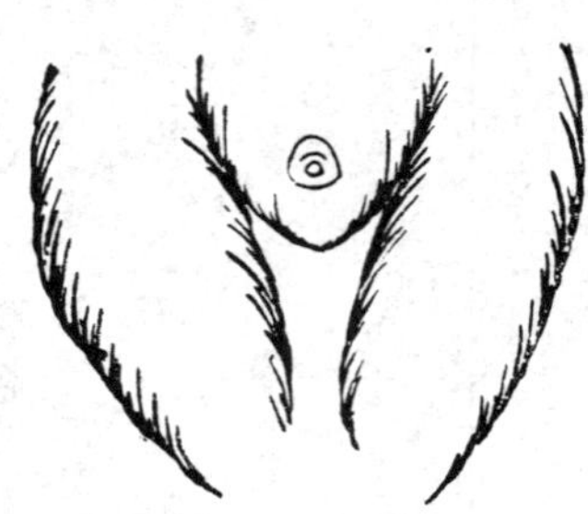

(4) 조치원 부근에 있는 모성묘
  (母性墓) 靑龍·白虎는 양쪽
  허벅다리와 같게 하고 묘는
  하복부(下腹部) 아랫부분에
  설치하였다.

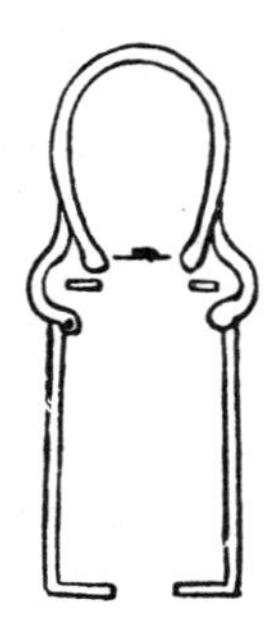

(3) 가미누크 묘
  의 평면도

(5) 황해도 장수산역(黃海道 長
  壽山驛)의 동쪽 모성묘(母性墓)

(6) 서울 부근의   (7) 충남 전의(全義) 부근에
  모성묘(母性墓)   있는 처녀형 묘〔寶珠形〕

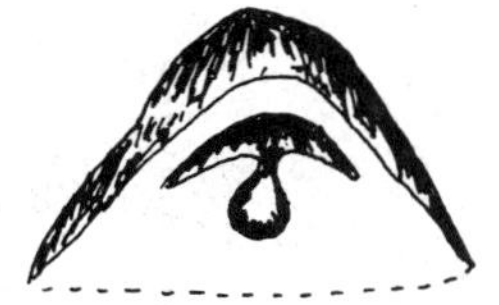

(8) 충남 전의 부근에 있는
처녀형 묘〔三角形〕

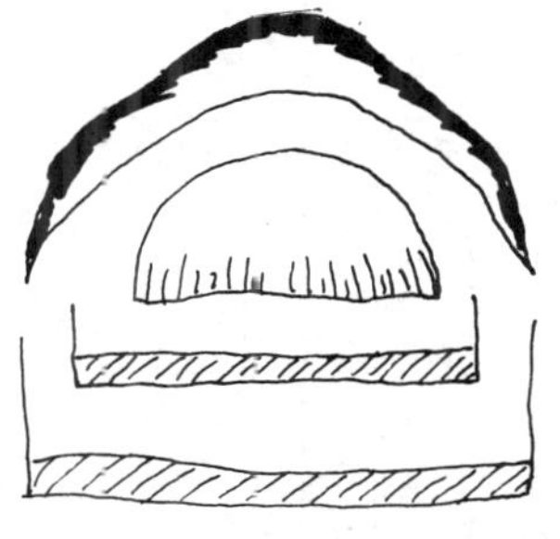

(11) 원방형〔圓方形 : 前方後圓〕
개성 부근

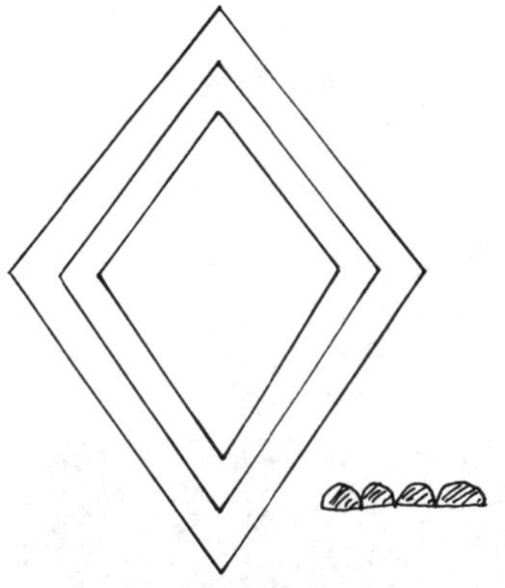

(9) 분합식(分合式)

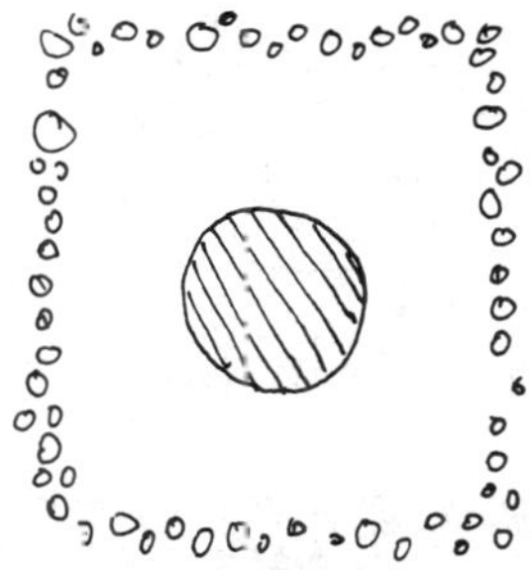

(12) 방중원형(方中圓形 : 사방에
나무를 심음) 김천 부근

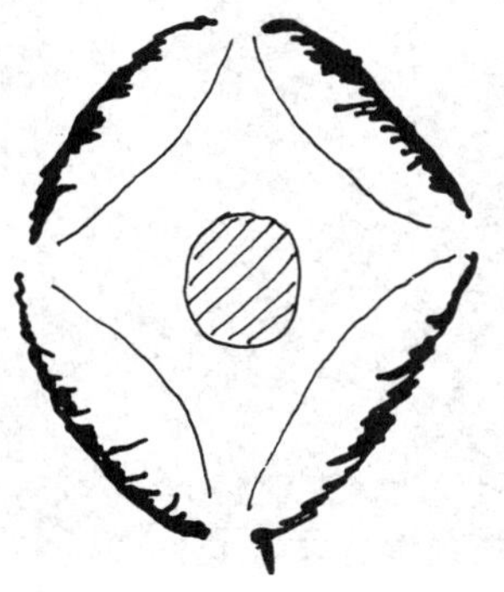

(10) 팔자교차형(八字交叉形)

(13) 방중원형(方中圓形 : 사방에
돌담을 두름) 제주도·경남
진영(進永) 부근

분후잔존식 조분법(墳後殘存式造墳法)

가) 잔존후분(殘存後墳)
나) 보토(補土)
다) 혈(穴)

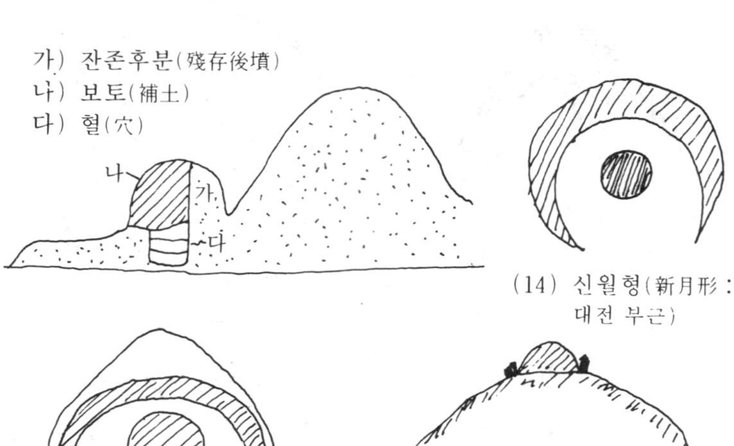

(14) 신월형(新月形 : 대전 부근)

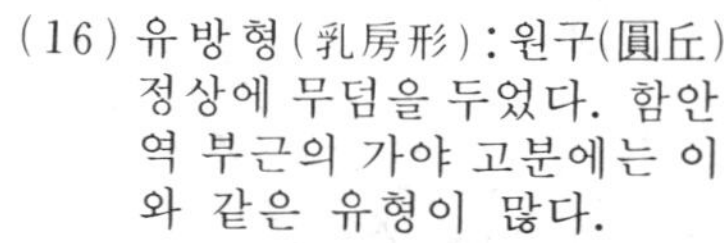

(15) 반월형(半月形 : 서울 부근)

(16) 유방형(乳房形) : 원구(圓丘) 정상에 무덤을 두었다. 함안 역 부근의 가야 고분에는 이 와 같은 유형이 많다.

모성묘의 단면   정면 □는 관(棺)의 위치인데, 이 위에 둥근 봉토(封土)를 한다(서울 부근).

2. 유형의 길흉

풍수란 땅의 길흉(吉凶)을 선택하는 기술임과 동시에 운명의 화복(禍福)을 결정하는 법이기 때문에, 유형의 영향을 풍수에서 생각할 경우 반드시 인생에 부여되는 길흉의 영향임은 말할 필요도 없다. 실제로 인생경험상 길복(吉福)이 있다고 하는 곳이 길복의 영향을 주는 좋은 것이고, 재화(災禍)를 만난다는 곳이 인생에 흉재를 주는 흉한 것이다. 길물(吉物)은 길기(吉氣)에서 나타나며, 재물(災物)은 재기(災氣)에서 생긴다는 관념뿐 아니라 선량한 것은 선량한 영향을 주고, 흉악한 것은 흉악한 영향을 미친다고 하는, 실제의 경험에서 귀납적으로 얻어진 결론이므로, 유형이 길한가 흉한가를 판정하는 것은 이론적이기보다는 상식적이라고 할 수 있다.

유형의 길흉에 대해 《청오경》에 '富貴之地, 文筆挿耳, 魚袋雙聯. 庚金之位, 西金南火, 東木, 北水, 鄙伎'로 나와 있다. 양균송은 말한다. '양원봉(兩圓峯)이 서로 연결된 것, 이것을 어대(魚袋)라 한다. 서쪽으로 가면 금어대(金魚袋)가 되어 부귀를 관장한다. 남쪽으로 가면 화어(火魚)가 되어 의가(醫家)를 관장한다. 동쪽으로 가면 목어(木魚)가 되어 승도(僧道)를 관장한다. 북쪽으로 가면 수어(水魚)가 되어 어부를 관장한다'라고 해설했다. 또한 '大富之地, 圓峯金櫃, 貝寶畓來, 如川之至. 貧賤之地, 亂如散蟻.'라는 말도 있는데, 이들 길흉을 판정하는 표준은 주로 일상의 경험에서 유래하는 상식이며, 남화(南火), 동목(東木) 등의 이론적 설명은, 이 상식적 판단을 보조하는 것이다.

《금낭경》에서 이 유형을 조금 상세하게 거론하고 있다. '形勢不經 氣脫如逐', 즉 형세가 이상하면 그곳에는 생기가 머물지 않는다라는 총괄적인 길흉 판별의 대강을 세우고, 다음과 같이 그 길흉의 영향에 대해 논하였다.

① 形如仰刀, 凶禍伏逃―솟은 칼 같은 것은 흉화, 둔도(沌逃)를 갖
   는 것은 죄에 굴복된다.

② 形如臥釰, 誅夷逼僭―주륙되든가 핍참(逼僭)될 액이 따른다.

③ 形如橫几, 孫滅子死―자손이 멸하거나 죽음, 책상 옆에 혈(穴)
   을 만들면 절사멸족(絶祀滅族)의 액이 따른다.

④ 形如覆舟, 女病男囚―마치 뒤집힌 배와 같은 것은, 여자면 병을
   길게 앓고, 남자면 옥살이를 하게 된다.

⑤ 形如灰囊, 災舍焚倉―물이 없어 명당(明堂)이 건조해서 마치 회
   낭과 같은 것은 천화인화(天火人火)에 의해서 사창(舍倉)을 잃을
   액이 있다.

⑥ 形如投算, 百事昏亂―주산을 던지는 모양과 같은 것은, 모든 일
   이 혼미하고 문란하다.

⑦ 形如亂衣, 妬女淫妻―산 모양이 의상을 흩뜨려 놓은 것 같으면
   여자의 투기가 심하고, 남자인 경우는 처가 음란하다.

⑧ 形如植冠, 永昌且歡―관을 단 것과 같이 단정한 곳은 번창하고
   환열을 맛본다.

⑨ 形如覆釜, 其嶺可富―평지에 가마솥을 엎어 놓은 것과 같은 곳
   의 중앙, 꼭대기에 묻으면 큰 부자가 된다.

⑩ 形如負扆, 王侯崛起―병풍으로 사면을 에워싼 중앙에 우뚝 솟은
   것은 왕후로 출세한다.

⑪ 形如門戶, 貴不可露―용맹(龍肓), 호거(虎踞), 전안(前案)이 마
   치 문을 닫는 것과 같은 형은 귀함을 이루는 땅.

⑫ 形如燕窠, 昨土分茅―중앙이 요(凹)형이어서 제비집 같은 것은
   공후가 되며 국토를 지킬 신하를 낸다.

⑬ 形如側蕾, 九棘三槐―내강(來岡)이 멀고 전응(前應)이 포용하는

것은 공경(公卿)을 낸다.

⑭ 勢如萬馬自天, 出王者―후강의 기운이 마치 모든 말이 달려서 하늘에서 내려오는 것과 같은 형은 왕자를 낸다.

⑮ 勢如巨浪, 出千乘―산봉우리가 서로 연결되어 마치 거센 물결처럼 기복이 있는 것은 왕공을 낸다.

⑯ 勢如降龍, 出三公―용이 하늘에서 내려오고 전응에 물이 있고 모든 산이 구름 같은 것은 상공을 낸다.

⑰ 勢如雲從璧立雙峯, 翰墨詞鋒―구름이 모여 산봉우리를 따르는 형, 당대에 뛰어난 선비를 낸다.

⑱ 勢如重屋茂草喬木, 開府建國―가옥이 연접된 것처럼 초목이 번성한 것. 건국의 땅에 적합하다.

⑲ 勢如驚蛇屈曲, 滅國亡家―뱀이 놀라면 달아나서 오지 않아 집, 국가가 망할 액이 있다.

⑳ 勢如戈矛, 兵死刑囚―창모양과 같이 날카로운 것은 흉하다.

㉑ 勢如流水, 生人皆鬼―물이 직류하는 형태는 흉하다.

이상은 곽박의 《장경》의 유형의 대략이지만, 이 경(經)에서는 형(形)과 세(勢)를 구별해서 생각하고 있는데, 다음과 같이 형과 세의 관계를 논하고 유형의 장을 매듭짓고 있다. '夫勢與形順者吉, 形與勢逆者凶. 勢凶形吉, 百福希一, 勢吉形凶, 禍不旋日.'―― 형(形)과 세(勢)가 순서로 된 것은 길하고, 역순인 것은 흉하다. 그 세가 흉하고, 형이 길할 때에는 모든 복 중에서 하나의 복을 원하면 얻을 수 있으나, 만약 세(勢)가 길하고 형이 흉한 경우에는 그 화는 도처에 이를 것이다. 세는 내룡(來龍), 후강(後岡)임에 반해서 형은 구덩이(穴) 주위에 대해서 말하는 것이다. 그러므로 혈에서는 세가 간접적이고 형이 직접적이다. 이같이 형과 세를 나누는 경우 형의 길흉이 주(主)이고 세의 길흉은 종(從)이기 때문에 '세'보다는 '형'에 중점을 둔다.

호순신(胡舜申)은 유형을 그다지 중요시하지 않았다. 유형의 영향을 충분히 시인하고는 있지만, 기술에 미숙한 자가 풍수를 하면 말기(末技)인 유형에만 구애되어 대강(大綱)을 상실할 우려가 있다면서 상세한 기술을 피하였다. 그의 유물관을 엿보면 다음과 같다. 즉 '산의 형세설은 곽씨의 장서(葬書)에 씌어 있는데, 후세에 여러 모로 첨가되었다. 결국 물(物)의 형(形)과 기(氣)는 항상 서로 연속되는 것이므로, 물에 뛰어난 형이 있으면 뛰어난 기이고, 추악한 형이 있으면 추악한 기이다. 마치 위대한 인물은 그 기성(氣性)이 반드시 위대하고, 그 자태가 천하면 그 기성도 역시 천한 것과 같다. 그러나 풍수의 법은 깊이 들어가면 들어갈수록 복잡하기 때문에 그 미세한 부분을 보면 볼수록 대강(大綱)을 잃어버릴 우려가 있다. 의사가 국소요법에 아무리 뛰어나도, 환자의 생명을 구할 수 없다면, 그것은 본말을 분별하지 못하는 자와 같듯이, 지리(地理)의 법도 그 대강을 명백히 하여 번거로운 말미(末微)에 구애되어서는 안 된다'고 했다.

《명산론(明山論)》에서는 유물의 영향을 시인하면서 길형이 흉형으로 변하는 일이 있다면서 길흉변화를 논하고 있다. 즉 '신선(神仙)의 땅은 그 산의 형태가 구름이 겹친 것 같고, 장상(將相)의 땅은 규벽(圭璧)과 같고, 부귀의 땅은 창고와 같고, 시정(市井)의 땅은 개미가 모인 것과 같다. 《심룡전서(尋龍全書)》에 '山肥人肥, 山瘦人飢, 山淸人貴, 山破人悲, 山歸人聚, 山走人離, 山長人勇, 山縮人低, 山明人智, 山暗人迷, 山順人孝, 山脊人欺'라는 말이 있다. 사람의 맑고 흐림, 아름답고 추함, 빈부(貧富), 귀천, 요절과 장수〔天壽〕, 자손의 많고 적음은 모두 땅의 형태에 의한다. 산의 형태는 천차만별이어서 일일이 이를 거론할 수는 없다. 단정복후(端正福厚), 구름 위로 솟아오른 것은, 후래(後來)를 보전(寶殿)이라 하고, 전응(前應)을 누대(樓臺)라 한다. 그 형태가 뾰족한 것을 필(筆), 둥근 것을 간(簡), 모난 것을 홀(笏),

발이 달린 것은 기(旗), 머리가 높은 것은 마(馬), 두껍고 둥근 것을 녹(祿), 연접된 것을 나성(羅城), 답절중첩(踏節重疊)된 것을 둔군대장(屯軍隊仗)이라 한다. 또 모나고 작은 것을 금상(金箱), 둥글고 작은 것을 옥인(玉印), 뾰족하고 예리한 것을 아도(衙刀), 옆으로 곧은 것을 아장(衙杖)이라 한다. 만약 산수가 하나로 되어 중앙에 모이지 않고, 내룡(來龍)에 생기가 없고, 음양충화(沖和)의 장소를 이루지 못하고, 진혈(眞穴)을 맺지 못하는 경우에는 설사 기산(奇山)이 있다 하더라도 흉악한 것이다. 즉 기(旗)는 적기(賊旗)로, 옥인은 위인(僞印)으로 변하고, 아도는 살도(殺刀)가 되고 아장은 도지(徒枝)가 되고, 비대(肥大)는 허종(虛腫)으로 변하는 것이다. 유형은 내룡결혈성국(來龍結穴成局) 여하에 따라 길한 것도 흉한 것으로 변하기 때문에, 단순히 유형만으로 풍수의 길흉을 판단한다는 것은 극히 의험한 일임을 암시하고 있다.

　유형이 국혈(局穴)의 길흉 여하에 따라 변화한다는 관념은 풍수상 극히 의의가 있다. 유형에 따른 길흉은 절대적인 것이 아니고, 생기의 융화라는 주된 것에 상응해서 변화하는 상대적인 것임을 뜻한다. 이 유형의 역할은 온전히 혈국의 보좌에 지나지 않고, 혈흉(穴凶)이면 유형도 흉을 돕는 것이 되고, 국길(局吉)이면 길을 증대하는 것이 되므로, 혈국을 떠나서 독립적으로 길흉의 영향을 인생에 미치지 않는다는 것이다. 즉 풍수상에 있어서의 유형은 생기가 융화하는 혈국을 통해야만 그 영향이 비로소 간접적으로 인생에 미치게 되므로, 단순히 유물은 그 진짜 사물과 같은 힘을 사람에게 직접 미치는 것이라고 생각하는 유물신앙과는 다른 것이다.

　유물의 영향을 기적(氣的)으로 고찰하면, 유물에서 발하는 유기(類氣)를 국, 혈에 있어 융화하는 음양생기에 화합시킴으로써, 이 화합된 정기가 인생에 영향을 주는 것이다. 마치 치료하기 위해 약제를 조제

할 때 주된 약에 화합시키는 종약(從藥) 또는 사약(使藥)을 섞는 것과 같이, 독립적으로는 하등의 대단한 영향을 줄 수 없는 유형이라도, 융화하는 생기와 섞임으로써 위대한 힘을 발휘할 수 있는 것이다. 풍수에서 유형을 중시하는 반면 유형만에 중점을 두지 않는 이유가 바로 여기에 있다.

3. 유형의 종류—단독형(單獨形)

유형은 형태에 따라 단독형과 복합형으로 나눈다. 단독형이란 산, 사(砂 : 朝案 등), 명당(明堂), 수(水) 등 개개의 형태가 어떤 것과 닮았느냐에 따른 유형이며, 복합형이란 결국(結局)을 중심으로 해서 작게는 결혈, 크게는 성국의 전 범위를 종합한 형태가 무엇과 닮았느냐에 따른 유형이다. 우선 단독형의 종류와 그 영향에 관해 살펴보기로 하자.

1. 오성(五星) 유형

풍수에서는 산형(山形)을 하늘의 오성(五星)으로 나눈다. 즉 그 형태가 곧게 솟아 있는 것을 목산(木山), 뾰족하고 낮고 좁은 것을 화산(火山), 모가 나고 책상 모양인 것을 토산(土山), 꼭대기가 둥글고 밑이 넓으며, 복종(伏鍾)과 같이 생긴 것을 금산(金山), 굽이쳐 흐르는 파도와 같은 형상을 수산(水山)이라 한다. 그러나 유형으로 보면 모든 산이 전부 이 다섯 가지 형태에 들어맞을 리는 없기 때문에, 풍수에는 '山象物形取彷彿', 즉 그 형상의 범위를 넓히며, 가장 표본적인 유형을 정체(正體)로 하고 그 밖의 것은 오성의 변격으로 간주한다. 이 오성 유형에는 다음과 같은 명칭이 있다.

귀인(貴人) 목성(木星)을 귀인이라 한다. 양자병립하는 것을 쌍천귀인(雙薦貴人), 삼립하는 것을 삼태(三台)귀인이라 한다. 병장(屛帳)이 있으면 틀림없이 귀하다. 시종(侍從)이 없으면 고독한 귀인이라고 한다.

태양(太陽)·**태음**(太陰) 금성(金星)이 둥글고 짇함이 없이 마치 해 모양을 이루면 태양이라 하고, 둥글고 결함이 있으며 달의 형상을 이루면 태음이라 한다.

장군(將軍) 목체(木體)로서 금(金)을 띠고 있는 것을 장군이라고 한다.

선인무수(仙人舞袖) 주산(主山)을 목성으로 하고 앞에 금안(琴案)이 가로놓인 것을 선인무수라 한다.

옥녀격고(玉女擊鼓) 주산을 목성(木星)으로, 청룡백호의 끝에 북이 있고, 앞에 춤추는 아이가 있으면 옥녀격고라 한다.

무사(武士) 금(金)머리에 불을 가지며, 돌이 있는 것을 무사라고 한다.

선인(仙人) 목성대화(木星帶火)를 선인이라 한다. 그 나부낌이 흡사하다.

호승(胡僧) 목성대수(木星帶水)를 호승이라 한다. 국궁(鞠躬)과 같다.

금궤(金匱) 고토대금(高土帶金)을 금궤라고 한다.

옥병(玉屛) 단정한 흙산의 벽처럼 선 것을 옥병이라고 한다.

천창(天倉) 토석이 정사각형인 것을 천창이라고 한다.

천마(天馬) 금산(金山)이 연이어지고 화산(火山)을 띠는 것을 천마라 한다. 양쪽 말이 척치(脊馳)함을 피한다.

장(帳) 수산(水山)이 누운 것을 장이라고 한다.

옥대(玉帶) 수성(水星)이 만포(彎抱)한 것을 옥대라고 한다.

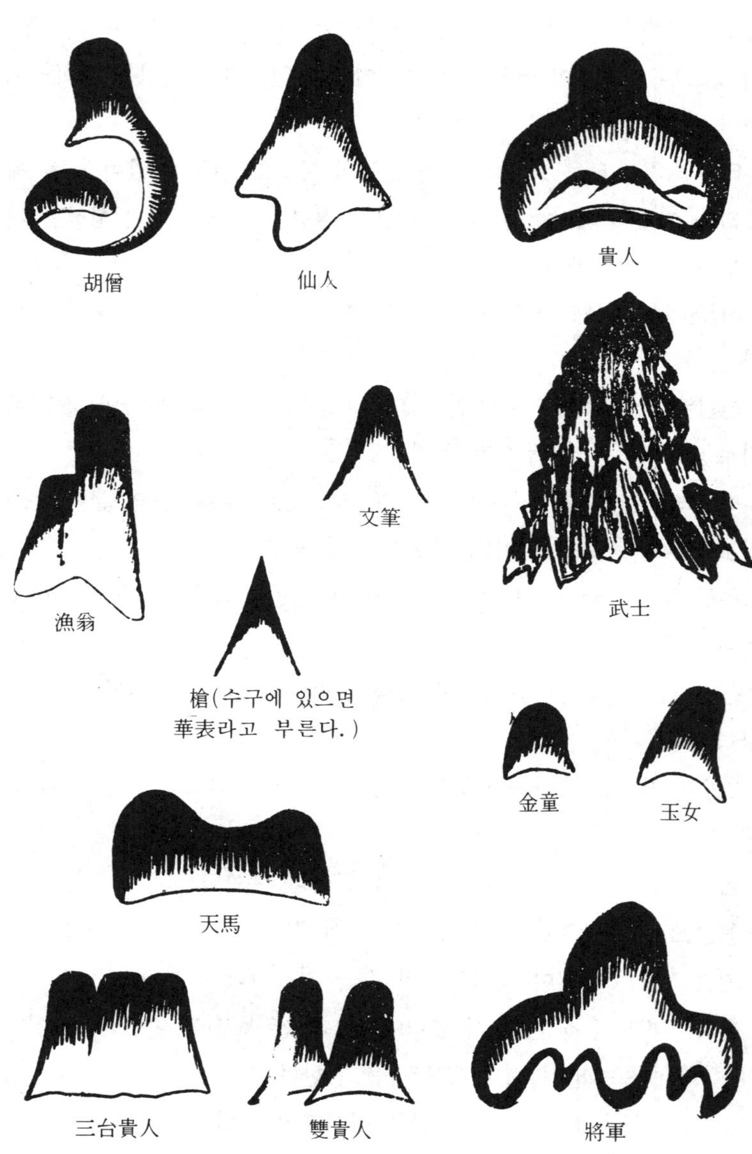

胡僧
仙人
貴人
漁翁
文筆
武士
槍(수구에 있으면
華表라고 부른다.)
天馬
金童
玉女
三台貴人
雙貴人
將軍

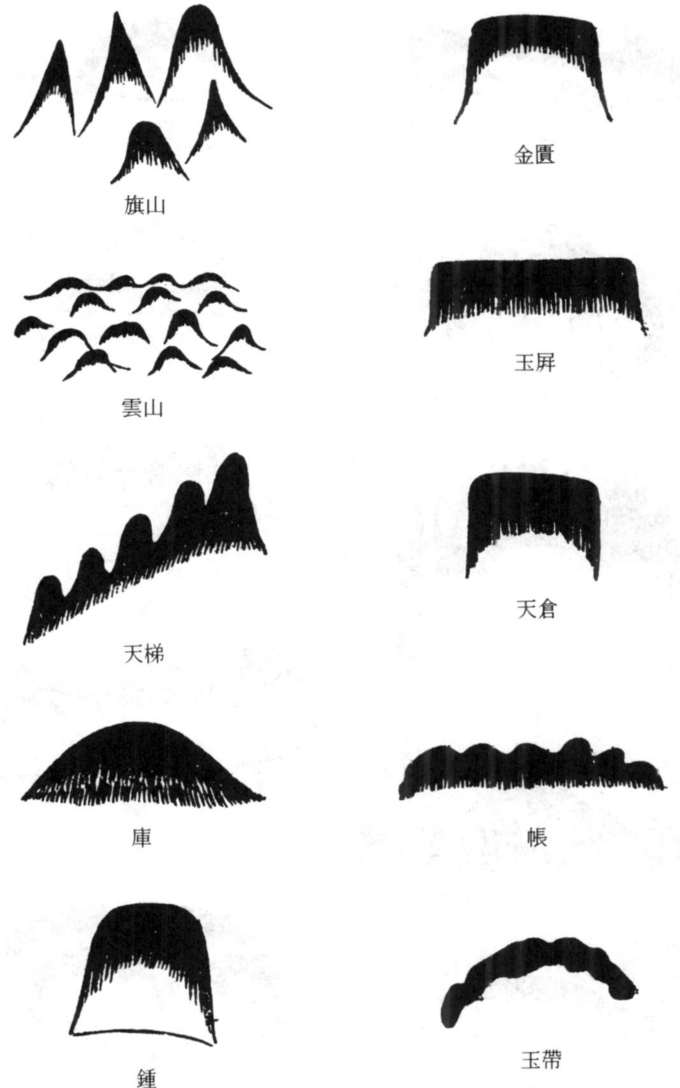

旗山
金匱
雲山
玉屏
天梯
天倉
庫
帳
錘
玉帶

牛
釜
金鷄
三台
飛鳳
天橋
獅
仙鶴
龜
虎

기산(旗山) 목성, 화성이 연결된 것. 그 머리가 치솟고 다리가 올라간 것을 기산이라 한다. 4,5봉이 있어 높고 낮아 옆으로 늘어서 있는 것을 출진기(出陣旗)라고 하며, 머리가 낮은 것을 항기(降旗), 산체(山體)가 부서진 것을 패기(敗旗)라고 한다.

부운(浮雲) 목성이 연달아 일어나고, 그 형태가 엉성해 발양(發揚)의 기운이 있는 것을 부운이라고 한다.

상운(祥雲) 목성이 연달아 일어나고, 그 형태가 빽빽한 것을 상운이라고 한다.

천제(天梯) 목성이 연달아 일어나고, 높고 낮음에 단계가 있는 것을 천제라고 한다.

천교(天橋) 금성이 연결된 것을 천교라고 한다.

고(庫) 금성을 고라고 한다.

종(鍾), 부(釜) 어느 것도 금성이며, 삼렬(三列)로 선 것을 삼태(三台)라 한다.

사(獅) 금머리, 흙몸, 불꼬리를 사자라고 한다(금성 머리에 토성 몸, 화성 꼬리를 이룬 것).

호(虎) 금머리에 흙몸을 호랑이라고 한다.

이상의 것을 그림으로 나타내면 다음과 같다.

2. 유형사(類形砂)

오성 및 이것으로부터 발전하는 여러 가지 변격의 조합에 의해 이루어진 유형사를 살펴보면 다음과 같다.

풀어헤친 긴머리〔披髮〕 귀인 목성대화(木星帶火), 경사진 것, 문무전재(文武全才)를 관장한다. 안산(案山)에 좋다.

막외(幕外) 귀인 목성이 수성 여러 겹의 산 밖에 있는 것으로, 승조

(陞朝)의 귀(貴)를 관장한다. 안산.

아미(蛾眉) 반달 모양을 이루며 빛이 아름답고 정교한 것으로, 문장(文章), 장원(狀元), 신동(神童) 및 비(妃)를 관장한다. 안산.

복수(福壽) 중앙이 조금 일어난 것으로, 부귀를 관장하고, 목숨 또한 면면히 연장. 안산.

금상(金箱) 흙이 낮고 평평한 것, 정사각형이고 평평하고 둥근 것을 요한다. 과각고현(科各高顯), 작록(爵祿)이 풍부하고 후함. 안산.

용거(龍車) 용두혈을 향해 차를 끄는 모양과 같은 것으로, 상격귀사(上格貴砂)가 된다. 안산.

봉련(鳳輦) 봉련의 모양을 이루는 것. 상격귀사. 안산.

제좌(帝座) 구름 낀 산 속에 수려한 한 봉우리가 우뚝 솟아 있고 양 어깨가 균평한 것. 왕후(王侯)에 봉해짐,자손이 작위를 받음, 후비(后妃)가 나옴. 남상공주(男尚公主), 주자(朱紫)가 만문(滿門)하고, 부귀가 바뀌지 않는다.

문필(文筆) 성첨탁립(星尖卓立)한 것. 문장 과제(科第), 명예가 방출한다.

장원기(狀元旂) 목성이 배열해서 수체(水體)를 이루고, 발을 벌려서 아미를 낸다. 문명(文名)을 천하에 떨친다.

점병(點兵) 난석(亂石)이 평전(平田) 또는 평야에 있어 크고 작은 것이 하나되지 않는 것. 대장의 공명을 세우고 입신출세한다.

둔군(屯軍) 작은 언덕(小阜), 토강(土岡), 돌 등의 잡다한 것과 국외 평야와 큰 산 사이에 있어 둔군과 같은 것으로, 대장(大將), 절제.

복두(幞頭) 복두는 사람의 머리에 쓰는 것으로, 군(君)에 오른 자가 아니면 감히 쓸 수 없다. 이 산이 혈(穴) 앞에 있으면 왕후(王侯), 열사(烈士), 극품세형작록(極品世亨爵祿).

금, 은띠 평면에 수성이 만포(彎抱)한 것. 평파전우 혈장(平坡田圵

穴場)을 둥글게 안은 것. 전주군(典州郡), 아내에 의해 귀를 얻는다.

　　금어대(金魚袋) 돈부(墩埠)가 길게 굽어진 것. 하관(下關), 수구에 있음이 마땅하다. 정신(鼎臣), 만문주자(滿門朱紫).

　　금장(錦帳) 수성횡활(水星橫濶), 용부룡(龍富龍)되면 금장, 귀룡(貴龍)이 되면 괘방(掛榜)이 된다. 귀(貴), 안(案), 방출(傍出)한다.

　　횡금(橫琴) 평강(平岡), 마치 거문고를 옆으로 놓은 것과 같은 것으로, 문장, 명예, 부귀 쌍금(雙金), 안산.

　　장대(粧臺) 성봉(星峰)이 첩첩이 둘러싸서 장대의 모습을 이룬 것으로, 비빈을 낸다. 집안도 역시 여자에 의해 번성한다. 안산.

　　용서봉각(龍棲鳳閣) 이곳에 원래 왕이 거한다. 최고로 귀하며, 공후(公侯)에 봉해짐. 주자(朱紫)가 문에 가득하고 부귀가 정립되고 번성한다. 안산.

　　경대(鏡臺) 큰 산의 바깥에 둥근 봉우리가 머리를 내밀고 거울 모양을 한 것. 여자가 귀하게 되고, 궁비(宮妃)가 된다.

　　배반(盃盤) 작은 산이 중첩해 잔 모양을 이룬 것. 정랑(正郎)에 이른다.

　　선교(仙橋) 수성의 양 모서리가 불(火)을 다스리는 것. 신선을 관장한다. 수구사(水口砂).

　　군선주대(群仙簇隊) 수려한 모든 봉우리, 수풀, 횃대가 중첩되어 마치 벌과 개미가 군집한 것과 같은 것. '三千粉黛八百烟花富貴'의 모양으로, 공후(公侯), 국척(國戚), 부마(駙馬), 여비(女妃)를 관장한다. 안산.

　　흔군(掀裙) 한 개의 산이 다리를 여러 개 벌려 치마를 걷어올린 모양으로, 부귀를 얻어도 남녀 모두 음란하다.

　　와우(臥牛) 토성의 변격으로, 부(富)가 후(厚)하다. 수구사(水口砂).

복호(伏虎) 토성의 변격으로, 부귀하다. 수구사.

낙타(駱駝) 말과 닮았고 등에 봉우리가 있는 것. 부귀 모두 완전하다. 수구사.

헌화(獻花) 양다리가 비개(飛開)해서, 중간 구덩이를 연 것이므로 헌화라 한다. 이것은 여인을 음란하게 한다.

타태(墮胎) 산의 다리가 양쪽 모두 열려서 흔부(掀埠)를 낸 것. 부귀가 있어도 자라지 못함. 후사가 없다.

지금까지의 유형에는 각각 상중하(上中下)의 삼격(三格)이 있어서 그 발복(發福)의 정도가 모두 다르다(이상은 《人子須知》).

금사유형(禽砂類形) 내룡(來龍)의 후방에 있는 금사는 다리〔脚〕가 있어서 서로 되돌아보는 동물과 닮은 유형을 취한다. 즉 소, 호랑이, 코끼리, 누에, 고양이와 유사한 사(砂)를 금사라 한다.

귀사(鬼砂) 유형 내룡의 후방에 있는 귀사는 꼬리가 길어 서로 돌아볼 수 없는 것으로, 소 꼬리, 호랑이 꼬리, 뱀 꼬리, 창검(鎗劍)과 닮은 모양이다.

요사(曜砂) 유형 혈장의 옆에 있는 요사는, 용호의 앞과 뒤에 있어서 칼, 쇠〔釗〕, 바늘, 송곳, 새부리와 같은 물건과 닮은 모양이다.

관사(官砂) 유형 안산의 앞뒤에 있는 관사의 유형은 날카로운 창, 깎는 칼, 서 있는 봉우리, 금수가 누워 있는 것과 같이, 돌이 어지러이 퇴적되어 나성(羅星)과 같은 모양을 이룬다. 어느 것이든 혈장에서 보아 둥글고 아름다운 것을 좋다고 한다.

조안(朝案) 유형 일반적으로 만궁(彎弓), 반월 전포(纏抱)를 묘하다 한다. 또한 토성을 최상, 다음은 금성, 이렇게 해서 수성, 화성으로 장(帳)을 이루고 귀인이 된다고 한다. 무덤 구덩이 앞에 소견(所見)의 사(砂)로 해서 가장 아름다운 유형은 추화적린(推花積鱗)과 같이, 집

장배아(執杖排衙)와 같이 貴人觀榜, 上殿臨軒과 같이, 棒誥執笏, 上馬按劍과 같이, 雙童雙薦, 桂笏玉圭, 金箱玉印, 圓壁. 雙輔雙弼, 龍車鳳輦, 御屛帝坐, 御爐牙笏, 宰相峯, 狀元峰, 祥雲簇隊, 幞頭, 玉几, 晒袍, 金帶, 冠蓋, 誥軸과 닮은 것이고, 이것에 이어 미사(美砂)라고 하는 것은 金鍾, 玉釜, 華蓋, 三台, 金筒, 玉軸, 橫琴, 席帽, 金銀瓶. 頡旍, 頡鼓, 招軍捷報, 跪爐, 筆陣, 文簾, 幞, 靴, 履, 倉囷과 닮은 것, 이리하여 헤아리게〔賦〕 되는 유형은 破胸, 獻花, 倒尸, 探頭, 縮脚. 掀幞, 合掌, 木杓, 枷鎖, 露臍, 破面, 奠杯, 仰冥, 鶉衣破綱, 提羅持鉢, 開嘴唼筆, 降旗倒鼓와 닮은 것이다(이상은 《點穴大全》).

명당(明堂) 유형 명당이란 혈 앞의 평탄한 땅으로, 천자가 천하의 문안을 받는 것처럼 혈이 산수의 문안을 받는 곳이며, 여기에 내외가 있어 내명당이 발록(發祿)의 지속(遲速)을 관장하고, 외명당이 발복의 대소를 관장한다는 것은 전술한 바대로지만, 이 명당의 형에도 여러 가지가 있어, 일반적으로 圓, 方, 橫, 抱, 平, 廣, 豊, 進, 周, 靈인 것은 귀하다 하고 曲, 直, 欹, 虛, 野, 散, 偏, 破, 衝, 纏, 促, 狹, 泣, 漏, 劫, 病, 反, 獄, 怪, 亂한 것은 천하게 여겼으니, 그 유형 및 발복소응(發福所應)은 다음과 같다.

원(圓) 반심(盤心)과 같은 것. 자손의 의(義)를 관장함.

방(方) 기국(碁局)과 같은 것. 자손의 지(智)를 관장함.

횡(橫) 평안(平案)과 같은 것. 자손의 충(忠)을 관장함.

포(抱) 띠(帶)와 같은 것. 자손의 효(孝)를 관장함.

평(平) 평탄한 것. 자손의 믿음〔信〕을 관장함.

광(廣) 포용(包容)한 것. 자손의 부(富)를 관장함.

풍(豊) 용을 만나는 것〔龍會〕. 자손의 다자(多子)를 관장함.

진(進) 안을 비추는 것. 자손의 다재〔多財〕를 관장함.

주(周) 밀폐된 것. 자손의 재산의 왕성함을 관장함.

영(靈) 큰 돌, 큰 나무가 있는 것. 자손의 총명, 지혜를 관장함.

직(直) 직거(直去)해서 회포(回抱) 없는 것으로, 퇴재(退財)를 관
장함.

곡(曲) 곡찬경사(曲竄驚蛇)와 같은 것. 생별(生別)을 관장함.

의(欹) 기울어 흐르고 부정(不正)한 것. 편파(偏頗)를 관장함.

허(虛) 수구풍(水口風)에 해당되는 것. 모실(耗失)을 관장함.

야(野) 광막하고 수습(收拾)이 없는 것. 유탕(遊蕩)을 관장함.

산(散) 물의 흐름이 거북의 등과 같은 것. 파산을 관장함.

편(偏) 반은 크고 반은 작은 것. 복록이 평탄치 않음.

파(破) 반은 오목하고 반은 볼록한 것. 재앙이 자주 일어남.

충(衝) 물이 무덤을 치는 것. 족멸(族滅)이 빠름.

전(纏) 수전(水纏)해서 형을 받는 것. 족멸이 느림.

촉(促) 앞뒤가 옆으로 통하는 것. 부부상극.

협(狹) 좌우가 서로 맞대고 있는 것으로 형제가 많이 싸움.

읍(泣) 물이 흐를때 우는소리가 나는 것으로, 곡읍(哭泣)을 관장함.

누(漏) 물구멍이 혈에 들어가 잠출(潛出)하는 것. 숙질(宿疾)을
관장함.

겁(劫) 돌이 나쁘고 칼 든 병사와 같은 것. 살상을 관장함.

병(病) 흙이 쌓여 죽은 자의 목과 같은 것. 질병을 관장함.

반(反) 배(背), 활끝과 같은 것. 오역(五逆)을 관장함.

옥(獄) 깊어서 우물 속과 같은 것. 관(官)의 일을 담당함.

괴(怪) 신령이 거처하는 곳. 기괴한 귀신을 보냄.

난(亂) 나무와 돌이 종횡으로 있다. 집안이 재가 날 듯 활기를
띠게 됨.

위의 유형 중 그 흉(凶) 한둘을 합치면 큰 해를 낳고, 길(吉) 네댓을 합치면 부귀를 오래 누리고 자손의 복과 경사가 끊임없이 이어질 것이다(이상 《명산론》).

방위유형(方位類形) 유형은 단지 사형(砂形)에 그치지 않고 더 나아가 방위에까지 미치어 내룡[主山]의 방위에 의해 유물(類物)을 달리하는 것이라는 일종의 비결이 전해지고 있다. 그 비결을 열거하면 다음과 같다.

손(巽) 염(簾), 풍교(風蛟)를 이루는 용호가 얽힌 것을 피하지 않는다. 손산에 혈을 만들고 자리를 높게 함이 좋다.

사(巳) 뱀, 지렁이로 하고, 급하게 도래하는 것은 놀란 뱀, 완만하고 굴곡된 것은 산 뱀으로 한다.

병(丙) 사슴으로 하고 원래 꼬리 없음, 혈성(穴星), 뒤쪽의 장래(長來) 없음도 가하다.

오(午) 말[馬]이라고 하는 근원과 무담(無膽), 혈성이 바람어 울리고, 자리는 높은 곳으로 한다.

정(丁) 노루로 한다. 꼬리 없음. 이 산은 현후리(懸後梨) 없어도 가하다.

미(未) 염소에 속하며 그 뿔을 반회(返廻)한다. 직래(直來)를 사용치 않음. 곡혈(曲穴)을 잘 해야 한다.

곤(坤) 들개에 속한다. 등마루가 두껍고, 살이 찌고 여위지 않아야 한다.

신(申) 원숭이로 한다. 즐겨 나무를 당기고, 높은 강변에 임해서 지변(枝邊)에 의지한다.

경(庚) 까마귀로 한다. 즐겨 쌀을 쪼고, 좌우의 쥐고기는 높이를 우려하지 않는다.

태(兌) 닭으로 한다. 원래 입술이 없고, 앞이 짧은 것을 원망하
        지 않고, 긴 것은 좋지 않다.

신(辛) 꿩으로 한다. 즐겨 도망가 숨는다. 없는 곳이 좋다.

술(戌) 개로 한다. 즐겨 엿본다. 산의 몰래 비치는 곳에 구멍이
        있다.

건(乾) 이리로 한다. 친구 잃음을 두려워한다. 혼자 다님은 좋지
        않고 둘이 다녀야 된다.

해(亥) 멧돼지로 한다. 입술이 짧고, 진혈(眞穴) 앞에 순전(唇氈)
        이 없다.

임(壬) 제비집으로 한다. 전단(前短)을 원망치 않고 보기 좋게
        일자(一字)여야 한다.

자(子) 쥐로 한다. 훔쳐 먹기를 즐긴다. 규봉(窺峯)을 상세히 살
        펴 점혈(占穴)해야 한다.

계(癸) 박쥐로 한다. 양역(兩役), 쌍행(雙行)을 슬퍼하지 않고 자
        주 홀로 있지 않는다.

축(丑) 원래 뼈 없는 소로 한다. 우(牛)는 삼행(參行) 아래로 내
        려가 있다.

간(艮) 사자로 한다. 눈을 감추기 좋아한다. 진풍(辰風)을 싫어
        하고 경풍(庚風)을 좋아한다.

인(寅) 호랑이로 한다. 바르고 낮은 곳에 높이 앉고 살아 있는
        바람을 즐긴다.

갑(甲) 여우로 한다. 의심스럽고 어려운 곳, 뒤의 재혈(在穴)과
        혈을 되돌아본다.

묘(卯) 토끼로 한다. 원래 꼬리가 없다. 뒤가 짧음을 원망하지
        않고 넓은 곳은 좋아하지 않는다.

을(乙) 담비로 한다. 탁은(托隱)을 즐긴다. 초목이 무성한 곳은

유형사(類形砂)의 그림

披髮貴人

文筆

蛾眉文星

狀元旂

福壽文星

點兵

鳳輦

屯軍

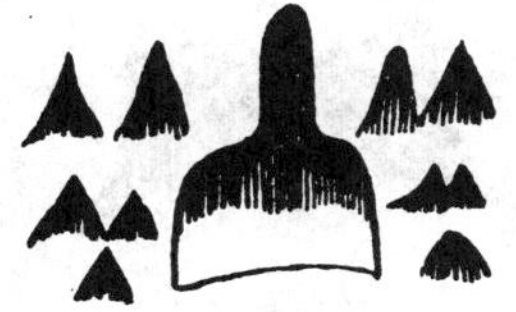

帝座

幞頭

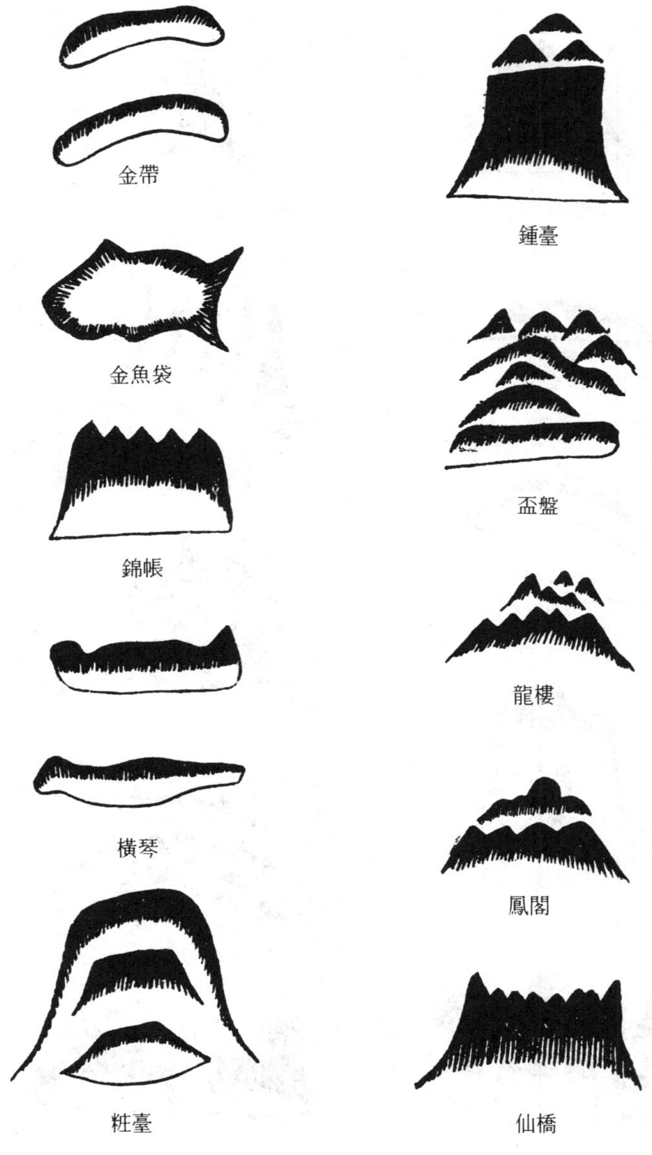
金帶
金魚袋
錦帳
橫琴
粧臺
鍾臺
盃盤
龍樓
鳳閣
仙橋

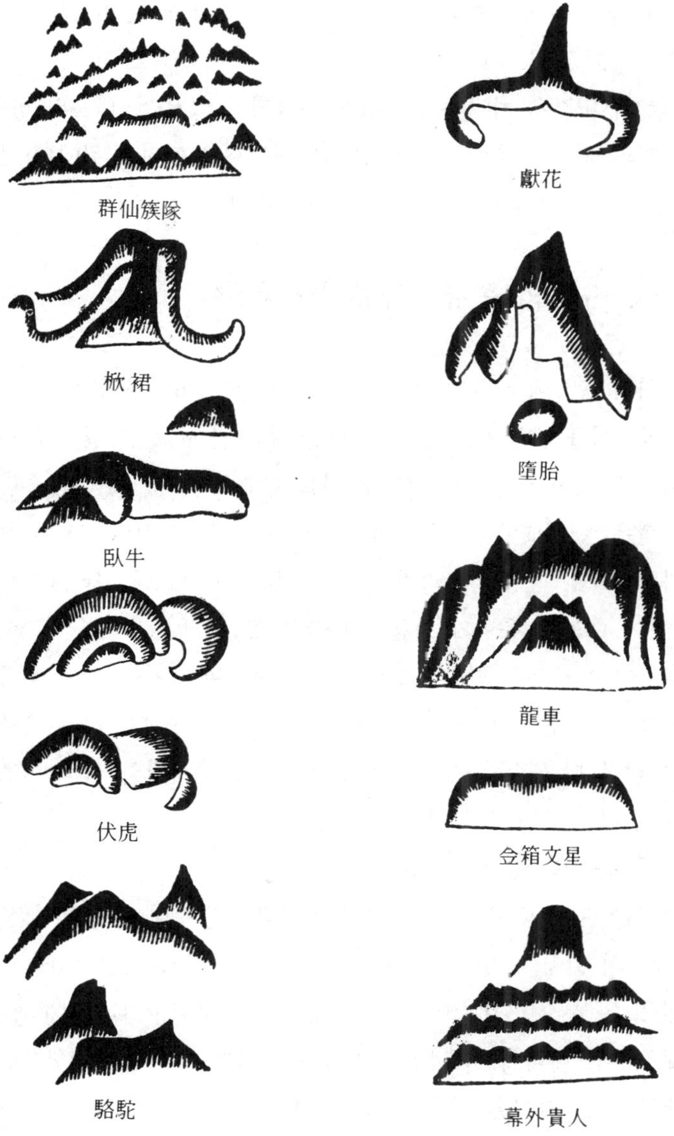

群仙簇隊
獻花
楸裙
墮胎
臥牛
伏虎
龍車
金箱文星
駱駝
幕外貴人

혈성(穴星)이 떨어진다.

진(辰) 용으로 한다. 비를 반긴다. 앞에 모난 돌이 없으면 혈도
없다.

이상의 비결은 이해하기 어렵게 기술되어 있지만, 내룡의 방위와,
유물과의 배합에 의한 유물의 성질과 생김새를 고려한 뒤에 점혈해야
된다는 것을 나타내고 있다(이상은 《道先乙用經》).

4. 유형의 종류—복류형(複類形)

유형의 종류에서 두 번째로 논할 것은 복잡형인 복류형(複類形)으
로, 국·혈을 중심으로 한 그 주위의 여러 사(砂)를 복합·종합한 것
이다. 풍수설에서는 통상적으로 이를 간단히 형(形)이라 부른다. 이
복류형은 성국(成局)의 형상 여하에 따라 이름지어진다. 그 지형이 다
종다양하므로 명칭도 달라진다. 또한 성국의 규모에 따라 대소 형상
의 차이 때문에 유형의 이름도 다양하다.

그러나 예로부터 인습적으로 길지로 선정된 묘지는 어떤 범위내에
있으므로, 유형의 이름도 그렇게 무한한 것은 아니다. 지금 순차적으
로 이러한 대표적 유형의 의의와 내용을 조선시대의 기록과 보고에
준해 잠시 살펴보기로 하자.

① 금계포란형(金鷄抱卵形)

금계는 천계(天鷄)인데, 이 천계가 한밤중에 우선 새벽을 알린 다음
에 지상의 닭이 따라 운다. 고로 이 금계형은 상길(上吉)인데다 닭은
한번 알은 품으면 이십여 마리의 병아리를 부화시키기 때문에 대길
(大吉)하다. 따라서 이 지형의 소응은 무리를 이끄는 위대한 호걸 및
대대로 많은 자손을 번식하는 것이다.

② 와우형(臥牛形)

소는 성격이 온순하며 강직하다. 그리고 음식을 먹을 때 자주 누워 먹는다. 와우형은 안산에 곡초(穀草)형의 사(砂)가 많이 쌓여야 한다. 그러면 염려없이 누워 먹을 수 있기 때문이다. 고르 이 지형의 소응은 큰 사람을 내고, 자손 대대로 누워서 먹을 수 있는 행복한 자를 내는 것이다.

그러나 소는 새끼를 적게 낳기 때문에 자손 번식은 금계포란형에 비하면 어느 정도 떨어진다. 와우형 산에 묘지를 선정할 때는 뿔〔角〕, 코〔鼻〕, 꼬리〔尾〕, 젖〔乳〕, 눈썹 사이〔眉間 : 양뿔 사이〕 등이 좋다. 뿔은 물건을 잘 뚫는 힘이 있으므로, 코는 《운심부(雲心賦)》에 나오듯이, '牛則耳不聽而鼻聽. 蛇則耳不聽而目聽也'로서 물건을 잘 식별하는 기관이기 때문이고, 꼬리는 몸에 달라 붙는 파리, 등에를 쫓을 수 있기 때문이고, 젖〔乳〕은 새끼를 잘 양육하기 때문이다. 그리고 눈썹 사이는 싸움을 할 때 이것을 적에게 부딪치고, 또한 강을 건널 때는 반드시 양뿔 사이만은 물에 젖지 않게 하므로 이들 장소는 모두 좋은 곳이다.

③ 금귀몰니형(金龜沒泥形)

금귀는 천귀(天龜)이다. 천귀는 기(氣)를 잘 합해서 사물을 만든다. 이 천귀가 진흙탕 속에 빠지면, 토생금(土生金), 즉 오행의 상생관계가 되기 때문에, 이 토는 오행의 기를 받다 땅 속으로부터 오행의 기를 합해서 사물을 잘 만든다. 따라서 이 형은 묘지보다는 택지에 더 적당하다.

④ 옥녀탄금형(玉女彈琴形)

옥녀는 유예(遊藝)에 숙달한 여자, 금(琴)은 악기이다. 풍류절미의 옥녀가 악기를 타면 그 누가 환희하지 않으며 그 누가 춤추고 노래하지 않겠는가. 이 지형의 소응은 대대로 인재 또는 과거급제, 부자, 옥녀를 내는 것이다.

⑤ **옥녀산발형**(玉女散髮形)

이 형은 안산에 달빛형〔月梳形 : 〕, 오른쪽에 거울형, 왼쪽에 분갑 기름 항아리형일 것이 요구된다. 산발은 화장하기 위한 자세이므로 단정한 모습이 될 것을 예기한다. 따라서 그 소응은 사람들에게 선망받을 정도로 높아지거나 주시의 목표가 될 재자가인(才子佳人)을 내는 것이다.

⑥ **쌍룡농주형**(雙龍弄珠形)

용은 입으로 호주(狐珠)를 물고 승천한다. 만약 이 호주를 얻지 못하면 만년이 지나도 승천할 수 없다. 때문에 이 구슬을 얻으려고 노력하고, 만약 구슬을 얻으면 즐거워서 가지고 놀게 됨은 당연지사이다. 농주(弄珠)는 이윽고 승천의 조짐이므로 이 지형의 소응은 묘당에 설 대관(大官)을 내는 것이다.

⑦ **보도출갑형**(寶刀出匣形)

희대의 보검이라 해도 갑 속에 넣어 두고 사용하지 않으면 무용지물이다. 그런데 한번 갑 속에서 나오면 간사함을 진압하는 큰 이익을 이루게 될 것이다.

따라서 이 지형의 소응은 마치 날카로운 칼로써 허공을 자르듯 천하를 재단하듯 위대한 인물을 내는 것이다.

⑧ **비봉귀소형**(飛鳳歸巢形)

봉황은 희대의 영조(靈鳥)이다. 만일 이 새가 나오면 인간에게서 군자가 나오고 성인이 나온다고 한다. 보금자리로 돌아옴은 새끼를 만들기 위함이다.

따라서 이 지형의 소응은 성인 군자를 출생시키는 것이므로 대단히 좋은 땅이다.

⑨ **산구형**(產狗形)

개는 다산하며, 대단히 쉽게 낳는다. 따라서 이 지형의 소응은 쉽게 자손을 번식시키는 것이다.

　⑩ 연화부수형(蓮華浮水形)

　연꽃은 꽃도 열매도 구비된 원만한 꽃이다. 이 원만한 꽃도 물 밖이나 물 속에서는 피지 않는다. 수면에 뜰 떠 비로스 향기를 만발하는 것이다. 이 소응은 자손이 모두 원만하고 또한 고귀하고 화려한 생활을 하게 된다는 것이다.

　⑪ 매화낙지형(梅花落地形)

　이 꽃은 고결한 꽃이며, 그 꽃이 떨어지면 향기가 사방에 퍼진다. 따라서 자손의 발복이 큰 땅이다.

　⑫ 도화낙지형(桃花落地形)

　이 꽃이 땅에 떨어지면 모든 사람이 애석해 한다. 때문에 이 당에 묻으면 모든 사람들이 애석함을 느낄 만한 군자를 낼 것이다.

　⑬ 귀미형(龜尾形)

　거북은 하후(夏后) 때 구관점수(九官占數)를 싣고〔載〕 나온 것으로 천지의 오행 상생상극을 잘 알고 있는 영물이다. 또한 거북은 음양의 원기를 조화해서 많이 가지고 있기 때문에 그 꼬리는 생기, 즉 오행의 정기가 발로되는 곳이다. 따라서 이곳은 부귀영화를 가져올 길지임에 틀림없다.

　⑭ 풍취나대형(風吹羅帶形)

　이것은 혈 뒤에 귀인형(貴人形)의 사(砂)가 있고, 혈 앞에 관복형(官服形)의 사가 있으며, 남쪽에 표풍(飄風)사가 있으면 길지이다. 풍취나대(風吹羅帶)란 고귀한 사람이 미려한 관북을 입고 나대를 기분좋게 바람에 나부끼고 있는 형상이기 때문에, 이 땅에 묻으면 자손 중에서 이 지형에 걸맞는 고위관직자가 배출된다고 한다.

　⑮ 야자형(也字形)

　이것은 혈 뒤에 호(乎)자형의 사를, 혈 앞에 천(天)자형의 사를 요하며, 만약 이것들이 구비되면 대단한 길지이다. 그 이유는, 문자의 시작은 천지현황우주……(천자문)로서 천(天)자를 선두로 하고, 문장의 끝은 반드시 야(也) 또는 호(乎)자로서 끝맺음을 보통으로 한다. 따라서 이 야자형은 문장으로 해서 세상에 이름 있는 학자를 내고, 천자는 문자의 머리이기 때문에 일세를 풍미할 문호를 내며, 시종일관해서 문(文)에 뛰어난 사람을 내는 땅이다.

⑯ 복호형(伏虎形)

이것은 혈 앞에 장형사(獐形砂)가 있고, 건술방(乾戌方), 즉 백호의 허리에 결처(缺處)가 있어서 이곳으로부터 혈을 향해서 바람이 불어 와야 함을 요한다. 장형사는 엎드린 호랑이의 잠든 눈을 깨우는 데 좋은 것이고, 술(戌) 방향의 바람은 견성(犬聲)이라 하므로, 만일 이 방향에서 바람이 불어 올 때 복호는 이 바람 소리를 개 짖는 소리로 들어, 좋은 먹이가 온다고 생각해서 벌떡 일어난다. 이렇게 움직이면 산 기운이 발동해서 이 땅을 점유한 자에게 복을 준다. 따라서 이 또한 길지이다.

⑰ 금차낙지형(金釵落地形)·금차노방형(金釵路傍形)·금차절각낙지형(金釵絶脚落地形)

이들 모두는 금차가 땅에 떨어지면 큰 소리를 내어 사람의 주의를 끈다. 때문에 명성이 나면 숨은 선비가 있다고 해서 고위직에 발탁될 만한 인물을 내고, 또한 쇠가 땅에 떨어졌으므로, 오행의 상생, 토생금의 이치에 적합해서 많은 자손을 번식한다고 한다. 절각낙지(絶脚落地)는 비녀의 머리부분이 땅에 떨어진 것을 의미한다.

⑱ 갈마음수형(渴馬飮水形)·갈록음수형(渴鹿飮水形)

두 가지 모두 혈 안에 연못이 있어야 함을 요한다. 만약 이것이 없을 때는 못을 파서 충당시키지 않으면 안 된다. 목마른 사람은 물을 마시고 싶을 때, 그 생각에만 몰두해서 딴것을 되돌아보지 않는다. 특히 말, 사슴은 이런 성격이 더욱 두드러져, 이 지형의 혈 앞에 물이 있으면 이들 동물은 급하게 물로 뛰어든다고 한다. 이 때문에 산기운이 발해서 복을 가져오는 것이다. 따라서 둘 다 길지이다.

⑲ 노서하전형(老鼠下田形)

이 형은 혈 앞에 조[栗] 또는 고품(庫稟)형의 사가 있어야 함을 요한다. 만일 이 사가 없으면 쥐는 숨을 장소가 없어서 솔개에게 채이든가 굶어 죽게 된다. 이것이 있으면 그 본성을 발휘해서 많은 자손을 낳게 된다. 따라서 이 지형은 자손 번성의 목죄에 적합한 길지이다.

⑳ 삼녀동좌형(三女同坐形)

삼녀란 어머니, 처, 며느리이다. 이 형은 혈 앞에 세 개의 동자안(童子案 : 砂)이 있으면, 한집안이 화합하고 자손이 번성할 길지이지만, 만약 이 삼동자안사(砂)가 없으면, 삼음도회(三陰都會)의 땅이라 해서 그 소응은 대대로 자식이 없는 여자, 과부를 낳는 것이다.

㉑ 옥토망월형(玉兎望月形)

이것은 전안(前案)에 월암(月巖)형의 사가 있으면 길하고 없으면 불길하다. 그 이유는 옥토는 암토끼이며, 달 속에는 수토끼가 있다. 따라서 이 옥토가 달을 바라보는 것은 수토끼에 의해 잉태하고 낳기를 원하는 것이므로, 그 의욕이 강하며 따라서 산운의 소응 발복도 역시 강하다. 따라서 길지임은 물론이다.

㉒ 어옹수조형(漁翁垂釣形)

이것은 전안(前案)에 물고기형의 사가 있으면 길하다. 어떤 대어를 낚아올릴지 모른다. 어떤 고관을 얻을지도 모른다.

㉓ 비아부벽형(飛蛾附壁形)

산의 푸른 벽 위에 나는 누에나방이 붙어 있는 것은 최고의 아름다운 형이다. 혈 앞에 꽃가지형이 있고, 왼쪽에 동풍선(東風扇)이 있어, 이 형과 조화되면 길지이다.

㉔ **사두형**(巳頭形)

이것은 전안(前案)에 개구리형의 사가 있으면 길하다. 뱀이 바야흐로 개구리를 잡아먹는 형국이라 산기운의 발복은 결정적이므로 의심할 바 없다.

㉕ **잠두형**(蠶頭形)

이것은 앞에 뽕나무형 안(案) 또는 뽕나무 숲이 있으면 길하다. 누에는 뽕잎을 먹는다. 따라서 이 뽕나무숲이 있으면, 다른 것에 기운을 쓰지 않고 뽕잎을 먹는 데 전념한다. 따라서 발복 역시 결정적이다.

㉖ **행주형**(行舟形)

이것은 주로 양기(陽基)에 사용되는 형이고, 키, 돛대, 닻을 구비하면 대길이지만, 그 중 하나를 구비해도 좋다. 만약 이들 모두를 갖추지 못하면 이 배는 안정을 얻지 못해서 전복하든가 유실될 우려가 있다.

또한 이 행주형의 땅에다 우물을 파면 배 밑바닥이 깨져서 침수되므로 흉하다. 행주형은 인물을 만재해서 바야흐로 출발하려 하는 배를 멈추어 두는 의미로서, 이 형의 토지에는 사람 및 재화가 풍성히 모이는 모양을 초래하는 소응이 있다. 즉 이 땅을 읍기(邑基)로 하면 이 읍의 발달과 번창은 의심할 바 없다고 한다.

㉗ **옥녀직금형**(玉女織錦形)

이 형은 앞에 농사(弄梭)형, 오른쪽에 침사수(沈絲水)가 있어야 한다. 만일 이 물이 없으면 우물을 파야 한다. 이 소응은 옥녀가 비단을 짜듯이 자손이 끊임없이 귀한 인물로 배출되는 것이다.

㉘ **완사명월형**(浣紗明月形)

이것은 양기에 사용된다. 사(紗)는 미려한 직물이다. 그것을 명월에 세탁하기 때문에 더 한층 그 아름다움을 더하게 될 것이다. 이 땅의 소응은 자손은 끊임없이 나오고, 더욱 더 뛰어난 인물을 배출한다는 것이다. 이들 형을 그림으로 설명하면 다음과 같다.

유형(類形)의 그림
(《琢玉斧》에서 인용한 것임)

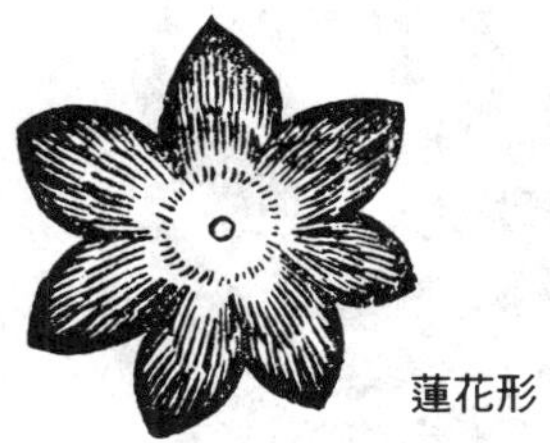

蓮花形

粧臺形

上龍―妃嬪을 배출한다. 집안도 여
　　　자로 인하여 영화를 누린다.
中龍―여자가 貴人이 된다.
賤龍―여자가 음탕하여 천해진다.

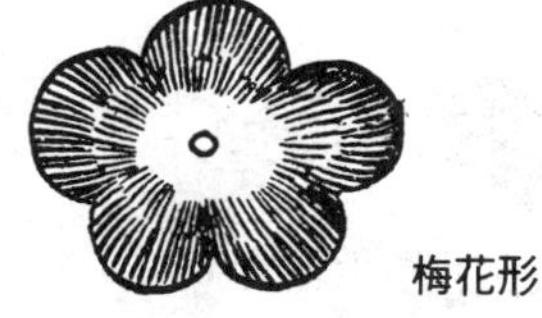

梅花形

鏡臺形

上龍―여자가 貴妃가 되고 영화롭다.
中龍―여자가 爵位를 받는다.
賤龍―여자가 음탕해진다.

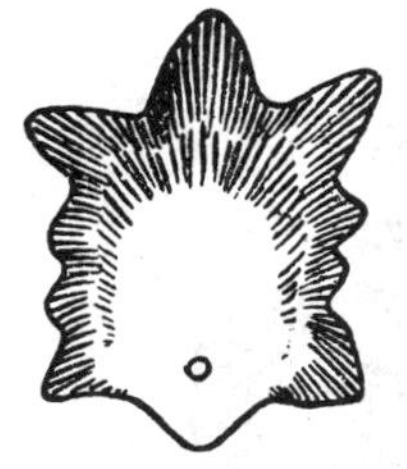

靈龜形

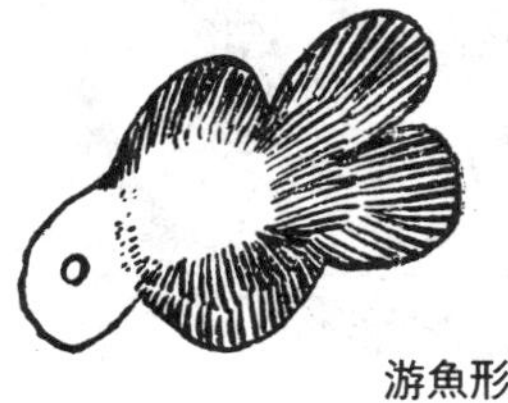

游魚形

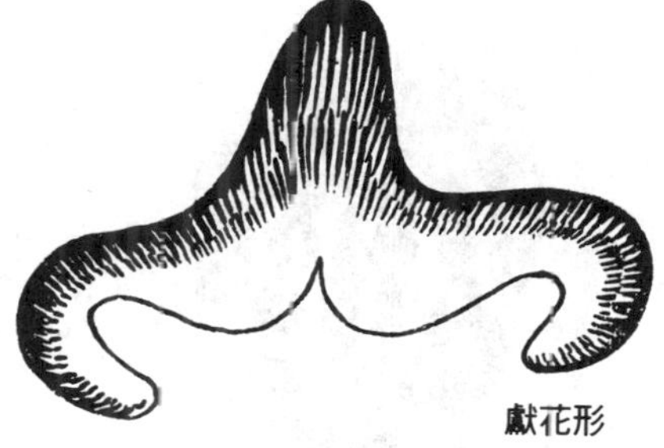

獻花形

上龍―남자는 부귀해지나 부인이 음
　　　탕하여 그 소문이 널리 난다.
中龍―부인이 음란해진다.
賤龍―창녀나 기녀가 된다.

行舟形三艪案(淸州石室下大溪)

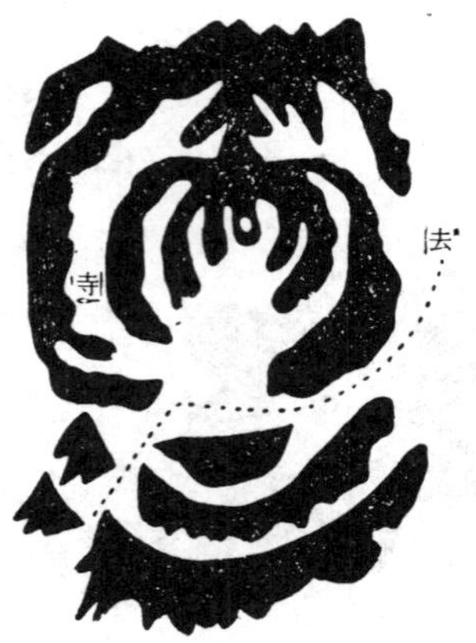

玉女散髮形(長湍西四十里)

金鷄抱卵形(鎭川葉屯峙下)

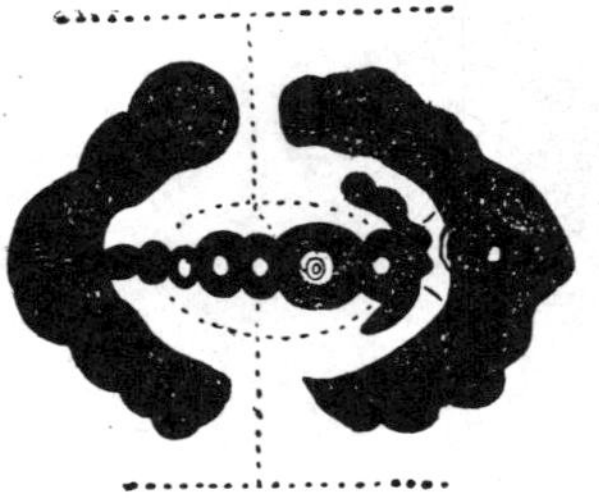

將軍大座形(公州見山南五里)

風吹羅帶形(南海東南中)

産狗形(富平南面)

金鷄抱卵形(鎭川葉屯峙下)

靈龜下山形(林川南邑)

金鷄抱卵形(金浦白石山)

金盤形玉女案(丹陽北七里)

蓮花出水形(一雲梅花落地形)

猛虎下山形眼犬案(淸州東防東里)

臥牛形積草案
(鎭岑雌牛山)

飛鳳歸巢形
(公州東二十里)

飛龍飮水形(扶餘南十里)

臥牛形平垣案(燕岐東二十里)

(이 그림은 《巽坎妙訣雪心鏡》에서 인용한 것임)

완사명월형(浣紗明月形)의 땅(慶北安東川 앞)

복류형의 종류 및 소응을 들어 보면 다음과 같다.

地名(所在)	類 形 名	所 應
恩津	渴馬飮水形	宰輔之地
同	內堂廣濶, 大勢融聚	士大夫居之則文武多出位至將相
益山	一鹿逐群形	多出員人君子
全州	上帝奉朝形	馬韓古邑
參禮(邑基)	峰巒箇箇合星宿, 流水曲曲入卦例, 二十八將羅列, 四位合格	人才重出文武音出財物水湧, 府庫充積之象, 外關不鎖內關多貪
同	寶劍出匣形	萬世香火之地
同	臥牛形	多位宰輔四五代後微微
鷄龍山 下	蟠龍(盤龍)形 御印, 玉帶砂 雨傘案 있음	九代三公之地
鷄龍山 附近	伏獅形	刺使, 兵使數百年
泰仁古縣	四神格, 沐浴呈態, 四維無統	文武百千, 然淫亂世出
同	臥龍形	出宰輔
同	飛鳳形	多出公卿
泰山主山	仙人舞袖形	千年香火之地, 子孫不貧, 不富, 不貴, 不賤
同	象頭形	富饒之基
同	玉女端坐形	翰林七代之地
同	陰陽龍蛇聚形 無珠	多山文官, 雨籠, 無珠故大民有相傾相軋之難小民有朝聚暮散之害
古阜(邑基)	行舟形	舍櫓居洲有下吏凌長之弊
同	仙人坐府形	陽宅則文千武萬將相不知其數, 但所應은 二百年後일까 陰宅則(湖南第一勝地)
同	仙人鋪氈形 (瀛州-主山 方丈-祖山 蓮華-案山)	子孫千億文靈四十歲子不絶, 名公巨卿不知其數
同	雲中盤龍形	五代文科三代玉堂, 且富貴多子孫, 純吉無凶

扶安	回龍隱山形, 雲雨雷電案	十餘年發福, 淸顯忠孝可冠一世
來蘇寺上	玉女騰空唱歌格	初五代獨子有位, 六七代百子千孫文武科甲富冠一鄕位至判閣
實相寺 側	双仙望月形	出二代文與顯起斯文宗匠者
同	將軍望陣形	當出兵仙三人以勳起家爲東方甲族而貴不過十五代
同	仙人舞袖形	子孫千億
同	仙人望海形	多出昇人, 文章名賢亦冠一世
格浦	飛龍昇天形	人材双科官疊疊近千年香火之地
金山寺 附近	臥龍	出宰輔
九成山 下	仙人讀書形, 鳳凰來儀形	直淸之土, 名節之人輩出之地
任實	飛禽啄木形	可以救貧者
雲峯	渴龍飮水形	文科七八連代不絶
八公山	天皇第一峯, 帝産之象	聖賢輩出公卿林立, 千百年扶植國綱培養風化者盡出
南原(邑基)	一線微脉自 東而來, 因作平坂, 曜川橫來明郎酒落, 內關廣開, 外關緊塞	出人材, 邑多貧民, 村多富戶, 坐與水口不合, 大民有小午送之流, 小民無登科之望, 此其次也
同	將軍大坐形	出數代三公, 以穴弱多葬之故, 必見初敗
同	飛龍騰空形	屢代宰輔之地
同	飛鳳歸巢形　主星端肅尊嚴	多出名賢, 穴星單弱不可多葬
同	七星形, 平地突穴	來脉多斷經由百年內可以獨子傳家, 其富貴隆嫌亦至五六代後일까
同	帝座狹身, 陰陽受會, 穴	當代發貧線線官爵, 至二十代出王妃宰相之地(祕錄所傳)
求禮	五鳳歸巢形陰陽具吉	文章名士代代不絶

順天 (馬耳山 右邊)	五虎臥嶺形	頭三穴 尾二穴	第一, 五代三公三十代繁華之地 第二, 七代大將節度之地 第三, 第四, 屢代食祿富貴之地 第五,
同	龍馬飮水		文科三人
同	金釵落地		當代貴至二品科官連綿五六不絶
同	雙龍飮水形		白花文科十餘代
同	盤龍戲水形		厚千經屢代富貴, 出文科名士
興陽	臥牛形		屢代富豪
長興	仙人舞袖形, 橫琴案		屢代卿相之地
寶城	遊魚上灘形		極文明, 且多富格
同(泰山 下)	半月形		出王妃
同	伏虎形		出文武一品, 千年香火之地
同福	燕巢形		出公侯之地, 長遠無窮
谷城	通明山上三穴		一, 出將相, 一, 出豪富文武一品 一, 出儒林之長
長城	歸龍形		眞富貴之局
同	將軍大坐形		三代後十餘代武將之地又封君
同(回門山 上)	大穴		出妃婿, 誕聖人, 文千武萬
同(可下)	將軍出陣形		文武兼全皿食連代
同	龍馬騰空形		相府臺閣儒賢碩士連代不絶, 間出無 後가 缺點
同(白蓮山南)	仙人舞袖形		出文僕
任實	風吹羅帶形		文武科十餘人, 累代享福
同	龍馬飮水形		得時則可出五代翰林, 七代文科, 位 至二品
高山	躍馬脫鞍		可出宰輔, 亨福長遠
同(安心寺 下)	將軍守門形		當出大將五人, 後孫繁衍
臨陂(戊山 下)	天造穴		天下之宗匠儒道之盛可卜于南土
西浦	飛龍形		文武二品
雲湖(南)	臥龍形		屢代三公之地
沃溝	玉山之首穴		出將相, 然而不能長久

萬頃	金釵特在路傍	公卿必出
同	海鰕弄水形	出翰林玉堂
金堤	渴馬飮水形	救貧之地
金堤	將軍大坐形, 貴格多	將相文武連出十餘代
扶安	龍蛇聚會形	國婚兼大富貴
興德	仙人登舟望海形	宰相
靈光	臥牛形	長遠無窮
法聖浦	大地	過百年則必生賢才名於南土
務安	天然地祕之地, 神坐(玉龍子)	東萊鄭氏祖山, 文化柳氏之山遠勝, 出儒林孔孟亦出釋迦
同(竹田 下)	飛鳳歸巢形(湖南之大地)	子孫千萬炬爀無比
長城(玉泉菴)	菴上穴	多出神人名士貴冠東方
同	飛龍行雨形	宰相, 天下門人多出
上古菴 左	燕巢形	名公賢相
鎭安	玉女騰空唱歌形	千年富貴双全
長溪	將軍出洞形	二十代將相間出
茂朱 安城界	仙人舞袖形	五世相公
龍潭(邑基)	行舟形	
同	浮槎形	十二代將相之地
同(邑西)	窓間馬蹄形	世世翰林
同(邑南)	九龍爭珠形	五百年卿相之地

(《道仙祕訣》中에서)

다음은 현재 각지에서 행해지는 유형에 대해서, 어떠한 것이 가장 많이 사용되는지 표시한 것이다.

大地로 稱해지는 基地形名	所 在 地 名
金龜沒泥	金海, 晋州, 錦山
飛龍	唐津
蓮花浮水	唐津, 遂安, 江華, 江陵, 報恩, 茂朱, 漣川, 尙州, 雄基

猛虎出林	遂安, 城津, 安東, 金化, 吉州, 高陽
渴龍飮水	遂安
群雁落地	城津
鷹峰下伏雉形	城津
渴馬飮水	鎭川, 茂朱, 漣川, 井邑, 高敞, 春川
瑞龍上天	鎭川
白鴬抱卵	鎭川
黃鶴抱卵	谷山
雲中仙坐	安東, 漣川
九節癸丑, 金鶴抱卵	安東
天馬嘶風	谷城, 密陽, 錦山
飛鳳抱卵	谷城, 尙州, 密陽, 晋州, 金堤, 錦山
三女同坐	谷城
鶴鳥飮水	榮川
飛鳳上天	榮川
老鼠野出	榮川
梅花落地	原州, 水原, 茂朱, 靑松, 大田, 錦山
百子千孫	原州, 驪州, 密陽
玉兎望月	原州, 報恩, 漣川, 錦山
風吹羅帶	泰川, 江華, 井邑, 會寧, 成川
蟹口	泰川
仙人登空	江華
白馬鞍子	江華
玉女奉盤	江華
金鷄抱卵	江華, 金化, 江陵, 驪州, 茂朱, 靑松, 漣川, 龍岡, 井邑, 會寧, 大田, 錦山, 成川
蜂形	金化
將軍出戰	金化
飛鳥上天	江陵
盤咤擧頭	江陵
山鼠下田	江陵
金鳩啄木	江陵
靑鶴抱卵	江陵

桃花落地	江陵
平沙落雁	江陵, 茂朱, 晋州, 錦山
柳枝鶯樓	江陵
蓮霞浮雲	江陵
漁翁垂釣	丹陽
馬喰形	丹陽
將軍大座	丹陽, 水原, 龜城, 寶城, 錦山
玉女織綿	丹陽
玉女散髮	丹陽, 長湍, 漣川, 河東, 元山, 醴泉
渴龍飮水	慶山
鸚鵡逢虫	和順
也字	和順
楊柳結露	寧遠
龍頭形	驪州
蜈蚣形	驪州
雲中盤龍	驪州, 錦山
掛燈形	水原, 青松, 長淵
牧丹爛發形	水原
玉女織綿	水原
仙女散髮	水原
五代兵權之地	洪城
飛龍望海	洪城, 井邑
天穴地	報恩
金盤地形	報恩
漁翁垂釣	報恩
仙人讀書形, 玉女彈琴形	報恩, 이들 名稱의 곳, 山岳이 十數개소가 있다
伏虎聞犬	海南
鳳凰抱卵	海南
長勝之地	海南
冶形	茂朱
燈火形	茂朱
水回魚龍尾	茂朱
金盤弄珠形	茂朱

連火地	茂朱
飛龍上天	茂朱, 河東
仙人舞袖	茂朱, 高敞, 錦山
玉女彈琴	茂朱, (琴形의 場所에) 靑松, 高敞, 濟州島, 錦山
五指彈琴	慶州
虎穴	長湍
龍蛇聚會形	靈光
烏頭形	靑松
宿虎形	靑松
蓮花半開形	靑松, 長淵
金盤玉臺	靑松
飛鶴形	漣川
燕巢形	漣川, 慶山
生蛇出林形	漣川
登馬形	漣川
鳥形	漣川
飛龍上天形	漣川, 寧邊, 金堤
渴馬形	漣川
山仙舞形	漣川
觀音坐蓮形	漣川
龜形	漣川
萍沙落雁形	漣川
也字形	漣川
伏雉形	唐津, 長淵, 寧邊
彈琴形	城津, 長淵
新婦形	長淵
彎弓形	長淵
鳥頭形	長淵
鳴犢形	長淵
閉頭形	長淵
蓮花倒池形	襄陽(襄陽郡巽陽面祥雲里, '현재 麟蹄郡邑內李時榮의 墓地', 《道詵祕訣》에 邑南二里에 '蓮花倒池形'의 吉地가 있다고 명기되어 있기 때문임)

金龜陷泥形	襄陽
臥牛形	遂安, 鎭川, 江陵, 水原, 茂朱, 寧邊, 尙州, 金堤, 永同, 錦山, 成川(牛는 産兒僅少하므로 最良이라고는 일컫지 않음), 德川
渴鹿飮泉形	寧邊
三日月形	寧邊
老鼠下田形	寧邊, 熙川
靑龍呑珠形	龍岡
舞鶴形	龍岡
翻鶴形	龍岡
仙狗吠月形	井邑
眠狗形	井邑
蓮葉浮水形	井邑
老僧禮佛形	井邑
金龜沒泥形	井邑
白鶴展翼形	井邑
金盤玉帶形	尙州
將軍出陣形	尙州
伏虎形	原州, 密陽(密陽郡府北面德谷里案內, '密陽面孫氏의 墳墓') 金堤, 春川, 大田
遊魚弄波形	晋州
枯木生花形	晋州
仙人讀書形	晋州, 金堤, 永同
峰穴의 地	金堤
五頓錦山의 地	金堤
金釵絶脚의 地	金堤
海蝦弄鬚의 地	金堤
蓮花倒水形	金堤, 高敞, 寶城
蓮花渡水形	金堤
上帝奉廟地	論山
飛鳳歸巢形	論山
萬代榮華地	論山
雲中明月形	永同

飛龍昇天地	永同
飛蛾附壁形	永同
靈龜成尾의 地	河東(傳說에 머뭄)
飛鳳渡海의 地	河東
白鷺下江의 地	高敞
君臣封助의 地	高敞(윤덕영의 묘지)
金盤玉壺의 地	高敞
群臣奉朝形	高敞, 錦山
飛龍登天形	高敞
猛虎登嶺形	高敞
伏狗形, 猛虎形	高敞
飛禽落地	寶城
三龍爭珠形	寶城
玉女端坐形	寶城
鴻哭丹楓의 地	寶城
盤龍戲珠形	寶城
金盤荷葉의 地	大田
半月形	甲山, 錦山
將軍形	甲山
一代千孫之地	甲山
將軍大座軍馬結陣形	羅南
伏龍弄珠形	濟州島
犀牛望月形	濟州島
黃龍上天形	濟州島
靑鳥抱卵形	濟州島
平地蓮花遊形	濟州島
猫形地	元山
秋遷形地	元山
九龍爭珠形	元山
浮槎渡江	錦山
七邑都破水	錦山
柳地鴛巢	錦山
蜘蛛張綱	錦山

九龍弄珠	錦山
金榜吹簫	錦山
紅桃落盤	錦山
將軍下馬形	熙川
伏蛇出林形	熙川
將軍對座形	成川
燕巢形	成川
走獐形	成川
巳頭形(玄字 또는 之字 를 最良으로 한다)	成川
盆形	成川
仙人吹笛形	德川

＊이상은 1929년 5월, 각도에서 5,6개 郡에 대해서 警察署長의 손을 빌려 조사한 것으로 총 70개 郡에 분포되어 있다.

5. 풍수의 비보(裨補)

풍수의 길흉이 장풍(藏風), 득수(得水), 방위 및 유형을 요소로서 효험을 보게 된다는 것은 기술한 바와 같다. 그런데 이들 요소를 모두 갖춘 좋은 영향을 미치는 땅은 좀처럼 찾아낼 수 없다. 따라서 길지는 사람의 탐사에 의해 찾기보다도, 인덕이 있는 사람에게 하늘로부터 숙명적으로 주어지는 것으로 되어 있다. 길지를 찾아서, 그곳으로부터 왕성한 발복을 받고 싶다는 욕망은 누구에게나 있다. 이 욕구 때문에 풍수설에 따르면 조화(造化)를 얻을 수가 있다고 하는, 운명 개변의 가능성을 제창하게 되었다.

그리하여 장풍, 득수, 방위, 유물의 길흉을 상세히 논의하였다. 특히 유물신앙의 요소가 강하게 작용하게 된 것은, 갑과 유사한 것은 갑이 될 수 있기 때문에, 풍수의 법술도 자연적 성국을 발견한다는 것에서 일보(一涉) 나아가서 인위적으로 길국(吉局)을 만드는 데까지 발전했다.

이 인위적 풍수법의 대표적인 것이 진호(鎭護)를 위한 풍수탑(風水塔)이며, 보허(補虛)를 위한 조산(造山)이고, 방살위호(防殺衛護)를 위한 염승물(厭勝物)이다.

1. 풍수탑(風水塔)

고려 시대 이후 비보소(裨補所) 또는 비보사탑(裨補寺塔)이라고 불리던 것이 있는데, 이것은 풍수를 위해 축조된 것이므로 '풍수탑'이라 한다. 이러한 풍수탑은 지력을 비보하기 때문에, 국도(國都)의 기지(基地)가 영원히 동요하지 않도록 진호(鎭護)를 위해 만들어진 것이다. 이런 것에는 주로 절과 탑이 있다. 무릇 한국에서는 삼국 시대의 상대(上代)부터 진호를 위한 사탑 건축이 성행했다. 경주의 황룡사 구층탑에 대한 전설에 의하면, 이 탑은 호국을 위해 세워진 것으로, 이 탑을 세우고부터 천지가 평안하게 되었으며, 삼한이 통일됐다고 전해지고 있다.

《삼국유사》에는 건탑호국 전설이 하나 더 있다. 금관성(金官城 : 지금의 김해, 옛날 가락의 수도였다)에 있는 파사(婆娑) 석탑(石塔)은 제 8 대 질지(銍知)왕 2년 임진(壬辰)에 세운 사면(四面) 5층탑인데, 이것은 나라의 복을 빌고 남쪽 왜구를 진압하고자 세운 것이라 한다. 이렇게 사탑에 진호의 힘이 있다고 믿었던 신앙을 말하는 전설을 소개하면 다음과 같다.

"貞觀十七年……善德王議於群臣. 群臣曰請工匠於百濟然後方可. 及以寶帛請於百濟. 匠名阿非知, 受命而來經營大石. 率小匠二百人. ……樹塔之後天地開泰, 三韓爲一豈非塔之靈蔭乎. 後, 高麗王將謀伐羅. 乃曰新羅有三寶, 不可犯也. 何謂也. 皇龍大六, 幷九層塔, 與眞

平王天賜玉帶. 遂寢其議. ……讚曰 鬼拱神扶壓帝京. 輝煌金碧動飛甍. 登臨何啻九韓伏. 始覺乾坤特地平. 又海東各賢安弘撰東都成立記云. 新羅第二十七代, 女王爲主. 雖有道無威. 九韓侵勞. 若龍宮南皇龍寺建九層塔, 則隣國之災可鎭. 第一層日本, 第二層中華, 第三層吳越, 第四層托羅, 第五層鷹遊, 第六層靺鞨, 第七層丹國, 第八層女狄, 第九層穢貊.”(《삼국유사》)

이 구층탑은 자장법사(慈藏法師)가 중국유학 때 오대산에서 문수보살로부터 한국의 산천이 험준하므로 인성(人性)이 추하고 어지러워, 사견(邪見)을 믿고 있기 때문에, 때때로 천재(天禍)가 내리는 것이니 불탑을 세우면 이것을 면할 수 있을 것이라는 충고를 듣고, 귀국 후 선덕왕에게 탑의 건축을 건의했던 것이다. 안홍(安弘)의 《동도(東都) 성립기(成立記)》에서 말하듯이 삼한을 통일하고, 인접국을 눌러 이기기 위해서 세운 것인지 아닌지는 명확하지 않다. 어쨌든 탑을 세움으로써 국가의 안전을 보호하고 타국으로부터의 침범을 막을 수 있다고 하는 관념을 당시의 사람들이 믿었던 것은 확실하다(탑을 세워 호국한다는 신앙은, 불교 전래와 함께 중국에서 전승된 것임은 자장이 귀국후 탑의 건조를 건의했다는 기사에서도 상상이 된다. 또 이 시대에 일본에서도 國分寺를 세워 나라를 진호했다는 사실 등으로 미루어 볼 때 이 건탑호국 신앙이 불교에 의해 전해졌다는 것을 알 수 있다.)

《삼국유사》에는 건탑호국 전설이 하나 더 있다. 금관성(金官城)에 있는 파사(婆娑) 석탑(石塔:금관성은 지금의 김해, 옛날의 가락국 수도였다)은 제8대 질지(鉒知)왕 2년 임진(壬辰)에 세운 사면(四面) 오층탑인데, 이것은 나라의 복을 빌고 남쪽 왜구를 진압하고자 세운 것이라 한다. 이렇게 사탑의 진호에 힘이 있다고 믿었던 신앙을 말해 주는 전설을 소개하면 다음과 같다.

“俗傳云逆水者州之南馬等烏村南流川是. 又是水之源致大龍寺(天龍

寺). 中國來使樂鵬龜來見云. 破此寺則國亡無日矣."(《삼국유사》)

경주에는 옛날부터 역수(逆水)와 객수(客水)가 있기 때문에 국도에 재앙이 있다고 전해지고 있었다. 이 역수는 천룡사에서 나오는 내〔川〕이다. 중국의 사신 악붕귀(樂鵬龜)는 '이 절을 부수면 신라는 곧 망하게 된다'고 하여 호국의 힘을 믿었다. 그곳에서 흘러나오는 내는 나라를 망치게 할 흉수일 리가 없다는 것이다. 절을 부수면 나라가 망한다는 신앙, 즉 진호(鎭護)하는 것을 없으면 재액이 은다는 신앙은, 진호하는 것이 있으면 나라가 태평하다는 신앙과 상통되는 것이다.

사탑이 자국을 보호하고, 타국을 견제한다는 관념은 자국의 진호만이 아니라, 다만 재화를 진압한다는 의미로도 발전할 수 있다. 따라서 호국이란 의미를 벗어나서, 재화를 진압한다는 의미에만 중점을 둔 호탑전설도 있어야 한다. 이를 여실히 전하는 전설은 가락국의 태조릉 숭선전비(崇善殿碑)에 관한 것이다.

"가락(駕洛) 7년 무신(戊申), 태후가 큰배를 타고 바다에 떠온다. 왕은 만전(幔殿)을 설치해서 맞이했다. 태후가 말하기를, '첩은 아유타(阿隃陀)국의 공주이다. 올해 십육 세이며, 아버지가 첩에게 이르기를 꿈에 상제가 명하기를 가락의 왕이 아직 태우자가 없기 때문에 왕녀를 보내서 왕후가 되게 하라고 전했다며 가락에 가서 왕후가 되라고 했다. 첩은 석탑을 배에 싣고 바람과 노도의 재액을 진압하고 이곳에 이를 수가 있었다.'고 한다. 그리하여 왕후가 되었다."(《조선금석총》 하).

고려의 태조가 자손에게 유언했던 〈훈계〉라 하는 십훈요(十訓要) 중 둘째에 의하여 대부분의 사원은 풍수승 도선이 산수의 순역(順逆)을 고려해서 개창(開創)한 것이며, 그 배치는 국토의 요소요소에 정해졌다. 이 개창은 결국 지덕(地德)을 왕성하게 하기 위한 것이지만, 사탑을 세우고 짓는 일이 지덕을 왕성하게 한다고 해서 함부로 증설해서는 안 된다. 마치 신라 말엽에 다투어 탑을 세웠기 때문에 오히려 지덕을 훼손해 마침내 멸망했듯이 국운이 쇠퇴하게 되므로 사탑을 남발해서는 안 된다고 말하고 있다. 그 원문은 다음과 같다.

"其二曰. 諸寺院皆道詵推占山水順逆而開創. 道詵之, 吾所占定外, 妄加創造, 則損薄地德祚業不永. 朕念後世國王公侯妃朝臣, 各稱願堂, 或增創造則大可憂也. 新羅之末競造浮屠, 衰損地德以底於亡. 可不戒哉."(《고려사》 2권)

도선은 풍수의 종사(宗師)로 숭앙될 정도로 풍수에 뛰어났었고, 고려 태조를 위해서 국도 개성(옛날 송도)을 정했고, 그외 여러 가지 풍수의 업적을 남긴 사람으로 전해지고 있지만, 도불의 지덕을 성하게 한다는 관념은 완전히 중국 풍수사상의 전승 바로 그것이다. 풍수사 사이에 비장되어 있는 《도선을용경(道先乙用經)》에는, 전승의 유래 및 절과 사탑의 건조가 완전히 풍수적 국가진호의 의미였다고 기재되어 있다.

"東國山川峻急, 故爭變兵起掌習득矣. 汝傳吾道歸東國先設浮屠建寺建塔以境背去之勢且補空缺之地, 以塞險惡之氣. 然後看水神之來去, 看明堂橫峽瘠落, 穴前長短風門不露. 又看八方空缺, 岩石善惡, 道路砂石, 有無朝山高險. 又看龍虎主案之遠近. 又看水單獨重疊. 又看山水衝射朝山遠. 詳細審察然後定穴可也. 云云"

이 인용문은 《도선을용경(道先乙用經)》 사본에 나오는 것으로, 시기와 작자를 알 수 없다. 그러나 도선이 당나라 때 중국에 건너가, 풍수술에 뛰어난 중 일행선사(一行禪師)에게 그 법술을 배웠다고 전해지고 있다. 이것은 후세에 만들어진 것일지도 모른다. 이 책이 후세 사람의 것이든 어떻든, 사탑의 건조가 풍수적으로 사용되었다고 전해지는 신앙은 예로부터 존재했다고 해석할 수 있을 것이다.

풍수탑에 대해서는 뒤에 상세히 논하기로 하고 여기서는 현존해 있

안동의 비보고찰(裨補古刹)인 법룡사(法龍寺)

는 것 중에서 대표적인 것 한두 가지만 추려 거론하기로 하겠다.

① 경북 안동의 옛 탑─경북 안동 탑동에 있는 칠층탑 시장 남쪽 밭 가운데의 오층탑은, 어느 것이나 벽돌로 지은 옛탑이다. 읍의 서쪽에 서 있는 하나의 옛 사찰은 법룡사(法龍寺)로 일컬어지며 삼국시대에 만들어진 것이라 한다. 이것들은 어느 것이나 안동의 남쪽 낙동강으 로 면해서 열려 있고 하등의 방어가 없었기 때문에, 소위 '寺塔防虛之 法式'으로, 남쪽에 일직선으로 다수의 사탑을 세워서, 읍을 지키게 한 것이다. 더욱이 법룡사 북쪽 벽 사이에는 '鎭邑千年幸吉寺'란 글씨를 새긴 판자를 걸어 두었다.

② 충주(忠州)의 중앙탑─충청북도 충주읍내 북서로 약 6km 정도 떨어진 가금면(可金面) 탑평리(塔坪里)에 중앙탑이라 일컬어지는 구층 석탑이 있다. 이 탑은 신라 원성왕 12년에 건설된 것으로 탑의 건설 유래에 대해서는 두 가지 설이 있다. 하나는 이 탑이 나라의 중앙에 위치하여, 중앙 진호를 위해서 세웠던 것이기 때문에 중앙탑이라 불 리게 되었다는 것이고, 또 하나는 당시 충주어 왕기(王氣)가 성했기

때문에 이것을 억제하기 위해서 세웠다는 것이다. 진호설(鎭護說)이든 진압설(鎭壓說)이든 이 탑이 풍수적 목적을 위해서 세워졌음은 분명하다.

2. 보허산(補虛山)

풍수는 제 2 장 제 3 절 장풍법(藏風法)에서 이미 논했던 것처럼, 그 혈 또는 국의 결함을 기피한다. 결함이 있기 때문에 극히 양호한 길지도 포기해야만 한다. 그런데 풍수는 자연의 지리뿐만 아니고, 이를 인공으로써 보텔 수 있게 되자, 공허를 보충하는 보허법(補虛法)이 생기게 되었다. 보허법에는 사탑으로써 메우는 것, 새로 산을 만들어 보충하는 것, 혹은 돌을 두거나, 또는 나무로 충당하는 것 등 종류가 많지만, 여기서는 대표적인 것 몇 가지만 기술하기로 하겠다.

① 덕수현(德水縣)의 보허산―경기도 개성군(開城郡) 중면(中面) 덕수리(德水里) 탑동(塔洞)의 동쪽 도로변 주위 180척(한 척은 약 0.303m), 높이 30척의 마총(馬塚)이라 불리는 작은 산이 밭 가운데 돌출해 있고, 그 부근에는 세 개의 큰 돌이 흩어져 있다. 이 산은 덕수현의 보허산으로, 옛날 덕수현을 이 땅으로 정할 때, 애포천(艾浦川)이 그 앞을 동쪽으로 둘러서 임진강에 흘러들어가는 형세로, 동쪽이 허(虛)해서 풍수상 결함이 있는 곳이다.

(그래서 縣治에서 보면 이쪽이 수구에 해당되고, 현치로부터 물의 유출을 볼 수 있기 때문에 풍수의 법, 즉 '물이 흘러오는 것은 보여도 좋지만, 흘러가는 것은 보여서는 안 된다'는 견지에서)이곳에 산(假山또는 造山이라 한다)을 만들고 수풀로 간주해서 절 및 석당(石幢)을 두어 이 공허를 보충했던 것이라 한다. 더욱이 절터 및 오층탑의 돌은 이곳에서 멀지 않은 밭 가운데서 발견된다.

② 홍왕리(興旺里)의 오봉산(五峯山)—개성군(開城郡) 진봉면(進鳳面) 홍왕리(이전에는 興王里라 했다)에 오봉산이라 하는, 논 가운데 나란히 서 있는 다섯 개의 산이 있다. 이것은 고려 말기 권세를 잡았던 신돈(辛旽)이 만든 보허산이라 전해지고 있다. 신돈이 거처를 이곳에 점지했던 것은 이곳에 왕기가 있다는 옛말 때문이며, 이름도 홍왕리라 하기 때문에 스스로 왕좌에 오르려는 마음에서 주거를 정하려 할 때, 그 터를 조산(造山)에서 봐서 북쪽 산기슭에 임좌방향(壬座方向)으로 정했던 것이다. 그런데 이 터를 둘러싼 청룡과 백호가 웅대하게 길기는 하지만, 언제까지나 나란히 뻗어가고 있어 포용의

덕수(德水)의 보허림(補虛林)

전남 구례 오미리의 보허림

전남 해남읍 방허림(防虛林)

기운을 이루지 못했다. 모처럼 훌륭한 터이지만, 남쪽이 허하면 왕기가 이 방향으로 흩어져 버리기 때문에, 여기에 토목공사를 해서 그 땅 앞에 다섯 개의 가산(假山)을 만들어서, 기운을 왕성하게 하려 했던 것이다(이 五峯山의 所應 發福에 대해서는 두 가지 설이 전해지고 있다. 하나는 풍수적으로 완벽하므로, 신돈은 왕위에 오르지 못했을망정 그 아들은 왕위에 올랐다. 공민왕은 신돈의 피를 이어받았다고 하기 때문이다. 또 하나는 이곳의 풍수는 남쪽이 大朝水의 형세이므로, 만약 그대로 두었다면 신돈이 왕위에 올랐을지도 모른다. 그런데 왕위에 오른다는 발복에만 신경을 쓴 결과, 오봉산을 만들어 地運과 朝水의 기운을 차단해 버렸기 때문에, 오히려 왕위는커녕 죄인으로서 최후를 마치기에 이르렀다고 한다).

　③ 안동(安東)의 색허산(塞虛山)─조선 시대(1608)에, 안동 사람 권룡만(權龍巒)이 편찬한 《영가지(永嘉誌)》에 의하면, 경상북도 안동에는 다음과 같은 많은 보허산이 있었다고 한다.

"造山. 塞虛山. 城內造山四. 一在官廳前公須西爲人吏設. 一在營廳前大路中央爲官奴婢設. 一在司倉東爲民人設. 右三造山宛如三臺一在司倉南大池中, 若島嶼, 上古罪人定配云. 安幕谷造山三. 一在府城北門外二十步許路東溪西. 一在氷庫前溪西路. 一在門外北洞三里許石佛下大路東. 此三造山, 鎭塞北渠口之虛云. 三街造山. 在城西門外二十步許三路合處. 栗谷里造山. 在洞口以寒洞口之直向府基. 新世里造山二. 一在映南山下大路傍. 一在法興寺下, 犬項上頭大路東林邊. 柳林造山. 在浦松項兩水間. 尊堂造山. 在慕思樓西諺的里南. 府基行舟形, 此造山象繫舟之島嶼埋金鐵以旺金氣云. 古有一府官欲取鐵掘破, 時白晝晦暝風雨大作, 竟不能掘取云. 安奇造山. 在神堂前迎恩亭(府北五里)西. 植楡柳鎭北洞. 犬項造山. 在迎春亭(府東五里)西大路東. 立春日定獻官祭東皇干此. 祭日盛五穀種干器, 置其上觀其穀滋潤者, 占其茂實云."

이런 종류의 보허 조산 또는 가산은, 안동뿐 아니라 각 도읍에도 있어서, 때때로 보수 개축하기도 했으나, 지금은 다만 그 이름만이 남아 전해질 따름이다.

④ 익산(益山) 방허석(防虛石)—익산에 쌍석불이 있다. 이것은 쌍석불 중건비(조선 철종 9년 戊午)에 의하면

 "邑之南有雙石嵋峻魁傑, 其形如佛. 窃想昔人, 剏立之始蓋爲水門之
 防虛也."(郡南石佛重建記)(《조선금석총람》 하권)

라 해서 수문의 허를 막기 위해서 설립했던 것 같다. 수문 방허는 서울에도 있었다. 지금의 서울 운동장에는 수문이 있고, 그 옆에 가산이 만들어져 있었지만, 지금은 전혀 그 흔적을 볼 수 없다.

3. 위호염승(衛護厭勝)

이것은 혈국(穴局)에 모이는 길기(吉氣)의 상실을 염승 또는 위호에 의해서 막고, 또한 외부로부터 살기(殺氣)가 도래해서 혈국의 길기를 손상시키기는 것을 막기 위한 것으로, 주로 유물신앙에서 나온 것이다. 다음에 그 실례를 들어 본다.

① 평양(平壤)의 침정(沈碇)—평안남도 평양의 지형은 '행주형(行舟形 : 모란대에서 보아 배가 가는 형태와 닮았다고 한다)'이라 배가 정지하려면 닻을 내려야만 한다고 해서, 닻을 연광정(練光亭) 밑의 깊은 곳에 내려놓았던 것이다. 1923년 이 닻을 찾아서 올려 보니 철로 만든 커다란 닻이었다. 인양한 이상 이제는 닻을 내릴 것이 없지 않겠는가 해서 그대로 내던져 두었다. 그런데 이상하게도 그 해 평양이 생긴 이래 처음으로 대홍수가 나서 평야시 전체가 침수되어 폐허가 되어 버릴 뻔했다. 이 미증유의 사건은 결코 우연한 것이 아니고, 확실히 침정을 인양했기 때문이라 여겼다. 이 홍수와 침수는 진호(鎭護)의 닻을 인양

했기 때문에 행주(行舟)가 다 내려가는 운기로 변했기 때문이다. 만약 이대로 두면 평양은 이윽고 다음 홍수로 자취도 없이 사라져 버릴 것이라는 말이 나돌고 인심이 흉흉해지자 재차 이 닻을 원래의 장소에 내려놓아 '행주형'의 평양의 진호로 삼았다(1929년).

② 강서(江西)의 학란구(鶴卵邱)—평안남도 강서군 강서읍에 마치 학이 양 날개를 편 듯 아름다운 뒷산이 있다. 이 뒷산을 무학산(舞鶴山)이라 하는데, 이 산에는 인위적 유물 풍수가 행해지고 있다. 1929년에 군에서 편찬한 《군세일반(郡勢一斑)》에서 '강서읍 뒤에 있는 이 산을 옛날에는 등귀산(登龜山)이라 했다. 사당·불각이 많았지만 지금은 단지 그 자취만 있을 뿐이다. 산형이 마치 춤추는 학을 닮았는데, 오른쪽 날개를 옥녀봉(玉女峯), 왼쪽 날개를 봉황대(鳳凰台)라 한다. 마치 학이 양쪽 날개를 펴고 남쪽 평야로 비상하는 모습 같다. 백년 전의 군수 조근(趙根)이 산 이름을 무학산이라 개칭하고, 동시에 보림면 구룡산을 서학산, 읍내 연당미륵지(蓮塘彌勒池)를 명학지(鳴鶴池)라 개칭했다. 또한 강서평야로 흐르는 수교천(水橋川) 북쪽에 화산(花山)이라 하는 우산(于山)이 있는데, 이것을 개축해서 원추형으로 하고, 돌을 갈아서 기슭에 묻는 등 학이 알을 품은 것같이 만들어 학란구(鶴卵邱)라 칭하였다. 학이 읍을 버리고 멀리 사라질 수 없게 하는 데에 그 뜻이 있다 한다'. 즉 이 읍은 무학산에 의해 양육되고 있기 때문에 이 무학이 사는 곳에는 놀 못이 있어야 하고 또한 품을 알을 함께 주어서 애석한 정에 끌려서 오랫동안 이 땅을 떠나지 않게 하였다. 이 상서로운 새가 서식하고, 못이 있으며, 또한 알까지 있기 때문에 오랫동안 이 땅에 살면 그 길기(吉氣)도 역시 오랫동안 이 땅에 머무를 것이다. 따라서 강서읍은 영원히 그 길기를 받아서 번영을 누릴 수가 있다. 이러한 풍수신앙에 의해서 산이름이 개칭되고, 난구가 만들어진 것이다.

③ 서울 전도(奠都)와 아도(啞陶)—옛 노인이 전하는 이야기에 의하면, 이성계가 도읍을 한양으로 정할 때, 무학과 정도전 두 사람으로 하여금 한양의 풍수를 자세히 조사시켰다. 조사해 본즉, 한양 땅은 정말 좋은 곳이지만, 좌우의 산천이 아성다출형(啞聲多出形)이기 때문에, 장차 도성 안에 많은 농아자가 나올 우려가 있다고 판명되었다. 그래서 도읍을 옮긴 뒤 곧 이를 막기 위해서, 한강 촌에 아도점(啞陶店 : 아도의 제조소. 지금의 고양군 한지면 한강리 부근으로 지금은 없다)을 설치해서 아도를 만들어 집집마다 사용하게 했다.

이 아도는 지금도 널리 민간에서 사용되고 있는 벙어리 저금통으로서, 속칭 '벙어리 항아리'라 한다. 구슬처럼 생겼는데 길이 한 치 오 푼(약 4.5cm), 폭 한 푼(약 0.303cm)의 넣는 구멍밖에 없는 항아리이다. 그 속에 동전을 넣으면 다시 나올 수 없기 때문에 많은 동전이 모이면 부수도록 되어 있다. 이 입이 받아들일 뿐 내놓지 않는다 해서 '아도'라 이름지은 것이다. 지금부터 30년 전에는 양쪽에 귀가 달려 있어 손잡이 구실을 했다고 한다. 아도가 입이 있어 먹는 것은 먹지만, 죽을 때까지 한번도 토하지 않는 것고, 귀가 있어도 소리를 듣지 않는 점이 농아와 닮았으므로, 이것을 농아자로 간주했던 것이다. 이 것으로 인간 농아자를 대신하게 되어 이미 집집마다 농아자가 있기 때문에 더이상 농아가 나오지 않는다는 것이다. 이것은 물건류로서 사람을 대신할 수 있다고 하는 대신신앙(代身信仰)을 풍수에 응용한 것에 다름 아니다.

④ 화방(火防)의 해태(獬豸)—조선 초기에 국도를 한양으로 정했을 때, 궁전의 방향을 어디로 할 것인가에 대해서 무학과 정도전 사이에 논쟁이 벌어졌다. 무학은 인왕산을 현무로 하고 백악과 남산을 좌우의 용호로 해서 유좌묘향(酉坐卯向)으로 하면 왕업을 영구히 전할 수가 있지만, 만약 백악을 현무로 해서 자좌오향(子坐午向)으로 하면 정

면에 화(火)산인 관악산이 궁성을 위압하고 있기 때문에 내우외환이 많을지도 모른다는 인왕현무설을 주장했다. 그런데 정도전은 옛날부터 일국의 군왕은 남쪽으로 면해서 백성을 다스리는 것이 천하의 통례이기 때문에 이를 무시할 수 없고, 관악산은 정면에 있지만 한강을 사이에 두고 멀리 떨어져 있기 때문에 그다지 영향은 없을 것이라고 반론해서 마침내 직접 관악산에 면하는 것을 피해 조금 방향을 동쪽으로 변경하고, 임좌병향(壬坐丙向)으로 궁터를 정했다. 그런데 과연 태종 때 형제간에 골육 상쟁이 벌어졌고, 세조반정과 임진왜란이 일어났으며, 경복궁은 몇 번이나 화재의 재액을 만났다. 그래서 설사 관악산이 한강과 떨어져 멀리 있다고 하더라도(水克火의 이치에 의해서 관악산의 영향은 한강물에 소멸된다고 하는 이유) 풍수에서는 '보이는 살(殺)은 해(害)하고, 보이지 않는 살은 해하지 않는다'고 해서 국(局)에서 보이는 살, 즉 위험물은 아무리 멀리 있다 해도 영향을 미치는 것이기 때문에 이것을 방어하지 않으면 안 된다. 그러나 관악산을 차단하고 은폐시킬 만큼의 대규모적인 설비는 불가능하기 때문에, 여기에 관악산의 영향을 극복할 수 있는 방법을 강구해야만 한다. 그래서 생각해 낸 것이 물짐승인 해태를 궁전 앞에 만들어 놓아 이것을 막거나, 강성한 관악산의 살기를 소멸시키기 위한 물항아리를 관악산의 각처에 파묻었다. 이렇게 해서 생긴 것이 현재 국립중앙박물관 정면 현관 앞 좌우에서 있는 해태이다.

⑤ 학의 날개를 누르고 궁궐을 세우다―조선 시대 초기에 한양에 도읍을 정했는데, 궁전 건설을 무학이 지휘했다. 무학은 궁궐의 주춧돌을 놓을 땅을 정하고, 여기에 기둥을 세우려 했으나, 기둥은 서지 않고 넘어져 버렸다. 몇 번을 되풀이하고, 아무리 사람 수를 늘려도 소용이 없었다. 유명한 무학도 이것에는 손을 못 쓰고 있었는데, 옆 밭에서 검은 소를 부려 밭을 갈고 있던 한 늙은 농부가 '이놈의 소새

끼, 너의 엉뚱함은 꼭 저 무학과 같다' 하며 소를 나무랐는데, 이것을 듣고 무학이 크게 놀라며, 이 사람이야말로 범인이 아니라고 생각하고 그 늙은 농부에게 그 이유를 물었다. 농부는 대답하기를, 한양은 학이 춤추고 있는 형상을 하고 있기 때문에, 학의 등에 건물을 세우려고 하면, 우선 저 날개를 누르고 나서 하지 않으면 헛일이다. 날개를 그대로 두고 등에 건물을 세우려 하니 기둥이 세워질 리 있겠는가. 무학은 이 말을 듣고 깨달은 바가 있어, 우선 궁성을 쌓아 날개를 누른 뒤에 궁궐의 기둥을 세우자 이번에는 공사가 잘 진척되었다고 한다.

⑥ 성문의 염상─서울(옛날 한성)에는 8대 성문이라 해서 숭례(崇禮: 남대문), 홍인(興人 : 동대문), 돈의(敦義 : 서대문), 숙정(肅靖 : 북문), 혜화(惠化 : 동소문), 창의(彰義 : 자하문), 광희(光熙 : 남소문), 소의(昭義 : 서소문)가 있었다. 현존하는 것은, 숭례, 홍인, 숙정, 창의 등 네 개의 문뿐인데, 그 중에서도 숭례와 홍인은 성문의 대표적인 것으로 여덟 대문 중에서뿐 아니라 현존하는 것 중에서도 뛰어난 것이다. 이 남대문과 동대문이 서울의 비보적 풍수에 이용되었던 것도 결코 우연이 아니다. 남대문 정면에 걸려 있는 현판에는 숭례문의 석자가, 다른 모든 성문의 현판이 모두 횡서인데 반해서 오직 이것만이 종서로 씌어 있는데, 이 숭례의 '예'는 오행으로 나누면 화(火)에 속하기 때문에 남쪽 방향이란 뜻을 나타냄과 동시에, 이것을 종서(縱書)로 쓴 것은 남쪽에 솟아 있는 화산인 관악산의 살기를 누르기 위해서였다고 한다.

이것은 불의 성질을 '염상(炎上)'이라 하는 점에서 숭(崇)자의 상형(象形)과 종서에 의해서 불이 타오름을 나타내그, 불로써 불에 대항시켰던 것이리라.

동대문은 홍인지문(興仁之門)이라 한다. 그래서 다른 모든 문은 모두 석자인 데 반해 이 문만은 홍인지문이라 해서 '之'자를 하나 더 첨

안동 수목(安東 壽木)의 오래 된 나무

가해 넉자로 하고 있다. 인(仁)은 5행으로 나누면 목(木)에 속하기 때문에 동쪽을 의미하는 것은 물론이다. 그런데 이 '之'자를 첨가해서 넉자로 했던 것은 서울의 동쪽이 허전하기 때문에 이 허를 메우기 위한 것으로 이 성문의 바깥에 곡성(曲城)을 부설했던 것도 똑같은 뜻에서 나온 것이라 한다(《別乾坤》 4권 6호 京城號). 생각해 보면 '之'자는 '현(玄)'과 마찬가지로 풍수에서는 굴곡을 표상(表象)하는 것이기 때문에, 이 자에 의해서 기운의 직류를 막고, 기운이 골곡, 즉 주저해서 생기의 축적을 방해하지 않기를 바랐던 것이다(제 3 편 제 4 장 서울의 풍수 참조).

⑦ 안동의 수목(壽木)─경상북도 안동읍 내의 여러 곳에는 거대한 고목이 하늘을 찌를 듯 치솟아 있다. 그런데 이 노목이야말로 젊은이의 요절을 막은 풍수적 전설의 주인공이다. 옛날 한양의 양반으로 풍수설에 뛰어났던 학자 맹사성(孟思誠)이 안동에 부사로 부임했을 때, 그의 마음을 가장 아프게 한 일은 젊은 과부가 많다는 일이었다. 그

원인은 젊은 남자가 요절하기 때문이라는 것이었다. 풍수에 뛰어났던 맹사성은 여러 가지로 생각한 끝에 이 영향을 낙등강의 물기운이 발하는 것으로 보고, 물기운에 입각해서 흉을 길로 변화시키는 풍수적 술법을 감행해서 이 요절 현상을 멋지게 불식해 버렸다. 기사회성(起死回生)의 법술이란 무엇인가? 그것은 낙동강의 수계(水系) **ㅓ**형에 대해서, 안동의 뒷산에서 흐르는 수계를 **二**형으로 고쳐 흐르게 함으로써, 안동의 수형을 '인(仁)'자 모양으로 만들고, 읍내 각처에 나무를 심어서 그 배치를 마치 '수(壽)'와 같이하여, 수(水)의 인(仁)과 목(木)의 수(壽)로서 안동읍내를 둘러싸 버린 것이다. 이것은 수(水)의 성(性)은 인이고, 목의 성은 수(壽)이기 때문에, 이 수로 하여금 인의 본성으로 되돌려 보내, 수생목의 5행상생으로 물기운을 목의 상생에 이용하여, 나무를 그 본성인 수(壽)자로 만들어서 그 본성을 발휘하게 한 것이다. 물은 나무를 해하는 일이 없고, 목은 수(壽)가 되어 요절을 막으므로 '인자장수(仁者長壽)'라는 옛말에도 맞고, 안동의 운기는 장수의 발복을 이루는 것으로 변화된다는 이유에서이다. 이 법술의 효과는 곧 나타나, 그때부터는 남자가 요절하는 일 없이, 젊은 과부의 울음 소리도 그쳤다고 한다. 현재 안동군청의 앞뒤에 있는 노목은 이 수목의 일부이다(1930년 2월).

　이런 비보방살(裨補防殺) 내지 염승의 예는 수없이 많이 있지만, 여기서는 다만 풍수란 인위적으로 기운을 바꿀 수 있는 것이며, 악기(惡氣)를 막을 수 있다고 하는 신앙의 존재를 살피는 데 그치고, 상세한 것은 뒤에 다시 거론하기로 한다.

제5장 풍수서(風水書)와 풍수사(風水師)

1. 풍수의 서적

한국의 풍수서적은 그 대부분이 중국의 풍수서를 수입한 것이거나 그대로 번역한 것이다. 한국에서 씌어진 것은, 그 대부분이 풍수사가 자기의 상지(相地)상의 편의를 위해서 중국 풍수서의 기사를 발췌한 것이다. 발췌의 근거를 명기해 두지 않았기 때문에, 어떤 책에서 발췌한 것인지도 알 수 없다. 서적의 크기나 종이질에 일정한 형이 없고, 대부분이 육필본(肉筆本)이나 사본(寫本)이며, 번역된 것은 손꼽을 정도이다.

그런데 어떤 풍수서가 가장 중시되었을까? 신라나 고려 시대에 사용된 것은 확실하게 전해지지 않아 상세히 이야기할 수는 없지만, 조선조의 법전인 《경국대전(經國大典)》에는 풍수서를 한 과목으로 열거하고 있기 때문에, 조선조에 들어와 그 대략을 엿볼 수 있다. 그렇다면 과목으로서 채택된 풍수서는 어떠한 것인가? 《경국대전》 예전(禮典)에 음양과의 시험과목 중에는 지리학 강서가 다음과 같이 열거되어 있다.

지리학 강서(講書)―청오(靑烏)·금낭(錦囊) 배강(背講)·호순신(胡舜申)·명산론(明山論)·지리문정(地理門庭)·감룡(撼龍)·착맥부(捉脈賦)·의룡(疑龍)·동림조담(洞林照膽)·경국대전 임문(臨文)(원전: 건국 초기에서 성종 때까지의 것임)

지리학─ 청오·금낭경 배송(背誦)·명산론·호순신·동림조담·경국대전 임문(속대전 : 성종 이후 영조까지의 것임)·탁옥부(琢玉斧) 임문(臨文 : 新增 : 정조 무렵. 그 뒤 곧 이 탁옥부와 동림조담은 없어졌다). 이들 서적은 어느 것이나 중국의 풍수로서, 수입된 것을 사본으로 또는 인쇄본으로 사용했던 것이다. 그런데 지리학 과목 중 《청오경》, 《금낭경》, 《호순신》, 《명산론》 등의 책은 지리학 과목 중에서 주요한 것으로 취급되었다. 특히 《청오경》과 《금낭경》은, 경국대전의 원전과 속전(續典)에도 타 과목은 모두 임문(臨文)인 데 반해, 배강(背講) 배송(背誦)해야 되는 것으로 되어 있는 것으로 보아 가장 중

풍수 서적

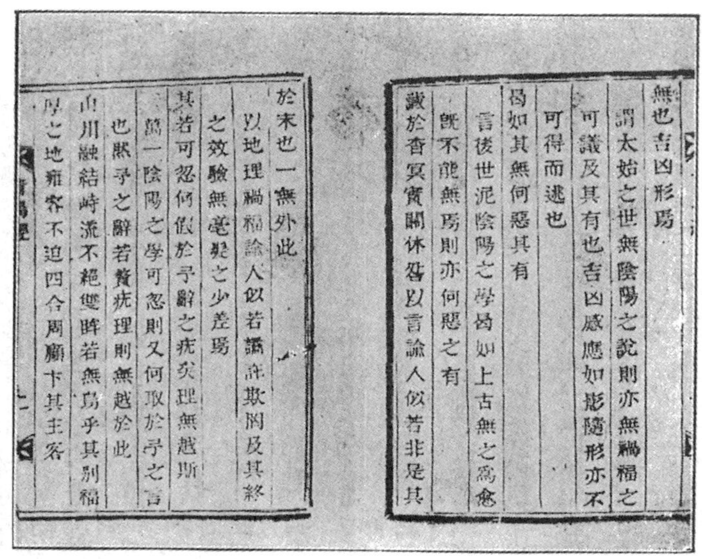

無也吉凶形焉
謂太始之世無陰陽之說則亦無禍福之
可議及其有也吉凶感應如影隨形亦不
可得而逃也
咎如其無何惡其有
言後世泥陰陽之學咎如上古無之爲愈
既不能無焉則亦何惡之有
識於杳冥實關休咎以言諭人似若非足其

於末也一無外此
以地理禰禍論人似若讒誣欺罔及其終
之效驗無毫釐之少差焉
其若可忽何假於尋辭之疾疢理無越斯
萬一陰陽之學可忽則又何取於尋之言
也默守之辭若贅疣理則無越於此
山川融結峙流不絕巒眸若無焉乎其別福
厚之地雍容不迫四合周廟卜其主客

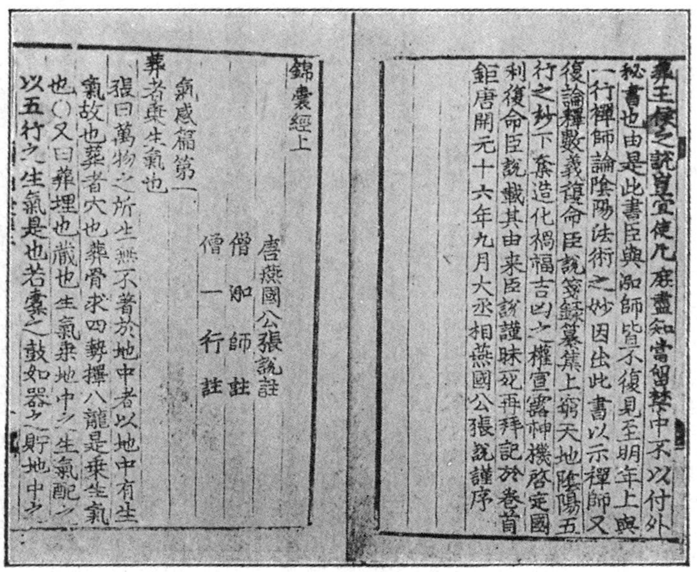

錦囊經上

唐燕國公張說註
僧泗師註
僧一行註

氣感篇第一

葬者乘生氣也

狼曰萬物之所生無不著於地中者以地中有生
氣故也葬者穴也葬骨求四勢擇八龍是乘生氣
也○又曰葬埋也藏也生氣來地中之生氣配之
以五行之生氣是也若橐之鼓如器之貯地中之

葬主傢之說皇矣使凡庶盡知當留禁中不以付外
秘書也由是此書臣與泗師皆不復見至明年上與
一行禪師論陰陽法術之妙因出此書以示禪師又
復論釋數義複命臣說箋錄篹集上窮天地陰陽五
行之妙下葬造化禍福吉凶之權宣露神機啟定國
利復命臣說載其由来臣誠謹昧死再拜記於卷首
鉅唐開元十六年九月大丞相燕國公張說謹序

풍수서의 내용(위 : 청오경, 아래 : 금낭경)

요시되었음을 알 수 있다. 따라서 조선조에 있어서의 지리서, 풍수서
는 과거(科擧) 과목에 있어《청오경》,《금낭경》,《호순신》,《명산론》을
그 정본(定本)으로 시종일관했던 것이며, 다른 많은 지리서가 수입되
고 유포되었다 하더라도, 이 네 가지가 권위있는 풍수서로 간주 되었
던 것이다. 그 외에 대전에 열거된 서적은 과거(科擧)의 정본(定本)인
만큼, 조선조에서도 번역 제본되어 많이 유포되었지만, 이를 제외한
다른 풍수서들은 중국책 그대로 혹은 사본으로 유포되었다. 그리하여
현재 풍수사(風水師) 사이에서 사용되는 풍수서를 보면 다음과 같이
많이 있다.

朱子踏山賦, 道詵踏山賦, 踏山歌, 程明道, 程伊川踏山歌, 地理大
全, 地理正宗, 地理大成, 地理要覽, 地理大全要訣, 地理大要, 地理
五決, 地理雪心賦, 地理要訣, 地理總論, 地理全書, 地理五訣三師訣
抄, 地觀, 地可書, 地理直指元眞, 地骨經, 地理書, 地理訣, 地理大典,
地理通經, 地理妙譯, 地理精書, 地家書, 寥公地理大全, 地理祕鑑,
地理辨正疏, 靑囊經, 靑好經, 淸五經, 靑鳥經, 郭璞葬經, 赤霆經,
黃帝宅經, 感龍經, 地理正經, 玉尺經, 天五經, 龍甲經, 玉髓眞經,
唐一行山書, 無學地相書, 成居子地家書, 山法全書, 山歌書, 山書,
山法全書, 河洛書, 河洛全書, 河圖洛書, 鰲頭統書, 陽宅書, 祕方書,
五道通書, 玉龍子祕訣, 精校地理五訣, 三要地理五訣, 道仙祕訣, 金
龜訣, 子龍子訣, 三師訣, 舞鶴訣, 山水訣, 堪輿訣, 風水錄, 明堂錄,
名山錄, 經地論, 唐一行看山論, 龍八字好用論, 戊己圖, 各山圖, 朴
聖儀圖式, 分野圖, 封山圖, 陽宅大全圖說, 人子須知, 人自須, 人坐
須知, 人子擇地, 六甫集, 正陽集, 山歌集, 點穴大全, 陽宅大全, 參
贊祕傳, 陽宅正宗, 陰宅正宗, 損吉龜鑑, 協記辨僞, 安民地學, 天機
全元, 四大極法, 李儀承, 彈子, 直指元眞, 圖地理, 九星編, 雪心賦,
道禪倒杖歌, 入志眼, 辨入門, 正陰正陽, 天機大要, 天機會元, 要集

抄文, 雪神賦, 聖淨法, 說心賦, 新增選擇玉連池, 山勢, 一片金, 難解, 沈氏地學, 心簿錦繡, 六韜三略, 日家龜鑑, 正宗合篇, 穿山透地, 俯察玄機, 無憾篇, 陽宅三要, 平沙玉尺, (이상은 1929年 朝鮮全道五十六警察管內調査報告에 의한 것임) 山林經濟, 歸厚錄, 天元五歌陽宅, 博物志, 山林祕記, 八域志, 病龍論, (이상은 川崎繁太郎氏《朝鮮의 古地學》引用書名에 의한 것임) 選擇要略, 選擇記要, 增補天機大要, 協吉通義, 攝要新書, 洪範衍奇, 洪範正宗, 祕局玉匙, 祕訣輯錄, 道宣祕訣, 鄭鑑錄, 無學祕記, 土亭家藏訣, 北窓祕訣, 西山大師祕訣, 杜師聰祕訣, 西溪家藏訣, 南師古祕訣, 五行妙法, 風水錄, 風水集議, 占例, 玄鑒, 祕訣全集. (이상은 朝鮮總督府古圖書目錄方術類所錄에 의한 것임.) 八域可居法. 雪心鏡. (이상은 李王職圖書館藏)

이상이 현재까지 한국에서 볼 수 있는 풍수서이지만, 이 외에도 문외불출(門外不出), 타인불견(他人不見)의 풍수서가 많이 있다.

2. 풍수서의 내용

앞에서 본 것처럼 풍수의 서적은 많지만, 그 내용은 대개 동일한 것으로, 이를 살펴보면 풍수가 가능한 감응론(感應論), 실제로 길흉의 지세를 논하는 산수론(山水論) 및 길흉에 영향을 미치는 것으로 간주되는 방위유형론(方位類形論)의 세 가지를 논술한 것이다. 이제 그 내용을 구체적으로 설명하기 위해서, 두세 개의 대표적 풍수서에 대해서 그 양태를 논술하기로 한다.

1. 청오경(靑烏經)

조선시대에 음양과와 지리학과의 수위(首位)를 다투던 《청오경》이란 어떤 책인가? 지금 현존하는 인쇄본에 대해서 살펴보면 판형은 국배판, 16행 17자, 9매의 얇은 것으로, 인쇄된 활자나 사용한 종이, 마지막 페이지에 첨부되어 있는 '병인중간(丙寅重刊)'이라는 간행 연도로 볼 때 그다지 오래 된 것은 아니고 고종 3년(1866) 무렵의 것으로 생각된다.

표제는 단지 《청오경》으로 되어 있지만, 본문 첫장 모두(冒頭)에는 《지리전서 청오선생장경》이라는 책명으로 씌어져 있다. 본문에 들어가기 전에 당나라 국사 양균송〔이 사람은 중국 당나라 희종(僖宗 : 874~888) 시대의 地師로서 광록대부에 임명되었던 鬱林州竇州 출신의 사람. 자는 叔茂. 모든 사람에게 자손번영의 묘지를 점지해 주었기 때문에 사람들로부터 救貧 선생으로 존경받고, 相墓에 산의 모양을 즈로 하고, 수향(水向)을 종으로 하는 방법을 생각해 냈다. 그 저작으로 《감룡경(撼龍經)》《36룡서(龍書)》, 《의룡경(疑龍經)》 등 세 책이 유명하며, 많은 門人을 배출했다. 《고고금도서집성예술(古古今圖書集成藝術)》(권679)〕의 서문이 있다. 이 서문에 의하면, 《청오경》은 지리음양술에 정통한 한대(漢代)의 사람 청오선생의 논술인데, 진(晉)의 곽박이 그의 책 곳곳에 '경왈(經曰)'이라고 인용해서 자기의 설을 뒷받침하는 근거로 삼았으며, 그 논술은 간략하지만 엄정(嚴正)·불변의 훌륭한 문장이기 때문에, 진실로 후세의 음양가 및 음양서의 으뜸이라 할 수 있다.

본문은 그 문체가 대단히 간결하기 때문에, 그저 통독만으로는 뜻을 이해하기 어렵다. 양균송이 여기에 주석을 달고 있지만, 평이하고 유창한 문장은 아니다. 이렇게 한구 한구가 비결 같고 격언과 같이 열거되어 있으므로 읽기가 쉽지 않을 뿐 아니라, 또한 해석이 어려운 만큼 후세의 학자들에게 귀중한 것으로 여겨지고, 또한 자유로운 해석의 여지를 제공하기 때문에 《장경(葬經)》의 원전이며, 장서(葬書)의 으뜸으로 존중되기에 이르렀던 것이다.

그런데 본문에는 장절(章節)의 구분도 없이 한 문장으로 연속되어 있고, 곳곳에 양균송의 주석이 부가되어 있는데, 편의상 다음과 같이 구분해서 대략을 해설하고자 한다.

① 음양과 길흉—태고에 혼륜(渾淪)의 기운이 움직여 커다란 박과 같은 것이 갈라져서 음양이 되고, 청탁이 되고, 생물이 되어 여기에 생로병사의 현상이 나타났다. 그러나 아직 이 현상의 유래를 설명하는 음양오행의 설이 만들어지지 않았던 때에는 이러한 현상은 물론 인생에 대한 화복을 논하거나 길흉을 판단할 기술도 없었던 것이다. 그런데 사람의 길흉화복에 대한 관심이 강했던 결과 마침내 음양오행의 학설이 나오게 되었다. 원래 우주의 현상, 인생의 화복은 음양오행의 운행에 의한 것이므로 이를 이해할 수 있는 음양오행설이 나온 이상 이것에 의해서 화복을 논하고 길흉을 점치게 된 것은 실로 당연한 일이다.

② 장(葬)과 인생—사람의 화복(禍福)은 장지(葬地)의 길흉과 밀접한 관계를 갖고 있다. 지리의 길흉은 음양오행에 의한다. 인생 화복 지리 화복의 설을 사기술과 같이 생각하는 사람도 있을지 모르지만, 그 시초가 눈에 보이지 않고, 그 효험을 이해하지 못하는 일이 있어도, 결국에 가서는 털끝만큼의 오차없이 예상이 적중되기 때문에, 장(葬)과 인생, 음양과 지리와의 관계는 대단히 밀접한 것이며, 극히 신중하게 고려하지 않으면 안 된다.

③ 장지(葬地)의 선악—장지의 좋고 나쁨은 어떻게 판별하는가? 장지는 산천이 융결(融結)하고, 산의 우뚝함과 물의 흐름이 둘 다 갖추어진, 복이 후한 땅, 옹용(雍容)이나 규모가 관대해서 멈추지 않고, 전후좌우의 사방이 공허함이 없이 서로 싸고 바라보는, 주객을 명확히 하는 것을 길지의 대관(大觀)으로 한다. 다시 말해서 산은 맞이하는 형태를 좋다고 하고, 물은 깊은 것을 좋다 한다. 이를 동정(動靜)

으로 보면, 산은 정(靜)한 것이기 때문에 움직이는 맛이 있는 것을 원하고, 물은 움직이는 성질이므로 정체(靜滯)의 기운을 원한다.

④ 생기와 풍수―왜 위와 같은 산천의 지세를 길지로 여기는가? 장(葬)은 음양의 생기를 받는 것이 목적이기 때문에, 이 기가 충족되는 곳을 길지로 한다. 그런데 기는 바람에 편승되면 흩어지고, 맥(脈)은 물을 만나면 멈춘다. 따라서 장은완연(藏隱蜿蜒)한 곳, 산과 물이 만나는 곳을 부귀재화를 얻는 길지로 여기는 것이다.

⑤ 감응과 소응―아무리 훌륭한 길지라 해도 그것이 인생에 도움이 되지 않으면 문제가 안 된다. 장의 길흉에 따라서 인생 화복의 소응이 있음은 어떤 이유에서인가? 우주 음양의 화신(化身)인 사람이 죽는 것은, 그 현상을 떠나서 본체로 돌아가는 것이다. 즉 정신은 신의 나라로 들어가고, 그 뼈는 본체인 흙으로 돌아가는 것이기 때문에, 만약 그 뼈가 길기(吉氣)와 감응하면, 그 뼈의 연장인 자손에게 복이 미치는 것이다. 동쪽산에서 불을 뿜으면 서쪽 산에 구름이 일 듯이, 죽은 사람을 묻은 묘지가 온혈(溫穴 : 온혈이면 빨리 육체가 썩어서 뼈가 직접 땅기운을 받음)이면, 자손이 부귀를 이루게 되고 이 기운이 감응한다. 따라서 산 사람이 부귀해지는 것은 죽은 유해를 묻은 묘혈이 길지인 까닭이다. 따라서 만일 이에 반대되는 경우, 즉 흉혈에 묻었을 때에는 자손은 고독과 빈천을 면할 수 없다.

⑥ 지세와 길흉―장(葬)의 길흉은 땅의 형세에 따른다. 이를 산에 대해 말하면 초목이 나지 않은 민둥산, 무너져 구덩이가 생겨 기가 없는 산(斷山), 산 전체가 암석으로 흙이 없는 산(돌산), 산 기운이 머물지 않고 지나쳐 가는 산(過山), 자웅이 없는 산(독산), 명당(明堂)이 없는 산, 경사져서 바르지 못한 산(側山)은 모두 흉산이고, 포결(包結)이 없는 산의 혈에는 불축(不畜)의 혈이라 해서 뼈가 썩을 흉이 있고, 조대(朝對)가 없는 산의 혈에 묻으면 불급(不及)의 혈이라 해서

산 사람이 절멸되며, 공결한 산의 혈은 등루(謄漏)의 혈이라 하며 관이 뒤집히고 패곽(敗槨)을 초래하며, 유음(幽陰)한 산의 혈은 배수(背囚)의 혈이라 해서 차가운 물방울이 스며드는 액이 있기 때문에 흉혈이다.

⑦ 상지(相地)법—내세(來勢)가 머무는 곳, 그 형태가 앙연(昂然)한 것은 기가 왕성한 것을 나타내지만, 이러한 형세에 첨가해서 앞면에 물이 떠돌고, 뒤쪽에 지롱(支壠)이 서로 연결된 땅은 공후(公侯)가 나오는 귀한 땅이다. 내세(內勢)가 줄어들고 그 형태가 정지하는 것은 기상(氣象)의 국(局)이 잡히는 것이기 때문에, 이러한 곳의 전안(前案)이 굽어 있을 때는 치부(致富)의 땅으로 친다. 땅이 귀해서 평이(平夷), 흙이 귀해서 지(支)가 있는 경우에는 기가 안지(安止)해서 험하지 않은 곳을 혈로 하고, 물은 느린 모양이 좋다고 한다. 평택(平澤)의 땅에서는 기를 그 안으로 끌어들여야 하는 것으로 외형에 구애되어서는 안 된다.

⑧ 방향을 정하는 법—묘혈의 방향에 음양이 있고, 혈의 좌측을 양, 우측을 음으로 하는데 좌측으로 치우친 혈은 우측으로 향하게 하고, 우측으로 치우친 혈은 좌측으로 향하게 해서 음양이 조화를 이루도록 해야 한다.

⑨ 양택(陽宅)의 지상(地相)—땅의 길흉에 의해서 인생의 화복을 바라는 것은 단지 묘혈뿐만이 아니라, 도읍을 정하고, 현을 세울 때에도 적용된다. 공후(公侯)의 묘지는 용마(龍馬)가 등기(騰起)해서 작고 꼭대기가 날카로운 규홀(圭笏)산에 대하는 것을 좋다고 하고, 관귀(官貴)의 묘지는 문필이 산 쪽에 우뚝 서고, 어대산(魚袋山)이 함께 늘어선 것을 좋다고 하듯이, 대부(大富)의 묘지는 원봉금궤(圓峯金櫃), 패보답래(貝寶畓來), 즉 내[川]가 모여 이르는 것과 같은 것을 좋다고 한다. 이 상지(相地)에 방위의 영향을 고려하면, 훌륭한 묘지를 고를 수

있다.

⑩ 장시(葬時)와 장기(葬忌)―그윽한 궁(宮), 즉 묘지는 신령이 있어서 지배하고 있는 것이기 때문에, 장사지내기에 앞서 술을 따르고 제사를 지내지 않으면 안 된다. 고분 가까이에 신설하는 것은, 한쪽은 번영하고 한쪽은 쇠미함을 면할 수 없기 때문에 조심해야 한다. 혈이 아무리 좋아도, 장사를 지내는 때가 적당하지 않으면 시체를 내다버리는 것이나 다름없다.

⑪ 풍수의 가능―풍수의 원리는 음양부합, 천지고통(天地交通), 내기붕생(內氣崩生), 외기성형(外氣成形) 등 내외가 서로 상응하는 데 있으므로, 눈으로 산천의 형세를 관찰하고 마음으로 그 이치를 생각하면, 조화(造化)의 묘를 잘 터득해 갈 수 있을 것이다.

2. 금낭경(錦囊經)

《금낭경》은 흔히 풍수의 시조라고 불리는 중국 진(晋)나라 사람 곽박(郭璞)이 지은 《장서(葬書)》나 《곽박장서(郭璞葬書)》를 말한다. 이 장서를 금낭경이라고 부르게 된 데는 사연이 있으니 다음과 같다. 중국 당나라의 현종(玄宗)이 지리를 잘 아는 홍사(泓師)를 불러서 산천의 형세를 물어 본 적이 있다. 그때 홍은 사사건건 이 장서를 인용하여 설명하였다. 현종이 홍에게 그 책을 요구하니 그는 그 책을 바치면서 이 책은 매우 귀한 책이고 함부로 다른 사람에게 보여서는 안 되는 비보서(祕寶書)라고 말하였다. 이 말을 들은 임금은 이 책을 금낭(錦囊) 안에 넣고 다시 장농에 깊이 넣어서 누구도 보지 못하게 했다고 하여, 이때부터 이 책을 《금낭경》이라고 부르게 되었다고 한다.

한국에 현존하는 《금낭경》은 한국에서 한지(韓紙)에 목활자로 인쇄한 것이며, 크기는 국판의 두 배인 국배판(菊倍版)으로 당나라 연국

공(燕國公) 장설(張說), 승려 홍사(泓師), 승려 일행(一行)등 세 사람이 주석을 단 주석본(註釋本)이다. 이 책의 서문에 당나라 개원(開元) 16년 9월, 임금의 명령을 받아 만든 것이라고 나와 있다. 본문은 《청오경(靑烏經)》보다 체계 있게 짜여져 있다. 내용을 보면, 상권(上卷)에는 기감편(氣感篇), 인세편(因勢篇), 간지편(干支篇), 산세편(山勢篇), 사세편(四勢篇) 등 다섯 편이 실려 있고, 하권(下卷)에는 귀혈편(貴穴篇), 형세편(形勢篇), 취류편(取類篇) 등 세 편이 실려 있어, 총 2권 8편으로 되어 있다. 각편마다 본문에 대한 합주(合註)가 있는데 본문보다 많은 편이다. 주석은 본문보다 한 자 내려서 달아 놓았다.

1. 기감편(氣感篇)

여기서는 장자(葬者)가 생기(生氣)를 타는 원리를 말하고 있다. 생기는 땅 속을 돌아다닌다. 사람의 몸은 부모로부터 받은 것이다. 따라서 부모의 본체는 자식의 몸이 되어 마치 서쪽 동산이 무너지면 동쪽의 신령한 종이 우는 것처럼 서로 감응한다. 그러니까 부모의 본체가 생기에 감응하면 자식은 번영한다고 한다.

그러면 생기란 무엇인가? 곽박은

"夫陰陽之氣. 噫而爲風. 升而爲雲. 降而爲雨. 行乎地中. 則爲生氣."

라 하여 음양이 유동하는 것을 형이상(形而上)·형이하(形而下)의 두 가지로 나누었다. 그 소리와 형태가 있는 것은 바람, 구름, 비라 하고, 소리와 형태가 없는 것은 땅 속의 생기라 하였다. 땅 속에 생기(生氣)가 있기 때문에 만물이 생긴다고 하였다. 이 생기는 바람을 타면 흩어지고 물을 만나면 머무른다. 여기서 그 생기를 모아서 흩어지지 않게, 즉 생기를 타게 하는 것이 원칙이다. 따라서 예로부터 이것을 풍수라고 한다. 이를 장풍득수(藏風得水)라 하는데 득수(得水)가 먼저이고 장풍(藏風)이 다음이다. 기가 성하면 흘러가지만 물을 만나면 그 여세는 머무른다. 흩어진다고 하여도 깊으면 모인다. 따라서 굳은 땅에는 얕게 묻고 평탄한 땅에는 깊이 묻는다. 이를 요약하면 생기는 사산조집(四山朝集), 바람이 없으면 많은 생기가 모이고 물을 만나면 머무르며, 깊고 얕음에 따라 생기를 탈 수 있다는 것이다. 이 생기가 어떻게 인체와 관련이 되는가에 대하여 곽박은

"夫土者氣之體. 有土斯有氣. 氣者水之母. 有氣斯有水."

"丘壠之骨岡阜之支. 氣之所隨. 經曰. 土形氣行. 物因以生. 蓋生者. 氣之聚. 凝結者成骨. 骨者人之生氣. 死而獨留. 故葬者. 反氣納骨. 以蔭所生之法也."

라고 말하였다.

기는 흙을 빌려서 효과를 내게 된다. 즉 흙이 기의 몸〔體〕을 이루게 되는 것이다. 따라서 흙과 기는 체용(體用)의 관계이다. 또 물은 오기(五氣)의 처음이고, 음양의 기에서 발하는 것이다. 그러므로 기가 있는 곳에는 반드시 물이 있게 마련이다. 기는 구룡지골(丘壠之骨), 강부지지(岡阜之支)에 따라다니는 것이기 때문에 산천이 융합하는 곳에는 반드시 생기가 모인다. 또 《장경(葬經)》에서는 땅의 모양에 따라서 기가 가기 때문에 그 기에 의해 만물이 생긴다고 말한다. 물건은 기가 모여 이루어진다. 사람에 대해서 말한다면 사람의 뼈는 기가 모여서 이루어진 것이다. 그러므로 뼈는 사람의 생기라 할 수 있다. 사람이 죽으면 피나 살은 없어져도 사람의 생기는 뼈에 남아 있다. 그러므로 '장(葬)'이란 기를 돌이키는 뼈를 묻어서 그 생기로써 자손들에게 음덕을 입히고자 하는 것이다.

간단히 말하면, 풍수법이란 천지의 생기, 땅 속의 생기, 해골의 생기를 합쳐 하나로 만들어서 자손들이 해골을 매개로 하여 천지의 생기를 입어 행복하게 되고자 하는 이용후생(利用厚生)의 기술이라고 할 수 있다.

2. 인세편(因勢篇)

이 것은 생기가 왕래하는 토지의 기세를 논한 것이다. 우선 오행(五行)과 팔괘(八卦)가 지세의 표리(表裏)가 됨을 설명하고 있다. 즉 오행의 기는 땅 속에서 만물을 발생시킨다. 그러나 그 기는 땅의 모양에 따라 머무르기 때문에 죽은 사람을 이러한 지세를 찾아 매장하려 한다. 땅에는 인(寅：大陽)·신(申：少陽)·사(巳：大陰)·해(亥：少陰)의 네 가지 지세가 있다. 기의 흐름도 진(震：東)·이(離：西)·감(坎：南)·태(兌：北)·건(乾)·곤(坤)·간(艮)·손(巽)의 여덟 방향이 있고, 기가 와서 머무르는 곳은 이 언덕을 찾으면 된다. 그리고 시체를 묻을 땅은 휴수(休囚)를 버리고 생왕(生旺)한 곳을 찾아야 한다.

기세를 볼 때는 지맥을, 산세를 볼 때는 뼈를 찾아야 하며, 세(勢)를 볼 때는 멀리 떨어져서 보아야 하고, 형혈(形穴)을 찾을 때는 백척(百尺) 정도는 떨어져서 보아야 한다. 만일 길방(吉方)에서 오는 세(勢)가 있고 기(氣)가 머무르는 형이라면 이것은 전기(全氣)의 땅이니, 기가 머무르는 곳을 골라서 장사지내야 한다. 이 전기의 땅으로서 후룡(後龍)이 완전왜곡(宛轉委曲)하여 오고 구불구불 돌아 조대(朝對)하고, 좌우 주위를 둘러싸되 전안중첩(前案重疊)의 삼양육건(三陽六建：三吉六秀. 亥·卯·庚을 三吉. 艮·丙·巽·辛·兌·丁을 6秀)을 충족시키는 곳이라든가 사람이 걸터앉은 듯한 것, 또는 손 안에 넣고 보는 듯한 것, 나가지 않는 듯하면서 사라지고, 머무르지 않는 듯하면서 깊고, 유유하게 흐르는 물길처럼 돌아보는 듯하면서 머무르고자 하고, 산이 겹겹이 쌓여 내조(來朝)하고, 물이 모여서 급히 흐르지 아니하고, 음양이 충화되고, 후룡고용(後龍高聳), 비고(肥膏), 그리고 앞에 물이 흐르지 않고 초목이 울창한 곳은 '貴若千乘. 富如萬金'의 길지(吉地)이다. 《고장경(古葬經)》에도 '形止氣蓄. 化生萬物. 爲上地也'라 했으니 이는 당연하다 할 것이다.

3. 평지편(平支篇)

이것은 평탄한 땅이라도 지맥(支脈)이 존재하는 곳이라면 분묘(墳墓)를 정할 수 있다는 것을 논한 것이다. 산형(山形) 토맥(土脈)이 내려앉은 곳이면 평이한 땅을 구해서 혈(穴)을 정해야만 한다. 만약 평이한 땅이 아니면 산세 토맥이 멎지 아니하고 생기(生氣)도 지취(止聚)하지 않기 때문이다. 평양(平洋)한 땅에 묻고자 하면 지맥이 존재하는 곳을 점쳐야 한다. 곽박(郭璞)이 '地貴平夷, 土貴有支'라고 말한 바와 같이 이러한 땅에는 모두 생기가 머무르고 코이는 것이다. 왜냐하면 지(支)가 일어나면 기(氣)가 따르고 지(支)가 머무르면 기(氣)도 따라서 모이기 때문이다. 지(支) 가운데 은은(隱隱), 융융(隆隆), 미묘(微妙), 현통(玄通)한 것이 길지(吉地)를 품고 있다. 《청오경(靑烏經)》에도 '땅에 길기(吉氣)가 있고 흙에 따라 일어나는 곳'이라 했으니, 지(支)에도 기(氣)가 머무는바, 그것은 물에 따라서 머무른다. 즉 그 세(勢)의 옴이 순(順)하고, 형(形)의 기(氣)가 머무르기에 적합한 곳을 구하여 장사지내면 자손은 영길무흉(永言無凶)하다고 한다.

4. 산세편(山勢篇)

이것은 주로 산세(山勢)를 논한 것이다.

즉 산은 그 세(勢)가 험해도 중산중수(衆山衆水)가 취회(聚會)하는 땅은 길지(吉地)이니 여기에 장사지내는 것이 좋다. 묘혈(墓穴)을 정할 때는 먼저 주산(主山)의 내세(來勢)가 연면(連綿)하게 성(盛)한 것을 택하고, 휴수사절(休囚死絶)한 것을 버린다. 즉 주력(主力)의 쇠왕(衰旺)을 생각한 후에 좌우응대(左右應對)의 상(相)을 택하고 해로운 것, 즉 '상극(相剋)'을 피해야 한다. 대개 내(쯧)와 상(相)은 복이 저절로 생기는 곳, 폐(廢)와 해(害)는 화(禍)가 절로 생겨나는 곳이다. 장묘(葬墓)에 의해서 닥치는 화복이 급속하게 그 자손에게 미치기 때문에, 아는 사람은 이 장묘(葬墓)로 인하여 자연의 힘을 빼앗아서 천명(天命)을 고치는 일도 가능하다. 옛 장경(葬經)에도 '葬山之法, 若呼谷中'이라 하여 그 응하는 바의 빠름을 경계하고 있다.

다음에 산세(山勢)를 방위(方位)에서 보면 길경영귀(吉慶榮貴)를 누리는 산세는 인(寅), 신(申), 사(巳), 해(亥)의 사방위(四方位)이다. 이것이 팔방(八方)의 용(龍)을 낳고, 그 팔룡(八龍)이 사세(四勢)의 생기를 얻어서 활력을 발휘하는 것이다. 예컨대 인(寅)으로 해서 이방향(離方向)의 산은 활기가 있고 감간(坎艮)의 산은 신(申)의 세(勢)를 얻어서 활동하는 것처럼 택혈(宅穴)에도 사세(四勢)가 있다. 팔룡(八龍)은 이 사세에 의해서 활약하는 것이기 때문에 길경영귀(吉慶榮貴)는 부르지 않아도 절로 모여들 것이다.

산세가 흉한 곳에 장사지내면 화가 당장에 미칠 것이다. 곽박(郭璞)은 장사지내서는 안 될 산으로 다음 다섯 가지를 꼽고 있다.

① 석산(石山) 생기(生氣)는 흙에 모이는 것이기 때문에 흙이 없는 석산에는 생기가 흐르지 않는다. 따라서 석산은 좋지 않다.

② 단산(斷山) 생기는 구롱(丘壠)의 뼈, 언덕의 지맥에 모이는 것이기 때문에 산의 맥(脈)이 단절되어 있는 곳에는 생기가 모이지 않는다. 그러므로 장사지내서는 안 된다.

③ 과산(過山) 생기는 산세가 머무르는 곳에, 지맥이 끝나는 곳에 모이기 때문에, 지맥이 머무르지 않고 지나가는 곳에는 생기가 없다. 따라서 이 과산(過山)에는 장사지내지 않아야 한다.

④ 독산(獨山) 생기는 회룡(會龍), 즉 후강전응(後岡前應), 좌회우포(左回右抱), 중산환합(衆山環合)하는 곳에 머무르거나 모인다. 그런데 독산(獨山)은 그렇지 못하다. 그러므로 생기가 없다. 이런 곳에 장사지내면 해를 입는다.

⑤ 동산(童山) 양(陽)을 받고 음(陰)에 화(和)해서 숲이 울창한 곳

에 생기가 있다. 그런데 붕암(崩岩)·파롱(破壠)·초고험괴(焦枯險怪)하여 나무 한 그루 풀 한 포기 나지 않는 동산에는 생기가 없으니 절대로 장사해서는 안 된다.

그러므로 고경(古經)에도 '童, 斷, 石, 過, 獨. 生新凶. 消已福'이라고 주의시키고 있다. 이들 산은 단순히 불길한 것만이 아니고 여기에 장사지내면, 곧바로 흉재(凶災)가 생겨 이미 받게 되어 있는 복까지도 없어진다는 것이다.

지금까지 산세(山勢), 방위(方位), 형상(形象)을 논했다. 요약하면 점산(占山)의 법(法), 즉 장법(葬法)에서 세(勢)의 판별(辦別)이 제일 어렵고, 형용(形容)의 구별이 그 다음이그, 방위(方位)를 정확히 정하는 것이 그 다음이기 때문에 산세야말로 점산자(占山者)에게 가장 중요한 것이다. 이러한 세형(勢形)을 감정해서 좋은 묘지를 선택하는 요령은 다음과 같다.

① 산세가 엎드린 것 같고, 이어져 있는 것 같으며, 일돈일기(一頓一起) 표리승접(表裏承接) 하고, 내세(來勢)가 연면(連綿)히 끊어지지 않고 하늘에서 발단된 듯한 것.

② 평평한 땅으로서 마치 물결의 기복(起伏)이 세문(細紋)을 그려 놓은 듯한 것.

③ 지롱(支壠)이 분등(奔騰)하여 마치 말이 달리는 듯한 것.

④ 산세가 약상(弱相)이 아니고 달리려 하는 모습.

⑤ 산세가 머무는 곳, 숨어 엎드렸다가 다시 떠나가는 기세(氣勢)가 없는 마치 시체와 같은 것.

⑥ 내룡(來龍 : 常山에서 내려오는 산줄기)이 귀하여 뭇 산이 조종(朝從)하여 마치 귀인(貴人)이 만보(萬寶)를 품고 편안히 휴식하는 듯한 것.

⑦ 내룡(來龍)이 투박하고 연못이 둘러쳐져 마치 귀인(貴人)이 앉고

그 앞에 진수성찬의 상을 받은 듯한 것.

⑧ 납기(納氣)가 충만하여 마치 풀무에 바람이 찬 듯한 것.

⑨ 좌우전후의 형세가 마치 그릇에 물건을 담아 둔 듯한 것.

⑩ 용이 반거(蟠居)하고, 난새(鸞鳥)가 춤추며 나는 듯한 것.

⑪ 주산(主山)을 향해서 여러 산들이 마치 뭇 날짐승이 난(鸞)새에게 복종하듯, 짐승이 용에 복종하는 것과 같으며, 주산(主山 : 後岡一玄武)이 높고 성한 것.

⑫ 현무(玄武 : 主山)의 형세가 천자(天子)와 같은 것.

⑬ 일월성신(日月星辰) 모두가 무덤을 비추는 듯한 것.

⑭ 여러 시내〔川〕가 모두 모이는 모양. 마치 많은 강이 바다로 모여드는 것 같고, 천산(千山)이 둘러싸고, 하늘의 많은 별들이 북극성(北極星)에게 공손한 태도를 보이는 듯한 것.

⑮ 전후좌우의 사세(四勢)가 밝고 동(童), 단(斷), 석(石), 과(過), 독(獨)의 5해(害)에 가깝지 않은 것.

이러한 것을 전부 구비한 곳을 상지(上地)로 치고 열 가지 중 아홉까지 구비한 것은 그 다음 상지(上地)로 친다.

5. 사세편(四勢篇)

사세(四勢)란 산세의 사세가 아니라 혈(穴)을 중심으로 한 전후좌우의 네 산세(山勢)를 말하는 것이다. 이들에게도 각기 길흉선악(吉凶善惡)이 있기 때문에 고려할 필요가 있다. 전후좌우의 사세(四勢)란, 장법(葬法)에서 말하는 좌(左 : 東) 청룡, 우(右 : 西) 백호, 전(前 : 南) 주작, 후(後 : 北) 현무이다. 이를 정하는 법은 주산(主山) 위에서 봐서 주작(朱雀)은 전응(前應)의 산이며, 현무(玄武)는 본산(本山), 청룡(靑龍)은 좌산, 백호는 우산(右山)이다.

사세의 관계는 다음과 같으면 좋은 것이다.

현무수두(玄武垂頭)—주산(主山)이 정지한 것 같다.

주작상무(朱雀翔舞)—앞산이 다가와서 춤추는 것 같다.

청룡완연(靑龍蜿蜒)—좌산(左山)이 꿈틀거리며 기어가는 듯하다.

백호준거(白虎蹲踞)—우산(右山)이 호랑이가 웅크리고 앉아 있는 것 같다.

만약 사세(四勢)가 이에 어긋나는 곳에 장사지내면 파멸의 액을 면할 길이 없다고 한다. 다음은 좋지 않은 사세의 관계이다.

우산(右山)이 반요(盤繞)하고 있으면 범〔虎〕이 무덤 안의 시체를 물고 있는 것이다.

좌산(左山)이 입거(立踞)하고 있으면 용이 주산(主山)을 투기하는 것이다.

현무(玄武)가 고개를 숙이지 않고 쳐들고 있으면 시체를 감싸고 있는 것이 아니다.

앞산이 춤추지 아니하고 등을 돌림은 무정하기 때문에 주산이 돌아보지 않는다.

사세(四勢)에 대해 좀더 자세히 언급하고 넘어가기로 하자.

주작이 물인 경우에는 사철 슬피 우는 물소리를 낸다. 그 물소리가 크면 멸족(滅族)하고, 작으면 고아나 고부가 생긴다. 그러나 그 물이 굽이치며 잘 흐르면 환패검리(環佩劍履)의 공경(公卿)의 상(象)으로서 기뻐해야 할 것이다. 그러므로 물이 있을 때는 물 소리의 길흉(吉凶)에 주의해야 한다.

용호(龍虎)는 주산의 지맥이 청룡, 백호를 이루고 그 형상이 마치 사람의 팔을 왼쪽으로 돌려서 오른쪽으로 감싸는 듯해야 한다. 이것은 회포(回抱)의 용호(龍虎)로서 길기(吉氣)를 그 속에 모은다.

묘 앞을 흐르는 물의 수원(水源)이 모지의 생기를 관장하는 방위에서 시작하여 생기의 성(盛)한 곳을 거쳐 생기왕성한 묘 앞으로 들어오고, 생기가 약한 곳에서 생기를 북돋우고 생기가 신진대사하는 곳으로 흘러가는 것이 좋다. 구체적으로 말하면 태산(兌山)은 금(金)에 속하므로 물이 금을 낳는 사방(巳方)에서 시작한 금수(金水)이어야 한다(金方을 흐르므로 巳에서 나와도 金水라고 한다). 그리고 물은 곤신(坤申) 쪽(氣가 盛한 곳)으로 나가고 생기 왕성한 경유(庚酉) 쪽으로 흘러가서(즉 墳前에 朝揖하고) 다시 한번 꺾여 신술방(辛戌方)으로 돌아갔다가(생기가 쇠하려고 하는 곳), 드디어 건해임(乾亥壬) 쪽으로 흘러나가야 한다.

그 원류(源流)는 조택(朝澤)에 있고 한번 괴었다가 흘러가는 것이 좋으며 직류무정(直流無情)한 것은 좋지 않다. 또 묘 앞을 흐르는 물이 유유히 흐르면서 돌아다보며 머물고자 하는 것 같고 그 오는 근원을 알 수 없고 앞산에 가려서 숨겨져 있고, 물결이 잔잔하여 흐르는 모습이 느껴지지 않는 것은 길하다. 고경(古經)도 '山來水回 貴壽而財 山囚水流 虜王滅侯'라고 했다. 본산의 내세(來勢)가 강하고 그 앞으로 물이 유유히 흐르고 뒤돌아보며 머물고자 하는 곳에 장사지내면 현귀(顯貴), 장수(長壽), 재보(財寶)가 따르고, 반대로 산이 갇히어 생기가 없고 물이 직류무정(直流無情)한 곳에 장사지내면 왕후(王侯) 등 신분이 높은 사람도 잡히고 멸망될 것이다. 이와 같이 산과 물은 그 관계가 밀접하다. 산수(山水)가 서로 돌며 유유히 흘러가지 않고 권연불급(卷戀不及)한 것은 귀상(貴相), 그 근원(根源)이 없고, 흐름이 없는 것을 상하주밀(上下周密)의 상(相), 산래수회(山來水回)는 산수상취(山水相聚)의 상(相), 산수수거(山囚水去)는 수(水)가 서로 등을 지는 상이다.

물은 산에 따라서 변화되고, 산은 물에 따라 성쇠(盛衰)한다. 따라서 장산(葬山)을 정함에 있어서 결코 물을 경시(輕視)해서는 안 된다(이상은 上卷).

6. 귀혈편(貴穴篇)

다음은 장묘(葬墓)에서 제일 중요한 묘혈(墓穴)에 대해 논하겠다.

묘 앞에는 물이 있어야 한다. 그것은 땅 속에 주류(周流)하는 생기가 흩어지지 않으며 생기는 물과 만나면 머무른다는 이치에 그 근거를 둔다. 산세가 작고 멀리서 와서 여기에 그 세(勢)를 멈추고 있다고 해도 이와 경계하며 싸안는 물이 없으면 이 내세(來勢) 속에 넘쳐온 생기도 모일 수가 없다. 따라서 고경(古經)게도 이와 같은 묘혈은 '不蓄之地. 腐骨之藏也'라 하였다. 부모의 해골이 썩으면 쓸모없을 뿐만 아니라 자손에게 해가 미침을 면치 못한다. 땅 속에서 나오는 생기도 바람 때문에 흩어진다. 장법(葬法)에서 용호(龍虎)로 좌우를 둘러싸는 것은 묘지의 본산(本山)을 호위(護衛)하기 위한 것이다. 그런데 좌우에 이 용호(龍虎)가 없고 또 전조(前朝)인 대안(對案)이나 계수(界水)가 없고 현무(玄武)가 단절(短折)되어 오지 않고 사방이 모두 공허한 것은 취주(聚住)해야 할 생기가 바람 때문에 흩어지고, 계수(界水)가 없기 때문에 생기가 그냥 빠져나간다. 따라서 고경(古經)의 '騰漏之穴. 敗槨之藏也'라는 말처럼 이런 곳은 유해무익한 땅이다.

혈(穴)이 길한 것인가, 그렇지 않은 것인가도 문제이지만 그 토질도 중요하다. 일반적으로 그 흙이 세미(細微)하고 여물며 윤기가 있어도 너무 습하지 않고 그 단면(斷面)에 광택이 남과 동시에 오색 빛이 도는 것이 좋다. 땅 속의 생기로 흙은 빛을 띠게 된다. 금기(金氣)가 응결하면 흰색, 목기(木氣)가 응결하면 청색(靑色). 수기(水氣)는 흑색(黑色), 화기(火氣)는 적색(赤色), 토기(土氣)는 황색(黃色)이 된다. 그래서 흙은 오색(五色)을 갖춘 것이 제일 좋고 서너 가지 갖춘 것이 다음이며 한두 가지를 갖춘 것이 그 다음이다(보통 흙은 황색인데, 이는 땅이 응결할 때 황색이 근본이 되기 때문이다).

흙이 건조하여 윤택하지 못하고 마치 조〔粟〕를 쌓아 놓은 것 같으며, 습기가 많아서 번지르르하거나 고기가 썩은 것 같고, 그리고 샘이나 조약돌이 있으면 모두 흉한 곳이다.

장혈(藏穴)에는 세 가지의 길한 것과 여섯 가지의 흉한 것이 있다. 길(吉)한 것은 다음과 같다.

① 天光下臨. 地德上載. 藏神合朔. 神迎鬼避. 一吉也.

하늘의 성신(星辰)이 혈상(穴上)을 잘 비추며 산천의 기맥(氣脈)이 융결해서 생기가 가득하고 그 생기 있는 곳 위에 관곽(棺槨)을 놓아야 한다. 신혼(神魂)을 매장할 때 길삭(吉朔)을 맞아 흉귀(凶鬼)를 피하면 가장 좋은 길장(吉葬)이 된다. 덧붙여 말하면, 진(陳)이라는 사람이 본서(本書)의 주(註)에, 천광은 탐랑(貪狼)·거문(巨門)·녹존(祿存)·문곡(文曲)·염정(廉貞)·무곡(武曲)·파군(破軍)·좌보(左輔)·우필(右弼)의 구성(九星)이라 했고, 지덕(地德)은 건(乾)·곤(坤)·간(艮)·손(巽)·감(坎)·이(離)·진(震)·태(兌)의 팔산(八山)이라 했다. 그리고 탐랑은 간산(艮山)을, 거문(巨門)은 손산(巽山)을 주장(主掌)하기 때문에 위로 탐랑(貪狼)·거문(巨門)이 조림(照臨)하고, 아래로 간산(艮山), 손산(巽山)이 있어 상하 상조(上下相照)하면 길하다고 구성(九星)과 팔산(八山)의 임재협합(臨載協合)을 논했다. 그러나 이는 너무 지나친 해석이라 생각된다. 아마 본문의 뜻은 북기가 지주(止住)하는 곳, 하늘의 일월(日月)이 비치는 곳을 길혈(吉穴)로 한다는 것이지 구성 팔산(九星八山)의 배합(配合)을 말한 것은 아닌 것 같다.

② 陰陽冲和. 五土四備. 已穴而溫. 二吉也.

음양(陰陽)이 충화(冲和)하고 오색 중 사색(四色)이 갖춰지고, 혈(穴)을 팠을 때 그 속이 따뜻하면 생기가 있는 징조로 길혈(吉穴)이라 말해진다.

일행(一行)은 이 묘혈에 대해 다음과 같이 말하고 있다. 즉 장사지낼 때에는 개혈(開穴)의 첫째 날이 대길(大吉), 둘째 날이 그 다음이고 사흘째가 또 그 다음이 되고, 나흘째는 지중(地中)의 기(氣)를 잃고 마니 주의하지 않으면 안 된다. 또 혈중(穴中)의 기(氣)를 조사하기 위하여 촛불을 켜 넣어서 그 불이 바로 꺼지면 불길(不吉)한 곳이며 그 불꽃이 타고 꺼지지 않으면 바람이 있는 곳이니 이 곳에 장사지내면 번관전시(飜棺轉尸)의 액(厄)을 당한다.

③ 目力之巧. 工力之具. 趨全避闕. 增高益下. 三吉也.

이것은 형세(形勢)를 보아 인공(人工)적으로 가미하는 것을 말한다. 형세가 온전한 곳을 찾고 그렇지 않은 곳을 피한다. 높은 곳은 더욱 높게, 낮은 곳은 더욱 낮게 하는 등 내룡(來龍)의 생기가 혈중(穴中)에 흘러들어가도록 하면 길장(吉葬)이 될 수 있다.

여섯 가지의 흉(凶)은 다음과 같다.

① 陰錯陽差. 一凶.

사세팔방 좌우전후의 음양(陰陽)이 서로 차착(差錯)하는 것은 흉(凶). '진(陳)'이라는 사람은 음산(陰山)에는 양수(陽水)를, 양산(陽山)에는 음수(陰水)로써 음양충화(陰陽冲和)해야 한다고 말하였다.

② 歲時之乖. 二凶.

장시(葬時)에 사자(死者)의 사주(四柱)와 장시(葬時)의 월일(月日)이 맞지 않으면 안 된다. 또 산두좌향(山頭坐向)의 생왕(生旺)과 그 사주(四柱)도 맞아야 한다. 만약 이것이 맞지 않으면 흉장(凶葬)을 면할 수 없다.

③ 力小圖大. 三凶.

묘지는 신분에 맞지 않으면 안 된다. 신분이 낮음에도 불구하고 그 묘지만 왕후(王侯)를 낼 듯한 땅에 잡는 것은 좋지 않다.

④ 憑福恃勢. 四凶.

현재의 재산이나 권세만을 믿고 하는 것은 좋지 않다.

⑤ 僣上偪下. 五凶.

구총(丘塚)의 제(制), 관곽(棺槨)의 미(美), 참상(僣上)의 거동에 지나치게 아랫사람을 핍박하는 듯한 것은 좋지 않다.

⑥ 變應見怪. 六凶.

장사 때 또는 장사를 마친 다음 여러 가지 변화가 있으면 불길한 상(相)이다. 예컨대 구설패파(口舌敗破)하고 천사(泉沙)가 손상되고 사의(蛇蟻)가 많이 나오면 좋지 않다.

그러므로 고경(古經)도 '穴吉. 葬凶. 與棄尸同'이라고 말했다. 아무리 그 묘혈이 삼길(三吉)이라 해도 장사지낼 때 위의 육흉(六凶)을 범하면 결코 좋은 결과를 얻지 못하고, 마치 시체를 들에 내버린 것과 같아 재해를 받게 된다.

이에 대해 곽박은, 장(葬)은 생기를 타는 것이 주안(主眼)이므로, 생기가 충일정축(充溢停蓄)할 수 있는 형세(形勢)의 땅을 고른다. 성진(星震)이 이를 비추고 풍온(豊溫)한 흙이 있는 혈(穴)을 구하는 데 있는 것이니, 장사(葬事)에 임하여 결코 무리가 있어서는 안 된다. 만일 육흉(六凶)과 같은 무리를 감행하면, 애써 길지에 장사를 지내도 하등의 효과가 없을 뿐더러, 도리어 재앙을 받는다고 했다.

7. 형세편(形勢篇)

이것은 주로 묘지로 삼을 산의 형상을 논한 것이다. 내세(來勢)에 대해서는 이미 전편(前篇)에서 다루었기 때문에 여기서는 주로 산형(山形)과 산상(山相)에 대한 것만 이야기하고자 한다.

산형을 어떻게 관찰할 것인가? 곽박(郭璞)은 고경(古經)의 관찰법을 그대로 답습하여 산을 용으로 보았다.

고경(古經)에 이르기를, 산세(山勢)가 와 머물러 형상(形象)이 높이 솟고 시냇물이 앞에 있고 뒤로 언덕이 적첩(積疊)해 있는 땅, 마치 용이 물에 임하려는 땅을 '용골지장(龍骨之葬)'이라 하였다. 산을 용으로 본다면 어디에 묘혈을 선정할 것인가? 용이라면 머리, 몸, 꼬리가 있고, 머리에는 코, 이마, 뿔, 눈, 귀, 입술이 있고, 몸에는 배, 가슴, 옆구리가 있다. 이 중 어느 곳에 묻어야 길한 것일까?

먼저 머리부터 말하면,

① 이마와 코는 중정(中正)을 얻으니 길하다.

② 뿔과 눈은 한쪽에 치우쳐 있으므로 혈(穴)을 받지 아니한다. 그러므로 멸망할 우려가 있다.

③ 귀는 만곡(彎曲)하기 때문에 후황(侯王)을 이루어 길하다.

④ 입술은 얕게 노출되어 있기 때문에 병상(兵傷)으로 죽을 상(相)이라 흉하다.

⑤ 배는 길고 중간에 부풀어오른 곳이 있다. 그 깊이 굽은 곳(배꼽)은 우선 부자가 된 다음에 귀하게 되는 대지(大地)로 길하다.

⑥ 가슴과 옆구리를 다치면 아침에 묘를 파고 저녁에 곡(哭)을 한다할 정도로 반응이 빠르며, 일족이 멸할 상(相)이라 매우 흉하다.

그런데 실제로 길흉의 형상을 판별하기란 매우 어렵다. 그러나 그 화복(禍福)의 차이는 크기 때문에 주의하지 않으면 안 된다. 일행(一行)은 판별하기 어려운 사례를 들어 다음과 같이 재미있는 일화(逸話)를 전하고 있다.

당나라 현종황제(玄宗皇帝)가 동궁(東宮)이었을 때 백운선생(白雲先生) 장약(張約)과 온천(溫泉)이 있는 들에서 유렵(遊獵)을 했다. 말을 달리다가 이십여 리(二十餘里)쯤 가서 말고삐를 늦추어 작은 산에 이르렀다. 거기에는 새로운 분묘가 하나 있었다. 묘에 관해 조예가 깊은 백운선생은 한참 동안 그 신총(新塚)을 보고 있다가 '묘혈이 법에서 벗어나 있다'고 했다. 동궁이 이유를 물은즉 '이것은 용각(龍角)을 베고 있는 형세이니 3년도 못 되어 이 시체는 저절로 쇠락해 질 것이옵니다'라고 대답했다. 때마침 그곳을 지나던 한 초부(樵夫)에게 무덤의 임자가 누구냐고 물으니, 이 산 남쪽에 살던 최손(崔巽)이라고 했다. 동궁은 이 흉혈에서 오는 재액을 면케 해 주고자 초부의 안내를 받아 그의 집을 찾아갔다. 손의 자식은 상복을 입은 채 손님을 맞았으나 객(客)이 동궁이라는 것을 알 리 없었다. 동궁이 앞 산의 묘가 장법(葬法)에 어긋나 있다고 알려 주자, 자식은 아버지의 유언(遺言)에 따라 한 일이라고 말했다. 동궁은 그 유언을 듣고 깜짝 놀랐다. 아버지의 말씀은 용두(龍頭)를 편안하게 하여 베개 베는 장법(葬法)으로 장사지내면 3년이 안 되어 만승(萬乘)의 천자(天子)가 직접 이곳에 오신다고 했다는 것이었다. 동궁이 놀란 것은 말할 것도 없거니와 백운선생조차 한 마디 말도 못 하다가 '臣學未精. 經曰. 毫釐之差. 禍福千里라는 말이 바로 이것이옵니다'라며 부끄러워했다.

산이 용이라면 꼬리도 있을 것이다. 산세(山勢)가 굽은 곳을 꼬리라 치면 머리는 어디일까? 머리라면 귀(耳)·뿔(角)·눈(目)·코(鼻) 등이 있을 것이다. 만일 이것들이 없으면 꼬리이다.

앞의 일행(一行)의 말처럼 동일한 용두(龍頭)라도 귀인지 뿔인지를 구별하기란 여간 어려운 일이 아니다. 대개 백척(百尺)의 산이면 귀와 뿔 사이는 십척(十尺)쯤 될 것이니 꽤 주의해서 볼 필요가 있다.

방위면(方位面)에서 볼 때 감(坎)을 용수(龍首)로 친다. 갑지(甲地)에 뿔이 있으면 진지(震地)가 몸에 해당한다. 또 팔산(八山)에 대해서 말하자면 건(乾)은 그 각계(角癸)에 있고, 눈은 이지신(離之申)의 방향이다. 귀는 축간(丑艮), 태(兌)는 코, 간(艮)은 입술이다. 일행(一行)은

용신(龍身)의 각 부위(部位)에 대해서 길흉화복을 논하였으니,

穴坐其脣.　人口遭沌.

穴居其臍.　萬事成立.

穴居其目.　禍來必速.

穴居其尾.　流移不已.

穴居其顙.　富貴興旺.

穴居其腹.　珠珍滿目.

穴居其角.　人物鎖鑠.

穴居其耳.　佐明天子.

穴居其腰.　人離物消.

穴居其足.　貧賤碌碌.

穴居其鼻.　名登上第.

穴居其膓.　必遇灾殃.

으로서, 그 용신의 각 부위에 따라 모두 각각의 소응에 차이가 있다고 한다. 묘혈이 금(金)에 편승하면 수(水)로써 상생을 이루고, 곤(坤)의 산에 혈을 정하면 목(木)으로써 극복한다는 등, 상생상극을 고려해야 한다.

요컨대 바깥이 둘러싸여 있어 팔방의 바람을 막음으로써, 혈내에 오행의 생기를 비장하는 것이 좋다고 한다. 그 용호가 포위(抱衞)하고, 주객(主客)이 서로 맞이하는 것, 그 의의 미묘한 점에 대해서는 도저히 상세하게 논할 수가 없지만, 그것은 나아가 지자(智者)가 잘 행하는 것이고, 만약 깊이 음양에 정통한 자라면 그 공(功), 조화자연의 힘을 뺏을 수도 있는 것이다.

다음으로 팔산(八山)의 장법을 논하면, 총괄해서 그 세를 먼저 고찰하고 다음으로 그 형을 구해야 하는데, 구해야 할 형세는 각각 다음과 같은 것이 좋다고 한다.

묻을 산	기운〔勢〕	형(形)
乾　山	起伏而長	濶厚而方
坤　山	連袤而不傾	廣厚而長平
艮　山	委蛇而順	高崎而峻
震　山	蟠而和	聳而峨
巽　山	峻而秀	銃而雄
離　山	馳而穹	起而崇
兌　山	大來而坡垂	方廣而平夷
坎　山	曲折而長	秀直而昂

다음으로 강부지롱(岡阜支壠)의 형으로서 그 상이 동물과 닮은 것이 있다. 예를 들면 소, 말, 난새, 봉황, 뱀, 큰 자라, 악어, 물고기, 자라 등이 있는데, 이것을 판별하는 데는 소는 엎드린 것을, 말은 달리려 하는 것을, 난새는 춤추는 것을, 봉황은 날아오르려는 것을, 뱀은 크게 꿈틀거려 굴곡된 것을, 수중(水中)의 동물은 이것과 대조시켜 분별한다. 산 언덕에 묻는 소응을 말하자면, 누운 소에 묻으면 부(富)하고, 나는 봉황에 묻으면 귀(貴)하다, 난새는 미녀를 내고 말은 일반적으로 흉하고, 뱀은 상당히 고려해야 한다.

이들 형은 대개 은복(隱伏)해서 움직이지 않는 것을 필요로 하고, 움직여 달아나려는 느낌이 있는 곳에는 결코 장사지내서는 안 된다. 만약 이러한 것이 활동하는 모양이면 생기가 모이지 않고 흩어져 버리므로 기피하는 것이다.

8. 취류편(取類篇)

이것은 우선 지롱(支壠)에 묻는 법을 말하고 나서 산의 형세가 사물과 닮은 것에 따른 길흉을 논한 것이다.

중강첩부군롱상지(重岡疊阜群壠象支), 즉 무리지어 서 있는 경우에는 어느 것을 선택해야 하는가? 그것은 특이한 것, 정복시(情伏尸)와 같은 것을 찾지 않으면 안 된다. 특이한 것을 판단할 때는, 뭇 산이 모두 크면 그 중에서 작은 것을 택하고, 뭇 산이 모두 작으면 그 중에서 큰 것을 택한다. 그런데 특이한 것을 발견하는 일이 쉽지 않고, 어느 산이나 똑같은 것 같다, 즉 형세의 구별이 없고, 주(主 : 東山) 객(客 : 朝山)이 동정(同情)하고, 빈주(賓主)를 판별할 수 없는 곳에 장사지내면 안 된다.

위의 것은 주로 언덕[岡阜]에 대한 것이지만 지롱(支壠)은 조금 차이가 있다. 무릇 지(支)도 롱(壠)도 같은 성질을 가지고 있고, 그 앞면은 마치 손바닥같이 평평하지만, 일반적으로 지(支)는 그 부박(扶撲)이 작아서 땅 속으로부터 융기한 것, 롱은 멀리서 와서 땅 위에 우뚝 선 것, 즉 규모가 큰 것이다. 그런데 이 지롱에 믿을 때는 어떻게 해야 하는가? 지나 롱은 그 앞이 평이하기 때문에 그곳에 혈을 정해서는 안 된다. 그런데 지는 평지에서 돌출된 것이므로, 땅 속을 달리는 지맥이 이곳에 이르러서 머물기 때문에, 그 생기가 모이는 곳은 지의 꼭대기이다. 따라서 지에 묻을 때에는 산꼭대기에 혈을 정하면 좋다. 다음에 롱은 그 기운이 멀리서 와 우뚝 서 있는 것이기 때문에 생기는 평지에 접촉되려고 하는 발[足] 부근에 모인다. 따라서 롱에 묻을 때에는 그 기슭에 혈을 정하지 않으면 안 된다. 요컨대 지에 묘혈을 정하려고 한다면 틀림없이 머리에, 롱에 정하려고 한다면 발에 정하는 것이 좋다.

우선 이 유형이 이상한 것이어서는 안 된다는 것을 염두에 둘 필요가 있다. 왜냐하면 만일 사물의 형태와 비슷한 산형이 이상할 경우에는 모여 멈추어야 할 생기가 일탈해 버리기 때문이다. 다음엔 각종 유형에 대해서 논술하기로 한다.

① 仰刀. 凶禍伏逃. ―그 형이 위가 좁고 날카로우며, 산봉우리의 등마루가 마치 앙도와 같은 것은, 그 법주(法主 : 墓主)가 도망가 숨은 화를 만난다.

② 臥劍. 誅夷逼僭. ―형이 좁고 길며 그 머리가 날카롭고, 가는 산등, 즉 와검과 같은 것은 법주가 주륙 또는 핍박을 당한다.

③ 橫几. 孫滅子死. ―책상이 가로 놓여져 혈을 자르는 것과 같은 것은 법주가 절사멸족(絶祀滅族)할 액이 있다.

④ 覆舟. 女病男囚. ―중간이 높고 양머리가 늘어져 마치 복주와 같은 것은 법주의 여자가 길게 병을 앓고, 남자는 옥살이한다.

⑤ 灰囊. 災舍焚倉. ―물이 없어서 명당(明堂)이 건조하여 마치 회낭과 같은 것은, 그 법주가 화재로 인하여 사창(舍倉)을 잃을 액(厄)이 있다.

⑥ 投算. 百事昏亂. ―산 모양이 주산을 던지는 모양과 같은 것은, 그 법주의 모든 일이 혼미하고 패란(敗亂)한다.

⑦ 亂衣. 妬女淫妻. ―산 모양이 둥글고 정(淨)하지 못하여, 의상을 흐트려 놓은 모양은, 법주의 여자가 질투하고 처가 음란하다.

⑧ 植冠. 永昌且歡. ―모양이 관을 단 것과 같이 단정한 것은, 법주(法主)가 창성하고 환열을 맛본다.

⑨ 覆釜. 起巓可富. ―평지에 가마를 엎은 것과 같은 것은, 그 중앙의 꼭대기에 묻으면 부귀성화를 이룬다.

⑩ 負扆. 王侯崛起. ―병풍으로 사면을 둘러싼 중앙에 지롱이 우뚝 솟은 것이 있는데, 그 생기가 머무르는 곳에 묻으면 법주가 왕후(王侯)로 출세한다.

⑪ 門戶. 貴不可露. ―용요(龍遶)하고 호거(虎踞)하며, 전안(前案)의 앞이 마치 문을 밀폐시킨 것과 같은 것은, 대단히 귀한 땅으로 사람들에게 알려져서는 안 된다. 만약 누설되면 사악한 마음을

불러일으킨다.

⑫ 燕窠. 胙土分茅. ―사면이 둘러싸여 마치 제비집과 같은 것. 그 중간의 오목한 곳에 묻어서 기를 모으게 되면, 공후(公侯)가 되고 강토를 지킬 신하가 나온다.

⑬ 遠來回曲. 九棘三槐. ―내강(來岡)이 멀고, 전응(前應)이 포옹하는 것과 같은 것은 공경(公卿)을 낼 땅이다.

유형의 설명에 이어 이번에는 기운이 다른 사물과 유사한 것에 대해 거론하고자 한다. 뒤쪽의 언덕, 즉 본산(本山)의 내세나 그 형상이 어떠한 것과 닮았느냐에 따른 길흉의 차를 논해 보기로 한다.

① 萬馬自天. 王者. ―기운이 마치 모든 말이 달려서 하늘에서 내려오는 것과 같은 것은 왕자(王者)를 낼 땅이다.

② 巨浪. 千乘之葬. ―거친 물결의 기복과도 같고, 서로 연결되어 끊어지지 않는 기운은 천자(天者)를 낼 대지(大地)이다.

③ 降龍. 爵祿三公. ―용이 하늘에서 내려오고, 앞에 물이 있으며 모든 산이 서로 마주보아 마치 구름이 용을 따르는 듯한 것은 삼공(三公)을 낼 땅이다.

④ 雲從壁立雙峯. 翰墨詞鋒. ―구름이 모여 양봉우리를 따르는 것과 같은 것은 당대에 뛰어난 선비를 낼 땅이다.

⑤ 重屋茂草喬木. 開府建國. ―가옥이 첩첩이 연접된 것과 같이 초목이 번성한 것은 건국의 땅이다.

⑥ 驚蛇屈曲. 滅國亡家. ―뱀이 놀라면 달아나서 살지 않으므로, 나라가 망하고 집이 망할 땅이다.

⑦ 戈矛. 兵死刑囚. ―그 기운이 창과 같이 예리한 것은 흉하다.

⑧ 流水. 生人皆鬼. ―물이 직류해 가는 것은 흉하다.

그런데 형세는 서로 협력해서 공(功)을 이루기 때문에 양자의 관계에 주의하지 않으면 안 된다. 일반적으로 세와 형이 순(順)한 것은 길하고, 형과 세가 거꾸로 된 것은 흉하다. 세가 흉하고 그 형이 길할 때는 백 가지 중에서 하나의 복은 바랄 수 있지만, 세가 길해도 형이 흉하면 화가 당장에 미친다. 이 세는 멀어서 보기 힘들고, 형은 가까워서 보기 쉽다. 또한 혈에 대한 영향을 볼 때 세는 간접적이고, 형은 직접적이다. 그러므로 장묘(葬墓) 때 세심한 주의를 기울여 점정(占定)해야 한다.

3. 호순신(胡舜申)

조선 시대 《경국대전》에 음양과(陰陽科)의 지리학과(地理學課) 속에 규정되어 있는 《호순신》은 중국 명나라 '奉議郞通判徐州軍主管學士' 겸 '管內勸農黨田事腸緋魚袋'인 호순신의 편찬으로 만들어진 지리신법(地理新法)이며 현존하는 것은 조선본 대판 전(全) 1책 40매이다. 본서는 상하 2권, 23장으로 이루어져 있는데, 목차를 열거하면 다음과 같다.

서설, 오행산도(五行山圖), ① 오행도, ② 오행론, ③ 산(山)론, ④ 수(水)론, ⑤ 탐랑(貪狼)론, ⑥ 문곡(文曲)론, ⑦ 무곡(武曲)론, ⑧ 보필거문(輔弼巨門)론, ⑨ 염정(廉貞)론, ⑩ 파군(破軍)론, ⑪ 녹존(祿存)론, ⑫ 형세론, ⑬ 택지(擇地)론, ⑭ 36룡론, ⑮ 주산(主山)론, ⑯ 용호론, ⑰ 기혈(基穴)론, ⑱ 좌향(坐向)론, ⑲ 방수(防水)론, ⑳ 연월(年月)론, ㉑ 조작(造作)론, ㉒ 상지(相地)론, ㉓ 변속(辨俗)론, 결론.

호순신의 《지리신법》의 내용은 대략 서설과 결론에 씌어 있기 때문에, 각 장에서 살피는 번거로움을 피하고, 서설과 결론에 의해 그 개요를 살피기로 한다. 호순신에 따르면 지리설은 한진(漢晋) 이전의 위인(偉人)에 의해서 창술된 것인데, 당나라에서 이 술(術)을 팔아서 이익을 탐하는 자가 나타나자 속설이 속출하여 믿을 수 있는 것을 판별하는 데 애를 먹게 되었다. 그런데 지리는 다른 의약복서(醫藥卜筮)의 일신일사(一身一事)에 관한 것과 달라, 지리의 소응은 한 집안의 영화와 복에 관계되고, 또는 멸족에 이를 정도의 커다란 영향을 미치는 것이기 때문에 단 하루라도 이를 소홀히 해서는 안 되었던 것이다. 그리하여 호순신은 여러 해 전부터 뜻을 세워 이 연구에 몰두해서, 십여 년 연구의 결과 마침내 그 깊은 뜻을 관철할 수가 있었다. 지금 이것을 지리신법이라 명명하였는데, 옛 것을 거론하여 새롭게 한 것으로, 조예는 적송자(赤松子)의 《낭경(囊經)》을 조(祖)로 하고, 곽박장서를 종(宗)으로 하고, 승려 양일(楊一)을 명(明)으로 하고, 월사(月師)를 연(衍)으로 하고, 유차장(劉次莊)에 이른 것이다. 다음으로 이 신법의 대요를 말하면, 오행의 생왕사절(生旺死絕)을 경(經)으로 하고, 구성(九星)의 탐랑(貪狼) 등을 위(緯)로 한 것으로, 대단히 간명하고 실제에 적용해서 효험을 안 본 것이 없다. 이 법은 은래 '定都建國遷州立縣'을 주로 한 것이지만, 지금은 음양의 혈을 위한 것이 많다. 또한 그 법을 터득할 수 없기 때문에 많은 사람이 어려움을 겪고 있다. 그런데 이 법은 '定都立縣'을 위한 것이기 때문에 음양의 혈에 사용하려면 닭을 잡는 데 소칼을 쓰는 것처럼 쉬운 일이다. 이것으로써 세상의 몽매를 깨우치고, 모든 사람들로 하여금 흉화를 면하고 길복을 얻도록 하기 위해서, 이를 펴낸 것이다(이상은 서설). 음혈에 부모의 뼈를 묻는 것은 나무뿌리를 땅에 심는 것과 같다. 만약 이 나무뿌리가 좋은 땅을 얻게 되면, 가지와 잎이 모두 번성하듯이, 부모의 뼈가 생지(生地)를 얻으면, 산 자에게 영향을 미쳐 자손 대대로 누구나 복을 받게 되는 것이다. 그러나 똑같은 땅에서도 다른 것과 달리 마르는 나무는 본래 그 나무의 기가 약하기 때문인 것처럼, 사람도 역시 그 천명(天命)에 의해서 성쇠의 차가 있음은 피할 수 없다. 그러나 이를 살리기 위해 정성을 들이면 시들려고 했던 것도 번성하듯, 그 자손이 공부하고 몸을 닦으면 부귀가 따르는 것은 하늘의 이치며, 이를 거역하면 빈천을 면할 수 없다. 따라서 길흉이 찾아오는 것은, 그 사람의 덕에 합치하는 것이다. 때문에 산수(山水)의 법술에서 음양유무(陰陽有無)의 설을 믿어야겠지만, 결코 이것에만 구애되어서는 안 된다.

세상에서는 땅의 형세가 흔히 인생의 운명을 지배한다고 한다. 산의 형세설은 곽박의 장서에 씌어진 것이 후세에 여러가지로 분식(粉飾)되었던 것이다. 결국 사물의 형과 기는 항상 서로에게 속하는 것으로, 뛰어난 형에는 뛰어난 기가 있고, 추악한 형에는 추악한 기가 있다. 마치 위대한 형상(形相)을 갖춘 사람은 그 기도 반드시 위대하고, 비속한 풍모를 가진 사람은 그 기도 비천한 것과 같다. 그래서 지리의 형세론은 그 산의 형세 여하에 따라 기를 받게 된다. 그러나 풍수법은 깊이 들어갈수록 극히 복잡해서, 자세한 부분에 신경쓰다 보면 대강(大綱)을 간과할 우려가 있다. 아무리 국소요법에 정통하여도 환자의 생명을 쇠약에서 구해 낼 수 없다면, 그것은 의료의 본말을 구별하지 못하는 의사인 것처럼, 지리의 법도 그 대강을 명백히 해야지, 번거롭고 세세한 일에 구애되어서는 안 된다. 대강을 명백히 하면, 세세한 것은 저절로 밝혀지게 되어 있다.

지리의 법은 대단히 유현(幽玄)해서 쉽게 터득할 수 있는 것이 아니므로 도저히 범인이 이를 수 있는 것이 아니며, 또 지자(智者)라도 불자(佛者)와 같이 초연하게 천계(天啓)를 받듯이, 활연(豁然)한 마음을 갖지 않으면 터득하기 불가능하다고 전해지지만 결코 그렇지는 않다. 그 이론을 믿을 수 있는 장서에서 찾고, 그 실증을 소재(所在)의 주현(州縣)에 비추어 이를 연구하면 누구라도 터득할 수 있는 것이다. 호순신이 제창하는 이 신법도 실로 이렇게 하여 수립된 것이다. 즉 이론의 근거는 곽박의 장서에서 취하고, 그 실증은 소재의 주현에 비춘 것이다. 때문에 이 법으로 주현을 관찰하면 적중하지 않는 것이 없다.

번영한 것은 격에 맞는 것이며, 쇠미한 것은 격에 맞지 않는 것이다.
그렇다면 만약 나의 법을 알아서 이용하려 하면 원컨대 단지 이것을
실증적으로 시도해 보라. 이것이야말로 가장 이해하기 쉬운 방법이
며, 세상을 속이기란 불가능한 일이기 때문이다.

4. 명산론(明山論)

이 책은 조선시대에 실시된 과거(科擧)의 음양과의 지리학과에 속
한 것 중의 하나로, 언제나 《청오》, 《금낭》 다음, 즉 3위인 임문(臨
文)의 제 1 위에 놓여져 있기 때문에, 상당히 중요하게 취급되고 있었
던 것으로 추측된다. 이 책은 그 서문에서도 밝히고 있듯이, 북암(北
巖) 노인 채성우(蔡成禹)의 편저로, 곽박의 장서(葬書)와 같이 고서(古
書)는 아니지만 선인(先人)으로서 지리에 통달했던 사람의 저작인 《명
산론》을 교정하고 보충해서 개정한 것이다. 그래서 이 책의 편찬 연대
에 관해서는 서문 끝에 기록되어 있는 '日月合璧, 五星連珠의 歲'가
어느 때를 의미하는지 명료하지 않기 때문에 어느 무렵의 것인지는
알 수 없다.

지금 살펴보려는 이 책은 조선본 인쇄본 대판이고, 내용은 서문, 본
론, 발췌문 등 3부로 구성되어 있다. 서문, 발췌문은 채성우의 작(作)
이고, 본문은 다음의 13장으로 나누어져 있다. 즉 대역(大易) 이기(二
氣), 12 명산, 절목(節目), 혈법(穴法), 입향(立句), 명당(明堂), 수맥
(水脈), 길흉사형(吉凶砂形), 진룡(眞龍), 귀겁(鬼劫), 길귀(吉鬼), 36
룡순회(龍順會) 등이다. 그리고 이 책은 채성우가 옛 《명산론》을 교정
한 것이기 때문에, 그 내용은 채성우의 풍수에 대한 견해와 거의 같을
것이다. 채성우의 풍수적 견해는 발췌문만 보아도 알 수 있으므로, 그
에 준해서 살펴보기로 한다.

채성우는 말한다——우주의 대도(大道)가 한번 갈라져서 음을 낳고 양을 낳아, 이 음양이 갈라져서 천지를 낳고, 천지의 위치가 정해져 오행순시(五行順施)하고, 오행이 상생상극해서 만물은 발흥하거나 쇠퇴한다. 사물은 형(形)이 있기 때문에 형(形)을 거스를 수 없으며, 수(數)가 있기 때문에 수를 피할 수 없다. 따라서 산과 언덕의 왕래, 수맥(水脈)의 모이고 흩어짐이 그 정(情)과 성(性), 재(材), 위치에 따라 정체(定體)함으로써 아름답고 추함, 좋고 나쁨, 길흉화복을 추측할 수가 있는 것이다. 용맥의 행도(行度)에는 조종(祖宗), 부모가 있고, 형제, 부처, 자손, 수종호위(隨縱護衛), 강복귀겁(降伏鬼劫)하여 그 족속이 결코 하나가 아니다. 그 용을 이루는데 또한 소(少)가 있고 중(中)이 있으며, 진(盡)이 있고 노(老)가 있고, 궁(窮)이 있고 절(絶)이 있어, 그 절목도 결코 한결같지 않다. 이를 신체에 비추어 본다면, 토(土)가 육(肉), 돌이 뼈, 물이 피, 나무가 모발이기 때문에, 용을 이루는 곳은 흙이 풍부하고 돌은 이상한 것이 많고 물은 많이 모이고 나무는 번성함을 원칙으로 한다. 진룡을 구하려면, 흙이 풍부하고 영험스런 샘이 모이고, 나무가 우거지고, 괴석이 우뚝 솟은 곳을 골라야 한다. 이 네 가지 조건을 구비해야만 진룡이라 할 수 있다.

진룡(眞龍)을 얻은 후에는 정혈(正穴)을 구하지 않으면 안 된다. 정혈은 구롱(丘壠)이면 다음은 평탄한 곳, 평탄하면 산언덕이 융기한 곳이다. 그리하여 혈을 용의 가슴 부분에 정하면 음익(陰盆)이 있고, 허벅지에 정하면 용력(用力)의 대응이 있다. 평정(平正)한 것은 비스듬한 것을 꺼리고, 충만한 것은 공허함을 싫어한다. 또한 상대의 산이 멀고 그 국(局)이 넓으면 입혈(入穴)은 좁게, 가깝고 높으면 입혈은 낮게, 그 기운이 흩어지면 입혈은 모이게, 기울어지면 입혈은 바르게, 험준하면 입혈은 평탄하게, 좁으면 입혈은 여유있게 하는 것이 혈법의 기본이다.

장(葬)에는 사불장(四不葬)이라 해서 꺼리는 것이 있다. 그것은 천 이인이(天二人二)이며, 형이 있고 혈이 없는 것은 불장, 혈이 있어도 혼이 없는 것은 불장[天二], 다음으로 음덕을 쌓지 못하는 집은 길지에 불장, 자손이 적고 뒤떨어진 집은 대지(大地)에 불장[人二]. 또한 장은 천부(天符)의 길흉, 토지의 성쇠에 따라서 그 발복을 달리한다. 만약 어떤 땅이 천부(天符)의 길(吉), 토지의 성(盛)에 해당될 때는, 그 땅이 기를 모으는 데 모자람이 있더라도 부구융성의 소응이 있다. 반면에 만약 천부의 흉(凶), 토지의 쇠퇴에 해당될 때는, 가령 백리(百里)의 산, 천리(千里)의 물이 있어도 녹(祿)을 발(發)할 수가 없다. 이 장불장(葬不葬)의 판별은 오로지 유식한 선비만이 터득할 수 있는 것이지, 평범한 술사로서는 불가능하다고 한다.

5. 인자수지(人子須知), 지리대전(地理大全)

두 권 모두 중국책으로서, 조선에서 번역된 일은 없다. 이 두 권은 민간에서 이용되었으므로 그 대략만 소개한다. 《인자수지》는 중국 명나라 세종 43년 가정(嘉靖) 갑자년(1564)에 강우 덕흥(江右德興) 사람인 서선술(徐善述), 서선계(徐善繼) 형제가 풍수에 관한 책을 모아서 이를 절충하여 한 책으로 펴낸 것으로서, 건집(乾集) 6권, 감집(坎集) 5권, 간집(艮集) 4권, 진집(震集) 3권, 손집(巽集) 5권, 이집(離集) 8권, 곤집(坤集) 2권, 태집(兌集) 6권 등 사상팔집(巳上八集)에 39권으로 이루어져 있고, 건·감 등 2집은 용법(龍法)에 관한 서적과 이론을 모은 것이고, 간집, 진집은 혈법(穴法)을, 손집은 사법(砂法)을, 이집은 수법(水法)을, 곤집·태집은 천성(天星)을 논한 것으로, 각 집, 각 권 모두 반드시 그 설명에 적당한 실례를 들고 있는 것이 이 책의 특색이다. 이 책이 어떻게 편저되고, 어떠한 내용을 담고 있는가는 서언

(緒言) 10조에서 살펴볼 수 있다. 1조, 리를 몰라서는 안 된다. 2조, 입관시켜서 오랫동안 묻지 않으면 좋지 않다. 3조, 조상의 무덤을 침장(侵葬)해서는 안 된다. 4조, 옛 무덤에 묻어서는 안 된다. 5조, 공위(公位)에 구애되어서는 안 된다. 6조, 가벼이 개장(改葬)해서는 안 된다. 7조, 대(大)를 꾀하는 데 전념해서는 안 된다. 8조, 고격(古格)을 보지 않으면 안 된다. 9조, 양사(良師)를 택하지 않으면 안 된다. 10조, 음덕(陰德)을 닦지 않으면 안 된다는 것이다. 이 책에는 국판형 8책 1질과, 46판 8책의 1질이 있는데, 널리 분포된 것은 후자 쪽이다.

《지리대전》은 명나라 추정유(鄒廷猷)가 편집한 것으로, 원래의 책명은 《지리대전입문요결(地理大全入門要訣)》이다. 권수(卷首), 총론에 이어 용법(龍法), 혈법(穴法), 사법(砂法), 수법(水法), 양택(陽宅), 오행(五行), 나경(羅經) 등 7권이 한 책에 수록되어 있는 것으로, 《인자수지》만큼의 내용은 없지만, 간명하게 많은 풍수서를 요약하고 있기 때문에, 마치 《인자수지》의 축소판 같다. 따라서 읽거나 휴대하기에 간편하기 때문에 많은 사람들이 사용하고 있다.

6. 한국 민간의 풍수서(風水書)

한국에서 만들어진 풍수서의 대부분은 전술한 바와 같이 중국책의 사본이 아니면 풍수사(風水師)의 비망록적인 것이어서, 중국 풍수서로부터 자신의 시술(施術)에 필요한 부분을 발췌해 모은 것이며, 제설(諸說)을 비판하든가, 또는 자기의 학설로 논한다든가 한 것은 거의 없다. 《지리총론(地理摠論)》을 보면 한 페이지 8행, 1행 20자 이내, 50페이지의 횡 4·6판으로, 기재된 것은 '行龍祖子孫三代相逢之法''先天通脈法''後天通脈法''四大分局法''亡命某生하고 六十甲子로 起順行''舊墓生旺方法''宿魂殺十二月忌方法''天干地支三合坐法''劫桑

看支法’, ‘黃泉水殺法’‘二十四龍陽陰分界’‘供범運法’‘二十四山吉凶論’‘陰陽交感之圖法’이라 하듯이 완전히 비망록으로서 한문과 한글을 섞어 놓은 것이다. 또한 《요집초문(要集抄文)》을 열거하면 《지리대요》가 한 페이지 122자로 되어 있고, ‘心眼決’, ‘先後天配合龍格’‘窺山法’‘亡命忌山法’‘生旺方法’‘葬穴淺深法’ 등으로 이루어져 있는데 각절 사이에는 아무 관련이 없는 것으로 보아 완전히 발췌한 모음집에 지나지 않음을 알 수 있다.

그렇지만 한국의 풍수서 중에도, 실제로 산천을 돌아보고 각지의 풍수적 길흉을 기술한 것이 전혀 없는 것도 아니다. 지금 그 대표적인 것 둘을 들어 보면, 하나는 《도선비결(道仙祕訣)》이라는 답산기(踏山記)이고 또 하나는 《설심경(雪心鏡)》이란 것이다. 이 설심경은 다른 이름으로 《손감묘결(巽坎妙訣)》이라고도 한다. 손감이라는 것은 손이 바람이고 감이 물이니 풍수요결이란 뜻이 된다. 언제 누구에 의해서 만들어진 것인지는 명확하지 않지만, 주로 경기도 일원에 있는 길지 그림을 수록한 것으로 보아 조선 시대에 이르러서 만들어진 것만은 분명하다. 2백여 개의 길지도를 수록하고, 그 소재, 유형, 소응을 부기한 것으로, 그 중의 하나가 근년 왕가의 산소로 선정된 점으로 보면 상당히 풍수적 식견이 명확한 사람에 의해서 선별되고 그려진 것으로 생각된다. 답산기인 《도선비결》은 조선 시대 중엽 이후의 한 풍수승이 남쪽 지방, 특히 전라도, 경상남도를 순유하면서 각지의 촌락과 도읍의 길지, 묘지 및 음양양택(兩宅)으로서 양호한 길지를 조사 비평한 것으로, 그 지방의 길지는 다 언급한 것으로 보인다. 《도선비결》이란 이름이 붙은 것은, 후세의 사람들이 남부의 풍수승이고 고려 도읍을 선정했던 유명한 국사 도선(道詵)이 지은 것으로 혼동했기 때문인 것 같다. 이 답산기 중에 나와 있는 때가 조선 시대 중엽 이후인 것으로 보아, 고려 말기 사람인 도선의 저작은 결코 아니다. 더구나 도선(道

詵)을 도선(道詵)으로 오해하고 있을 정도이기 때문에, 후세 사람들이 도선의 저작으로 착각할 만도 하다. 그건 그렇고 충분한 풍수적 식견을 가지고 상세하게 남부 각지의 길지를 설명하고 있는 점은 조선의 풍수 신앙을 엿보는 자료로서 귀중한 것이다.

실제적 풍수서 중에 이채(異彩)를 띠고 있는 것이 이중환(李重煥)의 《팔역지(八域誌)》로 주로 복거(卜居)의 땅을 풍수적으로 비판했다고 해서 《팔역가거법(八域可居法)》이라고도 한다. 이것은 풍수를 수구(水口), 야세(野勢), 산형(山形), 토색(土色), 수리(水里), 조산수(朝山水) 등 여섯 가지 요소로 나누고, 이 여섯 가지 요소의 좋고 나쁨과 가부를 기준으로 해서 조선 팔도에 있는 가거(可居)의 땅을 비평한 것인데, 그 풍수관찰의 여섯 가지 법칙은 다음과 같다.

① 수구는 폐쇄를 요한다. 야중(野中)은 물이 거꾸로 흘러서 기국(基局)을 차단하는 것이 좋다. 폐쇄가 2중, 3중, 5중으로 겹침을 대길로 친다.

② 야세(野勢)는 일월성신의 빛이며 언제나 비치는 것이 좋다 하며, 사산고압(四山高壓)이어서 낮에는 해를 보는 일이 적고, 밤에 별을 보는 일이 적은 것은 좋지 않다. 틀림없이 사람은 양기를 받아 살기 때문에 일월이 항시 비치는 곳은 인재가 생겨나고 병이 없다. 또 별을 볼 수 없는 곳은 귀신굴과 같이 나쁜 기운이 가득차서 사람을 해친다. 산거(山居)는 야거(野居)와 같지 않음을 말하고 있다.

③ 산형은 조산(祖山) 종산(宗山)이 누각 또는 새가 비상하는 것 같은 기운이 있고, 주산이 수려단정, 청명연한(淸明軟嫻)한 것을 최상으로 하고, 뒷산이 면면히 들을 건너와서 홀연히 일어나는 크고 높은 산봉우리를 우회하여 그 지엽동부(枝葉洞府 : 基地의 處)를 결작(結作)해서 궁부(宮府)에 들어가듯이, 지세가 풍부하고

크며 은중(隱重), 중층고전(重層高殿)의 형을 이루는 것에 이어, 네 산이 멀리 평활한 땅을 포위하고, 산맥이 그 모습을 평지에 숨겨 물에 접해서 그 기를 멈추는 듯한 것이 여기에 이어져야만 한다.

내룡이 게으르고 약하거나, 완둔해서 생기가 없거나 부서지고 기운 것 등 기운이 없는 산을 택하면 인재가 나올 수가 없다.

④ 토색은 견밀하고, 우물샘이 청명한 것을 좋다고 하며, 진흙·자갈은 풍토병이 있기 때문에 불길하다.

⑤ 수리(水理)—산은 물을 얻어서 화생(化生)의 묘(妙)를 다하는 것이기 때문에 그 오고 가는 이치에 맞추어 서로 모이는 것이 좋다 한다.

양기(陽基)에서 물은 재록(財祿)을 관장하는 것이기 때문에 물이 쌓이는 해변에는 부유한 집, 이름난 촌, 성허(盛墟)가 많다. 따라서 설령 산 속이라 해도 계곡의 물이 모이는 것이다.

⑥ 조산수(朝山水)—조산은 멀면 청수(淸秀)하고 가까우면 명정(明淨)하다. 사람에게 환희의 정(情)을 발(發)하게 하는 것이 길하다. 기울어지거나 고봉(孤峰) 또는 무너지거나 엿보이는 자태가 있거나 기암괴석이 있어 사람들에게 불쾌함과 두려움을 갖게 하는 것은 불길하다. 조수(朝水)는 수외수(水外水)라고도 한다. 작은 내와 작은 계곡은 역조(逆潮)를 좋다고 하고, 큰 내와 큰 강은 순조(順潮)를 좋아한다. 무릇 큰 강과 큰 물이 역조하는 곳에 있는 양기음택은, 처음에는 흥성하는 일도 있으나 잠시 지나면 소멸된다.

조수(朝水)는 일반적으로 용과 합쳐서 굽어서 유유히 흘러와야지, 일직선의 기운이 있는 것은 좋지 않다(《八域可居法陽宅論》).

3. 풍수사(風水師)

풍수에 의해서 땅의 길흉의 상복(相卜)하는 사람을 풍수사, 지사(地師), 지관(地官), 지관(地觀)이라 한다. 풍수사란 풍수술에 능통한 선생, 지사는 지리에 뛰어난 사람이라는 뜻이고, 지관(地官)은 처음에는 왕가의 능을 만들 때 풍수사로 하여금 그 지역을 상정하게 하고, 이 상지(相地)에 임명된 자를 지관이라 칭한 데서 유래된 것이다. 이 지관은 제도상 상설직이 아니고, 왕릉을 선정할 필요가 있을 경우에 임명된 임시직이다. 그런데 그 임용은, 서울에 모인 전국의 풍수사 중에서 서너 명만 선출해서 임명하였으므로, 한번 지관에 임명된 자의 풍수적 기술은 전국의 풍수사 중에서 제일이라는 보증이 되며, 또한 한번 어떤 관직에 임하면 퇴관 후에도 그대로 관직명을 사용하는 관습이 있어, 한번 지관에 임용된 자는 영원히 지관의 관직명으로 불렸던 것이다. 그래서 '지관'은 위대한 풍수사라는 의미로 해석될 수 있겠으나, 나중에는 실제 지관에 임용된 일이 없는 자에게도 그런 경칭(敬稱)을 붙여 주기에 이르렀다. 그러나 지금은 위대함이라든가 경칭의 의미없이, 단순히 풍수사의 별칭으로 불려지고 있다. 또 지관(地觀)은 땅을 보는 자라는 의미로 해석되겠는데, 이것은 지관(地官)과 지관(地觀)이 동음이기 때문에 아마 오용된 것이 아닌가 생각된다.

풍수사가 되기 위해서는 한문을 읽을 수 있어야 되고 풍수서적을 많이 배우고 난 뒤에 선배 풍수사를 따라다니며 실지(實地) 지도를 받아야 한다. 더욱이 전국의 모든 산을 편력하여 이론과 실제가 부합되는지 않는지를 궁리 터득한 후 비로소 한 사람의 풍수사로서의 자격을 얻게 되는 것으로, 적어도 수업을 시작하고 나서 10여 년의 세월이 흘러야만 한다. 지관으로 임용되려면 반드시 《경국대전》에 규정된 지리학과 전부에 통달해야 했다.

  이렇게 풍수사가 되려면 한문을 읽을 수 있어야 했으므로 아무나 되었던 것은 아니다. 한문의 수학(修學)을 받을 수 있는 자에 한정되어 있었다. 그러니 평민에서 풍수사가 나올 리가 없고, 적어도 이속(吏屬), 중인(中人) 이상(양반, 중인, 이속, 평민, 천민의 다섯 계급 중에서 한문을 배울 수 있었던 것은 상층 세 계급뿐임)이 아니면 풍수사가 될 수 없었던 것이다. 따라서 풍수사의 지위는 다른 점복술을 업으로 하는 맹인·무녀 등과는 달리 사람들에게 대우를 받았던 것이다.

  현재 풍수사의 수가 어느 정도였는지는 풍수사들의 명부가 만들어져 있지 않고, 또한 학문하는 자는 누구나 풍수에 흥미를 가지는 경우에는 이를 연구해서 그 술법에 통달하면, 다소나마 풍수사로서 대우를 받았기 때문에, 어디까지가 전업자(專業者)이고 어디까지가 호사가(好事家)인지 구별할 수도 없어서 그 수를 조사하기도 어려운 현실이었다. 따라서 정확한 수는 알 수 없지만, 한 지방에서만 2백 명 내지 3백 명을 헤아렸기 때문에, 전국적으로는 대략 5천 명 정도는 있지 않았나 싶다. 이렇게 많은 풍수사가 있어도, 진실로 풍수의 학리(學理)와 기술에 통달한, 소위 명인이라 칭할 수 있는 사람은 몇 명 없고, 그 대부분은 풍수의 본말(本末)을 망각하고 단지 유물(類物) 내지 방위에 구애되어, 견강부회(牽强附會)격으로 길지를 정했기 때문에, 갑(甲)과 을(乙)의 관찰이 다르고, 병(丙)이 길하다는 것을 정(丁)은 흉하게 보아, 풍수의 점정을 원하는 자로서는 누구를 믿어야 좋을지 몰라서 마침내 결정을 무복(巫卜)에 위임하게 되는 일조차 있었던 것이다. 따라서 이러한 풍수사에 대해서 명인(名人)을 특히 명사(明師)라는 이름으로 부르게 되었다.

  풍수사에 대한 보수는 일정하지 않다. 부모의 상을 당한 자가 풍수사에게 의뢰해서 길지를 선정받았을 때는 자신의 부모가 안주할 좋은

풍수사(風水師)가 묘터를 보러 다니는 모습
(삿갓 쓴 사람이 喪主)

묘지를 선정해 주었기 때문에, 부모에게 효도를 다했다는 기쁨과, 부모를 길지에 묻었기 때문에 그 덕분에 자손들이 틀림없이 번영성장할 것이라는 기대로부터, 풍수사에게 될 수 있는 한 좋은 보수를 지불했던 것이지, 풍수사로부터 '얼마를 내시오'라든가, '이렇게 해주세요'라는 청구를 받았던 것은 아니다. 그리하여 그 보수는 대략 '비사후폐(卑辭厚幣)'라는 말대로, 선정을 받는 자는 풍수사에 대해서 공경의 태도로 맞이하고, 음식은 물론, 의복 한 벌에 약간의 돈을 얹어서 보내는 것이 원칙으로 되어 있다. 그런데 풍수사 중에는 '얼마 내세요' 하고 풍수사 쪽에서 보수액을 정해서 길지를 선정하는 경우도 없지는 않지만, 원래 길지 선정 등은 그 보수를 정할 수 있는 성질의 것이 아니기 때문에, 일반적으로 선정을 의뢰한 자의 뜻에 따라서 보수를 받는 것이 관습으로 되어 있다.

풍수사가 한문을 읽을 수 있는 자라야만 하는 관계로 한문의 수학을 허락받은 계급에 한정되어 있었다는 것은 이미 기술했지만, 조선의 풍수사 중에는 비율로 보아 승려가 가장 많았음을 간과해서는 안 된다.

조선 시대를 통해서 풍수사의 일인자로 인정받고, 또한 풍수설을 우리나라에 전했던 유일한 자로 되어 있을 뿐 아니라, 고려의 도읍을 확립했던 신라 말기의 도선도 승려이고, 조선 오백 년의 왕터를 정했던 사람인 무학도 승려이며, 《서산대사비결(西山大師秘訣)》의 저자로 알려져 있는 석휴정(釋休靜 : 조선 선조 때 사람)도 승려이고, 《남사고비결(南師古秘訣)》의 저자이고, 명종 때 풍수, 천문, 점상(占相)에 통달했기 때문에 천문학 선생이 되었던 남사고도 소년 시절 신승(神僧)을 만나서 이 학문의 비결을 전수받았던 것이다. 고려 혜종 원년에 세워진, 경기도 개성군(開城郡) 영남면(嶺南面) 태원리(太院里) 사기막동(沙器幕洞)에 있는 오룡사(五龍師) 법경대사비문(法鏡大師碑文)에 의하면 이 비를 세울 때 풍수를 생각했던 자는 '專知地理事大德聰訓'(《朝鮮金石總覽》上)이라 되어 있는 점으로 보아 승려였음을 알 수 있다. 또한 《고려사(高麗史)》에 의하면, 숙종 6년 평주의 승려 각진(覺眞)이란 자가 함부로 음양을 언급해서 뭇 사람을 현혹했기 때문에 그를 곡주(谷州)에 유배한 일이 있고, 고종 10년에는 중 최산보(崔山甫)를 살해한 일이 있다. 그 자초지종은 이러하다. 최산보가 삼계현(森溪縣)의 사람으로 음양술수에 통달해서 삭발하고 삼계현(森溪縣)의 금강사(金剛寺)의 주지가 되고, 뒤에 주연지(周演之)로 개명하고 서울로 올라와 점술로 사람을 현혹하고, 최충헌의 아들 우(瑀)에게 접근해서 신임을 받고 마침내 사람의 화복을 자주 언급하자, 모든 사람이 이를 두려워하여 다투어 재물을 보냈기 때문에 순식간에 거부가 되기에 이르렀다. 또한 술승 도일(道一)을 제자로 삼고, 사람의 목소리를 살피고 색깔을 보아 빈부, 장수요절을 판별한다고 해서 많은 부녀자들을 농락했다. 그러나 사람들은 그 위세를 두려워하여 한 마디도 호소하는 자가 없었다. 뒤에 마침내 왕의 뒤를 이을 모략을 꾸미다가 사전에 발각되어 도일과 함께 죽음을 당한 일이 있다. 이들 음양승, 술승이란 모두 풍수설에 능통한 자들로서 소위 풍수승이었던 것이다.

이상은 고려 시대에 일어난 사건이지만 조선 시대에 들어와도, 무학이 한양(漢陽)에 왕도를 선정한 일 및 왕릉(지금의 동구릉)을 정한 것을 비롯하여, 많은 묘지가 모두 풍수승에 의해서 정해진 것이라고 한다. 그 한두 가지 예를 들어 보자. 조선 광해군 치하 때 풍수술에 뛰어난 중 성원(性圓)의 제자로 풍수승 성지(性智)라는 자가 있었는데, 너무 그 술을 남용했기 때문에 성원이 '汝用術太繁, 無名貪貨, 禍將及身, 愼之愼之'라고 그를 경계시킨 일도 있었지만, 이에 개의치 않고 풍수술을 빌미로 사대부집에 출입하다가 끝내는 광해군의 마음에 들게 되자 이를 이용해서 저택을 궁궐 가까이에 짓고, 많은 사미(沙彌 : 불문에 막 들어가 아직 비구의 자격이 없는 소년승), 유곤(遊髡)을 모아 완연히 하나의 가람(伽藍 : 일곱 가지 건물을 갖춘 절)을 갖추었을 정도였다. 이윽고 인경궁(仁慶宮)의 신설(新設)을 건의해서 지었지만, 광해군에 이어 인조(仁祖)가 등극하자, 인조왕 원년 5월 당장 명령을 내려서 인경궁을 허물고, 마침내 일반 승니(僧尼)의 성내 출입을 금해 버렸던 것이다(선조 때 사람 趙汝籍의 《청학집》에 의함).

충청남도 공주군(公州郡) 장기면(長岐面)—공주에서 약 2백 리 떨어진 금강변(錦江邊)에 이탁산(李棹山)이라는 금강에 임한 형승(形勝 : 지세나 풍경이 뛰어난)의 산이 있다. 이 산에는 전의(全義) 이씨 선조

(先祖)의 묘가 있는데, 이 묘지는 이 지방에서 유명한 길지로 전해지고 있으며, 거기에는 다음과 같은 전설이 얽혀 있다.

지금으로부터 수백 년 전에, 이 부근에 사는 금강의 나룻배 사공에 이탁(李棹)이라는 자가 있었다. 이 사람의 성질은 관용스럽고, 인애에 두텁고, 대단히 연민이 깊어서 가련한 자를 보면 없으면서도 물건을 주었기 때문에, 공주 부근에서 배회하는 걸인들은 모두 신처럼 이탁을 존경하였다. 어느 날 이탁이 나루터에서 손님을 기다리고 있는데, 한 사람의 초라한 중이 와서 건네 주기를 부탁하자, 이탁은 이내 건너편에 배를 대주었는데, 또다시 건네 주기를 부탁했다. 이런 식으로 하루 동안 수차례를 왕복했다. 보통 뱃사공이었다면 여러 번 되풀이되는 부탁에 짜증을 냈을 테지만, 이탁은 조금도 싫은 얼굴을 하지 않고 친절히 건네 주었다. 그 중은 찬찬히 이탁의 얼굴을 바라보고, 보아하니 상중(喪中)인 것 같은데 좋은 묘지라도 발견했느냐고 묻자, 이탁은 아버지가 죽은 지 벌써 3년 되었지만 좋은 묘지가 없기 때문에 그대로 두고 있는데, 어디가 좋은 묘지인지 알면 곧 장사지내고 싶다고 대답했다. 그러자 중은 이 강 저쪽편에 보이는 저 산이 길지이니 빨리 묘지로 삼아서 장사지내되 그곳은 대단한 길지이기 때문에 다른 권력이 있는 자에게 발견되어서 훼손되면 자손만대의 운이 끊어질 테니 석회천 가마로 단단히 다져 놓으라고 했다. 또한 종이에 '南來妖師朴相來 單知一節之死未知萬代榮華之地'라 적어서 이를 돌에 새겨 묘지 상층에 파묻도록 가르쳐 주고는 어디론가 사라져 버렸다. 이렇게 해서 생긴 것이 이 묘로서 그후 자손이 번영하고 고관이 나와 현재 이 가문의 인원은 5만여 명에 달한다고 한다(1928년).

경상북도 안동(安東) 임북면(臨北面) 미질동(美質洞) 수다산(水多山)에 있는 이증(李增)의 묘가 와우형(臥牛形)이라. 대대로 이름난 고관이 배출되어 이들 관원이 자주 묘에 참배하러 오기 때문에, 묘산 밑의 부락민이 대단히 괴로워했다.

안산(案山)에 인곡암(籾穀岩)이 있기 때문이니, 이것을 파괴해 버리면 명관이 나오지 않고 따라서 묘참배 때문에 고역을 당하는 일도 없어진다고 가르쳐 준 것은 운수(雲水)승이었다(앞장을 참조할 것).

마찬가지로 안동에 있는 이상룡(李相龍)의 집은 지금으로부터 4백 년 전에 세워진 옛 건물이다. 이 집은 방술상(方術上) 동쪽을 향해 '用'자형으로 설계된 것으로 아흔아홉 칸의 커다란 집으로, 동서 양쪽에 문을 만들었지만 남쪽으로는 하나의 작은 문도 달지 않았다. 그런데 어느 날 한 중이 찾아와 이 집을 자세히 바라보고 있다가, 남쪽 벽에 작은 것이라도 좋으니 문을 달면 도난을 피할 수 있다고 가르쳐 주었다. 오래 전부터 도난 때문에 고심하고 있던 참이었기 때문에, 곧 이 말을 받아들여 하나의 작은 문을 남쪽 벽 사이에 달았다. 자주 찾아오던 도둑은 다행스럽게도 이 작은 문으로 침입했다. 그런데 그 도둑이 집안에 발을 들여놓자마자 눈앞이 캄캄하고 하나도 보이지를 않았다. 집안 사람들에게 붙잡혀 문 밖으로 추방을 당하고서야 눈이 보이게 되었다. 이 소문이 나자 이 문은 도둑의 눈을 보이지 않게 하는 이상한 문이라 하여 도둑들이 두려워하게 되었다. 지금 이 문은 항시 폐쇄되어 있다(1928년).

전라남도 영광(靈光)에서 일어난 일이다. 한 풍수승이 답산하고 영광의 모평촌(牟平村)의 한 집에 들어가 잠자리를 청했는데, 주인은 풍수승을 정중하게 대접해 주었다. 주인은 나이가 40세 정도였는데 아직 자식이 없었다. 이튿날 아침 이 풍수승은 주인에게 감사의 말을 하고 오리쯤 갔는데 속발(速發 : 사용하면 발복이 빠른)의 땅이 눈에 띄었다. 그는 곧 되돌아가서 문을 두드리자 주인은 이상히 여겨 이유를 물었다. 중은 기분좋게 하룻밤을 편히 쉬게 해줬기 때문에 무언가 사례를 하고 싶어 왔다고 말하면서 주인을 데리고 가, 그 땅을 가리키며 일년 내에 귀한 자식을 얻고, 그후 자손이 번성하여 대관소관을 낼 그 곳에 그 아버지의 묘를 이장토록 했다(《도선비결》).

　이처럼 대부분의 길지가 승려에 의해서 선정된 것으로 보아, 풍수사의 대부분이 승려였음을 알 수 있다. 그러나 풍수사가 반드시 승려였다는 것은 아니다. 고려 시대에도 서운관(書雲觀) 등에는 풍수술에 통달한 학자가 있고, 조선 시대에는 음양과의 학자들은 풍수술을 공부했으며, 또한 국도 한양의 터를 정할 때 무학보다도 오히려 학자 정도전(鄭道傳)의 말을 들었을 정도이며, 안동에 있어서 풍수술로써 각종의 구재사업을 행했던 맹사성 등도 학자이고, 남사고, 이토정(李土亭), 정두경(鄭斗卿), 성유정(成兪正), 윤참의(尹參議), 박상의(朴相宜) 등도 학자로서 풍수에 능통했던 자들이다.

　이외에 풍수사(風水師)에 버금가는 자로서 무녀(巫女)가 있었다. 평안남도 진남포(鎭南浦) 부근에서는, 묘지의 선정을 무녀에게 맡기는 습관이 있을 정도인데(평안남도 衛生課 報告), 이것은 전에 풍수사에게 의뢰해서 묘지를 길지에 정했음에도 불구하고, 집안에 재액이 빈발하기에 점을 쳐보니, 그 묘지가 좋지 않기 때문이라는 점괘가 나왔다든가, 풍수사 갑 을의 말이 서로 달라서 어느 것도 믿을 수 없을 때, 또는 풍수사가 가까이 없어서 길지를 선정받을 수 없는 경우에는 무녀 또는 맹인에게 점을 청하여 무엇 때문에 재액이 있는지, 어느 땅으로 옮겨야 하는지, 언제 어느 곳으로 해야 하는지 알기를 원했다. 따라서 이러한 점정(占定)은 풍수신앙에서 벗어난 것이므로 무녀 등을 풍수사로 간주할 수는 없다.

　이상에서 풍수사가 어떤 사람인가를 대강 살펴보았는데, 이것은 조선 풍수의 연혁과 밀접한 관계가 있으므로 뒤에 풍수의 연혁을 논할 때에 상세하게 거론하겠다. 여기서는 단지 풍수사가 그 법술(法術)을 남용한 나머지, 마침내 세상에 해독을 끼치는 것으로 생각되기에 이

런 유래의 하나를 《목민심서》의 저자 정약용(鄭若鏞)의 말에서 살펴보
고 이 절을 끝맺기로 한다.

> "案, 地師中國謂之葬巫. 凡葬巫之利在於新占. 故先塋之側, 雖餘穴尙
> 多必吹毛覓疵, 言其不吉. 乃與喪主走外求山圖占新穴. 凡新穴皆他人
> 之地, 安得無訟爭, 訟之繁悉由地師. 每遇一訟若係當禁之地. 牧宜問
> 地師之名, 照法嚴刑一不饒貸, 則瓜遞之前, 山訟不後作矣."(《목민심
> 서》〈山訟〉)

지사(地師)의 이로움은 '신점(新占)'에 있기 때문에 산송(묘지의 쟁
송)이 빈번하게 일어난다고 정약용은 말하고, 한 차례 쟁송이 있을 때
마다 지사의 이름을 물어서 이를 고하라고 가르치고 있다. 이 가르침
때문인지 풍수사라고 자처하는 자는 없어져 버렸다. 그러나 산송은
조선 시대 중엽 이후에 지방관이나 목민관의 괜찮은 부수입의 재원
(財源)으로 이용되었기 때문에, 풍수사의 이름은 없어졌지만 신점은
점점 많아져서 산송은 차츰 증가했던 것이다. 따라서 산송이 있기 때
문에 신점이 있고, 신점이 있기 때문에 풍수가 세상을 해치는 기현상
이 생겼던 것이다.

제 2 편
묘지풍수

제 1 장 한국의 장묘(葬墓)

1. 묘지풍수의 관념

현재 우리의 일반화된 관념으로 볼 때, 풍수란 묘지의 길흉을 점치는 법술이다. 풍수는 묘지의 길흉에 한한 것이 아니라 지리의 여하에 따라 인생에 미치는 화복의 영향을 연구하고, 그 화를 피하고 복을 구하는 것이다. 따라서 인간이 생활하는 곳, 즉 주거, 주택 등도 풍수의 주요 대상이 될 수 있으며, 묘지는 주택의 연장으로서 당연히 풍수의 대상이 된다. 풍수의 본뜻을 살펴보면 묘지는 주거, 주택, 즉 양택(陽宅)에 대해 오히려 종(從)적인 위치에 있음을 알 수 있다. 그런데 풍수란 묘지의 길흉을 점치는 것이며, 풍수서(風水書)를 장서(葬書) 또는 산서(山書 : 여기서 산이란 묘지를 이름)라고 하여, 풍수가 오로지 묘지에 한정된 것처럼 생각하는 것은 어떠한 이유 때문일까?

많은 풍수사(風水師)들은 이 질문에 대해 다음과 같이 설명한다.

풍수가 묘지에 중점을 둔다고 해서 모든 묘지에 관한 것은 아니고, 주로 부모조상의 묘지에 관한 것이다. 따라서 풍수로 본 묘지와 양택과의 사이에는 다음과 같은 구별과 경중(輕重)이 보인다.

① 묘지는 부모조상의 안택(安宅)이며, 주택(양택)은 조상의 자손들이 사는 곳이다. 부모조상은 흡사 식물의 근간(根幹)과 같은 것이며 자손은 가지나 잎과 같은 것이기 때문에 일가(一家)의 발달 성장면에서 보면, 부모 조상이 확고하고 강대해야만 자손이 번영할 수 있을 것

이다. 그러므로 일가(一家)의 영구한 발전이나 지엽열매〔枝葉華果〕가 무성해지기를 희망하는 면에서 보면, 그 근간인 부모조상을 후하게 대접하는 게 가장 타당한 처사일 것이다. 지엽적인 열매에 아무리 손을 대어도 그 근간을 가꾸는 일을 잊는다면 그 발양(發揚)은 기대할 수 없다. 요컨대 풍수란 양택을 손질해서 음기(陰基 : 묘지)를 배양(倍養)하는 데에 있으므로 부모 조상이 안주하는 묘지, 즉 근간을 배양하는 쪽이 자손의 주택인 양기(陽基), 즉 지엽을 손질하는 것보다 합리적으로 일가의 발전을 초래할 수 있다는 것이다.

② 풍수상으로 이야기하면 음택(陰宅)도 양택(陽宅)도 모두 거기에 있는 사람으로 하여금 생기를 불어넣음으로써 인생에서의 생생한 발전의 효과를 구하려는 것이지만, 음택과 양택에서는 생기를 불러일으키는 데 차이가 있어서, 양택은 음택만큼 생기의 영향을 미치는 일이 아주 적다. 그리고 생기를 불러일으킨다는 것은, 그 생기를 감수(感受)한다는 것이다. 그 감수율은 인체의 부분에 따라 다른데, 뼈가 가장 높고 근육, 피부 등은 그다지 높지 않다. 이것은 뼈는 음양생기의 정기(精氣)가 응결된 것임에 반해서, 근육과 피부는 이 정기로부터 발전된 '근본'에 대해서 '끝'이며, '진(眞)'에 대해서 '가(假)'이기 때문이다. 따라서 살아 있는 사람은 그 중심에 생기의 감수성이 강한 뼈를 간직하고 있다고 해도, 그 외부에 감수성이 약한 근육, 피부 내지 의복 등을 걸치고 생활하므로 생기를 충분히 느낄 수 없다. 그런데 죽은 사람은 감수성이 약한 근육과 피부가 없어지고 뼈만 남게 되기 때문에 생기를 감수하는 것이 살아 있는 사람에 비해서 훨씬 양호하다. 그러므로 풍수적인 효과는 살아 있는 사람의 주거인 양택보다도 죽은 사람이 사는 곳인 음택에서 큰 것을 바랄 수가 있는 것이다.

③ 사람은 음양오행의 생기로 인해서 태어나지만, 부모를 통해서 태어난다. 이 관계는 '사람은 부모에게서 태어나며, 부모는 음양의 생

기로부터 태어난 것이다'라고 할 수 있듯이 서로 친자(親子) 관계를 이루고 있는 것이다. 이것을 발생적으로 말하면 음양생기의 정(精)이 응고되어 부모도 되고, 부모의 정기가 굳어져 자식도 되는 것이다. 따라서 친자의 관계는 생기의 힘과 그 자식과의 관계일 수밖에 없다. 그러므로 사람은 부모의 정기의 연장(延長) 발전으로서 부모와 자식은 그 정기의 본(本)과 말(末)이다. 그런데 부모의 정기는 뼈이며 이 정기가 천지의 생기를 받고 있기 때문에 사람이 천지의 생기를 향수한다면 부모의 뼈를 통해, 이 뼈가 생기에 쐬어짐으로써 비로소 완전히 그 목적이 달성될 수 있는 것이다. 그러므로 풍수에서는 부모의 시체가 빨리 부패하여 뼈로 되기가 쉬운 따뜻한 자리를 길지로 하며, 영구히 육체가 부패하지 않는 곳이나 뼈가 속히 썩어 오염될 자리는 흉지라 하여 피한다(자식이 부모의 정기로부터 태어난다는 관념은 일반적으로 이식되어 있다. 정액, 정충이란 말은 이 정기의 관념에서 유래한 것이다).

　이상과 같이 음택과 양기(陽基)와의 사이에 구별의 경중이 존재하기 때문에, 풍수에서는 부모 조상을 장사지내는 묘지에 중점을 두며, 자손, 즉 살아 있는 사람의 주소인 양택에는 묘지만큼 중점을 두지 않는다. 이것을 유교적 견지에서 다음과 같이 말하는 사람도 있다.

　부모 조상을 길지에 안장하는 것은 효의 연장〔追孝〕이다. 옛날엔 부모가 죽으면 들에 버리고 뒤도 돌아보지 않았지만, 이 야만적인 풍습을 고쳐 조상 숭배, 추효의 미풍으로 하려고 하면, 당연히 이(利)를 내세워 유도하지 않으면 안 된다. 그러한 성각으로, 부모 조상을 존중하는 것은 자손의 번영을 초래하는 것이며, 부모 즈상의 묘지의 좋고 나쁨에 의해 자손의 운명에 길흉의 차가 생기는 것이라고 하는 묘지 풍수를 내세웠기 때문에, 이 공리적인 유도가 보람이 있어 일반 서민에 이르기까지 묘지를 소중히 여기고, 훌륭한 묘지에 부모 조상을 장사지내게 되었고, 그와 동시에 풍수라고 하면 묘지를 점쳐서 정하는 것만으로 인식되기에 이르렀던 것이다. 그러므로 한국에서의 묘지 풍수의 보급은 유교의 진흥과 그 맥락을 같이한다고 볼 수 있다. 따라서 유교가 가장 중요시되고, 그것이 흡사 국교처럼 취급된 조선 시대에 묘지 풍수가 일반에게 보급된 것은 당연한 일이다.

또 이것을 역사적 사실로부터 설명하는 사람도 있다. 즉 풍수설이 한국에 전승된 것은 신라 시대이지만, 신라 및 고려에서는 생활상의 위협이 오히려 외래 민족의 침범, 또는 외적의 침입에 있었기 때문에, 생활상의 주된 관심은 국방과 수도의 안전에 있었다. 그러므로 이 시대에 있어서 불사(佛事 : 각종의 도량을 개최하여 修法하는 것 등등), 사탑의 건설 등은 모두 이런 의미에서 출발하지 않은 게 없었다. 따라서 풍수 역시 이 경향에 지배되어 한결같이 양택풍수에 중점을 두었다. 그런데 고려의 뒤를 이은 조선 시대에는 오히려 국방을 위한 수법(修法) 내지 법술에 방임적이었기 때문에 고려의 국운이 쇠했음을 알아차리게 되어 수법적인 국방은 점차 소원해지게 되었다. 따라서 양택풍수를 그다지 중요시하지 않게 되었다. 그 반면에, 조선 시대에 정권을 장악하고 번영을 이룬 자는 고려 시대의 풍수적 길지에 그 부모 조상의 묘를 정한 사람의 자손이라는 게 알려지자마자, 국방이라는 국가번영을 위한 일보다도 정권을 꾀하려는 그 시대 사람들의 마음을 자극하여, 양묘(良墓) 선정, 즉 묘지풍수가 점차 환영을 받게 되어 마침내 일반에게 보급되기에 이르렀던 것이다.

이상의 여러 설은 그에 상응하는 이유를 인정할 수 있지만, 풍수가 묘지에 중점을 둔 데 대해 다음과 같은 점을 주목해야 한다.

㉠ 묘지는 독거(獨居)가 가능할 것─원래 사자(死者)는 산 사람이 싫어하기 때문에 거주하는 곳에서 떨어진 곳에 두는 것이 장례법의 발원이다. 그러므로 후에 인정(人情)이 발달하여 사자에 대한 관념이 경애(敬愛)로 변해도 사자를 생자(生者)의 주거로부터 떨어진 곳에 두

는 것에는 변함이 없다. 혹은, 부모의 관을 속히 격리하려고 산야에 옮기는 것은 사람의 아들로서 참을 수 없는 일이어서(개중에는 사자에 대해 애석한 정을 보이지 않으면 망자의 영혼이 재액을 입힌다는 공포, 또는 속히 시체를 옮기면 효성스럽지도 못하고, 예의도 다하지 않는 놈으로 여기는 세상의 비난이 두려워서 며칠씩이나 시체를 넣은 관을 집에 두고 있는 사람도 적지 않다) 출관의 날을 연장하거나 혹은 매관 후 묘 부근에 초가집을 지어 그곳에서 3년간 죽은 부모에게 위로와 석별의 정을 다하여 효자 의 모범이 되었지만, 어떻든 간에 사자는 산 사람의 주거와 떨어진 곳 에 옮기는 것이 원칙이다.

이 사자를 사람이 사는 마을에서 떨어진 곳에 묻은 것이 묘의 유래 이다. 따라서 묘는 산 사람의 주택과는 현저한 차이를 보인다. 즉 묘 는 독거가 가능하지만 주택에서는 독거가 가능하지 않다. 산 사람은 군거(群居)를 그 생활의 본모습으로 삼는다. 군거를 본체로 하기 때문 에 주택은 묘지에서처럼 풍수의 요체인 '乘生氣'를 할 수만은 없다. 즉 묘지는 독거가 가능하니까 그 땅에 떠도는 생기를 독점할 수 있지 만, 주택은 군거해야 하기 때문에 그곳의 생기를 독점할 수 없다. 따 라서 풍수적 효과를 구하려면 주택보다 묘지에 중점을 두어야 한다. 더구나 산 사람이 주택에서 받는 생기는 지상에 분출하며 또 그것은 지엽적이기 때문에 아무리 생기에 드러나 있어도 그 효과는 불완전한 것임에 비해, 묘에 있어서의 부모의 사체는 땅 속을 떠다니다가 모이 는 생기에 직접 쬐는 수가 있다. 뿐만 아니라 그 효과는 근간을 배양 하는 것으로서 완전한 것이니까, 힘을 다해도 풍수적 효과가 적은 주 택보다 노력하면 할수록 효과가 있는 묘지에 풍수적 기대를 거는 것 은 별로 이상한 일이 아니다.

ⓒ 주택의 경제적 속박—묘지는 사자의 거처이지만 주택은 산 사람 이 생활하는 곳이다. 사자에게는 의식(衣食)에 대한 경제적 욕구가 없

다. 그러므로 사자의 거처인 묘지는 경제 생산이 전혀 없다고 해도 결정될 수 있다. 그러나 산 사람은 단 하루라도 생활비가 없으면 살아갈 수 없다. 따라서 생산 내지 생산물의 교환이 가능하지 않은 곳에서는 주택을 운영할 수 없다. 아무리 생기가 충만한 대지라도 그곳에 거처를 정하여서 그날의 생활에도 곤란을 입는 그러한 곳에서는 번영의 행운은커녕, 살아갈 수조차 없는 것이다. 따라서 주택은 풍수적으로 길지(吉地)여야 하고 이에 덧붙여서 생활에 지장 없는 경제적 조건을 구비해야 한다. 이렇게 양쪽을 다 갖춘 완전한 대지는 흔한 것이 아니므로 찾기 어려우며, 일단 이러한 대지를 찾으면 다른 곳으로 옮기기도 쉽지 않다. 여기에 반해서 묘지는 생기가 모이는 땅이기만 하면 좋으며, 달리 경제적 조건을 필요로 하지 않는다. 그러므로, 어떠한 산간이나 계곡이라도 전혀 지장이 없다. 찾는 일이 주택지에 비해 쉬운 것이다. 덧붙여서 한국은 그 지세상, 경제적 조건을 구비하지 못한 토지(대개의 산악, 구릉이나, 水利가 없어 경작에 적합하지 않은 토지)가 많기 때문에 주택을 찾는 범위는 묘지를 찾는 범위보다도 좁다. 찾는 데 용이하고, 또한 찾을 수 있는 범위가 넓으므로 풍수상 주택보다도 묘지에 더 주안점을 두고 전념하기에 이른 것은 너무나 당연한 귀결이라 하겠다.

2. 한국의 장법(葬法)

1. 보통장(普通葬)

가장 일반적인 장례법의 순서는 다음과 같다. 즉 초혼(招魂), 소렴(小斂), 성복(成服), 대렴(大斂), 성빈(成殯), 발인(發靷), 매장(埋葬) 등의 순서로 이루어진다. 이를 하나하나 약술하면 다음과 같다. '초혼'은 사후에 사자(死者)가 평생 입던 옷을 가지고 옥상이나 담장 등 높은 곳에 올라가 '아무개가 며칠 몇 시에 별세했다'고 고한 뒤 '복(復), 복(復)'하며 세 번 외치면서 그 옷으로 부르듯이 흔들고 이 옷으로 시체를 덮는 것이다. 이 '초혼'은 사망을 알림과 동시에 사자의 혼백이 날아가는 것을 되부르는 일이다. '소렴'은 사자의 수족 및 얼굴을 향물로 닦고 일곱 개의 무궁주(無窮珠)를 입 속에 넣는데, 남자인 경우 '액모(額帽)'라는 백지를 뺨에 붙이고, 여자인 경우 흰가루로 안면을 화장하고, 옷을 갈아입히며 손에는 장갑, 발에는 검은 버선을 신겨 '칠성판(七星版)'이라는 판자 위에 눕히는 것이다. '성복'은 소렴이 끝난 뒤 상주 및 친척이 근신(謹愼)의 뜻을 표하기 위해 상복을 입는 것이다. '대렴'은 사자에게 '수의(壽衣)'라고 하는 저승길에 오르도록 하기 위해 새롭게 만든 옷을 입히고, 삼베로 열두 군데를 묶어 장방형의 침관(寢棺)에 넣는 납관식(納棺式)이다. '성빈'은 출관까지의 기간, 즉 3일 내지 3개월간 아침 저녁으로 2회씩 상식(上食)하며 사자가 평소에 즐기던 음식물을 차려(이를 奠이라고 한다) 상주와 친척이 관 앞에 모여 우는 것(이를 哭이라고 한다)이다. '발인'은 출관(出棺)을 말한다. 술과 과일을 차리고 향을 태우며 곡하고, 관을 상여에 얹은 다음 상여꾼들이 메고 문을 나선다. 이때, 여자들은 모두 출구까지 나와서 울며 고별하고 장례에는 참가하지 않는다. 장례 행렬은 앞뒤로 상주(喪主), 친척, 친지들이 서고 '방상사(方相師 : 악마를 쫓는 사람)', '곡부(哭婦)' 등이 뒤따르고 명기(銘旗) 등 의식도구 등을 갖추고 가무음악을 곁들여 서서히 나아간다. 상여가 묘소에 도착하면 일반 전송자는 곧 이별을 고하고 돌아가고 상주와 친척만이 최후의 곡전(哭奠)을 드리고 관을 매장하고, 장례도구를 태워 버린다. 이 '성빈(成殯)'의 빈(殯)에 대해서 가네자와[金澤庄三郞] 씨는 자원(字源)에서 '가빈소(假殯所) : 시체를 관에 넣어 장구(葬柩)로 옮기기 전 이것을 귀하게 대우한다'고 해석하고 있지만, 《국어 사전》에 의하면 '빈소(殯所) : 발인 때까지 관을 안치하는 방', '빈관(殯官) : 발인 때까지 왕세자 및 비의 영구(靈柩)를 안치하는 곳', '빈전(殯殿) : 발인 때까지 왕 또는 비의 영구를 안치하는 곳'으로 적혀 있어 빈(殯)을 매장하기 전에 행하는 행사로 해석하고 있다. 이것을 사실에 비추어 보면 빈은 양자의 의미로 매장하기에 앞서 사자를 어느 기일간 귀빈으로 위로하는 뜻인 것 같다. 한국에서 행해지는 성빈은 그 장소에 따라 가빈(家殯), 야빈(野殯), 초빈(草殯), 토빈(土殯) 등이 있다. 또 기간별로는 3일, 5일, 7일 또는 3개월(이 경우는 통례적으로 백일장이라고도 한다. 즉 백일만에 매장한다는 뜻이다) 내지 수년에 걸친 것 등의 장단의 차이는 있지만, 그 어느 것이나 빈소에서 상주 및 친척이 모여 아침 저녁으로 곡전하고 애도의 뜻을 표하는 것은 동일하다. 만약 빈소가 집에서 멀리 떨어진 산야에 있어서 아침 저녁으로 곡을 하기 위해서 왕복하기가 곤란한 경우에는 빈소 앞에 작은 초막(草幕)을 지어 상주나 근친이 이 곳에 묵으면서 곡하는 수도 있다.

 이런 성빈의 관념, 즉 사자를 매장하기 전에 시체를 넣은 관을 일정 기간 일정 장소에 두고 곡전(哭奠)의 예를 드리는 것에 대한 지배적인 생각은 다음과 같다. 즉 빈소를 만들어 곡전례를 드리는 것은 사자의 유족과 지금까지 의식(衣食)을 함께 해온 자가 죽었다고 해서 금방 땅 속에 묻어 버리는 것은 근친에 대한 정분이 아니며, 또한 부모와 헤어지고 싶지 않다는 괴로운 마음을 울며 호소하기 위해 일정 기간 동안 마음대로 실컷 통곡하여 영원히 헤어짐을 슬퍼하는 것이라 한다. 또한 성빈은 부모 존속의 죽음에 대해서 석별의 정을 참을 수 없는, 효자가 행해야 할 아름다운 일이라고 한다. 그러나 실제로 장례비용이 조달되지 않았을 때나 생전에 미리 장례지낼 길지를 선정해 두지 않았을 경우, 그 준비를 하기 위하여 성빈 기간을 두는 것이다. 그러므로 그 기간은 길지가 발견될 때까지의 장단(長短)에 의해서 단시일에 끝내거나, 또는 오랫동안 빈소를 두는 경우가 있다.

빈소의 구조를 보면 빈전이나 빈궁은 어떤 특정 건조물인 궁전(宮殿)이다. 그러나 보통 사람의 빈소, 즉 가빈(家殯)은 집안의 거실 또는 대청이나 구내의 빈터에 임시 오두막을 지어 관을 안치한다. (정약용의 《산림 경제》에 '무릇 喪家는 成服 후 鄕村草舍 안에 成殯을 한다. 즉 잘못하여 불을 내면 참변을 당하며, 情理가 결여될지라도 누구나 집을 선택할 수밖에 없다고, 후원 가까운 깨끗한 곳에 구덩이를 파서 성빈하여 상주가 아침저녁으로 곡을 한다'라고 한 것은 이것이다). 야빈(野殯)은 산야에 임시 오두막을 지어 그 안에 관을 안치하는 것이다. 또 초빈(草殯)은 짚을 깔고 그 위에 관을 두고, 관의 상부에서부터 풀이나 나뭇가지로 덮은 것이다. 토빈(土殯)은 구덩이를 파고 짚을 깔고 그 위에 관을 얹고 또 관 위에 풀로 덮은 뒤 외부에 흙을 쌓은 것이다.

2. 특수장(特殊葬)

이상은 한국에서 행해지는 일반적인 장례법이지만, 조선에는 아직 다음과 같은 장례법이 있다.

1. 덕 장

'허덕'이란 초옥(草屋)이나 임시 오두막이라는 뜻이므로 덕장은 '오두막장'이라 할 수 있다. 이것은 대개 천민이나 멀리 고향에서 떨어져 있는 자가, 사유지도 없고 있어도 길지가 아닌 경우, 그 뼈만은 싸서 고향에 가지고 가려는 자가 행하는 장례법이다. 산야의 일부에 나무나 대나무, 싸리 등으로 조립하거나 짜맞추어서 오두막을 짓고 풀로써 위(지붕)를 이고 그 안에 시체의 관을 안치하여 뼈만 남게 될 때까지 기다렸다가 흙 속에 묻거나 고향에 가지고 가는 것이다.

2. 풍장(風葬)

이것은 사체를 줄풀로 묶어(혹은 독 안에 넣거나 관 속에 넣기도 한다) 나무 위에 놓고 묶어서 달아맨다. 또는 나무 사다리를 짜서 그 위에 얹어 사다리에 횡목을 가로질러 수평으로 늘어뜨리거나 혹은 그대로 땅 위에 두고 그 위에 풀을 덮어, 인적이 없는 산야에 방치한다. 그러나 영구히 이렇게 두는 것은 아니고, 뼈만 남게 되기를 기다려 그 뼈를 다른 땅 속에 매장한다. 풍장에는 두 종류가 있다. 하나는 낮은 신분의 사람으로서 사체를 매장할 만한 산을 갖지 못한 경우인데 뼈만 남기를 기다려 그 뼈만을 북망산(北邙山 : 시체를 버리는 산. 누구의 묘지인지 정해져 있지 않은 묘지로서, 빈천하여 사유 묘지를 가질 수 없는 자 또는 나이 어린 시체를 묻는 곳이다)에 옮겨 묻기 위함이다. 또 하나는 천연두라든가 티푸스 등의 나쁜 병으로 죽은 자인 경우에도 풍장을 한다. 후자의 경우에는 시체를 곧 매장하면 역신(疫神)의 노여움을 사서 한층 더 나쁜 병이 유행하기 때문에 시체를 역신에게 바침으로써 그 용서를 구하고 더이상 환자가 나오지 않게 하기 위한 희생물로서의 의미와, 역병으로 사망한 자는 역신의 재앙으로 사망한 것이므로 역신의 허락을 얻어 그 재앙을 풀 수 있으면 재차 새로 살아나는 수도 있을 것이므로 잠시 풍장하여(곧 묻지 않고) 역신이 재앙을 풀기를 축수하는 등 두 가지 동기에 의해서 행해졌다.

3. 권조(權厝)

이것은 다른 말로 권폄(權窆)이라고도 하는데 가매장(假埋葬)이라는 뜻이다. 정식의 본매장이지만 영구한 묘로 삼는 것이 아니고, 영구히 매장할 만한 길지를 못 구할 경우, 잠정적으로 어느 장소에 관을 묻어

덕장의 일종

풍장의 일종

한국에서 행해지던 풍장의 종류

두었다가 길지의 선정이 끝나면 그곳에 새로이 묻는 것이다. 빈천한 자 사이에는 훌륭한 묘지를 선정할 만한 저력이 없으니까 많은 사람들이 이 장례법에 따라 행하며, 3일 권조라든가, 5일 권조 등으로 부른다. 그러나 실은 당일에 묻으면서도, 3일, 5일 등으로 부르는 것은 이 3, 5일간 사자에 대한 전곡(奠哭), 즉 성빈(成殯)을 행했다고 자랑하기 위함이며, 영구히 매장함에도 불구하고 일부러 권조한다고 하는 것은, 부모를 위해 지금 훌륭한 묘지를 선정하는 중이라는 것을 세상에 알리고자 하는 마음, 즉 체면 때문이다.

4. 화장(火葬)

사체를 불로 태우면 사자(死者)와 생자(生者)와의 연관이 완전히 단절된다고 하여 화장은 일반적으로 기피하며 다음과 같이 특수한 경우에만 행해진다.

① 유덕한 승려를 장례지내는 경우—승려는 소위 세상을 버린 사람이어서 친족과 혈연관계를 끊은 사람이라, 처(아내)나 혈연인 자식들이 없기 때문에 일반적으로 화장을 한다. 그러나 유덕한 고승 이외의 승려는 화장이 매장보다도 수고와 비용 면에서 더 들기 때문에 그다지 행하지 않는다. 그런데 승려를 화장할 때에는 재 속의 사리(舍利)만 줍고 나머지는 버린다. 주운 사리는 부도(浮屠)라는 석탑 속에 봉하고 장사를 치른다.

② 악질자(惡疾者)를 장례지내는 경우—이것은 악성 질환, 예를 들어 나병 등으로 죽은 자는 장례시 화장을 한다. 이는 불로써 사체를 태우면 병근(病根)이 끊어져 이 병이 자손에게 전해지지 않는다는 신앙에서 비롯된 것이다. 이것은 부모의 사체를 화장하면 자손이 번영치 않는다고 해서 보통 화장을 기피하는 것과는 정반대의 사고방식이다.

③ 앙화(殃禍)를 없애기 위하여 — 앙화가 두려워 화장을 하기도 한다. 부모의 사체를 매장하였음에도 불구하고, 자손에게 재액이나 우환이 끊일 사이 없이 빈발할 경우, 복점(卜占)의 결과 그것이 부모를 길지에 장사지내지 않은 앙화인 것을 알았을 때나, 집이 가난하여 훌륭한 길지를 찾을 재력이 없는 자가, 부모의 시체를 태워도 자손과의 연관이 끊이지 않는다고 하므로, 매장된 시체를 파내서 태워, 그 뼈를 절에 두거나, 또는 안치 비용이 없을 때는 그 뼈를 가루로 만들어 밥에 섞어 까마귀에게 먹이든가, 풍산(風散)한다.

④ 전장(戰場)에서 사체의 처리를 위하여 — 전시(戰時), 적지(敵地)에서 사망자가 있는 경우 적지에 묻으면 어떠한 모욕을 받을지 모르고 그 사체를 멀리 고향까지 운반하기도 곤란할 경우는 별도리 없이 화장을 해서 유골만 가지고 돌아오기도 한다.

5. 수장(水葬)

옛날에는 정식 장례법으로서 수장이 행해졌던 일도 있다. 그러나 그다지 특수한 경우가 아니면 행하지 않는다. 1930년에 이런 일이 있었다. 경성(京城)의 모 부호(富豪)가 손대는 사업마다 실패하여 점을 쳐보니, 조상의 재앙 때문이라고 하였다. 그는 분노한 나머지 묘에서 그 시체를 파내어 한강에 던져 버렸다 한다.

6. 의장(擬葬)

이것은 변사자(變死者), 예를 들면 익사한 자 또는 기차에 치여 죽은 자 또는 토석(土石) 밑에 깔려 죽은 자 등을 장사지낼 때 사용하는 장례법이다. 이때는 그 시체를 매장하기에 앞서 무녀 등에게 의뢰하여 익사한 당시의 모습을 흉내내게 하여 그때 사용한 물 묻은 의복을 짚으로 된 인형에 입혀 이 인형을 사체와 함께 묻는다. 기차에 치여 죽은 자의 경우에는 철로 위에 돌을 놓아 기차가 지나가게 한 뒤 이것을 사자와 함께 묻는다. 또 짚인형을 토석 밑에 깔고 이를 함께 묻는 등의 의제장(擬制葬)을 행한다. 이것은 변사자의 영혼은 성불(成佛)하지 못한 한을 품은 원혼이기 때문에 못된 돌림병을 퍼뜨리는 여귀(厲鬼)가 들어 살아 있는 자손에게 재앙을 입히므로, 죽은 것은 본인뿐만 아니라 동료들도 있으니 원망 말고 잠들라는 생각에서 나온 것이다. 이를 순사(殉死)의 유풍(遺風)의 한 변형으로 볼 수도 있을 것이다.

7. 노장(路葬)

이것은 사람의 왕래가 많은 도로 중앙에 매장하는 것이다. 결혼 적령기에 이른 미혼자, 특히 여자가 사망한 경우, 원한은 흔히 악귀가 되어 산 사람에게 재앙을 입힌다고 하기 때문에 그 원한을 풀기 위해 행하는 것이다. 그렇게 하면 매일 그 위나 곁으로 많은 사람(특히 남자)이 통행하며 밟고 다니기 때문에 점차 그 원한이 소멸되어 버린다는 신앙 때문이다.

8. 합장(合葬)

이 합장은 보통 부부를 동일한 묘에 합장하는 것과는 달리 미혼의 딸이 사망한 때에 미혼으로 죽은 남자의 분묘 곁에 매장하든가, 또는 성년에 달한 미혼의 남녀가 사망한 경우 사후 결혼식을 올린 뒤 합장하는 것이다. 이것은 만약 이렇게 하지 않으면 원한을 품어 가족에게 탈을 입히거나 그 부형(父兄)이 죽어서 지옥으로 떨어진다는 신앙 때문이다. 1928년 8월, 경남 통영(統營)에서 투신자살자 김문석(金文錫 : 26세)을 신랑으로 하고 같은 땅의 부호 방정표(方正杓)의 여동생, 모 여고 재학생으로 병사한 방성녀(方姓女 : 19세)를 신부로 하여 결혼식이 양가 사이에 성립되어 7일 결혼예물을 교환하고 8일 정식으로 식을 올렸다. 이것은 이 지방에서 예로부터 전해오는 것으로서 적령기의 미혼자가 죽은 경우는 천국에 갈 수 없다는 미신 때문에 행해지는 것이다.

9. 재장(再葬)

이것은 보통의 장례법에 속하는 것이지만, 일단 매장한 뒤 조금 지나 다른 곳에 새로 매장하는 것이다. 즉 새로 죽은 시체를 낡은 묘에 매장하면 그 집은 장차 자손이 번영하지 않을 뿐 아니라 재난이 겹친다고 하기 때문에 새 시체는 낡은 묘의 곁에서 수칸 떨어진 곳에 묻어, 수년 지난 뒤 낡은 묘에 합장한다(함경남도). 또는 일단 한번 매장한 뒤 3년째가 되면 '퇴관(退棺)'이라 하여 관을 파내고 최초에 사용한 오래 된 칠성판 및 수의를 태우고 새 것과 교환한다. 그때 뼈의 색깔을 검사하여 만약 그 뼈색이 붉은색이나 황색을 띠고 있으면 땅속에 좋은 기가 있다고 하여 그대로 재차 묻지만, 만약 뼈색이 희거나, 검거나, 푸른색으로 변해 있으면 불길하다고 하기 때문에 새로 다른 길지를 구해서 이장(移葬)하는 것이다. 그래도 그 뼈색이 좋지 않을 때는 '퇴관'을 두 번이나 세 번이나 자꾸 반복하여도 길지가 아니고 뼈색이 적색, 황색, 엿색깔[飴色]이 안 되는 곳에서는 자손에게 재해가 미친다고 한다(평안도).

이상의 장례법은 현재도 행해지고 있지만(1910년 '묘지규칙'이 시행되고 나서, 또는 '위생 법규'가 시행되면서부터 노장, 풍장, 덕장, 草殯 등은 금지되었으나 전혀 없지는 않다), 이러한 장례법은 거의 모두가 옛날부터 행해지고 있었던 것이므로, 현재(1931년) 한국에서 행해지는 장례법을 생각하게 하는 자료이다. 여기서 각종의 기록으로 옛날의 장례법에 대해 살펴보기로 하자.

(가) 풍장(風葬)

《삼국유사(三國遺事)》에는 신라의 시조 혁거세(赫居世)의 장례법을
다음과 같이 기재하고 있다.

"理國六十一年. 王升于天. 七日後. 遺體散落于地. 后亦云亡, 國人欲
合而葬之. 有大蚺逐禁. 各葬五體爲五陵. 亦各蚺陵. 曇嚴寺北陵是
也."

'승천 7일 후에 유체가 땅에 흩어져 떨어졌다. 나라 사람들이 이를
합장하려 했다'는 말인데, 나무 위에 풍장한 것이 7일 후에 부패하여
그 뼈가 산산이 땅에 떨어졌기 때문에 이 뼈를 모아서 매장하려 했던
것으로 생각된다.

승천(升天)에 대해서 《삼국지》에 '辰韓以大鳥羽送死, 其意欲使死者
飛揚'이라 했다. 진한의 풍습에서는 사람이 죽었을 때는 사자로 하여
금 높이 오르게 하기 위해 큰 새(큰 기러기)의 날개를 가지고 이를 보
냈다고 하지만, 높이 올려보내려 한 것은 사자의 영혼은 승천해야 하
는 것으로 생각했기 때문이다. 진한(辰韓)은 신라의 전신이기 때문에
진한 시대에 이미 사자를 승천시키려는 사상이 존재했던 것이 신라에
전승된 것으로 볼 수 있다.

이미 사후(死後)에 영혼이 승천한다는 생각이 있었다면 승천에 알
맞은 수단을 강구하는 것은 당연한 일이어서, 진한에서는 큰 새의 날
개로 보냈던 것이 신라에 이르러 승천을 용이하게 하기 위해 하늘에
가까운 곳으로 생각되는 나무 위 또는 산 위, 바위 위 등에 시체를 방
치하게끔 진보된 것인지도 모른다. 승천, 유체가 땅에 흩어져 떨어졌
다는 등의 《삼국유사》의 기사는 이런 생각을 여실히 증명해 준다.

(나) 이차장(二次葬)

앞의 혁거세를 장사지내는 것에서 보았듯이 사후에 우선 시체를 풍

장하고 그 유체가 떨어져 나간 뒤 이를 매장했던 것처럼 분명히 이차장을 행하고 있다.

《삼국유사》에는 이러한 장례법에 대해서 또 하나의 예를 제공하고 있다.

> "新羅第四王, 脫解王在位二十三年. 建初四年已卯崩. 葬疏川丘中.
> 後有神詔, 愼理葬我骨. 其髑髏周三尺二寸. 身骨長九尺七寸. 齒凝如
> 一. 骨節皆連瑣. 所謂天下無敵力士之骨. 碎爲塑像. 安闕內. 神又報
> 云. 我骨置於東岳. 故令安之."

즉 이것은 죽은 뒤 소천의 언덕에 장사지냈던 것을 '조심하여 내 뼈를 묻으라'고 하는 신의 말씀에 의해 그 뼈를 처리한 것이다.

그런데 탈해왕의 뼈를 묻어 처리한 것은 상당히 뒤에 이루어진 것처럼 보이기도 한다. 《삼국유사》에,

> "一云. 崩後二十七世文虎王代. 調露二年庚辰三月十五日辛酉. 夜見
> 夢於太宗(文虎王의 父王). 有老人貌甚威猛. 曰我是脫解也. 拔我骨於疏川
> 丘. 塑像安於土含山. 王從其言. 故至今國祀不絶. 卽東岳神也云."

라는 일설을 들고 있는 것이다. 만약 이 납골이 문무왕 조로(調露) 2년(서기 680)에 행해졌던 것이라면, 소천(疏川) 언덕에 장사지낸 건초(建初) 4년(서기 29)에서부터 헤아려 649년이나 지난 후에 행해졌다는 것이 된다. 그러므로 이 무렵에는 일차장(一次葬)뿐으로서, 따로 납골(納骨)이라는 이차장(二次葬)을 하지 않고 그대로 방치해 두었던 것이나, 납골처리를 부탁한 신(神)의 말씀이 있었기 때문에 이차장을 행하게 되었다고 한다.

1차는 옥내 빈소이고 2차는 옥외 매장이다. 지금 《문헌비고》에 적혀 있는 그 문장을 보면 다음과 같다.

> "隨書. 高句麗俗. 死者殯於屋內. 經三年, 擇吉日而葬. 歌舞作樂以送
> 之. 埋訖取死者生時服翫車馬. 置墓側, 會葬者爭取以去."

옥내 빈소를 3년이나 계속 두는 것은 꽤 장기적인 빈장(殯葬)이라고 말해야 할 것이다. 그런 뒤 이를 묘지에 매장할 때는 가무로써 즐겁게 한 뒤 이를 보낸다고 했다. 이것은 사자를 위안하기 위함일 것이다. 장례에 가락을 사용하는 풍속은 신라에도 있었다. 문무왕(文武王) 13년에 김유신(金庾信)을 장사지냈을 때 군악고취(軍樂鼓吹) 1백 인을 들여서 금산(金山)들에 장사지낸 적이 있다. 그러나 김유신의 장례는 일차장을 한 후에 성덕왕 19년에 그 뼈를 묻고 있는 점에서 보면 고구려의 것과 조금 차이가 있다. 즉 고구려에서는 이차장 때에 가무작악(歌舞作樂)했으나 신라에서는 일차장 때 하고 있다. 고구려에서는 일차장을 옥내에서 했기 때문에 장례가 아니었다. 결국 가무작악은 사자를 옥외로 보낼 때 해야 했던 것이다. 대장 후 사자가 생시에 사용하던 거마(車馬)를 장례식에 모인 사람들이 쟁취하는 풍습은, 즐겁게 보내 준 자에 대한 사자의 선물이기 때문에 이것으로써 사자를 오래 기념하기 위함이라고도 해석된다. 그러나 쟁취하는 점에서 보면 사자로 하여금 생시에 애완하던 물건을 누구에게 빼앗겼는지 알 수 없게 함으로써 물건에 대한 애착을 버리고 이 세상에 대해 미련없이 눈을 감도록 하기 위한 관념에서 비롯되었다고 보여진다. 이것은 일본에서 행해지는, 사후(死後) 사자가 사용하던 의류 등을 '가다미와케'라고 해서 친척 및 지기에게 분배하는 것과 비슷한 관념임에 틀림없다.

이차장의 일종으로서 일차 빈소에서 뼈로 된 것을 이차장에서는 땅속에 묻지 않고, 하나의 큰 목곽 안에 한집〔一家〕의 것을 전부 함께 묻는 장례법이 있다. 그것은 《후한서(後漢書)》에 실려 있는 동옥저(東沃沮)의 장례 풍습이지만, 동옥저는 지금의 간도의 동쪽에 있었던 종족이다. 때문에 한국 중부의 것과는 아주 차이가 날 터이지만 한반도에는 흔히 이 방면에서 침입하는 자가 많았기 때문에 북부와 중부에도 이러한 장례풍습이 들어 있지 않았다고는 단언할 수 없다. 이 장례 풍습은 다음과 같다.

"東沃沮之俗.　葬人治大木槨長十餘丈開一頭作廬.　新死者皆假埋之.
使屍形皮骨盡. 乃取骨置槨中. 擧家皆共一槨. 刻木爲主形. 隨死者爲
數. 又有尾鑞置米其中. 偏懸於槨戶傍."(《增補文獻備考》禮考 35)

즉 길이 10여 장(丈)의 목곽을 만들어, 한쪽을 열어 초암(草菴)을
짓고 시체를 이 안에 묻어 뼈가 될 때까지 기다린다. 후에 이 뼈를 곽
속에 넣고, 한집[一家] 사람이 죽으면 차례차례로 그 뼈를 곽 속에 안
치하는 것이다. 이렇게 하여 사자(死者)가 있을 때마다 나무를 깎아
신주의 집 형태를 만들어 그 수에 의해서 곽중의 납골이 몇 사람의 것
인지를 표시한다. 동시에 미력(尾鑞 : 솥의 일종)을 곽문의 곁에 걸어
두고 그 안에 쌀을 넣어 두는 것이다. 이 곽은 길이가 10여 장이라니
까 매우 큰 것이며, 쌀을 넣은 솥을 곽문에 건다고 하니까 마치 가옥
과 같은 구조였을 것이다.

이 장례법과 극히 유사한 장례법이 현재 류큐〔琉球〕에서 행해지고
있다. 가네시로〔金城朝永〕씨의 보고에 의하면 현재 류큐의 묘에는 '가
지누쿠' 묘와 '가라화후' 묘의 두 가지 형태가 있다. 전자는 귀갑형
(龜甲型)을 이루고 후자는 파풍조형(破風造型)으로서 귀갑형보다도 오
래 된 고유형(固有形)이며, 귀갑형은 중국의 영향에 의한 것으로 보인
다. 어느 것이든 이 형태의 묘는 콘크리트로 되어, 앞에 장방형의 전
정(前庭)이 있고 그 안에는 전정에 면해 하나의 작은 문을 열면 묘실
(墓室)이 있다. 실내에는 후방(後方)에 약간 높은 단(段)이 있는데, 다
음 그림과 같다.

이 류큐 묘는 한 사람에게 하나의 묘를 만드는 것이 아니라 가족구
성원이 죽으면 차례차례로 들어가기 때문에 새로 죽은 자가 생기면
관을 묘의 실내에 안치한 뒤 한참 지난 다음에 세골(洗骨)한다. 그리
고 나서 뼈만을 독〔骨壺〕에 넣어서 묘실 후벽의 단상에 늘어세워 둔

다. 이것은 몇 사람의 뼈를 넣어 두는 곳이 되기 때문에 대개는 일문일개(一門一個)에 한하고 있으나 불가피한 경우에는 새로 만들기도 한다. 요컨대 지금의 류큐의 묘는 사체 부패소와 납골당의 역할을 겸하고 있는 셈이다. 이상의 가네시로씨 보고의 대략이다(《민족》 제二권 제五호에 게재된 伊波普猷씨의 〈南島古代의 장례〉 중에 류큐의 모형을 논한 것이 있지만 가네시로씨의 연구와 거의 마찬가지이다). 이 류큐 묘와 동옥저(東沃沮)의 묘를 생각하여 보면 서로 너무 닮은 점이 많은 것에 주의하지 않을 수 없다. 동옥저의 묘도 류큐 묘처럼 일문의 묘, 즉 족분(族墳)이며 시체부패소와 납골당을 겸한 것으로, 그 구조에 있어서도 거의 마찬가지이다. 단지 동옥저의 것이 목곽인 데 반해서 류큐의 것은 콘크리트이며, 동옥저

칼라압묘의 그림

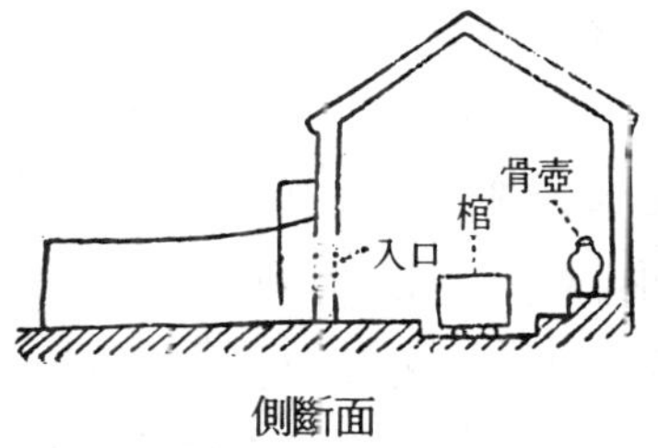

側斷面

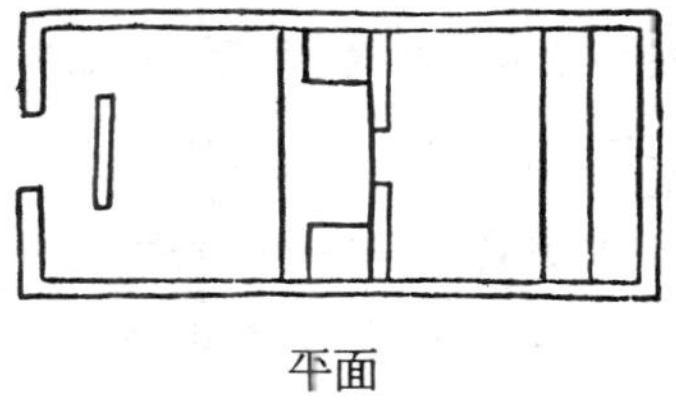

平面

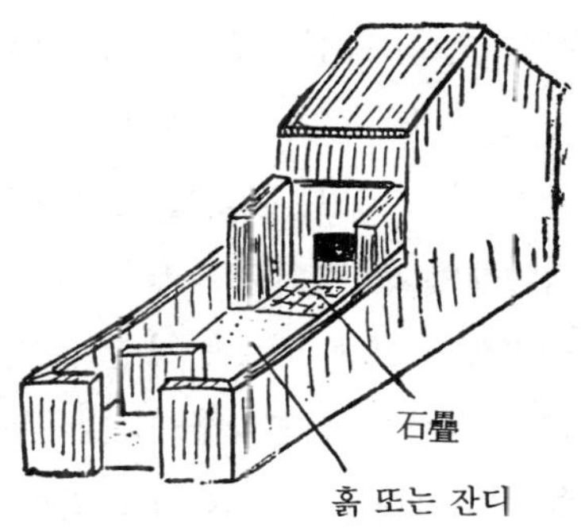

外形

의 시체 부패가 곽의 전방의 열린 곳에 만든 초암 속에 가매장하여 그
것이 뼈가 되기를 기다리는 데 반해, 류큐의 것은 묘실 내에 관을 안
치하고 부패하기를 기다려 부패된 시체를, 류큐에서는 세골하여 이를
독 안에 넣어 실내에 안치하지만, 동옥저에서는 살〔皮肉〕이 다 없어지
기를 기다려 그 뼈를 곽 안에 넣어 독에 대신 목주(木主)를 만들어 이
를 표시하는 점 등이 다를 뿐이다. 그러나 이 차이는 근본적인 차이가
아니라 수속상, 처리상의 차이이기 때문에 근본적인 관념상 완전히
공통된다고 여겨진다.

  둘 사이의 공통된 관념이란 무엇인가? 그것은 생전의 가족은 죽은
뒤에라도 동거해야 한다는 관념이다. 결국 이 묘는 저 세상의 집을 의
미하는 것으로, 곽은 집이며 골호 또는 목주는 가족구성원이다. 따라
서 이 장묘법은 혈족 중심사회가 명확한, 즉 가족 결합 관념의 반영인
것이다(초기에는 풍장에서, 후에는 뼈를 암굴에 던져 넣는 암굴장의 경로를
추적해 보았는가 아닌가 하는 문제로 별도로 하고), 또한 혈족의 유골을
타인의 유골보다 소중히 하는 것은 유골과 살아 있는 혈연자와의 사
이에 어떠한 특별한 관계가 있다고 하는 신앙으로 발전하게 된다. 혹
은 특별한 관계가 있다고 믿음으로써 소중히 취급하게 되었는지도 모
른다. 혈족 중심 사회의 가족 생활에서 가장 요구되어야 할 것은 가족
수의 증가, 즉 가족의 강대(强大)이다. 따라서 그 증가를 줄이는 사망
자가 나오는 일, 강대를 약화시키는 병이나 재난을 당하는 일은 가장
기피해야 할 바이다. 그러므로 혈족의 유골에 주의를 환기할 경우에
는 반드시 병재(病災), 사망 등이 없을 것과 가족수의 증가 등을 이 유
골과 결부시켜 생각하였음에 틀림없다. 이와 동시에 유골은 단순한
유골이 아니고 일종의 힘을 발휘할 수 있는 대상이 되었다. 힘을 발휘
할 수 있는 것은 원시신앙에서 보면 생물, 특히 인간과 변함없는 것이
다. 그러므로 이 힘이 쇠퇴하지 않도록 음식물을 공급해야 한다. 동옥

저에서 쌀을 넣어, 곽의 문 옆에 걸어 두었던 것은 이러한 생각이 여실히 반영된 것이다.

이 제물에 대해서, 혹은 이 제물은 직접 사자에게 바치는 것이 아니고 사자가 살던 집을 침해하려는 악마에게 바쳐 해를 사자에게 미치지 못하게 하기 위한 생각에서 바치는 것이라고 생각할 수 있지만, 진서(晋書)에 나온 읍루인(挹婁人)의 장례법에 의하면 그 이유는 다음과 같다.

"挹婁人有死者. 則其日卽葬之於野郊. 不作小槨. 投猪積其上. 以爲
死者之粮."

돼지를 던져 장상(葬上)에 놓는 것은 사자(死者)의 양식으로 충당하기 위함이라는 신앙이 원시인 사이에는 있었으므로, 쌀을 곽의 문에 걸어 둔 것은 악마를 막기 위함이 아니라 사자에게 보낸 것이라고 보아야 한다.

(다) 빈묘장(殯墓葬)

후한(後漢) 헌제 건안 4년(199)에 가락국왕 수로가 죽었을 때 빈장을 했다는 것이 《삼국유사》에 실려 있다.

"以獻帝建安四年己卯三月二十三日而俎落. 壽一百五十八歲矣. 國中
之人若亡天. 只悲慟甚於后崩之日. 遂於闕之艮方平地. 造立殯宮. 高
一丈周三百步而葬之. 號首陵. 王廟也. 有賊徒. 謂廟中多有金玉. 將
來盜焉. 初之來也. 有躬擐甲胄. 張弓挾矢 猛士一人. 從廟中出. 四面
雨射. 中殺七八人. 賊徒奔走. 數日再來. 有大蟒長三十餘尺. 眼光如
電. 自廟旁出. 咬殺八九人. 粗得完免者. 皆僵仆而散. 故知陵園表裡
必有神物護之. 自建安四年己卯始造. 逮今上御圖三十一載大康二年
丙辰(高麗 文宗 31년, 大康은 遼의 연호, 서기 1075년) 八百七十八
年. 所封美土. 不騫不崩. 所植佳木. 不枯不朽."

여기에 보면 수로왕이 죽자 궁궐의 동북쪽 평지에 높이가 1장, 둘레가 3백보 되는 빈궁을 지어서 그 안에 장사지낸 것이다. 그러나 《삼국유사》의 저자는 이것을 '묘(廟)' 또는 '능원(陵園)'이라고 말하고 있다. 동시에 '所封美土不騫不崩'이라고도 말하고 있으므로 빈궁을 능묘라 해야 한다. 이 빈궁은 동북쪽의 평지에 지었다고 하니, 지었다는 말, 조립(造立)이란 문자로 표기한 것을 생각해 보면 빈궁은, 매장에 앞서 관을 임시로 안치한 '빈(殯)' 본래의 의미에서 보면 수로왕의 빈궁도 나무나 풀로 만든 임시 궁전처럼 생각된다. 만약 그렇다면 사후에 곧 임시로 안치할 빈궁을 만들어 빈장하고 그런 연후에 높이 1장, 둘레 3백 보의 능에 본매장(本埋葬)을 한 것이 아닌가, 혹은 사후 빈궁에 가장(假葬)한 연후 그 유해를 다른 데로 옮기지 않고 그대로 둔 채 그 위에 봉토를 쌓아 높이 1장, 둘레 3백 보의 능분을 만들었는지도 모른다. 빈궁이 만약 나무나 풀로 만든 것이라면 '높이 1장 둘레 3백 보'가 목조 건축물의 규모와 맞지 않는다. 하물며 초영(草營)의 것이라면 더더욱 맞지 않는다.

이 추상을 확실하게 하는 장례법, 즉 빈소를 금방 묘소로 하는 장례법은 다른 예에서도 보인다. 그것은 《삼국유사》의 진표율사(眞表律師)를 장사지낸 기사이다.

"師遷化時. 登於寺東大巖上示滅. 弟子等不動眞體而供養. 至于骸骨散落. 於是以土覆藏. 乃爲幽宮."

제자들이 진체(眞體)를 움직이지 않고 공양한 것은 빈장의 전형적인 것이라고 해도 좋다. 그러나 뼈가 산산조각으로 흩어지자 이것을 다른 곳에 옮기지 않고 그 뼈 위에 흙을 덮어 빈소를 그대로 유궁(幽宮), 즉 골장묘(骨葬墓)로 해버렸던 것이다.

이와 같이 빈소를 그대로 묘지로 해버리는 장례법이 있는 이상 가락의 수로왕 역시 빈궁 그대로인 것을(그 자체를) 골장의 장소로 한 것이라고 하는 추측은 타당성이 있다.

이상, 상대(上代)에서 행해진 세 가지의 장례풍습을 함께 고찰하면 다음과 같다. 풍장은 승천의 의미에서 행해진 것이며 왕자, 귀족을 제외한 일반 서민은 시체를 일차장, 즉 빈장만으로 하여 그대로 방치하였다. 왕자 등이 처음 일차 빈장, 이차 매장의 이차장을 행한 것이다. 이리하여 이차장은 그 시초는 일차 빈소와 이차 빈소와는 별개의 것으로 정해졌지만, 후에는 빈소를 그대로 묘지로 하는, 즉 일차·이차를 동일 장소에서 하는 장례법이 행해지게 된 점 등을 엿볼 수 있다.

(라) 화장(火葬)

화장의 풍습은 이미 신라시대 때 행해지고 있다. 여기 왕을 화장한 예만을 들어 보겠다.

① 신라 제34대 효성왕이 죽자(741년) 법류사(法流寺)에서 화장한 뒤 그 뼈를 동해에 뿌렸다(《삼국유사》).

② 신라 제51대 진성여왕이 죽자(887년) 이를 화장하고 그 뼈를 양서악(梁西岳)에 뿌렸다(上同).

③ 신라 제52대 효공왕이 죽자(911년) 사자사(師子寺)의 북쪽에 화장하고 그 뼈를 구지제(仇知堤) 동산(東山) 기슭에 묻었다(上同).

④ 신라 제53대 신덕왕이 죽자(916년) 화장하여 뼈를 잠현(箴峴) 남쪽에 묻었다(上同).

⑤ 신라 제54대 경명왕이 죽자(923년) 황복사(皇福寺)에서 화장한 뒤 뼈를 성등잉산(省等仍山) 서쪽에 뿌렸다(上同).

이상과 같이 전부 화장한 뒤 그 뼈를 뿌리든가 뜨는 땅에 매장하는 방법으로 처리한다. 이 화장법에 대해 주의를 환기해야 할 것은 화장이 사자의 뼈를 처분하는 선행수단이라는 점이다. 따라서 화장은 앞서 예로 든 이차장의 일차장에 해당하고 시체가 뼈로 되는 것을 기다리는 빈장과 그 목적에 있어서 차이가 없다고 보아야 한다. 즉 화장은 사지를 장사지내는 최후의 것이 아니고, 사자의 뼈를 얻기 위해 사자의 근육 및 피부 등을 제거하기 위한 수단으로 볼 수 있다. 그러므로 풍장에 의해서 시체가 뼈로 되기를 기다리고, 빈장에 의해서 그 골해화(骨骸化)를 기다리는 것과 그 의의를 같이 하는 것이다. 혹은 이 화장을 불교의 영향이라 하는데 앞서 예로 든 여러 왕들의 화장이 대개 불교의 절으로 화장되고 있는 점에서 추측하여 보면 이들 제왕은 불교에 귀의하고 있었기 때문에 불교식에 따라서 다비(茶毘 : 화장)한 것이라고 생각할 수 있다. 그러나 이 당시 유명한 승려를 장사지낼 때 화장하지 않았던 일이 많았다. 뿐만 아니라 빈장 혹은 그대로 토장한 것도 적지 않다. 따라서 앞에 예를 든 여러 왕들의 화장이 불교에 귀의했기 때문에 불교식으로 행한 것이라고 속단해서는 안된다. 아무리 불교식에 따라 행하였다고 하여도 불교에서의 화장이 사후의 유체(遺體)를 전부 하늘에 되돌려 보낸다고 하는 주지(主旨)에 부담하는 것이었는지 어떤지는 명백하지 않다. 앞의 모든 예 중에서 혹은 뼈를 바다에 뿌리고, 혹은 산에 뿌리고 있는 것 등은 이 귀공(歸空)의 주지에 딱 들어맞는 것처럼 보이지만, 뼈를 장사 지내기에 이르러서는 결코 귀공의 관념에서 나온 것이 아님이 틀림없다. 그러므로 화장은 귀공의 관념보다도 오히려, 사람의 죽은 시체를 장사 지내는 것은 그 뼈를 매장하는 것이라고 하는 점에서, 뼈를 얻기 위한 풍장, 빈장 등의 수단을 취해 왔지만, 화장은 그 수단으로서는 간편하고 청결하기 때문이라는 수단의 관념에 의해서 채용되게 된 것으로 여겨진다.

(마) 소장(塑葬)

이상은 대개 매장장, 즉 매장의 법식이었지만 신라 시대에는 특수한 장례법으로서 소장이 행해지고 있었다. 그 예는 상기한 이차장 부

분에서 예로 든 해탈왕의 경우 및 원효대사를 장례 지낸 경우에도 이
를 볼 수 있다.

　　"曰我是脱解也.　拔我骨於疏川丘.　塑像安於土含山.　王從其言.　故至
　　今國祀不絶　卽東岳神也."(《삼국유사》)

　　"元曉.　旣入寂.　聰碎遺骸.　塑眞容.　安芬皇寺."(《삼국유사》)

　이 두 가지 예만으로는 어떠한 의미에서 뼈를 소상(塑像)으로 했는
지는 명료하게 알 수 없지만 탈해는 동악신으로서 오랫동안 국사(國
祀)를 받은 영주(英主)이며, 원효는 신라문화의 공로자로서 첫째 가는
뛰어난 승려이다. 그러므로 이 소상은 영걸(英傑)을 오래 내보이기 위
해 구체적으로 나타난 것으로 보인다. 즉 탈해는 동악신(혹은 동악대
왕)으로서, 원효는 진용(眞容 : 佛)으로서 존경과 믿음의 대상으로 된
것일 것이다. 만약 그렇다면 뼈가 이 대상물의 중심을 이루는 것으로
서, 이 뼈를 이용하여 상(像)을 만드는 것이 그 소상에 뼈로 된 사람
의 전 인격, 전 정신력을 부여하는 것으로 생각하고 있었다고 볼 수가
있다. 또 뼈로 상을 만듦으로써 생전에는 사람이었던 자가 흔히 신으
로서 또는 부처로서 힘을 발휘할 수 있다고 믿었음을 알 수가 있다.
따라서 사람의 뼈는 사람의 전인격의 혼(엣센스)이며, 혼은 신격으로
되어 신력을 나타내고, 불격(佛格)이 되어 불력을 발휘할 수가 있다고
하는 관념이 존재했음을 엿볼 수 있다.

　사람이 신격으로 되고 불격으로 되는 것은 인격의 약진(躍進)이며
재생이다. 그러나 뼈에 의해서만 비로소 될 수 있다고 하는 것은 결국
사람은 생전에 이러한 약진을 하는 것이 아니고, 사후에 육체를 떠나
뼈가 된 다음에 비로소 발현하는 것이라고 생각한 관념에서 유래한
것이리라. 이러한 관념에서 풍장 및 변장이 어떻게 그 뼈를 산란시
키며 이를 매장하는가에 대하여 생각해 보자. 그것은 용이하게 해석
될 것이다. 즉 만약 사람이 사자를 두렵게 여긴다면 공포를 환기할 제

일의 것은 사람의 정수에 해당하는 곳인 뼈이기 때문에 장례의 유일한 목적은 뼈를 매장하는 것이다. 따라서 풍장, 빈장에 의해서 혼이 승천하기를 기다린(육체가 부패하기를 기다림) 연후에 뼈를 매장했던 것이다. 또한 사자에 대해서 추모의 정을 품었다면 사후의 재생, 신격, 불격에의 전생(轉生)을 바라는 점에서 재생, 전생이 가능하게끔 뼈가 노출되어야 한다. 그 뼈가 노출될 때까지 풍장, 빈장이라는 피부와 근육의 부패 수단을 강구하여 뼈만 남기를 기다려, 생산의 근원이며 만물의 어머니인 땅 속에 매장하여 환원시킨 것이다.

(바) 암장(暗葬)

뛰어난 운명의 소유자이던 사람을 묻은 묘지 또는 훌륭한 사람의 묘지에 몰래 암장하면 그 자손이 좋은 운명을 향수할 수 있다는 신앙은 신라 시대에 이미 존재하고 있었던 것 같다. 신라 진평왕 때의 유명한 고승인 원광(圓光)이 당나라 정관 4년(630), 99세로 황룡사에서 죽었을 때, 황룡사의 동북쪽 터에서 묘한 음조(音調)가 하늘에 가득 차고 이상한 향기가 사방에 그윽하였으며, 교외에 장사지냈을 때 장례도구는 왕의 경우와 꼭 같은 것이었다. 그후 원광의 묘지에 암장하면 자손이 끊이지 않는다고 하여, 몰래 시체를 묻은 자가 있었다. 즉

"後有俗人兒胎死者. 彼士諺之云. 當於有福人墓埋之. 種胤不絶. 乃
私瘞於墳側. 當日震此胎屍. 擲于塋外. 由此不懷敬者. 率崇仰焉."
(《삼국유사》)

이 문장의 후반을 보면 이 일은 원광이 고덕한 승려로서 세상에서 얼마나 숭앙되고 있으며 또한 그 영혼이 얼마나 위대한 힘을 가지고 있는가를 과장하여 수식하기 위해 특별히 내세워 취급, 기록된 것처럼 느껴진다. '當於有福人墓埋之. 種胤不絶', 즉 유복하고 유덕한 사람의 묘에 시체를 암장하면 자손이 끊이지 않고 다시 태어난다는 민

간사상이 존재했던 점과, 이러한 희망의 대상이 될 만한 훌륭한 사람의 뼈는 명력(冥力)을 지니고 있기 때문에 불경스런 일을 한 경우에는 곧 이를 배척한다는 신앙이 존재했던 것간은 사실이다. 그러므로 이 기록은 이러한 사실을 자료로 하여 원광의 위대함을 수식한 것으로 볼 수 있다.

유복한 사람의 묘에 매장하면 후손이 끊이지 않는다고 하고 재생이 가능하다고 하는 신앙의 유래에 관해서는, 유덕한 사람은 자손을 염려하여 흔히 그 번영을 보장한다는 관념에서 나온 것이 아닐까 생각된다. 이 관념은 신라 시대에 이미 강하게 일반 신앙이 되어 있었던 것 같다. 왜냐하면 이 신앙을 이야기해 주는 전설은 《삼국유사》에 몇 군데나 나오고 있다. 그 예를 살펴보자.

"(新羅) 第十三末鄒尼叱今. 在位二十三年而崩(284). 陵在興輪寺東. 第十四儒理王代. 伊西國人來攻金城. 我大擧防禦. 久不能抗. 忽有異兵來助. 皆珥竹葉. 與我軍幷力擊賊破之. 軍退後不知所歸. 但見竹葉積於末鄒陵前. 乃知先王陰隲有功. 因呼竹現陵."(其一)

이것은 유리왕 시대에 이서국이 금성을 공략해 왔을 때의 일이다. 신라군은 대거 방어에 힘썼지만 끝까지 방어할 수 없었다. 마침내 위험에 처하게 되자 홀연 댓잎〔竹葉〕을 구에 꽂은 이상한 군대가 와서 방어군과 힘을 합하여 적을 격파시켰다. 적군이 퇴각하자 곧 이원병도 사라져 버렸다. 다음날 아침이 되어 미추왕릉 앞에 댓잎이 쌓여 있는 것이 발견되어, 이것은 부왕인 죽은 미추왕이 자식인 유리왕이 다스리는 세상을 애호(愛護)하여 도운 것임을 알게 되어 그때부터 미추왕릉을 죽현릉이라고 부르게 되었다는 것이다.

"惠恭王代. 大曆十四年己未四月(779). 勿有施風. 從庾信公塚起. 中有一人乘駿馬如將軍儀狀. 亦有衣甲器仗者四一許人. 隨從而來. 入於竹現陵. 俄而陵中似有振慟哭泣聲. 或如告訴之音. 其言曰. 臣平生有

輔時救難匡合之功. 今爲魂魄鎭護邦國. 攘災救患之心暫無渝改. 往者
庚戌年. 臣之子孫無罪被誅. 君臣不念我之功烈. 臣欲遠移他所. 不復
勞勤. 願王允之. 王答曰. 惟我與公不護此邦. 其如民庶何. 公復努力
如前. 三請三不許. 旋風乃還. 王聞之懼. 乃遣工臣金敬信. 就金公陵
謝過焉. 爲公立功德寶田三十結于鷲仙寺. 以資冥福. 非未雛之靈. 無
以遏金公之怒. 王之護國不爲不大矣. 是以邦人懷德.”(其二)

이것은 신라를 통일하는 데 공을 세운 김유신의 혼령이 풍운을 타
고 미추왕에게 가서, ‘나는 생전에 나라의 통일에 진력하였고, 사후에
도 혼백이 되어서 나라를 위해 진력하고 있는데도 군신들은 그 공을
돌보지 않아서 내 자손이 죄없이 죽음을 당하였다. 이래서는 근무하
기 어려우므로 더 멀리 바깥쪽으로 가버리고 싶으니까 호국의 역할을
면제케 해 달라’고 했다. 그러자 미추왕의 혼은, ‘나와 공이 이 나라
를 보호하지 않으면 백성들은 어찌하겠는가. 그런 말 하지 말고 종전
과 같이 노력하라)고 하였다. 유신이 세 번이나 말했지만 허락하지 않
자 유신의 혼은 자기 능으로 돌아가 버렸다. 이를 들은 혜공왕은 공에
게 감사하고 공을 위해 명복을 비는 보제사(菩提寺)에 위토 30결(結)
을 주었다. 이 일이 있은 후, 성심으로 호국을 염려하시는 미추왕이
아니었다면 어떻게 김유신의 화를 풀 수가 있었겠는가 하고 국민은
미추왕의 덕에 감사했다는 것이다.

“新羅第三十文武王. 以永隆二年辛巳(681)崩. 遺詔葬於東海中大岩
上. 王平時常謂智義法師曰. 朕身後願爲護國大龍. 崇奉佛法. 守護邦
家.”“第三十一神文王開耀元年卽位. 爲聖考文武大王. 創感恩寺於東
海邊. 明年五月朔. 海官奏曰. 東海中有小山. 浮來向感恩寺. 隨波往
來. 王異之命日官占之. 曰聖考今爲海龍. 鎭護三韓. 欲出守城之寶.
若陛下行幸海邊. 必得無價大寶. 王喜. 以其月七日駕幸利見臺.”(其
三)

이것은 문무왕이 해룡이 되어 나라를 지키겠다는 뜻에 따라 바닷속의 큰 바위 위에 장사지낸(묻은) 것이다. 또 문무왕의 아들 신문왕이 부왕의 유지(문무왕은 왜병을 진압하기 위해 동해변에 감은사를 세웠지만 그 업을 다하지 못하고 죽었다)를 이어 감은사를 세웠던 곳으로, 값으로 측정하기 어려운 신라 삼보의 하나인 '만파식적(萬波息笛)'을 얻은 곳이다. 이것은 영죽(靈竹)으로 만든 피리이다. 이러한 이야기를 보면 조상의 혼이 자손을 애호하고, 자손이 다스리는 나라를 진호하는 것이라는 신앙관념이 존재하고 있었던 것이 확실하다. 또 33천(天) 중의 한 천신이 신라를 위해 파견되어 땅에 내려와 대신이 되었다고 믿어지고 있는 김유신이, 사랑하는 자기 자손을 위해서는 나라를 진호하는 염원도 버릴 만큼 화를 냈다고 하는 것은 조상이 그 자손을 음지에서 보호하려는 마음이 얼마나 강한지를 보여 주는 것이다.

자손을 애호하는 힘을 지닌 영혼이 거처하는 곳은 묘이며, 그 힘을 나타내는 것은 조상의 뼈이다. 원광의 묘에 몰래 시체를 묻은, 즉 '유복한 사람의 묘에 이를 묻으면 자손이 끊이지 않는다'고 하는 민간신앙은 조상의 묘지 안에 든 뼈가 사람에게 음우(蔭祐)를 미친다는 관념이다. 유복한 사람의 시체로 가상하여 묻음으로써 그 음우를 받을 수 있다고 믿었는지도 모른다. 사실 이 시대에는 타성(他姓)을 자식으로 삼는 풍습이 있었기 때문에 성씨가 달라도 그 사람의 자식으로 삼을 수 있었다. 그러므로 이와 같이 죽은 시체를 유복한 사람의 아이로 하는 관념도 결코 무리한 생각은 아니다(타성을 자식으로 한 예『삼국유사』에 林宗이 吉遠을 자식으로 한 것과 같다).

(사) 소지품장(所持品葬)

신라 진평왕(579~631) 무렵, 석혜숙(釋惠宿)이란 신승(神僧)이 있어 여러 가지 기적을 행하였다. 그중 하나에, 그가 죽은 뒤 시체를 매장

하자 무덤 안에 있던 신발 한 짝을 남기고 어디론가 가버려 행방을 알
수 없게 되어 버렸다는 이상한 이야기가 있다.

> "未幾宿忽死. 村人轝葬於耳峴東. 其村人有自峴西來者. 逢宿於途中.
> 問其何往. 曰. 久居此地. 欲遊他方爾. 相揖而別. 行半許里. 蹈雲而
> 逝. 其人至峴東. 見葬者未散. 具說其由. 開塚視之. 唯芒鞋一隻而
> 已."(《삼국유사》)

숙(宿)이 마을 사람과 만난 것은 이현의 서쪽인데, 말하고 난 뒤 헤
어진 마을 사람이 뒤돌아보자 숙은 구름을 타고 날아가 버렸다고 하
는 점 등은 서방정토(西方浮土)에 구름을 타고 왕생한 것이라는 불교
의 서방왕생(西方往生)을 삽입해서 혜숙의 기적을 수식한 것이리라.
그러나 마을 사람의 이야기에 놀라 장례에 참석한 사람들이 방금 묻
은 묘를 열어 보자 과연 숙의 전신은 형체도 없고, 거기에는 단지 짚
신 한짝만이 남아 있었을 뿐이라고 하는 것은 다소 이해하기 어렵다.
이것은 신통력을 얻은 자는 구름을 밟고 올라가서 비행(飛行)을 마음
대로 할 수 있으며, 보통 사람과 같이 양발로 걸을 필요가 없이 타기
만 하면 되는 것어다. 그러므로 한 다리로도 충분하다고 하는 관념에
서 서방왕생을 다른 방면에서 증명하려고 한 꾸밈인지도 모르지만,
혹은 또 상기한 문장의 밑부분에 '今安康縣之北. 有寺名惠宿. 乃其所
居云'이라고 적힌 점을 생각하면 다음과 같다. 마을 사람이 혜숙의 이
름을 기념하기 위해 혜숙이 출타한 후에 마치 명승(名僧)의 지팡이를
얻어 기념으로 하듯이, 신발을 얻어 이를 묻어 영구히 혜숙을 잊지 않
기 위한 것으로 삼았는지도 모른다. 만약 그렇다면 이 신발 무덤을 혜
숙의 기념무덤이라고 해야 한다. 그러나 아무리 기념무덤라 해도 혜
숙이 쓰던 신발을 묻은 것이, 혜숙이 사용하던 것이기 때문에 혜숙의
혼이 여기에 머물기를 바라는 관념에서였다면 이 신발 무덤도 마을
사람의 신앙상으로는 혜숙의 전신 무덤과 별 차이가 없는 것이다.

또한 전하는 바에 의하면, 고구려 동명왕의 능(속언으로 眞珠墓)도 동명왕이 승천한 뒤 돌아오지 않으니까 유품인 옥편(玉鞭)을 용산(龍山 : 평안남도 中和郡)에 묻었다고 한다(《증보문헌비고》禮考 및 《여지승람》 권 52).

경남 화개(花開)의 쌍계사 금당(金堂)을 창시한 삼법화상(三法和尚 : 676~739)은 중국 조계산의 6조 혜능대사(慧能大師)를 숭앙한 나머지 그 땅으로 건너가 그 머리를 파 가지고 와서 이를 지리산의 엄동설한에도 칡꽃이 피는 땅에 묻었지만, 그것은 돌을 잘라 탑으로 만들고 그 안에 머리를 넣은 것이다. 이 탑은 지금 금당 안에 현존해 있다.

(아) 석중장골(石中藏骨)

전설에 의하면 신라 제28대 진덕왕(眞德王 : 647~653) 때의 대덕자장(大德慈藏)은 문수보살이 내려오심을 듣고 그 진용을 배알하기 위해 빛을 따라서 남령(南嶺)에 올랐지만 못 가고 떨어져 죽었다. 그래서 다비한 뒤 그 뼈를 석혈(石穴) 안에 안치했다(《삼국유사》 제4). 신라 제35대 경덕왕(景德王)이 죽자 처음에는 단지 절의 서쪽 봉우리에 묻었지만 그 능은 돌로 쌓은 것이었다(후에 옮겨 楊長 계곡 안에 묻었다). 신라 혜공왕(惠恭王 : 776~779) 무렵에 죽은 승려 진표(眞表)를 빈소에서 금방 묘분을 봉한 것은 이미 밝혔지만 나중에 재차 이를 개장하여 돌을 쌓아 안골(安骨)했다.

> "岩上. 至今雙樹存焉. 凡有致敬者. 松下覓骨. 或得或不得. 予恐聖骨堙滅. 丁巳九月. 特詣松下. 拾骨盛筒. 有三合許. 於大巖上雙樹下. 立石安骨焉."(《삼국유사》 제 4)

석중장골에 관해서는 앞의 두 경우처럼 돌 안에 장골하는 이유를 명기하고 있지 않기 때문에 왜 뼈를 석혈(石穴) 또는 돌을 쌓아 그 안에 묻었는지 확실히 알 수 없다. 그러나 진표율사(眞表律師)의 경우는 분명히 그 뼈의 산란을 막기 위한 것임을 이유로 들고 있다. 이것으로 미루어 앞의 두 사람의 경우도 단지 그 뼈의 산란을 막기 위해서였으리라고 생각된다.

그런데 뼈가 흩어지는 것을 두려워하여 돌에 묻는다는 것은 진표율사의 경우처럼, 분명히 위대한 승려의 뼈이기 때문에 분산시키지 않고 오래 이것을 묻어 둠으로써 전인격의 힘을 간직케 하여 음공(蔭功)을 바라고 또한 오랫동안 존숭의 표적으로 삼기 위한 구복(求福) 및 숭경(崇敬)의 관념에서 비롯된 것이다. 그러나 석장의 장례법은 이와 같이 사자에 대하여 숭경의 마음을 품게 된 후에야 비로소 사용된 것이 아니라, 오히려 사자를 공포의 대상으로 여겨 엄중히 봉쇄하려던 공포시대의 잔존물이라고 생각할 수도 있다.

뼈는 혈육과 같이 부패하거나 멸실되지 않고, 사람으로서의 활력은 사후에 뼈에 집중되며 이 뼈가 변화하여 불가사의한 힘을 발휘한다고 연상하는 것은 원시신앙에서 흔한 일이다. 이미 사람의 뼈가 어떤 종류의 위력을 휘두르는 것으로서 공포의 대상이 되었다면 사람의 사후에 뼈를 처분하여 후에 우환이 없도록 하기에 이른 것은 자연스런 생각이다. 이러한 요구에서 생각해 낸 장례법이 사후에 살을 떼어 낸 뼈를 모아서 이를 땅 속에 묻고 그 위에 돌을 쌓든가, 또는 석혈(石穴) 안에 넣거나, 뼈를 항아리 안에 넣는 등의 처리 방법일 것이다. 미혼자를 도로에 묻는 장례법도, 충족되지 못한 원한을 그 위를 통과하는 사람들과의 접촉에 의해 풀어 위로하기 위함이라고 말해진다. 그러나 이 설명은 나중에 억지로 짜맞춘 생각이다. 원시적인 관념으로 올라가 보면, 미혼자는 그 원한 때문에 원귀로서 산 사람에게 해를 미치므로 이렇게 하여 지상에 나오지 못하게 하기 위해 왕래가 많은 도로에 묻어 버린 것이다. 석중장법(石中葬法)은 이러한 의미에서 가장 원시적인 장례법이라고 볼 수 있다. 《증보문헌비고(增補文獻備考)》 권 70

에 '백제의 개로왕(蓋鹵王)이 승려 도림(道琳)의 암설(暗說)에 혹하여 큰 돌을 욱리강[郁里河]에서 잘라 그것으로 부왕인 비유왕(毘有王)을 장례지냈는데, 이 때문에 민중이 궁폐하고 재산이 고갈되어 끝내 고구려에 패해 살해당했다'고 나와 있다. 승려 도림의 진언이 어떤 것이었는지는 이것만으로 추적하기는 어렵다. 그러나 그 묘가 큰 돌로 만들어졌으며, 더구나 그 묘의 조영(造營)을 위해 민력(民力)을 다함으로써 나라의 재산이 고갈될 정도로 그 공사가 보통 공사가 아니었던 것만은 확실하다. 오늘날 백제의 고분으로 인정되는 대다수가 돌을, 더구나 큰 돌을 쌓은 곽을 형성하고 있는 점에서 살펴보면 이 내용도 상당히 신뢰할 만하다. 그렇다면 비유왕의 묘는 극히 거대한 석재로 짜여진 것이어야 하며, 거석문화(巨石文化)의 유물이라고 칭할 수 있는 돌멘(조선의 남서지방에 널리 산재해 있다)과 그 구조 및 조영 관념에 있어서 일맥상통하는 것처럼 생각된다. 또한 개로왕의 죽음은 서기 474년이므로 비유왕의 대석묘는 적어도 450∼460년쯤에 만들어졌다고 보아야 한다.

이 거석에 관해서 조선 제 4 대 왕 세종 2년(1420)에 원경왕후릉(元警王后陵)의 석실개석이 넓고 두꺼워 운반하기 어려워 태종(이때는 이미 上王이었다)이 석공에게 명하여 이 개석을 파괴하고,

"上王謂上曰. 陵寢蓋石. 若用全石. 則轉輸甚難. 無益於死者. 有害於生民. 今日之事永爲成法. 宜詳錄簿籍. 以示後世子孫."

이라고 훈유(訓諭)하고 잇는 것이《증보문헌고(增補文獻考)》예고(禮考) 산릉 2(山陵二)에 나온다. '全石'이란 한 장의 돌을 말하는 것이며, 옮기기 어려울 만큼 넓고 두꺼웠다고 하니 개석이 얼마나 큰 돌이었는지 상상할 수 있다. 이후 한 장의 돌을 사용하지 않도록 하라고 한 점에서 보면 그때까지는 모두 개석을 광대한 한 장의 돌을 사용하고 있었다고 보아야 한다. 이 기사는 묘혈에 거석을 사용했던 것은 돌

멘만이 아님을 시사해 준다.

(자) 노방장(路傍葬)

《동국여지승람(東國與地勝覽)》 경주 인물조하(慶州人物條下)에 신라 진평왕 때 김후직(金后稷)이라는 사람이, 왕이 전렵(田獵)을 좋아한 나머지 도가 지나침을 우려하여 매번 간언했지만 왕은 여기에 귀를 기울이지 않았기 때문에, 후직은 사후에 유언으로써 자신의 묘를 왕이 사냥 나가는 길 옆에 만들게 했다는 이야기가 있다.

> "金后稷. 眞平王時人. 王好田獵. 后稷切諫不聽. 將死. 語其子曰. 我爲人臣. 不能匡救君惡. 我死. 須瘞於王遊田路側. 其子從之. 他日王出田. 中路有聲. 若曰王毋去者. 王顧問之. 從者曰. 金后稷墓也. 遂陳臨死之言. 王潛然出涕. 終身不復田獵. 人謂之墓諫也."

이 예는 김후직이 왕으로 하여금 사냥을 단념케 하기 위해 고의로 한 장례법이긴 하지만 당시 길 옆에 사람을 장사지낸 풍습이 전혀 없었던 것은 아닌 것 같다.

(차) 택장(宅葬)

《동국여지승람》 권44 강원도 강릉의 풍속도 하에 《후한서》의 기사를 실어

> "忌諱疾病, 死亡輒損棄舊宅."

이라고 하여 그 지방의 옛 풍속에 질병을 피하고 사망자가 있을 때는 옛집의 일부 또는 전부를 버리는 관습이 있었음을 말해 준다. 그러나 이것은 사망자가 있었던 경우 주택의 일부 또는 전부를 빈소로 삼았기 때문에, 그로 인해 부정(不淨)을 피하고 이후 그곳을 주거로 삼지 않았을 것이다. 대청을 빈소로 하는 풍습은 강릉 지방만이 아닌 다른 지방에서도 행해졌다. 그렇기 때문에 고려 초기 전라남도 남해현

(南海縣)에서도 아버지가 죽자 침실을 빈소로 하여 5개월간 평소와 다름없이 음식을 바친 함부(咸富)라는 사람이 있었다(《승람》권 31 南海孝子條). 또 조선조에서는 전라도 선산의 열녀 한씨는 남편이 역병에 걸려 죽자, 집의 식구들조차 모두 피해 나가 버렸음에도 불구하고 혼자 관을 어루만지며 울음을 그치지 않다가, 마침내 그 옆에 초가집을 지어 3년간 이를 지킨 일이 있다(《승람》권29 善山烈女條).

이상 옛날 한국에서 행해진 장례법의 대강을 열거하고 아울러 그 장례법의 관념도 고찰했다. 그러나 이러한 장례법은 주로 삼국 시대, 신라 시대의 것으로 현재와는 시간적으로 7,8세기의 격차가 있으므로, 현재의 장례법과는 상당한 차이가 있다. 그러므로 그 시대와 현대를 연결짓기 위해, 고려와 조선 초기의 것을 살펴볼 필요가 있다. 그러면 고려 시대의 장례법에 대해 알아보기로 한다.

(1) 일반의 장례법

고려 시대의 일반적인 장례법을 보면, 신라 시대의 이차장(二次葬)처럼, 사후(死後)에 우선 빈장을 하고 다음에 매장을 했다. 지금 그 대표적인 것 한두 가지를 예로 들어 본다. 개성 현화사(玄化寺) 비문에 의하면 고려 제8 대 현종 12년(1021)에 어떤 사정에 의해 왕비의 능을 다른 곳에 이장했다. 그때의 장의(葬儀)를 보면, 우선 관을 동쪽 교외인 귀법사(歸法寺)에 두어 권빈(權殯)하고 그후 풍수에 들어맞는 길지를 정하여 매장했다. 이리하여 이 장의는 개장 이전, 즉 초기의 장의와 완전히 같게 했다고 한다(《조선금석총람》).

고려 명종 7년(1177)에 만들어진 이응장(李應璋) 묘법(개성)을 보자. 태중대부(太中大夫) 이응장이 역병에 걸려 4월 24일에 죽자, 5월 7일에 시체를 넣은 관을 송림사(松林寺) 경내인 백동산(柏洞山) 기슭에서 태워(이를 火槨이라고 한다), 뼈를 범복사(梵福寺)로 옮겨 임시로 안치하고(이를 權安이라고 한다), 그후 7월 24일에 고려 시대의 도읍인 개성의 범복사 남산 밑에 매장했다(《조선금석총람》).

　이러한 예에서 알 수 있는 것은, 사람이 죽은 뒤 본매장하기 전에 반드시 권빈(權殯) 또는 권안(權安)이라고 해서 어느 기간 사자를 일정한 장소(대개 寺)에 두었다가 나중에 매장했다는 것을 알 수 있다. 현종(顯宗)이 비(妃)의 묘를 개장한 때의 권빈은, 권빈한 뒤 왕 스스로 백관을 이끌고 풍수의 빈소〔殯居〕에 안치한 것이라고도 생각할 수 있다. 그러나 만약 권빈의 목적이 단순히 길지를 선정할 때까지 임시 안치소로 충당하기 위함이라면, 이 장의가 이미 한 번은 매장했던 것을 새로 개장하는 경우이니 길지를 찾을 때까지 원래대로 놓아 두면 좋으며(무방하며), 길지가 발견되기 전까지 아무 것도 파내어 올 필요는 없는 것이다. 그러므로 권빈을 행하는 이유는 매장을 하는 전행 행사로서 하지 않으면 안 되는 것으로 여겨지던 관습을 따른 것으로 봐야 한다. 이리하여 이 의식은 모두 초장(初葬) 때와 변함없이 행해졌다고 한다. 그러므로 길지를 구한 뒤 바로 관을 헌 무덤에서 새 무덤으로 옮겨 매장하는 것이 용이함에도 불구하고 매장할 때에는 반드시 일정기간 빈궁에 안치해야 한다는 관습에서 이렇게 한 것일 것이다.

　그런데 권빈이나 이응장의 권안도 그 장소를 모두 절에 구하고 있다. 즉 현종비의 경우에는 귀법사에 권빈하고, 이응장의 경우에는 범복사에 권안하고 있다. 관 및 유골을 절에 옮겨 안치한 것은, 고려 시대에는 불교가 성행하여 부처의 가호명조(加護冥助)를 깊게 믿었기 때문에 절에서 하는 권빈 권안은 반드시 사자의 명복을 빌기 위함이었음에 틀림없다. 명복을 빈다는 것은 사자의 영혼을 공양하는 것이다. 공양은 영혼에 대한 위로이며 축복이다. 따라서 당시 매장에 반드시 권빈 권안을 행했던 것은, 이를 행하면 영혼은 마음 편히 묘 안에서 눈을 감을 수가 있으며, 또 불력(佛力)에 인도되어 죽음의 여로(극락정토에 왕생하는)에 오를 수가 있지만, 이를 행하지 않으면 그것이 가능하든 불가능하든 간에 편안히 갈 수 없는 것으로 믿어졌기 때문이다.

절에서 '빈(殯)'을 행하는 것이 사자의 영을 위로하여 편안히 저 세상으로 보내는 것이라는 신앙은 시체를 매장하기 전에 사자의 영에 대한 이러한 원시장례법의 관념을 명확히 표현한 것이다. 또한 삼국 신라 시대에서의 빈이 기록상으로는 어떠한 이유 때문이었는지 명료하지 않았던 것이 고려에서 불교신앙이란 거울에 비쳐지기에 이르러 그 본래의 면목을 드러낸 것이다. 이러한 사자의 영혼을 달래는 원시적 풍습은 한국의 장례법과 극히 깊은 관계를 가지는 류큐〔琉球〕에서 그 대표적인 것을 볼 수가 있다. 이나미〔伊波普猷〕씨의 《남도 고대의 장의(葬儀)》에 의하면 오키나와 섬의 중부 동해안에서 조금 바다로 떨어진 츠겐〔津堅〕섬에서는 십수 년 전까지 사람이 죽으면 거적에 싸서 후세산(後世山 : 後生山이라고도 함)이라고 하는 수풀 안에 방치하고, 그 가족 친척, 친구들은 시체가 부패하여 악취가 다 없어질 때까지는 매일 후세산을 방문하여 죽은 사람의 얼굴을 잠깐 보고 돌아갔다. 사자가 만약 젊은이인 경우에는 생전에 같이 놀던 친구인 청년 남녀가 매일 밤 술, 안주, 악기를 가지고 그곳을 방문해 한 사람씩 돌아가며 죽은 사람의 얼굴을 엿본 후 실컷 춤추고 그 영을 위로했다(《민족》 제 2권 제5호).

이와 같이 시체가 부패하여 뼈가 되기까지 매일 사자의 얼굴을 엿보고 돌아오는 것이나 춤을 추어 그 영을 위로하는 것은, 첫째로 사자가 새로이 살아날 것을 예상해서이며, 둘째로 사자의 영이 이 세상에 미련없이 만족하고 저 세상으로 떠나는 행차를 푸짐하게 하기 위함일 것이다. 대개 사자에 대한 살아 있는 사람들의 감정은 두 가지가 있다. 사망자가 산 사람의 가장 사랑하는 사람인 경우에는 그 감정은 애석과 연모이며, 사망자가 산 사람에게 귀찮게 여겨지던 사람인 경우에는 그 감정은 오히려 경원혐기(敬遠嫌忌), 현저하게는 공포로 발동되는 것이다. 이 두 감정의 발동은 문명인에게 있어서는 세상의 체면 등의 복잡한 고려에서 어느 쪽이라고 구별하기 어렵게 되기도 하지만, 원시인들 사이에서는 분명히 구별을 지었을 것이기 때문에 사자에 대한 문안이 하나는 사랑과 연모에서, 또 하나는 경원에서라는 두 가지 동기에 의해 행해졌다는 것은 결코 상상하기 어렵지 않다.

애착과 연모의 정이 강하면 그 감정은 결국 사자의 소생을 희망하는 마음이 될 것이다. 이리하여 때때로 이 욕망에 응하는 사자의 소생 사실이 있기 때문에 이 욕망은 한층 강해져 사망자는 시체가 부패하여 뼈가 될 때까지는 소생할 수가 있는 것으로 믿기에 이르러, 마침내 어느 기간 동안 사망자를 그 빈소의 언저리에서 문안하게 되었을 것이다.

일본 규죠현 시바다군[宮城縣 芝田郡] 지방 일대에서 행해지는 장례법에서는 사자를 넣은 관을 매장할 때에는 반드시 한 그루의 긴 나무와 대[竹]를 넣어 관 속에서부터 세워서 봉토 위로 나오게 하고, 장례 후 일주일쯤은 조석으로 가까운 친족들이 모여 그 나무 및 대를 움직여 애도의 뜻을 전하게 되어 있다. 그러나 이것은 애도의 뜻을 표현함과 동시에 매장된 사자가 혹 소생하지나 않을까 하고 나무와 대로써 알아보는 것이다. 같은 군의 가와자키[川崎] 마을에서는 매장 후 사흘째에 사자가 소생하여 20여 년이나 건강하게 살았다는 이야기가 있다. 또 같은 지방에서는 사후 80일째에 소생한 기록도 있다고 한다(大沼喜久衛씨의 이야기).

그러므로 시바다[芝田] 지방에서 1주일간 묘 위에 나무, 대가 움직이는 것이나 오키나와에서의 부패할 때까지 사자의 얼굴을 엿보는 것은 어느 것이나 소생할 것인지 아닌지를 보는 것이다. 오키나와에서는 부패하면 소생의 희망도 끊기는 동시에 사랑과 연모의 정도 일으키지 못하기 때문에 문안을 그만두는 구체적이고 원시적인 방법이며, 芝田 쪽은 장례 후 일주일간, 더구나 나무를 흔듦으로써 애도의 뜻을 전하는 것은 다분히 추상적이고 의식적인 방법의 차이가 있을 뿐이다.

　아무리 사랑하는 사람일지라도 시체가 이미 부패하여 도저히 소생할 수 없다는 확신이 섰을 때는, 이제는 편안히 왕생할 것을 바라는 것이 인정이다. 류큐의 예에서 보았듯이, 사자가 젊은이인 경우에는 생전에 같이 놀던 남녀 친구들이 거의 매일 밤 향음무악(饗飮舞樂)의 모임을 열어 사자의 영을 위로하는 것은 춤과 음악으로 소생시키고자 하는 것이며(춤과 음악으로 사람의 마음, 신의 마음을 이끄는 것은 고래로 어느 지방에서나 민족에게서나 행해지고 있다. 한국의 무녀가 降神하여 춤을 추는 것은 그 표본적인 것이다), 만약 소생할 수 없다면 그대로 이 향음무악을 송별의 연무로 삼아 편히 저 세상으로 떠날 수 있도록 하기 위해 행한 것으로 보인다. 이리하여 만약 사자가 혐기(嫌忌)의 대상이며 경원해야 할 사람이었던 경우에는 위로함으로써 그 영으로 하여금 만족하고 황천으로 가기를 바랐기 때문이며, 이렇게 하지 않으면 사자의 영혼이 이 세상을 단념하지 못하고 살아 있는 인간에게 재앙을 입힐 염려가 있기 때문이다. 오키나와의 경우에는 영혼을 위로하기 위해 향음무악을 하고 있지만, 영을 위로하는 것은 요컨대 영혼이 재앙을 입히지 않도록 영혼이 마음 편히 떠나갈 것을 바라는 것이므로 영혼이 만족하여 왕생할 것이라고 생각되는 위로 방법이라면 무엇이라도 좋은 것이다. 그러므로 현재 조선에서 매장에 앞서서 '빈'을 만들고, 그 기간 동안 근친자(近親者)가 모여 사자가 생전에 좋아하던 것을 바치고 슬프게 우는 것도, 사자의 영혼이 자손 근친자들이 어떻게 자기의 죽음을 애석해 하고 있는지를 보고, 이에 만족하고 속히 생전의 토지를 떠나기를 희망하는 마음에서 비롯된 것이다. 또한 고려 시

대에 빈기(殯期) 동안 절에서 공양하는 것도 불력(佛力)에 의해 사자
의 영을 편안히 왕생시키고 후환을 없애려는 생각에서 출발한 것이
아닌가 생각된다.

현재 매장 전에 행하는 '빈'은 요컨대 사자의 소생(甦生)을 끝까지
지켜 보는 데서, 사자의 영으로 하여금 이 세상에 대한 미련 없이 마
음 편히 만족하고 땅 속에 묻히라는 위령 수단이 장의의 행사로 된 것
이라고 할 수 있다. 이와 동시에 옛날 류큐에서 행해진 것 같은 원시
적 장례법이 행해져 영혼이 돌아오든가, 그대로 가든가, 간다면 재앙
이 없도록 하기 위해 '빈'을 만든 다음 그 뼈에 영이 있음을 생각해서
이를 매장한 것이지만, 문화가 발전함에 따라 소생(甦生), 왕생(往生)
내지 공포 등의 관념을 떠나 완전히 의례적인 행사로 되어 버린 것이
라고 추론된다.

(2) 화장(火葬)

고려 시대에서는 불교가 융성했기 때문인지 대개 화장이 행해졌다.
그러나 화장은 장례법의 전부가 아니라 시체를 뼈로 만들기까지의 수
단이다. 즉 화장으로 뼈를 얻고 이를 거두어 권빈을 하고 그런 후에
매장하는 것이 보통이었다. 그러므로 화장은 단순히 매장의 선행 수
단의 일부에 지나지 않았던 것이다. 따라서 엄밀한 의미에서 치면 화
장이라고 하는 특별한 장례법은 없었다고 볼 수 있다. 지금 여기에 화
장의 예를 두세 가지 들면 다음과 같다.

"三韓復壁上功臣崔思全. 己未年三月六日以疾卒. 卽收其骨. 越翼年
二月二十七日. 葬于城南薔薇山麓瓦谷. 欲遠其傳强. ―開城崔思全墓
誌. 高麗仁宗十七年己未(1139)"(《조선금석총람》)

"金誠. 大金皇統七年丁卯十一月八日卒. 年七十二. 其年十二月晦.
焚瘞干城南. 至翼年秋七月二十六日. 葬于松林縣馬山西麓. ―開城金

誠墓誌高麗毅宗二年戊辰(1148)”(上同)

“正豐七年壬午二月二十七日. 尙書戶部員外郎. 隴西李公卒于家. 越閏二月三日燒葬于北山麓. 拾遺骸. 越癸未四月十日. 移葬于此皆禮也. ―開城, 李仁榮墓誌. 高麗毅宗十六年壬午(1162)”(上同)

“金永錫. 丙戌四月八日. 薨. 享年七十八歲. 國家以厚禮葬之. 子輩依西域茶毘法. 收其骸. ―豊德. 金永錫墓誌. 高麗毅宗二十一年丁亥(1166)”(上同)

“開城, 李仁榮墓法銘―公之生世 眞不覇人 氣充天地 名冠縉紳 忽爾橫館 絛然反眞 茶毘一日 湯滌六塵 卜其名處 葬以吉辰 英聲玉振 萬世不湮―高麗毅宗十六年(1162)”(上同)

위 문장의 마지막 부분을 보면 화장이 완전히 뼈를 얻기 위한 화기세골(火氣洗骨)의 수단으로 이용되었음을 경확히 알 수 있다.

또한 화장 후 그 뼈를 뿌리는 방법도 행해졌지만 그것은 자손이 없는 자에 한정되었던 것이므로, 자손이 있는 자는 화장을 해도 그 뼈를 매장함으로써 제사를 지낼 수 있다고 생각했다.

고려 선종 9년(1092), 종실 금관후(金官侯) 증(조)이 죽자, 자손이 없으므로 선례를 따라 역시 다비한 뒤 산골(散骨)하는 게 좋다는 의논과, 길지를 복정(卜定)하여 후장(厚葬)하고 오래오래 춘추로 전(奠)을 드리는 것이 좋다고 하는 의견이 있었다(《고려사》 종실). 그러므로 고려 시대 이후 조선 시대에도 화장이 사자와 생자와의 관계를 영구히 단절한다는 관념은 없었다고 보아야 한다.

(3) 합장(合葬)과 별장(別葬)

고려에서는 근친자를 장사 지내는 장례법으로 합장과 별장이 있었다. 합장에는 묘역을 함께 하는 것과, 묘혈을 함께 하는 것 두 가지가 있다. 예를 들면 다음과 같다.

고려 공민왕 때의 공신 이암(李嵒)이 죽자 이를 먼저 부인 홍씨를 묻었던 대덕산의 묘역 안에 묻은 것(《조선금석총람》), 공민왕릉이 한 곳〔同塋內〕에 무덤을 늘어놓은 것, 고려 충목왕 4년(1348), 정렬공(貞烈公) 김윤(金倫)이 죽자 유명에 따라 대덕산 감사(感寺)의 손강(巽剛)에 있는 아버지 문신공(文愼公)의 묘에 합장한 것, 공민왕 15년(1366), 풍덕 이수(豊德李遂)가 죽자 생전에 어머니 같이 뒷바라지를 해주던 여동생의 묘에 동혈로 장사 지낸 것 등은 모두 합동장의 예이다.

고려 고종 14년(1227)에 임익돈의 묘지를 정한 지문(誌文)에 의하면 '噫. 我國無宗阡祖陌族墳之法. 各占地而藏之. 故今亦卜吉干開州黃桃原. 以永厝焉(《조선금석총람》).'이라고 해서 이 무렵에는 근친자를 한 곳에 장례지내는 법이 없었기 때문에 따로따로 길지를 고르는 습속에 의해 영구한 묘지로 한 것과 고려 충혜왕 후위(後位) 5년 갑신년(1344)에 세웠는데, 이탁(李卓)의 묘기(墓記)를 보면 다음과 같다.

"以土俗陰陽家法. 別葬焉"(《조선금석총람》)

부인 김씨의 묘와 다른 곳에 장례지낸 것은 별장의 예이다. 이들 예를 생각해 보면 합장은 배우자 관계, 친자 관계, 혹은 동기(누나, 동생) 관계이기 때문에 혈(穴)을 같이하거나 무덤을 같이한 것으로, 근친자 사이에서는 자연스런 인정에 기인한 것이다. 그러므로 당연히 동일 묘지에 매장되어야 하는 것이지만, 이들 예에서 보듯이 대개는 유언에 따라 합장이 행해진 것이기 때문에 임익돈(任益惇)의 묘지(墓誌)처럼 고려에서는 일족이 묘지를 함께 하는 족분(族墳)의 풍습이 없었기 때문에 합장은 오히려 특별한 경우에 한정되었던 것 같다. 따라서 고려 시대에는 일족 근친의 사이라도 장묘는 각각 따로 정하는 풍습이었다고 보아야 한다. 그런데도 이탁이 죽자 그 묘를 부인 김씨의 묘지와 다른 땅에 정한 것에 대해서 지문(誌文)에는 상기한 바와 같이 토속적으로 믿는 음양가법(陰陽家法)에 따라 따로 장사 지냈다. 이러한 별장의 이유를 토속에 따랐다고 단언하는 것은. 만약 음양가의 법에 따르지 않았다면 별장을 하지 않았는지도 모른다는 의미로도 해석된다. 때문에 근친자를 합장하는 풍습이 걸대로 없었다고도 말할 수 없다. 그러나 이미 족분의 장례법이 없고, 또한 묘지에 풍수를 고려했음이 이미 고려 초기(현종 무렵. 서기 1020년경) 문헌에서 추적해 볼 수 있기 때문에 고려조에서의 장례법은 합장브다는 오히려 별장이 보통의 장례법이었다고 할 수 있다. 대개 풍수에서는 지기(地氣), 즉 생기의 독점을 필요로 하기 때문에 몇 사람의 사자를 같은 곳에 장사지내는 것은 바람직하지 못한 것으로 여긴다.

조선 시대의 장례법은 당시의 문화가 고려의 연장 계승이며, 게다가 장법과 같이 인습의 힘이 강한 것은 통치자의 고체가 있었다고 해서 금방 변화되는 것은 아니기 때문에 조선 시대의 장례법은 고려의 장례법을 계승한 것이라고 해도 좋다. 따라서 일반에서 행해진 장례법을 재차 거론하지는 않겠다.

다만 조선 시대의 국책이 억불숭유(抑佛崇儒)의 방침을 취했기 때문에 장례법에도 점차 약간의 변형이 초래되었으며, 신라, 고려의 장례법을 살펴볼 때 발견할 수 없었던 것이 두엇 있기 때문에, 이러한 일반 장례의 변형과 발견되지 않은 장례법을 알아보기로 한다.

조선 시대에 일반 장례에 있어서의 변화는 화장 풍습의 흔적이 없어진 것이다. 화장은 신라, 고려 때 꽤 폭 넓게 행해지고 있었으나 조선에 이르러서는 불교가 유교로 바뀌고 그 세력이 확장됨에 따라서 조상숭배의 관념으로는 유해를 완전히 오래 보존하는 것이 효자의 의무로 여겨졌다. 그러므로 조상의 시신을 태우는 것은 효자라면 참기 어려운 일이기 때문에 이를 금지하게 된 것이다. 화장을 억압하는 풍습은 조선 시대에 생긴 것이 아니라, 고려 말엽부터 이를 금지하자는 의견이 나타났다.

"恭讓王元年憲司上疏曰. 葬者藏也. 所以藏其骸骨不暴露也. 近世浮
屠氏荼毘之法盛行.   人死則擧而葬之烈焰之中焦毛髮爛肌膚只存其骸
骨. 甚者焚骨揚灰以施魚鳥. 及謂必如是, 然後可得生天, 可得至西方
也. 此論一起, 士大夫高明者亦皆惑之. 死而不葬於地者多矣. 嗚呼不
仁甚矣. 人之精神流行和通生死, 人鬼本同一氣, 祖父母安於地下則子
孫亦安, 不爾則反是. 且人之生世, 猶木之托根於地, 焚其根株則枝葉
凋悴, 燒其枝葉則根株亦病矣. 安有發榮滋長之理乎. 此愚婦之所能知
也. 聖人制, 以四寸之棺三寸之槨猶恐其速朽. 歛衣數十襲猶恐其或薄
也. 置穀棺中猶恐其螻蟻之或侵也. 送終之禮如是. 而反用裔戎無父之
敎可謂仁乎. 願自今一切痛禁, 違者論罪."(《고려사》. 卷85, 禁令)

이처럼 화장을 상천(上天) 또는 서방왕생의 신앙에서 나온 것으로
밝히고, 사자와 생자는 나무와 뿌리와 잎과 같은 것이기 때문에 성인
(聖人)은 가능한 한 그 뿌리가 빨리 마르지 않도록 송종(送終)의 예를
제정한 것이라고 하는 점에서 보면, 이 의견은 완전히 유교사상에 근
거를 둔 것이다. 그렇기 때문에 유교가 성하게 된 조선 시대에 화장을
못하게 하자는 의견이 세력을 얻어서 마침내 금지하기에 이른 것은
실로 자연스런 추세이다. 그러나 원래 화장은 이 상소(上疏)처럼 상천
또는 서방왕생의 신앙에서만이 아니고 빈소에서 살이 썩어 뼈가 나오
기를 기다리는 기간을 단축하여 빨리 처리하고자 하는 것으로서는 사
자의 뼈를 얻기 위한 것이었음을 잊어서는 안 된다. 이 관념 때문에
시체가 신속히 부패하는 온혈(溫穴)을 길지로 하는 풍수설이 환영받
게 되었던 것이다.

그러므로 조선 시대에도 다음과 같은 화장이 행해졌다 한다. 즉 우
인군만(優人君萬)의 아버지가 어느 날 밤 호랑이에게 잡혀 갔다. 군만
은 다음날 아침 일찍 활과 화살을 가지고 산에 들어갔는데 호랑이는
이미 아버지를 잡아먹고 말았다. 그래서 군만은 화살로 호랑이를 쏜

다음 칼로 그 배를 갈라 배 안에서 부친의 유해를 찾아 모아 이를 태워서 장례를 지냈다(《동국여지승람》 권30 晋州孝子條). 여기서 유해를 태운 것은 호랑이의 배 안에 들어간 부정(不淨)을 씻어 없애기 위해서였을 것이다.

특수장법, 즉 종래 행해지고 있었는지는 모르지만 아직 발견되지 않은 것에는 다음과 같은 것이 있다.

A. 족분(族墳)

고려 시대에는 이미 앞에서 말했듯이 일족의 사자를 동일지역에 매장하는 소위 족분이 일반적으로 행해지지 않았다. 그러나 전설에 의하면, 고려의 왕가가 그 능을 각기 다른 지역에 정했기 때문에 그 전알(展謁)에 불편할 뿐 아니라 수묘(守墓) 내지 수선 등의 경비가 많이 들어 종래는 손이 미치기 어려워져 누구의 것인지 분명하지 않게 된 것은 능의 본의에 반할 뿐만 아니라, 또한 각지에 산재해 있으므로 나라의 돈이 많이 드는 것을 고려해, 조선의 태조는 일족의 사망자를 같은 산에 묻는 족분제도를 채용하였다. 이리하여 무학(無學)과 함께 탐구한 결과, 풍수적으로 일족이 오래 족분으로 사용할 수 있는 알맞은 규모의 땅을 지금의 양주군(楊州郡) 동구릉(東邱陵)에 정했다고 한다. 이 전설이야 어떻든 간에 동구릉은 태조의 능 건원릉(健元陵)을 중심으로 주위에 접근하여 여덟 개의 능을 정한 점만 보아도 족분의 묘지로 선정된 것임은 상상하기 어렵지 않다.

이 족분에 대한 참고자료가 《조선금석총람》의 861면에 보인다. 그것은 이미 16대 인조 12년(1634)에 지은 시흥(始興) 이원익(李元翼) 신도비(神道碑)에, 이원익이 조선 제14대 선조가 승하하였을 때 별장하자는 논의에 반대하여 족분의 장례법에 따라야 한다고 주장한 기록이 있는데 그 기록은 다음과 같다.

"戊神(1608) 遭宣廟喪. 宣廟嘗卜葬地於建元陵之傍. 至是術官以葬近
祖墓爲不吉. 公(李元翼) 力言其不可. 曰皇朝諸陵皆卜一山. 是古者
族墳墓之意. 而亦不違於祔葬不筮之語也. 數三論啓不允. 公於術家之
說無所動. 嘗曰生而同室沒而同兆. 求之天理人情豈非美意. 是後百世
之遠皆葬一隴可也."

이 기록에 있듯이 선묘(宣廟)가 일찍이 건원릉의 근처에 정해졌다
는 것은 왕가에 족분제도가 어느 정도 남아 있었음을 말해 주는 것이
다. 이렇게 하여 왕가에 전해지는 족분에 대해 이원익이 주장한 황조
(皇朝), 즉 중국 명나라의 왕릉이 족분묘제를 가지고 있는 점에 두고
있는 것으로 보면 이태조가 명(明)의 능묘가 족분제를 취하고 있는 것
을 본 뜬 것이라고 볼 수 있다. 따라서 조선 시대 초엽에 명의 족분묘
제의 모방이 먼저 왕가에서 시작되고, 위에서 하면 밑에서 모방하는
이치에 따라 일반인 사이에도 이 족분제에 따라 장묘를 하는 사람이
많아졌다고 생각할 수 있다. 조선 21대 영조 10년(1734)에 세운 고양
(高陽) 김주신(金柱臣)의 묘표(墓表)에 따르면 이 묘는 김씨 가문의 누
대선조(累代先祖)였다고 하니 이것이 족분이었음은 명백하다. 현재 각
지의 족분제를 따른 것의 대부분은 모두 조선 시대 이후의 것이다.

B. 시총(詩塚)

경상북도 영천군(永川郡) 자양면(柴陽面) 성곡동(聖谷洞)에 정의번
(鄭宜藩)의 시총비(詩塚碑)가 있다.

이것은 임진왜란 때 전쟁의 이슬로 사라진 정의번의 유해를 장사
지낼 수가 없었기 때문에 그 사람이 생전에 지은 시를 묻어 무덤을 만
들고 부인 신씨를 부장한 묘의 유래를 명기한 것이지만, 시를 무덤에
묻은 것은 다음과 같은 이유에서이다.

"詩以塚亡於禮之禮也. 先儒論招魂而葬者曰. 魂歸天魄歸地, 苟無禮

魄廟祀之而已, 魂氣不可得以葬也. 然則矢後而衣招者皆不可以塚. 獨
詩者象其人者也可以當禮魄. 以詩塚其亦不悖於體乎. 世必以葬骨爲
幸, 葬詩爲不幸. 然纍纍荒原葬骨何限, 而終歸於朽滅. 其人與詩終古
而不朽者. 玆塚也何其偉哉. "(《조선금석총람》)

즉 장례는 육체로써 지내는 것이지만 시는 그 사람을 나타내는 것
이기 때문에 육체로 볼 수도 있다. 게다가 다른 장골과 같은 것은 아
무리 정중히 해도 결국 후멸(朽滅)을 피할 수 없지만, 시는 그 사람의
이름과 함께 영구히 썩지 않는 것이다. 그러므로 시로써 장례를 지내
고 이를 무덤으로 만드는 것은 오히려 다른 장묘보다 나은 것이라고
시총(詩塚)의 이유를 들고 있다. 그 이유가 적당한지 어떤지는 차치하
고, 시총의 유래가 매장할 만한 유체(遺體)가 없는 경우에는 그 사람
의 생전에 남긴 정신적 작품으로 이에 대신한다는 관념에서 행해진
것임에 주의해야 한다. 이것은 신라 시대어 괴승의 신발 한 짝을 무덤
으로 만든 소지품장(所持品葬)의 진보된 형태라고 볼 수 있다.

C. 학장(壑葬)

이것은 사자를 암굴 안에 유기하는 장례법으로 류큐〔琉球〕남도에
최근까지 행해지고 있었던 암굴장과 매우 비슷한 풍습이다. 《증보문
헌비고》에 다음과 같은 구절이 있다.

"奇虔拜濟州牧使. 濟州舊俗不葬其親. 死輒委之壑. 虔未上任. 先勅
州使備棺槨敎以斂葬. 州之葬其親自此始. 一日夢見三百餘人. 拜於庭
下. 叩謝曰. 賴公之惠. 得免暴骸. "

꿈에 3백여 명의 사람이 나타나 건(虔)에게 머리 숙여 감사했는지
않았는지는 논의할 필요도 없다. 그러나 건(虔)이 목사가 되어 갔을
때까지 제주도민이 부모의 시체를 암굴 안에 방치하는 장법을 쓰고
있었던 것은 주의해야 할 일이다. 이 한 예만으로 단순히 제주도민 사

이에서 이 장례풍습이 행해지고 있었던 것으로 생각할 수는 없지만
도서 및 해안 등의 지역에서 이런 장례법을 행하지 않았나 상상된다.
또한 건(虔)이 제주목사가 된 것은 조선 4대 세종(1419~1450) 때이니
지금으로부터 4,5백 년 전의 일이다.

　이 학장(구릉장)이 조선 시대에 행해졌다고는 하나 결코 새로운 것
이 아니라 원시인 사이에 행해진 장례법임은 상상하기 어렵지 않다.
《증보문헌비고》예고(禮考)에는 고구려 민중왕(閔中王)의 장례에 대해
다음과 같이 기록되어 있다.

　“閔中王四年王田于閔中原.　見石窟顧謂左右曰.　吾死必葬於此.　不須
　　另作陵墓.　薨從遺命故號曰閔中王.　自是王薨皆以葬地　爲號.”

　이 석굴은 학굴(壑窟)과 같은 것으로, 만약 이 기사가 올바르다면
학장 풍습은 이미 서기 47년(1천9백 년 전)에 행해졌다고 보아야 한다.

3.　한국의 분묘(墳墓)

　한국에서는 분묘를 주로 산에 만든다.　따라서 일반적으로 분묘를
산소(山所) 또는 산(山)이라고 부른다.　그러나 분묘를 하는 땅으로 주
로 산을 하기는 하지만, 산에만 한정된 것이 아니라 언덕, 들판 또는
전답 안에 분묘를 만든 것도 더러 있다.

　중국 명나라 사신 동월(董越)이 지은 ‘조선부(朝鮮賦)’에

　“王都設署備棺槨以濟貧窮.　其棺槨多用松木.　貧則皆葬山椒.　自平安
　　黃海一路.　望見山巓如睥睨者皆墳也.　貴者乃卜宅郊原擇形勢.　有華表
　　石羊之類.”

라고 묘사된 것은 그 실상을 잘 포착한 것이다.　그러나 한양의 십리
이내 및 인가로부터 백 보 이내에 묘지를 쓰는 것이 금지되어 있었다.

　분형(墳形)은 일반적으로 토만두(土饅頭) 모양을 나타내고 있지만

원분묘(圓墳墓 : 서울 부근)

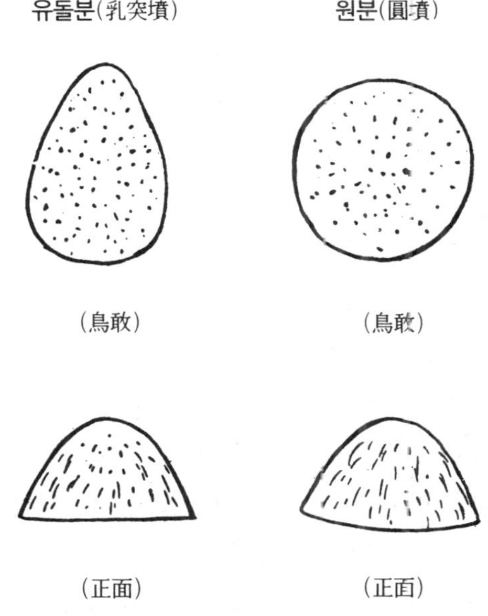

여기에는 대별해서 두 가지의 형이 있다. 즉 왕공(王公) 이하 사대부의 분형은 대개 원형(圓形)이며 일반 서민의 그것은 대개 유형(乳形) 또는 돌형(突形)을 이룬다. 그러나 이것은 위에서나 옆에서 본 것이며, 전면에서 보면 어느 것이나 반원형을 이루는 것은 물론이다.

분묘의 규모나 구조에는 귀천의 차에 따라 현저한 차이가 있다. 왕공 귀족은 그 규모가 광대하고 구조도 또한 장대하지만, 일반 서민들은 규모나 구조에 있어서도 너무나 현격한 차이가 있다. 《경국대전》의 분묘의 규모에 관한 규정은 다음과 같다.

"墳墓定限. 禁耕牧.

宗親(王族)	一品	四面各	一百步.
	二品	同	九十步.
	三品	同	八十步.
	四品	同	七十步.
	五品	同	六十步.
	六品	同	五十步.
文武官	一品	四面各	九十步.
	二品	同	八十步.
	三品	同	七十步.
	四品	同	六十步.
	五品	同	五十步.
	六品	同	四十步.

七品以下, 生員進士, 有蔭子弟는 六品과 同.

女는 夫의 職에 從." (《禮典》 喪葬條)

이처럼 품격에 따라서 각각 차등이 있었다. 이리하여 그 구조에서는 왕릉은 일반적으로 다음과 같다.

"治葬. 開塋域. 祠后土. 穿壙(深十尺廣二十九尺長二十五尺五寸).

고려 태조의 능(조선 시대에 수리한 것임)

開南面爲羨道作石室. 加蓋石. 排地臺石, 〔初地臺石二十四, 正地大石十二), 隅石, 面石, 滿石, 引石(各十二). 蓋石內畫天形. 四房石, 畫靑龍, 白虎, 玄武, 朱雀. 作銷閉門扉石門倚石外作便房. 地臺石外置欄干(欄干十二面, 周四百八十三尺, 下地臺石外, 支石, 隅石, 石柱, 童子石柱各十二), 立石柱童子石柱. 橫置竹石(二十四). 繚以墻. 設石羊(四), 石虎(四), 石床(一), 石望柱(二), 長明燈(一), 文武石人(各二), 石馬(二). 營丁字閣, 碑閣. 置參奉, 守陵, 軍戶.”(《五禮儀》)

왕족은 여기에 준해 규모를 작게 하고 신하는 그 품계에 따라 그 구조를 만든다. 분묘의 형식에는 두 가지가 있다. 고려 왕릉은 돌을 쌓아 단을 만들고 돌계단을 만들어 그 상단에 봉분을 얹은 것이다. 그러나 조선조 왕릉은 계단을 만들지 않고 경사를 형성하는 한 토단(土段)의 상부에 봉분을 얹는다. 이 구별은 왕릉뿐만 아니라 신민의 분묘에서도 보인다.

조선 4대 세종이 편찬에 착수하고 7대 세조 때에 완성된《오례의(五禮儀)》는 길(吉), 흉(凶), 군(軍), 빈(賓), 가(嘉)의 오례를 고금의 의를 참작하여 제정한 것으로 조선의 예전이 되었는데, 이에 의하면 보통의 곽은 분내에 석회, 황토, 가는 모래로 만든 것이다. 이것을 삼합토(三合土)라고 한다. 합성 방법은 석회 6할, 황토 2할, 가는 모래 2할을 반죽해서 구운 것이다. 곽내에 넣는 명기(明器)는 나무를 깎아서 작은 마차, 종복, 시녀, 그 외에 각종 봉양할 물건을 넣으며, 4품 이상은 서른 개, 5품 이하는 스무 개, 서민은 열다섯 개를 사용했다. 또 한 상자에 전여(奠餘)의 포(脯)를 쌓은 것, 다섯 개의 대그릇에 오곡(五穀)을 쌓고, 세 개의 술잔에 술과 국물이 많은 육장을 담은 것 및 침실의 장막, 자리(깔개), 의자와 탁자, 신발과 홀(笏), 두건 따위를 작게 만든 것을 넣었다.

또한 왕릉의 분묘 안에 넣는 것에 대해서는 조선 제17대 효종 33년 반포한 《분중잡물감정윤음(墳中雜物減定綸音)》에 의해 거의 이를 분명히 알 수 있다.

① 從者－木造, 奴婢, 工, 歌人人形.

② 衣冠－圭冕, 上衣, 下裳, 大帶, 中單, 方心, 佩玉, 綬, 蔽膝, 紅襪, 赤舃.

③ 磁器－飯鉢一, 匙楪一, 爵一, 簠一, 簋一, 香爐一.

④ 瓦器－釜一, 鼎一, 甒一.

⑤ 竹器－筲八, 冪八, 籩十二(後六)黍. 稷, 稻, 梁, 麻子, 菽, 小豆, 麥.

⑥ 木器－豆十二(後六), 香盒一.

⑦ 樂器－銅鍾一, 磁磬一(機를 去함), 瓦壎一, 箎一, 琴一, 瑟一, 笙一, 簫一, 鼓一(機를 除함), 柷一, 敔一.

⑧ 役器－干一, 甲一, 冑一, 彤弓一, 彤矢八, 管一.

⑨ 粧器－螺鈿, 梳函, 匣鏡之類.

⑩ 用器－土藤箱, 唾盂, 溲器之類.

⑪ 飮器－酒樽, 酒盞之類.

(이상 셋은 綸音에서 적당히 줄일 수 있도록 정하져 있다.)

《경국대전》에는 관과 곽의 색칠에 관해서 규정하고 있다. 그에 따르면 대군, 왕자, 공주, 옹주의 경우는 관에는 옷을, 곽에는 역청(瀝青 : 송진에 기름을 발라 이겨 만든 도료)을, 그 외의 사람은 관과 곽에 역청을 쓰게 되어 있었다.

제 2 장   한국의 묘제(墓制)

1. 돌   멘

묘지 제도를 살펴보려면 우선 석기 시대(石器時代)의 고분으로 간주되는 돌멘부터 살펴봐야 한다.

‘탱석(撑石)’, ‘지석(支石)’이라고도 일컬어지는 이 돌멘은 몇 개의 돌 위에 한 장의 큰 돌을 얹은 것으로 책상 같은 모양을 이루고 있다. 그러므로 켈트어(語)로는 석궤(石机)라고 하며 영어로는 ‘stone table’이라고 한다. ‘탱석’ 혹은 ‘지석’은 잘 표기된 것이다. 돌멘의 구조는 보통 네 개의 석벽 위에 한 개의 큰 돌을 얹은 것이다. 그러나 이러한 돌멘이 발견된 후 그 석벽(石壁)이 한두 개가 제거당했기 때문에(발굴자가 매장품을 얻기 위해, 또는 호기심에서 내부를 알아보기 위해) 돌멘은 두 개 내지 세 개의 지석으로 개석(蓋石)을 지탱하고 있는 것이 보통이다.

이 돌멘은 평안, 황해, 경기, 강원 , 충청, 경상, 전라도 등 각도에 걸쳐 분포되어 있다. 한 곳에 모여 있거나 산재해 있으며 특히 진도, 완도 등에서 많이 볼 수 있다. 그 형식에 따라 그 분포 지역을 둘로 분류할 수가 있다. 하나는 전라도 및 다도해의 섬들에 있는 것으로서 바둑판처럼 구조가 간단한 것이다. 다른 하나는 충청도 및 동북 지방에 있는 것으로 어느 정도 진보된 흔적이 보이는, 구조가 약간 복잡한 것들이다. 이 사실은 매우 주의해야 할 점이다. 이들 돌멘은 어느 것이나 석기 시대의 것으로서 신라, 백제, 고구려 등 소위 삼국 시대보다도 훨씬 오래 전에 만들어진 것들이다.

고구려 고분군의 일종이라고 하는 돌로 된 고분(龍岡郡 黃山 기슭에 존재하는 古墳群에 있다)과

황해도 은율군 산동리의 돌멘

유사한 점이 아주 많기 때문에 후대의 것이 아닐까 의심되지 않는 것도 아니다.

그 안에서 석기가 발견된 사실이라든가, 개석이 지석 밖으로 흡사 처마끝처럼 나온 돌멘 특유의 형식인 점 등으로 미루어 볼 때 그것은 분명 석기 시대에 만들어진 것이다.

돌멘과 유사한 것에 석총이 있다. 석총이란 원래 켈트어로 퇴석(堆石)이란 뜻으로, 시체를 장사지낼 때 우선 돌로 그 주위에 담을 만들고 위에서 떨어지는 자연석으로 인해 파손된 것이 많이 쌓여 있고 붕괴를 방지하기 위해 그 주위 하부에는 큰 돌을 쌓은 묘지이다.

석총은 주로 강원도 춘천, 충남의 부여 및 평안남도 고방산 등에 산재해 있다.

고방산 기슭의 것은(4개소 이상) 자연석을 난잡하게 쌓은 것으로 그 주위 하부에는 큰 돌을 나란히 두고 다른 테는 계곡의 돌을 그냥 쌓아 놓은 것이다.

이미 발굴된 것으로서는 옛날에 높게 쌓았던 것이 겨우 4척 정도의 높이밖에 남아 있지 않다.

2. 낙랑(樂浪)의 고분

평안남도 평양의 서남쪽에는 낙랑군 치지(治址 : 대동군 대동강변 토성)를 중심으로 하여 천여 개의 고분이 산재해 있고, 점선현(粘蟬縣) 치지(治址 : 龍岡郡 於乙洞 古城) 부근에도 몇 개의 고분이 있다. 또 대방군(帶方郡)의 통치 지역〔鳳山郡 唐土城〕으로 생각되는 지점을 중심으로 그 주위에도 수십 개의 고분이 있다. 이들은 모두 낙랑군 시대에 속하는 것이다.

낙랑 고분의 외형은 어느 것이나 대소의 분롱(墳壟)을 이루고 있는데, 오랜 세월 동안에 토착민의 농사로 인하여 변형된 것이다. 그러나 당초의 형태를 분명히 알 수 있는 것은 방태형(方台形)이다. 이 형식은 중국 주(周)·한(漢) 시대에 아주 보편적으로 행해진 것으로 주(周)의 문왕릉(文王陵), 성왕릉(成王陵) 및 한(漢)의 혜제(惠帝)의 안릉(安陵), 경제(景帝)의 양릉(陽陵), 선제(宣帝)의 두릉(杜陵) 등은 모두 방태형이므로 낙랑군 시대에 속하는 이 분묘가 방태형인 것은 당연한 일이다.

이 낙랑묘는 내부구조 및 현실(玄室)의 재료로 볼 때 다음과 같이 두 가지 형식으로 나눌 수 있다.

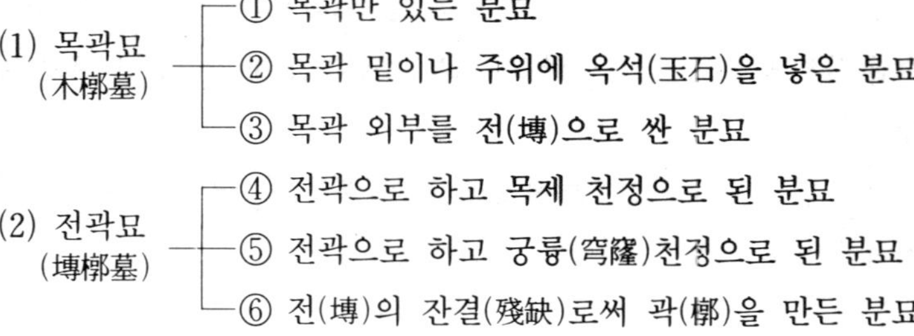

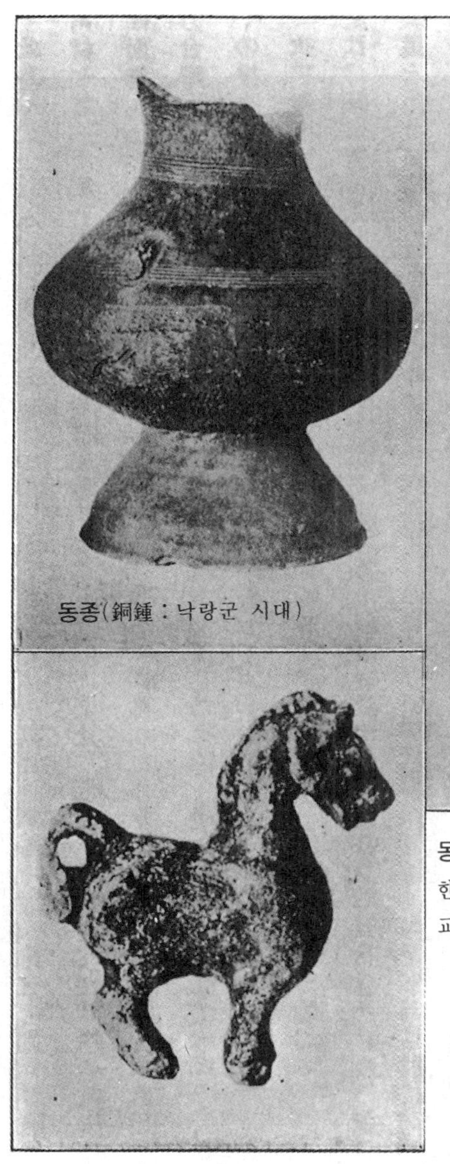

동종(銅鍾 : 낙랑군 시대)

금동마(金銅馬 : 낙랑군 시대)

동검(銅劍 : 英龍玉을 포함
한 자루 부분의 意匠이 정
교하다)

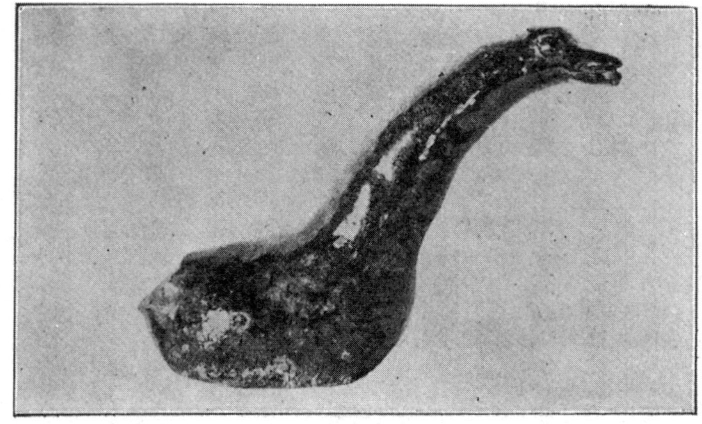

도아(陶鵞 : 낙랑군 시대)

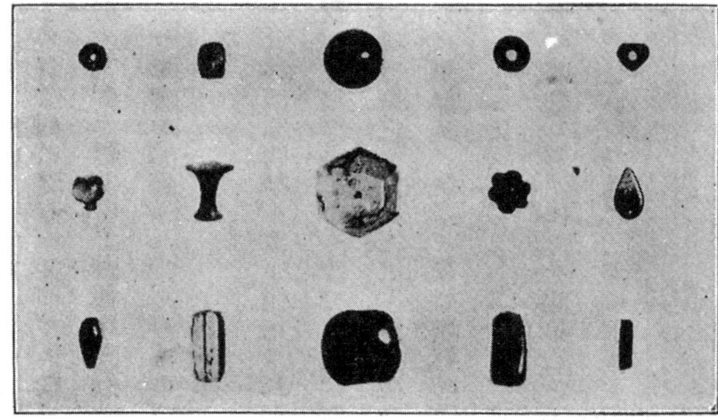

여러 가지 옥(玉 : 낙랑군 시대)

이상은 주로 현실의 재료에 따른 분류이지만, 우선 목곽묘의 개요를 알아보면, 대표적인 것으로 보이는 대동강면 석암리(石巖里)에 있는 제 9 호분의 내용은 다음과 같다.

이 묘는 우선 구릉 위에 광(壙)을 파 바닥에 옥석(玉石)을 나란히 깔고, 그 동서 양끝에 가깝게 토대를 쌓고 그 위에 밤나무로 된 각재(角材)를 늘어놓아 마루를 만들고, 또 같은 재료를 사용해서 벽과 천정을 만들고 목곽의 사면(四面) 지산(地山)과의 사이는 옥석으로 메워, 옥석과 목곽 사이의 틈을 목탄(木炭)으로 미우고, 그 위에다 봉토를 쌓아 방태형으로 만든 것으로 이 목곽 안에 목관을 안치했던 것 같다. 목곽의 크기는 대개 부부를 합장할 수 있는 정도였다.

전곽묘의 대표적인 것은 대동강면 정백리(貞柏里)에 있는 제 1 호분이다. 내부의 현실(玄室)은 네 벽과 마루를 전(塼)으로 하고, 그 전면에 전실(前室)을 두고 전실 곁에 작은 측실(側室)을 붙이고, 그 전방에 연도를 가진 곳에 궁륭(穹窿) 천정을 하였다. 이 형식은 목곽묘가 종광식(縱壙式)인 데 반해 횡광식(橫壙式)이기 때문에 조묘(造墓)상, 상당히 진보한 것이라고 할 수 있다.

이들 고분에는 동기(銅器), 도기(陶器), 칠기(漆器), 무구(武具), 마구(馬具), 복식품에 이르기까지 귀중품이 다량으로 부장되어 있다. 복식품은 오랜 세월을 지낸 관계로 귀금속품밖에 잔존하지 않으나 팔찌, 띠, 빗의 기공(技工)이 정교한 점 등에는 실로 경탄할 만하다. 이러한 우수한 미술품이 부장되어 있는 것은 낙랑이 후한의 후장(厚葬) 풍습의 영향을 받았기 때문이다.

같은 시대의 부장품인 기구(器具) 및 그 배치 방법을 알아보자. 앞서 밝힌 대동강 석암리 제 9 호분에는, 대체로 곽내의 북벽에 가까운 일대에 동기물(銅器物)을 동서로 늘어놓고, 그 남쪽 앞렬에 와기(瓦器)를 늘어놓고, 서쪽 벽에 가까운 일대에는 무기, 마구류를 남북으로

여러 가지 전(塼 : 낙랑군 시대)

그림이 있는 전(塼 : 낙랑군 시대)

늘어놓고, 관의 서쪽에는 안(案) 및 배반류(盃盤類), 도검(刀劍), 거울, 빗 등을 질서정연하게 배치하였다. 이러한 기구는 어느 것이나 사자가 사용하도록 바친, 사자를 위로하기 위한 것이며, 그 배치도 역시 사자가 사용하기 좋도록 한 것이다.

전곽묘에 사용된 전(塼)은 벽돌이다. 중국에서는 일찍부터 사용되었으며, 전전(專塼, 전벽磚瓴) 또는 벽(瓴) 등으르 불렸다. 즉 적어도 주나라 시대에는 넓게 이용된 듯하며 전, 후 한시대(漢時代)에 들어와서는 궁실이나 민가의 벽장(壁牆)에, 혹은 분묘의 현실 곽벽에 이를 사용하게 되었는데, 그 사용이 점점 성행하게 되었다. 낙랑군 시대에 들어와 거주한 한민족이 관아 및 주옥(住屋), 분묘의 내곽을 만드는 데 이것을 많이 사용했다. 낙랑 부근의 한민족은 일찍부터 대부분의 고분 내부에 전(塼)을 넣은 것을 알고 이를 파괴하여 전(塼)을 가져다가 주택의 기초 및 조(竈)와 장벽(牆壁)에 많이 이용했으므로, 대동강면 부락의 민가에서는 이것을 이용하지 않은 집이 없을 정도이다. 전(塼)의 형식과 문양은 실로 다양하다(이상은 주로 고적조사 특별보고 제4책 〈낙랑군시대의 유적〉에 의한 것임).

3. 고구려(高句麗)의 고분

평양의 동북방 약 30리 거리에 대성산(大城山)이 있다. 이 산의 남쪽 기슭에 고구려 왕궁으로 전해지는 안학궁(安鶴宮) 터가 있는 데 그 동서에 걸쳐 천수백기(千數百基)의 토분과 석총이 모여 있다. 이 고분군은 모두 고구려 시대의 것이다. 또 평안남도 순천군(順川郡) 선소면(仙沼面), 북창면(北倉面), 용강군(龍岡郡) 황산 남쪽 기슭 일대 및 평안북도 운산군(雲山郡), 위원군(渭原郡), 황해군 봉산군(鳳山郡)에도 고구려 시대에 속하는 고분군이 있다.

이 시대의 고분은 대부분 당초의 외형을 잃어버려 황폐한 돌더미에 지나지 않는다. 외형상으로 보면 대개 산의 중턱에 있는 석총과, 산기슭보다 평지에 모여 있는 토총의 두 가지로 구별된다. 대표적인 고구려 묘의 일반적인 모습을 관찰해 본다.

1. 장군총(광개토왕릉)

이 왕릉은 고구려 시대 고분의 한 형식인 석총으로서 거의 완전히 보전되어 있어서, 당시 석총 형식묘의 구조양식을 알 수 있는 가장 대표적인 것이다. 이 광개토왕릉은 만주(滿洲) 통구(通溝) 동북방 약 500정(町 : 60間이 1町 임) 남짓 떨어진 곳인 토구자(土口子) 산의 허리쯤에 있다. 그 밑에 유명한 광개토왕비가 서 있다. 화강석으로 7층의 사각단(方壇)을 쌓고 꼭대기에는 콘크리트로 만두처럼 만들었으며, 1층 바닥변의 넓이가 사방 백척, 전체 높이 약 40척(현재)으로, 층이 높아질수록 크기와 높이가 작아져 안정감을 주며, 견고함을 나타낸다.

1층 사면에는 각각 세 개씩 거석(巨石)을 기대어 세워 굳혔고, 각층마다 축조된 석재의 위아래가 서로 맞물려 있어서 1천5백여 년의 세월이 지났어도 조금도 기울어지지 않았다. 연도의 입구는 후세에 파괴되어 버린 것 같고, 현재 제 5 층이 그 입을 열고 있다. 현실은 넓이가 사방 약 3간(間 : 1간을 6자×6자를 말함), 높이 역시 약 3간이며, 네 벽이 모두 거대한 석재로 구성되고, 상부에는 각각 받침돌을 놓고 그 위에 하나의 큰 돌을 얹어 천정으로 했다. 당초에는 네 벽과 천정에 모두 옷을 바른 것 같은데 지금은 거의 없어져 버렸다. 현실 내에는 목관의 좌석(座石) 두 개가 서로 나란히 있다.

2. 삼실총(三室塚)

통구(通溝)의 삼실총은 작은 원분(圓墳)으로서 내부는 횡으로 연속된 삼실로 되어 있다. 우선 긴 연도를 지나면 제 1 실에 이르고 그 좌측에 제 2 실, 또 그 전면에 제 3 실이 있다. 각기 짧은 통로로 연접되어 있다.

그러나 연도의 입구는 돌로 폐쇄되어 있었을 것이다. 그 넓이가 약 3척 4촌, 길이 13척, 높이 3척 4촌이다. 제 1 실은 사방 약 9척으로서 주벽(周壁)의 돌은 야석(野石)이고, 벽의 상부부터 5층의 받침대를 내어 점차 천정의 면적을 좁게 하고, 네 귀에 삼각형의 받침돌을 내고 그 위에 또 평평하게 삼각형의 받침돌을 겹쳐 놓고, 끝으로 큰 돌로 꼭대기를 교묘하게 덮어 천정을 구성하였다. 제 2 실 제 3 실은 아주 좁은 장방형이다. 천정의 모양은 같다.

삼실 모두 벽과 천정 에 두껍게 옻칠을 한 뒤 그 위에 문양이나 회화를 그려 놓았는데, 제 1 실벽에는 누각, 갑주(甲冑)를 입은 사람, 팔짱을 낀 사람, 제 1 층의 받침대에는 구름[怪雲] 무늬, 제 2 층에는 연화무늬, 제 3 층의 받침대에는 창룡(蒼龍), 백호, 주작, 현무의 사신도(四神圖)가 그려져 있다. 제 2 실, 제 3 실의 장식도 대개 이것과 마찬가지이지만 색이 바래 불분명한 곳이 많다(벽면의 회화는 그 수법이 매우 古拙하지만 받침대에 그려진 구름무늬 및 사신도는 漢나라의 영향을 받은 것 같고, 蓮花무늬는 北魏 시대 이전의 특질을 발휘하고 있다. 따라서 이 무덤은 아마 고구려의 평양 천도 이전의 것이어야 하며, 북위 예술이 수입되기 전인 東晉 시대의 양식일 것이다. 이 벽화는 적어도 약 천 5백여 년 전의 것으로 동양에 현존하는 것 중 가장 오래 된 벽화일 것이다).

3. 노산리 개마총(魯山里 鎧馬塚)

이 무덤은 평안남도 대동군(大同郡) 시족면(柴足面) 노산리(魯山里) 장수원(長水院)의 남쪽 약 42간쯤 떨어진 대성산 동쪽 기슭에 있다. 외형이 거의 방태형(方台形)을 이루는 토분으로 천정돌의 일각이 조금 옆으로 노출되어 있다. 봉토의 현재 모양은 세로로 약 80척, 가로로 약 65척, 높이 약 13척이다. 현실은 정남쪽에서 약 60도, 동으로 면해서 연도를 지나며, 깎은 돌로 네 벽을 짓고, 천정은 네 벽으로부터 각각 이층의 받침대를 내고 구석 및 편평한 이층의 삼각 받침대로 꼭대기 돌을 받친, 고구려 분묘에 보통 있는 형식이다.

현실의 네 벽과 천정 및 연도에는 모두 옻칠을해서 회화무늬를 그렸으나 색이 바래 잘 알아볼 수 없다. 여하튼 현실 네 벽에 사신도가 그려져 있고 천정 왼편의 제일 받침대에는 행렬도가 그려져 있다. 행렬도에는 앞에 귀인이 걷고 뒤에는 종자들이 따르고, 그 다음에 '王着鎧馬之像'이라고 묵서(墨書)한 뒤에 두 사람이 재갈 물린 말을 끌고, 고려검(高麗劍)을 가진 세 사람이 따르고 있다. 제2받침대 왼쪽에는 해를(지금은 색이 바랬다), 오른쪽에는 달을 그리고, 그 외의 반규문(蟠虬文)과 유사한 무늬가 있다. 현실 입구 왼편에는 역사(力士)의 상이 보이고 연도 오른쪽 벽에는 사자를 타고 날아가는 새를 쳐다보는 인물을 그리고 있다. 왼쪽 벽에는 가마상이 그려져 있있다. 현실의 크기는 왼쪽 벽의 세로가 9척 3촌 6분, 오른쪽 벽이 8척 7촌, 가로의 앞벽이 8척 3촌 5분, 후벽이 8척 2촌 5분, 높이 9척 8촌이다. 실내에는 화강석 관대(棺臺) 두 기(基)가 놓여 있다. 연도는 길이 10척 8촌, 폭은 바깥으로 이르면서 넓어지고 입구가 4척 2촌, 현실 입구에 접하는 안쪽이 2척 8촌으로 좁고, 현실의 입구는 판석(板石)으로 막고 다시 자른 돌로 받치고 있다(회화 및 무늬로 보아 이 무덤은 약 1천4백년 전에 만들어진 것으로서, 각종 벽화가 당시의 고구려 풍속을 잘 나타내고 있다).

4. 호남리 사신총(湖南里 四神塚)

이 무덤은 장수원 동쪽으로 약 3백 간쯤 떨어진 소련산(小連山)의 동부인 광대산(匡大山)의 남쪽 기슭, 경사가 완만한 곳에 있다. 전면에는 거대한 야석을 횡으로 일렬로 늘어놓아 토사가 흘러내림을 막고, 분묘는 방태형(方台形)으로 그 바닥면이 세로 135척, 가로 150척, 높이가 바닥돌 위로 약 25척이나 된다. 현실은 대리석을 쌓아 이어 놓고 네 벽에는 채색을 하여 사신을 그렸다(筆力이 勁健하여 六朝 시대의 眞髓를 전한 것이다).

5. 순천군(順川郡) 팔각 천정총(八角 天井塚)

평남 순천군 북창면(北倉面) 송계동(松溪洞) 북창의 사방 약 60간 되는 거리에 있는 평야에 고립된 팔각 천정총은 가로 약 45척, 세로 약 30척, 높이 약 10척 내부는 현실 및 전실 둘로 이루어져 있으며 앞면에 연도가 있다. 현실은 방형으로 넓이가 9척 2촌, 길이 10척 2촌 7분이다. 천정의 구조는 실로 기교를 다한 것으로서 종래 고구려의 분묘에서 일찍이 볼 수 없었던 것이다. 대개 3삼으로 되어 있지만 하층은 팔각형을 이루고 현실의 구석으로부터 기이한 마고(蟇股 : 두꺼비 다리)를 내어 구석을 잇고, 상부는 안쪽 방향으로 완만하게 구부러져 있다. 각 구석으로부터 두주목(斗肘木)을 냄으로써 중간층의 밑을 받치고 있다. 그러나, 벽에 대들보 및 마고를 그려 흡사 이 주목(肘木)을 받들고 있는 것 같은 모양을 이루고 있다. 중층은 아래쪽 팔각이 위쪽을 향해 완만히 구부러져 결국 방형을 이루고 있다. 상층은 방형으로서 보통 고구려 시대의 천정처럼 구석 및 바닥[平]의 삼각 받침돌을 나란히 놓고 정석(頂石)으로 만든 중층의 사면(四面)보다 만곡된 기형의 합장을 내어 정점에서 만나게 하여 위에 두(斗)를 얹어 꼭대기 돌을 받들고 있다.

벽화는 현실 후벽에 피장자 부부의 상을 그리고 삼면 벽에는 귀갑형 안에 우선상(羽扇狀)을 이루는 연화를 넣고, 천정 하층의 대들보형에는 반규문(蟠虬文)을 나타내고, 마고(蟇股) 안에는 구름무늬 및 연화문을 배치하고, 밖에는 쌍인수사(雙人首蛇), 봉황 등을 그리고 중간 층 이상은 곳곳에 별 모양을 그렸다.

6. 운산군 동신면 용호동(龍湖洞) 제 1 호분

이것은 평북 운산군(雲山郡) 용호동에 있는 고구려 묘로서 당초는 큰 석재를 겹쳐 수층의 단상(壇狀)으로 되어 있는 석총이었지만, 지금은 파괴되어 밑의 세 층의 형적만 볼 수 있을 뿐이다(총의 상부를 축조한 석재는 일찍 도둑맞아 그 내부에 가득하던 보석은 도굴되고, 현실도 붕괴되어, 상부는 다소 움푹 패어 있다).

그 구조 및 크기를 보면, 첫 층단의 넓이가 사방 약 66척, 높이 약 2척 6촌, 전면 지반에서 현재 돌이 쌓인 꼭대기까지의 높이가 약 9척 내지 15척이다. 바닥에는 지반 위에 큰 할석(割石)을 깔아놓고 자갈로 틈을 막아 기초를 하고, 현실 주벽의 형적은 없다. 혹은 목곽을 그 위에 구성했던지 서쪽에 흡사 연도와 같이 돌로 양측 벽을 만든 곳이 있는데 넓이가 6척 6촌이다. 구조는 매우 엉성하다. 아마 당초에는 목재로 연도의 측벽을 쌓았을 것이다. 여기서부터는 현실이 연도 내라고 생각되는 곳에서 철제의 곤로, 금동판 봉황형 4장(다소 상했다), 금동 투조(透彫) 금구(金具)의 파편 토기 및 유리의 파편, 철제 못, 꺾쇠, 화살촉 등이 출토되었다. 이들 출토품의 양식을 보면 약 1천 6백년 전 무렵의 것들이다. 종래 고구려 고분에서 부장품이 나온 것은 매우 드물다.

7. 용강군 황산 기슭에 있는 고구려 고분의 구조

석곽의 구조는 ① 천정이 편평한 돌 한 개로 된 것, ② 천정이 받침대로 된 것이 있고, 현실 벽은 ① 한 개의 돌로 된 것, ② 돌을 깎아 만든 것이 있다. 또 천정의 받침대는 ① 네 벽에서 2층 내외의 받침대

고구려 분(墳 : 평안남도 강서군 삼묘리)

를 내고 구석 3각을 두고 다시 평삼각을 겹쳐 꼭대기의 돌을 덮은 것, ② 네 벽에서 2층 내외의 받침대를 내고 삼각의 받침대를 두지 않고 바로 정석(頂石)을 덮은 것으로 대별할 수 있다는데, 앞의 것은 대개 대규모이며 뒤의 것은 소규모의 것으로 보여진다.

이상은 대동군 시족면 및 용강군 황산 남쪽 기슭(해운면 및 서화면)에 있는 고분이다. 어느 것이나 고구려 시대의 것으로 전자는 장수왕이 국내성에서 평양성으로 천도한 뒤 얼마 지나지 않은 시대에 만들어진 것이고, 호남리 사신총 및 토포리 대총과 같은 것은 당시에 유력했던 자의 능묘 중 대표적인 것이다.

고구려 분묘를 알기 위한 자료로 1917년의 고적 조사보고를 살펴본다.

"중국 봉천성 집안현 융화보 대고력묘자 만주유수림자지방 대고력자(中國奉天省輯安縣融化保大高力墓子滿州楡樹林子地方大高力子)'의 산기슭 고분은 고구려 시대의 것으로 여겨지기 때문에, 그 중에서 어느 정도 초기의 구조를 갖추고 있는 것 여섯 기를 선택해서 이들을 편의상 이실총(二室塚), 무개총(無蓋塚), 고총(高塚), 석곽노출총(石槨露出塚), 대총(大塚), 삼실(三室)이라고 이름지어 설명을 한다.

(가) 이실총(二室塚)

토총의 봉토가 없어져서 석곽이 노출된 것이다. 지금은 묘의 전후의 길이가 약 23자 5치, 좌우의 길이가 약 21자 6치, 높이는 약 4자 8치가 되고, 좌우 2실이 있다. 실의 평면은 다 장방형이고 큰 석재로 천정을 덮은 것이다. 좌실은 약간 내부로 들어가 있다. 너비는 약 3자 6치, 길이가 6자 정도이다.

(나) 무개총(無蓋塚)

전자와 마찬가지로 양실을 갖는 토총이고, 봉토와 천정석을 잃고 현재는 좌우의 측벽만이 남아 있을 뿐이다. 묘의 전후의 길이가 약 27자 3치이고 좌우가 약 34자 7치 9푼이고, 현실(玄室)은 좌실이 너비 4자이고, 우실은 너비가 3자 5치, 길이가 약 6자이며 다같이 전면에 연도(羨道)의 흔적이 있다.

(다) 고총(高塚)

방형석총(方形石塚)이고 단상(壇狀)을 하고 있었던 것 같다. 지금은 대부분 붕괴되었으나 아직 초중단(初重壇) 및 이중단(二重壇)의 일부를 남기고 있으며, 삼중단(三重壇)의 우석(隅石)이라고 여겨지는 사방 3자 정도의 자연석도 존재한다. 그 상부는 지름 5,6치 정도의 쇄석(碎石)이 퇴적(堆積)되어 있다. 연도(羨道)는 서남쪽을 향해서 열려 있는 것 같으나 확실하지는 않고, 외형은 현재 길이 26자, 너비 23자, 높이 6자 8치가 된다.

(라) 석곽노출총(石槨露出塚)

봉토가 유실되고 석곽의 반 이상이 노출되어 있으므로 이렇게 불렀다. 현재 총 높이 7자 6치이고, 남향이지만 서쪽으로 크게 기울어져 있다. 잔존해 있는 봉토는 높이가 약 3자, ㄱ 저부는 동서가 약 36자 5치, 남북이 약 25자 4치이고 방대형(方臺形)이다. 현실(玄室)은 동서가 6자 5치, 남북 5자 7치이며 칠식(漆喰 : 석회와 찰흙을 불가사리의 액체로 반죽한 것)으로 바른 흔적이 있다. 천정은 많이 붕괴되고 석재가 흩어져 있다. 그 구조는 명백하지 않으나 네 벽에서 12단의 기둥을 세워 천정석을 지탱하고 있는 것 같다. 연도(羨道)는 남면(南面)이고 중앙부로 통하지만 흙 속에 묻혀 있어서 그 크기는 알 수 없다.

(마) 대총(大塚)

크기가 32자에 28자 6치의 방형석총이 붕괴된 것으로 총높이가 6자 7치이고, 대각선은 거의 동서남북의 방위에 일치하는 위치에 있고 연도는 서남방으로 열려 있는 것 같다. 현재 존재하는 이중단 이상은 다소의 대석(大石)과 무수한 쇄석이 퇴적된 것이어서 거의 원형을 알 수 없다."

이상의 고분에서 발견된 벽화는 지금으로부터 1천3백 내지 1천5백여 년 전의 것으로, 이들 벽화의 정확한 연대는 알 수 없지만 그 양식에서 판단하면, 통구삼실총(通溝三室塚)의 누각인물, 사신(四神) 등의 그림은 고구려(高句麗) 도읍이 평양으로 천도되기 전의 것이며, 적어도 1천5백 년 전 중국의 동진(東晋) 말경의 것으로 여겨진다(梅山里 四神塚, 湖南里 四神塚 등의 벽화도 이와 비슷한 연대의 것으로 추정된다).

이들 벽화는 물론 중국의 영향을 받은 것이지만 그 진수를 얻지 못해서 매우 서툰 필치로 그려져 있다. 그런데 진지동(眞池洞)의 쌍영총(雙楹塚)에 이르러서 세련된 붓으로 그린 인물도는 당시의 풍속을 유감없이 묘사하고 있다. 특히 인물이 탄 말이나 수레를 끄는 소는 그 화법이 웅건해서 사생(寫生)의 묘를 보여 즈고 있다. 또한 전실(前室)

고구려 현실의 벽화, 청룡
(高句麗玄室壁畫, 靑龍：平安南道江西三墓里中墓)

고구려 현실의 벽화, 백호
(高句麗玄室壁畫, 白虎：平安南道江西三墓里中墓)

의 좌우벽에 그린 청룡 백호 같은 것은 발굴 당시 많이 훼손되어 있었으나 아직도 그 호탕한 필치를 엿볼 수 있다.

묘벽과 천정의 장식문양은 적어도 지금으로부터 1천 백여 년 전의 것이며, 또한 우현리(遇賢里) 고분의 벽화는 북위(北魏)의 양식을 그대로 나타낸 것이어서, 북위식의 다른 장식 문양들 그대로 베낀 일본의 아스카 시대의 예술과 밀접한 관련이 있는 것 같다. 이 고분 현실의 네 벽에 그려진 사신도(四神圖)는 굵지도 가늘지도 않은 선을 자유롭게 구사해서 마치 물이 흐르는 것처럼, 불꽃이 솟아오르듯 수미(首尾)가 조응(照應)하고 일사불란해 보이는 그림이다. 이렇듯 웅혼호쾌(雄渾豪快)한 운용(運用)과 색채의 조화에 의해서 그려진 사신도는 그 규모가 웅대하고 구도(構圖)가 힘차다.

다음은 필자가 실지로 관찰한 고구려 고분에 대한 기술이다.

(1) 매산리(梅山里), 신덕리(新德里) 고분(古墳 : 평안남도 용강군)

이 두 고분 모두가 그 현실(玄室) 천정의 구조가 걸형(桀型)인 점과 벽에 사신도가 그려져 있는 점으로 보아 강서(江西)의 3대묘와 같은 종류, 즉 고구려 고분으로 인정할 수 있지만, 이 두 고분은 강서의 것과 약간 다른 점이 있다. 그것은 강서의 벽화는 돌 자체에 그대로 그림을 그리고 또한 그 돌의 기초가 평지이나, 매산, 신덕의 것은 모두 산기슭에 그 기지(基地)를 정하고, 벽화는 화강암 표면에 점토층(두께 1치~4치)으로 중간 도장(塗裝)을 한 다음 그 위에 석회(3~5푼)를 발라 반들반들하게 한 뒤에 그렸다는 점이다.

이것을 풍수적으로 관찰하면 둘 다 그 북방에 삼화우산(三和牛山 : 臥牛山)이 높이 솟아 있고, 머리 부분으로 여겨지는 산세가 하강하는 좌우(동서)에 기지(基地)를 정한 것으로, 매산리의 것이 서쪽, 신덕리의 것이 동쪽에 있다. 모두가 황해도의 수려한 연산(連山)과 흰 해면

용강고분(龍岡古墳)의 지형

(海面)을 원조(遠朝)로 하고, 부근의 약간 높은 언덕을 근대(近對)로 하며, 전방에 안(案)이 있고 청룡 백호가 그 좌우를 지키고 있으며, 그 성국(成局)이 웅대광활(雄大廣濶)하다. 현무(玄武)인 우산(牛山)은 그 뿔도 귀도 명백히 식별할 수 있는 형승(形勝)의 땅이다. 그리고 그 묘혈은 내룡(來龍)의 용각과 우두(牛頭)의 코에 해당하는 곳에 정해졌으며, 현재로서는 그 묘혈 앞으로 곡류(曲流)하는 물이 보이지 않으나 (묘 앞을 약 백~2백m 떨어진 곳은 낮은 땅이고 현재로서는 밭과 길이 되어 있으나 높은 산이 있고 멀지 않는 곳에 바다가 있는 지방이므로), 그 지세(地勢)로 보아 수류(水流)가 있었음직한 곳이다. 그러므로 지금은 없어도 우기에는 서쪽이나 동남쪽으로 흐르는 수류(水流)를 이룰 것이며, 따라서 산에 수목이 울창했던 옛날에는 확실하게 서북쪽에서 동남쪽으로 흐르는 물이 있었다는 것을 추측하기에 어렵지 않다.

　풍수설에서는 '龍耳不聽而其角聽. 牛耳不聽其鼻聽：용은 귀가 아니라 뿔로 듣고, 소는 귀가 아니라 코로 듣는다'고 해서 용뿔, 소의 코를 가장 좋은 혈이라 하였다. 그러므로 이 두 고분이 모두 풍수적으로 조예가 깊은 설에 의해 정해진 것이라고 생각된다.

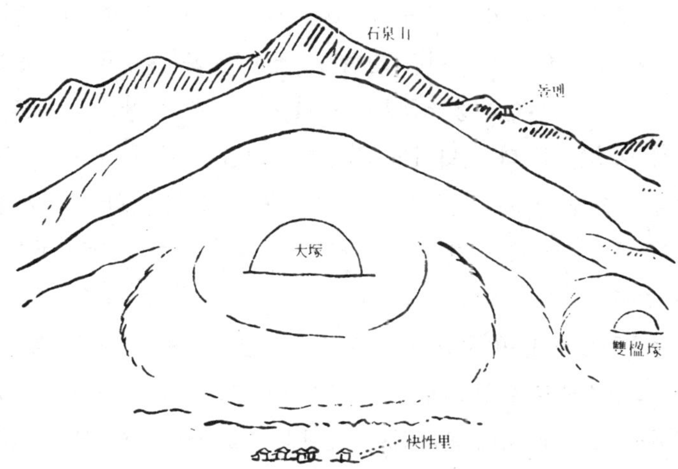

진지(眞池) 고분(古墳)을 정면에서 본 그림

위 묘의 측면을 찍은 사진
(×표한 부분은 墳墓이다)

(2) 진지동(眞池洞)의 고분(평안남도 용강군)

진지동에는 두 개의 고분이 있다. 하나는 대총(大塚)이라 하고 또 하나는 쌍영총(雙楹塚)이라 칭한다. 모두가 고구려 고분에 공통적으로 나타나는 걸형천정(桝型天井)이며 사면에는 벽화가 그려져 있다. 특히 대총(大塚)의 벽화에는 수렵하는 모습이 잘 묘사되어 있다. 그 인물 묘사법은 실로 훌륭하다. 벽면은 매산리, 신덕리의 고분처럼 화강암 위에 점토로 중간 도장을 하고 그 위에 석회의 활면(滑面)을 만든 것이다.

풍수적으로 보면 주산(主山)으로 석천산(石泉山)의 고봉(高峰)이 있고 그 남방으로 금성(金星)이 세력을 이루어 맥(脈)이 내려가 대응 정비해서 성국(成局)이 광대하며, 앞에는 '닛가치' 강이 북서쪽에서 남동쪽으로 흐르고, 조망이 좋은 정면은 토성(土星) 위에 위치하고, 쌍영총은 그 토성을 낳는 금성 좌맥(在脈)에 위치해서 모두가 자좌오향(子座午向)을 하고 있다.

4. 백제(百濟)의 고분

백제 시대 초기의 분묘라고 인정되는 것은 경기도 광주군(廣州郡) 중대면(中垈面) 석촌(石村)에 있는 대소 고분 수십기(數十基) 외에 충청남도 부여군(扶餘郡)과 공주(公州)에서 많이 발견된다.

이 고분의 외형은 모두 봉토가 흘러내려서 원형이 남아 있지 않지만, 토분을 둘러싼 원형의 기석이 있고, 그 기석은 쪼개거나 자른 돌이다. 현실(玄室)의 사면에는 사신도(四神圖), 천정에는 연화운문(蓮華雲文)이 그려져 있고, 목관으로 인정되는 것도 있고 또 쪼갠 돌로 된 훌륭한 석곽(石槨)이 있으며, 관좌(棺座)가 두 개 있는 것도 있다. 부여면(扶餘面) 능산리(陵山里)에 있는 왕릉이라고 전해지는 것과 익

백제의 고분(南原舞童山)

위 고분의 개석(蓋石)

위 고분의 현무(玄武)

산군에 있는 쌍릉은 백제 왕족의 분묘로서 알려져 있는 대표적인 것이다.

능산리의 고분의 구조를 보면, 현실(玄室)은 장방형이어서 앞뒤로 길며, 사면과 천정은 모두 화강석 또는 대리석의 큰 석재로 되어 있는데, 모두 그 면을 물로 갈고〔水磨〕, 남방의 입구 위에는 주작(朱雀), 즉 쌍봉(雙鳳)을, 동벽(東壁)에는 창룡(蒼龍), 서벽에는 백호(白虎), 북벽에는 현무(玄武)를 그려 놓았다.

머리 부분을 겨우 알아볼 수 있는 것을 제외하고는 거의 벗겨져 나가서 형상을 알아보기 힘들며 다만 천정에 연화(蓮花)와 비운(飛雲)만이 선명하다. 현실의 전면 입구를 돌로 막아 놓았으며, 가늘고 긴 연도(羨道)의 입구도 돌로 폐쇄해 놓았다. 현실의 내부는 한 단 높게 석상(石床)을 설치하여 그 위에 관을 얹은 것이지만 부장품은 하나도 발견되지 않았다. 결론적으로 말해서 부여 지방에 있는 백제의 고분은 낙랑(樂浪)과 고구려의 것과는 전혀 양식을 달리하고 있으며, 현실이 장방형인 점이 신라의 고분과 닮았지만 그 구조는 같지 않다.

부(附 : 倭人의 고분)

전라남도 나주군(羅州郡) 번남면(潘南面) 자휘산(紫徽山)의 주위와 신촌리(新村里) 덕산리(德山里) 및 대안리(大安里) 일대에는 수십 기의 고분이 산재해 있다. 이들 고분은 그 외형이 원형 또는 방대형(方臺形)이며, 봉토 내에 한개 또는 수개의 도제(陶製) 옹관(甕棺)이 내장되어 있다. 이것은 처음에 지반에 성토(盛土)를 하고 그 위에 도자기 제품의 큰 옹기를 가로놓은 다음, 여기에 성장(盛裝)한 시체를(1931년에도 한국에서 행해짐) 천으로 둘러싸고 널빤지에 얹어서 머리 부분부터 큰 옹기 안에 넣고, 옹기의 입구 부분에는 낮거나 상부를 깨어서 낮게 한 작은 도가니로 널빤지를 밑에서 지탱하게 하고, 약간 작은 옹기를 큰 옹기 속에 넣어서 사체의 다리부분을 감싸고, 이 크고 작은 옹기가 접한 부분은 점토(粘土)로 발랐으며, 이 옹관 밖의 족부(足部) 쪽에 공물(供物)을 넣은 도가니를 안치(安置)해서 흙을 덮은 것이다.

유물로서는 금동관(金銅冠), 금동답(金銅畓), 대도(大刀), 도자(刀子), 도끼, 창(槍), 화살, 톱, 귀걸이, 구옥(勾玉), 절자옥(切子玉), 소옥(小玉) 등이 있다. 이러한 장법(葬法)이나 유물 등으로 추측해 보건대 왜인(倭人)의 것임에 틀림없다.

5. 신라(新羅)의 고분

신라 시대의 고분은 옛 도읍인 경주(慶州) 부근에 무려 수만(數萬)이나 있고 기타 대구(大邱), 양산(梁山), 선산(善山) 지방에도 상당히 주목할 만큼 많이 있다.

일반적으로 신라 고분을 시대와 문화의 발달에 따라 구분해 보면 다음의 세 종류로 나눌 수 있다.

① 분구(墳丘)뿐인 것

② 분구에 호석(護石)을 설치하고 때로는 거기에다 석란(石欄)을 곁들여서 전면에 석상(石床)을 배치한 것 등이 있다.

③ 그 위에도 또한 화표(華表), 비각, 문무석인(文武石人), 석사자(石獅子)를 배치한 것

분구뿐인 것은 신라 시대 상기(上期)에 속한 것으로 이 분묘의 외형 구조를 살펴보면 다음과 같다.

현재 양산부부총(梁山夫婦塚)의 특색을 살피면, 본분(本墳)은 완전한 원분(圓墳)이며, 봉의 높이 27자 2치, 기저부의 직경은 180자나 된다. 그리고 분을 축조할 때는 구릉 위에 적지(適地)를 수척(數尺) 파내려가서 상(床)으로 삼고, 여기에 석관을 놓고 측면을 쌓아올리며, 천정석을 가설해서 석실을 만든 다음 봉토로 성토한 것이다.

석관은 봉토의 중앙부에 동서로 길게 축조되고 길이 17자 9치, 너비 7자 5치, 높이 8자 5치이며, 사면은 지름이 1자 내외의 야석(野石)을 마구 쌓고 상부에 이를수록 점차 현실의 폭을 좁게 해서 천정의 가설을 용이하게 하고 있다. 연도(羨道)는 서쪽 벽의 약간 상부에 설치되고 그 폭이 5자 2치, 높이 5자이며, 역시 야석으로 불규칙하게 폐쇄되어 있다. 이 폐쇄는 마지막에 현실 밖에서 행한 것 이기때문에 그 내면에는 점토가 발라져 있지 않다.

다음에 현실(玄室)은 사면의 표면에 점토를 발라서 석벽면의 난잡함을 가리려 했지만(현재 절반 넘게 탈락되어 유치한 石積面이 노출되어 있다) 천정은(거석이었기 때문에 칠하기가 어려웠든가 또는 그 필요를 느끼지 않았든가 해서) 처음부터 칠을 하지 않았던 것 같다. 이 점토칠은 밑칠을 한 뒤 그 위에 백점토(白粘土)를 풀어서 엷게 칠한 것으로, 석회칠을 한 것처럼 흰데 약간 담황색(淡黃色)을 띠고 있다(칠하는 법도 1회칠에서 2회칠이 되고 漆喰칠, 석회칠로 점차 진보해서 화강석을 툭툭 쳐 넣다가 벽화의 장식으로 발달한 것으로 여겨진다. 북한의 고구려 고분의 현실에는 일찍부터 漆喰塗가 시행되었고 고급의 것에는 벽화가 그려져 있다. 그런데 남한, 즉 신라의 현실에는, 삼국 시대에는 漆喰塗가 없고 통일 신라 이후에야 비로소 나타난다. 남북 문화의 차이는 이런 점에서 현저한 차이를 보인다).

석실의 바닥은 한쪽에 옥자갈을 조밀하게 깔아 상(床)으로 삼고 중앙부에는 높은 석단(石壇)이 설치되어 있고, 잔 옥자갈이 깔려 있다. 이것이 유해를 안치한 석상이다. 이 석상은 깊이 들어간 끝쪽 벽에 가깝게 만들어지고, 길이가 9자 2치가 되고 높이는 2자 5치이다(이 석상은 최초에 이단으로 만들어지고 그 뒤 일단으로 개조된 것이다).

그런데 양산(梁山)은 신라 건국 후 4,5대쯤 지나서 신라의 영토로 편입된 듯하며, 진한(辰韓) 때에는 고분에 곽(槨)을 축조하지 않았다고 하므로, 이 고분은 신라령(新羅領)이 된 후에 만들어진 것으로 보인다. 이곳은 신라 남단의 중심 요지이고 신라의 근거지이므로 이 고분은 변경을 수호하는 무장(武將)의 오진성(奧津城)이었던 것 같다. 또한 석실은 횡혈식(橫穴式) 석곽이고 비교적 현실의 폭이 넓고 천정도 높은 것으로 보아 신라 시대의 석곽으로서는 꽤 진보된 현실이다. 그러나 통일신라 후의 것은 아니고 신라 문화의 여명기(黎明期)의 것으로 여겨진다.

또한 이 양산 부부총과 유사한 구조로 금관총(金冠塚), 금혜총(金鞋塚) 등이 있다.

신라 시대의 능묘는 단 하나의 분롱(墳隴 : 묘 언덕)에 불과했지만, 통일신라 때는 당(唐)나라 문화의 영향을 받아서 불교가 성하고 명승지식(智識) 및 술사(術士)가 많이 배출됐다. 소위 풍수사(風水師)라는 것도 이 시대에는 출현하였으므로 분묘도 당제(唐制)를 따라 장려(壯麗)한 형상을 설치하고, 또 지상(地相)의 길흉을 문복(問卜)했을 것이다. 이것이 고려와 조선 시대 묘제(墓制)의 기초가 된 것이다.

이 시대의 왕릉은 하나도 발굴된 것이 없으므로 그 외형만 알 뿐, 현실의 구조나 명기(明器)의 배치 등에 대해서는 알 길이 없다. 왕릉이외의 것에서는 현실이 장방형(長方形)이고 자른 돌로 축조하며 큰돌을 배치해서 천정을 만들고, 상(床) 위에는 낮은 관좌석(棺座石)을 놓아 전면에 연도(羨道)를 두고 있음을 알 수 있다. 또한 불교가 융성하여 화장법(火葬法)이 일반화되었으나 후장(厚葬) 풍습이 크게 쇠퇴해서 왕릉 외에는 분롱(墳隴)을 세우는 일도 드물게 되었고, 대개 산위에 돌로 소실(小室)을 지어 그 안에 유골함을 안치했을 뿐이다.

왕릉을 외형으로 보면 모두 각각 풍수의 이치에 맞는 경승(景勝)의 자리에 위치하고 있다. 태종(太宗), 무열왕릉(武烈王陵)에는 당제(唐制)의 비각(碑閣)을 세웠고, 문무왕릉(文武王陵 : 掛陵)에는 당제에 의한 석주(石柱), 석인(石人), 석수(石獸)로서 신도(神道)를 장식하고 분

(墳)의 주위에는 호석(護石) · 석란(石欄)을 둘러서 석상을 설치했다. 능묘의 의식(儀飾)이 비로소 장려(壯麗)해지기 시작했던 것이다. 성덕(聖德), 경덕(景德), 헌덕(憲德)의 왕릉으로부터 홍덕왕릉(興德王陵)에 이르러 더욱 완비되어 고려 묘제의 선구가 되었다(그러나 민간에서는 화장의 성행과 더불어 분묘는 소규모로 이루어져 거의 볼 만한 것이 없게 되었다).

　경주군 강서면(江西面)에 있는 홍덕왕릉(興德王陵)은 통일신라 이후의 왕릉 중 가장 묘제가 완비된 것이지만, 그 위치는 산 중턱에 남쪽을 향해 있고 뒤로는 산봉우리를 업고 앞은 평야에 임하며, 지봉(支峯)의 좌우는 서로 마주 대하면서 앞을 바라보아 용호(龍虎)의 세(勢)를 이루고 있다(이 地相은 고려 · 조선 시대에 가장 길지로 생각되었던 것으로 이 思想은 이미 신라 시대부터 있었음을 알 수 있다). 분(墳)의 제도는 괘릉(掛陵) 및 경덕(景德) · 헌덕(憲德)왕의 능이 거의 같으며, 호석인 속석(束石)에는 방위(12) 신상(神像)을 새기고, 주위에는 석란(石欄)을 설치했고 앞에는 석상(石床)을 두고 네 구석에 석사자(石獅子)를 배치하고, 전방으로 조금 떨어져서 문무석인(文武石人)이 각 한 쌍, 석주 한 쌍을 세워서 이로써 신도(神道)를 표시하고 있다. 따라서 신도의 동방에 비를 세워 두었지만 지금은 다만 구질(龜趺)이 남아 있을 뿐이다. 요컨대 이 능은 당대(當代) 후기의 것으로서 차츰 완비되어 고려 · 조선 능묘의 표준이 되었다.

6. 가야(伽倻)의 고분

　낙동강 유역의 땅인 성주(星州), 고령(高靈), 함안(咸安), 김해(金海), 고성(固城), 함창(咸昌) 등은 삼국 시대에 소위 6가야를 형성했던 고지(故地)이며, 영산(靈山), 창녕(昌寧), 협천(陜川 : 陷川), 진주(晋

州) 등도 당시 중요한 지점이었다. 고령은 대가야(大伽倻)의 도읍지인데, 그 왕궁지(王宮址)라는 곳은 작은 언덕 위에 있다. 그 후방의 험준한 주산(主山)의 남쪽에 계속되는 산의 정상에서 산기슭에 이르기까지 크고 작은 고분이 무수히 깔려 있다. 창녕에는 목마산성(牧馬山城)이 있고, 이 산기슭에 고분이 많다. 이들 각 지방의 고분은 모두 같은 형식이다. 그 구조는 석곽(石槨)과 연도(羨道)가 있고, 석곽의 평면이 장방형이며, 그 구조는 일본 고대의 능묘와 아주 유사하고 내부에는 목관을 안치한 형적이 있다. 부장품 중 특히 토기는 형상 및 굽는 법이 일본의 고분에서 나오는 것과 매우 유사하다.

(삼국 시대에 창녕 지방은 소위 伽羅 혹은 伽倻의 일국인 比自㶱의 토지였다는 것에는 사가들의 의견이 거의 일치한다. 比自㶱은 신라 진흥왕 때, 즉 6세기 중엽에 이를 때까지 가라의 일국이었으므로 이들 지역에 있는 고분은 신라에 병합되기 이전 가라국이 존재했던 시대의 것일 것이다.)

가야 고분의 대표적인 것으로 보이는 묘제를 보면 다음과 같다.

1. 경상북도 성산동(星山洞) 제 1 호 고분

고분의 외형—본 고분은 상술한 성산동(星山洞 : 舊 龍上洞) 고분군 중의 서북단에 위치하고 구릉의 꼬리 부분에 만들어진 원총(圓塚)이며 봉토의 높이가 약 12자, 기저부의 직경은 약 45자나 되고 표면 전부가 잔디로 덮여 있다.

석실의 구조—이 고분의 석실은 봉토의 중앙부에 있고 거의 동서로 긴 장방형을 이루고, 석실의 바닥은 봉토의 꼭대기 아래 약 13자의 평면에 위치하고 길이 12자, 폭은 중앙에서 4자 5치이다. 입구로 여겨지는 동벽(東壁)을 제외한 삼면의 벽은 석재의 평활한 부분을 안쪽으로 해서 거의 수직에 가까운 측면을 이루고, 그 높이가 5자 2치쯤 된다.

동벽의 구조는 이에 반해 벽면은 수직이 아니고, 석재의 출입요철

(出入凹凸)이 있어 외부에서 삽입한 형적이 인정되고 석재도 다른 삼면에 비해 약간 장대(長大)하다. 생각건대 이 동벽은 매장이 끝난 후 폐쇄할 때에 만든 것이므로 동벽이 석실의 입구였을 것이다. 석실의 천정석은 큰 돌 네 장을 가로로 나란히 늘어놓고, 바닥에는 작게 자른 돌의 층을 만들고, 석괴(石塊)를 이삼중으로 깔아 놓았다. 그리고 측벽의 내면에는 칠식(漆喰)을 칠한 것으로 보아 화장(化粧)을 한 것이 인정된다.

유물의 배치와 부장품 중 현저한 토기의 배치는 세 가지이다. 첫째는 깊숙한 벽 가까운 남쪽에 군집한 것으로, 높고 큰 대상(臺上)에 큰 항아리를 안치하고 그 대측(臺側)에 뚜껑이 달린 고배(高杯)가 두 개 있다. 둘째는 전벽에 가까운 일군(一群)에서 남쪽으로 두 개의 받침이 있는 대형 항아리가 있고 그 북벽에 소형의 고배(高杯) 다섯 개를 두었다. 그 중의 한 개에는 배(杯 : 술잔) 안에 게〔蟹〕 껍질뼈가 남아 있다. 셋째는 앞의 이군(二群)의 중간에 있으며 남북 양측 벽에 각각 두 개의 고배(高杯)를 배치하고 있다.

금속으로 된 유물 가운데에는 대소 두 개의 환도(環刀)가 있다. 모두가 손잡이 부분을 서쪽으로 해서 중앙 토기군의 동쪽에 있고, 도신(刀身)을 석실의 장축(長軸)과 나란하게 두었다. 그 북변에 접해서 칼날을 남쪽으로 한, 칼이 한 개 있다. 환도(環刀)의 병두(柄頭)에서 남방 고배 사이에 은제(銀製)의 대식(帶飾 : 띠 장식)용 금속구(金屬具) 서른네 개가 거의 윤상(輪狀)으로 놓여 있고 그 부근에 치아(齒牙) 네 개가 있고 서쪽으로 몇 치 정도 떨어진 곳에 두개골(頭蓋骨)의 일부가 있다. 두개골의 남쪽에는 화살 모양의 은제관식(銀製冠飾), 북쪽에는 금제 귀걸이가 한 개, 두개골의 동서에는 금환(金環)이 각각 한 개씩 있다(帶金具의 남쪽에 접해서 四肢長骨이라고 생각되는 것이, 또 동방 토기군에 가까이로는 下脂骨, 指骨이 몇 편 있었다. 두개골, 하지골, 지골간의 거리는 약 5자 3치로 측정할 수가 있고, 매장시체는 머리를 서쪽으로 한 伸展葬임을 확인할 수가 있다).

그 밖에 깊숙한 벽 쪽의 큰 토기군(土器群)의 남방 측벽 가까이에 도끼머리가 두 개 있고, 또한 대토기 옆의 고배(高杯)에 접해서 창신(槍身) 두 개가 있고, 전벽(前壁) 쪽의 받침대가 달린 목이 긴 항아리 북쪽에도 창신(槍身)이 두 개가 산재하여 있고, 그 남방 고배군(高杯群)의 서쪽에 접해서 칼 세 개와 도끼머리 한 개가 있고, 다시 석실 전벽의 남쪽 구석 가까이에 작은 동환(銅環) 열 개가 산재해 있었다.

이상과 같은 유물 배치로 보아 이 고분의 피장자(被葬者)는 한 사람이고, 석실의 거의 중앙부에 머리를 안쪽에 두고 대소의 환도를 옆에 두고, 은제의 대식금구(帶飾金具)를 단 혁피를 차고, 일종의 화살 모양 장식이 있는 관(冠)을 쓴 남자였음을 상상할 수 있고, 머리 가까이에 대형 받침대 위에 얹힌 항아리를 두고, 또한 신체 주위에 다수의 토기를 부장했는데 못 종류가 남아 있지 않으므로 아마 유해를 목관(木棺)에 넣지 않았나 추측된다. 이들 유물의 종류와 수를 열거하면 다음과 같다.

토기 15, 동환(銅環) 10, 은제관식(銀製冠飾) 1, 도검 3, 창신(槍身) 4, 불명금구(不明金具) 3, 금환(金環) 2, 금귀걸이 1, 은제대금구 34, 칼 3 이상, 도끼머리 3, 철기잔결(鐵器殘缺) 3 등이다.

2. 경상북도 고령군 지산동 제 3 호 고분

이 고분은 봉토가 전혀 보이지 않고, 구릉의 경사면을 파서 묘실로 삼은 것이며, 석실은 장방형이고, 장축(長軸)은 거의 동서선(東西線)과 일치하고 있다. 바닥은 산지를 편평하게 골랐을 뿐이고 아무런 설비도 없다. 사면은 큰 석반석(石盤石)을 병렬시켰고 그 상부는 석재가 고르지 않아서 생긴 틈에 깨진 돌을 쌓아올려 이를 보충하고 있다. 이 석실은 상식석관(箱式石棺)의 계통에 속한 것으로, 일본의 아파식(阿波式) 석관이라고도 칭하는 소상식(小箱式) 석관에 비교할 때 훨씬 장대(長大)할 뿐 아니라, 깨진 돌로 벽면을 보충하고 있는 것으로 보아 적석석실(積石石室)과의 중간형을 이룬 것이라고 하겠다.

3. 선산군 낙산동(洛山洞) 제28호분

봉토 및 광(壙 : 무덤의 하관하는 곳)의 구조를 보면, 봉토는 자갈이 섞이지 않은 토양(土壤)을 근처에서 채취한 것으로 보인다. 전방에서 측정하면 약 13자이지만 후방에서는 4자에 불과하다. 봉토의 거석(裾石)은 깊게 매몰되어 있다. 광(壙)의 길이는 약 21자이고 폭은 저부(低部)가 5자 6치, 상변의 넓은 부분이 3자 4치 정도, 좁은 부분이 2자 7치 5푼이며, 바닥에서 개석(蓋石)까지 높이가 5자 5치이다. 좌우 양 측벽 및 오벽(奧壁)은 자연석을 깬 후 면이 있는 것을 쌓아서 광저(壙低)에서 개석(蓋石)하면까지 다섯 개 내지 아홉 개를 쌓았다(8,9개를 쌓은 부분이 많다). 전방 벽은 완전히 철거되어 불명하다. 광(壙)의 네 귀퉁이는 모나 있으며, 그 안에는 개석(蓋石)을 횡가(橫架)하고 있다. 개석은 장방형에 가까운 자연석을 골라서 사용한 것 같으며 약간의 가공은 있었겠으나 그 흔적은 보이지 않는다. 이 돌의 폭은 평균 1자 7치, 두께 약 8치이며, 현존해 있는 것은 아홉 개지만 광(壙)의 길이로 추측하면 서너 개 더 있었을 것이다. 광저(壙底)에는 자갈을 얇게 깔 아놓았다. 광 안에는 네개의 석관(石棺)이 있다. 제 1 석관은 광의 동북쪽 구석에, 제 2 석관은 제 1 석관과 그 측면이 서로 접한 상태로 광의 서북쪽 구석에, 제 3 석관은 제 2 석관 앞에 광의 동편에, 그리고 제 4 석관은 제 3 석관과 접한 상태로 광 측벽에 있다. 네 개의 석관이 모두 상단은 거의 동일 수평면에 있고, 석관은 판석(板石)을 세워서 합쳐 여기에 개석(蓋石)의 널빤지를 얹은 것으로, 각 관(棺)이 모두 저판석

(底板石)이 없으며 측판석(側板石)과 개석(蓋石)은 석판석(石板石)의 종류에 가공한 것이다. 두께는 약 2치 내외이고 높이는 2자이다. 측판석은 다져서 굳힌 지반 위에 세워지고 관 밑에는 자갈을 깔았다. 자갈을 깐 면에서 상단까지는 1자 7,8치이고 개석이나 그 외의 것에는 장식이 없다.

관저(棺底)에는 역석(礫石 : 자갈)을 깔아서 상(床)을 만든 것 같으며, 또한 두 개의 석침(石枕)을 두어서 상계석(床界石)의 존재도 인정된다. 관 외에는 항아리, 소천옹(小淺甕), 개부완(蓋附盌 : 뚜껑 달린 주발) 등의 유물이 발견되었다.

이상의 구조와 유물 등으로 추측하면 이 분은 봉토의 형태, 모양, 광의 구조 등에 있어서는 다른 고분과 차이가 없으나 광 내에 석관이 있고 또한 이것이 네 개씩이나 존재한다는 것은, 이 분묘가 한 가족의 공동 묘광이고 제 3 관에 이석침(二石枕)·이상(二床)을 두고 있는 것으로 보아 부부를 수용한 것 같다(제 1 관도 역시 二床이었을 것이고, 제 2 관, 제 4 관은 二床을 수용하기에는 조금 좁은 느낌이다). 부장품(副葬品)인 와기(瓦器)로 추찰하면 이 분(墳)은 통일신라 시대에 조영(造營)된 것으로 보인다.

4. 달성군 현풍면 성하동의 고분

이 고분은 현실(玄室) 및 연도(羨道)를 구비하여 현실은 방형(方形)에 속한 것으로 선산, 함안, 창녕 등에서는 볼 수 없는 것이다. 그 현실의 길이는, 하부가 10자 6치, 상부가 7자 6치, 폭은 하부가 7자 5치, 상부 4자 6치이고, 연도의 길이는 4자 이상이고 폭은 상부가 2자 4치이고, 그 높이는 5자 3치이며 연도 역시 이와 거의 같다. 방향은 남쪽에서 서쪽으로 약 30도 각도에 위치해 있으며, 산이 높은 쪽으로 연도가 열려 있다. 현실의 옆쪽 벽면은 바닥에서 직각으로 교차하지만, 상부 전방의 양 구석은 내부로 굽어서 각을 이루지 않고, 측벽면(側壁面)은 상부에 이를수록 적출(積出)해서 상단에서 1자 정도의 사이가 특히 심하여 급한 각도로 적출되고 있다. 연도(羨道)의 양측 벽은 상부 1자의 사이에서만 적출되고 그 이하는 수직으로 되어 있다. 개석(蓋石)은 거대한 것 3개를 걸치고 그 중의 전방의 개석 하나는 현실에서 연도에 걸쳐서 옆으로 얹혀 있으므로 세 개 중의 전후의 두 개는 폭에 있어서도 광 밖으로 빠져나가는 부분이 있다. 그 폭은 분명하지 않지만 중앙의 개석 하나는 폭이 4자 3치이며 두께는 약 7치이다.

7. 고려(高麗)의 고분

고려 시대의 왕릉은 주로 당시의 도성이었던 개성 부근에 있으며, 장단(長湍), 강화(江華) 등에 산재되어 있다. 그러나 고려 고분이라고 칭하여지는 것은 여러 지역에 산재해 있다.

고려의 왕릉은 일반적으로 구산(邱山)의 언덕 아래에서 남쪽을 향하고 있으며, 좌(동쪽)에 청룡, 우(서쪽)에 백호를 이루는 언덕이 있고, 후방에 주산(主山)이 있고, 백호는 능의 전방으로 우회하며, 주수(主水)는 능 우측의 시내에서 시작해서 능 앞을 흐르는 지세(地勢)이다. 이러한 지형은 신라 말기부터 조선에 이르기까지 소위 지리풍수설상 묘지로서 길상지(吉祥地)로 인정된 곳이다. 고려의 여러 능묘 중에서 이와 같은 형세를 잡은 것은, 현릉(顯陵), 정릉(貞陵), 안릉(安陵), 태릉(泰陵), 선릉(宣陵), 성릉(成陵), 영릉(英陵), 지릉(智陵), 홍릉(洪陵), 고릉(高陵), 현정양릉(玄正兩陵), 월로동제이릉(月老洞第二陵), 화곡릉(花谷陵) 등이다. 그러나 이들 중에도 그 형세가 조금 불완전한 것도 없지는 않다. 온혜릉(溫鞋陵), 서구릉(西龜陵) 등은 이 지세에 적합지 않으며, 또한 월로동제일릉(月老洞第一陵)은 이 지세에 결

함이 있어 인공으로 석제(石堤
: 돌독)를 쌓아 이를 보충하고
있다. 전혀 위와 같은 지세가
아닌 것은 창릉(昌陵), 순릉(順
陵), 헌릉(憲陵), 소릉(韶陵),
동구릉(東龜陵) 등이다. 기타
칠릉군(七陵群)의 소릉군(韶陵
群), 냉정동군(冷井洞群)의 소
재지는 대체로 이상적인 지형에
가까우며, 그 능분도 이 지역
안에서 가능한 한 이상적인 지
형에 가까운 위치를 택했다. 쌍
릉(雙陵)은 현(玄), 정(正)등 두
개의 능이 있을 뿐이고, 하나의
산에 무리를 이루는 것은 전기
(前記)의 칠릉군, 소릉군, 냉정
동군이다. 능의 위치가 가장 높
은 것은 냉정동(冷井洞)이고 가
장 낮은 것은 강릉(康陵)이다.

 능역(陵域)의 구조는 폭이 10
칸(間) 내외, 길이 20간(間) 내
외인 장방형의 땅을 구획(區劃)
해서 좌·우·후방의 세 방면에
석장(石牆)을 둘러서 그 구역
안을 4단면(壇面)으로 하고, 각
단면의 전방에 석벽(石壁)을 축

고려 왕릉의 지세(地勢)

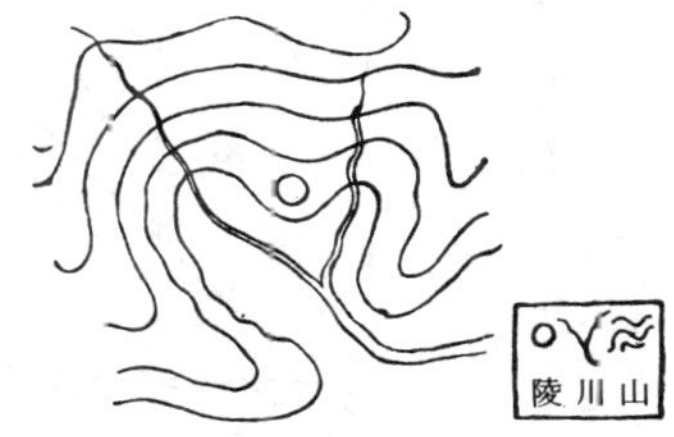

㉠ 왕릉 지세의 일반형

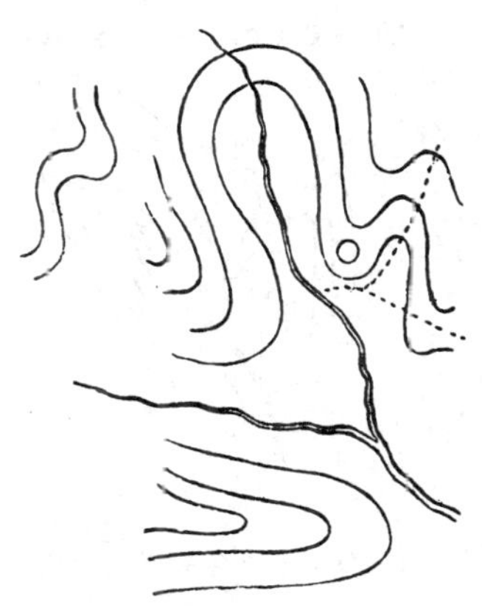

㉡ 정릉(貞陵)

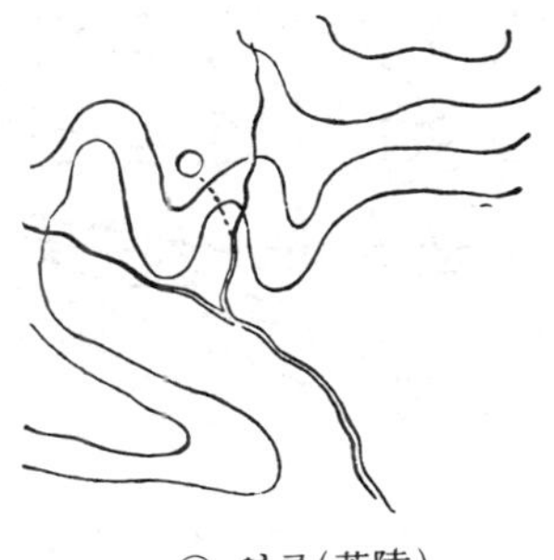

㉢ 영릉(英陵)

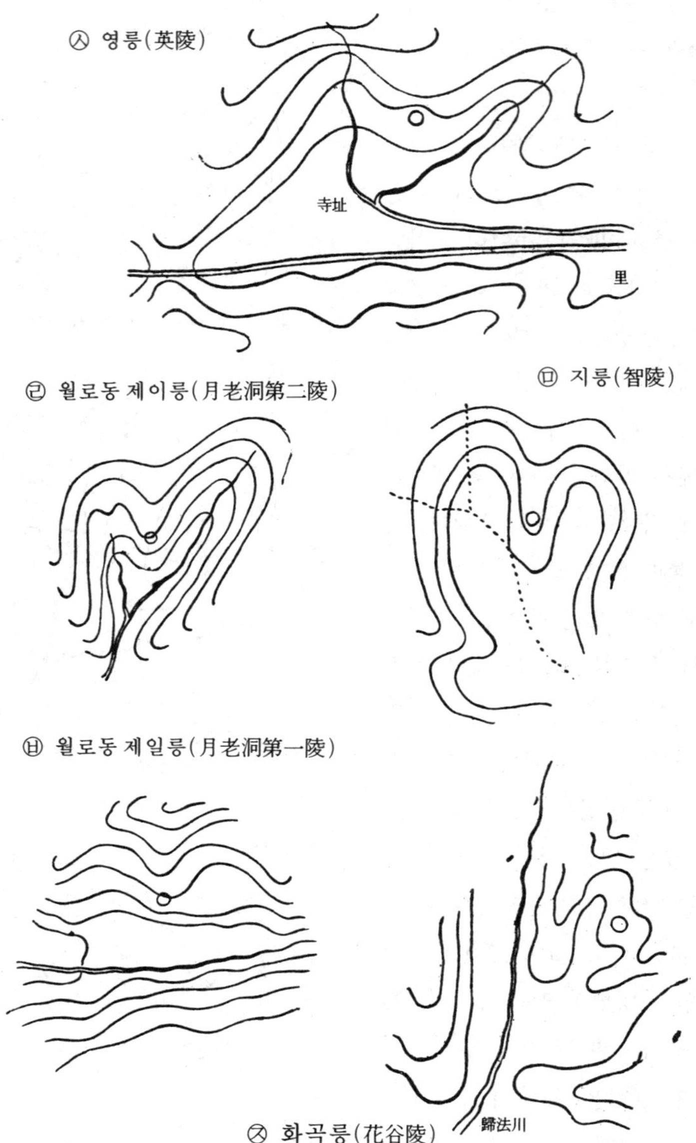
ⓢ 영릉(英陵)
寺址
里
ⓔ 월로동 제이릉(月老洞第二陵)
ⓜ 지릉(智陵)
ⓗ 월로동 제일릉(月老洞第一陵)
ⓩ 화곡릉(花谷陵)
歸法川

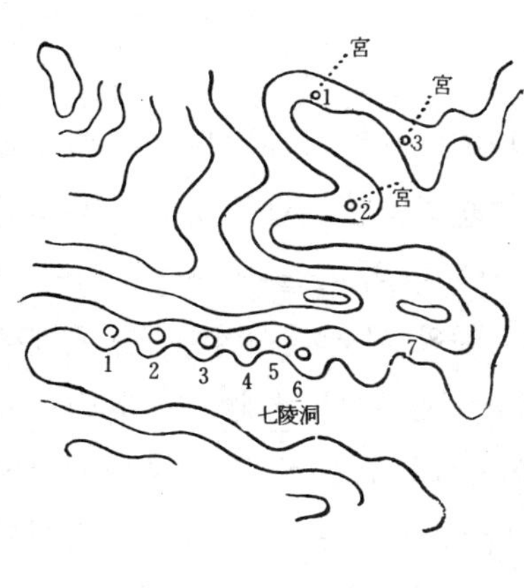

◎ 칠릉(七陵)

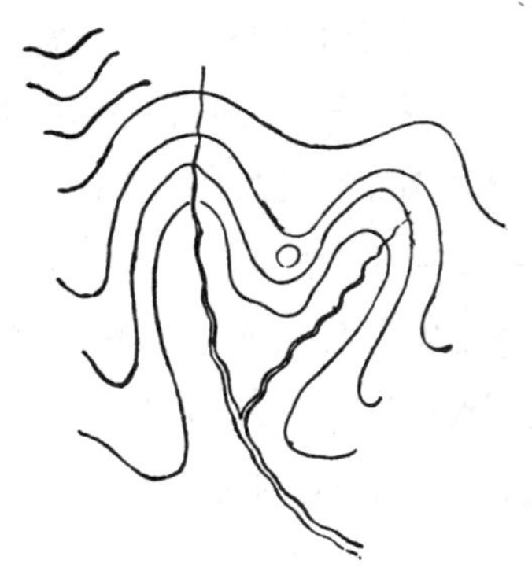

㉦ 냉정동 제삼릉(冷井洞第三陵)

조해서 토류(土留)하고, 돌계단으로 각 단견을 연결하여 가장 높은, 즉 가장 깊숙한 단(壇)에 능을 둔다. 능은 높이가 10자 내지 15자, 지름이 20자 내지 30자이고, 봉토의 모양은 반구형(半球形)을 이루고, 석병(石屛 : 돌담)으로 그 자락을 싸고, 그 주위에 석난간(石欄杆)을 둘렀고 석수(石獸)를 배치하며, 정면에 장방형의 석상(石床)을 두고, 좌우에 망주석(望柱石)을 세운다. 제 2 단의 정면에는 장명등(長明燈)을 두고, 좌우에 문석인(文石人)을 대립케 하고, 제 3 단에는 좌우에 무석인(武石人)을 대립케 하고, 그리고 제 4 단은 세로가 약간 넓으며 여기에 정자각(丁字閣)이 있다(제 2 단과 제 3 단은 동일단면을 이루는 간략한 것도 있다). 정자각 앞은 경사를 이루고 있으며 언덕 아래의 평지까지는 돌계단으로 연결되어 있으며, 정자각 좌측(바라보는 쪽에서는 우측)에 능비(陵碑)를 세워 놓았다. 또한 능에는 많은 경우 잔디를 심었고, 봉토 주위를 두른 병석(屛石)은 십이면(十二面)으로 되어 있으며, 각 면에는 십이지(十二支)로 나누어진 방위신상(方位神像)을 새긴 것이 많은데 그 숫자는 모두 13릉에 이르고 있다.

능의 측면에 늘어선 석수(石獸)의 그 양식은 대체로 두 가지로 구별된다. 하나는 몸체가 비대(肥大)하고 앞다리는 직립(直立)해서 머리를 높이 치켜올려 멀리 높은 곳을 노려보는 것이고, 또 하나는 전자에 비해서 정밀하게 새겨져 있으며 약간 여윈 체구에 기어다니는 형태로 되어 있다. 능 앞의 석수는 제 1 에 속하는 것이 상례이고, 후자에 속하는 것은 적다. 또한 후자에 속하는 석수(石獸)를 두는 능은 난간석(欄杆石)의 기둥머리에도 역시 가공을 하고 있는 것 같다. 고려 이후의 석수를 보면 많은 것은 여덟 개의 몸체를 한 것도 있으나 보통 4구(軀)가 상례이다. 석난간(石欄杆) 밖의 네 모서리를 향해 거치(据置)하고 있다.

이 석수는 원래 석구(石狗 : 돌개) 한 종류뿐이었으나, 고려 말기에 이르러 석호(石虎 : 돌범)와 석양(石羊)의 두 종류로 나누어졌다(조선 《五禮儀》에는 석양 넷, 석호 넷을 두고, 또한 외방에 石馬 둘을 두는 제도가 있지만, 고려의 능에는 석마를 둔 흔적은 보이지 않는다).

능묘의 정면에는 보통 병석(屛石)의 제 7 면석(第七面石 : 午)을 정면〔南〕으로 하지만 드물게는(정릉·현릉처럼) 우석(隅石 : 구석돌)을 정면으로 하는 수도 있다(조선 시대에는 제 6 면석〔巳〕과 제 7 면석〔午〕의 사이를 정면으로 하는 것이 보통이다).

난간석은 병석(屛石)에서 3자 정도 바깥쪽의 병석면에 평행하게 건설되는데, 이것은 석주(石柱), 동자석주(童子石柱), 죽석(竹石)의 세 부분으로 이루어진다. 이것을 세울 지면을 만드는 데는, 우석(隅石), 하지대석(下地台石), 박석(博石), 지석(支石) 등의 여러 가지 돌을 사

고려 왕릉〔玄正陵〕

위 능의 병석면(屛石面)에 양각된 십이신상

용했다. 고려 왕릉에는 거의 빠짐없이 이 난간석의 유물이 존재했던 형적(形蹟)이 남아 있다.

석주(石柱), 동자석주(童子石柱)는 각 12개씩, 죽석(竹石) 12개(때로는 24개), 석주는 병석의 우석각(隅石角)의 바깥쪽에 해당하는 지점에 세우고, 동자석주는 그 면석의 중앙 외방(外方)에 해당하는 지점에 세우며, 석주 사이에 죽석(竹石)을 횡가(橫架)하고, 동자석주(이것은 짧음)로써 죽석의 중앙을 지탱하는 것이 상칙(常則)이다. 따라서 난간석은 12각형을 이루고 석주는 네모기둥, 죽석은 원주형을 이루고 있다.

고려 왕릉의 실례로서 현정릉(玄正陵)을 들어 보기로 한다. 이 능은 고려 왕릉 중에서 비교적 완전히 남아 있는 것으로서, 비할 데 없이 장려(壯麗)한 것이다. 그러나 이 능은 고려 말기의 것이므로 이것을 가지고 곧 바로 고려 왕릉의 표본으로 삼을 수는 없다. 고려왕릉을 통한 능식(陵式)을 알려 주는 것은 오히려 헌릉(憲陵)과 칠릉(七陵) 등의 여러 능일 것이다.

현정릉(玄正陵)의 능역(陵域)은 그 폭이 10간(間) 내외이고, 길이가 20간 내외의 지면을 구획해서 좌, 우, 후방의 세 방향에 석장(石牆)을 두르고, 그 구역 안을 사단면(四壇面)으로 하고 각 단면의 전방은 석벽을 쌓아서 흙으로 마무리하고 이것을 돌 계단으로 연결하여 최상단, 즉 가장 깊숙한 단(壇)에 분묘를 둔다. 분(墳)은 높이 10자 내지 15자, 지름이 20자 내지 30자인 형상이 반구형인 봉토이고, 분(墳)은 석병(石屛)으로써 그 자락 부분을 두르고 그 주위를 석난간(石欄杆)으로 둘러싸며, 석수를 배치하고, 정면에 장방형의 석방이 놓여 있으며, 좌우에 망주석을 세웠다. 제 2 단에는 그 정면에 장명등이 있고 좌우에 문인석(文人石)을 대립케 하고, 제 3 단의 좌우에 무인석(武人石)을 대립시키며, 제 4 단은 깊은 쪽이 약간 넓어서 여기에 정자각(丁字閣)을 세운 흔적이 있다. 이를 향해서 우측에 비석(碑石)이 세워져 있다.

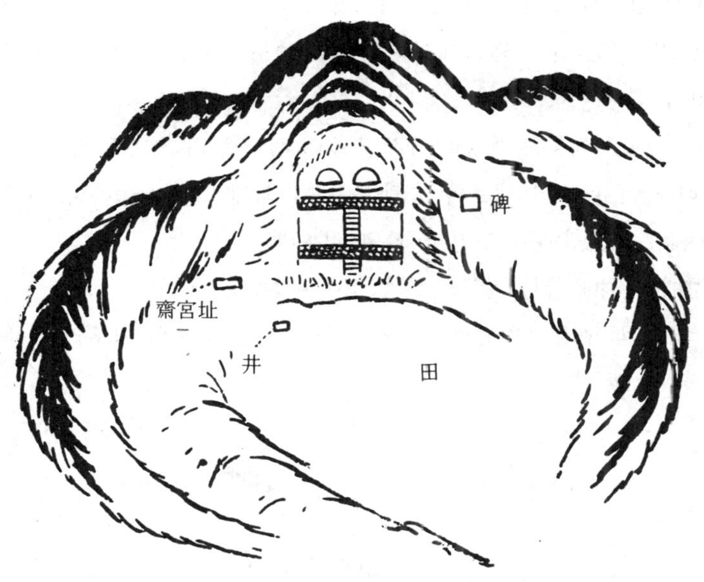

현정릉(玄正陵) 정면(청룡은 낮고, 백호는 매우 높다.)

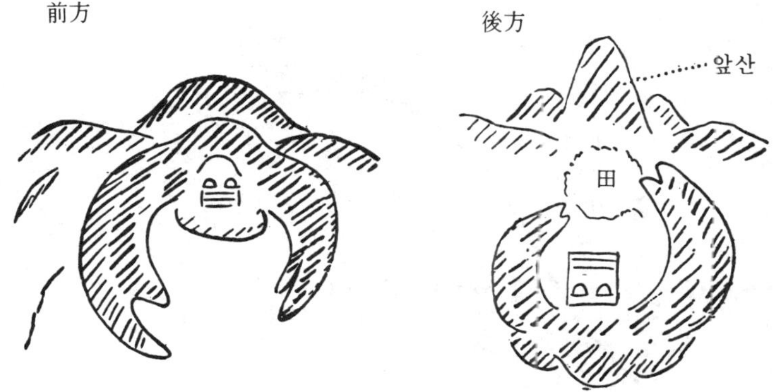

현정릉(玄正陵) 조감도

　　고려 왕릉과 조선의 왕릉을 비교할 수 있는 적절한 예를 고려 태조
(太祖)의 능인 현릉(顯陵)에서 볼 수 있으므로 다음에 그 대략을 기술
하고자 한다.

　　고려 태조 현릉은 개성군 중서면(中西面) 곡령리(鵠嶺里)에 있으며,
《고려사》에 따르면 태조의 유명(遺命)에 의해, 한위(漢魏)의 원릉제
(園陵制)를 모방해서 조영(造營)된 것이다.

　　"遺命喪葬園陵制度依漢魏二文故事……"《高麗史》

　　또한 《고려사》 후비열전(后妃列傳)에 의하면 태조의 왕후인 신혜왕

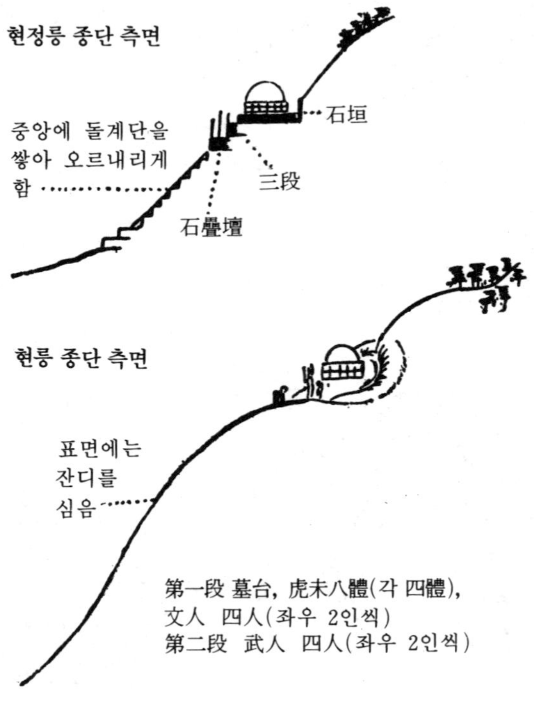

현릉(顯陵)과 현정릉(玄正陵)의 비교

후(神惠王后) 유씨(柳氏)도 이 현릉에 부장(祔葬)되었다고 하나, 공민왕릉(恭愍王陵)처럼 양분병립(兩墳並立)이 아니고 한 분(墳) 안에 합장한 것 같다.

능의 실측(實測)에 관해서는 1916년도에 今西龍씨에 의한 고적조사 보고가 있다. 지금 이것을 인용하면, '능은, 정지대석(正地台石), 면석(面石), 우석(隅石), 만석(滿石), 인석(引石)을 완비한 병석(屛石)을 12각으로 포옹(包擁)하고, 각 면석에는 그 방위에 상당한 방위신(方位神)을 양각(陽刻)하고, 주석(柱石), 동자(童子), 주석(柱石)·죽석(竹石)을 완비한 난간석(欄干石)을 두르고, 망주석(望柱石) 한 쌍, 석상(石床) 한 개, 기석(基石) 한 쌍, 석수(石獸) 두 쌍, 장명등(長明燈) 1기가 있다. 전방 능역의 중앙에 정자각(丁字閣)이 있고, 입구에는 홍전문(紅箭門)이 있었던 것 같으며, 홍전문은 2,3년 전에 후궤(朽壞)되었다고 한다. (중간 생략) 면석(面石)에 새긴 십이방위장신(十二方位將神)은 입상(立像)이고 긴 소매의 복장이다. 이 면석은 최초의 작품이 아니라 충렬왕(忠烈王) 2년에 복장(復葬)했을 때의 작품으로 여겨진다. 그리고 상(像)을 보면 그 후대에 보수한 흔적이 있다. 사신(巳神)은 왼쪽 자락이 결손된 것을 그대로 갈아서 수리했다. 기타 신상(神像) 중에는 더러 짐승의 머리였던 것을 보수할 때에 사람 얼굴에 가깝게 개수(改修)한 것이 있는 것 같다. 석수(石獸)도 또한 당초(當初)의 것이라고는 믿기 어려우나 다른 고려의 능과 같은 형식이므로 고려시대 것으로 보아야 한다. (중간 생략) 이 능은 능 전체의 구조 배치가 다른 고려 능과는 달리 조선 왕릉과 동일형식으로 이변(移變)된 것이다. 능 앞 광장은 완만한 경사지이며 돌 계단의 설치는 없고 좌우변을 낮게 해서 소위 가마보코형[蒲鉾形]으로 만든 것이 많다. 이는 본래의 형식이 아니고 개수공사에 의한 것으로 여겨진다'라고 했다.

고려 왕씨의 후예(後裔)인 왕우순(王羽淳)씨의 말에 의하면, 현릉

고려 태조 현릉(顯陵 : 앞에서 바라본 모습)

현릉(顯陵 : 뒤에서 바라본 모습)

(顯陵)은 조선 시대에는 왕릉으로 치지 않다가 지금으로부터 3백 년 전(明宗·宣宗의 시대)에 왕씨 자손이 능이 황폐되었음을 상심하여 수리했다고 한다.

원래 고려 왕릉은 보통 방단형(方壇形)이 그 기븐형이지만, 현릉(顯陵)은 고려 태조릉인만큼 특히 조선 시대어 들어와 보수를 개수를 하여 능전(陵前) 모양이 조선식으로 변형된 것으로 생각된다. 즉 현릉의 묘 및 묘 앞의 광장은 완전히 조선 시대의 왕릉식으로 개변되어 있다. 이를 풍수의 대국에서 관찰하면 극히 포장(包藏)이 긴밀(緊密)한 성국(成局)이며, 장풍(藏風)과 득수(得水)상 도두 이상적인 곳이라 할 수 있다.

뒤에는 표고(標高) 277.7m의 만수산(萬壽山)이 있고, 내룡(來龍)은 서남에서 동을 향해서 입수(入首)하고, 여기에 남향한 그림과 같은 국(局)을 형성했다. 물은 내청룡(內靑龍)과 외청룡(外靑龍)의 사이로 내려와 능 앞으로 흐르고 서쪽에서 내려오는 소류(小流)와 합해서 손(巽 : 동남 방향) 방향을 향해서 흘러나오고, 내청룡, 내백호는 본신(本身)에서 분기해서 첨단은 몇 갈래로 갈려 묘 앞 수 킬로미터 떨어진 곳에서 돌출한 묘지를 포용하듯이 좁혀 진다. 그리고 혈(穴)은 와중(窩中)에 돌출한 돌기에 정해져 있어, 음양 위호(衛護)가 양호하여 지리에 대한 지식이 없는 사람도 대번에 훌륭한 묘지라는 것을 알 정도이다. 다만 아까운 것이 있다면, 혈 앞의 규모가 광활하지 않고

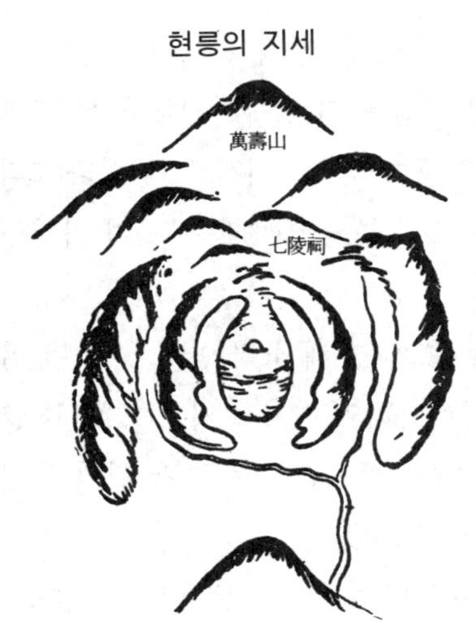

현릉의 지세

근대(近對)하며 청룡(靑龍) 백호(白虎)에 차단되어서 원조(遠朝)를 볼 수 없다는 점이다.

고려 귀족(貴族)의 분묘는 주로 석곽(石槨)을 사용하고 있다. 길이 3자 내외, 폭 2자 내외, 높이 1자 5치 정도 크기의 석곽을 사용하였으며, 그 사변석(四邊石)의 외면에는 전방남석(前方南石)에 주작을 새기고, 후방북석(後方北石)에 현무를, 좌방동석(左方東石)에 청룡을, 그리고 우방서석(右方西石)에 백호를 새기고, 내면에는 화지(華枝)를 새긴 것도 있지만 보통 무문(無文)이며, 드물게는 이것이 묘지석(墓誌石)으로 겸용되어 지문(誌文)이 새겨진 것도 있다. 왕자나 큰 세력이 있는 귀족의 분묘는 석곽을 쓰지 않고 목곽(木槨)이나 목관(木棺)을 사용하며, 견고한 석실(石室 : 墓壙)을 축조하고 그 안에 이것을 안치하도록 되어 있다.

이상은 주로 왕릉 및 귀족의 분묘 양식이지만 일반인의 분묘는 대략 다음과 같다.

① 묘광의 방향은 남향쪽에 둔 것이 상례이고, 그 길이에 6내지 7자, 폭은 1자 8치 내지 2자, 깊이 는 2자 2,3치 내지 3자 정도이며, 대개 광의 주변에는 아무런 가공을 하지 않는다.

② 관을 준비할 수 없었던 가난한 사람은 거적으로 시체를 싸서 그대로 묻고, 관을 사용한 사람은 목제(木製) 와관(臥棺)이다(고려시대에도 화장을 하지 않은 사람이 많았다). 곽(槨)은 부자가 아니면 쓸 수 없었던 것으로 여겨진다.

③ 관은 북부 또는 높은 곳을 두부(頭部)로 해서 광 안에 넣고 관 밖의 두부(頭部)에는 액체를 넣은 항아리와 식기용 자기(磁器)와 숟가락을 놓고(단 숟가락이 없는 경우도 있음), 동전을 관 위에 두며 기타 두세 가지의 물품을 부장(副葬)했다.

④ 항아리에는 자기(磁器)의 뚜껑이 있는 것과 없는 것이 있다.

⑤ 식기는 엎어 둔 것과 바로 둔 것이 있어 일정하지 않다.

⑥ 병은 식기의 오른쪽이나 왼쪽에 두어 일정하지 않다.

⑦ 부장된 기구(器具)는 사용할 수 있는 물건이지만 때로는 깨어진 폐기(廢器)도 부장했다.

광(壙)에 관을 안치시키고 부장품을 배열한 후 흙으로 광을 메우고 그 위에 봉토를 덮은 것이 분(墳)이다(관이 썩으면 흙이 약간 밑으로 떨어진다. 광역(壙域) 안의 흙이 부드러운 것은 이 때문이다).

고려 왕조 능묘의 소재지는 다음과 같다.

① 원창왕후 온혜릉(元昌王后溫鞋陵)—개성군 송도면 만월정 쌍폭동 광명사지(廣明寺址)

② 세조 창릉(世祖昌陵)—개성군 창릉리 영안성(永安城) 내

③ 태조왕 현릉(太祖王顯陵)—신혜왕후 부장(神惠王后祔葬) 개성군 중서면 곡령리

④ 신성왕후 정릉(神成王后貞陵)—개성군 상도면 상도리 봉곡동

⑤ 혜종왕 순릉(惠宗王順陵)—의화왕흐 임씨부장(義和王后林氏祔葬), 개성군 송도면 고려리 자하동

⑥ 정종왕 안릉(定宗王安陵)—문공왕후 박씨부장(文恭王后朴氏祔葬), 개성군 청효면 양릉리 안릉동

⑦ 광종왕 헌릉(光宗王憲陵)—개성군 잠남면 심천리 적유현

⑧ 경종왕 영릉(景宗王榮陵)—개성군 진봉면·탄동리

⑨ 대종 태릉(戴宗泰陵)—개성군 중서면 곡령리 해안동

⑩ 성종왕 강릉(成宗王康陵)—개성군 청교면 배야리 강릉동

⑪ 안종 무릉(安宗武陵)—개성군 영남면 현호리

⑫ 헌정왕후 원릉(獻貞王后元陵)—개성군 영남면 현화리

⑬ 현종왕 선릉(顯宗王宣陵)—개성군 중서면 곡령리 능현동

⑭ 문종왕 경릉(文宗王景陵)—장단군 진서면 경릉리

⑮ 순종왕 성릉(順宗王成陵)—성군 상도면 풍천리 풍릉동

⑯ 숙종왕 영릉(肅宗王英陵)—장단군 진서면 판문리 구정동

⑰ 예종왕 유릉(睿宗王裕陵)—개성군 청교면 배야리 총릉동

⑱ 명종왕 지릉(明宗王智陵)—장단군 장도면 두매리 지릉동

⑲ 신종왕 양릉(神宗王陽陵)—개성군 청교면 양릉리 양릉동

⑳ 희종왕 석릉(熙宗王碩陵)—강화군(江華郡)

㉑ 원덕태후 강종비 곤릉(元德太后康宗妃坤陵)—강화군

㉒ 고종왕 홍릉(高宗王洪陵)—강화군 부내면 국화리

㉓ 원종왕 소릉(元宗王韶陵)—개성군 영남면 소릉리 내동

㉔ 순경태후 가릉(順敬太后嘉陵)—강화군 양도면 가릉리

㉕ 충목왕 명릉(忠穆王明陵)—개성군 중서면 여릉리 명릉동

㉖ 제국공주 충렬왕비 고릉(齊國公主忠烈王妃高陵)—개성군 중서면 여릉리 고릉동

㉗ 충정왕 총릉(忠政王聰陵)—개성군 청효면 삐야리 총릉동

㉘ 공민왕 현릉(恭愍王玄陵)—개성군 중서면 여리 정릉동

㉙ 노국공주 정릉(魯國公主正陵)—개성군 중서면 여리 정릉동

㉚ 신라 경순왕릉(新羅敬順王陵)—장단군 장남면 고랑포 서방

8. 조선(朝鮮)의 왕릉

서울을 중심으로 양주(楊州), 광주(廣州), 여주(驪州) 등에 있는 조선의 왕릉은 언제나 뒤에 산을 업고 그 중복(中復)에 분릉(墳陵)을 구축하고, 용호(龍虎)의 세를 가진 언덕이 그 좌우에 옹립하고, 남쪽 평야를 넘어 멀리 조산(朝山)을 조망하고, 능역의 주위는 노송(老松)이 울창한 숲을 이루어 가장 좋은 경관을 점하고 있다. 참배하는 길 입구에는 홍살문이 있고 돌다리를 거쳐 정자각(丁字閣)에 이른다. 그 앞에

는 동서에 수복방(守僕房), 수자방(水刺房) 등이 있그, 동방에 비각(碑閣)이 서 있다. 정자각의 후방을 좀 올라가면 분롱 앞에 도달한다. 분주위는 석란간(石欄干)으로 둘러싸이고 그 앞에 석상(石床)이 있고 좌우에 망주석(望柱石)이 서 있다. 주위에는 석양(石羊)·석호(石虎)를 번갈아 배치하여 밖을 향하게 하고, 이것이 능을 수호하는 것처럼 만들고, 석상 앞에는 장명등(長明燈)을 세우고, 분(墳)의 동·서·북의 3면에는 곡장(曲牆)을 둘렀다. 분의 앞쪽 한 층 낮은 곳에 동서로 문석(文石) 한 쌍 또는 두 쌍을 세우고, 또 한 층 낮은 곳에는 무석(武石)을 한 쌍이나 두 쌍을 세우고, 문무석인(文武石人)의 뒤에는 각각 석마(石馬)를 세운다.

　조선 왕릉은 고려 왕릉을 표준으로 발달했다. 《오례의(五禮儀)》에, '치장(治葬)은 영역(塋域 : 基域)을 열고 사후토(祠后土)에 광(壙)을 뚫는다. 깊이 10척(尺), 너비 29척, 길이 25척 5치이다. 남쪽을 열어서 연도(羨道)로 하고 석실을 만들어 개석(蓋石)을 얹고 땅을 파서 대석(臺石)을 한다. 초지대석(初地臺石)은 스물네 개, 정지대석(正地大石)은 열두 개, 우석(隅石)·면만석(面滿石)·인석(引石)이 각각 열두 개씩이다. 개석(蓋石) 안에 천정을 그리고, 사방석(四方石)에 청룡, 백호, 현무, 주작을 그리며 사슬을 만들어서 문선(門扇)을 닫고, 석문의석(石門倚石) 밖에 변방(便房)을 만들고, 대석(臺石) 밖에 난간(欄干)을 둔다. 난간은 12면이고 둘레가 483척이며, 땅의 대석(臺石)에는 외지석(外支石)·우석(隅石)·석주(石柱)·동자석주(童子石柱)가 각각 열두 개씩이며, 석주(石柱)·동석자주(童石子柱)를 세우고 옆에 죽석(竹石)을 스물네 개를 두어, 담으로 하고, 석양(石羊) 4, 석호(石虎) 4, 석상 1, 석망주(石望柱) 2, 장명등(長明燈) 1, 문무석인(文武石人) 각 2, 석마(石馬) 2를 설치하고, 정자각비각(丁字閣碑閣)을 조영하며 참봉 수릉 군호(參奉守陵軍戶)를 둔다'라고 되어 있다.

능소(陵所) 제도는 다음과 같다.

주산(主山)　능상후봉(陵上後峯). 높은 것이 좋다. 주산(主山)에서 3 산봉(三山峯)을 지나 네 번째 위치에 묘를 정하는 것이 가장 좋다.

청룡(靑龍)　능에서 볼 때 왼쪽 기슭이며 내청룡(內靑龍), 외청룡(外靑龍)이 있다. 청룡이 백호보다 길면 남자 자손이 번성한다.

백호(白虎)　능에서 볼 때 오른쪽 기슭이며 내외(內外)가 있다. 백호가 청룡보다 길면 여자 자손이 왕성하다고 한다.

안산(案山)　능상에서 바로 맞은편에 보이는 산이며, 내외가 있고 다 같이 주산보다 낮은 것이 좋다고 한다. 주산보다 높은 것은 천인격(賤人格)이라 한다.

병풍석(屛風石)　재위 중에 병란(兵亂)을 겪은 왕에게 사용된다. 병풍석을 쓰지 않는 경우에는 사대석(莎抬石)을 쓴다.

상석(裳石)　기와 모양의 돌로 병풍석의 아래 바깥쪽으로 펴진다.

혼유석(魂遊石)　영혼이 유(遊)하는 돌. 장방형(長方形)이며 한 장으로 되어 있다.

고석(鼓石)　혼유석의 대석(臺石)이며 네 개〔四隅〕가 있다.

산석(山石)　산신제(山神祭)를 지내는 것으로 정자각(또는 寢殿) 옆에 있다.

망료위(望燎位)　축문(祝文)을 태우는 것으로, 정자각(또는 寢殿)의 오른쪽 뒤에 있다.

문석(文石)　금관조복(金冠朝服)을 한 문신상(文臣像)으로, 제 2 단의 좌우에 서 있는 것이다.

무석(武石)　무장한 석상으로, 제 3 단의 좌우에 서 있는 것이다. 능에는 쓰지만 원기(園基)에는 쓰지 않기도 한다.

마석(馬石)　문무석 뒤에 늘어서 있는 문무신의 승용마(乘用馬)로러, 그 수는 문무신의 수에 따른다.

상석(象石) 능에는 두 쌍, 원(園)에는 한 쌍이다.

호석(虎石) 능에는 두 쌍, 원에는 한 쌍이 있다.

망두석(望頭石) 능에는 두 쌍, 원에는 한 쌍이 있다.

비석(碑石) 분묘를 향해서 우측에 세워져 있다. 비각(碑閣)이 있음이 통례이다. 대석(臺石)을 농대석(籠抬石)이라고도 하고, 개(蓋)를 가첨석(加簷石)이라고도 한다. 비석은 신하(臣下)에게도 사용하지만 정삼품(正三品) 이상의 벼슬아치에 한하며, 토서인(土庶人)은 갈석(碣石)을 사용하고, 일반은 표석(表石)만을 사용하도록 허용되었다.

정자각(丁字閣) 여기에는 다음과 같은 것이 있다. 신어상(神御床), 제상(祭床), 향상(香床), 촉대상(燭抬床), 축상(祝末), 준소상(樽所床) 등이다.

수자간(水刺間)

수복방(守僕房)

판위(版位)

금천교(禁川矯)

홍전문(紅箭門) 홍살문이라고도 함.

연지(淵池) 앞에 밭〔田〕이 있으면 필요없다.

재실(齋室) 왕(王)의 거소(居所)이다. 참봉(參奉)이 왕의 대리로서 거주한다.

전사청(典祀廳) 제물(祭物)을 만드는 곳이다.

향화청(香火廳) 향축장(香祝欌)

내해자(內垓子) 능원묘(陵園墓)의 경계이다. 능에서 보이는 산의 안쪽이다.

외해자(外垓子) 위와 같으며 능에서 보이는 산 바깥쪽

다음에 왕릉의 대표적인 것이라 할 수 있는 동구릉(東九陵) 및 홍릉(洪陵), 유릉(裕陵)에 대해서 알아보자.

1. 동구릉(東九陵)

이 능은 조선 왕릉 중에서 족릉(族陵)의 대표적인 것이다. 태조(太祖)의 건원릉(建元陵) 외의 팔릉(八陵)과 동일한 산소(山所)에 있다. 전하는 바에 의하면 태조는 고려 시대의 독립왕릉제(獨立王陵制)에 여러 가지 폐단이 있어서 족묘(族墓)식을 채용하였다는 것이다. 이 땅은 이름난 풍수승(風水僧)인 무학(無學)에게 적지(適地)를 점쳐서 정하게 한 결과 얻은 곳이다. 산곡(山谷)의 형상은 마치 일월(日月)이 서로 껴안은 것과 같은 희유(稀有)의 대지(大地)라는 것이다. 그 배치와 위호(位號) 등은 다음과 같다.

陵　　　號	位　　　號	奉 案 年 月	享祀定日	位　　　置
健 元 陵	太 祖 高 皇 帝	開國 17年 9月	清 明 祭 忌 辰 祭	楊州郡九里面 仁倉里
顯　　陵	文 宗 大 王	同 61年 9月	清 明 祭	
	顯 德 王 后	同 122年 4月		
穆　　陵	宣 祖 大 王	同 239年 11月	清 明 祭	
	懿 仁 王 后	同 209年 12月	忌 辰 祭	
	仁 穆 王 后	同 241年 10月		
徽　　陵	仁祖大王繼妃	同 297年 12月	清 明 祭	
	莊 烈 王 后		忌 辰 祭	
崇　　陵	顯 宗 大 王	同 283年 12月	清 明 祭	
	明 聖 王 后	同 293年 4月	忌 辰 祭	
惠　　陵	景宗大王繼妃	同 327年 4月	清 明 祭	
	端 懿 王 后			
元　　陵	英 祖 大 王	同 385年 7月	清 明 祭	
	貞 純 王 后	同 414年 6月	忌 辰 祭	
綏　　陵	文 祖 翼 皇 帝	同 464年 8月	清 明 祭	
	神 貞 翼 皇 后	同 499年 8月	忌 辰 祭	
景　　陵	憲 宗 成 皇 帝	同 458年 10月	清 明 祭	
	孝 顯 成 皇 后	同 453年 12月	忌 辰 祭	
	孝 定 成 皇 后	同 519年 正月 (光武 8年)		

동구릉(東九陵)의 약도

N
穆　　陵
懿仁王后
大王　壬坐
壬坐
仁穆王后
健元陵
癸坐
徽陵
合陵
酉坐
顯　　陵
大王
癸坐
明王
元陵
大王
王后　亥
坐　坐
綏　　陵
合陵
壬坐
陵
景陵
皇帝　孝顯　孝定
　　　王后　王后
　　　酉坐
齋室
惠陵
王后
坐　西
崇陵
大王王后
酉坐
外紅箭門
川橋

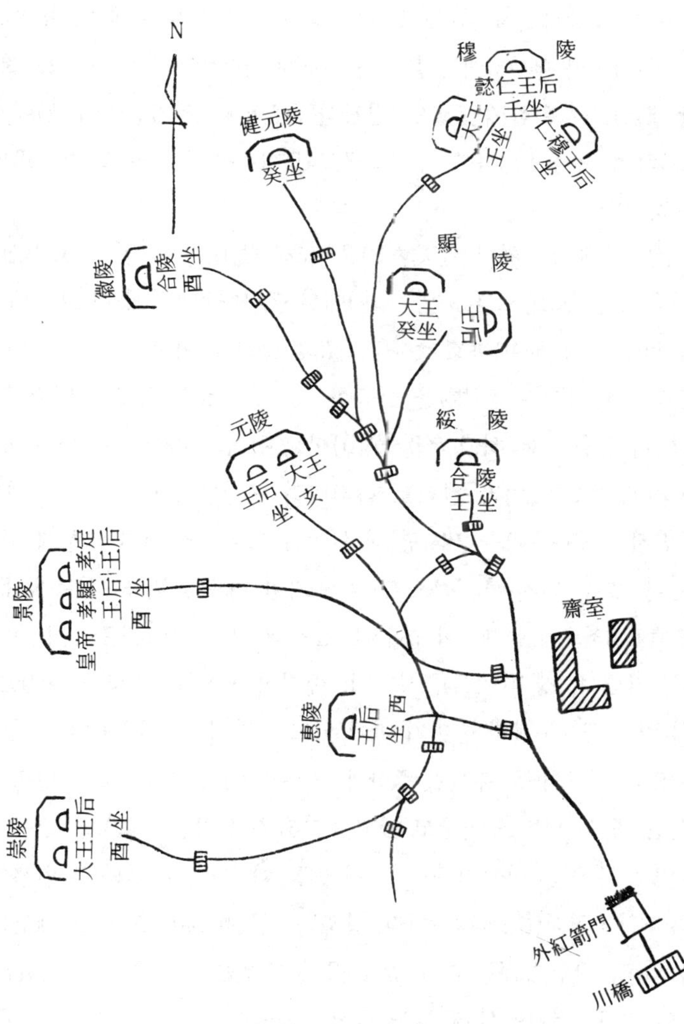

2. 홍릉(洪陵)

제26대 왕인 고종황제(高宗皇帝)와 명성황후(明成皇后) 민씨(閔氏)를 함께 장(葬)한 능이다. 경기도 양주군 금곡(金谷)에 있다. 이를 홍릉(洪陵)이라 한다. 이 능은 고종 재세시(在世時)의 풍수사(風水師) 제갈(諸葛), 주운한(朱雲漢), 김광석(金光石), 전기응(全基應)에게 명(命)하여 선정시킨 곳으로, 그 규모와 기획은 중국의 고식(古式)을 본뜬 것이다.

산맥(山脈)은 천마산(天摩山)을 조산(朝山)으로 삼고 묘적산(妙積山)을 주산(主山)으로 하며, 거기에서 흘러내린 맥(脈)이 묘(卯 : 東)에서 입수(入首)하여 매화낙지형(梅花落地形)을 이루는 그 상부에 을좌신향(乙坐辛向)의 분(墳)을 구축한 것으로, 청룡 백호는 내외로 여러 겹이나 포옹(抱擁)하고 조산(朝山)이 겹겹이 둘러싸이고 물은 내외 팔자수(八字水)가 여러 갈래로 흘러내려 포장(包藏)을 극한 지형이다.

먼저 수구(水口)를 거치면 대문(大門)으로 들어가면 좌우에 재실(齋室)이 있고, 다시 홍살문으로 들어 가면 참도(參道)의 양측에 문관석(文官石)(좌우에 한 개씩이며 이하는 같음)과 무관석(武官石 : 이상은 石人임), 기린석, 상석(象石), 사자석, 해태석(獬豸石), 낙타석(이상은 石獸임) 및 문관, 무관의 승마가 이어 있고 그것이 끝나는 곳에 제단(祭壇)이 있다. 5단의 돌 층계가 중앙과 좌우에 3개소 있고, 돌을 병렬(並列)한 단(壇)이 평면을 이루고 있고, 그 뒤쪽에 침전(寢殿)이 있다. 이 침전의 오른쪽 좀 떨어진 곳에 비각(碑閣)이 있고, 침전의 후방(後方) 왼쪽에 산신상석(山神床石)이라 칭하는, 산신(山神)을 모신 제단(祭壇)이 있고, 오른쪽에는 제문(祭文)을 불태우는 곤망요위(壺望燎位)라는 것이 있다. 거기에서 30°정도 경사져 올라가는 도중에 어정수(御井水)가 있고, 위까지 다 올라간 곳에 묘판(墓板), 즉 내명당(內明堂)의 평

홍릉(洪陵)의 규모

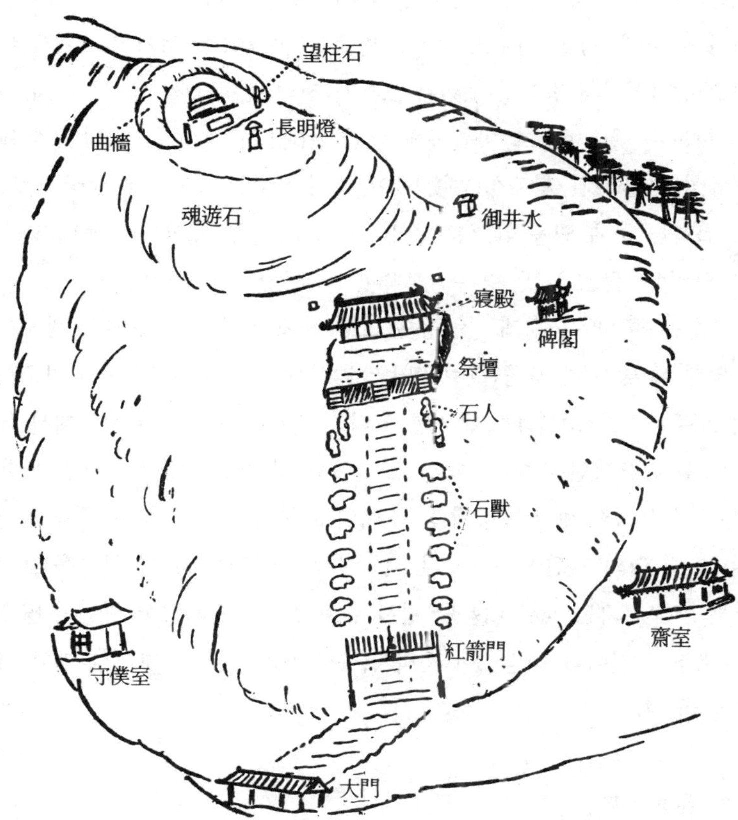

지가 있고, 잔디의 제 1 단 중간에는 장명등(長明燈)이 있고, 제 2 단의 양쪽에 망주석(望柱石)이 세워져 있다. 이를 기점으로 해서 곡장(曲牆)을 둘러싼 뒤 그 중앙에 분(墳)을 안치(安置)했다.

분(墳)의 하반(下半)은 병풍석(屛風石)으로 둘러싸이고, 상부는 잔디가 반구(半球)를 이루고 있다. 병풍석 아래에는 정기석(定基石)이 있고 정기석에서 방사상(放射狀)으로 와전석(瓦磚石)을 늘어놓아서 비를 피하게 했으며, 그 바깥쪽에 난간석(欄干石)을 둘러 정면 앞쪽에 혼유석(魂遊石)과 향로석(香爐石)이 놓여 있다. 병풍석과 상구(上球)가 접하는 곳에 연봉석(蓮峯石)이라고 하는 열두 개의 장식돌이 있으며 와전석(瓦磚石) 밑 땅 속 깊숙한 곳에 관(棺)을 놓았다.

홍릉(洪陵) 땅은 원래 장중응(張重應)씨 선조의 산소였는데, 왕릉을 조영할 때 공사 중 묘중(墓中) 관 옆에 석각(石刻)으로 '오백년 권조지지(五百年權措之地)'라는 글씨를 썼다. 이것은 조선 초기 무학대사(無學大師)가 오백년 후에 왕후의 묘소가 될 것이라고 예상하여 그 뜻을 글로 석각(石刻)해서 매장해 둔 것이라고 한다. 그러므로 왕릉을 조영할 때 몇 명의 지관(地官)이 길지를 선정했을 것이다. 이 석각을 보고 오백년이나 되는 옛날 이름난 명사(名師)인 무학(無學)이 왕릉의 땅으로 보장한 것이니 틀림없이 호적지(好適地)라 여겼을 것은 두말할 나위도 없다.

3. 유릉(裕陵)

경기도 양주군 금곡리의 홍릉(洪陵) 우측에 존재하는 능이다. 이것은 27대의 마지막 왕인 순종(純宗)과 그 비(妃)를 합장한 것으로 홍릉의 청룡내에 있으며 묘입수묘좌(卯入首卯坐)의 '십자통기형(十字通氣形)'을 이루고 있다.

이 왕릉의 규모를 보면 홍살문[紅箭門], 석수(石獸), 석인(石人), 침전(寢殿), 비각(碑閣) 등이 모두 홍릉의 양식과 같으나, 다만 명당(明堂)을 중심으로 한 그 주위의 모양이 보통 왕릉과 상당히 다르다. 이 능(陵)은 당시 이왕직(李王職)의 참봉(參奉)이자 지관(地官)이던 전기응(全基應)씨가 주가 되어 선정한 것이다. '십자통기형'을 '내팔겁팔형(來八怯八形)'이라고도 하는데, 지맥이 팔자형(八字形)을 이루었으나, 위에서 내려다보이는 것이 아니라 아래에서 역으로 팔자형을 이루어 서로 만나는 거팔내팔(去八來八)이 서로 교차하는 양측에 하나씩 솟아오른 둥근 언덕이 있다. 이것이 좌우종사(左右螽砂)이며 거팔내팔(去八來八)과 서로 응해서 십자형을 이루는 중심에 분묘(墳墓)를 정한 것인데, 이는 생기(生氣)를 융취(融聚)하여 좋다고 한다. 이런 점에서는 홍릉(洪陵)보다 뛰어난 곳이라 할 수 있다. 좌우종사(左右螽砂)를 유기격(遺氣格 혹은 留氣格)이라 하는데 자손을 번영시키는 금사(禽砂)의 일종이라 한다. 이 십자통기형은 소위 십도천심식(十道天心式)과 비슷하다.

 이왕가(李王家)의 왕릉 및 그 소재지는 아래와 같다.

유릉(裕陵)의 지형〔十字通氣形〕

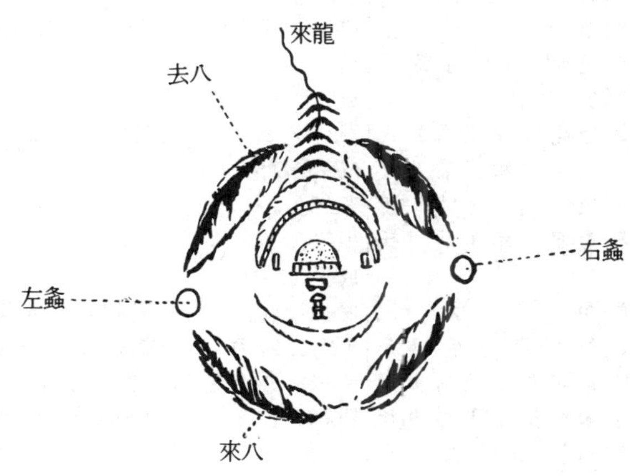

李王家陵園墓(왼쪽의 數字는 代數, 追는 追尊에 依한 것)				
追	德　陵	穆　祖　大　王	太宗10년 封陵	咸鏡南道新興郡加平面陵里
	安　陵	妃孝恭王后李氏		同
追	智　陵	翼　祖　大　王	太祖元, 11封陵	咸鏡南道安邊郡端谷面陵里
	淑　陵	妃貞淑王妃崔氏		同 文川郡都草面陵前里
追	義　陵	度　祖　大　王	太祖元, 11封陵	同 咸興郡雲田面雲興里
	純　陵	妃敬順后后朴氏		同 西湖面陵前里
追	定　陵	桓　祖　大　王	太祖元, 11封陵	同 北州東面慶興里
	和　陵	妃懿惠王后崔氏		同
1	健元陵	太　祖　高　皇　帝	太宗8, 9월	京畿道楊州郡九里面仁倉里
	齊　陵	妃神懿高皇后韓氏	太祖元 封陵	同 開城郡上道面楓川里
	貞　陵	繼妃神德高皇后康氏	太宗9, 2遷奉	同 高陽郡崇仁面貞陵里
2	厚　陵	定　宗　大　王	世宗2, 正月	同 開城郡興敎面興敎里
		妃定安王后金氏	太宗12, 8	
3	獻　陵	太　宗　大　王	世宗4, 9	同 慶州郡大旺面內谷里
		妃元敬王后閔氏	世宗2, 9	
4	英　陵	世　宗　大　王	睿宗元, 3遷奉	同 驪州郡陵西面旺代里
		妃昭憲王后沈氏		
5	顯　陵	文　宗　大　王	文宗2, 9	同 楊州郡九里面仁倉里
		妃顯德王后權氏	中宗8, 4遷奉	
6	莊　陵	端　宗　大　王	肅宗24, 12封陵	江原道寧越郡郡內面永興里
	思　陵	妃定順王后宋氏	肅宗24 封陵	京畿道楊州郡眞乾面思陵里
7	光　陵	世　祖　大　王	世祖13, 11	同 楊州郡榛接面富坪里
		妃貞熹王后尹氏	成宗14, 6	
追	敬　陵	德　宗　大　王	成宗2, 正月封陵	同 高陽郡神道面龍頭里
		妃昭惠王后韓氏	燕山, 10, 5	
8	昌　陵	睿　宗　大　王	成宗元, 2	同
	恭　陵	繼妃安順王后韓氏	燕山, 5, 2	同 坡州郡條里面
		元妃章順王后韓氏	成宗3, 1封陵	
9	宣　陵	成　宗　大　王	燕山元, 4	
	順　陵	繼妃貞顯王后尹氏	中宗25, 10	
			成宗5, 6	
11	靖　陵	中　宗　大　王	明宗17, 9遷奉	同 廣州郡彦州面三成里
	温　陵	妃端敬王后愼氏	英祖15, 5封陵	京畿道楊州郡長興面日迎里
	禧　陵	繼妃章敬王后尹氏	中宗32, 9遷奉	同 高陽郡元堂面元堂里
	泰　陵	繼妃文定王后尹氏	明宗20, 7	同 楊州郡蘆海面孔德里
12	孝　陵	仁　宗　大　王	仁宗元, 10	同 高陽郡元堂面元堂里

		妃 仁 聖 王 后 朴 氏	宣祖11, 2	
13	康 陵	明　宗　大　王	明宗22, 9	同 楊州郡蘆海面孔德里
		妃 仁 順 王 后 沈 氏	宣祖8, 4	
14	穆 陵	宣　祖　大　王	仁祖8, 11遷奉	同 楊州郡九里面仁倉里
		妃 懿 仁 王 后 朴 氏	宣祖33, 12	
		繼 妃 仁 穆 王 后 金 氏	仁祖10, 10討陵	
追	章 陵	元　宗. 大　王	仁祖5, 8遷奉	同 金浦郡郡內面豊舞里
		妃 仁 獻 王 后 具 氏	仁祖10 封陵	
16	長 陵	仁　祖　大　王	英祖7, 8遷奉	同 坡州郡炭縣面葛峴里
	徽 陵	妃 仁 烈 王 后 韓 氏	肅宗14, 12	同 楊州郡九里面仁倉里
		繼 妃 莊 烈 王 后 趙 氏		
17	寧 陵	孝　宗　大　王	顯宗14 遷奉	同 驪州郡陵西面旺代里
		妃 仁 宣 王 后 張 氏	顯宗15, 6	
18	崇 陵	顯　宗　大　王	顯宗15, 12	同 楊州郡九里面仁倉里
		妃 明 聖 王 后 金 氏	肅宗10, 4	
19	明 陵	肅　宗　大　王	肅宗46, 11	同 高陽郡神道面龍頭里
	翼 陵	繼 妃 仁 顯 王 后 閔 氏	同17, 12	同
		繼 妃 仁 元 王 后 金 氏	英祖33, 7	
		元 妃 仁 敬 王 后 金 氏	肅宗7, 2	
20	懿 陵	景宗大王	景宗4, 12	同 崇仁面石串里
		繼 妃 宣 懿 王 后 魚 氏	英宗6, 10	楊州郡九里面仁倉里
	惠 陵	元 妃 端 懿 王 后 沈 氏	景宗2, 9封陵	
追	永 陵	眞 宗 昭 皇 帝	英祖52, 7	同 坡州郡條里面
		妃 孝 純 昭 皇 后 趙 氏	純祖5, 6	
			英祖33, 6	
			英祖52, 8封陸	
追	隆 陵	莊 祖 懿 皇 帝	1899封陵	同 水原郡安龍面花山里
		妃 獻 敬 懿 皇 后 洪 氏		
22	健 陵	正 祖 宣 皇 帝	純祖21, 9遷奉	同
		妃 孝 懿 宣 皇 后 金 氏		
23	仁 陵	純 祖 肅 皇 帝	哲宗7, 10遷奉	京畿道廣州郡大旺面內谷里
		媛 純 元 肅 皇 后 金 氏	哲宗8, 12	
追	綏 陵	文 祖 翼 皇 帝	哲宗6, 8	同 楊州郡九里面仁倉里
		妃 神 定 翼 皇 后 趙 氏	1890 8월, 遷奉	
24	景 陵	憲 宗 成 皇 帝	憲宗5, 10	同 高陽郡元堂面元堂理
		妃 孝 顯 成 皇 后 金 氏	憲宗9, 12	
		繼 妃 孝 定 成 皇 后 洪 氏	1904, 正月	
25	睿 陵	哲 宗 章 皇 帝	1864, 4月	同 高陽郡元堂面元堂里

		被葬者	年代	所在地
		妃哲仁章皇后金氏	1878, 9月	
26	洪陵	高宗太皇帝	1919, 3月	同 楊州郡渼金面金谷里
		妃明成太皇后閔氏	1986, 10月(1875, 3月 淸凉里에서 移轉)	
27	裕陵	純宗孝皇帝	1926, 5月	同
		妃純明皇后閔氏	1904, 11月(1926, 高陽郡麜에서 移轉)	
	順昌園	順懷世子(明宗第二男)	明宗18	同 高陽郡神道面龍頭里
		恭懷嬪尹氏	宣祖25	
	昭慶園	昭顯世子(仁祖第一男)	1870, 陞園	同 高陽郡光堂面元堂里
	永懷園	愍懷嬪姜氏(昭顯世子嬪)	陞園	同 始興郡西面老温寺里
	懿寧園	懿昭世孫(莊祖第一男)	陞園	同 高陽郡延禧面阿峴北里
	孝昌園	文孝世子(正祖第一男)	陞園	同 楊州郡榛按面內閣里
	順康園	仁嬪金氏 (宣祖後宮元宗私親)	英祖31陞園	
	昭寧園	淑嬪崔氏 (肅宗後宮英祖私親)	英祖29陞園	同 楊州郡白石面靈場里
	綏吉園	靖嬪李氏 (英祖後宮眞宗私親)	正祖元年陞園	同
	綏慶園	暎嬪李氏 (英祖後宮莊祖私親)	1899, 陞園	同 高陽郡延禧面新村里
	徽慶園	綏妃朴氏 (正祖後宮純祖私親)	哲宗14, 5遷奉	同 楊州郡榛接面富坪里
	永徽園	純獻貴妃 (高宗後宮李王私親)	1911, 8月	同 高陽郡崇仁面淸凉里
	崇仁園	王元孫晋殿下王世子 (第　一　男)	1922, 5月	同
	肇慶壇	始祖司空公墓基	1899, 4月	全羅北道全州郡伊東面劍岩里
	濬源墓	將軍公穆祖考	1899, 4月封墓	江原道三陟郡未老面蘆洞
	永慶壇	妃李氏穆祖女妣	〃	江原道三陟郡未老面東山洞
	大嬪墓	大嬪張氏 (肅宗後宮景宗私親)	景宗3, 4　仁祖元, 10	京畿道廣州郡五浦面文衡里
10	燕山墓	燕山君(成宗第一男)	中宗8, 2	同 楊州郡蘆海面放鶴里
		夫人愼氏(廢妃尹氏出)	中宗32, 6	
15	光海墓	光海君(宣祖第一男)	仁祖19, 10	同 楊州郡眞乾面松陵里
		夫人柳氏(恭嬪金氏出)		

宣 嬪 墓	宣 嬪 成 氏 (正 祖 後 宮 文 孝 世 子 私 親)	正祖10, 11	서울
和 嬪 墓	和 嬪 尹 氏 (正 祖 後 宮)	純祖24, 3	京畿道高陽郡延禧面阿峴北里
慶 嬪 墓	慶 嬪 金 氏 (憲 宗 後 宮)	1907, 5月	同 高陽郡崇仁面徽慶里
完 王 墓	完 王 (高 宗 第 一 男)	1880	同 高陽郡崇仁面月谷里
貴 人 墓	貴 人 李 氏 (高 宗 後 宮)	1914, 2月	同
懷 墓	廢 妃 尹 氏 (成 宗 後 宮 燕 山 君 私 親)	未詳	同 高陽郡崇仁面月谷里
成 墓	恭 嬪 金 氏 (宣 祖 後 宮 (光 海 君 私 親)	宣祖10年	同 楊州郡眞乾面松陵里
明 嬪 墓	明 嬪 金 氏 (成 宗 後 宮)	成宗10年	同 楊州郡九里面峨川旦
慶 嬪 墓	慶 嬪 李 氏 (明 宗 後 宮)	未詳	同 楊州郡棒接面內閣里
安 嬪 墓	安 嬪 李 氏 (孝 宗 後 宮)	肅宗19年	同 楊州郡眞乾面松陵里
淑 愼 公 主 墓	淑 愼 公 主 (孝 宗 第 一 女)	孝宗二年	同 高陽郡神道面紙杻里
明 善 公 主 墓	明 善 公 主 (顯 宗 第 一 女)	英祖49年11月	同 慶州郡中部面炭里
明 惠 公 主 墓	明 惠 公 主 (顯 宗 第 二 女)	英祖49年11月	同
寧 嬪 墓	寧 嬪 金 氏 (肅 宗 後 宮)	英祖2年正月	同 楊州郡榛接面長峴里
昭 儀 墓	昭 儀 劃 氏 (同)	肅宗33年	同 高陽郡神道面津寬里
貴 人 墓	貴 人 金 氏 (同)	英祖2年	同 楊州郡九里面仁倉里
元 嬪 墓	洪 氏 (正 祖 後 宮)	正祖3年	京畿道高陽郡崇仁面安岩里
淑 儀 墓	朴 氏 (純 祖 後 宮)	哲宗5年	서울
永 溫 翁 主 墓	翁 主 (純 祖 第 四 女)	未詳	同
淑 儀 墓	羅 氏 (仁 祖 後 宮)	1895, 11月	京畿道高陽郡神道面紙杻里
淑 媛 墓	張 氏 (同)	未詳	同 高陽郡恩平面新寺里
淑 儀 墓	金 氏 (憲 宗 後 宮)	1895, 11月	同 高陽郡漢芝面杏堂里
貴 人 墓	朴 氏 (哲 宗 後 宮)	1889	同 抱川郡西面仙壇里
貴 人 墓	趙 氏	同 1865, 11월	同
淑 儀 墓	金 氏 (同)	未詳	同 高陽郡恩平面弘濟外里
同 墓	范 氏 (同)	1885, 5月	同
同 墓	方 氏 (同)	未詳	同
貞 昭 公 主 墓	公 主 (世 宗 第 一 女)	同	同 高陽郡碧蹄面慈里
仁 順 公 主 墓	公 主 (中 宗 第 五 女)	同	同 楊州郡榛按面長峴里

능(陵) 50 { 왕릉(王陵) 25 / 추존(追存) 9 / 후비(后妃) 16

<table>
<tr><td rowspan="2">원(園) 12</td><td>세자세손(世子世孫) 5</td></tr>
<tr><td>비빈(妃嬪) 7</td></tr>
<tr><td>묘(墓) 34</td><td></td></tr>
</table>

　왕릉(王陵)을 빼고 조선 시대 분묘(墳墓)의 대표적인 것은 김구묘(金構墓)이다. 이 묘는 경기도 광주군 중대면 이리 몽촌토성 내에 있다.　조선대광보국숭록연부(朝鮮大匡輔國崇祿大夫)　의정부(議政府)의 우의정(右議政)　겸　영경정사감(領經筵事監)　춘추관사(春秋館事)　증시 충헌공김구(贈諡忠憲公金構)의 묘인데, 부인(夫人)인 전주이씨(全州李氏)도 합장(合葬)된 것이다. 묘비의 음기(陰記)에 의하면 김구(金構)는 조선 숙종 30년(서기 1705) 12월 12일에 사망하고 부인은 조선 영조 원년(1725)에 사망했다. 처음에는 부부의 묘가 각각 다른 곳에 있었으나 뒤에 모두 이 땅으로 이장해서 합장(合葬)하고 영조 19년(1743年)에 조영(造營)했다. 화강석으로 된 기석(基石)을 원형으로 두른 원분(圓墳)이며, 높이가 5척이고, 뒷면과 좌우는 장벽(障壁)으로 둘러싸이고, 전면 좌측에 묘비가 있고, 석상(石床) 앞에는 향로석(香爐石)이 있으며, 그 전방 좌우에 한 쌍의 석망주(石望柱)가 있고, 장명등(長明燈)은 정면에서 약간 오른편에 세워져 있으며, 석양(石羊)은 그 전방 좌우에 마부 바라보면서 서 있는데 모두 남성(男性)으로 되어 있다. 이들 분묘 앞의 석물(石物)보다 훨씬 떨어져서 조금 낮은 곳의 전방 좌측에 신도비(神道碑)가 있으며, 그 부석(趺石)과 개석(蓋石)은 화강암이고, 비신(碑身)은 백색(白色) 속에 엷은 흑색(黑色)의 사반(斜斑)이 있는 대리석(大理石)을 수마(水磨)한 것으로, 높이 약 9척, 폭 3척 4치, 두께 1척 7치이고 비(碑)의 총 높이는 약 14척이다. 실로 당시 귀족 분묘의 대표적인 것이라고 할 만하다.

조선 왕가 왕릉의 규도

조선 왕가 주릉(主陵)의 봉분(封墳)

고묘(古墓 : 서울 부근)

신설묘(新設墓 : 서울 부근)

현재의 쌍묘(수원 부근)

현재의 공동묘지(제주도)

9. 한국의 부도(浮屠)

　부도(浮屠 혹은 浮圖)는 불탑(佛塔) 또는 공양탑(供養塔)의 일종이다. 본래 불사리(佛舍利)를 함장(含藏)한 것이었으나 뒷날 승려(僧侶)의 사리(舍利)도 여기 넣어두어 분묘의 일종으로 간주되었다. 그러므로 묘제(墓制)와 더불어 그 개략을 설명해 보기로 한다.

1. 신라(新羅)의 부도(浮屠)

　신라의 부도로서 볼만한 것은 다음과 같이 두 가지가 있다.

경주 불국사 부도(慶州佛國寺浮屠)

　1. 불국사(佛國寺) 부도
　불국사의 부도는 서기 1902년경 불국사 무설전(無說殿)의 동북 나한청지(羅漢廳址) 앞에 서 있었으나 그후 없어져 지금은 어디에 있는지조차 알 수가 없다. 이것은 석등(石燈) 모양의 부도로 육각의 지대석(地臺石)에는 풍비(豊肥)한 연꽃잎이 새겨져 있고 그 위에 운문(雲文)을 양각(陽刻)한 간석(竿石)이 중대석(中臺石)을 받치고 있다. 중대석 아래도 역시 연꽃을 만들고 그 위에 북통〔鼓胴〕모양의 탑신의 삼면(三面)에 불감(佛龕)을 조각했다. 그 수법은 매우 정려(精麗)하다. 뚜껑은 십각형이고 위에 보주노반(寶珠露盤)을 올려놓아 아주 경쾌한 느낌을 준다. 이 부도는 의장(意匠)이 풍부하고 기공(技工) 또한 교려(巧麗)해서 신라 부도 중의 백미(白眉)라 할 수 있다.

2. 염거화상부도(廉巨和尙浮屠)

원주(原州) 흥법사(興法寺)의 염거화상부도는 현재 서울파고다 공원에 있다. 평면팔각(平面八角)이고 기단(基壇), 탑신(塔身), 뚜껑의 세 부분으로 이루어져 있으며, 기단(基壇)이 낮고 탑신(塔身)은 크고 옥개(屋蓋)는 가벼우며 보주식(寶珠飾)을 얹어서 아주 장중(莊重)한 기상을 나타내고 있다. 탑신의 정면에는 호형(戶形)을 만들고 사우면(四遇面)에는 사천왕상(四天王像)을 양각(陽刻)하고 기단에는 사자격협간(獅子格狹間) 등을 조각하였으며, 추녀 끝에는 수목형(垂木形)을, 옥개(屋蓋)에는 기와지붕 모양을 조각하였다.

쌍계사 육조 정상탑(雙磎寺六祖頂上塔)

경상남도 하동군 화개면 삼신산(三神山) 쌍계사(双溪寺)의 금당(金堂)에 있는 육조(六祖) 정상탑(頂上塔)은 5층탑으로서 건설유래상 부도(浮屠)와 다를 바 없다. 이 절의 금당연기(金堂綠起)는 다음과 같다. 신라 문무왕(新羅文武王) 16년 병자년에 태어난 삼법화상(三法和尙)은 의상법사(義相法師)에게서 계(戒)를 받은 사람이지만, 멀리 중국의 조계(曹溪)의 육조(六祖)인 혜능대사(慧能大師)를 흠모해서 한번 배알하고 훈유(訓諭)를 받고자 했으나 혜능(慧能)이 유감스럽게 사망하여 소망을 풀지 못했다. 몇 년 후 금마국(金馬國) 미륵사(彌勒寺) 승려 규정(圭晶)이 당(唐)나라에서 육조 혜능의 법보(法寶)인 단경(壇經)을 가지고 돌아와 그에게 보였다. 그 속에는 '대사 가로되 내가 죽은 지 5, 6년만에 어떤 사람이 와서 내 머리를 취해 갈 것이다〔大師曰吾滅後五六年當有人取吾首〕'라고 씌어 있었다. 평소 그를 존앙(尊仰)하고 있던 자기가 그 예언대로 우리나라 만대의 행복을 위해 대사의 목을 가지고 와야겠다고 결심하고, 김유신(金庾信)의 부인인 법정니(法淨尼)로부터 금 2천근을 빌려 상선(商船)을 타고 입당(入唐)해서 홍주(洪州) 개원사(開元寺)에 우거(寓居)하고 있는 당나라 승려 대비선(大悲禪 : 柏栗寺의 住持)과 상의한 끝에, 개원사(開元寺)의 노비에게 이십금(二十金)을 주고 혜능(慧能)의 목을 몰래 파서 품고 귀국해 영묘사(靈妙寺)의 법정니(法淨尼)가 있는 곳에 이르렀다. 그날 밤 대사가 꿈에 나타나 말하기를 '내가 이 땅에 돌아오게 된 것은 부처님 나라라는 인연 때문이다. 강주(康州) 지리산(智異山) 아래 칡꽃이 눈 속에 피어 있는 곳을 찾아 묻으라'고 말했다. 그래서 삼법(三法)은 대비(大悲)와 함께 지리산 산중을 헤맸다. 때는 바야흐로 동지 섣달이라 월련봉(月蓮峯)이 적설(積雪)로 덮여 있었다. 그럼에도 불구하고 마치 봄철처럼 칡꽃이 난만(爛漫)해 있는 곳을 발견했다. 두 사람은 기이하게 여겨 돌로 함을 만들어 목을 넣어 깊숙히 안치하고 그 위에 탑(塔)을 세워 장사지냈

구례 화엄사 사리탑(求禮華嚴寺舍利塔 : 新羅)

다. 현재는 이 탑 속에 목 대신에 법화경(法華經), 화엄경(華嚴經), 육
조단경(六祖壇經) 등 삼부(三部)가 들어 있다고 한다.

이 탑이 건립된 것은 신라 성덕왕(聖德王) 21년인 임술년(壬戌年 :
서기 722)이라 한다.

2. 고려(高麗)의 부도(浮屠)

고려 전기에는 불교가 융성하였고 조정이 두텁게 숭신(崇信)했기
때문에 많은 명승(名僧)과 지식인이 배출되었다. 국왕의 명으로 세워
진 부도(浮屠)가 많이 있는데, 공교(工巧)의 정(精)을 극한 것이 적지

김제 금산사 사리탑(金堤金山寺舍利塔 : 新羅)

않았다. 초기에는 신라 양식을 그대로 답습하다가 점차로 고려 특유
의 것이 되어갔다. 그러나 후기에 들어와서는 그 수법이 약간 퇴화하
고 새로이 인도(印度)계 양식이 나타났는데, 조선 시대에 들어서면서
이 양식이 크게 유행하였다. 주된 부도(浮屠)를 들면 원주(原州)의 폐
흥법사(廢興法寺)의 진공대사탑(眞空大師塔), 여주(麗州)의 폐고달원
(廢高達院) 원종대사(元宗大師) 혜진탑(慧眞塔), 동(同) 일명탑(逸名
塔), 충주(忠州)의 폐정토사(廢淨土寺) 홍법대사(弘法大師) 실상탑(實
相塔), 원주(原州)의 폐거돈사(廢居頓寺) 원공국사(圓空國師) 승묘탑
(勝妙塔), 원주(原州)의 폐법천사(廢法泉寺) 지광국사(智光國師) 현묘
탑(玄妙塔), 김제(金堤)의 금산사(金山寺) 진응탑(眞應塔), 대구(大邱)

의 동화사(桐華寺) 홍진대사탑(弘眞大師塔), 장단(長湍)의 화장사(華藏寺) 지공정혜(指空定惠) 영조탑(靈照塔), 여주(驪州)의 신륵사(神勒寺) 보제사리석종(普濟舍利石鐘), 영변(寧邊)의 안심사(安心寺) 석종(石鐘) 등이다.

폐흥법사 진공대사탑은 고려 태조(太祖)가 세운 것이다. 신라계의 형식이며 기단(基壇), 탑신(塔身), 개(蓋)의 삼부(三部)로 이루어지며, 기단은 상하 팔각(八角)이며 풍려(豊麗)한 연꽃을 새기고 요부(腰部)는 고동(鼓胴)의 모양을 하고, 운룡(雲龍)을 고육조(高肉彫)로 하고 있다. 탑신은 팔각이며 정면의 호형(戶形)은 권형(權衡)이 좀 작은 느낌이다. 개(蓋)도 팔각이며, 추녀 끝은 이중수목(二重垂木)이고 지붕은 기와지붕을 닮았으며, 구석마다 반화(反花)를 만들고 꼭지에 보주(寶珠) 보개(寶蓋)를 얹은 모양이다.

폐고달원 원종대사(元宗大師) 혜진탑(慧眞塔)은 고려 광종(光宗) 26년에 세운 것인데, 조선의 현존 부도(浮屠) 중에서 가장 걸출한 것이다. 기단의 동부(胴部)에는 영구(靈龜)의 탑을 업은 상을 새겨서 좌우에 각각 소룡(小龍)을 만들어서 비운(飛雲) 모양으로 연결해서 극히 호건웅려(豪健雄麗)의 정신을 발휘하고, 그 상하에 또한 웅려(雄麗)한 복련(覆蓮)과 앙련(仰蓮)이 조각되어 있다. 탑신은 팔각으로 약간 작고 정면은 호형(戶形), 사우(四隅)에 사천왕상(四天王像)을 새겼다. 개(蓋)는 이중보개상(二重寶蓋狀)에다가, 추녀 깊숙히 구석에 반화(反花)를 만들었다. 요컨대 이 부도(浮屠)는 형태가 기발하고 권형(權衡)이 잘 정돈되고 수법이 웅혼(雄渾)하며 기공(技工) 또한 정련(精鍊)되어 고려 부도의 으뜸이다. 이런 종류의 것으로서는 한국에서 제일이라 할 수 있다.

계룡산 중장리의 고려 부도는 계룡면(鷄龍面) 중장리(中壯里) 갑사(甲寺)의 위쪽 계룡산에 있으며, 팔각의 지복석상(地覆石上)에 서 있

는 팔각의 부도(浮屠)이며 청색(靑色)의 화강암으로 되어 있다. 팔각
이성(八角二成)의 기단이 있고 사자 등을 새기고 그 위에 천인(天人)
등을 새긴 팔각의 대(臺)가 있고, 중대(中臺)에는 연꽃잎을 조각하고
탑신에는 전후에 호형(戶形)이 있고 그 사이의 사면(四面)에는 사천왕
(四天王)을 새겼다. 개(蓋)는 기와지붕을 하고 위에 수화(受花), 보개
(寶蓋) 등이 있고, 총 높이는 지복석상(地覆石上)이 8척 1치이고 탑신
1면의 폭은 8치이다. 고려 시대의 우수한 작품이라 해도 좋겠다.

3. 조선의 부도(浮屠)

고려 시대의 융성함에 반해서 조선 시대의 부도는 그 규모에 있어
서나 기공(技工)에 있어서나 볼 만한 것이 적다. 그 양식은 석등(石燈)
모양, 방등(方燈) 모양, 석종(石鐘) 모양 등의 범주를 넘지 않는다. 석
등 모양은 기단(基壇)과 개(蓋)를 팔각형으로 하고 탑신(塔身)을 구상
(球狀)으로 한 것이 보통이며, 방탑 모양은 기단 위에 이층 방탑(方塔)
을 세우고 정상에 상륜(相輪)을 올리고 있다. 석종 모양은 극히 간단
한 수법으로 된 것과 범종(梵鐘)을 따라 4면에 유랑(乳廊)을 만들어 그
위에 보주(寶珠) 모양을 얹은 것이 있다. 이들 중에서 좀 볼 만한 것
은, 합천(陜川)의 해인사(海印寺) 홍제암(弘濟菴) 송운묘탑(松雲墓塔),
구례(求禮)의 화엄사(華嚴寺) 벽암묘탑(碧巖墓塔), 회양(淮陽)의 장안
사(長安寺) 무경당(無竟堂) 영운탑(靈運塔), 보은(報恩)의 법조사 세존
사리장탑(世尊舍利藏塔), 회양(淮陽)의 금강산(金剛山) 백화암(白華菴)
풍담묘탑(楓潭墓塔) 등이다.

해인사 홍제암 송운묘탑은 보통의 간단한 석종이고 기석(基石)의
윗면에 평면으로 된 연좌(蓮座)가 새겨져 있다. 화엄사 벽암묘탑은 요
종(撓鐘) 모양을 모조한 것으로 사면에 구유(九乳)를 담은 유랑(乳廊)

해남 대흥사 부도전(海南大興寺浮屠殿)

을 만들고, 정면에는 위비상(位碑狀)을 나타내며, 벽암당탑(碧岩堂塔)이란 녁자를 새기며, 위에는 보주(寶珠)를 얹고, 기석(基石)의 사우(四隅)에는 짐승머리〔獸首〕를 새기고 있다. 금강산 백화암 풍담대사의 묘탑도 역시 석종 모양이지만 유랑(乳廊)은 없고 정상에 몇 개의 천조파풍상(千鳥破風狀)을 한 오두막 뚜껑을 올리고 그 위에 보주(寶珠)로 관(冠)하고 있다. 장안사 무경당 영운탑은 신라, 고려를 통해서 행해온 석탑 모양의 탑이고 팔각의 기단 위에 편구상(扁球狀)의 탑신을 올려 그 위에 꽤 높은 보주와 팔각개(八角蓋)를 얹었다.

　제 2 장의 각 절은 조선 총독부의 고적조사보고(1916, 1917, 1918년) 및 동 특별보고, 약보고(略報告)를 주된 자료로 하고, 여기에 《문헌비고》, 〈조선사강좌 특별강의(朝鮮史講座 特別講義)〉과 현지조사를 참고한 것이다.

제 3 장 묘지풍수 신앙(信仰)

1. 묘지풍수의 유래(由來)

한국의 풍수 신앙은 의심할 바 없이 중국에서 전래된 것이다. 그것이 오랜 기간 전해 내려오는 동안 일반화되어 하나의 움직일 수 없는 민간신앙이 되었다. 그런데 풍수라고 하면 묘지의 상(相)을 보는 일, 또 묘지 이야기를 하면 곧바로 풍수를 연상할 정도로 풍수가 묘지에 중점을 두게 된 데는 이유가 있다.

묘지풍수의 유래를 생각할 때 제일 먼저 들어야 할 것은 중국에서 수입된 풍수서(風水書)의 영향이다. 한국에서 사용되는 풍수서의 대부분은 중국 것이고 한국에서 저작된 것이라도 대개 중국 풍수를 발췌해서 편찬한 것이므로 중국 풍수서의 영역을 벗어나지 못하고 있는 실정이다. 수입된 풍수서의 대부분, 특히 경전으로서 존중되고 있는 것은 흔히 장서(葬書) 또는 장경(葬經)이라 불리는 것이다. 주로 장묘(葬墓)의 풍수적 이론과 방법을 강술(講述)한 것으로, 풍수의 이대사항(二大事項) 중의 하나인 주거풍수는 부록으로 취급된 정도에 불과하다. 따라서 풍수서를 배워 풍수의 술(術)을 터득한 사람은 장묘풍수(葬墓風水)에 능통하게 되어 자연히 묘지풍수(墓地風水)에 중점을 두게 되는 것이다.

두 번째로 거론되어야 할 것은 앞에서 이미 서술한 바와 같이, 땅에 흐르는 생기(生氣)를 목적으로 하는 양택(陽宅 : 住居), 음택(陰宅 : 墓

地)에서도 그 생기에 대한 양(良)과 부(否) 및 생활상의 관계 등으로 인해(제 1 장 제 1 절 참조) 본질적으로 풍수가 주거보다 묘지에 중점을 두게 되는 것이다. 한국에서도 이러한 경향이 강하여 시초에는 주거에 중점을 두다가 차츰차츰 묘지풍수에 중점을 두기에 이른 것이다.

세 번째로 풍수의 대종을 이루게 되는 기운(氣運)을 촉진한 것은 불교의 영향, 특히 승려의 풍수행각임을 잊어서는 안 된다. 신라, 고려 시대에는 상하가 모두 불교를 존숭하여 사탑을 건조하고 법회를 개최하는 일이 많았다. 민중이 불교를 믿고 승려를 존경하게 된 것은, 불교가 나라를 지키고 집안의 재해를 막아 주는, 즉 호국(護國)과 방재(防災) 때문이었다. 사탑의 건설도 오로지 국운을 위한 것이었고 그 건설지의 선정은 승려만이 할 수 있었던 것이니 자연 땅을 선정하는 승려는 술(術)을 터득하고 있는 사람으로 간주되어 존경과 신망을 얻고 있었다. 신라의 국방사탑(國防寺塔)은 여러 명승(名僧)이 입지를 선정한 것이고, 고려 5백년의 왕업도 승려 도선(道詵)의 풍수적 점지(占地)에 의해 이루어졌다고 믿어지고 있는 점 등이 그것을 잘 말해주고 있다. 점지(占地)의 술(術)에 밝다고 믿어지는 곳은 묘지건 어디건 일단 승려의 손길이 닿았다고 볼 수 있다. 조선 시대에는 고려 시대에 너무나 숭불에 치우쳤기 때문에 망국의 변을 토게 된 것이라 해서 인심일신(人心一新)의 정책에서 억불숭유(抑佛崇儒)를 시정(施政)의 방침으로 삼았다. 따라서 고려 시대에 빛을 보지 못했던 유교가 흥하는데 반해서 불교의 세력은 날로 위축되어 사원(寺院)도 종파(宗派)도 감폐(減廢)되었다. 승려의 권세는 사라져 대부분 산사로 들어가 버렸다. 속세의 생활을 즐길 수 있는 자 외에는 시정(市井)에 출입하는 일조차 금지되었고, 천민과 동일시되기에 이르렀다.

이처럼 세상이 일변해서 불교의 영향이 날로 줄어드는 승려의 사회적인 존재를 가능케 하고 얼마간이라도 서민의 신앙심을 붙들어 놓기 위해서는 예로부터 능사였던 점지(占地)의 술(術)과 풍수의 법술에 의거하지 않을 수가 없었던 것이다. 그 대표자라 할 수 있는 승려가 이태조의 국도(國都)를 한양으로 정하고 또한 양주(楊州) 검암산(儉巖山) 기슭에 영세(永世) 능묘의 땅을 택한 사람은 국사(國師) 무학(無學)이다(현재 태조 왕릉의 입구에 있는 망우리라는 부락 이름은 태조가 무학과 함께 현 동구릉을 선정할 때 잠시 오랜 걱정을 털어 버렸다는 뜻에서 지어진 이름이다). 한양을 도읍지로 정할 때 태조의 신하 중에 권중화(權仲和), 하윤(河崙), 정도전(鄭道傳)과 같은 풍수술에 능한 자가 있었음에도 불구하고 주로 무학(無學)에게 그 선정을 맡긴 것은 점지(占地)의 법술이 종래 승려에 의해서 행해졌던 풍조가 남아 있었음을 말해 주는 것이다.

이미 승려가 사회적으로 천시를 받게 되면서는 아무리 점지를 잘한다 해도 공공연히 이를 행할 수가 없었다. 그들은 공공연한 주거(住居)보다는 개인의 묘지 선정 쪽으로 잠행(潛行)하였다. 이로 인해 풍수라고 하면 묘지풍수를 생각게 되고, 그 묘지풍수가 전국적으로 확산되기에 이른 것이다.

네 번째로 한국인의 사자(死者)나 묘지에 대한 관념과 신앙은 풍수를 받아들이는 데에 적합했었다. 즉 한국인 사이에는 사자의 뼈가 오랫동안 머물러 있으면서 생전에 관계했던 사람과 밀접한 교섭을 가진다는 신앙이 있다. 이 교섭은 크게 두 가지로 나뉜다. 죽은 뼈를 소중히 다루면 행운을 맞게 된다는 것이 그 하나요, 소홀히 다루면 재앙을 맞는다는 것이 그 둘이다. 이러한 관념신앙은 한국 고유의 것이었다. 불교와 대치(代置)했던 유교의 조상숭배와 효(孝)의 가르침이 압도적으로 보급됨에 따라 그때까지 단순한 민족신앙이었던 것이 선왕(先王)의 가르침과 학자들의 지지를 얻어 뼈가 산 사람에게 행·불행을 준다는 것은 움직일 수 없는 진실처럼 여겨지게 되었다. 뼈를 길지(吉

地)에 묻으면 자손이 번영하고 그렇지 않으면 자손에게 재앙이 있어서 완전히 망하는 일까지 있다고 하였다. 풍수가 선전되자 누구나 조상의 묘지를 풍수에 따라 정하여 행운을 부르고 재앙을 면하려고 하였다.

다섯 번째로, 묘지는 후손을 이롭게 한다는 관념이 있다. 풍수신앙에 조상의 뼈가 그 자손과 교섭을 갖는다고 하는 재래의 신앙이 합류된 것으로 생각된다. 묘지가 후손을 축복하기 위한 것이라는 생각을 갖게 된 것은 꽤 오래 전의 일이다. 고분에서 발견된 옛 거울에서 이러한 신앙을 엿볼 수 있다. 낙랑시대(樂浪時代)의 분묘 안에 부장(副葬)된 옛거울에 새겨진 명문(銘文)에는 주로 장수(長壽)와 자손의 행복을 축복하는 내용이 새겨져 있다. 예를 들면 평양 박물관에 진열되어 있는 낙랑 고분 출토품인 옛 거울 등에는 모두 장수와 자손의 행복을 기원하는 글이 적혀 있다.

지금 그 예를 몇 가지 들어 보면 다음과 같다.

① 내행화문경(內行花文鏡)

銘曰. 長宜子孫 位至三公.(자손은 마땅히 영원할 것이며 벼슬은 삼공에 이를지어다)

② 내행화문경(內行花文鏡)

銘曰. 長宜子孫 壽如金石 且佳好兮.(자손은 다땅히 영원할 것이며, 수명은 금석과 같이 길 것이며 또한 좋을지어다)

③ 사유신수경(四乳神獸鏡)

銘曰. 令氏作竟 多子孫上有東王公西三母長如山石令(자손이 많고 東은 왕공, 西는 주모에 오르며 산의 돌처럼 영원하라)

④ 용호경(龍虎鏡 : 關口半氏寄托)

銘曰. 吾作明鏡四夷服多賀國家人民息. 胡虜殄滅天下復風雨時節五穀孰得天力(나는 명경을 만들어 사방의 오랑캐를 복종시켜서 국민이 다복하게

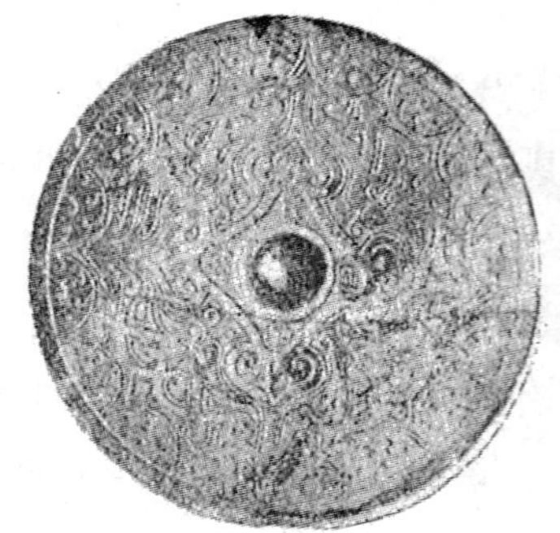

夔鳳鏡
銘 長宜子孫(낙랑군시대)

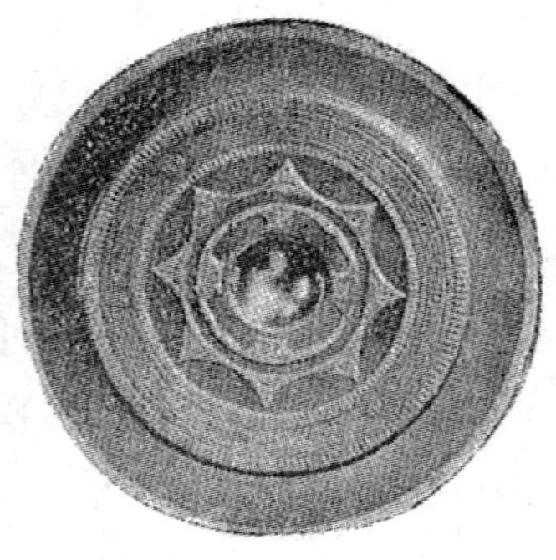

內行花紋長宜子孫鏡(낙랑군시대)

獸帶鏡
銘 翟氏作鏡幽凍三商競德序
　　道配像萬彊會年益壽富貴
　　番昌功成事見師命長
　　(낙랑군시대)

單干盤龍鏡
銘 李氏作之鏡誠淸明服之富貴壽
　　命長在龍右虎扶兩旁朱雀玄武
　　□陰陽單干來匝座漢□子孫番
　　息樂末央(낙랑군시대)

살게 하고, 오랑캐를 멸망시켜 천하를 다시 얻으며, 풍우시절에 오곡이 익어 하늘의 힘을 얻으려 하노라)

명문(銘文)이 명백히 보여 주듯이 거울이 가진 영력(靈力)을 이용하여 죽은 자와 그들과 관계되는 자, 즉 자손의 행복을 기원하려 한 것은 확실하다. 죽은 자를 장사지낼 때 거울을 부장했다는 것은 묘로부터 자손의 행복을 얻을 수가 있다는 관념이 존재했기 때문이다.

이상과 같이 묘지가 자손의 행복을 위한 것이라는 관념 신앙을 가졌던 사람들이었으므로 풍수설이 아니더라도 묘지의 좋고 나쁨을 따지는 것은 가능했다. 그러므로 한국에는 풍수를 받아들일 소지가 있었다고 할 수 있다.

그럼 이번에는 이 관념이 구체화된 것으로 보이는 확실한 사례를 들어서 묘지풍수의 유래를 알아보기로 한다.

고려 현종(顯宗) 12년(1021)에 만들어진 개성(開城) 현화사비(玄化寺碑)의 음기(陰記), 채충순(蔡忠順 : 顯宗時代의 功臣)의 선문(選文)을 보면,

> "乃聖主之忻然, 使令就此妙境刱置此名藍一. 所冀欲追薦二親用資冥福也. 果符口鑿金以祐日邦得見. 北朝差人再來請和結好. 及至戈戟偃藏, 人民蘇息,"(《조선금석총람》上)

이것은 현종(顯宗)이 그의 어버이(현종의 부왕 안종과 그 비)를 위해서 현화사(玄化寺)를 세운 것이며, 그 목적은 그의 부모를 추천(追薦 : 죽은 사람에게 공덕을 베풀어 명복을 비는 일)함으로써 다스리는 나라의 안전을 희구했던 것이다.

현종 시대에 거란(契丹)이 침공하여 개성(開城)이 함락되고 왕이 공주(公州)로 피신까지 하는 등, 매우 어려운 시기였으므로 국난을 극복하고자 사탑건조(寺塔建造)를 하였다. 이것은 신라의 유풍(遺風)이다. 어버이를 추천(追薦)함으로써 국난을 극복하고자 한 것은, 죽은 자를 잘 모셔야 산 자가 행복을 얻는다는 믿음이 있었기 때문이다.

고려 예종(睿宗) 5년(1110년)에 만든 개성(開城) 정근(鄭僅)의 처 김씨 묘지명(金氏墓誌銘)에 의하면,

> "金氏, 年甫七十二. 於丁亥十一月二十二日以疾卒. 屬纊不亂. 殯干京北山地藏寺. 後三年, 太宗大觀四年, 本朝乾統十年庚寅二月壬寅, 葬干京東朝陽山南岳之南麓東蓮寺之東原. 男西京留守判官禮部員外

郞克, 恭粗誌其略. 銘曰, 惟是先妣之室, 旣固旣安, 庶幾無窮, 以利
其嗣人.”(《조선금석총람》)

라고 되어 있다. 즉 부모의 장묘(葬墓)가 안고무궁(安固無窮)한 주지
(住地)이어야 사인(嗣人)이 이롭다는 것이다. 사인이란 자손(子孫)을
뜻한다(본조 몇 년이라는 연호는 당시 고려는 요(遼)를 종주국으로 삼았기
때문에 요나라의 연호를 사용한 것이며, 본조란 요(遼)를 가리킨다. 사체를
광(纊)에 속(屬)해 불란(不亂)이라 함은 사체를 솜으로 싸서 입관(入棺)한 것
이라 생각된다).

고려 인종(仁宗) 10년(1132)에 만든 장단(長湍)에 있는 조산대부(朝
散大夫) 서조(徐釣)의 묘지명에는 다음과 같은 글이 씌어 있다.

“徐氏之世, 干列有光 惟公之偉 大臣之方 言寡行敏 動静有常 陰功厚
德 厥後必昌 誌其髣髴 庶幾無彊”(《조선금석총람》)

그후 반드시 번창할 것이라 함은 자손의 번영을 의미하는 것이다.

고려 인종(仁宗) 19년(1141) 개성(開城)에 세운 흥왕사(興王寺)의
원명국사(圓明國師) 묘지명(墓誌銘)에 다음과 같이 씌어 있다.

“生王宮 入佛域 口口口 兩全德 提一乘 福邦人 天不憖 返其眞 口無常
口口口 一彈指 三世具 宅兆吉 神遊安 一鹿中 大涅槃”(《조선금석총
람》)

원명국사(圓明國師)는 고려 제15대 숙종(肅宗)의 넷째 아들로서 8세
때 출가(出家)해서 승려가 된 사람이다. 향년 52세, 4월 21일 사망, 28
일 화장, 5월 23일에 뼈를 수납해서 승천부(承天府) 약산촌(藥山村)의
북원(北原)에 장사지냈다. 여기서 ‘宅兆吉 神遊安’이라는 말은 묘지가
길하면 영혼은 여기에 안주(安住)한다는 뜻이다. 즉 사자(死者)의 안
택(安宅)을 마련한다는 관념의 표현이다.

고려 인종(仁宗) 24(1146년) 1월 28일, 최누백(崔婁伯)의 처(妻) 봉성
현군(峯城縣君) 염씨(廉氏)가 사망했다. 관을 순천원에 안치했다가 5

일 후 서울의 북박혈(北朴穴)의 서북강(西北崗)에 불태워서 뼈를 봉함
해서 서울의 동쪽 청량사(淸凉寺)에 권안(權安)하고, 3년째인 8월 17
일에 인효원(因孝院)에 장사지냈다. 최누백씨는 아내가 23세부터 25년
동안 고난을 이겨 내고 자기가 전쟁터를 왕래하는 사이 공방(空房)을
지키면서 여섯 명의 자녀를 양육한 것에 연민을 느껴 의종(毅宗) 2년
(1148년)에 몸소 묘지명(墓誌銘)을 짓고 이를 세웠다. 그 명(銘)을 보
면 '尋信誓不敢忘. 未同穴甚痛傷, 有男女如鴈行. 期富貴世熾昌'이라
고 되어 있다. 이것은 아내의 조사(早死)를 위로하고 자손의 부귀영화
를 위하여 사자의 명복을 빈다는 뜻이다. 죽은 자가 자기 자손의 번영
을 기뻐한다는 관념이 최씨의 머리를 지배하고 있었다고 할 수가 있
다.

　　"克施克守 克樹厥功 餘慶方興 子孫之承 乃子及孫 愈久盆蕃"

　　　　開城, 崔誠墓誌銘－高麗毅宗 14년(1160)(《조선금석총람》)

　　"形骸雖亡功不可朽 土庶仰之泰山北斗 恩及子孫孰能爲石"

　　　　開城, 林景軾墓誌銘－高麗毅宗 15년(1161)(《조선금석총람》)

　　"厚其德薄其祿將何其 以餘慶其有後宜無疑"

　　　　長湍, 李勝章墓誌銘－高麗明宗 23년(1193)(《조선금석총람》)

　　"活人爲意 多有陰功……男五女四 蘭三成叢 王孫作壻 更振家風 系
連十世 積善所鍾"

　　　　開城, 許琪墓誌銘－高麗忠烈王 17년(1291)(《조선금석총람》)

　이들은 모두 조상의 공적이 자손에게 반드시 미쳐서 번영케 한다는
관념을 나타낸 것으로, 조상과 자손과의 관계가 매우 긴밀하다는 믿
음의 소산이다.

　《동국이상국집(東國李相國集)》에 소재(所載)되어 있는 오천유 묘지
명(吳闡猷 墓誌銘：고려 현종 때)에 있는,

　　"亹亹夫子溫如玉兮直如矢行己礪去俯仰無愧官不偶器亦豈介意有鬱其

山今植植松梓孔寧且臧兮宜子之寢位以利干後嗣”(《조선금석총람》)

그리고 같은 책에 소개된 윤승해(尹承解) 묘지명에 있는,

“遺子百金惟禍之召公獨以淸萬世之寶有鬱斯岡嶔安宅兆公保於此酒子孫之保刻銘瓮爲後之考”(《조선금석총람》)

그리고, 이규보(李奎報) 묘지명에 있는,

“宅名山側, 原野眴 眴峯巒翼翼, 山旣靈兮子孫萬億”(《조선금석총람》)

등은 모두 묘(墓)가 자손의 번영을 초래한다고 본 대표적인 것이다.

이러한 관념신앙에 더하여 신라의 상대(上代)부터 토지에는 영역(靈域)이 있고, 지세(地勢)의 여하가 사람의 생활을 영구(永久)한 것으로 만든다는 지력신앙(地力信仰)이 있어서 사람은 산천의 기(氣)에 의해 그 성(性)이 변부(變賦)되는 것이라는 믿음이 있었다. 이 신앙이 고려와 조선에 전해져 풍수설을 보급시키는 유력한 요소가 되어 묘지풍수 신앙이 완성을 보게 된 것이다. 지력신앙에 관한 전설이 《삼국유사(三國遺事)》에 실려 있다.

① 신라 제 4 대 탈해왕(脫解王)이 아직 왕위에 오르기 전, 토함산(土舍山) 위에 혈거(穴居)하기 7일간, 그 동안 산 위에서 신라의 부역(部域) 내에 자기가 있을 만한 땅을 물색하고 있었는데, 봉우리 하나가 초생달처럼 생긴 곳이 있었다. 그 지세가 극히 양호하여 오래오래 있을 만한 땅이므로 산을 내려가 그곳으로 가 보니 호공(瓠公)의 집이었다. 탈해는 계략을 세워 몰래 여탄(礪炭 : 한번 태운 숯탄)을 그 집 옆에 묻고 다음날 호공(瓠公)의 집을 찾아가 이 집은 나의 선조가 대대로 지켜오던 가옥이므로 비워 달라고 요구했다. 결국 송사(訟事)가 되어 관아에서 이를 판가름하게 되었다. 탈해는 자기 집이 본래 대장간이었으나 잠시 타향살이를 하고 있을 동안 집이 남의 손으로 넘어간 것이니 집 안팎을 파보면 반드시 증거가 될 만한 것이 있을 것이라고 말했다. 과연 파보니 타버린 숯이 나와 마침내 호공(瓠公)의 저택을

자기의 것으로 사취(詐取)해 버렸다.

　② 신라 27대 선덕여왕(善德女王)은 여왕이긴 했지만 매우 총명한 사람이었다. 어느 겨울날 영묘사(靈廟寺)의 옥문지(玉門池)라는 연못에 개구리가 모여서 3,4일 동안이나 계속 울어 댔으므로 겨울에 개구리가 운다니 어떻게 된 일이냐며 온 도성이 소란해졌다. 이때 여왕은 급히 무신에게 명해 정병(精兵) 2천을 신속히 서쪽 교외의 여근곡(女根谷)으로 보내어, 거기 숨어 있던 백제의 적병 5백 명을 섬멸했다. 군신들은 왕이 어떻게 여근곡에 복병(伏兵)이 있는지를 알았는지에 대해 궁금히 여겼는데, 왕의 말을 들은 군신들은 그 성지(聖智)에 탄복하지 않을 수가 없었다. 여왕의 말은 다음과 같다.

　“王曰. 蛙有怒形, 兵士之像. 玉門者女根也. 女根陰也, 其色白. 白西方也. 故知兵在西方. 男根入於女根則必死矣. 以是知其易捉”
(왕이 말하되, 개구리가 운다면 병사가 있음을 말한다. 옥문은 곧 여근이다. 여근은 음이고 그 색상은 백색이다. 서방을 뜻한다. 그러니 병사가 서방에 있음을 알 수 있다. 남근이 여근 안에 들어가면 곧 힘을 잃어 죽는다. 그러므로 그들을 멸하기 쉬움을 안 것이다.)

　③ 신라에는 이전부터 네 곳에 영지(靈地)가 있어, 대사를 논의할 때는 반드시 이곳에 대신들이 모여 논의하였다. 이곳에서 논의하면 일이 꼭 성공한다고 믿었다. 네 곳이란 동(東)은 청삼산(靑杉山), 남(南)은 궁지산(弓知山), 서(西)는 서피전(西皮田), 북(北)은 금강산(金剛山) 등이다.

　④ 고구려(高句麗) 28대 보장왕(寶藏王)은 대단한 도교신자(道敎信者)여서 불사(佛寺)를 도관(道舘)으로 간드는가 하면 도사(道士)를 존경하여 유사(儒士)보다 높이 대우했다. 고평양(古平壤)의 성세(城勢)가 초생달 모양이니 국운을 일으키려면 만월형(滿月形)으로 해야 한다는 도사의 말을 듣고, 도사들로 하여금 남하(南河)의 용(龍)을 주칙

(呪勅)해서 신월성(新月城)을 가축(加築)하여 만월성으로 만들었다. 그러나 가득 차면 기운다는 속담대로 고구려는 개축한 지 몇 년 후 멸망했다.

이것들은 모두 신라 시대의 지력신앙(地力信仰)에 관한 전설이다. 고려시대로 넘어간 후, 즉 고려 건국 전설 그 자체가 지력신앙에 의한 것임을 봐도 지력신앙이 얼마나 뿌리 깊은가를 알 수 있다. 조선 시대에도 고려의 신앙을 그대로 계승하는 한편, 이것을 일반에게 보급하는 추세에 있었던 것이다.

이상과 같이 묘지풍수의 유래를 각 방면으로 분석해서 열거해 보았는데, 이를 총괄적으로 살펴보면, 한국에서 묘지풍수를 중히 여기게 된 기본 동기는 역사를 일관해서 한국이 혈족(血族) 중심사회라는 사실에 있다. 즉 통일국가란 외관을 갖추었어도 그 내용은 각각 분립(分立)된 혈족단(血族團)의 집합이었다는 것이다. 혈족단을 넘어 보다 큰 사회결합을 성립시키지 못했던 것이다. 따라서 나라는 성립되었어도 세력 있는 자가 국왕의 권력을 장악했을 뿐, 국민의 통치, 즉 정신적 유기적 결합사회의 통치를 실행할 수 없었다는 것이다. 즉 국왕은 자기 혈족의 번영을 위해서 국왕으로서 권력을 장악하고 있었던 것이며, 국민의 유기적 결합을 위한 핵심이 아니었던 것이다. 그러므로 국왕과 신민(臣民)과의 관계는 다만 권력의 유무에 의해서 왕이 되고 신민(臣民)이 되었던 것이다. 사회적 존재로서는 하등의 차이가 없다고 하겠다. 따라서 왕은 신민의 세력이 증대할 것을 두려워하며, 신민은 자기 혈족이 득세하기를 원한다. 한국이 군현제(郡縣制)로 시종 일관하고 결국 봉건사회로의 발달을 이룩하지 못한 것도 바로 이 혈족결합의 국면 때문이다. 즉, 혈족 이외의 사회결합을 하지 못 했던 것이다.

혈족단이나 한 혈족에서 분리된 각 혈족단에 의해서 사회적 성립을 이룩하려면 그것의 시간적 공간적 확장이 필요하다. 그 필요에 따라

채용된 것이 조상숭배와 다자희망(多子希望)이다. 충(忠)보다는 효
(孝)를 훨씬 중히 여기고 조혼의 풍속 때문에 폐해가 생겨도 이를 싫
어하지 않았던 사실은 모두 이 혈족결합의 요구에서 유래된 것이다.
묘지풍수의 근본도 이 혈족 중심사회의 요구와 부합되는 것이라 하겠
다. 혈족결합에 집착하는 사람들은 혈족 이외의 사람에게 그 생활과
운명을 안심하고 의뢰할 수 있다. 안심하고 의뢰할 수 있는 사람이란
자기가 속하는 혈족, 특히 그의 조상이다. 조상의 힘으로 자손의 영달
을 바라는 것 이외에는 안전한 생활을 보장받을 방법이 없다. 이 요구
에 부응하는 것이 묘지풍수이다. 묘지풍수가 한국에서 널리 그리고
뿌리 깊게 민간신앙으로 자리잡히게 된 것은 당연한 귀결이다.

2. 묘지풍수의 소응(所應)

풍수설(風水說)의 이론이 어떻든 간에 그것이 민간신앙(民間信仰)으
로서 지지를 받을 때는 하나의 신앙이다. 따라서 증명을 필요로 하지
않는 것이며 구체적인 화복(禍福)을 얻지 못해도 신앙으로서의 존재
에는 아무런 변함이 없다. 그러나 만일 풍수에 의해서 구체적으로 화
복(禍福)의 영향이 있었다면 그 신앙은 한층 강화된 것이다. 이러한
강한 신앙을 실증하는 수많은 전설이 전해지고 있다. 풍수에 관한 이
야기로서 실증적 사실이 나타나는 것을 소응(所應)이라 한다. 그러면
소응에 대한 전설 및 실례를 들어 보기로 한다.

1. 소응(所應)의 전설

1. 아버지를 길지(吉地)에 장사지내고 왕(王)이 됨

고려(高麗) 제 6 대 왕 성종(成宗)의 숙부(叔父)에 욱(郁)이라는 사람

이 있었다. 그의 집은 경종(景宗)의 미망인이던 비 황보씨(妃 皇甫氏)의 이웃에 있어서 서로 친하게 불의의 씨를 잉태하게 되었다. 그 일이 탄로나자 성종(成宗)은 욱(郁)을 사수현(泗水縣)으로 유배시켰다. 그가 귀양 가는 날 황보(皇甫)는 남아를 낳았으나 아이를 낳자마자 그만 죽고 말았다.

그래서 성종은 유모로 하여금 그 아이를 키우게 하였다. 유모는 그 아이에게 항상 '아버지'라는 말을 가르쳤다. 두 살 때 어느 날 성종이 이 아이를 찾으니, 이 아이가 스스럼없이 '아버지'라고 하면서 성종의 무릎에 올라와 그리운 듯 '아버지 아버지'를 되풀이하였다. 성종은 대단히 불쌍히 여겨 눈물을 흘리면서 '이 애가 아버지를 그리워하니 불쌍하다' 면서 명을 내려 아버지가 있는 사수(泗水)로 보냈다. 욱(郁)은 문장에 능하였고 특히 지리풍수술(地理風水術)에 정통했다. 그는 몰래 금(金) 한 주머니를 이 아들에게 주면서 내가 죽거든 이 돈을 풍수사(風水師)에 주고 현(縣)의 성황당 남쪽 귀룡동(歸龍洞)에 묻어 달라고 당부를 해두었다. 욱(郁)이 성종 15년에 죽자 아들은 유언대로 술사에게 금을 주고 복매(伏埋)를 청했다. 술사도 이 복매(伏埋)가 신속하게 발복(發福)할 것을 알았다. 그렇게 한 결과 매장한 이듬해 2월 목종(穆宗)이 즉위하자 바로 이 아이가 태자가 되었다가 왕위에 올랐다. 그가 곧 제 8 대 현종(顯宗)이다. (《高麗史》宗室)

그런데 이 장묘(葬墓)는 자식으로 하여금 왕위에 오르게 할 발복(發福)이 있으나 동시에 재화(災禍)도 있다는 것이다. 즉 장묘를 한 다음 해에 현종(顯宗)이 태자가 되고 14년 만에 왕위에 올랐으나, 그 해에 거란(契丹)이 쳐들어 왔다. 그 당시는 거란의 침입이 그 묘지 때문인지는 몰랐으나, 제20대 신종(神宗) 때에 후릉(厚陵)을 이 묘지 옆에 만들자 또 거란이 침입하였으므로, 그 원인이 귀룡동에 묘소(墓所)를 만들었기 때문임을 알게 되었다. (《高麗史》叛逆三)

2. 사환(使喚)의 자손이 순찰사가 됨

충청남도 서천군 한산에 한산 이(韓山李)씨의 조묘(祖墓)가 있다. 이 묘는 군(郡)의 사환(使喚)이었던 사람이 조상의 뼈를 길지(吉地)에 묻었기 때문에 그 자손이 번창해서 많은 고관이 배출되었다는 것으로 유명하다.

고려의 어느 때인지 확실치 않으나 한산 이(韓山 李)씨의 조상이 아주 가난하여 신분도 낮았기 때문에 한산 군청(韓山郡廳)의 사환(使喚)으로 근근히 그날그날 생계를 꾸려 나갔다. 그러던 이상한 일이 일어났다.

군청사(郡廳舍)의 한가운데에 깔아 둔 널빤지가 해마다 썩어서 못 쓰게 되어 매년 한 번씩 새 나무로 갈아 끼워야 했던 것이다. 딴사람들은 이것을 연중행사처럼 여기고 별로 이상하게도 생각하지 않았지만 이 사환은 이것을 이상히 여겨 노인이나 유식한 사람을 찾아가서 물어 보았다. 드디어 이 군청터가 대지(大地 : 吉地)이며, 생기(生氣)가 왕성하기 때문에 군(郡)의 기지로 정해진 것이고, 그 널빤지가 썩는 것은 거기가 바로 지중(地中)의 생기가 넘쳐흘러서 새어나오기 때문이라는 것을 알았다. 그는 이렇게 지기(地氣)가 왕성한 곳에 자기 조상을 매장한다면 반드시 자기 일가는 사환으로 끝나지 않고 번영의 소응(所應)이 있을 것이라고 생각하였다. 그래서 그는 곧 자기 조상의 뼈를 파내어 남몰래 군청사의 중앙 깊은 곳에 암매장하였다. 결국 한산 이(韓山 李)씨 집안에서는 많은 인재가 배출되었고 자손도 번성하였다.

그 후손이 지방 순찰 중 이 한산군(韓山郡) 청사의 중앙 청마루 밑을 파보니 실제로 유골이 발견되었다. 크게 기뻐하며, 자기의 돈으로 새로이 군청사(郡廳舍)를 딴곳에 지어 옮기게 하고, 그곳에 무덤을 만들어 한산 이씨 시조(始祖)의 무덤으로 삼았다고 한다. 현재 묘비에는 '고려호장이공지묘(高麗戶長李公之墓)'라고 새겨져 있다.

3. 나루터 뱃사공이 통합삼한공신(統合三韓功臣)

충청남도 공주(公州)에서 북으로 20리 금강(錦江)변에 형승이 좋은 땅〔李棹山〕에 '회룡고조격(回龍顧祖格)'의 묘가 있다. 이것은 전의 이씨(全義 李氏)의 조묘(祖墓)로 이 지방에서 유명한 양묘지(良墓地)로 여겨지고 있다.

전하는 바에 의하면 고려(高麗)가 생길 무렵, 이 산 밑에 이모(李某)라는 한 가난한 뱃사공이 살고 있었다. 그는 대단히 자비로운 사람으로서 궁색한 사람을 보면 가만히 있지를 못했다. 그래서 공주(公州) 부근을 배회하는 많은 거지들로부터 신(神)처럼 존경받고 아버지처럼 친해졌다. 어느 날 나그네 중이 강을 건네 달라기에 건너 주었더니 얼마 안 되어 되돌아와서 또 건네 달라는 것이다. 한 숨 돌릴 사이도 없이 그는 또 노를 저어야 했다. 이렇게 하기를 4,5회——보통 사람 같으면 당연히 화를 내었겠지만 이 뱃사공은 조금도 싫은 내색을 하지 않고 친절하게 건네 주었다. 이 중이 크게 감탄했다. 그리고 뱃사공의 얼굴을 들여다보더니 '상중(喪中)인 것 같은데 좋은 묘지를 찾았느냐고 묻는다. 뱃사공은 아버지가 돌아가신 지 3년이나 되었으나 좋은 묘지가 없어서 못 묻고 있다고 대답했다. 그 중은 강 건너의 산을 가리키며 저 산복(山腹)이 길지(吉地)이니 묘지로 정하여 아버지를 매장하라고 말하였다. 그곳이 양지(良地)라서 반드시 후세 사람을 파헤칠 터이니 그것을 막으려면 묘혈을 석회 천가마니로 굳히고 '南來妖師朴相來單知一節之死未知萬代榮華之地'란 문자를 돌에 새겨, 묘의 상층에 묻어 두라고 가르쳐 주었다. 뱃사공은 전부터 은혜를 베풀어 온 많은 거지들의 협력을 받아 석회로 광을 만들고 아버지의 유해를 넣은 다음 여러 겹의 석회로 굳게 다지고 상층 밑에 각석(刻石)을 넣어 공사를 마쳤다.

과연 이 뱃사공의 자손은 눈에 띄게 부귀영달하여, 지금 전의 이(全義李)씨의 시조라 불리는 탁(棹)은 고려 태조 떠부터 통합삼한삼중대공신(統合三韓三重大功臣)으로까지 추증(追贈)되었다. 그런데 몇 대쯤 박상래(朴相來)라는 지관이 이 산을 둘러보고 자손에게 말하기를 '이 뒷산의 용(龍), 즉 내룡(來龍)의 맥이 끊겨 있으니 일시적으로 발복(發福)한다 해도 몇 대 안 가서 일족이 망할 우려가 있다'고 하면서 강력하게 이장하기를 권하였다. 유명한 지관의 말이라 자손이 믿고 그 묘를 파려고 했다. 그런데 모두 석회로 굳게 다져 놓아 좀처럼 쉽게 팔 수가 없었다. 겨우 상층을 벗겨 보니 각석(刻石)이 한 장 나왔다. 거기에는 '남래요운운(南來妖 云云)', 즉 박상래(朴相來)라고 하는 요지관(妖地官)이 와서 이곳을 흉지(凶地)라고 하고 이장(移葬)하기를 권하는 일도 있을 터이나 결코 흔들려서는 안 된다고 씌어 있었다. 자손들은 조상의 주도면밀한 마음과 참서(讖書)의 부합(符合)에 놀라고 다시 본래대로 봉해 놓고 말았다. 이 이(李)씨의 일족은 수만여 명으로 번성했으니 예안 이(禮安 李)씨도 그 자손이다. 《東國輿地勝覽》 전의 인물조(全義 人物條)에 이탁(李棹)의 소전(小傳)이 실려 있는데 그것은 다음과 같다.

"太祖(高麗) 南征至錦江. 水漲 棹護涉有功. 賜名棹. 官至太師 三重大匡."

이것은 전설 같은 사실로, 이 묘지 전설은 아마 이 기사에서 생긴 것이 아닌가 싶다.

4. 보검의 칼 끝에서 왕비가 속출

경기도 양주군, 경춘 가도를 달려 서울에서 약 20리 떨어진 망우리

(忘憂里) 고개의 오른쪽에 민(閔)씨의 묘가 있다. 그 위치는 금곡(金谷)에 있는 이왕가 홍릉(李王家 洪陵)의 백호(白虎)에 해당되며 천마산(天摩山)에 대해서는 '회룡고조격(回龍顧祖格)'을 이루고, 천마산(天摩山)의 지맥인 호적산(好積山)을 향해 '보검출갑형(寶劍出匣形)'을 이루고 있다. 들리는 말에 의하면 이 묘는 민영기(閔泳綺)라는 사람의 13대조가 왕비·재상이 속출할 수 있는 땅으로 선정한 것이라고 한다. 그 중 보검(寶劍)의 칼 끝에 쓴 묘의 자손이 더욱 영달했다고 한다 (보검의 칼몸도 양쪽이 모두 좋기는 하지만, 칼은 뭐니뭐니해도 칼끝이 좋아야 칼로서의 가치가 있다. 더욱 이 보검은 출갑형(出匣形)이니 그 칼 끝이 더욱 유력하다고 했다). 그 말처럼 대를 경과함에 따라 고관대작이 속출했다. 근세에는 이왕가(李王家) 3대에 걸쳐 왕비가 나왔다. 조선조 제26대 고종의 부친인 흥선대원군 하응(興宣大院君昰應)의 비인 민씨(閔氏 : 명성왕후, 시아버지인 대원군과 권력 쟁탈전을 벌이다 비명에 간 여걸) 및 고종의 첫아들 제27대 순종의 왕비 민씨가 바로 그들이다. 민씨가 양반임을 누구나 인정하는 바이다. 훌륭한 대지(大地)에 조상의 묘를 잘 쓴 소응(所應)이 아닐 수 없다.

 고종이 금곡(金谷)의 홍릉(洪陵)을 왕릉의 묘지로 선정하기 위하여 묘지를 중심으로 20리 안의 땅에 무덤 쓰는 것을 금하고 원래부터 있었던 것도 이장시켰다. 이때 이전된 묘지는 660여 기(基)에 이르렀으나 민씨의 묘만은 그대로 두었다. 즉 고종의 어머니가 민씨이며, 고종의 왕비가 민씨이기 때문에 어머니 쪽 묘지에 손을 대는 일을 좋지 않게 생각해서였겠지만, 세력 있는 민비의 체면을 세워 주려는 의도도 없지 않았을 것이다. 이전시키지 않았을 뿐더러 왕명으로서도 어떻게 할 수 없었던 원인은 처음부터 이 묘지가 좋은 땅이었기 때문이었으리라.

 여하튼 그 일로 묘지가 더욱 유명해지게 되었다.

5. 생기(生氣)를 뽑힌 명묘지

경상북도 안동군 가천(佳川)에는 조선 제14대 왕인 선조(宣祖) 시대의 유명한 학자 김성일(金誠一)의 묘가 있다. 이 묘가 유명한 사람의 것이고 또 그 모양이 금계(金鷄)가 알을 품은 형이라고 하여 유명한 묘지로 일컬어져 왔다. 이 묘의 소응(所應)에 대해서는 다음과 같은 이야기가 전해져 온다.

김성일(金誠一)이 죽자 그 자손들은 훌륭한 길지(吉地)를 찾고자 멀리 서울에서 당대 풍수의 제일인자라는 지관을 초빙했다. 그러나 사람을 보내도 그 지관은 촌 양반의 부름에 쉽게 응하지 않았다. 재삼 부탁한 결과 기일(期日)보다 늦게 도착했다. 그런데 몇 차례고 헛되게 기다린 김씨 일가의 사람들은 크게 분개해서 지관의 늦음을 질책하고, 먼 길을 온 수고에 대한 위로는커녕 곧 바르 산으로 데리고 가 묘지의 선정을 재촉했다. 지관은 김씨 집안의 처사에 내심 불쾌하게 생각했다. 그러나 서울에서 제일인자로 인정받는 자신의 권위를 생각하면 함부로 선정할 수도 없었다. 여기저기를 돌아보고 풍수술의 제일인자로서의 이름을 더럽히지 않도록 '금계포란형(金鷄抱卵形)'의 좋은 터를 잡았다. 묘혈을 파고 관(棺)을 묻을 단계에서 흙 속에 묻혀 있던 탕건암(宕巾岩)을 파내었다. 이 바위는 이 혈(穴) 속에 와 있는 용[生氣]을 누르고 있었던 것이다. 그런데 이를 제거했기 때문에 이 내룡(來龍)이 혈중(穴中)에 머물지 못하게 되었다. 이 바위를 그냥 두고 매장했더라면 매우 좋았을 것이다. 자신을 학대한 데 앙심을 품고 이 바위를 치워 버렸던 것이다. 외형은 훌륭한 금계포란형(金鷄抱卵形)이었으나 실속이 없었던 것이다. 그로 인해 김성일(金誠一)의 자손은 그 후 번영하지 못했다고 한다. 탕건암(宕巾岩)은 지금도 이 묘역(墓域)에 버려져 있다. (1930년)

6. 귀신을 모시고 부자가 됨

전라남도 진도군 진도면(珍島面) 남동리(南東里)의 부자 곽(郭)씨가 있었다. 그는 그의 선조가 귀신으로부터 받은 길지(吉地)에 묘를 쓴 덕택에 부자가 되었다고 한다. 원래 곽(郭)씨의 선조는 지독하게 가난한데다 일정한 직업도 없고 거지처럼 여기저기 배회하면서 살고 있었다. 어느 날 읍내 장터에서 일을 마치고 해가 저문 뒤 군내면(郡內面) 수유리(水流里)의 자기 집으로 돌아갈 때였다. 약 2백여 미터를 남겨 놓고 산 허리에 이르러 보니 술에 취한 귀신〔化物〕들이 모여서 누워 자고 있었다. 곽(郭)씨는 깜짝 놀라 간(肝)이 뚝 떨어졌다. 그 소리에 눈을 뜬 귀신들은 사람이 죽어 있으니 정기(精氣) 있는 곳에 매장하는 것이 좋겠다고 의논한 다음 힘을 합쳐서 그를 걸머지고 가서 군내면 수성리 뒷산 꼭대기에 흙을 파고 묻으려 했다. 그때 실신(失神)해 있던 그가 문득 정신을 차리고 용서를 빌었다. '여러분의 신세를 져 뭐라고 감사해야 좋을지 모르겠다. 여러분의 은혜에 사례할 도리가 없으니 시간을 달라'라고 말하고 급히 도망쳐 왔다. 그리고 '귀신(鬼神)에게 좋아하는 것을 대접하면 원하는 요구를 귀신이 모두 들어준다'는 말을 생각해 내고, 여러 가지 술과 안주를 가지고 귀신을 만났던 곳으로 가서 귀신과 만나 전날의 일에 대해 감사한 뒤에 귀신들을 대접했다. 그랬더니 귀신들이 매우 기뻐하여 좋은 묘지를 가르쳐 주겠다고 하면서 그를 안내했다. 그는 그곳을 표시하기 위하여 돌을 놓고 왔다. 3년쯤 지나 병이 들어 죽게 되자, 그는 맏아들에게 귀신을 만났던 일을 말하고 자기를 그곳에 매장하면 자손이 번영할 것이라고 유언하였다. 그가 죽자 장남은 유언대로 그 지점에 장사하였다. 그랬더니 얼마 되지 않아 곽(郭)씨는 거부가 되었다. 현재의 그 자손에 해당되는 곽(郭)씨의 대에는 십수만 원(圓)의 재산을 가진, 군내 제일의 부자가 되었다. 현재의 조부인 곽(郭)씨는 이 일을 아무한테도 알리지 않다가 요즈음에서야 그 비밀을 말하게 됐다는 것이다.

또한 진도(珍島)에서는 부자가 되려면 솔개〔鳶〕를 기름에 튀긴다고 하는 이야기가 있다. 밤중에 산 속에서 이것을 태우면 냄새를 맡고 귀신이 나타난다. 그때 솔개의 고기를 주면 귀신이 크게 감사하고 그 사례로서 원하는 요구를 모두 들어 준다는 신앙이 있으며, 이렇게 해서 부자가 된 사람이 지금도 많이 있다 한다(《朝鮮墓制一斑)》).

7. 묘지 때문에 음분자(淫奔者)가 나온다

전라북도 영암군 곤이시면(昆二始面) 독천리(犢川里)에 있는 독천(犢川) 시장은 수십 년 전에 용산리(龍山里)에서 이곳으로 옮겨졌다. 그 이유는 다음과 같다. 현재(現在) 이 독천장(犢川場)에서 조금 떨어진 곳에 한 무덤이 있었다. 이 무덤은 영암면(靈岩面) 망호리(望湖里)에 사는 이(李)씨의 조묘(祖墓)로서 풍수상 아주 좋은 길지(吉地)였다. 그런데 이 묘를 쓴 후에 자손의 번영은 있어도 일족 중에서 자주 음분자(淫奔者)가 배출(輩出)되었다. 그 이유를 조사해 보니 그 묘지(墓地)가 여근형(女根形)으로 되어 있고 그 뿌리 부분이 사철 마르지 않고 샘에 젖어 흐르고 있었다. 이 샘의 지기(地氣)가 왕성해서 새어 나오는 것이기 때문에 자손 번영을 위해서는 더없이 좋지만, 이 샘이 음수(陰水)이기 때문에 자손(子孫) 가은데 음기(陰氣)가 작용해 음분자(淫奔者)가 배출된다는 것이다. 자손의 번영은 좋지만 음분자(淫奔者)가 나오는 것은 곤란하기 때문에 무슨 좋은 방법이 없을까 하고 여러 모로 생각했다. 결국 왕성한 음기를 딴곳으로 흘리든지 충화(冲和)시켜야 한다는 것이다. 그 목적을 달성하기 위하여 한 달에 여섯 번씩 많은 남자가 모이는 장(場)을 개설하면 좋다고 했다. 그래서 망호리(望湖里)의 이가(李家) 일족이 시장이전(市場移轉) 운동을 벌여 용산리

(龍山里)에 있던 장(場)을 그들의 조묘(祖墓) 앞으로 이전한 것이다. 그후 이(李)씨 일족에서는 음분자(淫奔者)가 나오지 않았다고 한다. (1929年)

8. 송시열(宋時烈)의 묘와 시장(市場)

충청북도 괴산군(槐山郡) 청천면(靑川面) 청산동(靑山洞)에 청천시장(靑川市場)이 있다. 이 시장은 150여 년 전(正宗 3년 : 1779) 같은 면(面) 화양동(華陽洞)에 거주하는 송종수(宋宗洙)가 그의 7대조인 은진(恩津) 송시열(宋時烈 : 1607~1697. 제14대 孝宗때의 대신, 老論의 기수, 호는 尤庵)의 묘를 경기도 수원에서 이곳으로 이장할 때 개설한 시장이다. 이 묘는 풍수상으로 '장군대좌형(將軍對座形)'이다. 장군은 병졸을 필요로 한다. 병졸이 없으면 장군으로서의 위력이 없고 따라서 발복(發福)도 없다. 그래서 이 명당을 위하여 묘 앞에 병졸에 해당하는 사람의 무리가 있어야 한다는 것이었다. 송종수(宋宗洙)는 청천동민(靑川洞民)과 의논하여 시장신설비(市場新設費)로 엽전(葉錢) 3백냥을 기부했다. 결국 묘지 앞에 시장이 개설되었다. 한 달에 여섯 번씩 반드시 사람이 모이게 되니 마치 병졸의 무리처럼 보였고, 또 시장이 있는 곳에 동민(洞民)이 번창하고 묘 앞을 떠나지 않기 때문에 묘지의 지세(地勢)에 잘 순응되어 자손이 영구히 창성한다는 해석이다.

이 시장은 산간 마을의 한 작은 시장이지만 아직도 많은 물화(物貨)가 집산(集散)하며 사람들이 많이 모이고 매매가 성하다. 그러나 송씨의 자손이 지금 그렇게 번영하고 있다고는 말할 수 없다. 과거에 번영했던 것은 우암(尤庵)이 유명한 학자이었고, 그가 살았던 화양(華陽)의 집을 문제(門弟)들이 서원(書院)으로 받들었던 것은 그 학풍을 흠모하는 사람이 많았기 때문이다. 반드시 '장군대좌형(將軍對座形)'의 묘지 때문이라고는 할 수 없다(1930년).

이 외에도 '장군형(將軍形)'의 묘지에 대해 시장을 병졸로 간주한 경우는 상당히 많았다.

9. 흥왕지(興王地)에서 왕(王)이 나오다

태조(太祖) 이성계가 어렸을 때의 일이다. 그는 함경남도 함흥에서 아버지 상을 당했다. 그는 좋은 묘에 장사지내려고 남몰래 초조해 하고 있었다. 그때 함흥 땅에 두 사람의 여승(旅僧)이 지나갔는데 풍수지리에 능통한 사람들 같은 그들은 길가에 쉬면서 다음과 같이 대화했다. 사승(師僧)은 제자에게 동산(東山)을 가리키며 말하기를 '저기에 장사지내면 자손이 왕이 될 터인데 너는 알겠느냐?'라고 한다. 그러니 제자승(弟子僧)은 대답하기를 '저 세 개의 지맥(支脈) 가운데 중앙의 지맥이 낙하하여 짧은 기슭을 이루고 있으니 바로 그곳이 정혈(正穴)인 듯합니다.' 사승(師僧)이 말하기를 '너는 아직 자세히 모르는구나. 사람의 양손도 오른손이 중요한 것처럼 저 오른쪽 지맥(支脈)의 기슭이 진혈(眞穴)이다'라고 했다. 때마침 그곳을 지나던 태조의 가복(家僕)이 이 문답을 몰래 듣고 바로 달려가 이 일을 태조(太祖)에게 아뢰었다. 태조는 급히 말을 달려서 두 승려의 뒤를 쫓아 달려가 겨우 함관령(咸關嶺) 기슭에서 만났다. 그는 그들을 모셔다가 노상에서 문답했던 왕의 땅을 점쳐 받았다. 거기에 아버지를 장사지냈는데 그것이 정릉(定陵 : 함흥군 북주 동면 경흥리)이다. 참으로 놀랍게 얼마 되지 않아 그 소응(所應)이 있어 태조가 고려 왕씨(高麗 王氏)를 대신해서 조선의 태조가 되었다는 것이다. 이때의 사승(師僧)은 나옹화상(懶翁和尚)이며 그 제자는 무학(無學)이었다고 한다(《北路陵殿誌》에 의함).

《증보문헌비고(增補文獻備考)》에 운옥(韻玉)의 기사를 인용해서 함경북도 경흥부(慶興府)의 적지평(赤池坪)이라는 곳을 소개하고 있다.

평(坪)의 중앙에 높이 35보(步) 되는 원봉(圓峰)이 있고, 그 사방은 사람이 건너지 못할 진창으로 둘러싸여져 있다. 원봉 위에 이태조의 고조(高祖)인 목조(穆祖)의 능(陵)이 있다. 지리설에 정통한 진무(鎭撫) 백충신(白忠信)이란 사람이 이 능을 보고 자손 가운데 반드시 왕가를 일으킬 자가 나올 것이다 라고 했다고 전한다(뒤에 함경남도 新興郡 加平面 陵里로 옮겨 德陵이라 했다).

10. 왕비를 낸 명당

왕비를 낸 명묘지(名墓地)가 있으니, 그것은 이미 말한 민(閔)씨의 묘가 그 하나이다. 그 외의 두세 군데를 더 소개한다.

황해도 은율군(殷栗郡) 은율면(殷栗面) 남천리(南川里)에 남양 홍(南陽 洪)씨의 묘가 있다. 황해도에 솟아 있는 구월산의 지맥이 동남쪽으로 우회해서 남천평야(南川平野) 가운데 우뚝 솟은 남산(南山)이 있고, 그 맥이 평야를 건너서 멀리 구월산과 마주하여 서서히 하강하는 간향(艮向)의 사면(斜面)에 묘가 있다. 그 지세는 구월산에 대해서는 '회룡고조(回龍顧祖)의 격'이고, 앞으로는 남천(南川)의 조수(朝水)를 받은 '옥녀탄금(玉女彈琴)의 형(形)'을 하고 있다. 묘분(墓墳)은 조묘(祖墓) 두 개가 나란히 있고, 그 아래쪽에 수십기의 자손들의 묘가 계단식으로 만들어져 있다. 전하는 바에 의하면 지금으로부터 13대 전의 사람이(약 3백년 전) 경기도의 남양(南陽)에서 거지처럼 흘러 들어왔는데(祖墓의 표석에는 '南陽洪公學生, 孺人韓山李氏'라고 새겨져 있다), 이 길지(吉地)에 묻혔기 때문에 그 자손이 번성했다고 한다. 조선 중엽에는 이 일문(一門)에서 현신(賢臣)이 속출했다. 헌종(憲宗)의 왕비 홍(洪)씨도 나왔다. 지금도 일족 중에 벼를 6천석이나 거두는 부자가 여럿 된다고 한다. 이 홍씨의 묘지는 족분(族墳)이다. 이 조묘(祖墓) 위에 묘를 쓴 자손은 불효불경(不孝不敬)의 죄(祖墓를 무시한 죄)로 쇠미(衰微)하고, 또 이 족묘지(族墓地)에서 떨어진 오른쪽 산기슭에 쓴 묘의 후손은 묘 옆을 흘러가는 흉수(凶水)의 소응(所應) 때문에 절멸되고 말았다고 한다. (1930년)

경기도 개성군 중면(中面) 식현리(食峴里)에 파평 윤씨(坡平尹氏)의 조묘(祖墓)가 있다. 금릉(金陵)이라 하는 이 묘의 묘형(墓形)은 '복치형(伏雉形)'이다. 묘지의 뒤에 취봉(鷲峯)이 솟아 있고, 묘 앞에는 응봉(鷹峰)이 서 있고, 그 왼편에 황견곡(黃犬谷)이 있어 취(鷲), 응(鷹), 견(犬)의 삼자가 서로 노려보고 있다. 때문에 복치(伏雉)는 아무 두려울 것 없이 오랫동안 평안한 부육(孵育)을 계속할 수 있다. 풍수상 이것은 '삼수부동지격(三獸不動之格)'이라 칭해지는 절호의 길지이다.

전하는 바에 의하면 현재 그 장소에 사는 윤철용(尹哲鏞 : 中面 面長)씨로부터 32대 조(祖)가 경주(慶州)에서 개성(開成)으로 와 살았는데 그가 죽자 시체를 고향인 경주로 운반하는 도중 여기까지 오니 이상하게도 갑자기 가마의 막대기가 부러지고 말았다. 할 수 없이 그곳에 매장하게 되었는데 그것이 절호의 길지였다. 그래서 그 자손이 번영해서 파평 윤씨(坡平 尹氏), 남원 윤씨(南原 尹氏), 칠원 윤씨(漆原 尹氏) 등의 분파(分派)가 나오고 그 자손이 수만에 이르렀다고 한다. 1926년에 별세한 순종비(純宗妃) 윤씨도 그 후손이다(비가(妃家) 윤덕영(尹德榮)은 파평 윤씨의 후손이다).

경상북도 안동군 풍서면(豊西面) 소산동(素山洞)에는 왕비를 낸 유명한 '매화낙지형(梅花落地形)'의 묘가 있다. 현재의 안동 김(安東 金)씨 14대조가 16대조의 묘를 여기에 쓴 후 자손이 번영했다. 한때 당쟁이 심할 때는 노론파(老論派)의 중견인물이 배출되었다고 한다. 현재 이곳에 사는 김씨족(金氏族)은 약 3백 호 정도인데, 모두 잘 살고 있다. (1929년 5월)

덕수이씨의 선묘(先墓)

11. 성인(聖人), 무장(武將), 문장(文章)을 배출한 묘지

경기도 개성군 중면 덕수리(德水里) 왕대동(王垈洞 : 黃梅洞 이라고
도 함)에 덕수 이(德水 李)씨의 묘가 있다. 여니산(如尼山) 서쪽에 있
으며 ‘高麗朝贈金紫光祿大夫知門下省事上將軍判禮部事行通議大夫典
法判書知三司事世子內直郎德水李公邵之墓’라고 한다. 전하는 바에 의
하면 고려 말기에 중국의 지관이 와서 정성을 다해 정한 것임을 알 수
있다. 이 형(形)이 ‘야자형(也字形)’이다. 중국의 성인 공자를 낳은 니
산(尼山)과 닮았다 하여 여니산(如尼山)을 주산으로 하고 동쪽으로 군
자암(君子岩), 북쪽으로 성인암(聖人岩), 서쪽으로 대장암(大將岩), 남
쪽으로 성현암(聖賢岩)에 둘러싸여 있는데, 성인군자(聖人君子) 문재
무장(文宰武將)의 영기(英氣)를 모으고 있기 때문에 훌륭한 묘지라 한
다. 그래서 6대 이후에는 반드시 중국의 공자(孔子), 제갈공명(諸葛孔
明), 이태백(李太白)에 비견할 만한 위인이 나온다고 한다. 일설에는
중국의 지관이 정한 것은 아니고 묘가 생긴 다음에 중국의 유명한 풍
수사가 왔기에 이(李)씨의 자손이 이 묘를 보였던바 그가 놀라면서 반드
시 이 무덤의 후손 가운데 공자, 공명, 태백에 비할 만한 성현(聖賢)

이 배출된다고 했다는 것이다. 그 소응(所應)은 예상대로였다. 6대째 쯤부터 동방(東方)의 군자로서 공자에 비할 만한 이율곡(李栗谷)이 나왔고, 제갈양(諸葛亮)에 비견할 만한 이순신(李舜臣)이 나왔고, 이태백(李太白)에 비할 만한 문인 이택당(李澤堂)이 나왔다(栗谷의 묘는 황해도 해주 石潭에, 舜臣의 묘는 충청남도 아산군 陰峰에, 澤堂의 묘는 경기도 양평에 있다). (1929年)

12. 며느리 무덤에서 대신(大臣) 화족(華族)이 나오다

경상남도 거창군 신원면(神院面)에 '박산포지(朴山匏地)'라고 하는 구릉묘(丘陵墓)가 있다. 이 묘는 연대 미상으로 약 2백년 전에 주민 신(愼)씨네서 반남 박(潘南朴)씨 집안으로 시집간 규수의 무덤이라 한다. 이 무덤의 덕으로 박씨가 번영했다고 한다. 이에 관한 애처로운 이야기가 전해지고 있다. 신씨(愼氏) 집안과 박씨(朴氏) 집안 사이에 혼약이 성립되어 이루어졌으나 어찌 된 까닭인지 박씨 집에서 그 여자를 친정으로 쫓아보냈다. 신부 신씨는 이를 고민한 끝에 친정에서 죽었다. 신씨 집에서는 출가한 딸의 매장 처리를 사돈네와 의논하려 했으나 박씨 집에서는 이를 전혀 들어 주지 않았다. 그래서 신씨 집은 하는 수 없이 자기 집안 묘지인 '박산포지(朴山匏地)'에 딸을 매장했다. 그후 10년쯤 지나서 박씨가 갑자기 번창하였다. 매우 이상하게 여겨 여러 모로 생각해 보았더니 딴곳에 원인이 있는 것이 아니고 조상의 묘에서 발복(發福)한 때문이었다. 그것은 박씨 집으로 시집갔던 신씨를 매장한 묘지가 풍수상 길지(吉地)이기 때문에 박씨네로 발복(發福)이 이루어진 것이다. 신녀(愼女)가 비록 박씨 집에서 살지 않았다고 하더라도 일단 결혼한 이상 박씨 가문의 사람이라는 것이다. 신녀(愼女)가 박씨가의 조상이므로, 그 묘를 박씨가에서 관리하게 되었다. 박씨가는 해마다 제사를 게을리 하지 않았더니, 박씨 집은 더욱 번영해서 그 자손 가운데서 대신(大臣)이 많이 나왔다. 한편 신씨 집안은 이로 인해 자기들 묘지를 박씨 집에 빼앗긴 셈이 되어 번영할 수 없었다고 전해진다. (1929년)

2. 소응(所應)의 사례

이상은 묘지풍수(墓地風水)에 관한 소응(所應) 전설이다. 다음에는 묘지 소응(所應)의 사례를 들어 본다. 이 사례는 1929년 전국 도(道)마다 대표적인 곳을 몇 군데씩 정하여 그곳 경찰서에 의뢰해서 보고받은 것이므로 묘지(墓地) 소응(所應) 신앙의 대요를 살필 수 있다.

1. 남아 출생
경기도 장단군의 어떤 유식자(有識者)가 지관의 감정(鑑定)으로 '어디에 묘를 쓰면 행운을 얻을 것이다'라는 말을 믿고, 그 땅을 비싼 값에 사들여서 묘지로 사용했다. 그래서인지, 그에게는 아들이 없어 고민이었는데 아들 삼형제를 얻을 수 있었다.

2. 자손 창성
충청북도 진천군 이월면(利月面) 중산리(中山里)에 '와우형(臥牛形)' '갈마음수형(渴馬飮水形)', 같은 면(面) 삼룡리(三龍里)에 '서룡상천형(瑞龍上天形)', 백곡면(柏谷面) 양백리(兩白里)에 '백조포란형(白鳥抱卵形)'이라고 불리는 땅들이 있는데, 이 땅에 조상의 묘를 쓴 사람은 모두 부자가 되고 자손이 창성했다. 또 영동군(永同郡) 상촌면(上村面) 임산리(林山里) 뒷산 '와우형(臥牛形)'의 땅에 약 2770년 전 남지언(南知言 : 別名은 三槐堂)이라는 자가 묻히고 나서 그 자손이 번창하여 종족의 번영을 이루었다.

3. 대제학 배출

경상북도 김천군(金泉郡) 남산(南山)의 권중은(權重殷)이 충청북도 영동군 유곡리(柳谷里) 삼성산(三聖山)에 있는 선인독서형(仙人讀書形)의 땅에 그 부친을 장사지내고 광주군수(光州郡守)가 되고 뒤에 대제학(大提學)까지 되었다고 한다. 또 같은 군(郡) 심천면 기호리(耆湖里) 등운산(登雲山)의 '비룡승천형(飛龍昇天形)'이란 곳을, 같은 군인 영동면 읍내에 사는 박씨 일족이 묘지로 삼았다. 그 자손 가운데 대제학이 나왔다고 해서 그 부근에서는 그 두 곳을 길지라고 한다.

4. 부자가 되다

충청북도 영동군 매곡면(梅谷面) 유전리(楡田里) 횡소산(橫小山)에 있는 '비아부벽형(飛蛾附壁形)'을 땅은 같은 군 같은 면 노천리(老川里) 유봉흠(柳鳳欽)네 조상의 묘지이다. 거기에 묘를 쓴 다음에 30년 동안에 5천원의 재산을 모았다.

5. 자손 번영

충청남도 논산군 양촌면(楊村面) 산직리(山直里) 국사봉(國思峯)에 광산 김(光山 金)씨의 묘지로 '상제봉묘(上帝奉廟)'란 땅이 있다. 지금으로부터 1백여년 전에 만들어진 것으로서 그로 인해 많은 자손이 번창했다고 한다. 또 같은 군 가야곡면(可也谷面) 석서리(石西里) 내곡산(內谷山)의 '만대영화(萬代榮華)의 땅'이라는 곳에 경력공 광산 김(經歷公 光山 金)씨 선조(先祖)를 매장했기 때문에 자손이 번영했다고 한다. 홍성군 구정면(龜頂面) 내현리(內峴里) 뒷산에 '오대병권지지(五代兵權之地)'라는 길지(吉地)가 있다. 지금으로부터 2백년 전에 같은 면(面)의 부자 전영규(田榮圭)의 선조가 그 땅에 조묘(祖墓)를 썼기 때문에 자손이 번영했으며 여러 명의 병사(兵士)가 나왔고, 지금도 부자가 많다. 이 역시 조상의 무덤을 잘 썼기 때문이라 한다.

6. 부귀 번영

전라북도 무주군(茂朱郡) 적상면(赤裳面) 삼가리(三加里) 봉화산(峰火山)을 '연화지(連火地)'라 하는데 예로부터 이곳에 묘를 쓰면 자손이 부귀하다는 말이 전해지고 있다. 현재 그곳에 살고 있는 유씨(柳氏)가 부귀하게 된 것은 그곳에 묘를 썼기 때문이라고 한다. 또 같은 군 같은 면 사산리(斜山里) 시탕산(時湯山)도 '비룡상천형(飛龍上天形)'으로 길지(吉地)이다. 무주면 읍내리 김씨가 이곳에 묘를 썼기 때문에 지금처럼 부귀하게 되었고 자손도 번영한 것이다. 또 같은 면 사천리 길왕산(吉旺山)은 '평사낙안(平沙落雁)'의 길지(吉地)로서 동리(同里)의 김(金)씨가 이곳에 묘(墓)를 썼기 때문에 지금처럼 부귀해졌다고 한다. 또 같은 면 포내리(浦內里) 옥수동(玉水洞) 청량사(淸涼寺) 십리 안에 '만년유택지지(萬年維宅之地)'가 있어 무주면(茂朱面) 오산리(五山里)의 갈(葛)씨가 이곳에 묘(墓)를 썼으나 아직 발복(發福)을 보지 못했다고 한다.

7. 왕비 다섯에 재상 일곱

전라남도 영광군 법성면 신장리(新莊里) 뒷산에 '용사취회형(龍蛇聚會形)'이라고 하는 길지가 있다. 여기에 고려 시대 한평장사(韓平章事)란 사람이 묘를 쓴 후 왕비 다섯 명, 재상 일곱 명 및 기타 고관들이 수십 명 나왔다. 오직 조상의 묘를 길지에 쓴 덕택이다.

8. 와우(臥牛)의 소응

제주도 정의면(旌義面) 수산봉(水山峰)에 '와우형'의 길지(吉地)가 있다. 고성리(古城里)에 살던 오성민(吳聖敏)의 묘가 여기에 있다. 오씨의 가문이 번창한 것은 '와우형' 길지(吉地)에 묘를 쓴 소응(所應)이라고 한다.

9. 군수 13명이 나오다

제주도 우면(右面) 고내봉(高內峯) 남쪽 기슭에 있는 동면(同面) 상가리(上加里)에 변(邊)씨 조상의 묘가 있다. 이곳에 묘를 쓴 다음 그 문중에서 13명의 군수가 나왔고 호걸이 많이 배출되어 일대에서 길지라 불리게 되었다. 단, 그 묘의 명칭과 유래는 분명치 않다.

10. 10년 만에 금이 집에 가득해지다

제주도 서중면(西中面) 의귀리(衣貴里) 반득전(班得田) 및 서중경찰서(西中警察署)가 있는 곳은 모두 길지(吉地)라 한다. 1천 년 전에 경주 김(慶州金)씨가 그곳에 묘를 쓰고 그 뒤쪽에 집을 지으니 10년 만에 부자가 되었다. 뒤에 말 천 필을 왕에게 바치고 감목관(監牧官)에 임명되어 그 직을 한일합방 때까지 세습한 일이 있다.

11. 이황의 선조묘

경상북도 안동군 도산면(陶山面) 온례동(溫惠洞) 용두산(龍頭山)은 동방 주자(東方 朱子)라 칭해지는 퇴계(退溪) 이황선생의 조묘(祖墓)로 유명하다.

12. 자손 번영

경상북도 경산군(慶山郡) 압량면(押梁面) 유곡동(油谷洞) 신지(新地)로 들어가는 삼성산(三聖山)에 '갈룡음수형(渴龍飮水形)'이라 하는 호길지(好吉地)가 있다. 약 3백년 전에 박씨(경산군 南山面 沙月洞 거주)의 선조가 이곳에 묘를 썼기 때문에 그 자손이 번영하고 출세했다고 한다.

경상남도 밀양군 상내면 봉의리(鳳儀里)의 건당산(乾堂山)은 하남면(下南面) 대사리(大司里) 김씨 조묘(祖墓)인데 '비봉포란(飛鳳抱卵)'의 땅이라 자손이 번영했다고 한다. 또 같은 군(郡) 하서면(下西面) 마흘리(馬屹里)의 병산(甁山)에는 산외면(山外面) 다죽리(茶竹里) 손(孫)씨의 조묘가 있는데, '천고시풍(天高嘶風)'의 땅으로서 자손 가운데 무인(武人)이 나와 번영했다고 한다.

13. 범이 성하고 개가 망하다

경상남도 밀양군 부북면(府北面) 덕곡리(德谷里) 안산(案山)은 손(孫)씨의 묘로서, '복호형(伏虎形)'의 길지이다. 약 50년 전에 이곳에 묘를 쓴 후 그 일족이 부자가 되었다고 한다. 그런데 그곳에서 서쪽으로 5백 미터 지점에 위치한 설(薛)씨 묘가 있는 산이 '와견형(臥犬形)'으로 그 지세(地勢)가 '와호형(臥虎形)'을 이기지 못한 결과라고 한다.

14. 암장(暗葬)으로 함께 망하다

경상남도 밀양군 삼랑진(三浪津) 삼광리에 조장군산(曺將軍山)이 있다. 예전에 어떤 풍수사(風水師)가 죽을 때, '생전에 각지를 다니며 길지(吉地)를 골라 표목(標木)을 세워 두었으니 그곳에 묘(墓)를 쓰면 영웅이 나와 집이 번성할 것이다'고 했다. 그 뒤 조모(曺某)가 이 산에서 표목(標木)을 발견하고 묘(墓)를 썼더니 과연 장군이 되었다. 그래서 조장군산(曺將軍山)이라 하게 되었다. 그런데 조가(曺家)가 번영하는 것을 알고 이를 시기하여 그 묘(墓)에 암장(暗葬)했기 때문에 조가(曺家)와 암장자(暗葬者)의 모든 자손이 절멸했다고 한다.

15. 풍수사의 말대로

경상남도 진주 대곡면(大谷面) 단목리(丹牧里)에 사는 하우치(河禹治)라는 사람이 4백여 년 전 덕곡리(德谷里) 산을 가다가 한 풍수사를 만났다. 그가 자손의 멸망을 바라지 않고 번영을 바란다면 그 산에 묘를 쓰라고 하여 하(河)씨는 그대로 하였다. 그후 수백 년이 지난 지금 대곡면 단목리의 하성(河姓)은 도처에서 번영하고 있다 한다.

또 같은 군(郡) 사봉면(寺奉面) 풍곡리(風谷里)의 정기여(鄭基汝)는 지금으로부터 약 50여 년 전에 풍수사를 데리고 돌아다니면서 묘지를 선정하여 풍곡리 비봉산(飛鳳山)에 선조의 묘를 개장하였더니 정상환(鄭象煥) 등 아들을 일곱 낳고 부자가 되었다고 한다.

16. 대대로 감사(監司)가 되다

경상남도 하동군(河東郡) 적량면(赤良面) 관리(舘里) 금강산(錦岡山)은 '서상출동(鼠象出動)'이라고 일컬어진다. 이곳에 묘를 쓰면 삼상육판(三相六判)이 나온다고 전해졌다. 약 5백여 년 전에 조모(趙某)라는 사람이 이곳에 묘를 쓰고 그 자손이 대대로 감사(監司)를 지냈다고 한다.

17. 9대 진사(進士)의 땅

황해도 수안군(遂安郡) 수안면(遂安面) 옥현리(玉峴里) 지현동(芝峴洞) 망진산(望眞山)에 전주 최(全州崔)씨의 선영분묘(先塋墳墓)가 있다. 수백년 전부터 풍수의 예언대로 9대 진사가 나왔다고 한다. 또 같은 면 사주동(沙珠洞) 계룡산(溪龍山)에는 문화(文化) 유(柳)씨의 묘가 있는데 그 주산(主山)이 문필봉(文筆峰)이기 때문에 세 명이 과거에 급제했다고 한다.

18. 반월(半月)에 입장(入葬)하고 만월(滿月)의 발복(發福)

황해도 수안군 연암면(延岩面) 소채리(所彩里) 반월산(半月山)에 수안 이(遂安 李)씨의 조묘(祖墓)가 있다. 그 산은 명칭처럼 반월형(半月形)이다. 반월(半月)이 점점 둥글어져 만월(滿月)이 되는 것처럼 그 땅에 묘를 썼기 때문에 자손이 번성했다고 한다.

19. 지명(地名)에서 온 소응(所應)

황해도 수안군 연암면 연금리(延金里) 병사치산(兵使峙山)에 수안(遂安) 이(李)씨의 묘가 있다. 370여 년 전 한 풍수사가 그 땅을 보고 묘를 쓰면 자손 중에 병사(兵使)가 나올 것이라 하였다. 이곳에 묘를 썼던바 이씨 가문에서 60여 년 전에 병사(兵使)가 배출되었다고 한다.

20. 돌을 깨서 길운을 얻다

평안남도 용강군 해운면(海雲面) 궁산리(弓山里) 연대산(煙台山) 남쪽 기슭에 있는 '청룡탄주형(靑龍呑珠形)'의 땅은 이씨의 묘지인데, 그 곁에는 이상한 돌 한 개가 있었다. 어떤 풍수사가 그 돌을 파괴하면 행운이 있을 것이라 하여, 그 돌을 부쉈더니 자손이 번영했다고 한다.

21. 묘를 무학(舞鶴)에 쓰고 금란(金卵)을 얻다

평안남도 용강군 해운면 백병리(白屛里) 병산(屛山)의 동쪽 기슭에 '무학형(舞鶴形)'의 길지(吉地)가 있다. 이는 강서군 장안면(江西郡 長安面)에 사는 유(柳)씨족의 묘이다. 수백년 전에 이 땅에 묘를 썼더니, 3일 후 해변에서 고기를 낚다가 황금 덩어리를 얻었다. 그후 그 집은 부자가 되어 번영했다. 이는 길지에 묘를 썼기 때문이라고 한다.

22. 고양이를 건네주고 발복이 그치다

평안남도 성천군(成川郡) 통선면(通仙面) 백원리(百源里) 박씨산(朴氏山)에 박씨 묘(朴氏墓)가 있었다. 그 산허리에는 제비집처럼 나온 부분이 있어서 '연소형(燕巢形)'이라 했고, 자손이 번영했다. 그런데 묘 앞을 흐르는 하천에 다리를 놓은 뒤부터 갑자를 가운이 쇠퇴했다. 그것은 대안(對岸)에 묘암(猫岩)이 있었는데 가교(架橋)로 고양이가 건너와서 제비집을 먹어치웠기 때문이라고 한다.

23. 사냥꾼 모양의 바위를 부수고 족멸하다

평안남도 성천군 성천면 순덕리(順德里)에 있는 조씨(趙氏)의 묘지는 노루가 엎드린 '복장형(伏獐形)'이라 했다. 옛날 이 조씨(趙氏) 일문(一門)은 번창했었는데 어떤 풍수사가 기르고 있는 말을 팔라고 청했다가 거절당하자 앙심을 품고 딴 풍수사로 하여금 앞산에 있는 사냥꾼 모양의 바위를 파괴하면 더욱 발복할 것이라고 말하게 했다. 그 말을 듣고 바위를 부수니 복장(伏獐)이 도망쳐 조(趙)씨 일족이 멸망했다고 한다.

24. 와우형(臥牛形)과 진사 급제

평안남도 덕천군 잠도면(蠶島面) 양촌리(陽村里)에 대평리 김씨(大坪里 金氏)의 족묘(族墓)가 있는데 그 지형이 '와우형(臥牛形)'이다. 그 때문에 1백여 년 전 그 자손 중에서 급제한 사람과 진사(進士) 가 한 사람씩 나왔다고 한다.

25. 자손 번영과 고관 배출의 땅

평안북도 태천면(泰川面) 북안동(北安洞) 가지현(可枝峴)에 있는

'풍취나대형(風吹羅帶形)'의 땅에 지금으로부터 약 5백 년 전에 선거사(仙居士)가 선정(選定)한 묘지가 있는데 이 묘지의 자손인 단양 이(丹陽 李)씨는 선조의 유골을 매장한 이래 자손이 번영하여, 가구수가 천수백 호에 이르고, 또 주서(主書), 진사(進士), 급제(及第)의 영관(榮冠)을 얻은 자가 열두 명, 군수(郡守) 5명, 기타의 관직(官職) 및 부자가 된 사람이 무수히 많아, 부귀겸전의 발복이 큰 땅이다.

26. '해구형(蟹口形)'의 묘지

평안북도 태천군 태천면 왕정동(旺井洞) 일암산(釰岩山)에 '해구형(蟹口形)'의 묘가 있다. 약 3백 년 전에 시체를 운반하던 중 여기서 쉬게 되었는데 그때 저절로 시체가 이 땅에 붙어 버렸다. 그래서 이 땅이 길지라는 것을 알고 그 땅에 장사지냈던 것이다. 그곳에 장사지낸 수원(水原) 백씨(白氏)가 점점 번영해서 7백 호 이상이 되었고, 진사, 급제 등으로 고관대작이 많이 나오고 상당히 유복해졌다고 한다.

27. 고관(高官)이 나오는 묘

평안북도 영변군(寧邊郡) 오리면(梧里面) 묵시동(墨時洞) 덕현산(德峴山)에 '비룡상천형(飛龍上天形)'의 땅이 있다. 약 3백 년 전에 같은 면 송호동(宋湖洞) 유씨(柳氏)가 여기에 묘지를 쓴 뒤 자손이 수백 명에 이르고 거기에 급제 및 진사가 된 자가 열일곱 명이나 나왔다고 한다.

28. 자손 번식의 묘

평안북도 영변군 연산면 신천동(新泉洞) 입현산(笠峴山)에 '갈록음수형(渴鹿飮水形)'의 땅이 있다. 이곳에는 고성면(古城面) 남산동(南山洞)의 김씨의 18대조의 묘가 있다. 그 후손이 지금 전국에 산재해 있고 그 호수가 3천을 넘고 인구 2백만을 헤아리게 되었다고 한다.

29. 도장(倒葬)한 후 출세가 막히다

평안북도 영변군 봉산면 조양동 용산곡 피도산(避盜山)의 남봉(南峯)에 이(李)씨 9대조의 분묘가 있다. '초생달 형'의 묘로서 길지라고 일컬어진다. 전해 오는 바로는, 이 묘는 지금으로토부터 3백 년 전 어느 유명한 풍수승(風水僧)이 정한 것이라 한다. 그때 중이 말하기를 아무리 후대에 가서라도 절대 도장(倒葬)해서는 안 된다고 하였다. 만일 도장을 하면 재산의 발복에는 지장이 없으나 자손의 출세는 막힐 것이라 경고하였다(倒葬이란 자손의 무덤을 祖墓보다 上位의 땅에 묻는 것을 말한다). 그런데 이 경고에도 불구하고 그의 장남 및 손(孫)의 유골을 그 묘(墓)보다 더 높은 곳에 매장하였기 때문에 그 씨족은 현재 재산은 있어도 출세한 자가 없다고 한다.

30. 금귀함니형(金龜陷泥形)

강원도 양양군 죽왕면(竹旺面) 야촌리(野村里) 앞뜰 작은 산에 같은 면 삼포리(三浦里)에 거주하는 어(魚)씨 일파의 조묘(祖墓)가 있다. 이 곳은 '금귀함니형(金龜陷泥形)'의 길지라 한다. 어(魚)씨 일파는 이 묘 때문에 현재 부자이며 상당한 세력가르 행세하고 있다.

31. 9대째부터 번영

강원도 춘천시 동산면 원창리 새 주막 뒷산에 현존하는 백승기(白承基)의 9대조 묘는 '갈마음수형(渴馬飮水形)' 또는 '복호형(伏虎形)'이라고 일컬어지며 그 묘를 쓴 후 9대째부터 자손이 번영하게 되었다고 한다.

32. 옥녀산발(玉女散魃)에서 대신이 나다

함경남도 원산시 풍하면 고연리 국사봉(古連里 國師峯)은 '옥녀산발형(玉女散髮形)'의 길지이다. 약 3백년 전 이한영(李漢英)이라는 자가 그의 선조의 유골을 여기에 묻고 그 뒤 욱일승천(旭日昇天)의 세로서 번영했다. 한영(漢英)의 장남 이관(李寬)은 공조판서가 되었다.

33. 일대 천손(千孫)의 땅

함경남도 갑산군 회린면(會麟面) 서당(書堂)에 있는 경주 김씨의 묘는 '장군형(將軍形)'이며 일대(一代) 천손(千孫)의 땅이라 한다. 지금으로부터 250년 전에 정해진 것이지만 50년 전까지 그 자손 중에서 많은 영웅 호걸이 배출되고 고관이 수십 명이나 나왔다고 한다. 또 같은 송계리령(宋溪里嶺)에 있는 조(趙)씨의 묘는 '반월형(半月形)'으로 그 자손도 번영했다고 한다.

34. 고관 배출의 땅

함경북도 성진군 학남면 금산동 동막촌(琴山洞 東幕村) 동쪽의 사을포산(斜乙浦山)에 있는 안동 김씨의 조묘(祖墓)는 '맹호출림형(猛虎出林形)' 또는 '옥녀탄금형(玉女彈琴形)'이라 한다. 그 자손(子孫)이 성진(城津)·단천(端川) 지방에만도 2천 명이 넘고 전국적으로 산재해 있는 수는 8천 명에 달한다고 한다. 이 묘를 쓴 후에 5백년간 23대에 미치는 동안 많은 진사(進士), 대과(大科), 진무사(鎭撫使), 참판(參判) 등 고관이 배출되었다. 지금도 유명인사가 적지 않다고 한다.

35. 응봉하복치형(鷹峯下伏雉形)

함경남도 성진군 학서면 원평동(院坪洞) 하남(下南) 석고강(夕高崗)

에 충주 김씨의 묘가 있다. '응봉하복치형(鷹峰下伏雉形)'이라 하며, 약 2백년 전에 만든 것이며 이 묘 때문에 자손들이 14대에 걸쳐 부귀영화를 누렸다고 한다.

36. 추증(追贈)해서 대지(大地)에 장사지냄

함경북도 경성군 주을면(朱乙面) 온직동(溫直洞)에 '장군대좌군마결진형(將軍大座軍馬結陣形)'의 분묘(墳墓)가 있다. 이 묘지에서 사방의 산세를 보면 딴 산맥이 모두 이 산맥에 응하고 있다. 마치 장군이 사군(四軍)을 호령하는 것 같은 자세이다. 이 묘는 지금의 제주(祭主) 마관석(馬寬錫)이란 자의 7대조가 정한 것이다. 지금으로부터 120년 전 같은 군 경성(鏡城)에 사는 한 유생(儒生)이 아무 관직도 얻지 못한 채 빈곤하게 살아가고 있었다. 하루는 한 노승이 문 앞에 와서 동냥을 달라고 하기에 가난하지만 성의를 다해서 노승을 잘 대접하고 또 떠날 때는 갈아 신을 짚신까지 내주었다. 그랬더니 노승은 그 성의에 감사하고 주인에게 '내가 일찍이 길지(吉地)를 점쳐 둔 곳이 있으니 여기에 조상의 묘를 개장하라'고 하였다. 이튿날 노승의 가르침대로 개장하였다. 그 뒤 성묘를 가보니 시체가 외부에 노출되어 있었다. 다시 개장했으나 다시 노출되어 있었다. 이와 같이 여러 차례 노출이 되풀이되자 이상히 여겨 어떤 사람에게 물어 보았다. 그랬더니 이 묘지는 대지(大地)이므로 대인(大人)을 묻어야 하는데 신분이 낮은 시체를 묻은 고로 산신의 노여움을 샀다는 것이다. 그러므로 사자(死者)에게 신분관위(身分官位)를 추증(追贈)해서 새로 금관(金棺)에 넣고 명정(銘旌)에는 마공모대부(馬公某大夫)'라고 써서 장사지냈다. 그리고 백 일간 산신에게 기도를 드렸다. 그 뒤로는 아무 이상이 없고 자손이 점점 번영했다. 그의 아들 마행일(馬行日)은 진사(進士), 부사(府使)가 되어 세세(世世)토록 관록(官祿)을 누렸다고 한다.

37. 개장으로 대신이 되다

함경북도 회령군 팔을면(八乙面)에 원어산(元魚山)이라는 산이 있다. 이 산의 길지에 오상규(吳相奎)의 조묘(祖墓)가 있다. 1870년경 조상규는 최고의 길지라는 지관의 말에 따라 조상의 유골을 개장했더니 얼마 안 가서 대신이 되었다 한다.

38. 자손이 번영하는 묘

함경북도 회령군 벽성면(碧城面) 오봉동(五鳳洞) 오봉산(五峰山) 중턱에 길지라고 일컬어지는 묘지가 두 군데 있는데, 그 하나를 '풍취나대형(風吹羅帶形)'이라고 하고, 또 하나를 '금계포란형(金鷄抱卵形)'이라 한다. 이 무덤의 자손들은 모두 번영하고 있었다. 또 길주군(吉州郡) 장백면(長白面) 영호동(英湖洞) 상지곡(上芝谷)에 있는 개성 최(開城 崔)씨 문중의 묘지를 흔히 시산묘지(始山墓地)라고들 하는데 '맹호출림형(猛虎出林形)'을 하고 있다. 여기에 묘를 쓴 지 3백년이 되었고 그 자손이 지금 1천 명 이상이 되었다고 한다.

이렇게 여러 가지 사례가 전국적으로 행해지고 있으며 이 밖에도 많이 있을 것이다. 이와 같은 묘지풍수(墓地風水)의 소응(所應)은 전설이나 구전만이 아니라 민간의 신앙 의식으로서 강하게 지지되어 왔음을 볼 수 있다. 묘지의 풍수신앙이 종래 얼마나 강하게 의식 속에 파고들었으며, 얼마나 깊게 생활의식에 영향을 주고 있었는가를 알 수 있다. 이러한 여러 전설이나 사례에서 명백히 알 수 있는 것은 그 소응(所應)이 모두 자손의 번영과 부귀영달에 한정되어 있다는 것이다. 한국인의 사회생활이 혈족 위주이며, 혈족 이외의 것에는 번영을 기대할 수 없었음을 잘 반영해 준다.

이 묘지 소응에 나타난 것을 보면 고려에서 조선에까지 한국인의 욕구와 소원의 첫째는 가족의 증대와 그 연장에 있고, 둘째로는 그 가족 중에서 고관(高官)을 내는 일이고, 셋째로는 부자가 되는 것이었다. 가족 구성원이 증대(增大)되고 고관이 된다는 것이, 고려, 특히 조선 사회에서는 가장 확실하게 생활을 충족시킬 수 있는 길이었다. 이 두 가지의 소원을 가지고 생활욕구를 해결하려고 생각했던 것이다. 이 두 가지가 모든 한국인의 가장 치열한 욕구가 되어 있었던 것이다. 한국과 같은 혈족 중심의 사회에서는 자기 혈족 이외의 사람에게서는 이것을 달성하기 어렵다. 실제로 현실생활에서는 사람들의 의견, 감정, 이해 등의 복잡한 장애가 있기 때문에 그 욕구를 충족시키기 어렵다. 그런데 묘지풍수, 즉 사자(死者 : 자기의 尊親)를 길지에 묻으면 이 두 가지의 커다란 소원이 달성된다고 하므로 많은 사람들이 묘지풍수 신앙에 몰두할 수밖에 없었으리라. 더욱이 길지에 조상을 묻는 것은 효도라는 성현의 뜻과 유교의 정신에도 부합되었던 것이다.

3. 풍수에 의한 이개장(移改葬)

묘지풍수의 소응(所應)이 들어맞는다고 믿었다면, 살아 있는 사람들에게 행운만이 아니고 재화(災禍)의 영향도 미치리라고 생각했을 것이다. 모든 장서(葬書)가 흉악한 땅에 조상의 묘를 쓰면 재화(災禍)가 반드시 따른다고 말하고 있다. 마치 길지에서 발복(發福)이 있는 것처럼 흉지(凶地)에서는 발화(發禍)를 하여 그것은 길지에서의 발복보다도 오히려 더 확실히 나타나는 것으로 믿거졌다. 재화를 피하고 행운을 바라는 것이 인간의 상정이다. 이에 흉묘지(凶墓地)에서 미치는 재화를 행복으로 바꾸려는 방법이 강구되기에 이르렀다. 따라서 운이 없어서 흉할 경우에는 전화성복(轉禍成福)을 위해, 혹은 이것을 보충하는 비보(裨補)의 방법이 행해지거나, 옛터를 버리고 따로 길지를 구해서 개장(改葬)하는 방법도 있었다. 묘지는 거주의 터와는 달라서 산간(山間) 전야(田野)에서 비교적 쉽게 구할 수 있기 때문에 비보의 방법보다는 대체로 개장을 하였다. 묘지로서 좋지 않다고 생각되면 길지로 개장하는 것이 일반적인 관습으로 되어 있다.

개장(改葬)이란 묘지가 나쁘거나 산 사람에게 악영향을 미칠 것이 두려워 길지로 전장(轉葬)하는 것이지만, 여기에도 이를 촉진하는 동기가 한두 가지 있다. 첫째는 집안에 불상사나 환자가 생겼거나 재화가 생겼을 때, 그 원인을 알 수 없어서 풍수사로 하여금 묘의 길흉을 점치게 해서 그 흉한 까닭이 묘의 흉운(凶運)이라고 밝혀지면 개장(改葬)을 하게 된다. 둘째는 명묘지(名墓地)이라고 해서 묘를 썼는데도 불구하고 몇 년이 지나도 그 소응이 없을 때 흉지를 길지라고 잘못 정한 것이 아닐까 하고 의심이 가서 딴 풍수사를 시켜 본 결과 흉지라고 판명되었을 때 개장하게 된다. 묘지 가운데는 휴수(休囚)라는 것이 있다. 장사지내고 나서 30년 또는 50년, 혹은 2백년, 3백년간만 복을 발하고 그 뒤는 발복(發福)하지 않는 것이다. 이것을 '휴수(休囚)'라 한다. 이 휴수의 기간의 장단(長短)은 묘지의 형세, 역량의 우열, 대소 등에 따라 일정하지 않다. 아무리 길지라 하더라도 일단 이 휴수기(休囚期)에 이르면 그 묘의 자손은 간난신고(艱難辛苦)에 빠지게 된다. 그러나 몇백 년이나 몇십 대 동안 확실하게 발복하는 묘를 찾기란 쉬운 일이 아니다. 또 그 수도 지극히 드물다. 그러므로 '휴수'를 지속(遲速)시키는 무슨 방도를 강구하지 않으면 안 된다. '휴수'의 기(期)가 있는 것처럼 그 발복의 개시에도 조만(早晩)의 차가 있다. 빠른 것은 그 다음 해가 되는 수도 있으나 어떤 곳은 5년, 10년, 늦은 경우는 10대(代), 20대가 지난 뒤에야 비로소 발복기(發福期)에 들어가는 것도 있다. 그 조만(早晩)의 차(差)는 오로지 묘지의 지세역량(地勢

力量)의 여하에 따른다. 그러나 아무리 발복이 훌륭한 길지라 하더라도 그것이 5대 또는 10대의 뒤에 이르러서 발복한다면 만족할 수 없을 것이다. 사실은 당대에 발복하기를 바란다. 5대째에 발복한다고 하면 5대까지의 사람들은 그것을 기대하는 즐거움밖에 맛볼 수 없다. 당대에 받기를 원하여 발복의 시기를 앞당기려는 사람도 없지 않다.

묘를 쓸 때 발복의 개시기(開始期), 휴수(休囚)의 시기를 대강 짐작은 하지만 대단한 풍수사가 아닌 한 시기를 명확하게 예언하기는 어렵다. 따라서 기운이 성하지 못하고 쇠미할 징조가 있으면 풍수사를 바꾸어서 발복, 휴수의 시기를 점치지 않으면 안 된다. 점쳐 본 결과 아직까지 발복의 개시기(開始期)에 접어들지 않았는지, 혹은 이미 '휴수'기에 접어들지나 않았는지를 알아본다. 이미 휴수기에 접어든 것이거나 아직 발복기에 접어들지 않아 앞으로 긴 세월 동안 기다려야 한다면, 빨리 발복하기를 원하여 개장하는 자도 있게 마련이다. 그러면 실제적 사례를 통해 알아보기로 하자.

1. 고려의 왕릉 개천(改遷)

고려 중엽에는 자주 거란의 침략을 받아, 제 7 대 목종(穆宗) 때에는 거란의 연호를 쓰게 되었고(994), 현종(顯宗 : 1101) 때는 국도(國都) 개성이 함락되어 왕은 공주로 피난하지 않을 수 없었다. 그 뒤에도 거란은 오랫동안 고려의 외구였다. 외구를 막고자 여러 가지 주법(呪法)을 행하였으나 그 효험을 보지 못했으므로 드디어 묘지풍수에 기대를 걸게 되었다. 현종 3년 5월에는 거란병이 선의문(宣義門)에 육박하여 횡교(橫橋)를 불태우고 갔기 때문에 조야(朝野)가 야단이었다. 당시 집권자 최충헌(崔忠獻)은 안종(安宗)의 능과 후릉(厚陵)을 딴곳으로 개장하고자 개장일을 택하도록 했다. 개장의 이유는 이러했다. 현종이 왕이 되기 전에 아버지 안종(安宗) 욱(郁)을 우언대로 사수현(泗水縣)

의 귀룡동(歸龍洞)에 장사지냈는데 그때부터 거란의 내구(來寇)가 잦았고, 현종은 즉위 다음 해 공주로 피난하지 않으면 안 되었다. 또 후릉(厚陵)을 귀룡동(歸龍洞)에 묻자 거란(契丹)의 침략이 있었다. 그래서 거란의 침략이 묘지와 관계가 있는 것으로 생각하고 이들 능묘를 다른 곳으로 개장하게 되었다고 한다. (《高麗史》권 1, 29)

2. 덕릉과 안릉의 이장

조선 태조의 증조부모, 즉 목조(穆祖)와 효비(孝妃)의 침원(寢園 : 墓)을 덕릉(德陵), 안릉(安陵)이라고 한다. 이 두 능은 원래 두만강(豆滿江) 밖 향각봉(香角蜂) 남쪽에 있었던 것이며, 전하는 바에 의하면 이 능을 만들 때 철룡(鐵龍)을 산에 묻어서 지맥을 보(補)했다고 한다. 그런데 후손들이 이를 강내(江內)에 이장했다. 그곳은 경흥(慶興) 부근(赤池坪이라는 곳)이며, 사방이 습한 곳으로 가운데 작은 언덕이 있는 곳이다. 풍수상 '금귀몰니형(金龜沒泥形)'이라 하는 그곳이 왕이 나올 길지라 하여 이장하였던 것이다. 그런데 태종 때 다시 이것을 함경남도 함흥부(咸興府)로 이장했다. 경흥이 여진(女眞)에 인접해 있기 때문이었다(《耳溪集》). 즉 조묘(祖墓)를 여진에 가깝게 두었다가는 어떤 일을 당하게 될지도 모르고, 지맥이 끊긴다던가 유해가 파헤쳐지게 된다든지 버려지게 된다든지 하면 황후를 낼 정도의 발복의 소응이 도리어 족멸(族滅)이라는 발화의 소응으로 변하지 않을까 두려웠던 것이다.

3. 영릉의 개천(改遷)

세종의 능은 처음 광주 헌릉(廣州 獻陵 : 太宗의 陵) 국내(局內)에 조영(造營)되었다. 그런데 제 7 대 세조 때에 영릉(英陵)이 길지가 아니니 길지를 찾아 천장(遷葬)하지 않으면 안 된다는 의견이 나왔다. 세조가 서거정(徐居正)을 불러 물은즉 그가 대답하여 가로되, '산수의 방위를 가지고 자손의 화복을 삼는 일에 대해서 신은 아는 바가 없습니다. 세상에서 천장(遷葬)을 하여 복을 얻으려 한다니 왕으로서 더이상 무엇을 바라고 원하겠습니까?' 그러자 왕은 '과인도 천릉(遷陵)할 생각이 없느니라'고 했다. 그러므로 세조 때에는 천릉은 중지되었다(《增補文獻備考》). 그런데 제8대 예종 원년(1469)에 다시 영릉을 개천(改遷)하여야 한다는 의견이 나왔다. 어느 일관(日官)이

"英陵坐局所直之宿. 有不應古經者. 宜改建玄宮. 以膺丕休."

이라고 상주하였기 때문이다. 예종은 곧 이를 군신에게 논의케 했고,

"皆曰. 改葬古矣. 葬故有闕則尙旦改葬. 況今風水之司有言. 必有所稽. 不可不從."

이라 하며 재상(宰相)을 각지에 보내 개장에 알맞은 길지를 찾아보도록 했다. 또

"羣臣啓曰. 驪興(驪州)之北. 有一大洞. 岡巒列勢. 主對粲然. 法曰山頓水曲子孫千億. 以臣等所相, 陵寢所安, 無右於此."

이란 상주(上奏)를 받아들이니, 세종의 재궁(梓宮)은 여주(驪州)로 옮겨졌다. (金守溫 《報恩寺記》)

위 문장에 나오는 '法曰山頓水曲子孫千億'이란 문구는 《청오경》에 나오는 것이다. 일관(日官)의 상주(上奏)에 '有不應古經者'의 고경(古經)은 《청오경》을 가리킨 것이다. 이것으로 보건대 당시 풍수의 관사(官司)였던 일관(日官)은 《청오경》 등의 풍수서를 전거(典據)로 해서 길흉을 논했음을 알 수 있다.

4. 정릉(靖陵)을 옮기다

경기도 광주군 언주면(彥州面) 삼성리(三成里)에 조선 제 9 대 성종(成宗)의 능인 선릉(宣陵)과 제11대 중종의 능(陵) 인 정릉(靖陵) 이

있다. 이 두 능의 원당(願堂)으로서 조포사(造泡寺)로 유명한 봉은사(奉恩寺)가 있다(願堂은 冥福을 追薦하기 위한 절. 造泡라는 것은 豆腐, 즉 두부를 만들어서 陵寢의 祭需로 하는 것). 정릉(靖陵)은 〈정릉지(靖陵誌)의 봉은사 사적(奉恩寺 事蹟)〉에 의하면 제13대 명종(明宗) 17년(1562)에 여기에 천장(遷葬)한 것이다. 이에 대해서는 다음과 같은 이야기가 전해온다.

봉은사에 오랫동안 주지로 있던 보우선사(普雨禪師)는 야심을 가지고 매사에 불법의 확장을 꾀하고자 힘써 왔다. 그러던 중 중종의 계비(繼妃)이며 미망인인 문정왕후 윤씨의 깊은 신임을 받게 되었다. 이 절호의 기회를 이용하여 중종의 능인 정릉을 이 절 근처에 옮겨 이 절의 세력을 키우고자 하였다. 그리하여 문정왕후를 꾀어서 선릉(宣陵) 근처에 아주 좋은 길지가 있으니 정릉을 옮기자고 청원했다. 문정왕후는 그대로 믿었고 당시 대신들 중에도 반대하는 사람이 없었기 때문에 천릉(遷陵)이 된 것이다. (《石漂日記》)

보우선사는 문정왕후가 죽은 후 역모를 꾀했다는 이유로 제주도로 유배되었는데, 목사(牧使) 변협(邊協)의 손에 죽었다. 보우선사는 세상에서 요승(妖僧)으로 유명한 자였다. 전국 팔도의 선교(禪敎)를 통괄(統括)한 수선종(首禪宗) 대본산(大本山)인 봉은사에서 주지(住持) 겸 판선종사(判禪宗事)로 오랫동안 있는 동안 그의 세력이 얼마나 당당했던지 대신도 좌지우지할 수 있었다고 한다. 풍수의 힘을 빌려 천릉토록 하여 절의 위력을 굳건히 한 것은, 당시 얼마나 풍수가 인생에 미치는 영향이 컸는가를 말해 준다. 보우가 미망인 문정왕후에게 어떻게 해서 신임을 얻었는지는 알 수 없으나 문정왕후의 마음을 움직여 정릉을 옮기도록 한 데는 교묘한 책략이 있었던 것 같다. 중종의 능은 처음에 중종보다 먼저 죽은 계비 장경왕후 윤씨의 희릉(禧陵 : 고양군 원당면 원당동)에 같이 있었다. 희릉과 한 묘역인 정릉을 따로 떼어 놓고 나중에 선릉 근처에다 문정왕후의 묘를 쓰고자 한 것이었다——'將於文定百歲之後使得同兆'(石潭日記). 보우는 문정왕후가 여자라는 점을 교묘히 이용했던 것이다. 정릉의 지세가 낮아서 흙을 실어다 보충하는 데 거액의 비용을 썼지만 아직도 매년 비가 오면 한강 물이 능으로 들어가 재실(齋室)이 반쯤 잠길 정도이다. 그래서 문정왕후가 별세했어도 그곳에 묘를 쓰지 않고 양주군 노해면 공덕리(揚州郡 蘆海面 孔德里)에 정하여 태릉(泰陵)이라고 했다. 당시 정릉을 태릉으로 옮겨야 한다는 주장이 있었으나 재천(再遷)하는 일은 어렵다 하여 받아들여지지 않았다. (《증보둔헌비고》).

5. 목릉(穆陵)을 옮기다

제14대 선조의 능은 경기도 양주군 구리면 인창리(仁倉里) 건원릉(健元陵)의 제이강(第二岡)에 있는 목릉이다. 처음 건원릉(健元陵)의 서강(西岡)에 있었던 것을 원주목사(原州牧使) 심명세(沈命世)가 그 땅이 불길하고 물기가 있다고 상소해서 인조가 대신 예관(大臣 禮官)들에게 옮길 것을 토론시켰다. 모두가 건원릉(健元陵)의 제이강(第二岡)은 선왕 선조(先王 宣祖)가 뜻을 두고 있었던 곳이었으나 장사지낼 때 날짜가 맞지 않아서 여기를 부득불 쓰지 않았던 것이니 이곳을 버리고 딴곳으로 옮기는 것은 좋지 않다고 했다. 왕은 이 논의대로 제이강(第二岡)으로 옮기도록 결정했다. 구릉(舊陵)을 파헤쳐 현실(玄室)을 보니 물기가 전혀 없었다. 물기가 있다는 상소가 엉터리임을 알았으나 이미 천장(遷葬)하기로 정했으므로 그대로 실행했던 것이다.

6. 장릉(長陵)의 천장(遷葬)

제21대 영조 7년(1731)에 제16대 인조의 장릉이 파주(坡州)의 북운천리(北雲川里)에서 교하(交河)의 구치(舊治)로 옮겨졌다. 이 장릉이 풍수상 좋지 않다는 수차례의 상소에도 불구하고 영조는 풍수(風水)를 믿지 않았으므로 이 말을 듣지 않았다. 그러나 상신(相臣)만이 아니고 좌의정(左議政) 이준(李準) 등이 능상(陵上)에 뱀이 떼를 지어 있다고 하며, 또 그 능을 만들었을 때 역승(役僧)이 '정혈(正穴)을 버리고 사혈(蛇穴)을 썼다'라는 가요(歌謠)를 지었던 일이 있는데 그것이 적중하자 영조도 마음이 움직여서 우의정(右議政) 조문명(趙文命)에게 명하여 이장하도록 했다.

7. 건릉(健陵)의 천장(遷葬)

제23대 순조 21년(1821년)에 제22대 정조의 능을 화성 수원(華城 水原)의 구향교(舊鄕校)의 묘지로 옮겼다. 이것은 영돈령(領敦寧) 김조순(金祖淳)의 상소에 의한 것으로 풍수신앙에서 나온 것이다. 상소를 보면 다음과 같다.

"臣於健陵宅兆之事. 常有所憂懼苑懼苑結食不敢忘者. 昔朱文公議永阜陵狀曰. 古人之葬必擇其地不吉而卜筮而決之. 不吉則更擇而再卜焉. 近世以來卜筮之法雖廢. 而擇地之說猶存. 其或擇之不精地之不吉. 則必有水泉螻蟻地風之屬. 以賊其內使其形神不安. 而子孫亦有死亡滅絶之禍. 甚可畏矣. 凡擇地者必先論其主勢之强弱. 風氣之聚散. 水土之淺深. 穴道之偏正. 力量之全否. 然後可以較其地之美惡. 凡此皆議狀之要旨格言. 而可以爲萬世葬親者龜鑑也. 臣竊甞以文公之言潛心默驗. 則健陵宅兆之大段憂悚. 不可以爲千萬年之圖者明矣. 伏乞下臣此章令大臣卿宰雜議而審處之."(《증보문헌비고》 권71)

그는 주희(朱熹)의 풍수적 장론(葬論)에 의거해서 천장을 주장하고 있다. 또 〈건릉천봉부감의궤(健陵遷奉部監儀軌)〉에도 이 천장(遷葬)에 관한 자세한 기사가 있다. 그에 의하면, 순조 21년 정조의 비 효의왕후(孝懿王后)가 죽자 건릉에 부장하려고 하였다. 그랬더니 건릉의 땅이 길지가 아니라는 의견이 적지 않았고 김조순(金祖淳)의 천장상소(遷葬上疏)도 나왔는데, 이 상소는 다음과 같다.

"효의대비(孝懿大妃)를 건릉(健陵)에 합부(合祔)하옵신다는데 이 건릉(健陵)에 대해서는 전부터 꺼려 하고 있었던 터이니 이번에 만사(萬死)를 무릅쓰고 우견(愚見)을 올립니다. 저는 장묘(葬墓)에 대해 지식이 많은 편은 아니지만 송(宋)의 주문공(朱文公)의 장장(葬狀)에 의하여 아뢸까 하옵니다. 건릉(健陵)은 강록(岡麓)이 잔만(殘慢)하고 방전완연(磅磚蜿蜒)의 뜻이 없으니 주세(主勢)의 강약(強弱)은 논할 가치가 없사옵니다. 또 그 형국(形局)이 평로(平露)하고 공호차장(拱護遮障)의 세(勢)가 없으니 풍기(風氣)의 취산(聚散)도 말이 안 되옵니다. 묘역은 모두 보축(補築)된 것이며, 더욱이 조여(沮洳)하여 사철 마르지 않기 때문에 수토(水土)의 천심(淺深)도 논할 바가 못되옵니다. 횡락(橫落)의 지보필(支輔弼) 없이 단행(單行), 오른편으로 육박(肉迫)하여 높아지고 왼쪽으로 기울어 빠져 있으니 혈도(穴道)의 편정(偏正)도 문제가 안 되옵니다. 용호(龍虎)도 갖추어져 있지 않고 안대(案對)도 참되지 않으며 독성고거(禿城高擧)하고 암석(岩石)이 찬완(巑岏)하고 광야직련 대천경주(廣野直連 大川經走)하여 역량(力量)의 온전 여부도 논할 수 없사옵니다. 봉사(封莎)의 붕축(崩縮)이 멎지 않으며 습지(濕地)에 연충(蠕虫)이 많이 서식하는 것은 물론이옵니다. 건릉(健陵)이 길지(吉地)가 아님은 주문공(朱文公)의 장론(葬論)에 비추어 볼 때 분명하옵니다. 이렇게 말하는 것이 비단 저 뿐만은 아니옵니다. 건릉(健陵)을 봉릉(封陵)한 이래 마음 있는 사대부는 모두 속으로 근심하고 있으며, 술자(術者)나 민간의 평판, 항간(巷間)의 소문도 심상하지 않사옵니다. 건릉(健陵)이 길지가 아니라는 것은 모두 알고 있는 일이옵니다. 그런데 지금까지 입을 다물고 있었던 것은 능은 지중(至重)한 것이므로 모두 신중하게 생각하고 있을 따름이옵니다. 지금 대비의 붕어를 당하여 건릉(健陵)에 부장한다는 의견이 나오기에 더이상 참을 수 없어서 죽음을 무릅쓰고 상소드리는 바이옵니다.”

왕은 상소를 받아들여 제신으로 하여금 천장(遷葬)할 만한 길지를 선정케 했다. 이 길지 선정의 회의에서 거론된 것은 두세 군데가 아니었다. 한용구(韓用龜)는 '나는 교하(交河 : 경기도 파주군 와석면)의 장릉재실(長陵齋室)의 뒤와 화성(경기도 수원)의 구향교(舊鄕校) 터를 보았다. 감여(堪輿)의 술(術)에는 전혀 문외한이지만 산세의 웅위(雄偉)함, 혈성(穴星)의 풍후(豐厚)함, 용호(龍虎)의 공포(拱抱), 안대(案對)의 명려(明麗)함 등으로 보아 길지(吉地)이다. 또 지관이 말하는 것처럼 모두 훌륭하여 차이를 두기 어려울 정도이다'라고 했고, 남양진(南陽進)은 '화성(華城) 쪽이 교하(交河)에 비해서 품격이 위다'라고 말했다. 김재찬(金載瓚)은 '나는 한(韓)의 설(說)에 찬성합니다. 그러나 왕께서 친히 지관들을 불러 실지에 관해 물어 보시고 결정하시는 것이 좋을 것입니다.'라고 하자 남철(南轍)이 나서서 '감여(堪輿)에 대해서는 잘 모르지만 교하(交河)도 웅심수려(雄深秀麗), 화성(華城)도 안온풍후(安穩豐厚)해서 모두 대길지라고 생각합니다. 제경(諸卿)이나 지관들도 이 두 곳을 후보지로 삼는 데는 이의가 없는 것 같습니다. 어느 곳으로 정할 것인가가 문제입니다. 일반 백성들은 화성에 천장하는 것에 찬성하고 있습니다'라고 했다. 김조순(金祖淳)도 말하기를 '나도 교하(交河)에 두 번, 화성(華城)에 세 번 왕복해서 자세히 실지를 살펴봤습니다. 그때 그곳 사람들은 화성이 만약에 교하에 미치지 못한다면 할 수 없지만, 지관들도 상길(上吉)의 땅이라고 하고 화성이 좋은 길지이니……라고 말하고 있었습니다. 이 말로 미루어 보아 인심은 화성으로 기울고 있습니다' 했다. 남철(南轍)이 말하기를 '최근 만나는 사람마다 산릉(山陵)의 선정에 대해 말하고 있습니다. 그들은 모두 화성으로 정해지기를 한결같이 바라고 있습니다'라고 했다. 천릉도감 당상관(遷陵都監 堂上官) 김이양(金履陽)은 '위의 말에 찬성(贊成)', 산릉도감 당상관(山陵都監 堂上官) 이상찬(李相瓚)은 '위의 말에 동감', 예조판서(禮曹判書) 김어산(金魚散)은 '위의 말에 동감이며, 정조대왕(正祖大王)은 화성(華城)과 인연이 깊은 어른이니 화성(華城)으로 정하면 좋을 것이다'라고 하자, 왕은 '경들이나 상지관(相地官)이 대길이라고 하니 교하(交河)에 비해 못하지는 않을 것인즉 더 의논할 필요가 없다. 화성의 구향교(舊鄕校) 터에 잡자'고 했다.

정조가 화성과 인연이 깊다고 한 것은 처참한 역사가 있다. 정조의 아버지 장헌세자(莊獻世子)는 아버지 영조의 노여움을 크게 사서 뒤주 속에 갇혀 죽음을 당했다. 이때 정조의 나이 열두 살이었으니 부친의 비명의 죽음에 대해 얼마나 한이 맺혔었겠는가? 세월은 흘러서 그로부터 4년 뒤 영조가 서거하자, 정조가 왕위에 올랐다. 정조는 장헌세자의 능묘를 양주(楊州) 배봉산(拜峰山)에서 화성의 화산(花山)의 영역(靈域)으로 옮겨 놓고 그곳으로 자주 행차하면서 눈물을 흘렸던 것이다.

아버지에 대한 추모의 정이 깊어져 그곳으로 천도(遷都)하려는 마음까지 먹게 되었다. 지사(地師)를 시켜 먼저 팔달산(八達山)의 땅을 보게 하고 행궁(行宮)을 짓고 뒤에 팔달산을 따라 성곽을 정했다. 북부에는 논이 될 옥야(沃野)를 두고, 만석거(萬石渠)라고 하는 저수지를 파 한해(旱害)에 대비하고, 다시 서부에 축만제(祝萬堤)라는 긴 둑을 쌓았으며, 동부에는 동호(東湖), 남부에는 남지(南池)를 파서 수리를 꾀하였다. 또 매년 춘추로 식수파종(植樹播種)을 하였다(楓, 萬年枝, 松, 枳子, 桑, 栗, 橡, 李, 桃, 杏, 柳, 蓮 등을 많이 심었다). 3년 뒤에 성곽이 완성되었지만 낙성과 더불어 정조가 붕어했기 때문에 천도는 중지되고 말았다. (酒井政之助씨 著 〈水原〉에 의함)

8. 뼈색을 보고 이장하다

조선에는 입장후(入葬後) 1년 내지 3년째에 '퇴관(退棺)'이라고 하여 매장한 관을 파내서 매장 때 사용했던 칠성판이나 마포(麻布) 등을 새것과 바꾸는 일이 있다(헌 것은 불태운다). 그때 뼈의 빛이 붉은색이거나 누른빛이면(대체로 엿빛) 길지이며 생기(生氣)가 있는 곳으로 간주하여 그냥 두지만, 백색이나 흑색 또는 청색으로 변해 있으면 땅이 좋지 않다고 보아 딴곳으로 이장한다. 이 뼈의 색깔을 2, 3회 내지 4, 5회 되풀이해서 검사하는 사람도 있다. 뼈색이 좋지 않아 다른 길지를 구하여 개장할 때는 3월과 9월 두 달만은 '삼구부동총(三九不動塚)'이라 해서 금한다. 이것을 어기면 재해를 입는다고 한다.

9. 개장(改葬)을 권하는 사람

묘지풍수의 영향 때문에 자손이 번영하거나 몰락한다는 것을 믿는다면 이런 일을 업으로 삼아 살아가는 사람도 나타나게 마련이다. 1922년 8월 16일 전라남도 나주 경찰서의 보고에 의하면 전라남도 고창군 오산면 상평리(上坪里)에 사는 문시영(文時榮 : 65세)은 스스로 풍수사라 칭하면서 묘지개장에 관해 교언(巧言)으로써 금전(金錢)을 사취했다.

문시영은 1921년 12월경, 나주군 평동면(平洞面) 연산리(連山里) 나종욱(羅鍾勗)에게 자기는 묘지의 좋고 나쁨을 잘 아는 풍수사라고 하면서, 묘지 선정은 매우 중대한 일이니 불량한 장소에 묘를 쓰면 바로 일가(一家)가 멸망한다고 했다. 그 말을 들은 나(羅)는 자기 조상의 묘지 선정을 그에게 의뢰했다. 그는 나주군 노안면(老安面) 복암리(伏岩里)의 산중이 가장 적당한 땅이니 개장하는 것이 좋겠다고 하고 사례금으로 십 원을 받았다. 또 같은 해 3월경에도 같은 방법으로 나주

묘지 개장(墓地改葬)

군 노안면 감정리(甘亭里) 박진로(朴秦老)에게 조상의 묘를 무안군
임곡면(林谷面) 승달산(僧達山)으로 개장하도록 하고 사례금으로 2백
원을 받았다. 또 4월경에도 나주군 평동면(平洞面) 월전리(月田里)에
거주하는 김양선(金良先)네 집에서 또 같은 수법으로 개장할 묘지를
선정키로 했다. 그런데 김양선에게 사례금 50원이 없어서 그 일을 취
소했다고 한다.

10. 개장한 뒤 일곱 아이를 낳고 부자가 되다

지금으로부터 약 50년 전 경상남도 진주 사봉면(寺奉面) 풍곡리(風
谷里)에 사는 정묘녀(鄭墓汝)라는 사람은 풍수사를 데리고 산야를 돌
아 다니다가 비봉산(飛鳳山)에 길지를 선정해서 선조의 유해를 이곳으
로 개장했다.

그 결과 정상환(鄭像煥) 등 일곱 명의 자식을 낳고 부자가 되었다
는 이야기가 있다. (1929년)

이 개장 이장의 풍습은 아직도 일반 민간에게 지지를 받아 성행되고 있다. 벼슬아치 윤모(尹某)가 전북(全北)에 길지를 구하여 이장하고, 중추원 참의(中樞院參議) 현모(玄某)가 광주(光州)에 많은 돈을 들여 개장한 일도 있다.

제 4 장 묘지풍수 신앙의 영향

1. 묘지풍수 신앙의 개관(槪觀)

묘지풍수 신앙은 종래 민간 사이에 깊고 넓게 그 세력을 확장하여 그들의 생활에 큰 영향을 미쳤다. 즉 묘지가 자손의 성쇠를 좌우한다는 이유에서 묘지 선정에 가산을 탕진하는 자가 많았을 뿐 아니라, 그 때문에 싸워서 죄를 범하는 자도 많았다. 한일합방 전에는 묘지에 관한 싸움이 그칠 사이가 없었다고 한다. 그래서 합방이 된 다음 다음해인 1912년에 '묘지규칙'이 발포(發布)되어 구래(舊來)의 묘지관습을 폐하고 공동묘지 제도를 시행했다. 이로 인해 묘지에 관한 싸움이나 범죄는 표면상 현저하게 감소되었으나 몰래 암장하는 일이 성해졌다. 개중에는 고유의 풍속, 관습을 너무 무시했다고 불평불만하는 자도 생겨났다. 결국 민정(民情)과 관습의 실정에 맞춰서 1919년에는 '묘지규칙'을 개정해 묘지신설의 수속을 완화했다. 그러나 구관(舊慣)을 고집하고 묘지풍수를 믿는 풍습은 결코 사라지지 않았다.

1. 경기도의 묘지신앙

경기도민의 묘지에 대한 신앙은 매우 두터워서, 고래로 묘지의 적부(適否)는 한 집의 존망과 자자손손의 화복에 관계되는 것이라 믿었다. 그래서 묘를 쓰는 데 가산을 탕진할 정도이며, 적지(適地)를 발견하면 만난을 무릅쓰고 그곳에 매장코자 함으로써 많은 분규가 일어났다. 위생(衞生)을 해치고 풍교(風敎)를 어지럽혔으며, 또 국가 경제에 미치는 바도 적지 않았다. 이에 1912년 '묘지규칙'이 발포되기에 이르렀고, 서울은 그 해 9월 1일부터, 기타 지역은 1914년 3월부터 이 규칙이 시행 되었으니, 특수한 경우를 제외하고는 모두 공동묘지에 매장케 했던 것이다. 각 부(府), 면, 동리에서 이것을 경영토록 하고, 공동묘지는 주로 국유산림야(國有山林野)의 무상양여(無償讓與)에 의해서 점차로 설비(設備)를 갖추도록 해왔다. 그러나 이 규칙은 조선인의 습속에 맞지 않을 뿐더러 공연히 일만 번거롭게 하는 흠이 있어서, 1920년 그 규칙을 개정하여 구래의 관습을 인정함과 동시에 각종 제한을 관대히 하고 제반 수속을 간단하게 하였다. 규칙을 개정하기 전에는 공동묘지 1,071개소에 그 면적 1,434정보, 사유묘지 207개소에 그 면적이 5정보였었으나, 개정한 후인 1923년 말에는 공동묘지. 1076개소에 그 면적 1,438정보, 사유묘지 1,068개소에 그 면적이 5,783정보가 되었다.

한국에서는 화장(火葬)을 별로 하지 않고 전염병에 걸린 시체도 토장(土葬)을 했다. 화장터는 10개소밖에 없었다(이 화장터도 주로 도내거주 일본인이 사용하던 것이며 조선인은 별로 사용하지 않았다).(1924《京畿道要覽》)

2. 전라남도에서의 묘지개정 이후의 상황

전남에서는 1919년 묘지규칙이 개정되어 단독묘지의 설치를 인정받게 되었다. 그후 사설묘지가 점차 늘어났다. 묘지규칙 개정에 따른 반향이라고 할 수 있다. 그러나 개중에는 개정의 취지를 오해해서 마치 종래의 규칙이 전폐되고 묘지규칙 제정 이전의 상황으로 돌아간 것처럼 생각했다. 인가도 받지 않고 공동묘지 이외의 곳에 매장하는 자도 적지 않았다. 또 공동묘지에 매장했던 시체를 멋대로 딴곳으로 개장해서 겨우 정비되어 가던 공동묘지가 황폐해지는 경향도 보였다. 그러나 관습을 존중해서 수속절차를 간단하게 하여 규칙을 주의 깊게 운용했다. 묘지규칙 개정 후 1923년 말까지 허가된 단독묘지는 15, 계출묘지(届出墓地)는 51이었다. 그 수가 적은 것은 임야의 정리가 끝나지 않았기 때문에 임야에 대한 소유권이 확정되지 않았던 데에 원인이 있었던 것 같다. 공동묘지의 총수는 2,177개소였다. (1924년《全羅南道要覽》)

3. 전라북도의 묘지상황

전북에 있는 공동묘지수는 1,137, 사설묘지 887이며, 화장터는 별로 없다. 전주, 이리, 정읍, 군산의 4개소에 불과하다 (이 4개소도 일본인이 많이 거주하던 곳이다). 미신 타파에 노력하고, 특히 공동묘지를 손질하고 식수(植樹)를 권장해서 설비의 개선을 꾀하고 일반이 이를 이용하는데 버릇을 들이려고 노력하였다. 그러나 오랜 인습에 젖은 미신은 쉽게 고쳐지지 않았다. 지금도 공동묘지를 싫어하고 기피하며 공동묘지 이외의 땅 또는 타인의 묘지에 멋대로 시체 또는 유골을 매장(偸葬이라고도 한다)하는 자가 많다. 1924년에 171건, 1925년에는 20건, 1926년에는 178건, 1927년에는 212건이나 되었다. (1928년《全羅北道要覽》)

4. 충청남도의 묘지상황

1919년 묘지규칙이 개정되자, 상하에 관계없이 매우 기뻐했으나, 조상 또는 배우자의 분묘를 가지지 못한 사람이나, 하층민으로서 토지를 갖지 못한 사람은 이 혜택을 입지 못하기 때문에 여전히 암장하는 사례가 있었다. 또는 묘지규칙이 전부 폐지된 것으로 오해하고 멋대로 여기저기 묘지를 설치하는 자가 있었다. 1922년에 각 경찰서에서 일제히 단속하였더니 위반 건수가 무려 4,100여 건에 달했다. 이 모두를 처벌한다면 또다시 1919년과 같은 독립만세사건(獨立萬歲事件)이 날 것이니 위반자에 대해서 간곡하게 계고(誡告)하고, 앞으로는 결코 이와 같은 위반행위를 하지 않겠다는 각서를 받고 정리했다. 그 후로는 점차 위반자의 수가 줄어들었다.(1927년 《忠淸南道管內狀況》)

5. 충청북도 지방의 묘지상황

이 지방에서는 묘지규칙 개정 후 일정한 묘지가 없는 사람은 공동묘지를 쓰기로 되어 있으나, 공동묘지를 싫어한 나머지 허가도 받지 않고 신묘(新墓)를 만들거나, 타인의 토지에 몰래 암매장하기도 했다. 암장이 많다는 사실은 사망자수와 매장 허가수에 차이가 많고 또 산야의 소유주로부터 고소가 많았던 것으로 미루어 알 수 있다. 암장이 성한 이유는 타인의 묘와 같은 지역에 묻으면 자손에게 불행이 미치고, 멸족할 액을 당한다고 믿었기 때문이며, 또 일반적으로 화장을 꺼리기 때문에 전염병으로 죽은 자라도 화장을 하지 않았다. 옥천군의 부자인 모씨는 도평의원(道評議員)을 지낸 개화인(開化人)이지만 아버지가 서울 세브란스병원에서 티푸스로 사망하자, 그 시체를 차량 하나로 운반하여 다시 기차에 실어 자택까지 운반해서 매장했다. 경비 등은 문제삼지 않았다.(1928년 충청북도 출장 조사)

6. 경상남도 울산 지방의 묘지상황

이 지방은 다른 지방보다 한층 심한 편이어서 산이란 산은 전망 좋고 양지(陽地) 바른 곳이면 누구의 소유지이든 묘지를 만들었고, 또 지사(地師)라든가 뭐 좀 안다는 사람으로부터 길지라고 들으면 조상의 유골을 파내 가지고 그곳으로 이장했다. 허가도 없이 신설한다든지, 암장한 사실이 알려지면, 벌금을 물고 개장해야 함에도 불구하고 이러한 일을 감행했던 것이다. 여하튼 만난(萬難)을 배제하고 길지에 조상의 묘를 써서 큰 부자나 고관이 되고, 가운이 융성하고 자손이 번식하는 일을 바라는 자는 그러한 일을 끊임없이 계속하였다(벌금을 내는 것조차 대관이 되기 위한 자본투자로 생각하는 정도였다). (1927년 경남 출장 조사)

7. 함경남도의 묘지신앙

함경남도에는 예로부터 묘지에 관한 미신적 풍습이 있어서, 묘지를 선정할 때는, 인간에 관한 인상관(人相觀) 같이 땅의 상(相)을 보는 것을 업으로 삼는 사람, 즉 지관(地觀) 또는 풍수라고 불리는 자가 관상(觀相)으로 땅을 선정하는데, 많은 돈을 들여서라도 이렇게 묘를 쓰곤 했다. 그런데 만일 재산이 없어서 뜻대로 안 되거나 희망하는 땅이 손에 들어오기 어려운 때는 그곳에 암장해서 목적을 달성하려고 했다.

그런데 1912년 '묘지규칙'이 발포되자 하는 수 없이 공동묘지에 매장하는 자가 있었으나, 1919년 그 규칙이 개정되어 사유묘지의 설치를 인정받게 되자, 종전대로 구관습에 의해 공동묘지 이외의 땅에 매장하는 자가 많았다. 이는 분묘(墳墓)의 위치가 가운의 영고성쇠(榮枯成衰)와 큰 관계가 있다고 믿은 데 기인하는 것이었다. 그런 신앙은 다른 도(道)와 다름없다. (1924년 《咸鏡南道要覽》)

8. 충남 공주 지방의 묘지신앙

공주 지방에는 묘지에 관해 다음과 같은 신앙이 있다. 묘지풍수에 의하지 않으면 개운(開運)이 되지 않고 길지를 정하면 개운될 수 있다는 것이다. 또 이 지방에서는 묘지의 좌강(左쪽), 즉 청룡(靑龍)은 문무(文武), 현관(顯官)을 관장하고, 우강(右岡), 즉 백호(白虎)는 다자재부(多子財富)를 맡아서 다스린다고 믿었다. 뛰어나게 훌륭한 길지는 풍수사만으로 발견되는 것은 아니고 음덕을 쌓으면 하늘이 내려 준다는 신앙이 있다. 공주의 부호 김모(金某)는 대전의 한 지사(地師)가 만 명의 목숨을 구하면 자손번영하고 현귀한 자리에 오를 산(묘지)을 저절로 찾게 된다고 한 말을 믿고 그로부터 그는 각종 구제사업에 전력했다고 한다. (1928년 출장 조사)

9. 평안남도의 묘장(墓葬) 신앙

• 신앙

① 지형이 나쁜 곳에 사체를 매장하면 자손이 번창하지 않는다. (강동, 안주, 중화, 덕천, 성천, 평원)

② 묘지의 방위가 나쁘면 자손이 번창하지 않는다. (강동, 순천)

③ 묘지의 지형, 지질 등이 좋으면 자손이 출세하고 또 부를 쌓으며 번창한다. (강동, 안주, 중화, 성천, 평양)

④ 먼저 매장된 분묘의 뒤에 매장했을 때는, 전자의 자손에게 불행이 따른다. (강동)

⑤ 6일, 16일, 26일에 매장하면 자손이 전멸한다.

⑥ 유아(幼兒)의 사체를 납관해서 정중히 매장하면 딴 유아가 전멸한다. (맹산, 영원, 순천)

⑦ 유아의 사체를 동남향의 양지바른 곳에 매장하면 딴 유아도 사망한다. (맹산)

⑧ 보통 사후 4일째에 매장하는 것이 통례이지만 매장하는 날의 십이지가 사자의 십이지(十二支)와 같으면 피하도록 한다. 그렇지 않으면 자손이 파멸한다. (영원)

⑨ 매장할 때 혈을 깊이 파면 차남의 자식이 늘어나고〔殖〕, 모두 부자가 된다. (영원)

⑩ 묘지의 위치의 좋고 나쁨에 따라 집에 화복(禍福)이 온다. 위치

가 나쁘면 부녀는 임신이 안 되거나 병이 생긴다. (영원)

⑪ 묘지와 대면하여 물방앗간을 지으면 사체 또는 유골에 거가 묻는다고 해서 짓지 않는다. (영원)

⑫ 풍수사를 시켜서 절의 장독대 밑에 방위를 정해 몰래 매장하면, 유족은 대신이 되지만 절의 불상(佛像)은 사라져 버리고 승려는 전멸한다. (영원)

⑬ 집에 재액이 생기면, 묘지의 위치가 잘못된 것이라 해서 유체를 파내어 본다. 유골이 황색이고 미려(美麗)하건 묘지에 원인이 있는 것이 아니라 하고, 흑색이나 다른 색깔로 변했으면 묘지에 그 원인이 있다고 단정한다. (대동, 덕천)

⑭ 사체를 화장하면 영혼이 소멸하기 때문에 자손이 번영하지 않는다. (대동)

⑮ 매장한 장소가 적당하지 않은 묘에는 성묘(省墓)나 묘(墓)의 수선도 방임된 상태로 거의 임자 없는 묘와 같다. (대동)

⑯ 나무 뿌리가 사체에 침입하면 자손에게 나쁜 영향을 미치게 된다. (용강)

⑰ 묘의 뒤쪽에 길이 있어서 사람이 쉴 새 없이 통행하면 자손이 멸망한다. (성천)

⑱ 개장할 때 관내(棺內)에서 연기 같은 것이 나오면 자손에게 불길하다. (성천)

⑲ 조부모와 더불어 부모의 사체를 공동묘지에 매장하면 자손이 번영하지 못한다. (양덕)

⑳ 장남이나 장녀의 사체를 공동묘지에 매장하면 태어나는 아이가 차례대로 죽는다. (양덕)

㉑ 급류하천이 보이는 곳에 사체를 매장하면 그 자손은 가난해진다. (양덕)

㉒ 묘지 부근에 민가가 있고 사자의 머리를 그 쪽으로 향해 묻으면 자손은 번영하지 못하고 폐가(廢家)가 된다. 또 자택(自宅) 쪽으로 향하게 해서 묻으면 가정 분란이 일어난다. (양덕)

㉓ 전염병이나 폐결핵으로 죽은 자의 무덤 위에 솥을 덮어 놓으면 절대로 전염하거나 유전하지 않는다. (양덕)

㉔ 공동묘지나 사유묘지를 불문하고 거지나 행려(行旅), 병사자(病死者)를 묻으면 재앙이 있다 하여 꺼린다. (개천)

㉕ 매장한 시체 안으로 나무 뿌리가 들어가면 그 가족 중에서 뿌리가 통과한 부분에 해당하는 가족이 불구가 된다고 해서 나무 심기를 꺼린다. (강서)

㉖ 홍진(紅疹)에 걸려서 사망한 자는 사체를 거적에 싸서, 새끼로 소나무 가지에 매달아 두었다가 하루 지난 다음에 매장하면 이병자(罹病者)가 생겨도 가볍게 치료된다. (덕천)

㉗ 나쁜 토지에 매장하면 관에 넣은 사체가 관을 부수고 뛰어나온다. (진남포)

㉘ 매장해서 10년 이내에는 개장이 가하나 10년 뒤에 하면 가족에게 화가 생긴다. (진남포)

㉙ 집안이 쇠해지거나 불구의 자식이 태어나는 것은 산화(山禍) 때문이니 개장한다. (진남포)

• 관습
① 어른의 장례는 4일 또는 8일째에 행한다. (강동)
② 어린이의 주검은 당일에 매장한다. (강동)
③ 화장은 참혹하기 때문에 싫어하고 매장한다. (맹산, 진남포, 안주, 영원, 용강)
④ 어린이가 죽으면 관에 넣지 않고 짚에 싸서 음지(陰地)에 매장한

다. (맹산)

⑤ 상여가 나갈 때, 험한 길이나 다리 위에서는 상여꾼들이 전진(前進)하지 않고, 같은 장소를 좌우로 돌면서 술값을 요구한다. 상주나 근친자(近親者)는 그때마다 술값을 준다. (진남포)

⑥ 부부는 합장한다. (진남포, 안주)

⑦ 묘지의 선정은 무녀(巫女)가 한다. 〔진남포〕

⑧ 아이가 죽으면 불효라 해서 장의(葬儀)를 간소하게 해서 납관(納棺)도 하지 않고 거적이나 가마니에 덮어서 24시간 안에 매장한다. (진남포, 용강, 양덕, 순천)

⑨ 묘지 손질은 한식(寒食 : 음력 2월 말경)이나 청명(淸明 : 음력 8월 15일경)에 한다. (진남포, 대동, 강서)

⑩ 묘지의 선정은 풍수사에게 의뢰하고, 《산세(山勢)》라는 책으로 선정한다. (안주, 중화, 영원, 순천, 개천, 강서)

⑪ 남쪽으로 향하고, 동서로 돌출한 용(龍) 모양의 산맥을 가장 좋다고 한다. (중화)

⑫ 사방 오간(四方 五間) 이내에 타인을 묻은 곳이 있으면 방해가 된다고 해서 싫어한다. (중화)

⑬ 조상의 무덤이 부적지(不適地)이면 딴곳에 암장한다. (중화)

⑭ 아이의 사체는 법정기간 경과 후 곧 매장하지만, 부모와 조부모의 시체는 사망 후 5일쯤 지나서 매장한다. (영원)

⑮ 존족(尊族)의 묘는 꽤 존숭하고 제사를 지내지만, 비족(卑族)에 대해서는 그렇지 않다. (대동)

⑯ 부모와 조상의 묘 가까운 곳, 특히 그 후방(높은 곳)에 타인의 묘를 만드는 것을 극히 싫어한다. (대동)

⑰ 매장, 개장의 일시 및 장소, 방향은 택해서 한다. 가족들은 같은 장소에 매장하는 것을 좋아한다. (용강)

⑱ 매장 후 만 3년이 지나면 시멘트나 석회로 유골을 덮어 보존하고
자 한다. (덕천)

⑲ 장제(葬祭) 당일에 발인하는 것은 후일 많은 사망자가 나온다고
하여 절대로 행하지 않는다. (성천)

⑳ 성인이 죽으면 성복일(成服日)에 매장한다. 사후 4일째에 매장한
다. (성천)

㉑ 사망자의 생년월일(生年月日)과 매장하는 자의 생년월일과, 매
장하는 날을 합쳐 보았을 때 부적(不適)한 경우, 부적(不適)한 생
년월일을 가진 자는 매장에 참가하지 않는다. (성천)

㉒ 1월, 4월, 7월, 10월의 인(寅)·신(申)·사(巳)·해(亥), 2월, 5
월, 8월, 11월의 자(子)·오(午)·묘(卯)·유(酉), 3월, 6월, 9월,
12월의 진(辰)·술(戌)·축(丑)·미(未) 해당일에 사람이 죽으면
계속해서 사람이 죽는다고 하며, 매장하는 관(棺)에 '육경천형
(六庚天形)'이라고 주서(朱書)하여 이를 예방한다. (성천)

㉓ 어린이의 묘는 경시되고, 거의 손질도 하지 않는다. (성천)

㉔ 예로부터 매장은 홀수 날에 한다. 아이들의 시체는 개나 고양이
버리듯 한다. 죽으면 곧 매장해서 성토(盛土)도 하지 않고 돌을
조금 쌓아올려 둔다. (개천)

㉕ 화장하면 자손이 번영하지 않는다고 싫어한다. (개천)

㉖ 열 살 이하의 어린애가 죽으면 거의 돌보지 않는다. 타인에게 부
탁해서 매장하기 때문에 부모도 매장지를 모르는 수가 있다. 제
사도 행하지 않는다. (강서)

㉗ 아이가 계속해서 죽을 때는 생모(生母)의 친정 형제 뻘 되는 사
람이 죽은 아이의 부모 몰래 백 일 이내에 그 묻은 곳을 세 번 옮
기면 그 다음의 아이는 무사하다고 한다. (강서)

㉘ 자손으로서 조상의 유골을 공동묘지에 매장해 두고자 하는 사람

은 없다.(영원)

㉙ 매장날이 제주(祭主) 또는 가족의 생년월일과 일치되면 좋지 않
다.(강동)

㉚ 하관시(下棺時)에는 일정한 나이에 이르지 않은 사람은 입회시
키지 않는다.(강서)(1928년 평안남도 衞生課·

10. 각처에서 행해지는 묘지신앙

① 장티푸스를 치료하려고 조상의 무덤을 개장한다.(황해)

② '묘지규칙' 발포 이래 공동묘지에 사체를 매장했던 자가 자기
자손이 병에 걸리면 묘지의 탓으로 여겨 허가도 없이 딴곳으로
개장한다.(황해)

③ 가족이 아플 때나 병약한 자가 태어나도 묘지가 나쁜 탓으로 여
긴다.(황해)

④ 정신병이나 나병(癩病)이 생기면 두덤의 탓으로 여겨 개장한다.
(황해)

⑤ 나무 뿌리가 묘에 침입하면 신경통, 나병에 걸리고 불구자를 낳
는다고 한다. 그러므로 묘에는 식수(植樹)하지 않는다.(황해)

⑥ 조상의 유골에 곰팡이가 피면 자손이 나병에 걸린다.(황해)

⑦ 시집 안 간 딸의 시체를 미혼남자의 곁에 묻어 주지 않으면 가족
에게 재액(災厄)이 생긴다.(황해)

⑧ 성년 미혼자가 사망했을 때는 사후(死後)에라도 결혼식을 올려
주지 않으면 부형(父兄)이 사망하여 지옥으로 간다.(황해)

⑨ 미혼자의 영을 위로하기 위해서는 시체를 도로 가운데 묻어 뭇
사람들이 밟게 한다.(황해)

⑩ 미혼자의 시체를 길가 또는 논밭 가장자리 등 묘지 이외의 곳에
매장하면 집안에 재화가 생긴다.(황해)

⑪ 공동묘지에 묻으면 일가족이 멸망하거나 자손이 번영하지 못한다. (황해)

⑫ 묘지 뒤에 산이 없으면 자손이 전멸한다. (황해)

⑬ 묘지의 흙이 황색이면 길(吉), 흑색이면 흉(凶). (황해)

⑭ 조상의 묘의 위쪽에 타인의 묘가 있으면 아래쪽의 소유지는 망한다. (황해)

⑮ 묘지의 정면에 있는 마을에는 사망자가 많다. (황해)

⑯ 마을 뒷산의 묘지에 묘를 쓰면 그 자손은 번영하고 부자가 되지만, 그 마을에는 나쁜 병이 유행하거나 살인(殺人) 사건이 일어난다. (황해)

⑰ 화장하면 자손이 번영하지 못한다. (황해)

⑱ 나병환자의 시체는 화장하지 않으면 자손에 그러한 환자가 끊어지지 않는다. (황해)

⑲ 형제의 시체를 같은 산곡에 묻으면 사망자가 속출한다. (황해)

⑳ 묘지의 초목이 마르면 자손에게 이상한 일이 발생한다.

㉑ 눈병은 조상 무덤에 나무 뿌리가 들어가서 생긴 것이므로 봄철에 그 뿌리를 제거하면 치료된다. (황해)

㉒ 유행감기로 죽은 자를 그 집의 북쪽에 묻으면 재화가 생긴다. 다른 환자의 병이 완쾌되지 않은 때에 매장하면 현재의 환자가 죽는다. (황해)

㉓ 묘지의 설정은, 그 영향이 깊음을 고려하여 신중히 해야한다. (황해)

㉔ 공동묘지에 사체를 묻은 것 때문에 불행이 발생하면 묘지를 개장한다. (황해)

㉕ 조상의 묘를 쓴 위치가 나쁘면 병이 생기기 때문에 개장한다. (평북)

㉖ 바람이 강하게 부는 곳에 묘를 쓰면 자손이 감기에 걸린다. (충북
   충주)

사례 1 평안남도 양덕군(陽德郡) 토성(土城)의 경찰이 함경남도 함
흥군 남대문 밖에 사는 무녀(巫女)를 방문했을 대 그녀는 '귀관(貴官)
은 4일 후에는 죽을 것이다'라고 말했다. 그 이유를 물은즉 경찰의 5
대조 무덤이 용산(龍山)에 있는데, 백골(白骨)에 돈자충(豚子虫)이 붙
어서 몸 전체가 부식되고 있고 이제 막 드부(頭部)가 부식되려 한다는
것이다. 그것이 전부 부식되면 경찰이 죽게 된다고 했다. 이 말을 들
은 경찰은 크게 놀라 서장(署長)에게 보고하였다. 서장(署長)도 이상
히 여겨 그 무녀를 데리고 용산으로 가서 검증(檢證)한 결과, 그 무녀
(巫女)의 말 대로였다. (1927년 평안남도 경찰부 위과 조사)
사례 2 충청북도 문의군(文義郡) 남면(南面) 하산리(下山里) 신재지
(辛在智)는, 상산리(上山里)의 신선묵(辛善默)이 자기 조상 선산 가까
이에 묘를 쓰자, 자기 조상 묘 가까이에 남이 됴를 쓰면 자기 자손의
번영이 방해될 뿐 아니라 재액(災厄)을 받는다는 이유로 친족들과 협
의한 끝에 신선묵에게 무덤을 이장하도록 강요했다. 그러나 응하지
않으므로 친족 150여 명을 데리고 가서 협박하면서 이장을 강요했다.
(1913년 3월 2일 《京城日報》)
사례 3 평안남도 덕천군(德川郡) 신풍면(新豊面) 추동리(楸洞里)에
있는 일곱 개의 고분은 통칭 당장(唐葬)이라 불리는데, 그 돌조각이나
흙모래에 손만 대도 탈이 난다고 한다. 한 70년쯤 전에 네 개의 고분
속에서 나온 많은 금속기구를 사용한 자는 모두 병에 걸렸다. 그래서
이 기구를 제자리에 도로 묻었더니 겨우 무사했다고 한다. (1913년 4월
3일 《경성일보》)
사례 4 강원도 평강군(平康郡) 서화면(西化面)의 한문교사 김덕경

(金德慶)의 아버지가 병에 걸렸는데 이는 12년 전에 사망한 어머니의 묘지 때문이라는 것이었다. 빨리 이전하지 않으면 생명이 위험하다고 해서, 허가도 없이 이장했다고 한다.(1913년 7월 16일 《경성일보》)

사례 5   경상남도 밀양군 상남산(上南山)에 있는 분묘 2기(基)를 기우(祈雨)의 수단으로 부근 농민 2백 수십 명이 발굴했다.(1913년 8월 23일 《경성일보》)

사례 6   강원도 평창군 진부면(珍富面)에 사는 김연두(金烟斗)의 친족 김연삼(金連三)이 3년 전에 죽은 자기 부친의 시체를 연두(烟斗) 일족(一族)의 공동묘지에 매장했기 때문에 연두(烟斗)의 가족 두 명이 죽고, 또 앞으로 네 명이 더 죽을 것이라는 말이 돌았으므로 김연삼(金連三)을 죽이려 하다가 상해(傷害)만 입혔다.(1914년 1월 25일 《경성일보》)

사례 7   평안남도 순천군 사인면(舍人面) 용리(龍理) 2동 4호 김익추(金益秋 : 54세)는 자기 조상의 묘 가까이에 17년 전에 차인호(車燐鎬)란 자가 자기 조부의 묘를 썼다 해서 이것이 자기 자손에게 화가 미칠 것이라 생각하고, 그 무덤을 파헤쳐 버렸다. 그 일로 인해 징역 10개월 형을 받았다. 그 뒤 다시 묘를 발굴했기 때문에 태(笞) 60의 형을 받았다. 그후 차(車)가 그 묘를 옛 모습보다 훨씬 장려하게 꾸며 놓았으나 김(金)은 11월 7일 밤, 차(車) 소유의 묘를 파내어 뼈를 부근의 강물 속에 버리고 다음날 안주헌병대(安州憲兵隊)에 가서, '효자(孝子) 김익추(金益秋)는 차인호(車燐鎬)의 조부 무덤을 파서 그 유골을 강 속에 던졌다. 법을 범한 것은 실로 죄송스러우나 나는 내 조상과 후손을 위하여 체면을 세웠다'고 자수하였다.(1917년 12월 20일 《경성일보》)

사례 8   함경남도 지방에서는 시체를 오래 된 무덤에 매장하면 그 집의 자손은 장차 번영하지 못하고 재화가 겹치게 된다는 것을 굳게 믿었다. 굳이 그렇게 하려면 새 무덤은 옛 무덤의 옆으로 4간 정도 떨어진 곳에 묻었다가 수년이 경과한 뒤에 합장한다. 또 정신병이나 나병으로 죽은 자를 묘에 합장하면 그 자손에 같은 병자가 속출한다고 생각했다.(1917년 8월 26일 《경성일보》)

사례 9　서울 밖 연희동(延禧洞)의 산중에서 인골을 태우고 있다는 소문을 듣고 한 서대문 경찰서 소속 경찰이 가보니 이미 행방을 감추었다. 아마 재액(災厄)이나 병이 빈발하여 묘지의 방위가 나쁜 것으로 여긴 사람이 이것을 파내어 불에 태워서 절에 납골(納骨)하려 했던 것이거나, 절에 납골(納骨)할 비용이 없는 사람이 관습대로 태운 재를 밥에 섞어서 까마귀에 먹이려 했던 것으로 생각된다.(1923년 10월 8일 《경성일보》)

사례 10　경상남도 통영에서 투신 자살한 김원호(金元鎬 : 26세)를 신랑으로 하고, 같은 땅 서울 모 여고 재학생이었던, 부자 방정표(方正杓)의 누이이고 병으로 죽은 여자(19세)를 신부로 해서 혼담이 이루어졌다. 7일 납폐(納幣)도 보내고 정식으로 결혼식을 올렸다. 이것은 예로부터 혼기(婚期)에 이른 미혼자가 죽었을 때 그 영혼은 천당에 갈 수 없다는 미신에서 나온 것이다.(1928년 8월 11일 《朝鮮每日申報》)

이는 모두 재액과 병을 피하기 위하여 행해진 것이다. 여기에는 두 가지 관념이 있다. 조상의 묘자리가 나쁜 것, 묘가 나무 뿌리의 침입을 받은 것, 벌레로 인해 부식된 것, 유골에 곰팡이가 핀 것, 흙이 썩은 것, 묻어서는 안될 곳에 묻은 것 등은 자손에게 여러 가지 재화(災禍)나 병을 준다고 생각했다. 또 하나는 묘지를 설정(設定)한 일 때문에, 그 자손 이외의 사람이 재액(災厄)을 받는다는 것이다.

전자는 불안한 상태에 있는 유해의 영혼이 직접 그 자손에게 앙화를 입힌다는 신앙이다. 즉 각종의 재액(災厄)과 병의 원인은 불량한 땅에 매장한 시해(屍骸)에 있으니, 그 불량한 상태를 고쳐서 병원(病

源)을 끊고자 하는 것이다. 후자는 타인의 분묘 설정으로 자기의 운이 쇠해지고 재액과 병이 발생한다, 즉 분묘 설정으로 마땅히 자기가 받아야 할 운맥(運脈)이 중단되거나 악성(惡性)으로 변한다고 믿었다. 그러므로 묘지설정을 제한하고, 제거하여 재화(災禍)나 병을 피하고자 한 것이다.

다시 말해서, 전자는 묘지의 상태가 불량하여 매장된 유해가 생기(生氣)를 받지 못하기 때문에 유해의 연쇄(連鎖)인 자손이 그 영향을 입어 재액과 병에 걸린다는 것이다. 후자는 분묘 설정을 잘못했기 때문에, 받아야 할 생기(生氣)가 그 분묘에 의해서 중단되거나 변화되어 재액(災厄)이나 병에 걸리게 된다는 것이다.

11. 매장에 관한 관습 및 신앙

총독부 경찰국 위생과에서 조사한 〈묘지 및 매장에 관한 조사〉에 나타나 있는 전국에 걸친 묘지 및 매장에 관한 관습과 신앙은 다음과 같다.

도(道)	관 습 및 미 신
경 기	풍수설을 믿는다. 공동묘지에 매장하면 공자(孔子)에게 벌을 받는다. 조상의 분묘가 아닌 공동묘지에 매장한 두 아이 묘를 조상분묘(祖上墳墓)로 이장하면 불행을 면한다.
충 북	묘지 범죄로 처벌받는 것은 효(孝)의 일종이다. 화장은 영혼이 재생하지 못하는 것으로 생각하여 싫어한다. 나쁜 묘에서 질병을 낳는다.
충 남	묘지의 양부(良否)는 가문 성쇠의 근본이며, 묘지는 해〔年〕에 따라서 적부(適否)가 있다. 관(棺)에 나무 뿌리가 닿으면 자손 중에 불구자(不具者)가 생긴다. 묘지를 발굴하면 자손이 번영하지 못한다. 장자녀(長子女)의 사체는 강에 던져야 자손이 번성한다.

전 북	신분이 높은 사람은 환갑 때 묘지를 선정한다. 죽은 다음에는 사망일로부터 기수일(奇數日)에 매장한다. 부잣집에서는 가빈(家殯)이라고 하여 9일간이나 50일간, 3개월간 집 안에 둔다. 영지(靈地)에 매장하면 부락에 재화가 있다.
전 남	풍수설이 성하다. 습기 있는 묘지를 싫어한다. 새 시체(屍體)를 오래 된 분묘에 합장(合葬)하면 자손이 번영하지 못한다. 정신병, 나병으로 사망한 자는 합장(合葬)하지 않는다. 공동묘지에 묻으면 공자(孔子)에게 벌을 받는다.
경 북	풍수설을 믿는다. 공자묘(孔子廟) 또는 고관도(高官墓)의 경지(境地)에 암장(暗葬)하면 거유(巨儒) 또는 대관(大官)이 나온다. 부락의 전면(全面)·동남(東南) 쪽에 묘를 쓰면 부락에 악역(惡疫)이 돈다.
경 남	위와 같음.
황 해	풍수설을 믿는다. 소아(小兒)의 시체는 소홀히 다루고 개중에는 관을 쓰지 않는다. 갑(甲) 지점에 사망자를 장사지낼 때 을(乙) 지점을 통과하면 을(乙) 지점은 쇠한다. 원한이 있는 집의 묘에 말뚝을 박으면 그 집이 망한다.
평 남	위와 같음.
평 북	〃
강 원	〃
함 남	매장 후 뼈의 색은 흰색이 좋고, 흑색은 안 좋다. 뼈의 색을 확인하기 위하여 매장 후 4,5년이 지나면 개장하는 습관이 있다.
함 북	위와 같음.

2. 암장(暗葬)

공인된 묘지 이외의 땅에 남몰래 매장하는 것을 암장(暗葬)이라 한다. 묘지의 길흉이 자손의 성쇠를 지배한다고 믿어지고 있던 한국에서는 예로부터 이 암장이 성했다. 길지는 한정되어 있기 때문에 이것을 찾는 데는 상당한 시간과 경비가 든다. 그래서 자기 소유의 산야가 아니라 타인의 토지 또는 공유지, 이미 타인이 정해 둔 묘지를 빼앗기도 했다. 암장을 막고자 국가에서는 법으로 이를 금하고, 부락에서는 금장구역(禁葬區域)을 정해서 이를 막고, 개인적으로는 관(官)에 제소하는 등 여러 가지 방법을 동원했지만 그에 상관없이 암장은 끊이지 않았다. 한일합방 이후 '묘지규칙'이 제정되어 공동묘지에 한정되자 암장 행위는 더욱 많아졌다. 1919년에 묘지규칙이 개정되어 일부 사설묘지가 허가되었다. 그러나 그것은 사설묘지를 만들 수 있는 자만을 위한 은전(恩典)이었다. 혜택을 입지 못하는 사람들 사이에서는 개정 이후 암장이 더욱 성해졌다.

암장은 신라 진평왕(眞平王) 때부터 있었다. 명승(名僧) 원광(圓光)의 묘지에 아이의 시체를 암장했는데, 이것은 '유복한 사람의 무덤에 묻으면 그 씨가 끊어지지 않는다'라고 하는 신앙 때문이었다 한다. 이러한 암장관념은 오늘날까지 이어지고 있으며, 그에 대해서는 다음과 같은 실례(實例)가 있다.

1928년 8월, 이왕직(李王職)은 충청남도 예산군 신양면(新陽面) 진계리(晋溪里)에 있는 조선 제18대 현종의 태봉산(胎封山)을 수선(修繕)했다. 파 보니 태호(胎壺)는 이미 도굴당해 보이지 않았고 석관 상부에는 커다란 두개골 하나가 매장되어 있었다. 이것은 왕의 태봉산(胎封山)이 길지라고 믿고 그곳에 암장하면 자손이 번영하고 현관(顯官)이 나온다는 신앙 때문에 두골(頭骨)을 몰래 암장한 것이다. 그는 이 두골을 파내어 동네의 공동묘지에 묻었다.

이 태봉산(胎封山)의 수선(修繕) 공사 중에는 부근의 많은 부녀자들이 태봉(胎封)의 석관(石棺)에 붙어 있는 주사(朱砂)를 얻으려고 다투었다. 이것은 예로부터 태봉(胎封)의 주사를 먹으면 훌륭한 아들을 낳을 낳을 수 있다는 신앙 때문이다. 그리고 태호(胎壺)를 훔쳐 간 것은 태(胎)를 싼 금박(金箔)을 얻기 위해서였다. 그곳 주민들의 말에 의하면 태봉은 1917, 1918년경에 도굴되었그, 도굴은 감행한 자의 일가(一家)는 죽어 절멸했다는 것이다. (1928년 10월 출장조사)

갑(甲)이 풍수에 맞는 길지를 을(乙)의 묘지에서 찾아내어, 을이 모르게 그 묘지에 암장하는 것을 투장(偷葬)이라 한다. 이것을 을이 알게 될 경우 불법을 힐책(詰責)하고 이장을 청구하는 등, 다툼이 벌어지는데 이것을 산송(山訟)이라 한다. 이 산송에서는 결국 지혜 있는 자, 권세 있는 자가 이기게 되어 있다. 대개 풍수적으로 조영(造營)한 묘지는 대부분 족분(族墳)이 아니고 고립(孤立)된 묘지이기 때문에, 오래 되면 누구의 것인지 판명하기조차 어렵다. 그러므로 분묘 싸움이 생겼을 때 분명히 누구의 묘인지를 가리기가 어렵다. 따라서 이 소송은 재판과 통하는 세력있는 자, 또는 이 분쟁을 자기에게 유리하게 이끌어 나가는 지혜로운 자가 승리하게끔 되어 있다. (山訟의 항에서 상세히 서술한 것임)

타인의 산에 묘를 쓰는 것은 남몰래 하거나 침탈하는 경우이다. 고려가 멸망하자 고려의 명문 귀족들이 산소를 떠나 먼 지방으로 떠나지 않으면 안 되었다. 그러자 조선의 신민(臣民)들은 때를 만난 듯이 다투어서 그들의 분묘를 침탈해서 자기의 묘지로 삼았다. 금서용(今西龍) 박사는 총독부(總督府)《고적조사》(1916) 에서 다음과 같이 보고하고 있다.

"본 장단군(長湍郡)은 개성군(開城郡)에 인접한 곳으로 고려 귀족의 분묘가 많다. 조선인이 길지라고 믿는 지점에 있다. 그러므로 후인(後人)들이 침탈하여 만든 신묘(新墓)가 많다. 소시랑산(邵侍郎山)이 그 일례이다. 장단읍지(長湍邑誌)에는 이 산이 송남면 나척동(松南面 羅尺洞)에 있다고 하여 서유거(徐有渠)의 기문(記文)을 싣고 있다. 기문에 의하면 이 동에는 고려 시랑소공(高麗侍郎邵公)의 묘라고 전하는 대분(大墳)이 있었다. 읍내의 강규(姜奎)라는 자가 이것을 헐고 자기 모친의 묘를 썼다. 이를 말리는 사람이 많았음에도 불구하고 규(奎)는 총중고골하능위지(塚中枯骨何能爲之)라 하고 장사지냈으나 그로부터 열흘 만에 갑자기 죽고 말았다. 고묘(古墓)를 헐고 신묘(新墓)를 만든 일례이다."

암장은, 묘지 이외에 길지(吉地)라고 일컬어지는 양기(陽基)에도 자주 행해졌다. 일반적으로 고려 이후의 국도읍락(國都邑落)은 대개 풍수적으로 선복(選卜)해서 터를 잡은 것이기 때문에, 이 양기(陽基)에는 생기(生氣)가 취융(聚融)하는 것이 확실하다고 믿었다. 따라서 이와 같은 기지(基地)를 풍수상의 대지 길지(大地 吉地)라 믿어 묘지로서도 호적(好適)의 장소라고 생각하였다. 그러나 이러한 곳은 대개 금장지(禁葬地)였음은 말할 것도 없다. 그럼에도 불구하고 발복(發福)을 원하여 암장하는 자가 고래로 적지 않았다(禁葬의 條 참조). 한두 가지 예를 들면, 고려 공양왕 시대 궁전의 구지(舊址)에 유골을 암장하려는 자가 있었다. 조사해 보니 망부(亡父)의 유언이라 그랬다고 했다. 물론 그는 처벌되었다. 한산(韓山) 이(李)씨의 조상이 부친의 유해를 한산군청(韓山郡廳)의 중앙지중(中央地中)에 암장했다(제 2 장 제 2 절 풍수의 소응 참조). 그것은 군(郡)의 급사였던 이씨(李氏)의 조상이 이 군의 관아 중앙 상판(床板)이 해마다 부패되기 때문에 갈지 않으면 안 되었는데, 그것이 풍수의 양호한 곳이요, 마침 생기(生氣)가 축적되는 지상(地上)임을 알았기 때문이다.

다음은 1928년 3월에 일어난 일이다. 충청남도 논산군 노성면 두사리 모가(某家)의 작은며느리(24세)가 오후 여섯시경 저녁을 먹다가 갑자기 현기증을 일으켜 기절하고 말았다. 집안에 야단이 나고 이웃 사람들도 모였다. 그런데 이상하게도 다음날 저녁 여섯시경 이번에는 큰며느리가 작은며느리처럼 되어 괴로워하며 곧 숨이 끊어지려 하였다. 이것은 예삿일이 아니었으므로 그 원인이 무엇인지 알고자 하였다. 그런데 풍수에 지식이 있는 어떤 사람이 말하기를 '이 집 바로 맞은편 산에 누군가가 암장했기 때문에 이러한 기괴사가 빈발하는 것이다. 그것을 파내 버리지 않으면 이 집 식구는 차례대로 돈사(頓死)해서 드디어는 절멸하고 말 것이다'라고 했다. 의논한 끝에 우선 경찰서에 호소하기로 했다. 당시 서장(署長)은 그러한 일이 있을 수 없다고 생각했으나 마을 사람의 호소를 들어 주기 위하여 공의(公醫)를 데리고 그 산으로 올라가 보았다. 과연 새로운 묘지가 하나 있었다. 조사해 보니 어떤 유력한 사람이 이 산에 묘를 쓰면 자손이 부귀하고 번창한다는 이야기를 듣고 암장했다는 것이다. 서장(署長)은 암장자에게 그날 밤 안으로 개장하라고 명하였다. 묘를 옮기자마자 병자의 병세는 갑자기 좋아졌다. 마을 사람들은 이 산에 암장하기를 두려워했고 이후로는 다시 이런 일이 일어나지 않도록 조심했다. (1928년 10월 조사)

'묘지규칙'이 발포된 뒤와 다시 개정된 뒤에 더욱 암장의 수가 증가했다. 그 주된 이유는 공동묘지에 매장하는 것을 싫어하기 때문이다. '묘지규칙' 개정 후에는 사설묘지를 가진 자나 사설이 허가된 자는 공동묘지에 매장하지 않아도 된다고 해서 일부 유력자는 얼마간 만족할 수 있었다. 그러나 그렇지 못한 사람에게는 암장을 조장한 셈이 되었다. 개정 전에는 누구나 공동묘지에 매장하도록 되어 있었다. 개정 후에는 허가를 못 얻으면 그만큼 사설묘지에 대한 욕망이 강해져서 드디어는 암장을 하게 된다. 암장이 발각되면 벌을 받고, 공동묘지에 개장하도록 명령을 받는다. 이를 피하기 위해 여러 가지 방법이 안출되었다.

그 하나가 평장(平葬)이다. 평장이란 사유(私有)의 산야(山野)를 가지지 못한 자가 타인 소유의 산에 암장하고 봉토(封土)하지 않은 것이다. 또 의분(擬墳)이라는 것이 있다. 장차 묘를 만들 땅에 미리 분묘를 만들어 두어 마치 고묘(古墓)처럼 보이게 했다가 때를 기다려서 몰래 그 속에 매장하는 것이다. 또 극히 지능적인 방법에 공장(空葬)이라는 것이 있다. 사자(死者)가 생기면 딴 산야에 암장을 하고, 공동묘지에는 관만 묻거나 관 속에 짚으로 만든 허수아비에 옷을 입혀 넣어서 정식으로 매장한 것처럼 보이게 한다. 이러한 암매법(暗埋法)이 지금까지 일반적으로 알려진 것이며, 이 외에도 교묘한 방법이 강구되었으므로, 암장을 발견한다는 것은 여간 어려운 일이 아니었다. 이러한 사실들은 풍수에 의한 묘지신앙이 얼마나 두터웠느냐 하는 것을 대변해 준다.

1929년 5월, 민중이 왜 공동묘지를 싫어하고 사설묘지(私設墓地)를 원하며, 부득이한 경우 암장까지 감행하려 하는가에 대한 이유를 조사하였다. 69개 경찰서를 통해서 보고를 받았다. 그 보고에 따르면 암장은 모두 묘지의 매장 여하가 자손의 생활에 지대한 영향을 끼치기 때문이라는 것이다. 다음 그 사례 가운데 뚜렷한 것을 소개한다.

1. 암장의 동기가 가운 번영에 있는 경우

사례 1   함경북도 경흥군 웅기면(雄基面) 관곡동(寬谷洞)의 김(金) 여인은 남편 조명춘(趙明春)의 사망 후 생활난에 빠졌다. 그리하여 1928년 3월, 풍수사에게 묘지의 점상(占相)을 청했더니 남편의 시체를 공동묘지, 더욱이 음지에 매장했기 때문에 일가에 악운이 덮친 것이며, 드디어는 멸망할 것이라고 했다. 그러니 명산(名山)의 중턱, 즉 땅이 건조하고 양지바른 곳으로 개장하면 악운이 변하여 온 집안이 부하고 가족은 무병장수할 것이라 하였다. 이 말을 믿고 같은 해 4월, 7년 전 공동묘지에 묻었던 남편의 유골을 용암동 오지(奧地) 국유림지

(國有林地)에 매장했다.(웅기 경찰서 보고)

사례 2   1928년 음력 5월 6일 전라북도 고창군 오산면 주곡리 271의 조동옥(趙東玉 : 72세)은 최근 자기 집에 불운이 계속되는 것은 망부(亡父)의 묘의 위치가 적당하지 못한 때문이라고 해서, 고수면(古水面) 은사리(隱土里)에서 오산면(五山面) 봉산리(峰山里) 유충의(柳忠義) 소유의 산에 암장하려다 과료(科料) 10원(圓)을 물어내야 했다.(고창)

사례 3   평안남도 덕천군 잠도면 삼동암리(三童岩里)에 거주하는 이종락(李鍾洛)은 지금으로부터 약 18년 전 망부(亡父)를 동면(同面) 용산리 노화동 산중에 매장하였다가 뒤에 풍수상 이 땅이 부적당하다는 이유로 길지라고 믿어지는, 같은 산에 연결되어 있는 명산(名山)에 허가 없이 매장하였다. 그 때문에 벌금 20원(圓)을 내고 삼동암리 공동묘지에 개장해야 했다(1926년). 그럼에도 불구하고 망부(亡父)의 유골을 공동묘지에 그냥 묻어 두면 가운이 융성할 수 없다고 하여 1927년 9월 달밤을 타서 자기 집 뒷산에 무허가로 개장했다.(덕천)

사례 4   함경북도 경흥군 풍해면 대우동 김태일(金泰一)은 어업(漁業)상 재산 손해를 입었는데, 이는 부친의 묘가 불량하기 때문이라며 1928년 7월 개장했다.

사례 5   전라북도 김제군 진봉면 가실리(加實里) 최준(崔濬 : 50세)은 동군(同郡) 만경면 만경리에 거주하는 지관사(地觀師) 유화경(柳化京)에게 속아서, 자기 집이 쇠퇴하게 된 것은 망부(亡父) 최행원(崔行源)의 묘자리가 나쁘기 때문이라고 믿었다. 그래서 1928년 11월경 동군(同郡) 백산면 석교리 최규상(崔圭祥) 외 2명의 소유로 되어 있는 동리(同里) 산 115번지에 있는, 소유자의 4대 조묘(祖墓)에 가까운 고지(高地)에 무단(無斷)으로 암장했다. 이 일로 쌍방 일족간에 분쟁이 생겼다.(김제)

사례 6　경기도 장단군 장단 부근에 사는 사람들은 지관에게 묘지를 선정시켜 조상을 매장하면 행운이 온다고 믿는다. 가난을 막고자 부친의 시체를 타인의 임야에 멋대로 매장하고 행운을 기대하는 자가 적지 않다. (장단)

2. 암장의 동기가 병인 경우

사례 1　전라북도 진안군 진안면 오천리(梧川里) 812번지 엄명녀(嚴明汝 : 53세)는 수년 전에 사망한 부친 석구(石九)를 동네 뒷산에 암장했는데, 모친[母]은 안질로, 자기는 류머티즘으로 고생하고 있었다. 이것은 부친의 무덤의 위치가 나쁘기 때문이라고 믿고, 1928년 4월 12일 그 무덤을 파서 그곳에서 약 70미터 떨어진 곳(嚴雲柱의 소유 임야)에 암장했다. 뒤에 이것이 발각되어 벌금 20원을 내야 했다. (희천)

사례 2　평안북도 회천군 북면 명문동(明文洞)의 한용환(韓龍煥)의 장녀 한확실(韓確實 : 24세)이 정신병에 걸렸다. 한용환(韓龍煥)은 망부(亡父)를 공동묘지에 묻었기 때문이라고 믿고 공동묘지에서 유골을 파내서 자기 소유의 만덕산(漢德山) 중턱에 암장하였다. (희천)

사례 3　함경북도 경흥군 풍해면 대유동(大楡洞) 김기섭(金基燮)이란 자는 가족이 병에 걸린 것은 부친의 묘자리가 나쁘기 때문이라고 하여 1928년 7월 같은 동 진동산(津洞山)에 암장하였다. (웅기)

사례 4　평안북도 구성군 동산면 풍덕동 주종룡(朱琮龍)과 차복동(車福洞)의 표관식(表寬植)은 1928년 병으로 오래 전부터 고생하고 있었다. 병에 걸리게 된 이유가 조상의 유골의 공동묘지에 매장했기 때문이라고 믿고 이전의 묘지로 몰래 이장했다. (귀성)

사례 5　평안남도 용강군 양곡면 남상리(南相里)에 김(金)씨 문중의 분묘 1기(基)가 있다. 이 묘에 묻힌 자의 후처가 죽었을 때 그의 자식이 그녀를 이 묘에 합장했더니 전처 쪽의 손자가 정신이상이 되고, 이어서 전처의 증손도 병에 걸렸다. 전처의 친족들은 이와 같은 불행이 속출하는 것은 그 묘에 후처를 합장했기 때문이라 믿고 몰래 후처의 시체를 딴곳으로 암장했다.

　사례 6　경상남도 거창군 마리면 하고리(下高里) 470의 김인수(金仁壽 : 58세)의 장남 판돌이 1927년 음력 11월경 병명 미상의 병에 걸렸다. 부친 김(金)씨가 열심히 간호했으나 보람도 없이 병세는 날로 악화되어 갔다. 이는 아마 6년 전에 죽은 동생 인만(仁萬)을 공동묘지에 묻었기 때문에 그 망령(亡靈)에 시달리는 것이라고 믿었다. 그 시체를 정화(淨化)하는 것이 좋겠다고 마음먹고 1928년 음력 2월 15일 망제(亡弟)의 시체를 공동묘지에서 파내어 화장한 뒤 다시 공동묘지에 매장했다. 풍수설을 무시하고 공동묘지에 매장했기 때문에 이러한 탈이 난 것이라는 것이다. (거창)

　사례 7　충청북도 보은군 속리면 상판리(上板里)에 사는 그 동네에서 제일 큰 노선필(盧先弼) 부자였다. 1927년 10월, 그 부친이 죽자 산소를 사놓지 않았기 때문에 하는 수 없이 동네의 공동묘지에 매장했다. 그러나 그 자리는 습기가 차서 묘지로는 부적당하여 늘 마음이 꺼림칙했다. 1928년 1월 이래 가족 중에 병자가 끊이지 않자 부친의 묘가 나쁘다는 것을 더욱 확인하게 되었다. 또 밤마다 망부(亡父)가 꿈에 현몽(現夢)하는지라 같은 해 3월, 몰래 동네 정(鄭)씨 일족 소유의 산림에 암장했다. 뒤에 발각되어 검거되었다. (보은)

　사례 8　전라남도 해남군 마산면 용전리의 명(明)씨가 정신병에 걸렸다. 무당에게 점을 치니 조모(祖母)의 묘자리가 나쁘기 때문이라고 하자, 어둠을 타 30리 떨어진 황산면 송호산(松湖山)에 암장했다. (해남)

3. 암장의 동기가 무자손(無子孫)인 경우

　사례 1　전라남도 해남군 황산면 일신리(日新里)에 사는 김씨(34세)

는 딸만 있고 사내아이가 없었다. 1928년 11월 상순경 무안군의 어떤 풍수사가 그것은 부친의 묘자리가 나쁜 탓이라고 했다. 60원을 사례금으로 주면서 길지의 선정을 풍수사에게 의뢰했다.

그리하여 80리 떨어진 강진군 서기산(瑞氣山) 기슭에 유골을 암장했다.(해남)

사례 2 평안남도 영변군 영락면 송평리의 김이도(金利道 : 36세)는 결혼 후 20년이 지나도 사내아이를 낳지 못했다. 이것은 조부 무덤의 탓이라고 믿고 1910년 사망한 부친의 유골을 공동묘지에서 파내어 딴 곳으로 암장했다.(영변)

사례 3 평안북도 태천군 태천면 남부동(南部洞)의 백종중(白宗重)이란 사람은 부친의 시체를 공동묘지에 묻은 이래 자손이 없고 사망자가 많았다. 어떤 풍수사가 이것은 조상의 묘지가 나쁘기 때문이라고 말했다. 그래서 1928년 4월 2일 공동묘지에 묻었던 부친의 유골을 파내서 동군(同郡) 장림면 운석동 석봉산(石峰山) 임야에 암장했다. (태천)

사례 4 평안북도 희천군 동면 어허천동 백양초참(白楊初站)인 서응필(徐應弼)은 사내아이를 못 낳는 이유가 아버지의 묘가 공동묘지에 있기 때문이라고 믿고 딴곳에 암장했다.(희천)

4. 사설묘지나 길지를 찾기 위해서

사례 1 본적은 전라북도 김제군 금구면 상신리(上新里) 109번지이고, 주소가 서울 낙원동 84번지인 장인규(張仁奎)는 1928년 5월 17일 모친이 사망하자 사설묘지도 없고 그렇다고 해서 공동묘지에 매장하기란 체면상 견디기 어려워 묘지 신설을 신청하여 허가가 나기를 기다렸다. 그러나 빨리 허가가 나오지 않자 같은 달 31일 전라북도 정읍군 정토면 대사리에 암장하였다. (김제)

사례 2 경상남도 밀양군 하남면 수산리(守山里)의 백순남(白順南 : 50세)은 풍수 맹신자로서 두 번이나 암장했다. 그때마다 처벌받고 공동묘지에 개장하였으나 또다시 암장을 하기 위해 사기꾼에게 사설묘지 설치 운동비조로 수백원을 쓰고, 6택원을 사기당했다. (밀양)

사례 3 경상남도 양산군 상북면 석계리 박분행(朴分幸)은 1928년 11월 2일 남편 엄주태(嚴柱泰)가 죽었는데 그의 명의로는 사유묘지를 설치할 수 있는 기본 묘지가 없었기 때둔에, 같은 달 3일 양산면장(梁山面長)으로부터 양산면 북부동 소재 공동묘지의 매장 인허증을 받았다. 그날 동면(同面) 신기리산(新基里山) 소재 동면(同面) 중부동(中部洞) 엄정섭(嚴正燮) 소유의 산에 매장했다. (양산)

사례 4 경상남도 양산군 상북면 소토리(所土里)에 사는 정만수(鄭萬壽)는 1929년 1월 30일경 동군(同郡) 하서면 화제리에 있는 임두식(林斗食)의 묘지에 후일 암장하기 위하여, 광(壙)을 파고 송판(松板)을 넣어 봉토를 쌓아 거짓으로 분묘를 만들어 두었다. 이것은 이 묘지 소유자인 임두식이 이를 모르고 있거나, 알았다 하더라도 그냥 방임해 둘 경우에는 후일 어떤 기회를 이용해서 암장하려 한 의도에서 나온 것일 것이리라고 생각된다. (양산)

사례 5 충청북도 보은군 탄부면 구암리(九岩里)에 있는 공동묘지는 특히 장풍향양(障風向陽)이 좋지 않다고 한다. 그곳 부락민들은 사자가 생기면 일단 공동묘지에 매장했다가 그날 일몰을 기다려 미리 선정해 둔 장소에 암장한다는 소문이 있었다. 그래서 수사한 결과 두 명의 범칙자가 검거되었다. (보은)

이상의 사례들로 보아서 확실히 알 수 있는 것은 사설묘지가 없는 사람들 사이에서는 암장이 성했고, 모두 유언이나 체면, 혹은 병을 이유로 들었다. 그러나 이것은 모두 풍수상 좋은 땅에 매장해서 행복을 구하고 재화를 면코자 한 묘지풍수 신앙에서 나온 것이라 할 수 있다.

전라남도 구례(求禮) 지방에는 특히 이 암장이 성행하였다. 경찰당국에 의하면 이 지방에서 공동묘지에 매장한 것 가운데 진짜 시체를 매장한 것은 기껏해야 그 2,3할밖에 안 될 것이라는 것이다. 매장한 것을 하나하나 모조리 파헤쳐 조사할 수는 없다. 심산유곡 등에서 이를 감행하기 때문에, 실제로 조사해서 적발하기가 쉽지 않다. 순찰 돌던 경찰관이 새로 봉분된 것을 발견했다든가 혹은 입장금지(入葬禁止) 구역을 어겼기 때문에 마을 사람들이 떠들거나 또는 토지의 소유자로부터 제소(提訴)되어 오는 것에 한정되어 있으므로 암장을 막기가 쉽지 않다.

이 암장을 조장하는 자는 풍수술에 능통한 풍수사이다. 그러므로 풍수사를 취조하면 암장(暗葬)의 단속이 될 법하나, 암장이 적발되었을 때도 신원을 모르는 행상인(行商人)이나 여승(旅僧)에게 땅을 고르게 했다든가 하는 등 애매하게 대답하고, 어느 풍수사라는 것을 명백히 밝히지 않기 때문에 풍수사에 의한 암장의 단속도 쉬운 일이 아니다. 또 요즘에는 풍수사에게 지상(地相)을 봐 달라고 하는 것이 예전만큼 성하지는 않다. 그저 길지라고 믿는 곳에 암장하는 지방도 있기 때문에 완전하게 단속하기는 어렵다.

3. 금장(禁葬)

묘지풍수에는 두 가지 금계(禁誡)가 있다. 묘지에는 함부로 손을 대서는 안 된다는 것이며 또 하나는 어떤 일정한 지역에는 묘지를 만들면 안 된다는 것이다. 전자는 그것을 범했을 때 재화를 입는 것은 그 묘의 자손에 한한다. 따라서 사회적으로 볼 때는 그리 큰 영향을 미치지 않는다. 금계(禁誡)를 범하여 재액(災厄)을 입었을 때는 풍수사의 말을 들어야 한다. 그것은 풍수신앙을 진실로 믿는 정도에 의한다. 그러나 어느 일정한 금지구역에의 입장(入葬) 원츠을 어겼을 때는 그 해화(害禍)가 자손이 아닌 사회로 향한다. 그러므로 그 영향은 극히 중대하다.

전자에 해당하는 예가 있다. 황해도 은율군 은율면 남천리에 있는 남양 홍(南陽 洪)씨의 묘지는 왕비도 낼 정도의 명당자리였다. 그런데 시조(始祖)의 묘보다 위에 자손의 묘를 정하면 그 자손이 망한다고 하므로 이것이 지켜져 왔다. 그런데 이 금계(禁誡)를 어기고 상위에 묘를 정한 자가 있었다. 그 자손은 절멸했다고 한다. 또 평안남도 용강군 해운면 성현리의 정명환(鄭明煥 : 49세)은 평소 온순한 사람이다. 그 부친이 사망하자 지관이 말하기를 부친의 무덤은 앞으로 3년간 그 위치나 방향을 변경하거나 흙을 더 떠올리거나 해서는 안 된다고 하였다. 이를 어기면 반드시 흉운(凶運)이 들어 남에게 상해를 입히는 일이 생길 것이라고 하였다. 그런데 정(鄭)은 금지(禁止)에 귀를 기울이지 아니하고 자기 소신대로 이 묘를 남향에서 동향으로 고쳤다. 그로부터 수일 후 산림경계(山林境界)의 다툼으로 편창조(片倉組)의 고용원(雇傭員)에게 전치 1개월의 중상을 입혔다. 이것을 보고 묘지풍수가 얼마나 두려운 것인가에 놀라는 자가 많았다고 한다. (1926년 용강 경찰서 보고)

입장(入葬)을 금하는 것에도 두 가지가 있다. 하나는 기설묘지(旣設墓地) 부근에 타인의 입장(入葬)을 금하는 것이며, 또 하나는 양기(陽基), 즉 인가, 부락, 도읍 부근에 입장(入葬)을 금하는 것이다. 기설묘지에의 금장(禁葬)은 법률로 정해져 있었다. 고려 때는 양반의 묘지를 일품은 방구십보(方九十步), 이품은 80보, 삼품은 70보, 사품은 60보, 오품은 50보, 육품 이하는 30보로 한정해서 이 구역 내는 외인(外人)의 도장(盜葬) 또는 도경(盜耕), 도벌(盜伐)을 금하였다. 이것을 어긴 사람은 도장(盜葬)은 장(杖) 60에 이정(里正)에 고(告)해서 이장시키면, 도경자(盜耕者)는 장(杖) 1백, 만일 분묘를 상하게 한 자는 도형(徒刑) 일년에 처하고, 묘영내(墓塋內)의 수목을 벤 자는 일척장(一尺杖) 60 내지 40, 유(流) 삼천리(三千里)에 처해졌다.(《高麗史》 卷85 禁令)

조선 시대에도 고려 때와 비슷하다. 《경국대전》의 규정에 의하면, 그 〈분묘정한금경이(后墓定限禁耕移)〉 조항에 종친(宗親) 일품은 방일백보(方一百步), 이품은 90보, 삼품은 80보, 사품은 70보, 오품은 60보, 육품은 50보이고, 문무관(文武官)은 그 품계에 따라서 종친보다 십보를 체감하며 칠품 이하 생원 진사, 유음자제(有蔭子弟)는 육품과 같다. 즉 방사십보(方四十步)이고, 여자는 남편의 직품에 따른다는 규정이 있다. 또 능침(陵寢)의 화소(火巢; 경계선 밖에서 초목을 불태워서 野火의 類燒를 막는 곳), 외안(外案), 금표내(禁標內)에 투장(偸葬)한 자는 정배에 처하고, 대왕(大王)의 태실(胎室)은 3백보, 대군(大君)은 2백보, 왕자(王子)는 1백보라고 정하여 그 금표(禁標) 또는 화소(火巢) 안에 입장(入葬) 또는 작목(斫木 : 벌목)을 금하고, 만약 이것을 범한 자가 있으면 《대명률(大明律)》의 〈도원릉수목지율(盜園陵樹木之律)〉―― 凡盜園陵內樹木者皆杖一百徒三年. 若盜人墳塋內樹木者杖八十. 若計贓重於本罪者各加盜罪一等―― 에 의거하여 처벌하기로 하고, 또 종친, 문무관 이외의 서민으로서 묘지의 보수(步數)에 일정한 제한이 없는 자라도 그 묘지의 청룡 백호 내 및 양산처(養山處 : 풍수상 묘지의 생기를 키우는 곳)에는 타인의 입장(入葬)을 금한 것이다. 그런데 이 용호(龍虎)와 양산처는 대소 규모를 일정하게 할 수 없기 때문에 대단히 넓게 잡는 자도 나오게 되는 것이다. 그래서 용호 활원오륙백보(闊遠五六百步)라고 해서, 또 양산처라고 해서 용호 밖에 무한히 금장(禁葬)의 지역을 정하고자 하는 자가 있기 때문에, 이것을 저지하기 위해서 산송이 있을 때 관은 모름지기 그 묘지의 도국산세(圖局山勢)를 참작해서 용호양산(龍虎養山)의 한계(限界)를 정해야 한다는 규

정이 있었다.(《大典會通》 禮典·刑典)

이러한 것들은 묘지에 대한 금장(禁葬)의 영(令)이지만, 묘지 이외의 양기(陽基)에 대해서 조선 시대에는 다음과 같은 금장(禁葬) 규정이 있었다. 즉 《경국대전(經國大典)》 예전(禮典)에는 서울의 십리(十里) 및 인가백보내(人家百步內)에는 장(葬)하지 말라고 총괄적으로 이를 금지하고 형전(刑典)에는 이를 더 상세히 규정하여,

① 서울 십리 내 입장자(入葬者)는 도원릉수목률(盜園陵樹木律)에 의하여 논죄한다. 동(東)은 대보동(大菩洞), 수유현(水踰峴), 우이천(牛耳川), 상하벌리 장위송계교(上下伐里 長位松溪橋)로부터 중량포(中梁浦)에 이른다. 내〔川〕로써 한계를 짓는다.

남(南)은 중량포(中梁浦) 전관교 신촌두모포(箭串橋 新村豆毛浦)에서 용산(龍山)에 이른다. 천강(川江)으로써 한계를 짓는다.

북(北)은 대보동(大菩洞) 보현봉(普賢峰) 저서현(猪噬峴) 아미산(峨嵋山) 연서구관기(延曙舊館基) 태조리(太棗里)에서 석관현(石串峴) 서남(西南) 합류처(合流處)에 이른다. 산배(山背)로써 한계를 짓는다. 서(西)는 석관현(石串峴) 시위동(時威洞) 사천도(沙天渡) 성산(城山) 망원정(望遠亭)으로부터 마포(麻浦)에 이른다. 천강(川江)으로써 한계를 짓는다.

② 주인 있는 산 및 인가(人家) 근처의 투장자(偸葬者) 금단(禁斷). 일인 가사(一人 家舍)라 할지라도 백보내(百步內)에 입장(入葬)해서는 안 된다.

③ 대촌내급타인분산지근기(大村內及他人墳山至近地). 모점기송자(冒占起訟者). 지시지사형권징려(指示地師權懲礪). 주상인정배(主喪人定配).

④ 관찰사수령점산어도내경내자(觀察使守令占山於道內境內者). 나문정죄(拿問定罪). 향교안산망견처입장자(鄕校案山望見處入葬

者). 가장론죄(家長論罪). 병륵한굴이(並勒限掘移)

라고 했다. 즉 묘지는 기존 묘지만이 아니고 타인의 소유산과 인가의
근처, 대촌(大村)의 뒷산, 타인의 묘지 근처, 서울 십리 내, 향교, 안산
의 부락을 바라볼 수 있는 곳에다 묘지를 삼는 것을 금한 것이다.

이제까지 시행된 《형법대전》(오늘의 刑法과 같음)에는 금장 규정을
설정하고 있는데, 그것은 다음과 같다.

• 장매위범률(葬埋違犯律)

제448조 서울 십리 내에 입장(入葬)한 자는 징역 3년에 처한다.

제449조 각 지방 관사지계내(官舍地界內)에 범장(犯葬)한 자는 아래
　　　　에 의거하여 처단한다.

　　　① 궐패봉안(闕牌奉安)한 관사사면(館舍四面) 이백보내(二百步內)
　　　　　는 징역 5년.

　　　② 교궁사면(校宮四面) 이백보내는 징역 3년.

　　　③ 관사사면(官舍四面) 이백보내는 징역 2년.

제450조 능(陵 : 왕, 왕비 및 사후 왕호가 추증된 자의 묘), 원(園 : 왕의
　　　　친부모, 왕세자, 왕세자비의 묘), 묘(墓 : 大君, 君의 묘) 계한내(界限
　　　　內)에 범장(犯葬)한 자는 아래에 의거하여 처단한다.

　　　① 능침해자내(陵寢垓字內)는 무기징역.

　　　② 원(園), 묘해자내(墓垓字內)는 징역 15년.

　　　③ 역대 제왕 능침(陵寢) 계한내(界限內)는 징역 7년.

제451조 태실(胎室) 계한내(界限內)에 범장한 자는 아래에 의하여
　　　　처단한다.

　　　① 대황제 태실(大皇帝胎室)은 징역 3년.

　　　② 황태자, 황태손 태실(皇太孫胎室)은 징역 2년 반.

　　　③ 황자 태실(皇子胎室)은 징역 2년.

제452조 각처 봉산(封山), 승무(陞廡)한 선현의 분묘계한내(墳墓界

限內) 및 사원(祠院) 사면(四面) 일백보 내에 범장한 자는 징역 1
년 반.

제453조 주인이 있는 분묘계한내(墳墓界限內) 및 인가 오십보 내에
암장한 자는 징역 1년, 강제로 남의 산에 감장(敢葬)한 자는 징역
3년에 처한다.

제454조 사패(賜牌)에 의해서 소득(所得)하거나 또는 매점(買占)의
문권(文券)을 가진다고 해도, 민중이 다 알고 있기를, 오래 금양
(禁養 : 樹木의 斫伐을 금한다)된 주인이 있는 산에 입장(入葬)한
자는 태(笞) 50에 처한다.

무엇 때문에 도읍, 관청사, 능묘, 태실, 사원(祠院)의 계한내(界限
內) 및 인가의 근처, 또는 봉산(封山), 금양(禁養)한 산에 새로 묘를
만들어 입장(入葬)하는 것을 금하였을까? 그 원인이 단지 불경(不敬)
에만 있는 것이 아니라 거기에는 풍수상의 이유가 있다.

풍수에서는 지중(地中)을 흘러가는 생기(生氣)를 받아 누리는 것이
목적이다. 그러니 음택도 양기도 다같이 생기를 충분히 받기를 바라
며, 그리고 당연히 자기가 받아야 할 생기를 딴 자에 의해 방해받거나
가로채이는 것을 싫어한다. 또 민간에서는 묘지풍수의 점지(占地)에
대해서 예전부터 '후인위주지설(後人爲主之說)'이 믿어져 '기생(妓生)
과 묘는 나중에 들어온 자가 주인이다'라는 속담으로 널리 여러 사람
들 입에 회자되고 있는 정도이며, 새로 묘지를 만든 자가 지금까지 주
어진 생기(生氣 : 發福의 원천)를 독점하는 것이라고 믿어지고 있다. 이
와 같이 풍수적 신앙이 존재하기 때문에 풍수적으로 정해진 음택 내
지 양기는 남의 침탈로부터 지키지 않으면 안 된다. 이 수호(守護)의
목적에서 대촌(大村)의 뒷산(主山이라고도 한다. 이는 풍수상 四沙의 현
무이며, 來龍해서 생기를 모으는, 풍수상 가장 중요한 곳이다)에 입장(入

葬)하는 자가 있으면 산신의 노여움을 사서 촌락에 재해가 생긴다든가, 또는 천신(天神)이 강유(降遊)하는 영역(靈域)을 더럽히기 때문에 천신의 노여움을 받아 빗물 한 방울도 가지지 못하게 되고, 촌민은 이로 인해 굶어 죽게 된다든가, 또는 촌락을 바라볼 수 있는 땅에 입장(入葬)하면 그 부락은 전멸한다든가 하는 등, 경외할 만한 신벌적(神罰的) 터부를 만들어 내어 금장구역(禁葬區域)의 불가침을 유지해야 했다. 이번에는 이 금장신앙(禁葬信仰), 입장(入葬) 터부에 관한 전설과 구체적 사례를 들어 보기로 하자.

사례 1 경기도 장단군 강북면 솔랑리 동막동(東幕洞)에 사는 서치웅(徐致雄)은, 동군 강서면 갈운리에 사는 우유진(禹瀏鎭)이 1911년 음력 4월 24일 그의 망부(亡父)의 사체를 동막동 묘지에 있는 서(徐)의 십이대조(十二代祖)의 분묘에서 약 6백보 떨어진 곳에 아장했다는 것을 듣고, 그 장소는 조상 총묘(塚墓)의 뇌후(腦後)에 해당되기 때문에 조총(祖塚)의 존엄을 모독하는 것이라고 해서, 이굴(移掘)해 줄 것을 요구했지만 우(禹)가 이에 응하지 않았다. 분노가 극에 달한 그는 드디어 6월 4일 오후 8시 우(禹)가 매장한 분묘를 발굴하여 관을 뜯고 사시(死屍)를 발가벗겨 부근의 삼밭 가운데 매장했다.(경성 지방법원 검사국 조사)

사례 2 경기도 양천군 위원면 월계리 8통 1호 농양반(農兩班) 이규선(李揆善 : 20세)은, 1912년 7월 16일 친족인 이규백(李揆百)이 그의 친부의 시체를 동면(同面) 녹천리 일륜산(一輪山)에 개장(改葬)했다. 그런데 그 땅이 마침 규선의 5대조 분묘에서 불과 열 발짝밖에 떨어져 있지 않은 고로, 규선은 그와 같이 가까이에 묘지를 정해서 입장(入葬)하는 것은 자가자손(自家自孫)의 번영을 해칠 우려가 있다고 생각하고 이것을 파내어 근심을 없애 버릴 것을 꾀하였다. 1913년 2월 17일 밤 인부 윤윤선 외에 한 명을 더 고용하여 몸소 지휘해서 규백의 친부가 입장(入葬)되어 있는 분묘를 발굴(發掘)했다.

사례 3 충청남도 청양군청의 뒷산에 학교림이 있다. 예로부터 여기에 만약 암장하는 자가 있다면 그 자손은 번영하지만 청양읍 너에는 당장에 재액이 내릴 것이라는 말이 있던 곳인데, 1928년 9월 읍내의 아이 하나가 읍내를 흐르는 내에 떨어져서 사망했다. 이 익사 사건은 읍내에는 한 번도 없었던 일이므로 이것은 예삿일이 아니라고 의논한 결과, 누군가가 금(禁)을 범(犯)해서 뒷산에 암장한 자가 있었기 때문이라는 결론을 얻었다. 곧 뒷산을 뒤져보니 학교림 속에 새로 매장된 분묘가 발견되었다. 그래서 익사 사건은 이 때문에 일어났음이 명백해져 진흥회장(振興會長)으로부터의 출원(出願)으로 이 암장묘를 파내서 딴곳에 이장하기로 했다. (1928년 출장 조사)

사례 4 충청남도 서산군 부춘산 옥녀봉(玉女峯 : 瑞山邑의 後山)은 예로부터 암장 금지 구역이다. 그것은 이 산에 있는 옥녀신(玉女神)이 매우 더러움을 싫어하기 때문이며, 만약 이 산에 암장하는 자가 있으면, 곧 이장해서 신역(神域)을 깨끗이 하도록 하기 위한 신려(神慮)에 의해 무슨 징조이든 징조가 있게 되고, 이에 응하지 아니할 때는 산 밑의 촌민에 재해가 내려진다는 이유에서이다. 1925년경의 일이다. 한 아이가 나무하러 산으로 갔다가 이상한 여자를 보고 너무 겁이 나서 뒤도 안 돌아보고 집으로 달려왔다. 그날 밤 그가 꿈을 꾸니 그 이상한 여자가 현몽하여 말하기를, 산 위의 대나무가 있는 곳에 시체가 묻혀 있으나 보통 잘 보이지 않으니 대숲을 쳐내면 입장(入葬)한 자취를 알게 될 터이니 그 시체를 파내서 딴곳으로 이장하라는 것이었다. 그러나 반신반의하면서 그 말대로 하지 않던 그는 얼마 후 발광하여 19세로 요절하고 말았다. 미친 사람의 헛소리로만 여기던 마을 사람들도, 그의 죽음을 보고 새삼스레 예로부터 전해지는 금장(禁葬)을 통감하였다. 그래서 마을 사람들은 그 산으로 올라가 대나무 숲이 있는 곳을 파보았다. 과연 한 두골(頭骨)이 나왔다. 알아보니 이것은 그 지방의 어떤 부자가 암장한 것인데 그 부자는 묘지규칙 위반범으로서 처벌되었다는 것이다. 암장한 곳은 옥녀신사당(玉女神祠堂)의 아래쪽 산허리로 아주 경치가 좋은 곳이다. 같은 해 봄, 이곳에서 티푸스가 유행했을 때도 암장이 발굴되었다. (1928년 출장 조사)

사례 5   충청남도 공주의 김준환(金準煥)이 일찍이 천안(天安)에 있는 길지를 사들여 조상의 묘로 쓰려고 하였다. 그런데 천안리(天安里)의 사람들은 이 산이 마을의 뒷산일 뿐만 아니라, 이 산에 묘를 쓰면 그 묘를 쓴 자손들은 부귀해져도 마을은 망한다는 이야기가 전해져 오고 있기 때문에 마을 사람 모두가 묘를 쓰는 것에 반대했다. (1928년 출장 조사)

사례 6   전라북도 정읍 근처에 봉황산(鳳凰山)이 있다. 이 산도 예로부터 금장지로 되어 있다. 만일 이 산에 암장하면 이 산 아래의 마을에서 키우고 있는 닭이 밤새도록 운다고 한다. 그래서 암장은 곧 발각된다고 한다. (1928년 출장 조사)

사례 7   충청남도 서천군 종천면 신검리의 뒷산은 웅대한 내룡(來龍), 청룡, 백호 및 주작(朱雀 : 水)의 산수에 둘러싸인 곳으로 풍수상 형승(形勝)의 산, 즉 명당이라 일컬어졌다. 그래서 이 지방의 유력자는 물론 각지의 부호들이 군침을 삼켰다. 그러나 마을 사람들은 이 산에 묘를 쓰면 자기들이 모두 유리(流離)해야 할 액운에 빠지게 된다고 믿고 묘지로 쓰는 것을 극력 반대했기 때문에 아직 그대로 있다. (1928년 출장 조사)

사례 8   평안북도 태천군 서면 임천동 임천산(林泉山)의 기슭은 5백년 전에 유명한 풍수사 선거사(仙居士)가 보증한 길지라 한다. 이 땅에 묘를 쓰면 자손은 고관대작이 된다고 전해지고 있다. 그래서 주민 가운데 가끔 조상의 백골(白骨)을 거기에 암장했다. 그런데 이곳에 연

고가 없는 자는 아무리 튼튼하게 매장을 해도 폭풍우가 일어 저절로
발굴되고 말아 결국 암장은 이루어지지 않았다. (태천 경찰서 보고)

　사례 9　경상남도 밀양군 부북면 종남산은 군내(郡內)의 명산인데
이 산에 묘를 쓰면 자손이 바로 번영한다고 하여 암장하는 자가 있었
다. 그런데 이 산에 묘를 쓰면 한발(旱魃)이 심해진다고 한다. 그래서
한해(旱害)의 해에는 군수가 이 산에 올라 기우제를 지내고 촌민과 함
께 암장 분묘를 찾아내서 발굴하는 것이 예이다. 지금도 한발 때는 기
우(祈雨)를 위하여 암장묘를 발굴하는 일이 있다. 1928년 9월에도 한
발 때문에 부근 부락민 수십 명이 기우하러 산에 올라 부북면 전사포
리(前沙浦里) 사람의 암장묘를 발굴한 실례가 있다. (밀양 경찰서 보고)

　사례 10　경상북도 경주 부근의 전망이 좋은 산들은 크건 작건 간에
모두 길지라고 한다. 그래서 사람들은 이들 산에 묘지를 쓰려고 한다.
그러나 이들 명산에 묘를 쓰면 한발(旱魃)이 계속된다고 부락민들은
암장을 막고 있다. 그러나 산지기를 두고 감시할 수도 없으니 암장은
있게 마련이다. 여름에 비가 오지 않으면 부락민들은 산에 올라 그럴
듯한 곳을 찾아 시체를 파낸다. 이와 같이 이 지방에서는 기우(祈雨)
를 위하여 묘를 파는 관습이 있다.

　1924년 8월의 일이다. 경주 강서면 산대리 무릉산(武陵山)에서 시체
발굴 소동이 일어났다. 한발이 심하자 산 밑의 부락민이 산마루를 조
사해서 새 무덤을 발견했다. 비가 오지 않은 것이 바로 그 때문이라고
믿은 부락민들은 한 집의 행운을 위하여 수백 명이 기갈(飢渴)되어 아
사(餓死)케 한 사람의 짓을 괘씸하게 여겼다. 부락민들은 묘를 발굴하
기 시작했다. 이를 알게 된 묘의 임자는 그냥 두었다간 시체에 어떤
일이 가해질지 모른다고 생각하여 일가친족과 의논해서 발굴에 대해
항의했다. 그러자 많은 부락민은 더욱 격노하여 마침내 시체를 발굴
해서 내다 버리고 그 일족을 구타했다. 이 보고를 들은 경찰이 출동하

여 십수명을 검거한 후 소동이 진압되었는데 그날부터 비가 오기 시작했다. 부락민들은 옛 신앙이 결코 헛된 것이 아니라고 했다. (1927년 출장 조사)

사례 11 경상북도 영일군(迎日郡)에 형산(兄山)이라는 명산이 있다. 이 산에는 신라 쇠망에 얽힌 많은 일화가 전해지고 있다. 이 산은 형산강(兄山江)을 끼고 제산(弟山)과 나란히 솟아 있는 높은 산으로 이 산의 꼭대기는 예로부터 아주 좋은 길지라고 믿어졌다. 그 산정(山頂)에 한 개의 석관(石棺)이 묻혀 있다. 석관이 있는 곳이나 그 부근에 묻으면, 그 반응은 바로 나타나서 몇 달 안 가서 그 자손은 부귀한 몸이 된다고 한다. 그런데 한편 이곳에 시체를 묻으면 산신이 노여워하기 때문에 반드시 가뭄이 온다는 것이다. 그래서 이 산 둘레에 사는 주민들은 그곳을 금장지(禁葬地)로 정하였다. 가뭄이 심할 때에는 주민이 산 위에 올라가 매장한 시체를 일부라도 파내서 부정(不淨)을 제거한다. 그리하여 산신의 노여움을 풀어 비를 빌었던 것이다. 금장지일수록 암장하는 사람이 있다. 그러므로 매년 여름이면 부근 주민들이 이 산꼭대기를 파헤치게 된다. 예전에는 이 발굴을 방해하고자 하는 암장자측과 발굴자측 사이에 싸움이 벌어져 비도 내리기 전에 피싸움을 하는 일이 적지 않았다. 발굴자의 철저한 수색법(搜索法)에 대응해서 암장자도 교묘한 수단으로 매장을 하였다. 조상 유골의 한 조각이나 모발, 이 등을 묻고 알아차리지 못하도록 그 위의 땅을 고르게 하거나 풀을 심어 두거나 한다. 또는 옥련사(玉蓮寺) 관음(觀音)을 안치한 소사(小寺)의 당(堂)지기 중에게 돈을 주고 법당 밑에 묻기도 한다. 그래서 발굴자가 평지든 바위 밑이든 닥치는대로 파헤치기도 한다. 1928년 여름에는 관음당(觀音堂) 밑에 암장해 두었다는 혐의로 부락민들이 중을 묶어 놓고 당(堂) 일부를 헐고 당 밑을 파헤친 일도 있었다.

1927년 8월에는 한발이 심해지자 부락민 수백 명이 산에 올라가 괭이, 가래, 호미, 삽 등을 가지고 산 꼭대기를 모두 파헤쳐 두세 개의 뼈 조각을 찾아냈다. 그후 얼마 안 되어 비가 내렸다고 한다. (1927년 11월 출장 조사)

사례 12 경상북도 울산군 강동면과 하상면 사이에 무룡산(舞龍山)이라는 산이 있다. 이 산도 묘지로 쓰는 사람은 부자가 되지만 그로 인해 비가 오지 않게 된다 하여 금장지(禁葬地)로 되어 있다. 1923년 하상면민(下相面民)은 이전부터 이 산에 임자 없는 산소가 있고, 또 어떤 일가의 산소도 아닌 것 같아 공동묘지처럼 묘를 쓰는 사람이 많았다. 그러나 강동면민(江東面民)은 이것을 못마땅하게 생각했다. 시대가 시대인지라 구습을 들추어 야단스럽게 떠들면 미신에 사로잡혀 있다고 보여질 것 같아서 아무 말도 하지 않고 있었다. 그런데 비가 한 방울도 내리지 않아서 모심기도 못하고 작물은 말라 죽었다. 더 참을 수가 없다고 생각한 강동면의 많은 사람들이 떼를 지어 산에 올라가 이전부터 있었던 임자 없는 묘를 파내고, 기세를 몰아 하상면의 공동묘지까지 파헤쳤다. 이를 안 하상면민은 급히 이 사실을 경찰에 알리고 떼를 지어 산에 올라가 묘지 발굴자들에게 항의했다. 모두 살기가 등등해서 자칫하면 수라장이 될 뻔했다. 급보를 받고 달려온 경관들이 곧바로 발굴자 스무 명을 검거하고 해산시켰다. (1927년 11월 출장 조사)

사례 13 경상남도 하양군 안심면 양례산(釀禮山 : 보통 祈禱山이라 함)에 묘를 쓰면 한발이 계속된다고 한다. 그래서 동민 수백 명이 모여 이모(李某) 외 1명의 묘를 발굴하려고 했다. 그것은 그 묘를 발굴하면 비가 온다는, 예로부터 전해 오는 신앙 때문이었다. (1917년 8월 21일 《경성일보》)

사례 14 평안남도 성천군 영천면 조양리(朝陽里)의 박덕환(朴德煥)

은 오래 전부터 위장병으로 고생했다. 그런데 그 이유가 부근에 사는 고아 박동영(朴東英 : 5세)이 부친의 묘를 덕환의 집 뒤에 암장했기 때문이라는 것이었다. 이것을 딴곳으로 이전하도록 박동영의 친족에게 자주 권고했으나 응하지 않자 철없는 동영을 살해했다.(1918년 12월 6일 《경성일보》)

사례 15 경상북도 김천군 남면 옥산동(玉山洞) 뒷산에 묘를 쓰면 음료수가 변질된다는 것을 구실로, 남면의 이달근(李達根) 등 동민 수십 명이 작당을 하여 구미면의 이용하(李容夏)가 그 부친의 유골을 이 산에 이장하려는 것을 방해하면서 용하 외 수명에게 상해를 입히고 장구(葬具)까지 파괴했다.(1920년 6월 24일 《경성일보》)

사례 16 충청북도 괴산군 근처에 있는 백마산(白馬山)에 암장해서 3백 일간 남의 눈에 뜨이지 않게 하는 경우 암장자는 큰 부자가 되지만, 그 대신 크게 가물어서 흉작을 면치 못한다고 한다. 음성군 원남면 마송리에 사는 민 가운데 백마산에 암장한 사람이 있다는 소문이 돌았다. 한발이 오래 계속되고 있는 것이 그 때문이라고 믿은 괴산군 사리면 노송리 및 소매리 이민(里民) 약 1백 명은 가래, 삽, 몽둥이를 들고 마송리에 습격하여 주민 일곱 명을 백마산으로 납치해서 암장묘를 발굴하도록 강요하며 폭행을 가했다.(1927년 7월 3일 《경성일보》)

이상의 여러 사례에서 금장신앙(禁葬信仰)의 윤곽을 대충 알게 되었다. 금장의 이유는, 존엄의 모독, 자손의 번영을 방해, 재액 이민(里民)이 유리(流離), 병에 걸림, 음료수의 변질, 한발과 흉작, 산신의 노여움, 성역 모독으로 인한 천신의 신벌 등이다. 금장지를 보호하고 입장을 금하고자 하는 관념은 오래 전부터 젖어 온 귀신 신앙에 의해 수식되었음을 알 수 있다. 결국 풍수적 효과를 돕는 목적에서 나온 것이라 할 수 있다. 이렇게 터부시되고, 발굴될 우려가 있어도 금지 구역에 암장하는 자가 속출한 것은 길지에 입장(入葬)하면 자손(암장자 및 그 자손)이 부귀영달한다는 신앙에 집착했기 때문이다. 이것이 바로 풍수신앙이며 금장(禁葬)의 목적도 이런 신앙에 기인하는 것이라고 말할 수 있다.

왜 금장 지역에 암장하는 자가 많을까? 그것은 금지 구역이 풍수에 대한 지식을 필요로 하지 않기 때문이다. 즉 풍수사에 의뢰할 경우 많은 사례금을 주어야 한다. 그리고 훌륭한 명산인 금장 구역에 묻음으로써 만인이 누릴 행복이 자기 일족에게 집약된다고 믿었기 때문이다. 훌륭한 길지를 찾아내는 데는 많은 비용을 지불할 수 있는 소수의 권력자나 부자에 한정되었고 일반 사람들은 불가능했다. 그러그로 이미 만들어진 묘지와 도읍, 부락, 주택 등은 모두 풍수적 길지에 정해진 것이므로 굳이 그 지역에 암장하려 하였던 것이다. '기생과 묘는 뒤에 들어온 사람이 임자다'라는 속담처럼 최후에 암장함으로써 그 땅의 생기를 받으려 했던 것이다. 가끔씩 발굴되어 재액을 만나기도 하지만 만일 운좋게 그것을 면할 수만 있다면 노력을 적게 들이고 큰 효과를 얻을 수 있는 경제적 장법(葬法)이자 치부의 방법이 되었기 때문이다.

아무리 경제적 치부법이라 하더라도 다른 사람이 누릴 행운을 독점하려 하는 것은 반사회적(反社會的)이다. 그러므로 법령으로 금하고 귀신신앙으로 터부시하는 것이다. 이러한 반사회적 암장은 혈족만을 중히 여기고 남을 돌보지 않던 사회성의 한 단면이라 할 수 있다. 즉 남에 의존하고 남과 협력해서 사회를 발전시키기보다 남을 억압하고 남을 이용함으로써 자기만 번영을 누리려는 생활의식과 처세관념이 투영된 것이다. 암장·금장은 묘지풍수 신앙 때문이라기보다는 이러한 생활의식 위에 묘지풍수 신앙이 들어왔기 때문에 일어난 현상일 뿐이다. 다시 말해서 생활의식이 풍수에 의해 구체적으로 표현된 것이다.

4. 범죄와 쟁송(爭訟)

묘지가 인간 생활에 지대한 영향을 미친다는 생각 때문에 묘지에 관한 범죄와 소송은 자연히 많았다. 묘지는 생활상의 중요한 이익의 한 근원이다. 그러므로 이 근원적인 이익을 획득하고 보호하고자 하는 것은 생활에 있어서의 또 다른 원천인 의, 식, 주의 생활품을 소유하고 보호코자 하는 것과 다를 바가 없다. 더욱이 생활의 전체라고 말할 수 있는 운명을 지배하는 것이 묘지라고 생각했으니 오히려 다른 재산보다도 더 중요시했던 것이다. 원래 생활의 본질은 생명의 유지발달이다. 그러나 이에 필요한 것은 많은 자재(資財)이지만, 묘지는 본질적으로 생명의 소장(消長)을 좌우하는 것이며, 이 묘지의 길흉 여하에 따라 부를 이룰 수도 있고 잃게도 되는 것이다. 묘의 원익(源益)은 자손의 번식, 명예, 부, 지위 등에 관여하지 않는 것이 없다.

이러한 만능원익(萬能源益)에 대한 사람들의 직접적인 행동이 묘지 범죄이고 간접적인 행동이 쟁송(爭訟)이다. 묘지에 관한 범죄, 즉 직접적인 행동은 좋은 묘지 원익(源益)을 획득코자 하는 적극적 범죄와, 타인의 묘지 원익(源益)을 저해코자 하는 소극적 범죄의 두 가지가 있다. 전자는 암장(暗葬), 투장(偸葬), 늑장(勒葬)이고, 후자는 발굴(發掘), 시체모독(屍體冒瀆), 재목단맥(材木斷脈), 범금(犯禁) 등이다.

암장에 대해서는 이미 제 2 절에서 언급했기 때문에 여기서는 생략한다. 투장(偸葬)이란 타인의 산야 묘지에 대한 교활한 침략이며, 늑장(勒葬)이란 타인 소유의 산야 묘지에 대한 강제적 침탈이다. 교활한 투장의 하나가 매표점산(埋標占山)이다. 정약용(丁若鏞)의 《목민심서》에는 투장(偸葬)코자 하면 먼저 길지 길혈(吉穴)을 선정한 다음에 '점득인(占得人) 어디의 아무개, 점혈(占穴)은 하년월일(何年月日) 모친수지(某親壽地)' 등의 문자(文字)를 백자기(白瓷器)에 써서 상하상합(上下相合)하여 혈중(穴中)에 묻어 둔다. 뒤에 입장(入葬)이 필요하게 되었을 때 이것을 파내어 종전부터 이곳이 자기 소유라고 주장하면서 매장(埋葬)을 거부하는 자에게 대항한다. 이것을 매표(埋標)라 한다.

이 매표를 타인이 고의로 파면 그 죄를 무덤을 판 것과 동일시했다. 이것은 용의주도한 자가 미리 부모나 자기의 입장(入葬)할 땅을 생전에 정해 두었다가 사후입장(死後入葬)할 때 매혈(埋穴)의 장소와 혼동하지 않기 위해서 묻어 둔 것이다. 신라 시대에 재(灰)를 묻어서 타인의 가택을 사취한 고지(故智 : 신라 제 4 대 脫解王)가 아직 왕위에 오르기 전의 일이다. 토함산 석굴(石窟)에서 살고 있던 그는 살 만한 땅을 고르려고 7일간 성 안을 탐망(探望)한 결과 호공(瓠公)네 집을 점찍었다. 이 집을 빼앗고자 몰래 그 집 저택 내에 대장간에서 쓰던 재를 묻어 둔 그는 이것을 증거로 호공의 집이 원래 대장간 일을 하던 자기 조상의 집이었다고 관(官)에 송사하여 재판에 이겨 손쉽게 자기 집으로 삼았다고 한다.(《삼국유사(三國遺事)》〈권 제 1 탈해왕조〉) 이와 같이 매표는 타인의 소유인 길지를 점탈(占奪)하는 수단으로 이용되었던 것이다.

늑장(勒葬)이란 권세 있는 자가 권세 없는 자의 묘지 또는 토지에 길지를 복정(卜定)했을 때, 소유주가 거부하는 것을 듣지 아니하고 강제로 점탈하는 것을 말한다. 권세 없는 자는 부당함을 관에 제소해도 대개는 패소한다. 그래서 조선 시대의 법전인 《대전회통》에는,

"士大夫勒葬偸葬偸葬之類. 各別痛禁. 犯者. 依奪人閭家律論. 該邑
守令. 知而不禁者. 拿處. 常賤父母山繼葬處. 士大夫占奪者同律. 勒
限移葬."

이라고 규정했다. 만일 지방관인 수령이 늑장을 보고서도 금하지 않았을 때는 수령(守令)에게 매우 엄중한 형벌을 준다는 뜻이다.

소극적 범죄란 분묘 발굴, 시체 모독, 장묘의 부속물을 훔치는 것 등이다. 이들 범죄의 목적은, 입장(入葬)을 금한 곳에 입장한 것을 이장(移葬)시키기 위해서, 또는 입장한 것을 파내거나 장구를 훔치기 위해서, 혹은 묘지에 필요한 물건을 훼손함으로써, 생기의 충일을 방해하고 입장자의 자손이 발복을 받지 못하게 하기 위함이 대부분이다. 그 범죄를 보면 다음과 같다.

분묘 발굴, 기물전석(器物磚石)을 훔치는 것, 분묘를 발굴해서 그 분묘지를 타인에게 파는 것, 시체를 내버리는 것, 또는 수중(水中)에 버리는 것, 시체를 훼손해서 버리는 것, 도굴꾼을 시켜서 타인의 관곽(棺槨)을 태우는 것, 타인의 분묘를 평지로 만들고 전원(田園)으로 만드는 것, 산빈(山殯)을 파훼(破毁)하고, 가장(假葬)의 의금(衣衾)을 박취(剝取)하는 것, 분영내(墳塋內)의 나무를 훔치는 것, 분에 방화하거나 나무를 박아 넣거나 오물을 던지는 것 등이 있다(《대명률》과 《대전회통》). 실례를 들어 보면 다음과 같다.

① 경기도 장단군 강상면 솔랑리 동막동의 서치웅(徐致雄)은, 자기 소유 묘지에 강서면 갈운리의 우유진(禹瀏鎭)이 망부(亡父)를 입장(入葬)한 것은 자기 조상 무덤의 존엄성을 모독한 것이라 하여 우씨 무덤을 발굴, 관을 열고 시체를 딴곳으로 이장했다. 그는 징역 2년형에 처해졌다.

② 충청남도 아산군 이북면(二北面)의 농부 한경리(韓景履 : 54세)는 1908년 음력 9월 29일 수원군 광덕면 박동(朴洞) 산기슭에 입장(入葬)했던 이종대(李鍾臺) 처의 무덤을 발굴하여 관곽을 들어 냈으나, 고소당하기 전에 수원서에 자수했기 때문에 징역 5개월형에 처해졌다.

③ 경기도 시흥군 북면 하평촌(下坪村)의 농부 김흥천(金興天 : 36세)은 1908년 11월 10일 경기도 과천군 상서면 수촌(秀村)에 있는

김천수(金天洙)의 증조 및 조부의 분묘 2기를 발굴해서 두 개의 두골(頭骨)을 끊어 감추었기 때문에 징역 1년 반에 처해졌다.

④ 경기도 양주군 위원면 월계리(越溪里)에 사는 농부 이규선(李揆善 : 20세)은 1912년 음력 7월 16일 친족 이규백(李揆百)이 5대조 묘에서 겨우 몇 발짝 떨어진 곳에다 규백(揆킄)의 부친의 사체를 개장한 것은 자기 자손의 번영에 해를 끼칠 우려가 있다고 이것을 발굴했기 때문에 90대의 태형에 처해졌다.

⑤ 경기도 포천군 내북면 가채리(加采里)의 농부 최면식(崔勉植 : 23세) 소유의 분묘가 경기도 고양군 구이면 성동 능우산(陵隅山)에 있다. 8백여 년간 대대로 써온 조상의 산소이다. 그런데 묘지기인 그의 친족 최만희(崔萬喜)가 1912년 음력 10월경 묘지 한계 안에 있는 산 두리봉(斗理峯)을 몰래 서울 직동 37통 2호에 사는 태덕필(太德弼)에게 매각했다. 그는 두리봉(斗理峯)에 묘를 썼다. 면식(勉植) 및 그 일족은 이를 반대했다. 그러나 태(太)는 불응했다. 그들은 1913년 9월 1일 밤중에 인부 열 명 이상을 데리고 산으로 올라가 무덤 세 개를 차례로 발굴하여 유골 세 개와 시체 한 구를 꺼내서 부근 섶나무 벌에 버리고 흙으로 덮어 버렸다. 그는 징역 3개월형에 처해졌다.

⑥ 경기도 풍덕군 서면 중련호군동(中連好軍洞) 농부 이응춘(李應春 : 33세)은 농부 이성천(李聖天 : 54세)과 개성군 서부 십천교에 사는 김대련(金大連 : 30세)과 함께 돈을 받고 남의 분묘를 발굴했다. 1909년 음력 9월 10일 밤, 이들 세 명은 개성군 동부 팔자동(八字洞)에 거주하는 김진오(金鎭五) 소유의 땅, 즉 경기도 풍덕군 북면 하내동에 있는 묘를 파서 두골을 끊어 내고, '일금 1만 5천을 내면 목을 돌려주겠다'고 쓴 협박 편지를 묘석 위에 남겨 두고는 그 두골을 개성군 능성곡의 고갯길 근처에 묻어 두었다.

세 명은 협박 편지에 적은 12일에 지정한 장소인 능성곡 고갯길에서 김진오(金鎭五)를 기다렸으나 오지 않았다. 세 명은 다시 공모한 끝에 금 5만 냥을 가져오면 목을 건네 주겠다는 협박문을 만들어 김대련을 시켜서 김진오의 숙부 김규석(金圭奭)의 집으로 보냈다. 결국 돈을 받지 못하고 검거되어 각각 징역 5년형에 처해졌다.

⑦ 경기도 파주군 조리면 장곡리 26번지에 사는 이종익(李種益 : 38세)은 자신 소유인 양주군 백석면 기산리 산 170번지 임야 6천3백 보(步)의 조상 산소가 있는 산판(山坂)을 강일형(姜一馨)이란 자에게 빼앗겼다(강일형이 민사소송을 제기했는데 이종익이 문맹인 탓으로 闕席判決에 의하여 산판의 소유권을 상실했다). 1923년 10월 18일, 이종익은 동네에 있는 강일형의 5대조 강택제(姜宅齊) 및 증조부 강언성(姜彦成)의 묘에 대해 불경한 행위를 했기 때문에 12월 27일 경성지방법원 개성 지청에서 벌금 20원에 처해졌다. 강일형의 조상의 백골을 저당잡고 산판을 도로 찾으려고 1924년 1월 1일 밤 묘지에 가서 괭이로 강택제 부부 합장묘를 파헤쳐 관의 상부 송판(松板)을 빼내어 그 부근에 버리고, 또 강택제 부부의 두골 및 족부백골(足部白骨)을 파주군 조리면 장곡리 산중에 숨겨 두었다가 발각되어 징역 8개월형에 처해졌다.(경성지방법원 검사국 판결문)

이상은 묘지 범죄의 대략이지만 이 외에도 금장(禁葬)을 모범(冒犯)하는 적극적 범죄가 적지 않았다. 그 종류는 이미 금장의 절에서 말한 바와 같이, 묘지를 넓이의 제한을 넘어 광점(廣占)하는 일, 금장 구역에 투장하는 일, 신성시하는 산 또는 생기의 주맥이라고 보호되어 있는 구역에 입장하는 일 등이다. 이 광점(廣占)은 경작지가 적은 한국에서는 너무 비생산적이다. 하나의 묘역을 살리기 위해서 수십 정보의 산야를 청룡(靑龍) 백호(白虎) 혹은 해자(垓字)라고 해서 광점(廣占)하며, 신장(新葬)이 있을 때마다 새로 묘지를 선정하기 때문이다.

이와 같은 범죄가 관(官)에 의해 처리될 때는 그 폐해가 적다. 그러나 묘지는 아무 곳에라도 정할 수 있는 것이기 때문에 그 일이 관에 알려지기까지는 상당한 시일이 걸린다. 또 알려졌다 해도 범칙(犯則)으로 설정된 것은 몇 할에 불과하다. 그러므로 고소 및 소송이 제기되지 않으면 관의 손으로 벌할 수는 없다. 소송을 제기해도 판결까지는 꽤 많은 시일이 걸린다. 결국 약하고 가난한 사람이 패소하고 마는 것이 재판이기 때문에 일반인은 관에 의한 재판보다는 개인의 힘으로 해결코자 하였다.

《대전회통》에 '부녀를 데리고 산에 올라와서 장사 못하게 하는 자(甲이 乙의 入葬을 금지코자 하나 달리 손을 쓸 수가 없을 때 많은 부녀자를 데리고 가서 入葬하려고 하는 곳에 몰려 앉게 한다. 부녀자에 손대기 어려운 풍습이 있기 때문이다. 이것은 약자가 강자에게 대항하는 유일한 방법이다), 군(軍)을 동원하여 서로 투쟁하는 자, 칼을 빼고 총포를 쏘고 활을 쏘는 자, 작당해서 장상(葬喪)을 치고 상여(喪轝)를 부수는 자, 널을 범하는 자, 금정(金井 : 壙穴內의 틀)을 부수고 축회(築灰)를 허는 자는 모두 무겁게 논죄한다'라고 되어 있다. 이와 같은 소극적 발굴, 사체 모독 등은 모두 직접적인 행동으로 묘지(墓地) 설정을 막고자 한 투쟁이다.

묘지투쟁이 관에 제소된 것을 산송이라 한다. 정약용(丁若鏞)은 다음과 같이 말하고 있다——'묘지의 송(訟)은 지금의 폐속(弊俗)이다. 싸우다 죽는 자의 반은 이 때문에 일어난다'——고. 그리고 정송투쟁(爭訟鬪爭)의 이유에 대해서 '세인이 곽박(郭撲)의 설(說)에 혹해서 가난하면서 길지를 구하려고 수년 걸려도 어버이의 장사를 치르지 못하는 자가 있다. 이미 장사지내 놓고도 불길하면 일굴(一掘)도 채 마치

기 전에 3,4차에 이르는 자도 있다. 쟁지(爭地)에 따라서는 소송을 제기하여 어버이가 아직 흙 속에 들어가기 전에 가세가 기우는 자도 있다. 형제가 서로 각각 풍수설에 혹해서 골육이 원수가 되고 마는 자도 있고, 어버이를 장사지내는 자가 풍수를 지나치게 믿고 타산(他山)을 침점(侵占)하고 남의 무덤을 헐어 남의 조부모의 해골을 버려 원한이 이어지고 소송이 일어나며, 목숨을 걸고 승리하려다가 가산을 탕진하고 패하게 된다. 그러고서도 땅을 끝내 얻지 못하고, 복은 아직 멀고 화는 바로 가까이에 이른다'고 어리석음을 지적하였다. '국전(國典)에 기록된 바도 또한 일절(一截)의 법이 없고, 이렇게 하고 저렇게 하고는 오직 관(官)의 뜻에 달려 있으며, 민(民)의 뜻이 부정(不定)해서 쟁송으로 번거롭다'고 했고 또 지사(地師)의 유혹이 심한 것을 들어 '생각건대 지사(地師)는 중국의 장무(葬巫)이다. 대저 장무의 이(利)는 신점(新占)에 있다. 그러므로 선영(先塋) 옆에 여혈(餘穴)이 아직 많이 있어도 억지로 하자(瑕疵)를 찾아내어 길하다고 한다. 그리하여 상주와 함께 딴곳에서 산을 구하고 혈(穴)을 점하려고 꾀한다. 대신 신혈은 모두 남의 땅이다. 어찌 송(訟)이 없겠느냐? 쟁송의 번다(繁多)는 모두 지사로 말미암아 일어난다'고 했다. 이러한 산송은 관청 가까이에서는 절대로 일어나지 않는다. 관청까지 가자면 많은 비용이 드는 먼 지방에서 일어난다. 대체로 당하는 사람은 가문이 쇠퇴해서 빼앗겨도 소송비를 마련할 수 없기 때문에 대개는 울며 겨자 먹는 식으로 그냥 당하고 만다. 또한 침탈하는 쪽은 세도가이기 때문에 관(官)에 대한 대접도 잘 할 수 있으므로 공평한 재판은 기대하기 어렵다. 사건은 몇 년씩 걸리는 것이 보통이다.

 이 산송은 당사자들의 토지소유권만의 문제가 아니고 일가 운명의 소장(消長)을 결정하는 것이다. 결코 돈으로 계산할 수 없는 것이니 가산을 탕진해서라도 투쟁하려는 것이 보통이다.

　이를 맡은 관으로서는 귀찮기도 하지만 유익한 일이기도 했다. 지방 관리 가운데에는 산송에 재미를 붙여 이 일에만 전념하여 양쪽의 당사자로부터 막대한 돈을 긁어 내어 치부를 한 자도 적지 않다고 한다.

제3편
주거풍수

제 1 장 양기(陽基)와 풍수

1. 양기의 의의(意義)

양기(陽基)라는 것은 산 사람의 주거지란 의미이다. 생각건대, 생사를 나누어 생자를 양(陽), 사자(死者)를 음(陰)이라고 하는 것에서부터, 사자가 사는 곳인 무덤을 음기(陰基), 음택(陰宅)이라고 부르는데 반해 생자가 사는 곳, 즉 개인의 가정 또는 산 사람의 집단인 부락이나 도읍의 땅을 양택(陽宅) 또는 양기(陽基)라고 이름붙인 것이다. 그런데 이러한 주거지를 열거해 칭하는 경우, 풍수상 보통 음택양기(陰宅陽基)라 칭하지, 음기양택이라고는 말하지 않는다. 처음부터 택(宅)과 기(基)는 똑같이 사람의 주거지에 사용된 문자이다. 그 용어의 관습상 택은 사람이 들어가 사는 곳, 기는 이 택이 있는 토지를 의미하게 되었다. 예를 들면 사람이 살 만한 가옥이 택(宅)이고, 이 가옥이 들어선 땅이 기(基)이며, 보통의 주택에서는 이 택과 기가 모두 필요한 존재물인 것이다. 그런데, 사자의 주택은 지상에 별도로 가옥을 짓는 것이 아니고, 땅 속에 안주하는 것이기 때문에, 무덤에서의 택과 기는 별도의 존재가 아니다. 환언하면, 산 사람의 주택에서는 사람이 들어가 살 만한 가택과, 가택을 세울 수 있는 턱지 또는 기지를 필요로 하나, 무덤에서는 이 택을 특별히 기지라고 말할 필요가 없다.

풍수는 지기(地氣)에 의해 행복을 구하고자 하는 것이고 주로 토지에 의해 천지의 생기를 향수하는 것이기 때문어, 사자의 무덤 및 산 사람의 주거를 고려해 볼 때, 무덤은 택 그대로 충분히 생기의 향수를 누릴 수 있지만, 주거는 가옥이 아니라 오히려 택지, 즉 기지에 의해서 비로소 완전히 지기(地氣)와 교섭을 가질 수 있다. 따라서 생사 양자의 주거를 풍수적으로 말할 때는 무덤을 음택(陰宅)이라고 하고, 주거를 양기(陽基)라고 하는 것이다.

이상에서 음택과 양기의 차이를 분명히 했지만 양기는 산 자가 택옥(宅屋)을 세우는 토지라는 의미일 뿐, 결코 사람이 주거하는 가옥 그 자체를 말하는 것이 아니다. 따라서 풍수적 효과의 추구 때문이라면 가옥의 구조보다는 가옥을 세울 만한 토지의 선악 여하가 극히 중대한 관심사항이 되는 것이다. 따라서 그 위에 가옥을 지을 만한 토지가 생기를 누리기에 양호한 곳이면, 그 위에 세우는 가옥의 대소장루(大小壯陋)는 큰 문제가 아니다. 고려 충렬왕 때(1275~1308) 관후서(觀候署)가 아뢰기를 '《도선밀기(道詵密記)》에 의하면 땅은 다산(多山)을 양, 희산(稀山)을 음이라 하며, 옥(屋)은 고루(高樓 : 높은 다락)를 양, 평옥(平屋)을 음이라고 되어 있다. 우리나라는 원래 다산(多山)의 나라이기 때문에 만약 고옥(高屋)을 지으면 반드시 국운의 쇠퇴를 부른다. 그런 까닭에 태조 이후에는 궁궐이라도 그다지 높게 하지 않을 뿐만 아니라 민가는 전부 고옥을 금지하였다. 이것은 다산의 땅에 고옥을 지으면 지덕(地德)을 해친다는 뜻에서 나온 것으로, 이 고옥의 금지는 일국의 지덕이 쇠손(衰損)될 것을 염려한 것으로, 만약 지덕을 쇠손하지 않는다면 고저에 개의치 않았을 것이다'라고 했다.

즉, 이 금령은 지력(地力) 때문이었고, 주가(住家)에서 보면 땅이 주(主)이고 집은 종(從)의 위치에 놓여져 있었던 것이다.

이 다산의 땅에 고옥(高屋)을 지으면 지덕(地德)을 쇠손한다는 것은 풍수설의 양래음수(陽來陰受)에 반(反)하기 때문이며, 지세가 양이면 건물은 음이 되어 양과 조화를 이루어야 하고, 지세가 음이면 건물은 양이 되어 음을 받아야만 한다는 것이 풍수설이다. 지세의 면에서는 산이 많은 것을 양(陽), 고루(高樓)라고 하며, 산이 적은 곳을 음(陰), 평옥(平屋)이라고 한다. 가옥에서는 고옥을 양, 평옥을 음이라 한다. 따라서 다산의 땅에 고루를 지으면 모두 양이라 불화를 이루고, 고루와 고루와의 충돌을 피할 수 없다. 따라서 양인 다산에는 음인 평옥을 지어야 조화를 이루는 것이다. 이와 같이 음과 음, 양과 양으로서는 조화되지 않고, 음과 양이 만나야 비로소 조화를 이루고, 거기에서 생기의 활동이 발휘되는 것이기 때문에, 양지에는 평옥을, 음지에는 고루로 조화시켜야만 한다는 것이다. 종래에 사탑(寺塔)을 제외하고는 거의 볼만한 고루고옥이 없었던 것은 이러한 풍수신앙이 은근히 전파되어 있었기 때문일 것이다. 사람들은 의복에는 신경을 쓰고 사치를 다했지만, 주택에는 그다지 주의를 기울이지 않았다. 벽이 갈라지고 기둥이 기울어도 개의치 않고, 훌륭한 차림의 신사라도 사는 집은 작은 누옥에 지나지 않은 경우가 많았는데, 집은 무릎을 세울 정도면 족하다는 사고방식과 집은 집터가 중요하지 건물은 그다지 중요하지 않다는 인습 때문일 것이다.

2. 양기의 종류

산 사람의 주거인 토지, 즉 양기에는 대체로 두 가지 종류가 있다. 하나는 국(國), 도(都), 주(州), 읍(邑)과 같이 민중의 생활의 장(場)으로서의 것이고, 하나는 개인 가옥의 택지이다. 그렇지만 산 사람의 주거는 사자와 달리 그 생활 관계 때문에 마을에서 떨어진 고독한 생활을 영위하지 않고 어느 정도 집단 생활을 영위하게 된다. 따라서 엄밀한 의미에서 양기는 집단과 개인이라는 차이가 있는 것이 아니고, 집단생활 하나일 뿐이다. 그렇지만 풍수의 효과라는 목적에서 볼 때는 그것이 집단 생활자 전체의 행복을 위한 것인가, 또는 다른 생활자의 불운이나 불행은 문제시하지 않고 단지 자기 일가의 행복만을 중요시한 것인가의 차이에 따라, 집단 생활자의 행복을 목적으로 하는 것을 집단 양기(陽基), 자기 일가의 행운을 목적으로 하는 것을 개인 양기(陽基)라고 한다.

집단 양기에는 국, 주, 군, 도, 읍, 부락 등이 있고, 그 규모의 여하에 따라 각각 대소의 차이는 있지만, 국, 도, 읍 전체의 지세가 풍수적 효과의 대상이므로 여하튼 광범위하게 취급하는 것이다. 그런데 개인 양기에서는 한 개인의 가옥의 택지를 풍수적 효과의 대상으로 하기 때문에 집단 양기와 같이 그 규모가 광범위한 것은 도저히 있을 수 없다. 그렇지만 개인적 양기는 집단적 양기에 비해서 그 지역이 협소할 뿐 양지(良地)의 발전과 이동이 용이하다는 것이 마치 음택이 양기보다도 용이한 것과 같아서 양기의 풍수에서는 집단 양기에 못지않게 개인 양기가 강하게 신앙되어 왔다.

집단적 양기는 일단 이것을 설정한 이상, 그후에 지기(地氣)의 쇠손을 추지(推知)하여도 그 양기가 사람들의 생활의 장인만큼 쉽게 다른 데서 찾기 어려울 뿐만 아니라, 또 설사 구했다손 치더라도 거리의 관계 혹은 구처(舊處)에 대한 집착 등의 관계 때문에 이전하기가 결코 쉽지 않다. 고려 말엽, 나라가 어려움에 빠지자, 국도 개성의 기운이 이미 쇠퇴하였으니 도읍을 평양 또는 한양으로 옮겨야만 한다는 천도설이 제기되어, 할 수 없이 옮기지 않을 수 없었던 예에서 알 수 있을 것이다. 집단 양기는 한번 설정된 이상 이것을 다른 곳으로 이동하는 것보다도 그 지방의 왕성함을 가져올 만한 시설, 쇠운을 막아 낼 만한 시설을 하는 소극적 방책에 의지하는 것이 보통이다. 이것을 비보(裨補)라고 한다.

이에 반해서 개인적 양기는 광대하지 않고 다른 곳으로 옮기려고 할 때 타인의 방해를 받지 않기 때문에 비교적 쉽게 옮길 수 있다. 어떤 용의주도한 자는 집의 기지(基地)를 두 곳 혹은 여러 곳에 마련해 두고 갑지(甲地)에 살아 보아 행운을 얻을 수 없을 때는 을지(乙地)에서 산다. 예를 들면 경상북도 안동군 임하면(臨河面) 천전동(川前洞)에 사는 김씨(金氏 : 金誠一을 배출한 가문)의 조상 진금(璡金)은 지금으로부터 430여 년 전 이곳에 이르러 이곳이 삼남(三南)의 사대지(四大地)의 하나로 헤아려지는 풍수상 양호한 토지임을 발견하고, 안동에서 이곳으로 옮겨 사니, 그 아들 극일(克一)·성일(誠一)과 같은 유명한 대관이 배출되었다. 그러나 그는 이것에 만족하지 않았다. 이 동네가 말 탄 사람의 눈에 멀리 보여지는 등 기운이 쇠퇴할 징조가 나타날 때를 대비해 강원도 강릉에 넓고 양호한 토지를 사들여 제 2 의 주거지(제 2 의 양기)로 정해 두었다. 이것은 개인 양기의 이전이 용이하다는 것을 보여 주는 실례이다. 따라서 적당한 양기가 많은 사람들에 의해서 넓게 탐구되었으나 그것은 거의 비밀에 붙여져 있다. 이중환(李重煥)의 《팔역지(八域誌)》가 《팔역가거지(八域可居誌)》로 일컬어져 사본이나 인본(印本)으로 널리 전파된 것도 그와 같은 이유에서이다. (擇里誌도 역시 양기 탐구록이다.)

3. 양기의 풍수

풍수의 본질은 천지의 생기를 땅을 통해 받아 인생의 행복을 증진시키는 데 있으므로 이런 점에서는 음택이나 양기나 동일하다. 양기에 있어서도 그 땅의 형세가 음양충화하고, 오행상생하고, 따라서 생기가 충일하는 곳이 길지인 것처럼 장풍(藏風), 득수(得水), 사사방위(四砂方位) 등 음택의 그것들과 다를 바 없다. 단지 양기는 음택에 비해서 그 성질상 산골짜기 사이의 소규도의 땅으로는 불가능하며, 상당히 넓은 토지와 생활에 필요한 자료의 공급이 용이한 땅이라야 한다. 양기의 형세는 음택에 비해서 형상이 정비되어 있지 않고 그 사사(四砂)가 분명하지 않은 듯한 점이 음택과 다르다. 그러나 아무리 광막한 형세를 이루고 있어도 풍수의 원칙인 장풍득수(藏風得水), 양래음수(陽來陰受), 음래양수(陰來陽受)와 같이 생기의 축적과 화생(化生)을 촉진해야 할 음양조화의 형세가 아니면, 여하한 좋은 집을 지었다고 해도 풍수적으로는 극히 무의미한 것이다. 반드시 음양 충화(沖和)해야 할 지세의 요소를 구비한 곳이 아니면 안 되는 것이다.

그런데 양기는 가옥 한 채를 짓기 위해서라기보다는 백가천가(百家千家)의 행복을 위한 곳이 상위(上位)의 대지(大地)라고 한다. 한 집의 건물만 조영할 수 있는 소규모의 땅은 아무리 길지라도 대지(大地)라고 하지 않는다. 왜냐하면 백자천손(百子千孫)의 번영을 위하여 분가할 수백 가옥의 터전으로서 부적당하기 때문이다. 즉 양기의 혈은 음택의 혈과 같이 사방 십보 내에 한한 협소한 것이어서는 안 되고, 적어도 사방 수십 보, 수백 보, 수만 보, 많을수록 좋다. 왜냐하면 음택은 나무 뿌리를 배양하는 곳이기 때문에 좁아도 생기만 향유하면 되지만, 양기는 지엽(枝葉)이 번성하는 곳인 까닭에 넓고 생기가 모이는 곳이어야 한다. 따라서 같은 생기를 받고자 해도 음택은 그 생기가 모이는 혈(穴)이 작기를 바라고 양택은 그것이 크기를 바란다.

또한 음택은 땅 속을 흘러 모이는 생기를 직접 받는 데 반해서, 양기는 생기 있는 땅 위에 주택을 지어서 간접으로 생기를 향유하는 것이다. 양기는 음택보다 지형물의 형세에 중대한 의의를 부여한다. 풍수는 생기가 모이는 국혈과 그 주변 형세에 중점을 두고, 그 형세의 선악순역(善惡順逆)이 큰 영향을 미친다고 하는데 이것은 이미 앞에서 말한 바와 같다. 다만 음택은 직접 땅 속의 생기로부터의 영향을, 양기는 형세의 영향을 중시한다. 즉 양기는 땅 속의 생기와는 간접적이며 지상의 형세 유형과는 직접적으로 그 기를 향유한다. 마치 음택이 지상의 형세로부터 향유하는 기의 영향은 간접적이고 땅 속의 생기와는 직접적인 것과 같다. 따라서 음택이 땅 속의 생기의 충일 여하에 중점을 두는 반면, 양기는 이 지상의 형세에 더 큰 비중을 둔다. 따라서 양기의 풍수신앙은 음양오행의 근본 개념보다는 유형 유물(類形類物)에 의거하여 음양의 조화, 오행의 상생상극을 설명하고, 행복을 초래해서 흉재를 면한다는 원시적 유형신앙의 하나라고 볼 수 있다.

제1부 4장 '풍수와 유형'에서 기술한 바와 같이, 고려 국도 개성은 솟아오른 칼날의 형태를 이루는 한양의 삼각산 때문에 멸망했고, 구 창원군수(舊昌原郡首)는 남방(南方)에 우뚝 솟은 큰 바위가 불상사를 야기시키므로 이전을 했다. 평양은 '행주형(行舟形)'의 땅이었기 때문에 쇠닻을 대동강 속에 가라앉히어 진호(鎭護 : 외적이나 재난으로부터 나라를 지킴)시켰다. 그러나 근래 그것을 끌어올렸기 때문에 출수범람(出水汎濫)을 만났던 것이다. 강서(江西)는 학이 춤추는 형태이기 때문에 그것을 영원히 멈추게 하기 위해서 난구(卵邱)를 조영(造營)했다. 무학(無學)이 한양에 궁성을 지을 때 이 지형이 춤추는 형태이기 때문에 우선 궁성을 축조해서 학의 나래를 억누른 후에 궁궐을 세운 것은 양기를 풍수적으로 보아 그 유형을 중요시했다는 이야기이다.

그렇지만 양기풍수도 그 유형만을 고찰하는 것은 아니다. 단지 음택에 비해서 유형에 많은 비중을 둔다는 것이다. 요는 양기도 음택과 마찬가지로 풍수의 원칙인 장풍, 득수를 망각해서는 안되므로, 그 근본에 이르러서는 역시 유형보다도 오히려 사신사(四神砂)에 중점을 두어야 한다는 것이다. 양기의 장풍, 득수, 사신사에 대해서 《지리신법》의 저자 호순신은 음택에 적합한 것으로서 규모가 크고 산수가 모여서 중심을 이루는 땅으로, 산이 멀리서 다가오고 물이 깊이 에워싸는 곳이 양기의 대표적인 곳이라고 했다. 이중환(李重煥)은 《팔역지》에서 양기풍수를 다음과 같이 구체적, 통괄적으로 언급하였다. 그것은 모두 여섯 항목으로, 다음과 같다.

"何以論地理, 先看水口, 次看野勢, 次看山形, 次看土色, 次看水理, 次看朝山朝水."(陽宅論)

① 수구(水口) 수구가 거칠게 이지러지고 넓게 비어 있으면, 좋은 논이 많이 있고 아무리 큰집이 있어도 후세에 전할 수 없어 자연히 없어지고 마니, 양기를 잘 맞추어서 수구에 관진(關鎭)이 있고 안으로 물을 넣을 수 있는 곳을 주목해야 한다. 산 속에서는 관진을 얻기는 쉬워도 들에서는 어려우니 이때는 역수(逆水)를 해서 사용한다. 높은 산이나 언덕에 관계없이 유력한 소류(溯流)가 있어서 그곳을 차단하면 길하고, 이 관진이 중첩되면 좋고, 삼중이나 오중이면 더욱 좋다.

② 야세(野勢) 사람은 양기를 얻어서 살고, 천(天)은 양광(陽光)이니 하늘이 잘 보이지 않는 곳에서는 살지 말지어다. 그러므로 들이 넓어야 터가 좋고 일월과 풍우를 잘 받아서 훌륭한 인물이 나오고 질병이 적다. 특히 주의할 것은 사방으로 산이 높아 해 뜨는 것을 보기 어렵고 일찍 해가 지며, 밤에 북두칠성을 보기 어려운 곳은 귀신이 들끓고 병이 많은 곳이다.

③ 산형(山形) 산형은 옛 풍수가들이 말하듯이 누각(樓閣)이 나는 듯한 모양을 하고 주산이 수려·단청·청명한 곳이 제일 좋다. 뒤로는 들이 펼쳐지다가 갑자기 높고 큰 것이 되어 가지와 잎을 묶어 동부(洞府)를 만들어 궁부(宮府)로 들어가는 것처럼 무거운 지붕의 높은 집처럼 생긴 곳이 다음이다. 사방으로 산이 멀고 평평하고 산맥이 평지로 떨어져 머무는 곳이 야기(野基)이다. 그 다음으로는 특히 내룡(來龍)이 끊어지고 생기가 없는 곳인데, 이런 곳은 나쁘다.

④ 토색(土色) 땅 색이 길하지 않으면 인재가 나오지 않는다. 산중이건 물가이건, 땅 색이 좋고 돌이 많고 샘이 깨끗하면 살 만한 곳이다. 만일 흙이 누렇고 질면 사토(死土)이며 물도 깨끗하지 않으면 이러한 곳에서는 살지 않는 것이 좋다.

⑤ 수리(水理) 산에 반드시 근원과 배수(配水)가 있으면 생화(生化)하고, 물은 오고 가는 것이니 뒤로 종육(鍾毓)이 있으면 길하다. 양기는 묘와 달라, 물은 재산을 관리하는 것이므로 물가에 부잣집이나 명촌(明村)이 많고, 산중이라도 물이 있으면 살 만하다.

⑥ 조산조수(朝山朝水) 조산(朝山)에 석봉(石峯)이 있고, 떨어지는 형태, 엿보는 모습의 기암괴석이 산의 위아래로 나타나고, 장곡충사(長谷沖砂)가 보이면 좋지 않다. 멀리 브면 맑고 가까이 보면 밝은 산으로 보기에 즐겁고 싫지 않으면 길하다. 조수(朝水)는 물 밖의 물이니 작은 시내나 강은 역조(逆潮)하면 좋고, 큰 강에 이르러서는 역수(逆受)하지 않아야 한다. 무릇 큰 강을 거슬러오는 곳에 집이나 무덤을 쓰면 처음에는 흥하는 것 같아도 오래 되면 망하는 곳이니 경계하라. 그것이 용(龍)과 만나 음양이 합하여야 하고, 구불구불 오는 것이 좋으며 일직선으로 된 것은 좋지 않다. 그러므로 장차 집을 지어 자손 만대로 전하려 하면 지리에 능통해야 한다. 위의 여섯 항목이 그 요지이다.(《八域誌》陽宅論)

즉 위의 여섯 항목은 무덤을 쓸 때에도 해당되는 것으로 단지 집터만을 말하는 것은 아니다. 이중환은 이 여섯 항목의 입장에서 강거(江居), 계거(溪居) 등 두 군데를 살 만한 곳으로 들었다. 강거는 평양, 춘천, 여주를, 계거는 도산, 하회를 대표적인 곳이라고 하였다. 평양은 달리는 배의 형상이기 때문에 우물을 파지 않도록 하고, 경주는 회룡고조형(回龍顧祖形)이기 때문에 신라의 서울이 되었다. 선산(善山)의 산천이 청명하기 때문에 인재는 거의 영남에서 난다고 하며, 영남의 인재는 선산에서 난다는 말이 있다. 개성의 안산인 진봉산(進鳳山)은 옥녀장매형(玉女粧賣形)이기 때문에 이곳을 도읍으로 삼은 고려는 대대로 중국 공주에게 장가들고, 필산(筆山)이 있기 때문에 이곳의 사람들이 과거에 급제하는 사람들이 많다. 또 백호가 강하고 청룡이 약하기 때문에 명상(名相)이 없어서 무신의 난이 계속되었다고 한다. 조선 땅의 전체의 풍수를 말하여 그 모습이 마치 중국을 향해 절하고 있는 모양이기 때문에 예로부터 중국에 순종하였고, 또 넓은 들이 적기 때문에 큰 인물이 나지 않는다. 중국의 서면(西面)에 있는 오랑캐들은 중국에 대하여 반항하였어도 조선만은 자기 땅을 잘 지키면서 중국을 섬겼다고 양기풍수로 설명하는 사람이 많다. 양기풍수의 실례를 보기 위하여 《동국여지승람》 권27 〈영산(靈山) 고적조(古蹟條)〉에 나오는 길곡 부곡(吉谷 部曲)의 풍수를 살펴보기로 하자.

"李詹箕谷谿堂記. 鷲城(靈山을 뜻함)之東有谷. 呀然三面高. 其南稍下. 類箕之狀. 故名之曰箕谷. 吾東方本箕子所封之域. 且箕(星名)之分野也. 谷之爲箕. 始雖狀類而名. 考其名之義. 不爲無據矣. 夫箕所以簸揚之具. 故有內君子外小人之義. 泰卦之象也. 賢者然後可得居是谷. 不肖者蓋難以容其身矣. 君子人李府監. 於玆考焉. 歲戊戌. 作堂於居第東. 鑿池觀魚. 引溪養鴨. 樹竹千挺. 以代笙簧. 植松百本. 以勵節操. 此皆谿堂之所玩. 君子之所樂也. 及其登丘以望. 則鷲峯却立者. 非箕之踵歟. 洛水前橫者. 非箕之舌歟. 其他殘山斷港之類外杵糠星者亦多矣. 天有箕星. 地有箕谷. 光嶽之氣. 相感毓德. 以遺其溪堂主人乎. 不然. 焉得致李府監之壽且康. 其嗣之碩且蕃哉."

《동국여지승람》 권 4, 개성불우조(開城佛宇條), 감로사연기(甘露寺緣起)에 권근(權近 : 1352~1405)이 쓴 것이 그 두번째이다.

"松都之西. 碧瀾之北. 濱江面有寺. 曰甘露. 俯臨長江. 山圍野潤. 風雲變態. 朝夕萬狀. 最一國之勝境也. 高麗盛時. 昌華李公子淵. 奉使

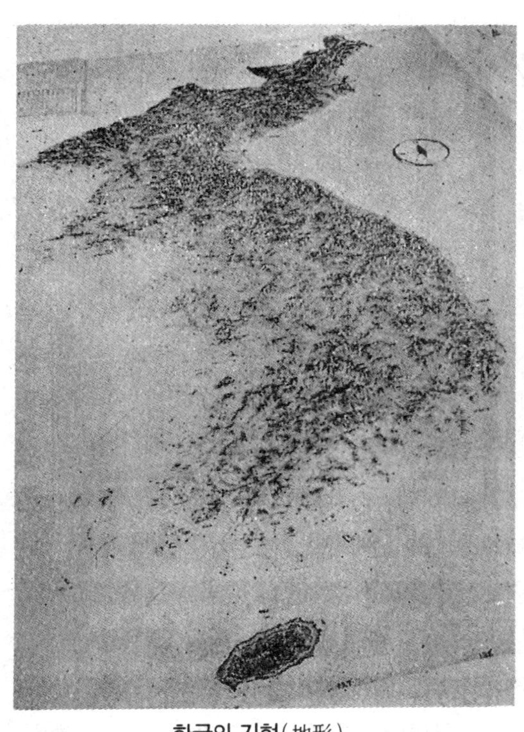

한국의 지형(地形)

中國. 遊觀潤州甘露寺. 心甚樂焉. 旣返. 求其形勢之相似者. 六涉寒暑. 乃得此地. 樂而營構. 因冒其名. 以建道場. 其女. 即是文宗(高麗第十一代 王)之妃仁睿太后也. 仁睿乃誕順, 宣, 獻三宗(順宗은 第十二代, 宣宗은 第十三代, 獻宗은 第十四代 王)相繼即位. 仁宗(高麗第十七代 王)之妃睿太后重創此寺. 以爲願刹. 亦誕懿, 明, 神

"松都之西. 碧瀾之北. 濱江面有寺. 曰甘露. 俯臨長江. 山圍野濶. 風雲變態. 朝夕萬狀. 最一國之勝境也. 高麗盛時. 昌華李公子淵. 奉使中國. 遊觀潤州甘露寺. 心甚樂焉. 旣返. 求其形勢之相似者. 六涉寒暑. 乃得此地. 樂而營構. 因冒其名. 以建道場. 其女. 即是文宗(高麗第十一代 王)之妃仁睿太后也. 仁睿乃誕順, 宣, 獻三宗(順宗은 第十二代, 宣宗은 第十三代, 獻宗은 第十四代 王)相繼即位. 仁宗(高麗第十七代 王)之妃睿太后重創此寺. 以爲願刹. 亦誕懿, 明, 神三宗(明宗은 第十九代, 神宗은 第二十代 王). 是知此等非惟形勝可貴也. 乾坤儲精. 山水孕秀. 發祥毓慶. 以衍金枝. 厥靈之赫赫. 彭彰明矣."

제 2 장　국가와 도읍의 풍수

1. 국역(國域)의 풍수

제 1 장의 끝부분에서 거론한 바와 같이 《팔역지(八域誌)》의 저자 이중환(李重煥)은, 한반도 형상은 노인이 중국에 대해서 공읍(供揖)하고 있는 상태이므로 옛날부터 중국에 부속국으로 충순(忠順)을 다하고, 한편으로는 천리나 되는 들이 없기 때문에 큰 인물이 나지 않는다고 보았다. 서융북적 동호여진(西戎北狄 東胡女眞)들은 모두 한 번은 중국에 들어가 중국의 주권자가 되었음에 반해, 한반도만은 아무 일 없이 단지 봉역(封域)을 근수(謹守)해서, 사대(事大)에만 힘쓰고 있었다. 그래서 자연 하나의 예외구역이었기 때문에 기자 위만(箕子 衛滿) 등의 도피지가 되었고, 그러므로 옛날부터 중국의 문화에 비견할 만한 것을 가질 수가 있었다고 한다. 고려 충렬왕 때 관후서(觀候署)가 상언(上言)한 《도선밀기(道詵密記)》에 의하면 우리나라는 산이 많기 때문에 높고 큰 집을 지어서는 안 되고, 만약에 이것을 범하면 지덕(地德)을 손모(損耗)하는 것이라고 하고, 또 신라 제27대 선덕왕 5년(636) 자장법사(慈藏法師)가 서중국(西中國)의 오대산에서 문수보살에게 친히 배웠다고 전해지는 《삼국유사》의 〈황룡사 구층탑〉에 나오는 다음 문장은 모두 전국에 걸친 지덕길흉(地德吉凶)을 풍수적으로 고찰한 것이다.

"문수보살이 일러 가로되 '너의 나라의 왕은 천축의 찰리종(刹利種)

인데 왕이 미리 불기(佛記)를 받았으므로 특별한 인연이 있으니 동이(東夷)의 공공(共工)의 씨족과 같지 않다. 그러나 산천이 기험(崎險)하므로 인성(人性)이 추패(麤悖)하여, 미신을 많이 믿는다. 그래서 때로는 천신들이 재앙을 내리지만, 그러나 아는 것이 많은 비구들이 나라에 있으니 여러 모로 군신이 평안하고 만민이 평화롭다'하고는 간 곳 없이 사라졌다. 자장은 대성의 화신인 줄을 알고 감격하여 피눈물을 흘리며 물러나서 중국의 태화지(太和地)를 지났다. 홀연히 어떤 신인(神人)이 나와서 '무엇 때문에 여기 왔느냐'고 묻기에 '보살을 찾습니다'하였다. 신인이 예배하고 또 묻되 '너희 나라에 어떤 어려운 일이 없으냐' 하니, 자장이 '우리나라가 북으로는 말갈과 연해 있고, 남으로는 왜국과 맞닿고 고구려·백제 두 나라가 번갈아 국경을 침범하니 이웃 도적이 잦아 백성이 걱정이 됩니다'하였다. 신인이 다시 이르되 '너희 나라가 여자를 왕으로 삼았기 때문에 덕은 있지만 위엄이 없다. 그래서 이웃나라들이 엿보는 것이니 마땅히 본국으로 속히 돌아가라'하였다. 자장이 이르되 '고향으로 돌아가면 무슨 이익이 있습니까?'하니, 신인이 '황룡사에 호법하는 용이 나의 장자인데 범왕(梵王)의 명을 받아 이 절을 보호하니 본국에 돌아가서 절에 구층탑을 조성하면, 이웃나라가 항복하고 천하가 와서 조공하며 나라의 복이 길이 편하리라. 그리고 탑을 세운 뒤에는 팔관회(八關會)를 열고 죄인을 사하면 외적들이 침범하지 못할 것이다'하였다.(그 뒤 7년 지나서 탑을 세울 뜻을 왕에게 아뢰니 왕이 허락하는지라 백제의 기술자를 불러서 탑을 3년 만에 완성했다.) 그 탑을 세우고 나서 나라가 모두 태평하고 삼국이 통일되었으니 어찌 탑의 영음(靈蔭)이 아니겠는가."

이들 기록을 보면 고래로 나라의 흥망성쇠가 지세(地勢), 지형(地形), 지리(地理)에 의해 결정된다고 믿어 왔다는 사실을 알 수 있다.

신라, 고려 시대에 있어서는 불교를 국교처럼 존숭했으니 그 성황을 요약하면 조사건탑(造寺建塔)과 법회집행(法會執行)의 두 가지 행사이다. 이 두 가지 모두 호국이 그 목적이고, 국리민복이라고 하는 현세의 이익이었다. 조사건탑(造寺建塔)은 오로지 지리적 결함에서부터 생기는 국운이 쇠퇴를 만회하고 지세를 비보함으로써 국운의 진장(進長)을 꾀하는 것, 즉 지덕(地德), 지력(地力)을 보충하는 것에 의해 그 목적을 달성하려는 것이었다. 그것이 비록 입탑건사(立塔建寺)라는 불사(佛事)이기는 해도 지력(地力), 지덕(地德) 여하에 따라 국가의 흥망성쇠가 좌우된다고 믿는 점에서 양기풍수 신앙의 하나라고 할 수 있다.

삼국 시대 이래 나라의 왕이 된 자는 그 조묘(祖廟)와 천지(天地)의 신기(神祇 : 하늘 신과 땅의 신)를 모셨다. 또 산천을 신으로 모셔 제사를 게을리 하지 않았던 것은 국운이 천지산천의 영향을 받는다는 신앙 때문이다. 이 신앙이 바로 풍수 신앙에 다름 아니다. 그런 고로 산천신기(山川神祇)를 제사지낸 존앙의 의식 내용이 산의 힘, 천(川)의 힘을 시인하고, 천(天)의 힘, 땅의 힘에 의뢰하여 인생의 행복을 구한다는 것이다. 따라서 지력지덕(地力地德)의 선악성쇠가 인생의 운명에 크게 영향을 미친다는 풍수신앙을 받아들이는 데 지극히 적당한 소지가 되어 주었던 것이고, 그에 따라 양기풍수 신앙이 확고부동한 민간신앙으로 뿌리를 내린 것임에 틀림없다.

이 국역 풍수신앙은 전술한 바와 같이 이미 삼국 시대에서 통일신라로 전승된 것이며 고려 때에는 크게 두드러져 국책 수행의 하나로 첨가시키기에 이르렀다. 즉 고려사에 의하면 고려의 태조는 계묘(癸卯) 26년 여름 4월에 내전으로 대광 박술희(大匡 朴述希)를 불러 훈요십조(訓要十條)를 친수(親授)했다. 이 훈요라는 것은 '朕聞大舜耕歷山終受堯禪高帝起沛澤遂興漢業朕亦起自單平謬膺推戴夏不畏熱冬不

避寒焦身勞思十有九載統一三韓ᄁᄁ居大寶二十五年身已老矣第恐後嗣縱情肆欲敗亂綱紀大可憂也爰述訓要以傳諸後庶幾朝披夕覽永爲龜鑑'이라고 하여 후세 국왕이 된 자가 정치를 할 때 준수해야 할 방침을 적은 것이다. 그 속에는 국역풍수(國域風水)에 관한 것을 몇 조항 들고 있다. 그것은 다음과 같다.

"그 하나로 가라사대 우리 국가의 대업은 반드시 제불호위(諸佛護衛)의 힘에 이바지하는 고로 선교(禪敎)의 사원을 비롯해 주지(住持)를 파견해서 각각 그 일을 다스린다. 후세에 간신(奸臣)이 정권을 잡으면 순승(徇僧)이 서로 다투어 뺏고자 할 것이니 절대로 금하라. 둘째는 모든 사원(寺院)을 창건할 때는 도선의 풍수에 따라 산수(山水)의 순역(順逆)을 보아서 세우라. 도선이 말하기를 점쳐서 정한 곳이 아닌 곳에 세우면 지덕(地德)이 없으므로 창업은 오래 가지 못한다고 했다. 내가 생각하기로는 후세 국왕이나 신하에 이르는 많은 조신(朝臣)들이 원당(願堂)을 많이 세우게 되는데 크게 걱정이다. 신라 말에 서로 다투어 부도(浮屠)를 세워 지덕(地德)을 손상시켜 망하게 된 것을 명심을 하라. 다섯째로 삼한의 산천의 음우(陰佑)를 받아 대업을 이루었다. 서경(西京)은 수덕(水德)이 순조롭고 우리나라 지맥의 근본이니 대업이 만대에 전할 좋은 땅이다. 잘 돌아본 다음 백일이 지나서 안녕에 이르도록 하라. 여덟째로 거현(車峴) 이남 공주(公州) 강(江) 밖은 산세가 배역(背逆)하기 때문에 사람의 마음 역시 그러하니 그쪽 사람들을 조정에 들이면, 즉 왕족과의 결혼이나 국정에 참여시키면 농간을 부려 많은 재난을 일으킨다. 그러니 등용하지 말지어다."

이처럼 고려 제25대 충렬왕(1275~1308) 시대에 왕이 중국의 규모를 모방하여 고루(高樓)를 지으려 했을 때 관후서(觀候署)가 상언(上言)해서 이것을 말린 것은 전적으로 이 태조의 훈요에 따른 것이다.

"《도선밀기》에 희산(稀山)에 고루(高樓), 다산(多山)에 평옥(平屋)이라 하며, 다산을 양이라 하고 희산을 음이라 하며, 고루를 양이라 하고 평옥을 음이라 하였다. 우리나라는 다산이므로 고옥을 세우면 좋지 않다고 한다. 그래서 태조 이래 궐내에는 고옥을 짓지 않고 민가에서도 그러했다. 듣자하니 조성도감(造成都監)이 중국의 규모를 본떠서 층루고옥(層樓高屋)을 만들고 싶어하는데, 이것은 도선의 말을 따르지 않고 태조의 법칙을 따르지 않으며, 천지 강유(剛柔)의 덕을 구비하지 않고 실가창수(室家唱隨)의 도를 화(和)하지 않은 것이다."

라고 했다 (이로 미루어 생각하면 이 층루고옥(層樓高屋)의 건영(建營)은 중국 공주인 왕후가 주장한 것 같다).

장수에게 예측하지 않은 재앙이 미침은 근신하지 않기 때문이라며 왕은 그 말을 받아들였다 (《高麗史》권 3).

혹자는 태조훈요는 태조가 직접 만든 것이 아니고 후대에 이르러 태조의 친수(親授)로 기록한 것이라는 설도 있으나, 그 진위야 어쨌든 훈요의 정신은 국역풍수의 신앙에 깊이 침투되어 있고 제행위(諸行爲)의 규정에 강하게 영향받고 있음을 알 수 있다.

그 제행위(諸行爲), 즉 생활상 규정의 영향을 가장 많이 받은 것은 고려 말엽 공민왕 때로, 국역풍수 신앙에 의해 풍속을 개변(改變)하고자 기도한 일이 있다. 즉 공민왕 무신년(1368)에 사천소감간(司天少監干) 필흥(必興)이 상서를 올려 말했다.

"옥룡기(玉龍記 : 도선이 玉龍寺에 살고 있었기 때문에 王龍子라고 불려진 것으로 미루어 보아 《도선비기》는 《玉龍記》 또는 《玉龍祕記》 등으로도 불려진 것 같다)에 의하면, 우리나라는 백두(白頭 : 白頭山)에서 시작되어 지리(智異 : 知異山)에서 끝난다. 그 세(勢)는 수근목간(水根木幹)의 땅이며 흑(黑)이 부모(父母), 청(靑)이 신(身)이라 한다.

우리나라의 지세는 이 백두산에서 지맥을 끌어서 남방의 지리산에
이른 까닭에 지리산을 일명 두류산(頭流山 : 白頭가 흘러 이곳에 왔다
는 뜻임)이라고도 한다. 즉 지맥상으로 볼 때 조선의 지세는 북에서
뿌리를 내리고 줄기를 동으로 뻗었다. 북은 으행오색(五行五色)으
로 배정하면 수(水)로서 흑색(黑色), 동은 목(木)으로서 청색이다.
고로 풍수상으로는 수근목간, 흑근청간(水根木幹, 黑根靑幹)이다.
뿌리는 부모에 상당하고, 줄기는 몸에 상당하그로 흑을 부모로 하
고, 청을 몸으로 하는 것이다. 풍속은 토(土)에 순응할 때 변성하
고, 토(土)에 거슬릴 때 재앙이 있다. 풍속이라는 것은 군신의 의복
관개락조례기(衣服冠蓋樂調禮器) 같은 것으로, 문무백관은 흑의청립
(黑衣靑笠)하고, 승복(僧服)은 흑건대곤(黑巾大冠)으로 하고, 여복
(女服)은 흑라(黑羅)로 해야만 한다. 모든 산에는 소나무를 심어 무
성하게 하고, 모든 용기(用器)는 유동와기(鍮銅瓦器)를 사용하여
토풍(土風)에 따라야만 한다.”
이 상서는 받아들여져서 풍속은 개변(改變)되었다(《고려사》 권39).
조선 시대에 들어와서 국역풍수 신앙과 그 유물적(類物的) 신앙이라
고 할 만한 것은 민간에 유포된 도선의 국역진호설(國域鎭護說)이다.
“도선이 중국에서 유학하면서 배운 것이 있었다. 가난한 조선을 구
제하고 바람기를 빼고 방기(邦基)를 굳혀 백성을 안전케 하고자 하
였다. 우리나라의 지형은 행주(行舟) 같은 것이고, 태백산·금강산
이 뱃머리〔舳〕, 월출산·영주산이 고물〔艫 : 尾〕, 부안(扶安)의 변
산(邊山)이 그 타(柁 : 키), 영남의 지리산이 그 즙(楫 : 노), 능주(綾
州)의 주산이 그 배〔腹〕이다. 그런데 배를 물에 띄우기 위해서는 선
체가 흔들리지 않아야 하며, 가라앉지 않도록 타즙(柁楫)으로 진로
를 잡아야 한다. 그러기 위해서는 사탑과 불상을 세워서 위험한 곳
을 누른다. 특히 운주산 아래 완연규기(蜿蜒糾起)하는 곳(全南 和順

郡 道岩面)에는 별도로 천불천탑(千佛千塔)을 설치하며 등배〔背腹〕를 실하게 하고, 금강산 월출산에 탑을 건조하는 등 정성을 다했다. 이 양산(兩山)이 행주(行舟)의 수미(首尾)이고 가장 중요하다고 여겼기 때문이다. 월출산을 소금강이라 하는 것은 이 때문이다. 진압(鎭壓)을 끝낸 다음 도선은 지팡이를 짚고 천리길 여정에 올라, 팔도강산에 발자취를 남기지 않은 곳이 없다. 절을 둘 만한 곳이 아니면 부도(浮屠 : 부처)를 세우고, 탑을 세울 곳이 아니면 불상을 세우고, 결함이 있는 곳을 보충하고, 비뚤어진 것은 바로 세웠다. 또 월출산 천왕봉(天王峯) 아래에 보제단(普濟壇)을 설치해 매년 5월 5일에 제사를 지내 복을 빌고 재앙을 물리쳤다. 이리하여 마침내 지리에 변화가 나타나 산의 흐름과 계곡이 아름다워지고, 지맥이 꿈틀거리는 곳이 변하여 부를 모으게 되고, 나라에 분쟁의 우환도 없어져 사람들이 한탄할 일이 없었다. 고려가 삼한을 통일한 것도, 조선조가 북방을 개척해서 육진(六鎭)을 설치하는 등 국운이 발전한 것도 모두 이 도선의 진호에 힘입은 것이다.”

이 기사는 《도선국사실록(道詵國師實錄)》에 실려 있는 것이다. 이 책은 저자 미상이며 영조 19년(1473)에 중간(重刊)되었다. 문장은 한문이며 문체는 화려하지 않다. 저자명을 밝히지 않고 조선을 ‘아조(我朝)’라고 한 점으로 미루어 보아 조선에 들어와서 작성된 것으로, 문자에 능통하지 않은 자가 민간에 전하고 있던 도선 설화를 기록한 것이라고 생각된다.

여하튼 이 책은 영조 19년에 중간된 인본(印本)으로서, 당시 민간 신앙계에 이 국역풍수 신앙이 중추를 이루고, 많은 신봉자를 보유하고 있었음을 알게 한다.

2. 국도(國都)의 풍수

조선은 예로부터 나라를 세운 자는 모두 적당한 땅에 국도(國都)를 건설했다. 적당한 땅이란 결국 많은 사람(도시인)들이 모여서 생활을 유지할 만한 곳이며, 그 생활을 파괴하는 외적을 지키는 데 적합한 조건을 구비한 곳이다. 즉 한편으로는 생활 유지의 경제적 조건을 갖추고, 다른 한편으로는 생활보호를 위한 지리적 군사적 조건을 갖춘 곳이어야 했다. 경제적으로는 경작, 급수, 연료조달이 가능한 지역이다. 생활 방어상 넘기 어려운 험준한 산, 건너기 어려운 깊은 물을 필요로 한다. 따라서 국도는 경제 및 방어의 요구에 응해서 산이나 강에 둘러싸인 요해지(要害地)로서 그 사이에 넓은 평야가 있어야 된다. 이러한 산하금대(山河襟帶)의 지세는 풍수신앙의 대상인 지세와 공통되므로 국도의 지세는 바로 풍수신앙의 대상이 되었다. 따라서 국도는 풍수적으로 조사 연구되어졌다. 국도는 나라의 수뇌부이고, 이 국도의 안전이 보증되고 안 되는 것이 국도에 사는 근왕신민의 생활에 관계되는 것일 뿐만 아니라, 한 나라의 안전과 위험이 걸린 것이기 때문에 국도에 사는 사람은 이 국도의 안전을 간절히 바란다. 이 강렬한 희망은 인력(人力)을 뛰어넘은 운명의 신뢰로 이어진다. 그런 까닭에 국도의 천신지기(天神地祇)나 산천에 대한 제사에 정성을 다한다. 이 강렬한 희망과, 운명을 의지하고 신뢰하는 마음이, 한 지역의 운명이 그 지역의 지세의 선악길흉에 의한 것이라는 풍수신앙과 맞을 때 사람들은 풍수신앙을 극히 자연스럽게 받아들이게 된다.

《삼국사기》〈고구려 본기〉에 의하면 시조인 동명왕 주몽이 삼현신(三賢臣)을 얻어 기원전 38년에 국도(國都)를 비류수(沸流水) 위에 세웠다고 한다.

“至卒本川. 魏書云室 紇升骨域 觀其土壤肥美, 山河險固. 遂欲都焉. 而未遑作宮室. 但結廬於沸流水上居之. 國號高句麗. 因以高爲氏.”

이와 같이 국도건설의 필수조건인 경제적 조건과 방어적 조건을 구비한 토지를 선정했던 것이다. 토양의 비미(肥美)는 이로써 많은 도인(都人)을 보양하고, 험고(險固)는 국도의 안전을 방어할 수가 있는 곳이다. 과연 동명왕이 이 국도를 건설하자 사방에서 이 국도를 물어서 찾아오는 자가 많았다.

그러나 고구려의 국도는 얼마 되지 않아 국내성(國內城)으로 옮겨졌다. 그것은 동명왕 22년이었다. 이것도 경제적 조건, 방어적 조건이 졸본(卒本)보다 낫다고 생각했기 때문이다.

“二十一年春三月. 郊豕逸. 王命掌牲薛支逐之. 至國內尉那巖得之. 拘於國內人家養之. 返見王曰. 臣逐豕至國內尉那巖. 見其山水深險. 地宜五穀. 又多麋鹿魚鱉之産. 王若移都. 則不唯民利之無窮. 又可免兵革之患也. 九月王如國內觀地勢. 二十二年冬十月. 王遷都於國內. 築 尉那巖城.”

제사에 희생되어야 할 돼지가 도망갔기 때문에 장생관(掌牲官)이 찾으러 갔더니, 그 돼지는 국내 위나암(尉那巖) 부근의 농가에서 발견되었다. 그는 돼지 이상으로 큰 것을 발견했다. 그것은 이 국내 위나암(尉那巖)의 땅이 경제적 방위적 측면에서 보아 가장 국도에 적합한 땅이라는 것이었다. 그는 돌아와서 조속히 이 사실을 동명에게 말했다. 동명은 친히 국내의 지세를 관찰한 후에 드디어 이곳으로 도읍지를 옮긴 것이다. 이것은 민리(民利)의 무궁과 병혁(兵革)으로 인한 환란 회피, 산과 물이 깊고 험함, 오곡(五穀)에 착안한 단행이었다.

백제의 건도(建都)에 관해서도 비슷한 이야기가 전해져 오고 있다. 백제의 시조왕 온조(溫祚)는 졸본이 태자를 받아들이기에 적합지 않을 것을 우려해서, 드디어 조간(鳥干), 마여(馬黎) 등 열 명의 신하와 많은 백성들을 거느리고 남쪽으로 가 한산(漢山)에 이르러 부아산악(負兒山嶽 : 지금의 북한산)에 올라 국도를 정할 만한 땅을 살폈다. 하남(河南)의 땅이 북으로 한수(漢水)를 끼고 동은 고악(高岳)이고 남은 옥택(沃澤)을 이루고, 서는 대해(大海)로 막히니, 천험지리(天險地利)의 실로 얻기 어려운 지세임을 보고 이곳에 도읍을 정하면 좋다고 하는 신하들의 뜻을 받아들여 기원전 18년 하남 땅에 국도(國都)를 정한 것이다(《삼국사기》〈백제 본기〉 제 1). 즉 산수의 천험(天險)에 의한 방위와 옥택(沃澤)을 옆에 둔 생활경제상의 조건을 갖춘 땅이었다.

더구나 옛날부터 어떤 지역은 인간에게 행복을 주고 어떤 지역은 그렇지 못하다고 하는, 지역이 인생에 미치는 영향에 선악의 차별이 있는 것으로 믿어졌다. 예를 들면 《삼국유사》〈기이(紀異) 권 1 진덕왕조(眞德王條)〉에 의하면 신라 제28대 진덕왕(647~653)대에 궐천공(闕川公), 임종공(林宗公), 술종공(述宗公), 호림공(虎林公), 염장공(廉長公), 유신공(庾信公) 등이 남산 궁지암(南山 弓知巖)에서 만나서 국사를 의논했다. 이렇게 예로부터 신라에 네 개의 영지(靈地)가 있었고, 나라의 큰 일을 의논할 때에는 반드시 이 네 곳에서 대신을 소집해서 회의하면, 그 의사(議事)가 반드시 성공한다고 여겨지고 있었던 것도 그러한 예의 하나이다. 그 네 영지란 동방 청송산(東方靑松山), 남방 궁지산(南方弓知山), 서방 피전(西方皮田), 북방 금강산(北方金剛山) 등이다.

백제에도 이와 비슷한 풍습이 있어서 국가가 재상을 임명할 때에는 제일차 선거에 의해서 당선된 서른네 명의 후보자 이름을 각각 별함(別函)에 엄봉(嚴封)해서 이것을 호암사(虎嵓寺) 옆에 있는 바위 위에 잠시 놓아 두고 나서 그 함을 열어 보아 이름 위에 인적(印跡)이 있는 후보자를 재상(宰相)으로 임명했다고 한다. 이 바위는 정사암(政事巖)이라고 불린다. (《삼국유사》 권 제2 〈남부여조〉)

강원도 오대산은 백두산의 대맥(大脈)이고, 오만진신(五萬眞身 : 佛菩薩의 진신)이 상주하고 있기 때문에 예로부터 보익(輔翊)을 기도하는 곳으로 되어 있었다. 옛날 신라의 왕자 정신태자(淨神太子)와 효명태자(孝明太子) 형제가 세상을 피해서 이 산에 은둔했다 한다. 827년 8월 5일의 일이다. 그때까지 이 형제는 각각 천 명의 무리를 거느리고 매일 각지를 돌아다니고 있었지만, 그날은 오대산에 숨어 버렸다. 무리들이 아무리 찾아도 결국 찾을 수가 없었다. 형은 중대산(中臺山)의 남쪽 밑 진여원대하(眞如院塨下)의 산 끝에 청련(靑蓮)이 피어 있는 곳을 발견하고 그 땅에 초암(草菴)을 짓고 숨어 살았고, 동생은 북쪽 대남산(臺南山) 끝에 청련이 피어 있음을 보고 그곳에 역시 초암을 짓고 숨어 살았다. (《삼국유사》 권 제3, 〈오대산 寶叱徒太子傳記〉)

《삼국유사(三國遺事)》 (권 제3 〈天龍寺條〉 下) 에 있는 〈토론삼한집(討論三韓集)〉에는 계림사 내에 객수(客水)가 2조(條), 역수(逆水)는 1조(條)가 있는데, 역수(逆水) 두 개의 근원에서 천재(天災)를 진압하지 않으면 천룡복몰(天龍覆沒)의 재난을 초래한다고 하였다. 세상에서 말하기를 역수(逆水)는 주(州)의 남마등오촌(南馬等烏村)을 남류하는 강이고, ·근원은 대룡사(大龍寺 : 천룡사의 잘못임)이다. 중국에서 온 사절 낙붕구(樂鵬龜)가 보고 '이 절을 부수면 나라가 망하게 될 것'이라고 말했다고 전한다. 이 객수(客水)란 바깥쪽으로 흘러가는 물이고 역수(逆水)란 흘러들어오는 물이다. 천룡사(天龍寺 : 경주 남산의 남쪽에 솟아 있는 高位山의 남쪽에 있는 절로서 高寺라고도 함)는 이 역수를 누르기 위한 절이다.

이상은 옛날부터 이미 인생에 재앙을 초래하는 물을 진압하지 않으면 안 된다고 믿었던 열두'가지의 예이다. 사탑(寺塔)을 세우면 국가와 인생에 보익(輔翊)이 된다고 하는 곳을 찾아 정한 것이다. 고려 공양왕 때에 전전의 부정 김전(前典醫副正金㻇)이 상서(上書)한 것이 그 사이의 일을 상세히 이야기해 주고 있기 때문에 《고려사》에서 발췌하여 여기에 싣기로 한다.

"위 책에서 말하기를 태조는 나라를 세워 산수(山水)의 역순(逆順)을 관망하고, 지맥(地脈)의 속단(續斷)을 살펴 절을 짓고 불경을 만들어 백성에게 공급하고 밭을 주어 북을 기드하고 재앙을 물리치도록 했다. 이것이 삼한 기업(基業)의 근본이다. 이 무렵 무식한 중들이 창업의 뜻을 돌보지 않고, 백성들의 재산을 거두어들여 스스로 기업(基業)을 영위하면서 위로 부처에게는 바치지도 않고, 아래로 중을 부양하지 않았다. 그 중들이 스스로 그 법을 파괴하는 것이 이만저만이 아니었다. 지금 미친 유학자들이 얇은 지식으로 삼한(三韓)의 큰 줄기를 돌아보지 않고 절을 부수고 중을 배척하고 있다. 나라를 세운 깊은 뜻에 반하는 고집불통의 유학에 빠지지 않아야 한다. 엎드려 바라건대 위로는 성조(聖祖)의 바람에 따라 절을 다시 세우고 밭일하는 사람에게 급료를 주어 불교를 일으킬 일이다. 전 호조판서 정사척(鄭士倜)도 상서해서 말하기를, 불교가 복리를 위한 것이니 잘 들어야 한다고 했다. 이 말을 듣고 왕이 기뻐했다. 많은 사람들은 왕이 지나치게 불교를 믿는 것이 폐라고 했으나 김전과 정사척의 말은 왕의 뜻에 잘 맞았다."

결국 지역 존중의 관념은 고려 시대에 이르러 현저히 구체화되었다. 그 예를 들면 다음과 같다.

1. 국업연장(國業延長)의 땅

소재지 : 서강 병악(西江餠岳)의 남쪽

유래 : 도선의 《명당기(明堂記)》에 '西江邊. 有君子御馬明堂之地. 自太祖統一丙申之歲至百二十年. 就此創構. 國業延長'이라 했다.

건조(建造) : 문종(文宗) 10년 태사령(太史令) 김종윤(金宗允) 등에

게 명령하여 이 땅에 장원정(長源亭)을 지었다. 문종 10년(1056)은 태조 병신(丙申)에서 제 2 의 병신(丙申)에 해당하고 꼭 120년째 되는 해이기 때문에 《명당기》참(讖)에 응해서 이 정(亭)을 세운 것이다. 건조(建造)의 목적은 국업연장(國業延長)이다.

2. 병천하, 타국복공(倂天下, 他國服貢)의 땅

소재지 : 평양 임원역(林原驛)

지상(地相) : 대화세(大花勢)의 땅

유래 : 인종 6년 중 묘청(妙淸) 등이 '만약 이 땅에 궁궐을 짓고 통치하면 천하를 통일할 수 있고 김국지(金國贄)에게 보복해서 스스로 항복케 하면 모두 고려 신하로서 예를 다하게 될 것이다'라고 상소함에 따른 것이다.

건조(建造) : 인종 6년 8월에 그곳을 지정하여 인종 7년에 신궁(新宮)을 건조했다.

3. 중흥(重興)의 땅

소재지 : 백주(白州) 토산 반월강(兎山半月崗)

지상(地相) : 산조수순(山朝水順 : 《道詵記》에 의하면 庚方客虎掩來의 땅이라 함)

유래(由來) : 의종(毅宗) 때 태사감후(太史監侯) 유원도(劉元度), 평장사(平章事) 최윤의(崔允儀) 등이 이 땅의 풍수(風水)를 살펴본 다음 이곳에 궁궐을 지으면 7년 내에 북로(北虜)를 정벌할 수가 있는 중흥(重興)의 땅이라 상언(上言)했다.

건조(建造) : 의종(毅宗) 11년 10월 궁궐이 완성되고, 왕은 전명(殿名)을 중흥(重興), 액명(額名)을 대화(大化)라 했다.

행사(行事) : 왕이 10월 백주(白州)로 행차하여 이 중흥궐(重興闕)로 들어가 대화전(大化殿)에서 축하를 받았는데, 천지가 어두워지고 태풍에 나무가 뽑히는 무서운 황폐를 보고 매우 의심하여 우선 여러 가지 기도로써 불상(不祥)을 제거했다. 그런데 이 풍파도 무리가 아니다. 《도선기》를 잘 살펴보면 '궁궐을 이곳에 지으면 위험이 있을 것이다'라고 하였다.

4. 국조연장(國祚延長)의 땅

소재 : 삼각산면악(三角山面嶽)의 남쪽

지상(地相) : 주간중심태맥 임좌병향(主幹中心太脈 壬坐丙向), 산수(山水)의 형세가 옛 글과 같다.

유래(由來) : 숙종 6년 《도선비기》에기 극도(國都)가 될 만한 땅이라고 하여, 최사추(崔思諏) 윤관(尹瓘) 등을 파견해서 현지조사를 시켜보니 그 지세가 기문(記文)과 부합되므로 읍으로 정했다.

건조(建造) : 병신(丙申)에 이 땅을 비로소 남경(南京)이라 하고 종묘사직 산천(宗廟社稷 山川)에 알렸다.

5. 국조연장(國祚延長)의 땅

소재 : 남경(南京), 옛 양주(楊州) 땅

유래 : 고종(高宗) 때 어떤 중이, '참(讖)에 의하면, 이 땅은 부소산(扶蘇山)에서 떨어진 좌소(左蘇)로서 아사달(阿斯達)이라고 하며, 만약 이 땅에 궁궐을 지어 다스리면 나라가 번영하며 8백 년을 연장할 수 있다'라고 의견을 말하자, 왕은 21년 ㄱ을 7월, 갑자(甲子)에 내시(內侍) 이백전(李百全)을 파견하여 어의(御衣)를 남경(南京)의 가궐(假闕)에 봉안(奉安)케 했다(자신이 직접 다스리지 않는 대신에 衣服을 보냈던 것이다).

6. 연기(延基)의 땅

소재 : 강화(江華)의 삼랑성(三郎城) 및 신니동(神泥洞).

유래 : 고종 46년의 일. 왕은 술사랑장(術士郎將) 백승현(白勝賢)을 불러 연기(延基)의 땅을 물었다. 현(賢)은 혈구사(穴口寺)에 가서 법화경(法華經)을 논하고, 또 고궁궐(古宮闕)을 삼랑성(三郎城)에 창건하면 좋다고 대답했다. 군신(群臣)들이 이것을 의논하였으나 현(賢)의 의견대로 합의되었다.

건조(建造) : 삼랑성(三郎城) 및 신니동(神泥洞)에 가궐(假闕)을 건조(建造)했다.

7. 역신필생(逆臣必生)의 땅

소재 : 숭교사(崇敎寺)

유래 : 충혜왕(忠惠王) 3년, 왕은 술사(術士) 및 서운관(書雲觀)의 상언(上言)대로 '이 땅에 절이 있으면 역신(逆臣)이 반드시 나온다'라고 하는 것을 믿고 숭교사(崇敎寺)를 철거하려 했다. 그런데 왕의 총애를 받고 있는 중 학선(僧鬲仙)이 '이 절은 지금은 과거가 되어버린 먼 목종(穆宗) 때부터 존립하고 있었지만 지금까지 몇 사람의 역신(逆臣)이 나왔다고 하겠는가. 조적(曹頔)과 같은 자가 나왔지만 그것이 이 절 때문은 아니다'라고 했기 때문에 절의 철거가 중단되었다.

8. 타국조(他國朝)하는 땅

소재 : 한양(漢陽)

유래 : 공민왕(恭愍王) 6년 2월 중 보우(普愚)의 예언으로 왕이 한양에 도읍을 정하면 36국을 통치할 것이라 했다.

건조(建造) : 왕은 이 말을 듣고 바로 이제현에게 명령해서 택기(宅基)를 한양으로 정하고 궁궐을 축조했다. 그후 7월 서운관(書雲觀)이

상서해서 말하기를 '《도선밀기》에 지리쇠왕(地理衰旺)의 설이 있고, 적당한 시기에 한양에 행차함으로써 송도(松都)의 지덕(地德)을 편케 해야 할 것이다'라고 하여 왕은 평리 배극렴(評理 裵克廉)을 파견하여 궁궐을 수리하였다.

9. 국업연기(國業延基)의 땅

소재 : 평양(平壤)

유래 : 공민왕 16년, 승려 신돈은 《도선기》에 있는 '송도 기쇠설(松都氣衰說)'로 평양으로 천도할 것을 왕에게 권하였다. 이것은 신돈이 이보다 먼저 평양이 국업연기(國業延基)의 땅이라고 상정(相定)하였기 때문에 이렇게 상언(上言)한 것이다. (이상은《그려사》,《조선불교통사》)

제 3 장 서울〔漢陽〕의 풍수

1. 서울의 개관

백제는 제21대 개로왕(蓋鹵王)이 고구려의 공격을 받아 남쪽 웅진 (熊津 : 지금의 공주)으로 옮길 때까지 120여 년간 서울〔漢陽〕에 도읍하였다고 한다. 이것이 서울이 왕도(王都)가 된 일로서는 처음이고, 그 후 고구려의 평원왕(平原王)도 일시 이곳에 도읍했다고 전해진다. 그 후 신라를 거쳐 고려 중엽부터 서울의 목멱산(木覓山 : 지금의 남산)에 궁궐을 지어 남경(南京)이라 칭하고, 그 말엽에 이 땅으로 천도하려 했다. 조선 이태조가 개성에서 즉위하고 왕사(王師) 무학의 말을 들어 천도의 뜻을 결심하고, 백악(白岳)의 남쪽 기슭에 궁궐(지금의 경복궁) 을 지어 태조 3년 10월 1일 일관(日官)들과 함께 이전했다. 정종(定宗) 때 일시 개성으로 환도한 적이 있지만, 태종 5년 이래 5백 년간 국도 가 되었다. 성곽의 주위는 9,975보이고 누석(累石)의 성벽이 있다. 그 높이 28척에 달하고 8개의 문이 있으며 궐문 위에는 누각을 지었다. 준공까지 20만여 명의 부역인부가 동원되었다. 그리고 성내(城內)를 동서중남북(東西中南北)의 5서(署)로 구분하고, 49방(坊), 340(洞)으로 나누어 당당한 국도(國都)의 형식을 갖추었다.

서울은 동경 126도 59분, 북위 37도 34분에 위치해 있으며, 북으로 백악(白岳), 남으로 남산(南山), 서로 인왕(仁旺), 동북으로 낙타와 같 은 여러 산이 자리잡고 있고, 또 산들이 자연스럽게 성곽처럼 이어져 있으며, 성첩(城堞)은 이들 여러 산의 산꼭대기에 걸쳐 시내〔溪〕를 타고넘어 꾸불꾸불 끝없이 이어지고, 한강의 물은 성 밖의 동남 일대를 에워싼 산하금대(山河襟帶)의 형승지(形勝地)이다.

이 형승을 이룬 산하(山河)를 살펴보면 북쪽으로는 삼각산(三角山)과 백악(白岳)이 있다. 삼각산은 높이 636미터인데, 화산(華山) 또는 북한산이라고도 부르며 강원도 분수령(分水嶺)에서 다가와 연봉첩악(連峯疊岳)이 구불구불 에워싸고 구부러져 양주 서남(楊州 西南)의 도봉(道峯)을 일으켜 그 여맥(餘脈)이 돌기한 산이다. 백운(白雲), 국망(國望), 인수(仁壽)의 삼봉(三峯)과 더불어 구름 속에 솟아나 흡사 세 줄기의 부용처럼 세 각(角)을 이루므로 삼각(三角)이라 이름지어졌다. 국망봉(國望峯)은 만경대(萬景臺)를 말하는데, 만경(萬景)이란, 그곳에 서면 산하가 만경(萬景)처럼 들어온다는 데서 유래하고, 국망(國望)이란 이태조가 무학(無學)을 시켜 국도(國都)의 터를 선정케 했을 때 무학이 이 대(臺) 위에 서서 살폈다는, 즉 국도(國都)를 망상(望相)한 데서 기인한다. 인수봉(仁壽峯)은 백운(白雲)의 동쪽에 있는데 '인자요산(仁者樂山)' '인자수(仁者壽)'란 뜻에서 붙여진 이름이다.

백악(白岳)은 일명 북악산(北嶽山)이라고도 한다. 높이 143미터, 삼각산의 남쪽에 있다. 고려 시대에는 면악(面岳)으로 알려지고, 삼각산 만경대(萬景臺)의 줄기에 돌출해 있으며 흡사 모란꽃〔牡丹花〕이 필 듯한 봉우리와 같다. 서울의 진산(鎭山)이며 그 산기슭에 궁궐이 자리잡고 있다. 남쪽에 솟아 있는 265미터의 산을 남산이라고 한다. 종남산(終南山) 또는 목멱(木覔)이라고 하는 것은 남산을 훈독(訓讀)한 것이라 한다. 즉 목(木)은 한국어의 '나무' 또는 '남'이고 멱(覔)은 악(岳)의 음자(音字 : 산)를 말한다. 최고봉(最高峯)을 잠두(蠶頭), 흔히 가을두(加乙頭)라고 칭하며, 또 용두(龍頭)라고도 한다. 남쪽을 대설마현(大雪馬峴), 서쪽을 소설마현(小雪馬峴)이라고 한다. 즉 서울의 성내

(城內) 안산(案山)이다.

《동국여지승람》에서 서울의 지리를 설명하여 '北據華山, 南臨漢水'
라 했고, 같은 책에 실린 권근(權近)의 시(詩)에는 '一水繞南流盪漾.
三山鎭北聳峰嶸', 또 정인지(鄭麟趾)의 서(序)에는 '京都背負華山. 面
對漢水. 形勝甲天下'라고 했다. 한수(漢水)는 지금의 한강(漢江)이다.
멀리 북동쪽에서 흘러와서 남산의 남쪽을 감돌아 남쪽으로 흘러가며
그 사라짐을 볼 수 없다. 백악과 인왕산 사이에서 발생하여 동쪽으로
흘러 도성의 중앙을 가로지르는 것이 개천(開川) 또는 청계천이 되고,
백악(白岳), 인왕(仁旺), 남산 여러 계곡의 물이 합쳐져서 남쪽으로
흐르는 세 개의 물줄기는 중량포(中梁浦)에서 한강으로 합류한다. 서
울에는 개천(開川)이 궁궐의 전방을 북서에서 동남으로 돌아 흐름으
로써 명당수가 되고, 한강은 북동에서 서남으로 남산을 돌아 흘러 도
성을 포용하고 있다. 개천(開川)은 금(襟)과 같고 한강은 대(帶)와 같
으니 그야말로 산하금대(山河襟帶)의 땅이라고 아니할 수 없다.

다시 말해서 서울의 지리는 풍수적으로 잘 갖추어져 국도로서 적합
한 곳이므로 예로부터 수도로 선정된 것은 당연한 일이다. 국도의 두
가지 조건인 생활의 방위 및 경제의 요소를 충분히 갖추었는가 하는
점은 잠시 미루어 두고 풍수적으로 어떠한 가치가 있는지에 대해 검
토해 보자.

2. 고려의 남경(南京)

서울을 왕도로 정한 것은 고려 숙종 원년(元年 : 1096) 때이다. 고
려 초에는 양주(楊州)라고 부르던 것을 문종 2년(1043) 남경으로 승
격시키고 신궁을 짓고 이궁(離宮)을 두었다. 그후 숙종 원년 가을 7월
에는 이 땅에 국도를 천도해야만 한다는 설까지 나왔다. 이것이 서울

을 국도의 후보지로 오르게 한 최초의 일이다. 이 천도설은 위위승동정(衛尉承同正) 김위제(金謂磾)의 상소로 발단이 되고 군신들이 동조함으로써 드디어 그 해 4년 가을 9월에 숙종이 친히 이 땅을 순열(巡閱)하기에 이르렀다. 그 상소의 내용은 다음과 같다.

《도선기(道詵記)》에 의하면 고려에 삼경이 있다. 송악(松岳)을 중경(中京)이라 하고, 목멱양(木覓壤 : 壤은 地의 의미, 즉 지금의 서울)을 남경이라고 하며, 평양을 서경이라 했다. 11, 12, 1, 2월의 4개월간은 중경(中京)에서 살고, 3월, 4월, 5월, 6월의 4개월간은 남경(南京)에서 보내고, 7월, 8월, 9월, 10월의 4개월간은 서경(西京)에서 보내면, 36개국이 조공을 바치게 된다고 하였다. 또 개국 후 160여 년이 되면 목멱양(木覓壤)에 도읍을 정할 것이라 했는데 지금이 꼭 그 시기에 해당된다고 했다. 그런데 중경과 서경은 있어도 남경이 없으니 '비기(祕記)'에 따라 삼각산(三角山),의 남쪽, 목멱(木覓)의 북평(北坪 : 平地)에 도읍을 정하도록 살펴보아야 할 것이다(《고려사》).

숙종은 재신(宰臣) 및 일관(日官 : 天文陰陽官)에 명해서 남경건설에 관해 논의케 하였고 그후 왕은 왕자 및 왕후와 함께 삼각산에 친히 나아가서 가까운 양주에서 전도(奠都 : 도읍을 정함)의 땅을 감상(鑑相)했다. 이미 여러 신하의 결의가 있었고, 왕이 친히 살펴보았기 때문에 서울을 남경으로 삼아 궁궐을 축조하는 것은 시간 문제였다. 다음해 6년 가을 9월경에 '남경개창도감(南京開創都監)'을 설치하여 문하시랑평장사 최사추(門下侍郎平章事 崔思諏), 어사대부 임의(御史大夫 任懿), 지주사 윤관(知奏事 尹瓘) 등을 파견해서 궁터를 신중히 살펴보게 하였다. 신도상지 파견원(新都相地 派遣員) 일행은 10월에 그 조사를 마치고 돌아와 상세히 결과를 보고했다. 이들 파견원은 노원(盧原 : 지금의 왕십리), 해촌(海村), 용산(龍山) 등의 땅을 답사해서 실지로 그 산수를 깊이 고찰했으나 건궁(建宮)에 적합하지 않고, 삼각산의 남쪽을 시찰해 본 결과 그 산의 형세가 모두 비기(秘記)에 부합되므로 궁터로 적합하다는 결론을 내렸다. 이 산의 중심, 즉 큰 맥이 통하는 곳에 궁터를 잡고 '임좌병향(壬坐丙向)'으로 앉히기로 계획했다(이 계획은 후에 조선의 태조가 國都를 서울에 정하여 궁궐을 짓던 계획과 완전히 일치하고 있다. 경복궁이 산의 중심, 큰 맥이 통하는 곳에 위치해 있으며 '임좌병향' 이다. 이것은 풍수상 움직일 수 없는 원칙에서가 아니라 이태조가 고려 숙종이 계획한 것을 그대로 답습했기 때문이다. 《태조실록》〈즉위 원년 8월 13일 壬戌條〉에 '敎都評議使司移都漢陽', 또 〈8월 15일 甲子조〉에 '遺三司右僅射李恬干漢陽府修葺宮室'이라 한 것을 보면 도읍을 한양으로 옮길 바에야 고려 남경의 궁터를 이용하려던 뜻이 엿보인다).

  남경(南京)은 단지 숙종의 별궁으로서만이 아니다. 김위제(金謂磾)의 상소에 따르면 삼경(三京)의 하나로 주역(駐驛)할 만한 곳으로 하기 위함이었다. 7년 3월에는 다시 중서문하(中書門下)의 주언(奏言)에 따라 친히 남경의 규모를 정하고, 산형 수세에 따라 동은 대봉(大峯), 서는 기봉(岐峯), 남은 사리(沙里), 북은 면악(面岳)으로 도성의 경계를 삼았다. 이 성곽의 계획은 조선의 국도가 된 뒤의 성곽과 큰 차이가 없다. 이후 고려의 역대 군왕은 이 남경을 신비의 땅으로 믿어 의심치 않았다. 예종은 네 번이나 이곳을 돌아보았고, 한번은 태후를 모시고 삼각산 법의사(法義寺)의 중 가굴(伽窟)을 방문한 일조차 있다. 인종 1회, 의종 2회, 고종은 한 중의 참설(讖說)에 따라 21년에 내시 이백전(內侍 李百全)을 파견하여 왕의 어의(御衣)를 남경의 가궐(假闕 : 가궐이라고 한 것으로 보아 그때까지 본 건물이 건축되지 않았던 것 같다)에 봉안케 하고, 또 22년에는 태조의 신의(神衣)를 이곳에 이안(移安)했다. 이 어의신의(御衣神衣)의 봉안은 《도선비기》의 삼경주역설(三京駐驛說)에 따른 것이며, 어의봉안은 왕의 행림(幸臨)을 대신한 것이다. 3월부터 6월까지 어의(御衣)를 중경 송도(中京 松都)에 안치하

고 7월부터 11월까지는 서경(西京 : 평양)의 강안전(康安殿)에 안치하
고, 12월부터 다음해 2월까지는 남경의 가궁(假宮)에 이안(移安)하면
국내 안전과 국위를 선양함으로써 모든 나라들이 조공케 할 수 있다
는 신앙에서 나온 것이다. 충렬왕 10년(1284)에 왕은 공주와 함께 삼
각산 문수굴에 왕림하였고 27년에는 이곳에서 사냥을 한 일이 있다.
충숙왕도 예에 따라 행차했다.

공민왕은 1357년 승려 보우의 도참설을 믿고 이곳에 국도를 옮기려
고 이제현에게 명령하여 살펴게 하고 궁궐을 쌓았지만, 천도는 다른
복자(卜者)의 말에 의해 결행되지 않았다. 우왕(禑王)은 1382년 8월에
천도의 기운이 무르익어 드디어 이곳으로 천도를 단행했지만, 다음해
봄 중경(中京)으로 환도했다.

공양왕도 1391년 9월 이곳으로 천도하였다가 다음 해 다시 중경으
로 환도했다.

이와 같이 서울은 고려 초기부터 국도(國都)로 취급되었다. 처음에
는 왕의 어의(御衣)를 봉안하는 등 의제적(擬制的)으로만 행하였으나
그후에는 왕이 친히 겨울 동안 이곳에 머물기도 했다. 이것은 한 마디
로 말해서 《도선비기》에 의한 풍수적 신앙 때문에 서울을 국도로 삼으
려 한 것이 명백하다. 그러한 뜻은 고려 초기부터 이미 확실했던 것이
다. 고려에서는 풍수상 도읍이었으나 조선 시대에는 실제로 국도가
되었던 것이다. 따라서 서울은 풍수 천년의 도읍이라고 할 수 있다.

3. 전도(奠都)에 대한 논의

이태조가 고려의 뒤를 이어 왕위에 즉위하자, 3년 뒤 도읍을 개성에
서 한양으로 옮겼다. 태조는 즉위 원년 재빨리 천도의 뜻을 발표하고,
처음에는 역사상 또 지리풍수상 고려 이후 국도(國都)로서 주목된 곳

이며, 게다가 참문(讖文 : '代王者李, 當都漢陽'——다음 대의 왕은 이씨이며, 도읍은 마땅히 한양이다)에도 이씨의 한양 도읍설이 있었기 때문에 오로지 고려의 남경, 즉 한양으로 천도할 생각이었다. 풍수지리 등에 잘 통하는 정당문학(政堂文學) 권중화(權仲和)가 충청남도 계룡산을 답사하여, 그 풍수의 양호함에 놀랐다. 그러나 태조는 다른 곳을 생각했다. 이에 권(權)은 국도로서의 도읍도(都邑圖)까지도 작성해서 바치니 태조도 계룡산 아래를 국도의 제일 후보지로 생각하여, 그 형세와 규모를 살펴보고자 1393년 정월 갑자기 공주 계룡산 행차를 단행하였다. 군신들을 거느리고 송도를 출발하여 양주 회암사(檜岩寺)에 들러 왕사(王師) 무학을 동반하고 계룡산으로 향했다. 그곳에 5일간 머무르며 군신, 무학을 데리고 왕이 친히 높은 곳에 올라 형세를 관망하고 돌아오는 길에 두세 명의 신하들을 머무르게 하여 신도(新都)의 건설을 추진하였다. 그런데 이 계획은 그해 12월 1일에 갑자기 중지되었다. 당시 경기도 관찰사였던 하윤(河崙)의 반대 상소에 의하면

"도읍은 모름지기 나라의 중앙에 있어야 하나 계룡산은 땅이 남쪽에 치우쳐 있고, 동서남북이 서로 떨어져 있다. 내가 일찍이 부친을 장사지낼 때 풍수의 여러 책을 조사해 본 바가 있다. 지금 듣기로 계룡의 땅은, 산은 건(乾)에서 오고, 수는 손(巽)으로부터 흘러간다. 이것은 송나라 호순신이 말한 물의 장생(長生)을 부수는 쇠퇴하는 땅에 해당한다. 그러므로 도읍을 세우기에 적당하지 않다."

라고 했다. 요는 계룡산이 나라의 남쪽에 편재하여 나라의 중앙에 위치해야만 하는 국도(國都)의 본뜻에 어긋나고, 또 호순신의 《지리신법》이라 하는 새로운 중국 풍수에 의하여 생각해 보아도 국도 건설에는 적합하지 않다는 것이다. 왕은 군신과 하윤(河崙)과 함께 호순신의 지리법에 따라 전조(前朝)의 산릉도(山陵圖)를 검토해 보고 신도 축조를 중지시켰다(《태조실록》 2권). 그러나 천도하려는 태조의 뜻은 계룡

산 신도 건설 중지에 그치지 않았다. 고려 시대 이래의 서운관(書雲觀) 소장의 풍수비록을 하윤에게 주면서 다시 한번 신도(新都)의 땅을 선정하도록 했다. 계룡의 신도 공사를 반대하여 중지시킨 하윤은, 무거운 책임감과 태조의 명령에 따라 풍수서를 정독 비판하고, 실제로 산천을 답사하여 천도의 후보지로 무악(母岳 : 서울의 서쪽 지금의 신촌 일대) 남쪽 땅을 물색했다.

다음해 3년 3월 18일 태조는 좌시중(左侍中) 조준(趙浚), 영삼사사(領三司事) 권중화(權仲和) 등 11명과 서운관(書雲觀)의 원리(員吏) 등을 거느리고 《지리비록촬요(地理祕錄撮要)》에 의해 무악의 남쪽 땅, 즉 천도의 후보지를 살펴보게 하였다. 일행은 23일 무악에서 돌아와 무악의 남쪽 땅이 협소하여 도읍으로 삼아 천도할 곳이 못된다고 보고하였다. 즉 풍수지리적으로 국도(國都)로서의 조건이 나쁘지 않으나 협소하여 부적당하다는 것이다. 실지(實地) 답사를 담당한 권중화는 계룡산을 신도로 적당한 곳이라고 판단하여 도읍도(都邑圖)까지 작성해서 태조에게 권할 정도로 그는 풍수에 아주 조예가 깊었고 무악의 지세가 풍수상 양호한 것을 부정하지는 않았다. 서운관원(書雲觀員) 등 풍수의 전문 수행원을 다수 동원하고 《지리비록촬요》에 의해 검토한 것이기 때문에, 서울의 풍수가 좋고 나쁨은 말하지 않고 토지가 협소하므로 좋지 않다고 한 것이며, 이 토지 협소 운운하면서 반대한 이유는, 권(權)이 일찍이 계룡 신도를 진언하여 그것이 착착 진행되고 있었는데, 하윤이 토지 편재, 풍수상 부적합의 두 가지 이유를 들어 반대한 것에 대해서 앙갚음하려는 마음도 다분히 포함되어 있었다고 생각된다.

하윤은 끝까지 자기의 주장을 굽히지 않고, 무악의 명당은 좁은 것 같지만, 송도의 강안전(康安殿), 평양의 장락궁(長樂宮)에 비하면 오히려 넓다고 하였다. 또한 이곳은 전조(前朝)의 비록(祕錄) 및 중국에서 행해지는 지리의 법에 모두 합치되기 때문에 신도로서 적당하다고 단언했다. 하윤은 전대미문의 중국 지리서를 해석하여 계룡산 신도공사를 중도에서 멈추게 할 정도였다. 또 왕명에 의해 서운관 소장의 비록(祕錄) 및 내외의 풍수서를 고찰하고 있었기 때문에 그의 제언을 함부로 무시할 수가 없었다. 그래서 태조는 그로 하여금 땅을 실지 조사한 다음 신도에 대한 논의를 멈추게 하였다. 십여 명의 재상을 선발 파견하여 다시 실시 답사를 시켰으나 재상들도 하윤의 무악신도설에 가담했다. 그러나 서운관원 및 일부의 사람들은 이 땅이 부적당하다고 하면서 새로이 적당한 후보지를 물색해야 한다고 누차에 걸쳐서 상소하고, 그때마다 여러 재상을 파견하여 실지를 검토하는 등 갑론을박만 일삼아 만족스러운 결정을 볼 수 없었다.

신도(新都) 선정에 대한 이론이 많았던 것은 지리풍수설에 대해 확고한 정견(定見)이 없었기 때문이다. 이에 도평의사(都評議司)는 우선 풍수지리서를 검토하고 연구하는 것이 급선무라는 것과 이것을 전문적으로 다루는 조사위원회의 설치를 요청했다. 그래서 태조는 3년 7월 12일 음양산정도감(陰陽刪定都監)이라는 임시관청을 설치하여 권중화, 정도전, 성석린, 남은, 정총, 하윤 등 여러 신하들과 서운관원(書雲觀員)이 함께 지리도참(地理圖讖)의 서적을 섭렵해서 이것을 참고하여 신중히 도읍을 선정케 하였다. 그로부터 1개월 후인 8월 11일 태조는 친히 실지를 정밀조사한 뒤 그 가부를 결정하기 위하여 재상 및 많은 전문위원을 거느리고 무악을 시찰했다. 그런데 판서서운관사 윤신달(判書書雲觀事 尹莘達), 서운부정 유한우(書雲副正 劉旱雨) 등 풍수지리 전문가가 '풍수지리상으로 이 땅은 결코 도읍감이 아니다'라고 하여 한 차례 어전회의가 열리는 등 군신 상호간에 의견이 달라 충돌했다.

논의된 내용은 다음과 같다.

1. 반대론

① 서운관(書雲觀) 측(최융, 윤신달, 유한우 등)은 말하기를 '지리의 법으로 볼 때 이 땅은 국도로 부정당하다. 풍수적으로 볼 때 부소명당(扶蘇明堂 : 개성)이 제일이고, 남경(南京 : 한양)이 그 다음이다'라고 했다.

② 정당문학 정총(政堂文學 鄭摠)이 말하기를, '부소(扶蘇 : 개성)는 도선(道詵) 이래 삼토(三土 : 三韓) 통유(統有)의 설이 있고, 고려 시조가 이 땅에 도읍을 정하여 삼국을 통일한 이래 6백 년이 지났다. 고려가 망한 것은 왕조의 운수가 다한 때문이지, 지덕의 쇠운 때문은 아니다. 그러므로 그대로 개경에 도읍을 두더라도 해가 있다고는 생각하지 않는다'라고 했으며, 무악은 '그 명당이 매우 협소하고, 주산이 낮고 빠져 있어서 수구폐쇄(水口閉鎖)하기 어렵다. 또 이 땅이 길지였다면, 어째서 고인(古人)이 이용하지 않았을까. 꼭 다른 곳에 신도를 구할 필요가 있다면 아주 먼 곳에서 구하는 것이 좋다'라고 했다.

③ 중추원학사 이직(中樞院學士 李稷)이 말하기를, 《동방밀설(東方密說)》에 삼각남면(三角南面), 임한강(臨漢江), 무악 등은 서울을 에워싸고 있다는 뜻이니 밀설(密說)에 적합하다고 생각해야 한다. 그러나 복지선도(卜地選都)는 중대한 일이기 때문에, 하늘에 맡기고 인간들이 따라야 한다. 무악명당(毋岳明堂)은 어쨌든 협소하여 적당하지 않다'라고 했다.

2. 찬성론

첨서중추원사 하윤이 말하기를, '무악의 명당은 결코 넓다고는 생각하지 않는다. 그러나 그 나라를 복되게 하고 장구하게 한 계림(신라의 국도)이나 평양(고구려의 국도)의 궁궐지에 비하면 넓은 편이다. 뿐만 아니라 이곳은 나라의 중앙에 있고, 배로서 물건을 나를 수 있으며, 산하표리(山河表裡)의 지세이고, 또 동방 전현(東方 前賢)의 밀설(密說)에도 일치하며, 중국 풍수서가 설명하는 산수조취(山水朝聚)의 형세와도 흡사하다. 전현(前賢)의 말을 듣고 만세(萬世)의 기(基)를 세우려면 이 땅을 두고 다른 곳을 구해서는 안 될 것이다'라고 했다.

3. 천도상조론(遷都尙早論)

① 정도전이 말하기를, '무악은 한 나라의 중앙이고 교통도 편리하지만, 이 땅은 곡간(谷間)이어서 안으로 궁전, 밖으로 조시 종묘(朝市 宗廟)를 받아들일 여지가 없다. 그것은 어떻든 혁명 후 얼마 안 되었고, 뜻있는 백성의 휴양과 인심의 추세를 살펴야 할 때이기 때문에 상지(相地)나 궁궐 건축은 모름지기 후일로 미루어야만 할 것이다'라고 했다.

② 성석린(成石璘)이 말하기를, 이 산은 '산수(山水)가 만나고, 배가 다닐 수 있는 길지라고 하여도 명당경착(明堂傾窄)하며, 뒷산이 낮아 그 규모가 도로서는 부적당하다. 개경은 산수가 엇갈리는 곳이어도 좌우소순주(左右蘇巡住)의 설을 따라 부소명당(扶蘇明堂)을 본궐로 하고, 가까운 곳에 순주지(巡住地)를 두면, 달리 신도로 천도할 것까지도 없을 것이다'라고 했다.

③ 반대론의 한 사람 정총(鄭摠)도 이 시기상조론에 찬성했다.

위와 같이 세 가지 설이 있었지만 무악건도(毋岳建都)에 찬성하는 사람은 단지 하윤 한 사람뿐이었다. 태조는 남경의 땅을 실지 시찰하고자 무악에서부터 한양을 향해 여러 신하들과 함께 남경의 궐(闕)을 살피고 산세를 관망하여, 국도의 적합성을 전문 풍수사에게 의뢰하였다.

지사 윤신달(地師 尹莘達)이 말하기를, 송경(松京)이 제일이고, 이 땅이 그 다음이며 더욱 유감스러운 것은 건방(乾方 : 西北)이 낮고 수천(水泉 : 明堂水)이 말라 있는 것이라고 했다. 태조는 이것을 듣고, 송경(松京)이라고 부족하지 않은 것이 없겠는가 하고 이 땅을 살펴보니, 그 형세가 왕도(王都)로 손색이 없으며, 배로 물건을 나를 수도 있고 마을의 길도 균등하여 사람의 일도 또 편리하지 않을까 라고 하여 이곳을 유일한 국도(國都) 후보지라고 보았다. 그러나 이 사실을 옆에 있던 무학(無學)에게만 밝히니, 무학도 이 땅이 사방이 높고 중앙이 평탄해서 도읍으로 적당하다고 하였다. 그러나 중론에 따라서 결정하는 편이 좋다고 하였다. 태조가 여러 신하들에게 토론시키니 이구동성으로 이에 찬성했다. 하윤만이 지리법상 왕도의 땅이 아니라고 반대했지만 태조는 중의에 따라서 천도할 것을 결정했다(그러는 사이 여러 新都 후보가 상정되었지만, 태조의 뜻이 그렇고, 중의도 그렇기 때문에, 이들 후보지를 태조가 사찰하려던 계획도 중단되어 버렸다. 그 주된 것은 積城 廣地院 의 동쪽, 長湍郡 都羅山下 臨津縣의 白鶴山들이었다).

태조는 9월 권중화, 정도전, 심덕부, 김주 등 6명의 중신들을 한양에 파견하여 궁궐, 종묘, 조시(朝市), 도로의 터를 정하게 하였다. 그들은 고려 숙종 때 세운 궁궐터에 궁터를 정하였다. 북악(北岳)을 주로 하여 임좌병향(壬坐丙向)의 자리를 잡고 국면 평탄(局面 平坦)한 땅으로 군룡(群龍 : 山)이 조읍(朝揖)하는 기세의 양호한 곳이다. 또 동쪽 십수 정보의 땅을 살펴본 다음 감산(坎山)을 주산(主山)으로 하여 궁궐 종묘의 터를 정하였다. 거기(지금의 창덕궁)에다 신도 건설 공사를 착수하도록 하였다. 아직 공사가 시작되기 전에 태조는 한양부 객사(漢陽府 客舍)를 임시 별궁으로 하여 10월 25일에 천도했다. 11월에는 도평의사(都評議司)의 주언(奏言)을 받아들여 공작국(工作局)을 설치하여, 도성 궁궐의 기공(起工)에 착수했다. 12월에는 삼사사(三司事) 정도전으로 하여금 황천대신후토(皇天大神后土 : 神祇)를 받들어 공사를 시작한다는 것을 신에게 알렸다. 또 참찬내하부사(參贊內下府事) 김입견(金立堅)을 파견하여 산천제(山川祭)를 올리고 공사를 개시하였다. 다음 해 4년 정월에는 여러 산의 승도(僧徒)를 사역시키고, 7월에는 경기, 호남의 주민 1만 5천 명을 징발하여 대묘(大廟)와 신궁(新宮 : 경복궁)의 낙성을 보았다. 도성조축도감(都城造築都監)을 설치하였고, 다음해 5년 5월 경상, 전라, 강원 및 서북쪽 이남, 동북쪽 이남의 주민 11만 8천여 명을 징발하여 도성축조의 공사를 시키다가 2월 말에 귀농시켰다. 7월에는 다시 강원, 경상, 전라 3도에서 7만 9천 명의 일꾼을 징발하여 남은 공사에 종사케 하여 9월에 드디어 완공하였다. 신궁(神宮) 및 제전(諸殿)의 명칭은 정도전이 택하기로 하였다. 도성은 천지를 팔방으로 나타내어 8문(門)으로 하고, 정북 감(坎)을 숙정문(肅靖門), 동북 간(艮)을 홍화문(弘化門 : 나중에 혜화문으로 바뀌었음), 정동 진(震)을 홍인문(興仁門 : 나중에 홍인지문으로 바뀌었음), 동남 손(巽)을 광희문(光熙門), 정남 이(離)를 숭례문(崇禮門), 서남 곤(坤)을 소덕문(昭德門), 정서 태(兌)를 돈의문(敦義門), 서북 건(乾)을 창의문(彰義門)이라 이름지었다(李丙燾씨의 《國初의 건도문제》 참조).

4. 전도(奠都)의 동기

이태조가, 고려에서 조선으로 바뀌자 역세(易世) 천도의 전례에 따라 국도(國都)를 옮긴 것은 정책상 득을 얻은 것이다. 이태조가 즉위하자 개성을 버리고 다른 곳으로 새롭게 이(李)씨의 국도(國都)를 건설하려고 한 것은 당연하다. 고려 왕씨는 신라의 국도 경주에서 즉위하지 않았다. 왕씨(王氏)는 조상 때부터 풍수적으로 양호한 개성을 국도로 정하여 즉위했던 것이다. 따라서 옛 국도를 버리고 새롭게 신도

(新都)를 탐구할 필요가 없었다.

그런데 이씨(李氏)는 자신이 도읍을 정할 만한 땅을 보유하고 있지 않았기 때문에 고려 왕씨(王氏)의 영업(永業)의 도(都)였던 개성에서 즉위했던 것이다. 전조(前朝)의 도읍에서 신정(新政)을 베푼다는 것은 책(策)을 얻은 것이라 할 수 없다. 이에 이씨(李氏)는 아무래도 국도를 새로운 곳으로 옮겨 인심을 개혁해야겠다고 느꼈으리라. 천도하여 인심을 새롭게 하려는 것이 천도의 한 동기가 되었던 것이다.

만일 그것이 동기가 아니라면 천도를 그와 같이 성급하게 서두르지 않았을 것이고, 천천히 신도를 건설하여 천도하여도 지장이 없었을 것이다. 그런데 이태조는 즉위하자마자, 그 해에 이미 천도의 뜻을 발표하고 서둘러 3년 동안 각지를 순시하여 많은 신하들과 논의를 거듭하여, 마음 속으로는 천도를 바라지 않았던 많은 신하들의 뜻을 무시하고 도읍을 한양으로 정하였다. 그것도 신도의 건설이 진척되기도 전에 천도했던 것이다. 신도의 면목은 천도한 후에 이루어졌다. 천도 3년 후 정종(定宗) 원년 정월, 왕실의 변화에 편승하여 정종이 도읍을 송도로 환도하려 했다.

"처음에는 도인(都人) 모두가 구도(舊都)를 그리워했다. 도읍을 환도한다는 말을 듣고 함께 기뻐하여 이고 지고 성문을 나가려 다투는 바람에 성문을 지키지 않으면 안 될 정도였다."(《太祖實錄》).

이것을 보면 얼마나 일반인들이 신도보다 구도 개성에 애착을 가지고 있었던가를 알 수 있다. 이 애착 강한 송도민(松都民)들의 소망을 저버리고, 신하들의 천도 상조론(尙早論)에도 전혀 귀를 기울이지 않고 한양으로 천도를 결행한 이태조의 뜻은 오로지 송도의 지기쇠미(地氣衰微)라는 풍수 신앙 때문이라고 볼 수 있다. 하윤의 상언(上言)에 따라 무악을 시찰하고, 신하들과 양부(良否)를 논의했을 때 서운관원(書雲觀員)인 한우(旱雨)와의 문답에서 태조의 의중을 충분히 파악

할 수 있다.

태조가, 이쪽 방면을 함부로 비난하지만, 만약 이 땅이 좋지 않다고 한다면 어느 땅에 도읍을 정할 것인지에 대해 묻는다. 한우(旱雨)가 '자신은 잘 모른다'고 대답하자 태조는 '서운관이면서 모른다고 한다면 무책임한 것이 아니냐'면서 송도의 지기쇠왕설(地氣衰旺說)을 들려 달라고 했다. 한우가 송도의 '지기쇠왕설(地氣衰旺說)'은 도참(圖讖)이므로 지상(地相)만을 공부한 자기로서는 도참을 알 수 없다고 대답했다. 태조는 옛사람의 도참은 모두 지상(地相)의 학(學)을 바탕으로 하고 있어 결코 황당무계한 설은 아니니 천도에 대해서 이야기하자고 하니, 한우(旱雨)는 전조(前朝)의 태조가 송산명당(松山明堂)에 궁궐을 지었으나 중엽 이후 군주들이 누차 별궁으로 이거(移居)했는데, 이는 명당(明堂)의 지덕(地德)이 쇠퇴한 것이 아니라 일시 폐쇄한 것이니 다시 송도에 왕도(王都)를 정함이 옳을 것 같다고 했다. 이에 태조는 내가 이미 도읍을 천도하기로 뜻을 세웠으니, 만일 가까운 곳에 적당한 길지가 없으면 삼국 시대의 도읍지라도 길지가 틀림없다면 거기로 옮기는 것이 옳을 것이라고 하였다.

이태조는 무인(武人)이었다. 믿는 대로 매진하고 단행함이 우유부단한 문상(文相)들과는 다르다. 일찍이 무학(無學)에게 석왕(釋王)의 몽점(夢占)을 듣고부터는 깊이 자임(自任)하면서 드디어는 왕위를 장악하는 큰 일을 수행했다는 이야기는 태조의 성격을 잘 드러내 준다. 고려 중엽 이래 개성의 지덕쇠미설(地德衰微說)로 여러 왕들이 별도 건영(別都 建營) 또는 천도 문제에 부심했던 사실을 알고 있는 태조로서는 이 지덕쇠미설이 강하게 뇌리에 남아 있었을 것이다. 지덕쇠미한 개성에서 천도를 감행하지 않았던 까닭에 고려의 왕업이 드디어 넘어간 것이라고 생각한 태조는, 하루라도 이 지덕이 쇠퇴한 땅을 떠나고 싶었을 것이다. 권중화가 계룡산이 좋다고 하니 먼 거리에도 불

구하고 행차하여 친히 그 지세의 길흉을 시찰하여, 바로 신도 건설의
공사에 착수하였다. 또 하윤이 계룡을 비난하고 무악의 남쪽에 길지
를 상정하자 그곳에도 신하들을 거느리고 행차하였다. 또 군신들이
이것을 배척하고 한양의 땅이 적지라고 하자 그곳을 순시하였다. 그
외에도 두세 곳의 후보지를 친히 시찰하여 그 양부(良否)를 논평케 하
였다. 그러다가 한양이 제일의 후보지로 정해지자 바로 신도 경영의
관(官)을 두고 종사케 하였다. 도읍이 완성되지 않았는데도 천도하였
으므로 궁궐 도성의 준공은 천도한 후에 이루어졌다. 지덕이 쇠퇴한
송경(松京)에 머무르기를 두려워했기 때문에 새 도읍 선정에 급급했
던 것이다. 즉 풍수적 양지(良地)를 구하기에 얼마나 분주했는가를 알
수 있다. 이태조의 한양 천도는 풍수지리적 혁명에 의해서 이씨의 왕
업을 왕씨 멸망의 허지(墟地)에서 구하고, 그 안태(安泰)를 바라는 마
음에서 이루어진 것이라고 하겠다.

5. 풍수(風水) 전설

풍수에 의해 전도(奠都)했던 한양, 즉 서울에 대한 풍수전설은 무수
히 많다. 여기서 그 몇 가지를 들면 다음과 같다.

1. 한양은 이(李)씨가 주인

풍수승 도선(道詵)의 〈비기(祕記)〉에 의한 것과 한양의 지세에 의한
것 등 두 가지가 있다. 전자는 도선의 비기에 '계왕자이(繼王者李), 이
도어한양(而都於漢陽)'이라 하여 고려에서는 오얏나무〔李樹〕를 심어, 번
성하게 하여 벌채함으로써 이것을 염승(厭勝)하려 하였다. 즉 한양은
이씨의 왕도(王都)로 운명지어져 있었다고 하는 것이다.

이 전설은 서거정(徐居正)의 《필원잡기(筆苑雜記)》, 이중환의 《팔역

지》에 보인다. 《잡기》에는 〈고려의 남경(南京)〉이란 조(條)에서

　"이수(李樹)를 심고 이성(李姓)을 택하나 윤(尹)씨가 된다. 왕이 한

　번 돌아보고 용봉장(龍鳳帳)을 묻어 이를 진압하였다."

라고 기록되어 있고 《팔역지》에는

　"고려 중엽, 윤관으로 하여금 백악(白岳) 남쪽 땅을 보게 하였고,

　이수(李樹)를 심어 번성하게 하더니 이를 베게 하여 염승(厭勝)을

　했다."

라고 언급하여, 양자간에는 다소 차이가 있지만 결국 왕씨(王氏)가 바

뀐다는 이(李)씨에 대해 염승을 행한 것만은 공통된다. 한양이 이씨의

도읍이어야 할 토지라는 것이 고려 때에는 알려지지 않았으나 조선

시대에는 널리 선전되고 믿어졌던 것이 확실하다.

　이씨 한양천도설은 지세상(地勢上)에서 나온 것이다. 서울의 뒤로

멀리 함경도 안변철령(安邊鐵嶺)의 일맥이 남쪽으로 5,6백 리 와서 양

주(楊州)에 이르고, 간방 북동(艮方 北東)에서 비스듬히 들어와 갑자

기 일어나 높은 석봉(石峰)으로 도봉(道峰)이 솟아 있고, 여기서 곤방

(坤方 : 南西)을 향해 소단우특기(小斷又特起)한 삼각산 백운대가 있

고, 여기서 남하하면 만경대가 있고, 그 한 가지가 좀더 남쪽으로 뻗

쳐 백악(白岳)이 되었다. 이것은 풍수상 목체내룡(木體來龍), 탐랑목

성내룡(貪狼木星來龍)이라 한다. 《팔역지》에 '형가(形家)가 궁성의 주

인은 충천목성(衝天木星)이 된다'고 말하였다. 충천목성이란 첨두목

체산(尖頭木體山), 즉 탐랑목성내룡(貪狼木星來龍)으로 목산(木山)이

한양의 주인이 된다는 것으로 목성(木星)이 이 도읍의 주인이라고 해

석된다. 즉 목성(木星)의 도읍이라는 것이다. 이(李)는 목(木)이다.

이것을 파자(破子)하면 목(木)의 자(子)이다. 하늘에는 목성(木星), 땅

에는 이(李), 고로 이씨가 하늘의 명을 받아서 도읍을 정할 곳이 한양

이라는 것이다. 여러 후보지가 거론되었지만 다른 곳을 제쳐 두고 이

곳에 천도하게 된 것은 천인부(天人符)와 어울리는 것이다.

2. 도성이 강설(降雪)의 천계(天啓)에 의해서 이루어지다

한양의 도성(都城)은 이태조가 이곳으로 천도하고 나서 공사를 시작해 20만여 명의 일꾼을 사역시켜 쌓은 곳으로, 주위가 9,975보(1보는 6척)에 높이 28척 정도, 궐문누각(闕門樓閣)이 붙은 여덟 개의 문을 가진 웅대한 규모이다. 전하는 바에 의하면(《팔역지》에도 이 전설이 실려 있다) 궁궐이 완성된 후 성을 쌓고 싶었지만 아직 그 주위는 건설 계획이 세워지지 않았다. 그런데 어느 날 밤 큰 눈이 내렸다. 다음날 아침이 되어 보니 눈이 하나의 선을 그렸다. 선 밖에는 눈이 쌓여 있고 그 안쪽으로는 쌓여 있지 않았다. 태조는 이것이 필시 천계(天啓)라 생각하고 선을 따라 성을 쌓았다 한다.

3. 임진·병자란은 풍수의 결함 때문이다

이 도성에 대해서 풍수적으로 결함이 있다는 전설이 있다. 한양의 성벽이 강설(降雪)이란 천계(天啓)에 의한 것이든 아니든 성벽은 산의 구불구불한 능선을 따라 쌓은 것이지만 동방(東方)과 남서(南西)의 산세가 약하니 성벽 역시 그럴 수밖에 없었다.

"진곤저허(震坤低虛)하고 더욱 담이나 도랑〔濠〕을 준설하지 않은 까닭에 임진 병자의 두 난을 모두 지킬 능력이 없다."

라고 《팔역지》의 저자는 말한다. 즉 성벽이 지세상 낮고 허술하다는 것, 도성의 담장을 설치하지 않았다는 것과 도랑을 깊이 파지 않았기 때문에 임진·병자의 두 난에 대처할 수 없었다는 것이다. 비단 이 때문만은 아니겠지만 풍수적 결함이 있다는 이야기이다. 임진왜란은 제14대 선조 25년(1592)에 일본의 풍신수길이 명(明)나라를 친다는 구실로 공격한 것이다. 한양은 그 해 4월에 함락되었다. 병자호란은 제16

대 인조 14년(1636) 청의 태종이 조공을 요구하는 사절(使節)을 보냈으나 거절당하자 대군을 거느리고 침략했다. 이때에도 한번 싸워 보지도 못하고 한양이 청군에게 유린되었다. 이것은 풍수적으로 말하면 한양의 함락은 성의 담장이나 도랑 때문만이 아니고 도성을 축조할 당초부터 이미 동쪽과 서남쪽이 침입자에 의해 함락될 운명에 있었던 것이다. 이태조의 축성은 산세에 따른 것이었다. 한양은 사면이 산으로 에워싸여 있지만, 동방쪽과 남서쪽이 공결(空缺)하기 때문에 산세에 따라서 쌓은 성벽도 진방(震方)과 곤방(坤方)이 낮지 않을 수 없다. 풍수에서는 이 낮은 곳을 허(虛)라고 하며, 허(虛)는 외부로부터 침범될 우려가 있기 때문에 금한다. 그래서 한양은 동방(東方)과 남서(南西)로부터 침입될 운명이었다. 더구나 진방(震方)은 목(木)의 원(源)이고 이씨(李氏)의 도(都) 한양이 '양목(兩木)'의 상극이고, 곤방(坤方)은 토(土)의 원(源)으로 '목극토(木剋土)'의 상극(相剋)하는 관계이기 때문에, 한양에 도읍을 정한 이씨는 성곽에 풍수적 결함이 없다고 하여도 선천적으로 일본과 중국과는 상쟁하지 않으면 안 되었던 것이다. 그런데도 방위를 게을리 하고, 살기가 충만해 있는 진곤양방(震坤兩方)을 허술히 하였기 때문에, 임진·병자 두 난 때 쉽게 함락되었던 것이다.

4. 무학(無學)과 정도전의 좌향론(坐向論)

정도전은 법술에 능통한 학자이다. 한양 전도(奠都)에 정도전과 무학이 주체가 되었다. 무학은 일찍이 스승 나옹대사(懶翁大師)를 수행하고 편력(遍歷)하는 길에 우연히 함주(咸州 : 지금의 함흥)에서 당시 미천한 이성계를 만났다. 마침 이성계는 그의 아버지 환조(桓祖)를 위한 길묘(吉墓)를 구하려던 참이었다. 무학은 이성계의 간청에 의해 매장할 묘지를 정해 주었다(이것이 지금 함흥에 있는 定陵이고, 이 묘지가

서울 인왕산(仁旺山 : 1905년 사진)

서울 백악(白岳 : 1905년 사진)

좋아서 이성계가 왕이 되었다 한다). 그후 이성계가 안변(安邊)에서 꿈을 꾸었다. 어떤 노파의 권유에 의해 설봉산(雪峯山) 절에 있는 승려에게 해몽을 청하러 갔다. 그 주지가 바로 무학이었다. 그는 이성계에게 반드시 왕이 될 사람이라고 해몽했다. 이성계는 왕위에 즉위하자, 두 번이나 확실히 예견한 무학에게 의뢰하여 도읍을 정하게 했다.

천도의 땅이 결정되었고 더 나은 궁궐터를 만나 좌향(坐向)을 정할 단계에서 정도전과 무학은 의견상 차이가 생겼다. 정은 고금의 학리(學理)에 능통한 학자이고, 무학은 신과 같은 예언자이어서 모두 신중하게 고려되었을 것이다. 무학은 인왕산을 진산(鎭山)으로 하고, 남산과 백악(白岳)을 좌우 용호(龍虎)로 하는 좌향, 즉 유좌묘향(酉坐卯向)으로 해야 한다는 것이었으나, 정도전은 이에 반하여 고래로 군주된 자는 모두 남면(南面)하여 정사(政事)를 보았지, 동면(東面)하여 조정에 임했다는 이야기를 듣지 못했다고 논하여, 자기의 주장을 고수하며 굽히지 않았다. 결국 남면, 즉 임좌병향(壬坐丙向)으로 정해졌다. 무학은 탄식하며 말하기를 나의 말에 귀를 기울이지 않으면 2백 년 후에 내 말이 헛되지 않음을 자각할 것이라고 했다. 왜냐하면 신라의 명승 의상대사는 《산수비기(山水祕記)》에서 '도(都)를 택할 자가 승(僧)의 말을 믿고 들으면 국운의 연장을 바랄 수 있으나, 만약 정(鄭)씨가 나와 시비를 품으면 오세(五世)가 되지 못해 찬탈의 화가 생기고 2백 년 내외에 탕진될 위험이 있다'라고 하고 있으니, 이 비기(祕記)는 적중하지 않는 것이 없다. 과연 얼마 안 되어 태종 형제의 싸움이 있고, 세조반정의 변이 있고, 또 임진왜란이 일어났다.

5. 학익(鶴翼)을 누르기 위해 궁주(宮柱)를 세우다

무학이 궁궐의 기초를 정하는 소임을 맡아, 천신지기(天神地祇)에 제사지내고 초주(礎柱)를 세웠는데 곧 넘어져 버렸다. 재삼 아무리 튼튼하게 세워도 넘어져 버렸다. 무학도 어찌 된 일인지 짐작이 가지 않았다. 기둥 하나를 세우는 데도 힘에 겨웠다. 때마침 멀지 않은 밭에서 일하는 한 늙은 농부가 검은 소를 부려 땅을 갈고 있었는데 소가 그의 뜻대로 되지 않는 것을 질책하여 말하기를 '이 종잡을 수 없는 놈, 너의 심술궂은 것은 무학과도 같다'라 했다. 이 말을 들은 무학은 화가 나기는 하나 마음 속으로 놀라움을 느끼면서 그 늙은 농부 앞으로 가서, 말을 듣지 않는 소를 나무랄 때 자신을 빗대어 풍자했는데 이 기둥을 세우려면 어찌해야 좋은가고 정중히 가르침을 청했다. 그 농부가 대답해 말하기를, '한양은 보시는 바와 같이 학이 날개를 편 형태를 이루고 있다. 이 땅은 그 등에 해당하는 곳이다. 여기에 건물을 지으려면 그 학의 날개를 누른 뒤가 아니면 안 된다. 날개를 그대로 두고 그 등에 기둥을 세우려 하니 어찌 그것이 넘어지지 않겠는가'라고 했다. 이 정도의 일은 유명한 무학이 알고 있을 만한데도 그런 일을 겪고 있으므로 소를 꾸짖는 말 속에 섞어 풍자한 것이다.

무학은 농부의 말대로 했다. 궁성(宮城)을 쌓고 그후 궁궐을 세웠더니 아무 일도 일어나지 않고 공사가 잘 진행되었다고 한다. 이 이야기는 확실한 전거(典據) 없는 구전으로 후세에 생긴 것이다. 남산에서 보면 궁궐의 뒷산이 흡사 학이 날개를 편 것과 같은 형상을 하고 있는 데서 비롯된 이야기인지도 모른다.

6. 아도(啞陶)로서 농아 방지

노인들의 이야기에 의하면 이태조가 한양에 도읍을 정했을 때 정도전과 무학으로 하여금 한양의 풍수를 정밀히 조사하여, 재난을 미치는 것이 있으면 염승(厭勝)시키도록 명했다고 한다. 두 사람이 여러 가지를 살펴보니 좌우의 산천에서 농아자(聾啞者)가 많이 나올 상이기 때문에, 장래 도인(都人) 가운데서 많은 농아자가 나올 것을 우려하여

아도(啞陶)

아도점(啞陶店)을 설치하여 아도(啞陶)를 각 가정에서 한 개씩 사용하도록 했다. 그것은 이 아도가 입〔口〕이 있고 귀〔耳〕가 있으나 듣지 못하고 말을 하지 않는 물건이므로 이것을 각 가정에 한 개씩 두면 농아를 낼 만한 산천의 영향을 피할 수 있다는 이유에서이다.

7. 방화(防火)의 연지(蓮池)

이규경(李圭景)의 《오주연문(五洲衍文)》에 의하면 남대문 밖에 한 연지(蓮池)가 있다. 《여지승람(輿地勝覽)》에도 '숭례문(崇禮門) 밖에 남지(南地)가 있는데 일명 연지(蓮池)라고 하여 비를 빌면 응한다'고 기록되어 있다. 성종 14년(1483) 한명회(韓明澮)가, '신이 듣기로는, 국도(國都) 주산(主山)은 대산(大山)이니 도읍을 정할 때 모화관(慕華館) 앞과 숭례문 밖에는 모두 연못을 파서 진압했다. 세종 8년(1426)이래 화재가 빈번하여 마을 사람들이 방울을 흔들면서 도로를 돌아다니며 경계하였는데, 이 연못을 복구해서 불을 진압하면 좋을 것이다'라고 했기 때문에 한양으로 도읍을 정할 때 이미 방화의 목적으로 못을 만들었으나, 어느 사이에 말라 버려 폐지(廢池)가 된 것이다. 이 연못을 깊이 파서 맑게 하면 남인(南人)이 등용된다고 하는 속신(俗信)이 있었다.

순조 23년(1823) 초여름 숭례문 밖에 사는 사람들이 돈과 곡식을 모아서 이 연못을 깊게 파고 물을 넣어 옛날의 모습으로 복원했다. 그러자 허미수(許眉叟)가 입각했다. 또 쳬상락(蔡相洛)도 이때 다시 복직되었다.

  이들은 남인파(南人派)이다. 이 못이 남쪽에 있기 때문에 남인에게 소응(所應)이 있다고 했지만, 이 해에 남인파 네 명이 급제했기 때문에, 이 연못과 남인과의 관계가 우연이 아니라고 믿어지게 되었던 것이다.

8. 화방(火防)의 수수(水獸)

  원래 광화문 앞 양쪽에 서 있는 괴이한 석수(石獸)는 해태(獬豸)인데 세간에서는 흔히 해태(海駄)라고 한다. 어느 것이나 빛나는 눈으로 남쪽에 솟아 있는 관악산을 보고 있다. 그것은 경기도 시흥군에 솟아 있는 삼성산이 화체(火體) 모양을 하고 있기 때문에, 이에 직면하고 있는 경복궁을 수리할 때, 그 정문 앞어 수수(水獸)를 설치하여 이 화산을 염승(厭勝)하려고 했다는 것이다.

옛날 광화문 앞의 해태(獬豸)

멀리서 바라본 잠두산

9. 누에에게 뽕을, 매에게 고기를 준다

진압염승(鎭壓厭勝)과는 반대로, 지덕을 배양하려는 풍수적 전설이 있다. 남산의 정상은 그 형태가 누에 머리와 같기 때문에 지덕을 왕성하게 하기 위해서는 뽕나무를 심지 않으면 안 되었다. 사평리(沙坪里)에 뽕나무를 많이 심어 그곳을 잠실이라 했다. 이 뽕나무는 궁중 양잠(養蠶)에도 이용되었다.

옛날의 성균관, 지금의 경학원(經學院)의 터가 응봉(鷹峯) 아래에 있다. 그런데 매는 육식(肉食)의 새이기 때문에 서울 밖의 고깃간을 이곳으로 옮기게 하였다고 전해진다. 그러나 이 고깃간은 문묘(文廟) 제사에 바치는 고기를 파는 곳이었는데 뒷산이 응봉(鷹峰)이라 이러한 말이 생긴 것 같다.

10. 성문(城門)에 대한 풍수전설

여덟 개의 대문은 역법의 팔괘(八卦)를 본떠서 만든 것으로 정도전이 그 이름을 붙였다는 것은 이미 언급한 바 있다.

　이 성문에 대해서는 풍수적 염승(厭勝)에 얽힌 여러 가지 전설이 있다.

　① 남대문은 액명(額銘)에 따라 일명 숭례문이라고도 한다. 이 숭례의 예(禮)는 오행의 화(火)이고, 오방(五方)의 남방(南方)이기 때문에, 남쪽을 나타낸다. 그런데 이 성문의 문액(門額)만이 종액(縱額)이고 종서(縱書)라는 것이다. 이것은 숭례의 두 자가 화(火)의 염상(炎上)을 상징하고〔崇禮 : 燅〕, 궁궐에 직면하는 남쪽 관악산의 화산(火山)에 대항케 한 풍수적 염승에서 나온 것이다(관악산은 正殿에서 正面으로 보이는 화산이므로, 이를 염승하기 위해 戀主峯에 아홉 개의 防火符를 묻어 두었다고 한다).

　② 동대문은 흥인문(興仁門)이라고 한다. 인(仁)은 목(木)에 속하고, 목(木)은 동(東)에 해당하기 때문에 흥인(興仁)은 동방(東方)을 의미한다. 그런데 이 문액(門額)도 다른 것과 다른 점이 있다. 그것은 다른 문 이름이 모두 세 자인 데 반해 '흥인지문(興仁之門)'만은 네 자로 되어 있다. 처음 한양에 도읍을 정할 때에는 다른 여러 문과 마찬가지로 흥인문이라는 세 자 이름이었으나, 임진왜란 때 동방(東方)이 낮고 허술하여 함락되었다고 하여 이 허점을 보완하기 위해서 지(之)자를 추가하여 네 자로 만든 것이다(이 성문에만 부속된 곡성(曲城)도 이 허점을 보완하는 의미라고 한다). 지(之)자를 덧붙임으로써 동쪽의 허점을 비보(裨補)하려 한 것이다. 이것은 동쪽에 산을 쌓는 대신 지(之)를 문 이름에 덧붙인 것이다. 지(之)자와 현(玄)자는 풍수상 용(龍)이 오는 모습, 즉 산맥(山脈)의 모양을 나타낸 문자로서 사용되고 있기 때문에, 실제로 산을 쌓는 노력 대신 산맥(山脈)을 나타내는 문자 지(之)자를 사용하였던 것이라고 생각된다.

서울 남대문(南大門 : 崇禮門)
남쪽의 관악산(화산)을 눌러 이기기 위하여 세로 액자를 사용하였다.

서울 동대문(東大門)
동쪽의 허함을 보완하기 위하여 홍인지문(興仁之門)이라는 ‘之’자를
넣은 네 글자의 액자를 사용하고 또 곡성(曲城)을 붙였다.

서울 대한문(大漢門)

서울 숙정문(肅靖門)

③ 창의문(彰義門)은 전하는 바에 의하면, 창의문 밖의 지세가 흡사 지네 모양이기 때문에 풍수사의 말대로 닭을 조각하여 문 위에 설치하였다고 한다. 어느 시대에 이루어졌는지 잘 알 수 없다.

④ 숙정문(肅靖門)은 북소문(北小門), 즉 지금의 북문이다. 《오주연문(五洲衍文)》에 의하면 이 문은 양주 북한산으로 통하는 문이지만 언제부터인가 폐쇄되어 열린 적이 없다. 폐쇄된 이유는 이 문을 열면 성내려항(城內閭巷)에 상중하간(桑中河間)의 풍(음란의 風)이 증가하기 때문이라는 것이다. 도성의 동남쪽으로 열리는 남소문(南小門 : 光熙門)도 예종 원년 기축(己丑)에 음양가의 말에 따라 폐쇄해 버렸다.

⑤ 대한문(大漢門)은 덕수궁의 궁문이다. 이 문은 원래 대안문(大安門)이라 하였다. 고종이 총애하던 신하 현영운(玄暎運)의 첩 배씨(裵氏)가 양장(洋裝)하고 여러 번 이 궐문을 출입하였기 때문에, 그를 싫어하는 자가 왕에게 주청하여 비기(祕記)에 대안문(大安門)의 안자(安字)는 여자가 관을 쓴 형상이기 때문에, 만약 관을 쓴 여자가 이 문을 출입하면 나라가 망하니 주의하지 않으면 안 된다고 하였다. 왕은 뜨끔하여 이 주청을 받아들여 즉시 배씨의 궁문 출입을 엄금하고 대한문으로 변경했다.

11. 청계천의 준준(濬浚) 문제

이것은 《동국여지승람》에 실려 있는 일로, 세종 26년(1444), 이현로(李賢老)와 어효첨(魚孝瞻)은 시내를 흐르는 천거(川渠 : 청계천인 듯함)에 대해 풍수적 토론을 하였다. 그것은 이현로가 풍수설에 의해 천거(川渠)에 오물을 던지는 것을 금하여 물을 깨끗하게 할 것을 주청하였다. 집현전 교리 어효첨은, '신(臣)이 《동림조첨(洞林照瞻)》을 조사해 보았다. 이 책은 범월봉(范越鳳)이 편찬한 것이다. 월봉(越鳳)은 오계

(五季)의 한 술사(術士)에 지나지 않는데 그가 냄새나고 더럽고 불결한 물은 흉하다고 말한 것은 장지(葬地)의 길흉에 대해 논한 것이지, 도읍의 형세에 대해서 말하고 있는 것은 아니다. 월봉(越鳳)의 본뜻은 이러하다. 생각건대 신(神)은 청결함을 존중하니 물이 불결하면 신령이 안심할 수 없는 까닭에 이와 같이 답한 것으로서, 국도에 대한 것은 아니다. 도읍의 땅이라고 하는 것은, 인가가 늘 운집하는 곳으로서 더러운 것들이 개천의 큰 강을 이루어 드문(都門)을 지나가므로 폐물들이 흐르게 하여 그 연후 도하(都下)를 숙청(肅淸)해야만 할 것이다. 따라서 도문(都門)을 흐르는 물이 깨끗해져야 할 이유가 없는 것이다. 이현로(李賢老)의 의견처럼 도읍의 물이 완전히 산 사이로 흐르는 물과 같이 푸르고 깨끗해지게 하려면, 실제 그대로 행할 능력이 없을 뿐만 아니라, 이치를 따져 말하여도 장지(葬地)와 도읍(都邑)과는 사생(死生)이 다르고, 신인(神人)이 다르기 때문에 극도(國都)에는 이용될 수 없다'고 하였다. 세종은 어효첨의 논리가 바르다고 결국 이현로의 말을 받아들이지 않았다.

12. 왕십리(往十里) 전설

서울 동쪽 약 십리쯤에 왕십리라는 부락이 있다. 이 부락 이름은 조선의 태조가 한양을 도읍으로 정할 때 이곳에서 한 신파(神婆)가 궁궐터는 이곳에서 십리 더 간 곳이라고 했기 때문에 그때부터 이곳을 왕십리라 부르게 되었다고 한다. 이것은 두서없이 꾸며낸 전설이지만 한양을 풍수적으로 선정할 때 얼마나 고심하고 강설였던가를 말해 주는 설화로서 흥미있는 것이기에 소개한다.

이태조가 충남 계룡산에 도읍을 세우고 공사에 착수하자 계룡산신이 이태조의 꿈에 나타나 말하기를, 이곳은 장차 정(鄭)씨의 도읍지이고 이(李)씨의 도읍은 한양에 있으니 그곳으로 찾아가는 것이 좋다 하여 태조는 승려 무학을 데리고 한양으로 향했다. 막상 한양에 와서 한강을 따라 왕성 궁궐터를 점지해야 할 실지 답사에 날을 보내고 있던 어느 날의 일이었다. 산야를 두루 돌아다니다가 정오가 지나서야 지금의 왕십리 부근에 겨우 당도하였다. 북암(北岩)에서 갈라져 남산 사이 동남으로 흘러 물줄기가 한강으로 합류하는 곳에 잠시 멈추어 서서, 눈을 돌려 왕도를 정할 만한 땅을 찾았다. 이윽고 북악과 남산 사이에 상당히 넓은 명당이 있는 것을 발견하고, 이곳이 왕도로서 좋은 터라고 생각하게 되었다. 그러나 막상 어디에 궁궐터를 정해야 할지 가늠할 수가 없었다. 그러자 그곳에 한 할멈이 나타나 태조에게 무엇을 찾고 있는지를 물었다. 태조가 국도의 선정에 고심하고 있다고 대답하자, 그 노파는 그렇다면 이곳에서 십리쯤 더 가면 좋은 곳이 있을 것이라고 대수롭지 않게 일렀다. 아무렇지도 않은 듯이 궁터를 알려주는 것이 이상스럽다고 생각하여, 그 노파의 얼굴을 다시 보려고 하자 이미 노파는 어디론가 사라져 그 그림자조차 찾을 수 없었다. 두 사람(태조, 무학)은 이것이야말로 신의 계시라 생각하고 결국 북악산 기슭에 궁터를 잡았다는 것이다.

또 일설에는 이때 노파가 일러준 왕십리라 하는 것이 서쪽이냐 동쪽이냐를 말하지 않았지만 북악 아래만 바라보고 있던 태조나 무학에게는 바로 이곳에서 서북쪽 방향이라고 판단했던 것이다. 실은 이곳에서 동북쪽으로 십리쯤 떨어진 곳으로 해석했다면, 규모가 웅대하여 한양이 5백 년의 운명보다 큰, 천년의 국운을 보유할 만한 큰 왕도를 잡았을 것이다. 그러나 태조는 5백년 쪽을 택한 셈이 되었다.

제 4 장 개성(開城)의 풍수

1. 풍수의 도읍, 개성

신라의 경주, 고구려의 평양은 어쩌면 풍수적 견지에서 정해진 것이라고도 생각되지만(특히 평양성과 같은 것은 뒤에 또다시 설명을 하겠지만 新月城을 道士의 진언에 의해 滿月城으로 했기 때문에 멸망했다는 따위의 전설이 있는 점으로 미루어 보면 상당히 풍수적으로 취급되어진 것 같다), 국도(國都) 풍수의 사료상 기록들이 전설상 가장 농후하게 그려져 있는 것이 개성이다. 사실(史實) 내지 전설상에 있어서 풍수한 자료를 수집할 수 없었기 때문에 국도 풍수를 충분히 논하기는 어렵다. 고려 이전의 국도에 대한 사실 기록이 지금까지 전해지는 것은 얼마 없다. 까마득히 먼 옛날이라 전설상 그 발자취를 남길 수 없게 된 것도 이유겠지만, 풍수신앙이 중국으로부터 이미 고구려나 신라에 전래되었다 하더라도, 아직 국가의 운명을 의지할 불교만큼 강하고 깊은 신앙이 아니었던 것이 그 주된 이유일 것이다.

그래서 고려에 이르러서는 불교에 기운 것도 물론이지만, 신라 시대에 이미 싹이 트고 있던 풍수설을 이용함으로써 국도가 흔들리지 않게 기초를 정하고, 민간신앙의 위에서 고려 국도가 동요되지 않도록 하려는 책략에서, 신라 시대보다 민심을 지배한 불교 이외의 신흥 민간신앙인 풍수지리를 이용해서 국업의 영원과 국도의 확립까지 꾀한 것으로 생각된다(이 정책은 조선조가 도읍을 세우는 데에도 적용되어,

이태조가 국도를 한양에 정한 이래 모두 민간 신앙인 풍수설을 이용했다).

고려 5백 년 동안의 옛 도읍인 개성은 송악산을 뒤로 하고, 그 오른쪽 후방에 오관산(五冠山), 또 그 후방에 천마산(天摩山)이 늘어서 있으며, 이것을 남쪽 장단역(長湍驛) 내지 보성역(寶城驛)에서 바라보면, 연천봉(連天峯)의 아래에 매우 화려하게 펼쳐져 있는 도시로서, 번성할 때에는 도성의 인구 2백만을 헤아렸다고 전해지고 있다. 궁궐 터 만월대는 송악의 산기슭에서 남쪽을 바라보며 위치해 있는데, 이곳은 고려의 수궁(首宮)으로서 고려 왕씨가 5백 년 동안 이곳에 군림했던 곳이다. 송악을 부소갑(扶蘇岬)이라 했고, 촉막(蜀幕), 문숭산(文崧山), 신숭(神嵩), 곡령(鵠嶺) 등 여러 명칭으로도 불리고 있다. 높이 1,610척, 그 범위는 개성군의 송도면(松都面), 영남면(嶺南面) 및 중정면(中正面)의 3개소에 걸쳐 있고, 온 산이 모두 화강석의 기암돌로 되어 있으며, 그 분맥에 따라서 마련된 옛 성벽을 싣고, 우선 동쪽을 지나 영남면(嶺南面)의 경계를 이루어 북쪽으로 꺾고 북소문(北小門)의 아래에, 서쪽은 중정면(中正面)을 끝에서 남하해서 북성문(北城門)을 지나 도찰현(都察峴)을 지나 눌리문(訥里門)에 이르고, 그리고 동서로 서로 감싸안아서 개성시를 이루고 있다. 그 산꼭대기는 풍경이 웅대하고 뒤쪽으로 천마산의 인순(嶙峋)을 업고, 전방에 진봉산(進鳳山), 덕물산(德物山)의 조공을 받고, 멀리 한강 서해의 푸른 파도를 바라볼 수가 있다.

2. 송악과 왕씨의 조상

개성의 풍수는 주산(主山)인 송악에서 출발한다. 이 산이 송악이라 명명되고 이 산 밑이 국도(國都)가 된 데 대해서는, 이곳이 왕씨의 국도인만큼 우선 고려 왕씨의 발상 전설부터 살펴볼 필요가 있다.《고려

사》〈세계(世系)〉 및 고려사 편찬의 원전이 된 김관의(金寬毅)의 《편
년통록(編年通錄)》에 다음과 같은 말이 있다.

  "호경(虎景 : 고려 왕씨의 원조(遠祖), 처음 개성에 이주한 사람), 처를
잃었는데 옛처(이 일은 나중에 분명히 밝혀진다)가 매일 밤 꿈처럼 찾
아와 아이를 낳아 주었다. 이 아이가 강충(康忠)이다. 강충은 용모
단정하고 위엄 있고 재능과 기예가 많았다. 서강(西江) 영안촌(永安
村)에 거주하는 부자의 딸 구치의(具置義)라는 사람을 아내로 맞아
오관산(五冠山) 마하갑(摩河岬)에서 살았다. 그때 신라의 감우 팔원
(監于八元)이라는 풍수에 능한 사람이 부소군(扶蘇郡)에 이르렀다.
군(郡)은 부소갑(扶蘇岬)의 북쪽에 있었다. 산형(山形)은 뛰어나지
만 동산(童山 : 수목이 없는 산)인 것을 보고, 감우 팔원이 강충에게
이르기를, 만약 군(郡)을 산 남쪽으로 옮기고 소나무를 심어 암석
이 드러나지 않게 하면 삼한을 통합하는 자가 반드시 나온다고 하
였다. 이에 강충은 군인(郡人)과 거처를 산 남쪽으로 옮기고 소나무
심는 일에 몰두하였다. 그리고 군명(郡名)을 송악군(松岳郡)이라 고
치고, 마침내 군(郡)의 상사찬(上沙粲)이 되고 마하갑(摩河岬)을 거
주지로 삼았다. 그는 가산천금(家産千金)을 모으고 두 아들을 낳았
다. 둘째 아들의 이름은 읍호술(捐乎述)이다. 뒤에 보육(寶育)이라
고쳤다. 일찍이 꿈에 곡령(鵠嶺 : 송악)에 올라 남쪽을 향해 소변을
보니 당장 삼한에 넘쳐, 산천이 변해 은해(銀海)가 되었다. 다음날
형 이제건(伊帝建)에게 꿈 이야기를 했다. 이제건이 말하기를 너는
반드시 지천(支天)의 기둥을 낳을 것이라고 하며, 자기 딸 덕주(德
周)로 하여금 처가 되게 하였다. 자신은 거사(居士)가 되어 마하갑
(摩河岬)에 목암(木庵)을 세웠다. 신라의 술사가 이르기를, 이곳에
있으면 반드시 대당(大唐)의 천자(天子)가 오며 그를 사위로 삼게
될 것이라고 했다. 뒤에 두 딸을 낳았는데 동생의 이름은 진의(辰

義)였다. 아름답고 재주가 많았다. 나이가 차서 비녀를 꽂았다. 언니가 꿈에 오관산(五冠山) 꼭대기에 올라가 물길을 돌려 천하에 넘치게 했다. 깨어나 진의에게 꿈 이야기를 했다. 진의가 말하기를 비단치마를 주고 그 꿈을 사자고 하니 언니가 이것을 허락했다. 진의가 꿈 이야기를 간추려 기억하기를 세 차례나 했다.

　당(唐)의 숙종 황제가 왕위에 오르기 전인데, 두루 산천을 즐기고 싶었던 그는 명황(明皇) 천보 12재(載) 계사(癸巳 ; 현종 12년, 서기 753년, 그로부터 3년 후 숙종은 천자가 되었다)년 봄, 바다를 건너서 패강(浿江)의 서포(西浦)에 이르렀다. 사방에 바닷물이 나가고 강 속이 진흙탕이 되었다. 종관(從官)이 배 안의 동전을 뿌리니 곧 해안에 오를 수 있었다(이후로 그 해안을 명명하여 錢浦라 불렀다). 마침내 송악군에 이르러 곡령(鵠嶺)에 올라가, 남쪽을 바라보고 말하기를 이 땅은 반드시 도읍이 된다고 했다. 종자(從者)가 말하기를, 이곳이야말로 팔선(八仙)이 머무르는 곳이라고 했다. 마하갑(摩河岬)의 양자동(養子洞)에 이르러, 보육(寶育)의 저택에 머물렀다. 두 여자를 보고 기뻐하며, 실밥이 풀린 곳을 기워 주기를 청했다. 보육(寶育)은 이 사람이 중국의 귀인임을 알고 마음 속으로 과연 부술사(符術士)가 말한 대로임을 생각하고는 장녀로 하여금 명에 응하도록 하였다. 장녀가 문지방을 넘다 코피가 나왔다. 언니 대신 진의(辰義)가 들어가 마침내 베개를 권했다. 머무르는 기간에 임신한 것을 깨달았다. 이별할 때 그는 대당(大唐)의 귀성(貴姓)이라고 했다. 또한 활과 화살을 주고 말하기를, 남자를 낳으면 이것을 주라고 했다. 과연 남자를 낳아 작제건(作帝建)이라 하였다. 후에 보육(寶育)이 추존(追尊)되어 국조(國祖) 원덕대왕(元德大王)이 되니, 진의(辰義)는 정화(貞和)왕후가 되었다.”
국조 원덕대왕의 조부 호경(虎景)은 성골(聖骨)장군이라고도 하는

데, 원래 이향(異鄕) 사람으로 백두산 등 명산을 순력하다 송악에 이르러, 송악의 산신인 여신과 혼인하여 강충(康忠)을 낳았다고 전해진다.

《편년통록》에 의하면 다음과 같다.

"성골장군은 부소산(扶蘇山)의 오른쪽 골짜기에 살았다. 하루는 동네 사람 아홉 명과 함께 평나산(平那山)에서 매를 잡고 있었다. 그날은 저녁 무렵에 바위 동굴에서 잤는데, 호랑이가 동굴 입구에서 크게 울부짖었다. 열 사람이 서로 일러 말하기를, 호랑이가 우리들을 잡아 먹으려 한다고 하였다. 시험삼아 관(冠)을 던져 보아 그것을 물면 그 임자가 그곳에서 나가기로 했다. 던져 보니 호랑이가 성골의 관(冠)을 잡았다. 성골이 나가서, 호랑이와 싸우려고 하는데 호랑이는 갑자기 보이지 않게 되고 동굴이 무너졌다. 아홉 명 모두 나오지를 못하고, 성골(聖骨)만이 돌아가 평나군(平那郡)에 보고하고 돌아와 아홉 명을 장사지냈다. 그때 산신(山神)을 모시자 그 신(神)에 머물렀다."

《중경지(中京誌)》에는 다음과 같이 기술되어 있다.

"호경(虎景)이라는 자가 있어 스스로 성골장군이라 칭하고, 백두산으로부터 유력(遊歷)해서 부소산(扶蘇山)의 왼쪽 골짜기에 이르러 아내를 취해 살았다. 부자였으나 자식이 없고, 활을 잘 쏘며, 사냥으로 직업을 삼았다.

(중략) 호경(虎景)이 옛 처를 못 잊어 밤에 항상 꿈처럼 오더니 아이를 낳았다. 그를 강충(康忠)이라 한다."

작제건(作帝建)에 대해서는 다음과 같이 기술되어 있다.

"작제건(作帝建)이 어려서 총명하고 용맹스러워 나이 5,6세에 어머니에게 묻기를, 나의 아버지는 누구냐고 하자 확실히 그 이름을 모르는 어머니가 말하기를 당부(唐父)라고 했다.

성장함에 따라 육예(六藝)를 겸비하고 서사(書射)에 뛰어났다. 나이 16세에 어머니가 부친이 남긴 활과 화살을 주었다.

작제건(作帝建)은 대단히 기뻐하며, 이것을 쏘는데 백발백중, 세상에 신궁(神弓)이라 이름났다.

하루는 아버지를 보고 싶어 상선을 타고 해중(海中)에 이르렀다. 구름 안개가 자욱하여 배가 갈 수 없게 되기 3일, 배 안의 사람이 쳤더니 고려인을 멀리 해야 한다고 했다.”《中京誌》

“작제건(作帝建)이 성장하여 아버지가 남긴 동궁(彤弓 : 빨간칠을 한 활)을 가지고 활쏘기를 배웠는데 절묘했다. 상선을 따라 바다를 건너 당(唐)으로 들어갔다. 해중(海中)에 이르러 배가 맴돌고 가지 않자 배 안의 사람들은 대단히 두려워하여 모두 삿갓을 던져 길흉을 점쳤다. 다만 건(建)의 삿갓만이 물에 잠겼다. 뱃사람들은 마침내 식량을 준비하여 건(建)으로 하여금 섬에 내리게 하고 배가 돌기를 기다렸다. 건(建)은 혼자 섬에 남아 있었다.

그때 한 동자가 수중으로부터 떠올라와, 일러 말하기를 용왕이 보잔다고 청했다.

눈이 아찔해지는 순간 어느 곳에 이르렀다. 건(建)은 수부(水府)에 이르러 한 늙은이를 보았다. 늙은이가 말하기를, 이 땅은 내가 오래 살던 곳인데, 요사이 한 마리 백룡과 굴집〔窟宅〕을 두고 내일 싸우기로 약속하였다. 그대는 활을 잘 쏘므로 나를 도와 주기 바란다고 했다. 건이 말하기를 어떻게 그것을 알겠는가 하고 물으니 내일 정오 풍우 파랑(波浪)이 일면 싸울 때이다. 싸움이 한창일 때에 각자가 등을 드러내게 되면, 그때 등이 푸른 자가 나이고, 흰 자는 그라고 했다. 건(建)이 그렇게 하기로 허락하고 섬으로 나왔으나 의심스러웠다.

그러나 이튿날 살펴보니 과연 그 말대로였다. 건(建)이 섬 가운데서 활을 쏘아 흰 자를 맞추었다. 잠시 후 하늘이 맑아지고 파도가 잠잠해졌다. 동자가 나와서 다시 건(建)을 맞이하여 가니 수부(水府)에 이르렀다. 소녀를 데려와 처를 삼게 하고 나서너는 귀인이니 고향에 돌아가 스스로 대조(大祚)을 지키라고 했다. 오랫동안 이것을 말리는 아내와 함께 섬에서 보냈다. 어느 날 상선이 이르렀다. 드디어 용녀(龍女)와 돌아가 창릉(昌陵)에서 기숙했다. 태수(太守)는, 제건(帝建)이 용녀(龍女)를 아내로 삼아 나란히 찾아온 것을 듣고, 돈을 들이고 일손을 내어 집을 지은 후 이곳에 머무르게 했다. 창릉에서 옮겨 송악(松岳) 아래에 기거했다."《八域誌》

이상은 송악에 기거했던 고려 왕(王)씨 선조에 관한 전설이다. 이 전설 가운데 왕씨의 원조(遠祖) 스스로 성골(聖骨)장군이라 칭한 호경(虎景)이, 송악 산신(山神)과 숨은 대왕(大王)으로 모셔졌다는 것, 그 자손 보육(寶育)의 딸이 당(唐)의 숙종(肅宗)의 은혜를 받아 작제건(作帝建)을 낳았다는 일 등은 왕의 존엄을 고시하려고 꾸민 전설에 지나지 않는다. 그러나 호경(虎景)이 백두산으로부터 여러 산을 순력하다가 마침내 송악에 기거했던 일이나, 신라의 팔원(八元)이 강충(康忠)에게 풍수적 양기(風水的 陽基)의 선정법을 일러준 사유나, 강충(康忠)·보육(寶育)이 함께 마하갑(摩河岬)에 복거(卜居)해서 영업(永業)의 땅을 이룬 일 등은, 단순한 과시 전설이 아니고, 신라 제 4 대 탈해왕(脫解王)이 이미 토함산(吐含山)에 올라 복거의 땅을 호공(瓠公)의 집인 월성(月城)에 상정한 것과 같이 신라시대부터 풍수적으로 기거를 정하는 방식이 행해지고 있었으니, 호경(虎景)이 백두산으로부터 순력하여 송악에 머물렀던 것도, 이 복거법(卜居法)의 사실적 표현이라고 볼 수가 있다. 신라의 감우 팔원(監于八元)의 권고, 즉 부소군(扶蘇郡)이 부소갑(扶蘇岬)의 북쪽에 있고 그 산 모양이 뛰어나지만, 수목이 없는 동산(童山)인 것을 보고, 강충에게 단약 군을 산의 남쪽으로 옮기고 소나무를 심어서 암석을 드러나게 하지 않으면 삼한을 통일하는 자가 나올 것이라고 일러준 것과 강충이 이 말을 받아들여 군을 산 남쪽으로 옮기고 산 전체에 소나무를 심었던 것은, 모두 풍수의 본질에 의한 것이다. 산 남쪽은 지금의 송악의 남쪽 기슭, 송도면(松都面) 일대의 땅으로서 그 산수가 좋게 만나고 도회지로서 적합하고, 사사(四砂 : 청룡, 백호, 주작, 현무)가 완비된, 나성(羅城)의 전형적 대국(大局)을 이루고 있다. 이 장풍대국(藏風大局)의 주산(主山 : 현무를 이루는 산)이 동산(童山)이어서는 모처럼의 길지도 생기를 축적할 수가 없다. 장경(葬經) 《청오경》에서도 칠흉산(七凶山)의 첫번째가 동산(童山)이라고 했다. 즉 초목을 살리지 못하는 무의(無衣)의 산은 흉지(凶地)이기 때문에 결코 이곳을 이용해서는 안 된다고 엄히 경계했다. 그래서 팔원(八元)은 모처럼 대지(大地)가 민둥산이기 때문에 풍수적 효과를 거둘 수가 없음을 염려하여, 그의 풍수에 대한 조예를 기울여 인위적으로 이 하늘이 만든 길지(吉地)를 살려야 하고 이 산에 소나무를 심게 하여 동산(童山)을 생기있는 상록의 산으로 변하게 한 것이리라.

　　그런데 전설에 의하면 강충이 팔원의 권고에 따라서 부소갑에 소나무를 심고, 군(郡)을 그 산 남쪽으로 옮겨서 이름을 송악군으로 고쳤다고 한다. 이 부소군을 송악군으로 고친 일은 풍수적 흥미를 불러일으킨다. 전설상으로는 부소갑에 소나무를 심었기 때문에 이곳을 송악(松岳)이라고 부르고, 이 산의 남쪽으로 옮겼기 때문에 송악군이라 고쳤다지만, 무엇 때문에 특별히 소나무를 심었는가, 무엇 때문에 부소군을 송악군이라 고쳤는가에 대한 설명은 없다. 그러나 이것을 풍수적으로 고찰하면 그 이유를 알 수 있다. 우선 왜 소나무를 심었던가를 연구해 볼 필요가 있을 것이다. 민둥산은 현재에도 경험하듯이(나무를 심어서 무너짐을 막는 사방공사의 예에서 보듯이) 토양이 척박하기 때문에 다른 수종(樹種)을 심기에 적합치 않다. 여기에 적합한 것은 단지 소나무, 오리나무 두 종류뿐이며, 특히 소나무가 주된 것이다. 이와 같은 이유로 옛날부터 산에 나무를 심는 데는 주로 소나무를 심었던 습관이 있었으므로, 부소산(扶蘇山)의 동산(童山)을 변화시키기 위해서도 역시 소나무를 심었던 것으로도 생각된다. 그러나 만약 이러한 이유로 소나무를 심었다면, 모든 동산(童山)을 바꿀 경우에도 역시 소나무를 심었을 터이므로, 이 부소갑만 송악이라 부를 수는 없을 것이다.

　부소갑에만 소나무를 심고 송악이라 개명했다는 것은 무엇인가 특별한 이유가 있다는 말이다. 특별한 이유란 무엇인가? 그것은 풍수적 이유이다. 그 이유의 하나는 소나무가 상록수라는 점이고, 다른 하나는 국역(國域) 풍수신앙이다. 소나무는 상록이고, 또한 그 잎의 날카로움과 잎이 반드시 뿌리를 합쳐 두 갈래로 갈라져 있는 것이 마치 음양 충화를 상징하는 듯하기 때문에 예로부터 민간 신앙계에서는 귀중한 나무로 취급되고 있다. 그러므로 이 축복받은 나무를 심어서 그 산을 사철 변하지 않는 상록산으로 하는 것은, 부소갑을 생기에 가득 찬 주산(主山), 현무(玄武), 즉 내룡(來龍)으로서의 생기를 신도(新都) 송악군으로 향하게 한 것이라 믿고, 덧붙여 신도읍지의 사악을 퇴치하려고 한 것이다. 이를 국역 풍수의 신앙으로 말하면, 한국은 수근목간(水根木幹)의 땅인데 이것을 색깔로 나누면 흑(黑)을 부모로 하고, 청(靑)을 몸으로 하는 지세이다. 때문에 성골장군이 백두산으로부터 각 산을 순력하고 부소(扶蘇)에 이르러 이 땅에 복거(卜居)했다고 전해지고 있는 것이다. 풍수설에 따르면 백두(白頭)를 부모로 출발한 자손은 국역 풍수에 준해야 할 목간(木幹)의 땅에 있어야 비로소 지기에 감응하고 그 왕성을 기할 수 있는 것이다. 풍수설에 조예가 깊은 신라의 술사 팔원도 역시 이것을 알고, 믿었을 것이다. 그래서 소나무를 심는 것을 강충(康忠)에게 알려 주었을 것이다. 소나무는 상록수로서 그 색이 푸르니 소나무를 부소갑에 많이 심어서 이 산을 푸르게 하면 수근목간(水根木幹), 흑친청자(黑親靑子)의 국역 풍수에 적합하고, 수생목(水生木)의 오행 상생에 순응하기 때문에, 그 생기를 얻는 자는 융성을 가져오지만, 만일 이것에 반해서 부소갑을 동산(童山)으로 하면 동산은 사룡(死龍)으로서 풍수상 흉살의 기운을 발할 뿐만 아니라, 그 색깔이 적색 혹은 황색이 된다. 이것을 오행(五行)의 생극(生剋)으로 논하면, 적(赤)은 화(火)이니, 수(水)는 화(火)를 이기기 때문에 흉하고, 황(黃)은 토(土)이니, 토는 수(水)를 이기기 때문에 흉(凶)하다. 두 가지 모두 수(水)에 대해서 흉악(凶惡)임을 면치 못한다. 따라서 만약 부소산에 의해서 군(郡)을 이루는 산 남쪽의 신지(新地)가 아무리 장풍적(藏風的)으로 좋아도 국역 풍수의 대국(大局)으로 볼 때 쇠멸을 면치 못한다. 이런 이유로, 하늘이 만든 부소산 남쪽의 땅에 양거(陽居)를 정하려면, 풍수상 반드시 이 양기(陽基)의 주산인 부소산을 푸르게 하지 않으면 안 된다는 것이 풍수상의 약속이다.

이상의 모든 점으로 고찰해 볼 때 이 풍수적 약속에 따라서 소나무를 심고, 실체를 표현하는 신앙 때문에 그 이름까지도 수근목간(水根木幹), 즉 흑근청간(黑根靑幹)에 맞도록 송악, 청악(靑岳)이라 고치고, 새로운 양기(陽基)의 운명을 풍수적으로 축원하고 희망했던 것이라고 할 수 있다. 신라의 최치원이 상소했던 문구 중에 고려의 태조가 장차 흥한다는 것과 '계림황엽(鷄林黃葉), 곡령청송(鵠領靑松)'이란 말이 있었기 때문에 신라 왕의 미움을 받게 되고, 몸둘 곳이 없어서 마침내 집을 떠나 가야산 해인사에 숨었다고 하는 전설은, 송악에 소나무를 심은 의의를 말해 주는 것이다. 실제로 성골장군이라 하는 자가 백두산으로부터 부소갑에 와서 머물렀는지, 혹은 과연 신라의 풍수사 팔원이 이 땅에 와서 강충(康忠)에게 소나무를 심고 군(郡)을 산의 남쪽으로 옮기게 한 것인지는 확실하지 않으나, 이러한 전설로 보아 고려의 국도 개성은 풍수신앙에 의해 정해진 것이 확실하다.

3. 마하갑(摩河岬)과 귀인(貴人)

　백두산으로부터 명산을 순력하다가 부소갑어 이르러, 산신과 혼인
하여 산에 숨어 대왕으로 받들어 모셔진 성골장군 호경(虎景)의 아들
강충(康忠)이 서강 영안부(西江 永安府)에 사는 부자의 딸 구치의(具置
義)를 아내로 삼아 거주했던 오관산(五冠山) 밑의 마하갑(摩河岬), 또
신라의 풍수학자 팔원(八元)에 의해서 장차 삼한을 통합할 군왕이 나
온다고 보증된 마하갑, 그리고 그 아들 보육(寶育)의 대(代)에 이르
러, 보육이 지리산에 들어가 수도한 후 돌아와서 그 형 제건(帝建)의
딸 덕주(德周)를 아내로 삼고 거사(居士)가 되어 목암(木庵)을 세우니,

마하갑(摩河岬) 전경

목암(木菴)의 원래 터

신라의 술사가 이것을 보고 ‘이곳에
있으면 틀림없이 대당(大唐)의 천
자가 와서 그의 사위가 될 것이다’
고 예언했던 마하갑은, 고려 왕씨
발상의 땅으로서 사승(史乘 : 사실
의 기록) 전설상으로 유명한 토지이
다. 그 소재는 개성군 영남면 영통
동 영통사지(靈通寺址) 부근이라고
전해지고 있다. 마을 사람에게 물
어 본 결과, 영통사지 산문(山門)
이 있었던 으른쪽 계류(溪流)의 위
쪽에 그다지 넓지 않은(약 3畝 정도)
밭(1929년 10월 답사 때는 무밭이 되
어 있었다)이 그곳인 것 같지만 현
재에는 확실한 흔적이 없다. 전설

과 마을 사람들의 구비전설만으로는 이 밭이 과연 고려 왕씨 선조의 택기(宅基)였던가 아닌가는 속단할 수 없지만, 이곳은 오관산(五冠山) 밑의 물이 맑고, 후세에 규모가 적지 않은 영통사가 건설된 곳인만큼 그 풍수적 형세도 결코 평범하지는 않다. 영통사(靈通寺)는 고려 왕씨 출신인 대각국사가 고려 태조 18년에 태어나 11세에 출가했을 때 그 사승(師僧) 경덕국사를 따라서 이 절에 있었다는 기록(《조선금석총람》 상권 306)에 의하면 고려 국초에 이미 존재했음이 틀림없다.

마하갑(摩河岬)이 어느 산을 가리키는지는 확실치 않지만, 마을 사람들이 칭하는 나무암자 기지(基地)라 하는 밭을 중심으로 하는 이 땅 일대는 하나의 분지를 이루고, 그 규모는 광대하지 않더라도 뒤쪽에 오관산(五冠山)이 있고, 그 뒤쪽으로 천마산(天摩山), 칠성산(七星山), 극락봉의 준봉이 가까이 있으며, 동으로 일출봉, 서로 월출봉이 치솟고, 남쪽 또한 높은 고개를 이루어 절호의 사신(四神) 포옹의 땅을 이루고 있다. 즉 천마, 칠성, 극락 등 세 개의 우수한 산이 합쳐 오관(五冠)의 정(精)이 되고, 이 정기가 축적된 곳이 이 분지이며, 사방에는 수려한 산이 계속 이어지기 때문에 소위 산대국 장풍국(山大局 藏風局)을 이룬 웅장한 곳이다. 또한 천을(天乙 : 일출봉) 태을(太乙 : 월출봉)의 성봉(星峯)이 나란히 조림(照臨)하고 있으므로, 이 분지는 천지(天地)의 영기를 저장하기에 가장 적당한 장소이다. 곳곳에 구슬과 같은 샘이 용출하고, 이것들이 합쳐져 분지의 앞쪽을 관개(灌漑)하여 서북쪽에서 동남쪽으로 흘러서 수구(水口)를 감추고 있는 것 등, 자급자족의 경작에 적당한 이 땅은 풍수상 극히 얻기 어려운 터이다. 생활 유지의 경제적 방면으로 보나 생활보호의 방비로 보나 이상적인 곳이어서 수려한 산기가 집적된 이 땅에서 삶을 영위하는 자는 저절로 천지(天地)의 생기와 자연의 감화로 위인의 기상을 발휘할 수 있다.

전설에 의하면 대당(大唐)의 천자 숙종이 보위에 오르기 전, 즉 태자 때 왔는데 그때 마음이 사로잡혀 오랫동안 발을 멈추게 되었고, 보육(寶育)의 둘째 딸 진의(辰義)도 이곳에서 태어나 성장하였으며, 숙종과 진의(辰義)와의 사이에 태어나 고려 왕씨 왕업(王業)의 기틀을 개척했던 작제건(作帝建)도 역시 이곳에서 태어나 성장했다. 당시 태자이던 숙종이 이곳에 머물기 수개월, 숙종으로서는 오랜 여행의 위안이었고 자주 그를 매혹시켜 수개월간 동침했던 것은, 진의(辰義)의 단려(端麗)한 질(質), 청(淸), 온(溫)의 정(情)이, 숙종의 마음을 깊이 사로잡았기 때문임에 틀림없다. 이 여질온정(麗質溫情)은 이 땅의 자연에 힘입은 바가 컸을 것이다.

신라의 팔원(八元)이 이 땅을 통삼군왕(統三君王)의 출생지라 하고, 뒤에 또 신라의 술사가 정말 이 땅을 보고 대당(大唐)의 천자를 신랑으로 맞을 여성이 출생할 것임을 예언했는지, 또한 이 예언이 순차적으로 적중되어 마침내 삼한 통일의 왕업의 기틀을 개척했는지 하는 것은, 전설 이외에는 증명할 길이 없기 때문에 이것을 새삼 논증하기는 불가능하다. 그러나 이 마하갑(摩河岬)의 풍수적 지세로 고찰하면, 자주 여인위인(麗人偉人)의 출생을 가능케 할 장소임에 틀림없다. 따라서 전술한 바와 같이 모든 전설이 지세의 비범함에 갖다 붙여서 왕가의 통삼군림(統三君臨)이 완전히 천지(天地)의 운명에 따른 것이지, 인력(人力) 여하라고는 볼 수 없다는 취지를 서민에게 믿게 하려고 만들어 낸 것인지도 모른다. 만약 그렇다면 이 마하갑은 고려 왕가(王家)가 국조(國祚)를 장악하기 위해 풍수신앙을 이용한 곳이고, 결국 고려에 이어 일어난 이(李)씨 혁명에 의의를 부여하는 곳이다.

전설에 의하면 강충(康忠)이 쌍멱동(雙濔洞)의 저택에서 살고 있을 때 신라의 감우 팔원(監于八元)이라 하는 풍수사가 와서 이 저택을 보고 강충(康忠)에게, '삼건(三建)을 이룬 뒤에 경천(擎天)의 기둥이 된다'고 예언했다. 과연 그 예언처럼 보육(寶育)의 손자 작제건(作帝

建), 그 아들 융건, 융건(隆建)의 아들 왕건(王建)에 이르러서 마침내 삼한을 통일하고, 고려국을 건설했다고도 말해지고 있다. 쌍먹동이 만약 마하갑과 다른 곳이라면 꾸며낸 예에 불과할는지도 모른다. 전자가 문헌에 기록되어 있는 데 반해 후자는 단지 전설로만 전해진다.

4. 만월대(滿月臺)와 장풍국(藏風局)

고려 태조 왕건에 의해 건축되고, 그후 오랫동안 고려 왕궁이 된 만월궁(滿月宮)의 터, 즉 만월대에 대해서 《팔역지》에는,
  "장단(長湍)으로부터 서행(西行) 40리, 개성 부(府)를 이루다. 즉 고려의 국도가 되다. 송악을 진(鎭 : 鎭山)이라 하고, 그 아래를 만월대라 한다. 김관의(金寬毅)의 통편(通編)에는 이곳을 금돼지〔金豚〕가 쉬는 곳이라 한다. 도선(道詵)의 소위 종제지전(種稬之田)이다."
라고 씌어져 있다. 만월대의 별칭은 지금도 금돈허(金豚墟)이다. 이것은 김관의(金寬毅)의 《통편(通編)》에서 만월대를 '금돈(金豚)이 쉬는 곳'이라 했기 때문인 것 같다. 이 금돈허(金豚墟)에 대해서는 다음과 같은 전설이 있다.
  "처음 작제건(作帝建)이 용녀(龍女)를 아내로 삼아(작제건이 龍王의 청을 받아들여 白龍을 사살했다. 그 보답으로 용왕은 용녀를 그에게 주었다.) 칠보(七寶)를 얻어 돌아가려고 하는데 여자가 말하기를, 아버지가 석장(錫杖)과 돼지를 가지고 있는데 칠보보다 뛰어난 것이니 이것도 청하라고 하자, 작제건이 칠보를 돌려주고, 석장과 금돈을 얻고 싶다고 청했다. 용왕이 말하기를, 이 두 물건은 나의 신통(神通)이지만 네가 청하는데 어찌 주지 않겠느냐고 하며 그 돼지를 주었다. (돌아온 후) 영안성(永安城)에 거주하기 일년, 그 돼지가 우리

에 들어가지 않으므로 일러 말하기를, 만약 이 땅에 있을 수 없다면
우리는 네가 가는 곳으로 따라가겠노라고 했다. 이튿날 아침, 돼지
가 송악의 남쪽 기슭에 이르러 쉬었다. 그곳에 새집을 지었다. 즉
강충(康忠)의 구거(舊居 : 八元의 말에 따라서 강충이 군(郡)을 산 남쪽
으로 옮기고 郡宰가 되었던 곳)가 되고…….”《동국여지승람 5》

도선의 소위 종제지전(種穄之田)에 대해서는, 작제건의 아들 융건
(隆建) 때에, 풍수의 종사로 받들어지는 승려 드선이 와서 풍수적으로
종제지전에 궁궐을 짓도록 권했다고 하는 전설이 있는데《고려사》세
계(世系)에서는 그것을 이렇게 기록하고 있다.

“세조(世祖 : 隆建)가 송악의 옛 집에 있을 때다. 그 남쪽에 새 집을
짓기를 원했다. 그곳은 연경궁 봉원전(延慶宮 奉元殿)의 터이다. 그
때 동리산 조사 도선(桐裏山 祖師 道詵)이 당(唐)에 들어가 지리의
법을 익히고 돌아왔다. 백두산으로 올라 곡령(鵠嶺)에 이르렀다.
세조가 새로운 집을 짓는 걸 보고 말하기를, 수수를 심을 땅에 어째
서 삼을 심느냐고 알리고 사라졌다. 부인이 듣고 전하자 세조가 이
말을 듣고 뒤쫓아가 보니 구면(舊面) 같았다. 드디어 함께 곡령에
올라 산수의 맥을 연구하고, 위로 천문을 보고, 아래로 시수(時數)
를 헤아려, ‘이 땅의 맥은 북쪽 백두산으로부터, 수모목간(水母木
幹)으로 해서 달려와 마두명당(馬頭明堂)에 떨어진다. 군우수명(君
又水命), 부디 수(水)의 대수(大數)에 따라서 집을 지어야 한다. 육
육 삼십육구(區)를 이루면 천지의 대수(大數)에 부응한다. 내년에
틀림없이 성자(聖子)를 낳는다. 이름을 왕건(王建)이라 하라’고 했
다. 이로 하여 실봉(實封)을 만들고, ‘謹奉書百拜獻書于未來統合三
韓之王大原君子足下’라 했다. 때는 당의 희종건부(僖宗乾符) 3년 4
월이었다. 세조는 그 말대로 집을 지었다. 그 달에 위숙(威肅 : 왕
후)이 임신하여 태조를 낳았다.”

　도선이 당(唐)에서 자리법을 배워 돌아왔다고 하는 것도 후세의 와전이고, 아직 태어나지 않은 성자(聖子)에 대해 '謹奉書……足下'라는 제목을 붙여 융건에게 건네 주었다는 것 등은 허구일 가능성이 높은 전설이다. 또 도선에 의해서 새로운 거주지를 정해 받았는지도 의심스럽다. 지맥을 수모목간(水母木幹)으로 해서 융건의 본명(本命)이 수성(水性)이었으므로, 수(水)의 대수(大數)를 곱하여 6×6=36구의 집을 구축하며 천지의 대수(大數)에 부응하여 성자(聖子)를 내어 일가가 흥하게 되어 왕이 된다고 한 것은 완전히 풍수적임에 틀림없다. 풍수에 의하면 오행의 수(水)는 임(壬)의 천수(天水)와 계(癸)의 지수(地水)가 결합된 것이고, 이것을 하도생성(河圖生成)의 수로 말하면 천수(天水)는 1이고 지수(地數)는 6이므로 수(水)는 16의 수(水)에 의해서 나타나고, 그 대수(大數)는 6이다. 따라서 대수(大數)인 6에 융건 본명(本命)의 대수(大數)를 겹쳐 집을 짓고 이곳에 있으면, 수(水)는 16의 합성이기 때문에, 지(地) 6만을 따라서 만들어진 이 집은 틀림없이 천일(天一)을 구할 것이다. 지상(地上) 자연계에서는 천일(天一)의 소응이 국내를 통합하여 하나로 하는 일이고, 인간에 있어서 천일의 소응은 한 사람이 군왕이 된다고 해석될 수 있어, 통합 삼한(三韓)의 한 군왕의 출생이 이 36구(區)의 구옥(構屋)에 의해서 결정된다고 부회(附會)될 수 있는 것이다. 도선의 '헌서설(獻書說)'은 억지로 끌어 댄 것이고, 이 헌서설을 억지로 끌어대어 땅을 고르고 집을 지었다면 그것은 보통 사람이 할 수 없는 것이다. 만월궁은 태조 통삼(統三) 뒤에 건축되었다. 이 궁전도 도선의 지령(指令)에 입각해서 풍수적으로 지어졌다. 《팔역지》의 저자는 이것에 대해 다음과 같이 말하고 있다.

　"만월대는 앙면장파(仰面長坡), 도선의 유기(留記)에 '以爲不毁土. 培以土石而爲宮殿' 즉 고려 태조는 돌을 다듬어서 층계를 이루고, 산기슭을 수호하여 궁전을 세웠다. 고려가 망하기에 이르러 궁전이 훼손되고 다만 돌계단만이 그대로이다. 오래 되어 관(官)이 지키지 않으니, 개성의 부상대고(富商大賈)가 훔쳐서 묘석(墓石)으로 하다."

고려 멸망 후 개성의 부상배(富商輩)들이 그 돌계단을 묘석으로 훔쳐갔다고 하지만, 현존하는 돌계단 및 허지(墟地)를 보면, 만월대에 돌을 쌓아서 궁기(宮基)를 이룬 규모가 완전히 《팔역지》의 기사대로이다. 그러므로 이 궁전도 풍수적으로 고려되어 건축된 것임을 알 수 있다. 만월대를 중심으로 하여 개성 일원을 풍수적으로 대관하면, 오관산(五冠山)을 종산(宗山)으로 하고, 송악을 진산(鎭山)으로 하고, 그 내룡 해(亥)로부터 입수(入首)하고, 여기에 자좌오향(子坐午向)의 만월대를 이루고, 좌우 내외의 용호기중(龍虎幾重)으로 긴밀히 포옹하고, 대조(對朝)의 산 또한 중첩(重疊)하고 사군호위(四郡護衛)하는 극히 견고한 국(局)이다. 물에 대해서 말하면 작은 시내가 만월의 오른쪽으로부터 나와서 대전(臺前)을 돌아서, 왼쪽에서 남쪽으로 향해 그 모습을 감추는 곳의 금수(金水)이고, 그 물줄기는 이 성국 때문에 상당히 나빠 보일 정도로 작다. 이 땅의 풍수는, 성국(成局)으로 보면 산대국(山大局) 또는 동부국(洞府局)이지만 장풍득수(藏風得水)로 말하면 장풍(藏風)에 치우쳤다.

호경(虎景), 강충(康忠), 보육(寶育)이 계속해서 영업지(永業地)로서 복거(卜居)하고, 마침내 통삼(統三)의 왕업을 발상시켰다고 전해지는 오관산(五冠山) 밑의 마하갑(摩河岬), 즉 지금의 영통동(靈通洞)의 땅도 풍수적 성국(成局)으로 관찰하면, 산악사중(山嶽四重) 속에 있는 분지로서, 서북에서 돌아와 동남으로 사라지는 물줄기는 있어도, 사위(四圍)의 산맥에 비하면 너무나 작은 유수(流水)로서, 그 성국(成局)은 개성보다도 훨씬 장풍적(藏風的)인 산국(山局)이다. 이로 미루어 생각해 보면 작제건(作帝建)이 처음 용녀(龍女)를 아내로 삼아 돌아와 창릉(昌陵)에 머물고, 영안성(永安城) 부근에 있다가 일년 후에 그 땅을 버리고 만월대(지금의 廣明洞)를 골랐던 것도, 용왕으로부터 증여받은 용왕의 신통물인 금돈(金豚)이 행하는 대로 따른 것만이 아니고, 그 당시 양기풍수의 신앙에서는 양기(陽基)는 얼마 동안 평양(平陽)의 땅보다도 산음(山陰)의 동부(洞府)가 많은 곳으로 여겨, 이를 다시 풍수적으로 말하면, 득수(得水)보다도 장풍(藏風)에 적합한 지세를 좋은 것이라 하는 관념인데, 그 관념 때문에 송악의 산기슭 만월대로 옮겼던 것이 아닌가 생각된다(풍수적으로 보아 開城이 藏風局임을 여실히 나타내는 것은 開城 시내 民家의 이엉이 바람에 날아가는 것을 막는 새끼줄이 적다는 점이다).

개성이 풍수(風水)의 도(都)였음은, 당시(고려 인종 1123년경) 중국 송(宋)나라 사신 서긍(徐兢)의 기행록을 보면 알 수 있다. 참고로 소개해 둔다.

"高麗素知書, 明道理拘忌陰陽之說. 故其建國. 必相其形勢, 可爲長久計者. 然後宅之. (中略) 其城北據崧山. 其勢自乾亥來. 至山之背,

송악(松岳)과 만월대(滿月臺)

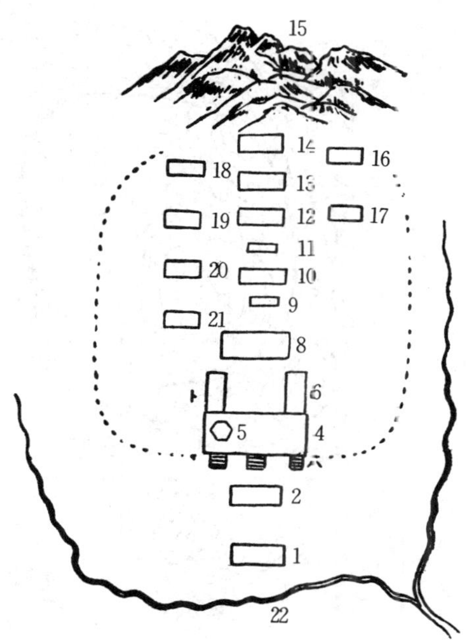

만월대 궁지(宮址)

1. 신봉문(神鳳門)	12. 원덕전(元德殿)
2. 합려문(閤閭門)	13. 만령덕(萬齡德)
3. 석계(石階)	14. 장경전(長慶殿)
4. 회경문(會慶門)	15. 송악산(松岳山)
5. 정(亭)	16. 동궁(東宮)
6. 동행각(東行閣)	17. 궁문(宮門)
7. 서행각(西行閣)	18. 내전(內殿)
8. 회경전(會慶殿)	19. 건덕전(乾德殿)
9. 전문(殿門)	20. 송남계(松南齊)
10. 장화전(長和殿)	21. 여궁실(女官室)
11. 전문(殿門)	22. 광명등수(廣明洞水)

← 가. 송악, 나. 만월대 궁지(宮址), 다. 석계(石階), 라. 중대(中臺), 마. 주작현(朱雀峴 : 前案), 바. 오송산(蜈蚣山), 사. 광명당수(廣明堂水)

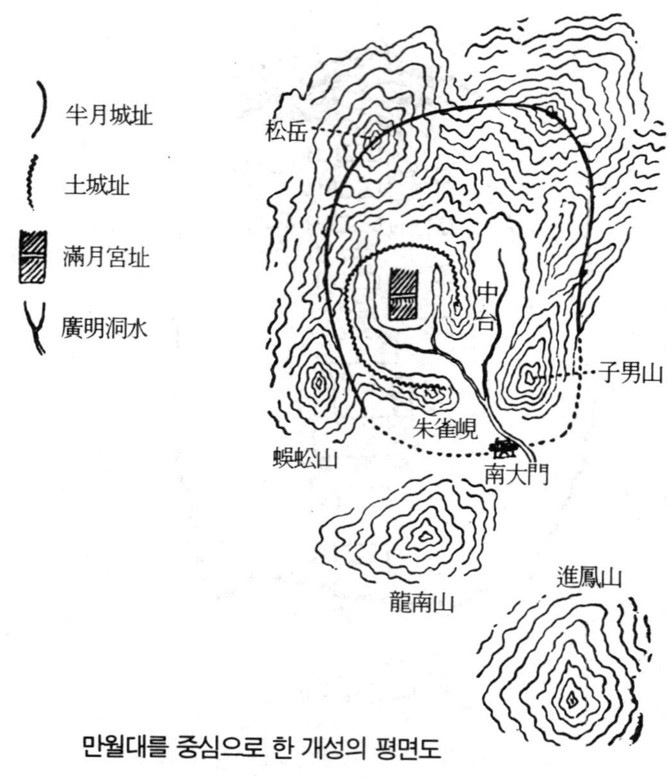

만월대를 중심으로 한 개성의 평면도

稍分爲兩岐, 更相環抱. 陰陽家謂之龍虎臂. 以五音論之, 王氏商姓也. 西位欲高則興. 乾, 西北之卦也, 來崗亥落. 其右一山, 屈折自西而北, 轉至正南. 一峯特起, 狀如覆盂, 因以爲案. 外復一案, 其山高倍. 坐向相應, 賓主丙壬. 其水發源自崧山之後, 北道子位, 轉至艮方. 秀蛇入城, 由廣化門稍折, 向北復從丙(南)地流出巳上. 蓋乾爲金, 金長生在巳, 是爲吉卜. 自崧山之半, 下瞰城中, 左溪右山, 後崗前嶺, 林木叢茂. 形勢若飮澗蒼虬. 宜其保有東土歷年之久, 而常爲聖朝臣屬之國也.”(《高麗圖經》〈形勢〉)

5. 진압(鎭壓)과 소응(所應)

개성에 대한 풍수적 전설이 상당히 많다. 주된 것은 다음과 같다.

1. 개성의 진호(鎭護)와 오수부동격(五獸不動格)

만월대는 풍수의 유형으로 봐서 노서하전형(老鼠下田形 : 커다란 쥐가 밭에 내려오려고 하는 형태)이고, 그 동남에 해당하는 자남산(子南山)이 이 노서(老鼠)의 자서(子鼠)이다. 이 어린 쥐가 어디론가 놀러 가거나 도망갈 때는 아비쥐가 마음이 편하지 않았다. 늙은 쥐가 안거하지 않으면 만월의 궁전이나 둘러싼 도성(都城)도 안녕(安寧)을 얻지 못한다. 그래서 궁기(宮基)가 확고부동하기를 바란다면 늙은 쥐가 오래 안거하도록 해야 했고, 그러기 위해서는 그 어린 쥐를 안락하게 해주는 일이 필요했다. 그래서 자남산(子南山)에 고양이, 코끼리, 개 및 호랑이의 네 가지 유형을 두어 이 어린 쥐로 하여금 움직이지 못하도록 했다. 그러나 위축되지는 않도록 했다. 고양이는 어린 쥐를 감시하게 하고, 개는 고양이를 감시케 하고, 호랑이는 개를, 코끼리는 호랑이를 감시하게 했던 것이다. 코끼리는 쥐에게 상냥하기 때문에, 서로 잘 견제하며 어린 쥐를 감시하여 늙은 쥐를 머물게 함으로써 만월대를 진압하려 했다고 전해진다. 개성 시내의 묘정(猫井), 구암(狗岩), 상암(象岩), 호천(虎泉) 및 자남산(子南山)은 그 유적이라 한다.

2. 극암(戟巖)에 있는 장명등(長明燈)

개성군 영남면(嶺南面)의 중앙, 천마산(天摩山)의 남쪽, 오관산(五冠山)의 옆쪽에 부아봉(負兒峯)이라는 산이 있다. 5백 미터 높이의 이것을 남쪽 정면에서 쳐다보면 그 형태가 흡사 젖먹이를 업은 것과 같다고 해서 부아봉(負兒峯)이라 한다. 이것을 서쪽 측면에서 보면, 완전히 험준한 애봉(崖峰)을 이루어 전혀 흙 한점도 보이지 않고, 송악의 만월대에서 보면 계방(癸方)으로부터 창을 품고 궁전에 쇄도하는 기운이 일고 있기 때문에, 이것을 막기 위해서 풍수의 등(燈)을 놓았다. 이 등을 성등(聖燈)이라 부르고, 이것을 지키는 암자를 성등암(聖燈庵)이라 한다. 권근(權近 : 고려 말에 태어나 조선 태종 때 죽은 명문장가. 이태조 때는 大提學을 지내고 陽村으로 불린다)이 쓴 《성등암기(聖燈庵記)》를 보면 다음과 같은 기록이 있다.

"오관산(五冠山)의 서쪽 봉에 돌이 병립하여 날카로운 창과 같으니, 사람들은 이것을 극암(戟岩)이라 한다. 그 뒤쪽은 길게 서쪽으로 굽고, 남쪽은 송악에 접한다. 태조〔왕건〕가 삼한을 통일하고 도읍을 송악의 남쪽에 창건하면서, 삼재(三災) 발작의 곳이니, 이것을 물리치기 위해서 석당(石幢)을 세워야 한다고 했다. 그래서 그 남쪽 애신석(崖臣石) 위에 석주(石柱)를 사방에 세워 놓고 장명등(長明燈)을 두어 극암(戟巖)의 재앙을 진압하고, 명군(明君)이 나오고 충신이 끊이지 않기를 원했다. 따라서 왕씨(王氏)는 대대로 대부사(大府寺)에 등유(燈油)를 공급하였다."(개성군 面誌)

3. 규봉(窺峰)을 막는 개〔犬〕와 등(燈)

고려의 도읍 개성은 유명한 풍수의 명사 도선에 의해 상정되고, '천년국도'라는 말까지 있었으나, 국운이 점차 흔들리니 군신 사이에 국도 개성의 운수가 이미 쇠퇴했으니 딴곳으로 길지를 정해 천도해야 한다는 의견이 적지 않았다. 그러나 다른 길지를 구한다고 하더라도, 모두 도선의 비기 또는 밀기(密記)에 의해서 그 적부를 판단했거니와, 비기(祕記)의 저자가 직접 정했던 개성의 쇠운은 의심할 여지가 없었다. 우연히 하나의 중대한 실수가 발견되고부터는 도선에 대한 믿음은 엷어지기 시작했다. 그 실패라는 것은 이러하다. 도선은 풍수사로서 약간의 오차도 없었으나 그가 개성의 지리를 헤아려 도성의 땅을 정했던 날은 날씨가 잔뜩 흐려 있었기 때문에 멀리까지 보기가 어려웠다. 그후 맑은 날 보니 멀리 동남향 쪽에 한양의 삼각산이 마치 도적처럼 개성을 엿보고 있었던 것이었다. 이 삼각산이 그전에는 멋진 산형(山形)이었으나 고려 시대에 낙뢰(落雷)로 인하여 무너지고 깎여 지금처럼 되었다고 전해진다. 이를 발견한 송도민(松都民)은 비로소 국도의 운세가 날로 기울어져 가는 것을 알았다. 즉 도선이 발견하지 못했던 삼각산이, 언제나 개성의 허(虛)를 엿보그 있기 때문에 송도의 운세는 쇠퇴하는 것이라고 했다. 그래서 상명등(常明燈) 한 개를 거암(巨岩) 위에 놓고, 철제로 개의 모양 열두 개를 주조해서 도성의 동남쪽에 늘어놓아 멀리 삼각산을 염승(厭勝)키로 했던 것이다. 규봉(窺峯)이 허점을 노리고 생명과 재산을 뺏으려고 하니 삼각 규봉(窺峯)을 막기 위하여 도적을 경계하는 데 필요한 개와 등(燈)으로써 이것을 제압하려 했던 것이다. 현재 청교면(靑郊面) 덕암리(德岩里)의 등경암(燈擎岩 : 燈을 걸었던 바위) 및 송도면(松都面)과 청교면(靑郊面)의 경계를 이루는 오천(烏川)에 있는 선죽교(善竹橋)의 남쪽에 있는 좌견교(坐犬橋)는 모두 삼각 규봉을 제압했던 등(燈)과 개의 흔적이라고 말하고 있다. 이 좌견교는 만월궁 진호(鎭護)를 위해서 오수부동(五獸不動)의 풍수 염승(厭勝)에 이용했던 석견(石犬)을 두었던 자리라고도 한다. 즉 만월대(滿月臺 : 延慶宮 터)는 노서(老鼠)가 밭으로 내려오는 형태이므로, 도선이 그 터를 정할 때, 돌로 고양이를 만들어 궁전의 앞산에 세워 놓고, 또한 석견(石犬)을 자남산(子男山) 밑에 만들어 놓고, 석호(石虎)를 나복산(蘿葍山) 밑에 두고, 상(相)으로 승(勝)을 억눌렀다. 좌견리(坐犬里), 호정동(虎井洞) 등의 지명은 모두 그때에 정해졌다고 한다. (개성군 면지)

개성(開城)의 좌견교(坐犬橋)

4. 주산(主山)의 소응(所應)

만월대의 남쪽에는 용수산(龍首山), 진봉산(進鳳山) 등 두 산이 있다. 모두 만월명당(明堂)의 안산(案山)이 되고 있다. 진봉(進鳳)은 풍수상 옥녀장대형(玉女粧臺形)이고, 용수(龍首)는 붓 모양이므로, 그 영향이 송도에 미쳤다고 한다. 진봉(進鳳)의 '옥녀장대형'은 고려의 모든 왕이 대대로 중국 공주(중국 제왕의 딸)의 남편이 되는 영예를 입었다는 것이다(그러나 사실은 나라가 억압을 받지 않으면 안 되었던 것이다).

용수(龍首)는 필산(筆山)이므로 많은 송도인은 중국의 과거 시험에 갑제(甲弟)할 수가 있었다고 한다. 그러나 송도의 국(局)인 백호의 산은 그 기세가 강하고, 청룡의 산은 그 기세가 약한 소응(所應)으로 나라에 명상(名相)이 없고 무신(武臣)의 난(亂)이 자주 일어났다고 한다.《팔역지》

5. 풍수의 영향

풍수에 의해서 만들어지고, 풍수에 의해서 생활했던 개성에는 적지 않은 풍수적 영향이 있다. 대표적인 것은 다음과 같다.

① 고루(高樓)를 금(禁)한다

충렬왕 때 관후서(觀候署)가 말하기를, '《도선밀기》에 의하면 다산(多山) 고루(高樓)를 양으로 한다(平屋은 陰으로 한다). 우리나라는 다산(多山)이기 때문에 만약 높은 집을 지으면 반드시 쇠멸할 것이라고 했다. 이리하여 태조 이래 위로는 궁궐, 아래로는 민가에 이르기까지 높은 집을 짓는 것이 금지되어 왔다. 조성도감(造成都監)이 중국을 본떠서 층루고옥(層樓高屋)을 짓는다고 하지만, 이것은 도선의 말에 어긋나고 태조의 유지(遺志)에 따르지 않는 것이다. 만약 이것을 감행하면 헤아릴 수 없는 재앙이 있을 것임에 틀림없다'라고 했다. 충렬왕은 그 말을 받아들였다고 《고려사》는 전한다. 이런 것을 보면 고려의 국도에서는 처음부터 풍수 때문에 가옥의 높이를 제한하고, 고층건물을 짓지 못했던 것으로 추측된다.

② 의복·기구의 색(色)을 정하다

공민왕 때(1368) 사천감(司天監)이 말하기를, '《옥룡기(玉龍記)》에는, 우리나라의 지세가 백두(白頭)에서 시작되어 지리(智異)로 끝나는 수근목간(水根木幹)의 땅이기 때문에 흑(黑)을 부모로 하고 청(靑)을 몸으로 하는 지덕이다. 만약 풍속지덕(風俗地德)을 따르면 번창하고, 거스르면 재앙이 있다고 한다. 이 풍속이라는 것은 위로는 군왕으로부터, 밑으로 신민에 이르기까지의 의복, 악조(樂調), 예기(禮器) 등이기 때문에, 지금부터 문무백관은 흑의청립(黑衣靑笠), 승복은 흑건대관(黑巾大冠), 여복은 흑라(黑羅)로 해야 하며, 모든 산에 소나무를 심어서 무성하게 하고, 모든 기구, 모든 풍토(風土)에 순응하도록 해야 한다'고 했다. 이 말을 왕이 받아들였다. 《그려사》

③ 상약국(尙藥局)을 부수다

고종 2년(1215), 권상(權相) 최충헌은 제멋대로 풍수의 탓을 들어 상약국(尙藥局)을 파손했다. 왕에게 올리는 약초를 조제하는 상약국이 궁궐의 서쪽에 있고, 항상 절굿공이로 약을 찧고 있기 때문에, 산면(山面)의 왕성한 지세를 손상시킨다는 것이다. 최충헌의 저택이 산 서쪽에 있었으므로 그 왕성한 기운이 소모되면 자기집 운명에 중대한 치명상을 입힌다고 생각해서 약국을 파손했던 것이리라. 《고려사》

④ 도랑을 파서 염승(厭勝)

공민왕 15년(1366), 응양년(鷹揚年)의 상호군(上護軍)인 무장 김원명(金元命)은 당시의 괴승 신돈을 편들어서 은근히 정권 장악을 노리고 있었는데, 조(朝)에 있는 대간(臺諫)의 문신이 그 간계를 발설할까 두려워 계획을 진행할 수가 없었다. 그래서 풍수가에게 물어 도랑을 시(市)의 북쪽 길 옆으로 파서 조정을 누르려 했다. 그것은 술가의 말 '經市鑿溝. 武盛文衰'를 이용했던 것이다. 《고려사》

⑤ 비기(祕記)의 이용

고려는 풍수에 의해서 흥하고, 국도는 풍수에 의해서 정해졌다. 그 풍수를 구사했던 사람은 도선(道詵)이었다. 따라서 고려에서는 이 도선을 신처럼 존숭하고, 도선이 지었다는 비기(祕記)나 밀기(密記)를 금과옥조(金科玉條)처럼 믿고 일을 결정할 정도였다. 태조가 이미 크게 도선을 신봉했기 때문에 도선기(道詵記)를 인용한 신하의 상서(上書)는 하나 둘이 아니다. 그 한두 가지 예를 보면, 충렬왕 31년(1305) 여름 4월, 왕이 강남(江南)의 승려 태경(紿瓊)이라는 자를 불러 궁중에 두고 숙창원비(淑昌院妃)와 함께 보살계(菩薩戒)를 받았을 때의 일이다. 중찬(中贊) 한희유(韓希愈), 승지(承旨) 최수(崔崇) 두 명이 입계(入啓)해서, '祕記云, 國君敬南僧必致覆亡之禍. 願殿下愼之'라 했다. 그러나 왕이 듣지 않았다 《고려사》. 다음은 공민왕 때의 일로, 왕

14년(1365) 5월에 승려 편조(遍照)를 사부(師傅)로 하고 청간거사(淸閒居士)라 칭하며 그에게 국정을 상담하였다. 이 편조라는 사람은 영산현(靈山縣) 옥천(玉川)의 노예였다가 어려서 중이 되었는데, 그때 그 어머니가 천하므로 언제나 친구로부터 따돌림을 당했다. 그런데 어느 날 밤, 왕은 자객의 칼에 찔리려는 찰나, 한 중이 구해 주어 그 위기를 면한 꿈을 꾸었다. 이튿날 그 이야기를 태후에게 하고 있는데, 그곳에 마침 장군 김원명(金元命)이 편조(遍造)를 동반하고 들어와 알현했다. 보니 편조의 용모가 꿈속에서 왕을 구했던 중과 꼭 닮았기 때문에 왕은 이상히 여겨, 함께 이야기를 해보았다. 총명하고 지혜롭게 말하는 바가 모두 왕의 마음에 들었다. 왕은 원래 불교를 믿은데다 특히 꿈꾼 일도 있고 해서 그를 사부(師傅)로 삼았던 것이다. 이후 왕의 신뢰가 두터워지고, 7월에는 진평후(眞平侯)에 봉해져, 12월에는 '守正履順倫道燮理保正功臣壁上三韓重大匡領都僉議使司判監察司事鷲城府院君提調僧錄司事兼判書雲觀事'가 되었다. 이렇게 해서 편조는 처음으로 성을 신(辛)이라 칭하고 이름을 돈(旽)이라 고쳤다. 일개 이름 없는 천한 노예가 한 왕조의 신임을 얻자 마침내 정권을 한 손에 장악할 기세였기 때문에 다른 조신(朝臣)들은 불평과 분노와 공포로 마침내 제거하자는 계획을 세우고, 16년 10월 지도첨의(知都僉議) 오인택(吳仁澤), 전시중(前侍中) 경천흥(慶千興), 전 평리(前評理) 목인길(睦仁吉) 등이 모여서 신돈(辛旽) 배척의 밀의를 짜냈지만, 그때에 논의된 배척의 이유는 도선기(道詵記)를 들어 '비승비속(非僧非俗)의 사람이 조정을 어지럽히고 나라를 망하게 한다'라는 것이었다. 신돈(辛旽)이야말로 비속(非俗)의 인간이고, 멋대로 조정을 문란케 하고 있기 때문에 비기(祕記)가 예언한 사람이라는 것이다. 신돈(辛旽)도 역시 가만히 있지 않고, 도선기(道詵記)에 있는 송도기쇠(松都氣衰)의 설(說)로 평양 천도를 왕에게 권했다. 《고려사》

제 5 장 도읍의 풍수

1. 도읍과 진산

사람이 모여서 사는 지역에 대한 풍수를 도읍풍수(都邑風水)라 한다 (제 1 장 제 2 절 참조) 도읍(都邑)에는 주(州), 부(府), 군(郡), 리(里), 동(洞) 등 제각기 규모의 대소가 있으나, 모두 집단양기(集團陽基)인 이상 편의상 이것들을 묶어서 도읍으로 보아 풍수를 고찰한다.

이 집단적 양기(陽基)는 개인적 양기에 대응한다. 개인적 양기와 다른 것이 있는 듯 생각되지만, 이것의 규모를 확대하면 집단적 양기가 되니 풍수상으로는 집단양기나 개인양기나 마찬가지이다. 다만 집단양기는 개인양기와 달라서 한 사람 또는 한 씨족의 주거지가 아니고, 2인 2성 이상의 군거지(群居地)이므로, 개인양기보다는 그 이동이 곤란하다. 가령 이동이 가능하다 하더라도 딴곳에 새로운 주거지를 선정하는 일이 개인양기처럼 한 사람의 의견으로 결정되는 것이 아니다. 두 명 이상의 협의를 필요로 하므로 쉬운 것이 아니다. 따라서 부락의 풍수적 효과가 불길하다고 다른 곳으로 옮기는 것도 어렵다. 이것이 개인양기와 다른 점이다. 그 대신 비보(裨補)를 하여 이동이 용이하지 아니한 결함을 보충한다. 즉 그 땅의 지기(地氣)의 결함을 어떤 인위적 시설에 의해서 채우는 것이다.

그러나 개인적 양기에서도 그 가족수가 불어서, 딴곳으로 옮기는 일이 용이하지 않게 되면, 새로운 길지를 고르기보다 비보(裨補)로써 구지(舊地)의 지기(地氣)를 보익(補益)코자 하는 자도 있으므로 비보풍수(裨補風水)는 꼭 집단양기에만 한하는 것이 아니다. 그러나 가족수의 증가로 인해 딴곳으로 이전하기 어렵다면 성별(姓別)상으로 봐서는 일족일가이지만 그 생활 상태로 말할 따는 집단부락이므로, 이미 개인의 차원을 벗어나 집단양기로 변화한 것이라 할 수 있다. 따라서 집단양기에 속하는 비보(裨補)가 사용되어야 한다.

집단양기를 풍수상으로 볼 때 제일 먼저 주의해야 할 것은 대부분이 산을 등진 평지에 터를 잡은 일이다. 이 뒷산을 진산(鎭山)이라고 한다. 이 진산이란 양기(陽氣)를 진호하는 산이란 뜻이다. 양기(陽基)를 정할 때 반드시 산으로 진호한다고 하는 것은 풍수상 극히 흥미있는 일이다.

이 진산(鎭山)은, 신은 산상(山上)에 계신다고 믿고, 그 신(神)에 의해서 생활의 안정을 보호받는다고 하는, 즉 부락 수호신이 진좌(鎭座)하는 산이라고 보는 관념에 따라 지어진 이름이다. 그러므로 이 진산이 없는 해변, 평야의 부락, 또는 진산에서 멀리 떨어져 있는 부락에서는 한 개의 노수(老樹)를 신목(神木)으로 삼고 천신(天神)의 가호를 받고자 한다. 그러나 한 개의 큰 나무를 신목(神木)으로 삼아서 천신(天神)을 부르고자 하는 관념은 신의 인식이라는 면이나 신의 안주 기간의 장단(長短)이라는 면으로 봐서도 산과 비교할 때 극히 추상적이고 순간적이기 때문에, 신의 가호를 받고자 하는 마음일수록 산을 구하는 것은 자연적이다. 대저 산에는 계곡이 있고 깊은 숲이 있고 산림이 있으므로 누구나 신성(神性)의 실재를 상상할 때, 신(神)의 존재가 끝없이 맑게 갠 천공(天空)에 있다고 믿는 것보다 극히 용이한 일이다. 나무가 크더라도 천신(天神)이 늘 거기에 머물고 있다고는 믿기 어려운 것이다. 그런데 산은 이와는 반대로 신이 상주하는 성역(聖域)으로서 숭앙받기에 가장 적당한 곳이다. 따라서 신의 보호에 의해서 생활의 평안함을 바라는 사람들이 산을 등진 땅을 주거의 기지(基地)로서 선정하는 것은 당연하다. 집단양기는 그것이 크건 작건 대부분 진산을 가지고 있으며, 이 진산 밑에 군거해서 평안한 생활을 하고 있다. 이것은 《동국여지승람(東國與地勝覽)》의 〈산천조(山川條)〉를 보면 충분히 수긍이 갈 것이다.

이 진산을 구해서 읍을 정하고, 진산 아래에 집단양기를 이룬 도읍은 후래(後來)의 풍수설과 잘 조화를 이룬다. 풍수상으로 보면 도읍은 풍수설에 의해서 복정(卜定)된 것이라고 할 수 있다. 따라서 풍수설이 사람들의 신앙을 얻게 되자 도읍풍수가 각 도읍(都邑)에서 채용되었다고 상상하기 어렵지 않다. 왜냐하면 풍수의 주안(主眼)은 생기가 흘러들어오는 땅을 구하는 데에 있다. 그 생기가 흘러들어오는 것은 산맥이다. 이 산맥을 내룡(來龍)이라고 한다. 따라서 풍수적으로 길지라면 이 내룡의 산이 있는 곳이다. 이 내룡이 바로 진산이다. 도읍을 보호하는 산신이 진좌(鎭座)하여 주민이 행복하다고 믿고 정성들여 제사를 지내어 헛기대로 끝난 경험도 있어서, 산신이 진좌(鎭座)하는 산으로서의 진산을 존숭(尊崇)하기보다는, 음양오행의 인생의 길흉이 생기를 받아 후박(厚薄)이 정해진다고 믿는 이론적 체계를 가진 풍수설에 기울어져, 생기를 가져오는 내룡(來龍), 성국(成局)의 현무(玄武)로서 뒷산을 두는 것이 도읍의 행복을 확실히 약속하는 것처럼 믿게 되었던 것이리라.

진산이 예전에는 산신이 계시는 성산(聖山)으로 생각되었다가 그 뒤 도읍풍수의 내룡으로서 중시되게 된 것은 조선시대 민간신앙이 천신보다는 지기(地氣)에 의한 것으로 변천되면서부터라고 할 수 있다. 신의 힘에 의해 행복을 추구하려는 유치한 원시적 생각보다는 생기에 의해서 번영을 가져오게 하려는 이론적 인위적 사고방식으로 변화한 것이다. 도읍 뒤에 서 있는 산은 이런 의미에서 한국 민간신앙이 귀신

신앙에서 풍수신앙으로 걸어온 것을, 신력(神力)의 신뢰(信賴)로부터
지력신뢰로 옮겨 갔음을 나타내 주는 것이다.

2. 도읍의 유형(類形)

집단양기인 도읍이 풍수신앙에서 가장 중요시되고 있는 것은 장풍
득수(藏風得水)라고 하는 풍수의 본원적인 것인데, 그것은 청룡, 백
호, 주작, 현무, 사사(四砂), 조안(朝案) 등의 형세 여하에 따라 생기의
축적을 논하는 것이 아니라, 기지(基地)의 형이 무엇과 비슷하냐 하
는, 즉 형상에 따른 길흉을 말하는 것이다. 풍수상으로는 피층(皮層)
에 속하는 유형관(類形觀)이다. 사사조안(四砂朝案)과 생기의 관계 및
장풍득수(藏風得水)와 생기 왕성의 관계 등은 본래 풍수설에서 중요한
것이지만, 이론적이고 추상적이기 때문에 풍수 이론에 통하는 식자
(識者) 사이에서만 가치 있는 것이다. 일반인은 이해하기 어려워 신앙
되는 것도 쉬운 일이 아니다. 일반인의 신앙은 추상적인 이론이 아니
고 구체적 형상에 대한 것에 지나지 않는다. 따라서 도읍풍수가 일반
민중의 신앙의식 속에 존재하자면 이론이 아니고 구체적인 유형이어
야 한다. 도읍풍수가 전국적으로 보급되어 있을 정도로 일반적인 것
은 풍수의 근본적인 것이 아니고, 피상적인 유형에 국한되어 있음은
당연한 일이다.

그러면 도읍 유형의 실례를 보기로 하자.

1. 평양의 행주형

평양의 읍기(邑基)는 만월대의 남쪽 기슭에 있으며 대동군 청사(大
同郡 廳舍)가 있는 곳이다. 이 만수대(萬壽臺)는 모란대(牡丹臺)의 지
맥(支脈)이 평양 가운데로 내려와서 구강(邱岡)을 이루는 것이다. 이

쇠닻을 가라앉혀 놓은 연광정(練光亭) 밑

것을 혈(穴)이라고 한다면, 청룡(靑龍)은 짧고 백호(白虎)는 길다. 대
동강이 그 앞을 북동에서 남서로 굽어 흐르고, 이 강을 사이에 두고
조대(朝對)가 멀리 이어져 여기에 위대한 수대국(水大局)을 형성하고
있다. 평양은 예로부터 그 모양을 '행주형(行舟形)'이라 한다. 이중환
의 《팔역지》에도 평양의 지리는 '행주형'이기 때문에 우물을 파지 않
는다. 옛날에 우물을 팠더니 불이 나서 우물을 메워 없애 버렸다. 그
래서 공사간(公私間)에 모두 용수(用水)를 대동강에서 퍼올려서 쓰고
있다고 했다. 또 읍형(邑形)이 '행주형(行舟形)'이기 때문에 이것을
진압(鎭壓)하기 위하여 현재까지 쇠닻을 연광정(練光亭) 아래에 깊이
가라앉혀 두고 있다.

2. 청주의 행주형(行舟形)

충청북도 청주(淸州)에는 고려 태조 20년에 주(州)가 아닌 목(牧)을
두었다. 《동국여지승람》에 의하면 주성내(州城內)에 있는 용두사(龍頭

寺) 터에 높이 10척의 동장(銅將)이 있는데, 이 동장은 고려 태조 때 여기에 주(州)를 둘 때 풍수사의 말을 들어 동장을 세워 행주(行舟)의 세(勢)를 나타냈다는 전설이 있다. 《청주연혁지》에는 이 철당(鐵幢)이 청주경찰서 구내에 있으며, 둘레 4척 7촌, 길이 2척 1촌 3분의 철통(鐵筒)을 쌓아올린 것이 30개나 있었는데 지금은 20개만 남아 있다고 한다. 당(幢)의 꼭대기에는 보주형(寶珠形)의 광두장식(光頭裝飾)이 있었던 듯하나 지금은 없다. 청주성(淸州城)을 배로 보고, 이 철당(鐵幢)을 그 돛대로 보고 세운 것이라 한다. 청주를 주성(舟城)이라고 한 점으로 봐서도 무리하게 갖다 붙인 설은 아니라고 기록되어 있다.

3. 무주의 행주형(行舟形)

전라북도 무주군 무주면(茂朱面) 읍내리(邑內里)는 예로부터 '행주형(行舟形)'이다. 전칠둔산(前七屯山) 후칠둔산(後七屯山)이 있어 읍기(邑基)가 배를 띄운 것 같은 모양이므로 읍내리에는 부자가 많다고 전해진다. (1929년 무주 경찰서 보고)

4. 자괘진동의 연화부수형(蓮花浮水形)

강원도 양양군 죽왕면 문암진리 자괘진동(字掛津洞)은 예로부터 '연화부수형(蓮花浮水形)'의 길지라고 전해진다. 이 마을은 40여 호의 집단부락이며, 모두 중류 이상의 생활을 하고 있다. 근래에는 어획물이 많아서 더욱 부유해지고 있다. (1929년 6월 강원도 양양 경찰서 보고)

5. 만궁형(攀弓形)과 무사배출(武士輩出)

함경북도 성진군 학서면 원평동 및 덕인동의 중앙을 흐르는 원평천(院坪川)이 '만궁형(攀弓形)'이기 때문에 약 50년 전까지는 두 동네에서 많은 무사가 배출되었다고 한다. (1929년 6월 성진 경찰서 보고)

6. 왕자성(王字城)과 오룡쟁주(五龍爭珠)의 땅

충청남도 천안은 고려 태조 13년에 풍수사 예방(倪方)의 말에 의해 천안부(天安府)가 되었다. 태조가 백제를 칠 때 풍수사 예방이 군(郡)의 동북에 있는 진산은 왕자형(王字形)이고 군(郡)의 기지(基地)는 '오룡쟁주(五龍爭珠)'형이니 이 산에 누성(壘城)을 쌓아 3천 호를 두고 연병(鍊兵)하면 백제는 스스로 항복하여 통삼(統三)하고 왕이 될 것이니 기다리라고 했다. 태조는 이 산에 왕자성(王字城)을 쌓아 천안부(天安府)로 하고 뒤에 십만군을 고정(鼓庭)에 주둔케 하여 견씨(甄氏)를 무찔렀다. 《동국여지승람》

7. 공주의 행주형(行舟形)

충청남도 공주(公州)도 예로부터 '행주형(行舟形)'이라 한다. 그 부근에는 주미산(舟尾山), 정지산(艇止山) 및 사공암(沙工巖) 등이 있다. 《동국여지승람》

8. 반월성(半月城)

충청남도 부여(扶餘)에 반월성지(半月城趾)가 있다. 《동국여지승람》에 의하면 이곳은 백제의 도성이었는데, 석축이며 둘레는 13,006척인데, 부소산을 안고 양두(兩頭)는 백마강에 이르니 그 형이 마치 반월과 같아 반월성(半月城)이라 했다. 일찍이 현치(縣治)를 성(城) 안에 두었다. 이 반월성은 신라의 서울이었던 경주에도 있고 고구려의 서울이었던 평양에도 있었다. 고구

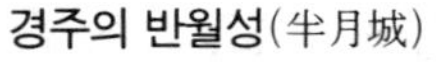
경주의 반월성(半月城)

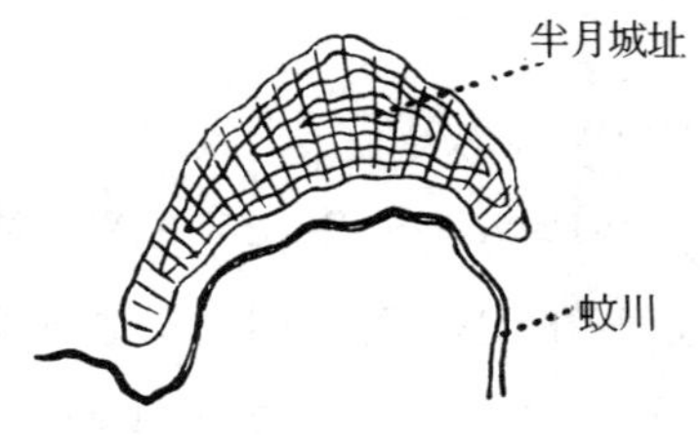

려의 보장왕은 도사(道士)의 말에 따라 반월(半月)은 만월(滿月)에 비해서 빠진 곳이 있으니 만월(滿月)로 하면 국운이 성하게 될 것이라는 말을 들었다. 내심으로 반월성을 가진 신라와 백제를 눌러서 이길 심산이었으나, 반월은 신월(新月)이므로 더욱 증대할 운명이지만 만월은 다만 기울어져 갈 운명이기 때문에, 고구려는 그로부터 얼마 안 가서 멸망하고 말았다고 한다. 여하튼 삼국이 모두 반월성을 가지고 있었던 것은 이것이 삼국에 공통된 축성형식(築城形式)이었거나 또는 신월(新月)이 차츰차츰 차나간다고 하는 풍수적 우형 신앙에서 유래되었을 것이다. (신라 제 4 대 탈해왕이 왕위에 오르기 전에 토함산에서 居所의 땅을 점을 쳤던 호공의 저택이었던 반월성의 땅이 가장 길지로 유망한 땅이었다. 그래서 끝내 이것을 손에 넣었다는 전설이 있다. 이미 당시 풍수에 관한 지식이 있었기 때문에 삼국이 모두 이 풍수에 의하여 국운의 발전을 기원하고자 반월성을 쌓은 것이라고 생각된다. 또 반월성을 이룬 곳이 국운의 발전을 가져오게 할 땅이라는 신앙은 고려 시대에도 있었던 것으로 보인다. 고려 18대 의종 때 白州에 궁궐을 지어 重興闕, 大化殿을 지어 왕이 親幸하여 賀禮를 받은 일이 있다. 그때 太史監侯 劉元度가 '백주면산 반월강은 실로 우리나라 중흥의 땅입니다. 궁궐을 짓고 7년 이내에 북로(北虜)를 정복시킬 것입니다'라고 상주한 일이 있다. 그래서 결국 길지라 해서 궁궐을 짓게 되었다.)

9. 비봉애죽(飛鳳愛竹)

경상북도 영천군에 작산(鵲山)과 죽방산(竹防山)이 있다. 모두 읍에서 가까운 곳에 있는 산인데, 지세가 비봉(飛鳳)을 닮아 있으니 봉은 좋은 새이지만 날아가 버리면 읍(邑)이 멸망하기 때문에, 봉(鳳)이 좋아하는 대나무의 이름을 따서 죽방산(竹防山)이라고 이름지었다고 한다. 또 봉이 까치 소리를 듣고 잡으려고 날아가 버리지 않는다고 해서

함안의 비봉(飛鳳)

읍남(邑南)의 산을 작산(鵲山)이라 '했다 한다.《동국여지승람》

전남 함안에 이 비봉형(飛鳳形)의 염승(厭勝)에 대한 실례가 있다. 함안 군청의 뒷산은 비봉형(飛鳳形)이기 때문에 만력연간(萬曆年間 : 1573~1620)에 그때의 군수 정술(鄭述)이 군청 땅에 흙을 북돋우어 봉란(鳳卵)을 만들고, 군의 동북방에 벽오동 1천 주를 심어 대동수(大桐藪)라고 이름지었다.

대산리(大山里)에는 대나무를 심어 대나무 숲을 만들어(지금의 竹嶺을 말함) 이 비봉(飛鳳)으로 하여금 영원히 머물게 했다고 한다(대나무의 열매는 봉황의 밥이 된다고 한다).

10. 청도의 폐성(吠城)

경상북도 청도읍(淸道邑)의 동쪽에 폐성(吠城)이 있다. 전하는 바에 의하면, 고려 태조가 동정(東征)할 때 이 군에 이르렀는데, 소리를 지르며 모여든 산적들이 이 성에 근거를 두고 복종하지 않았다. 이에 태조는 봉성사(奉聖寺)의 승(僧) 보양(寶壤)에게 공격법을 물었다. 양(壤)은 설명하되, 개〔犬〕라는 짐승은 밤을 다스리고(지키고) 낮을 다스리지 않으며 앞을 지키고 뒤를 잊어버리는 것이니 낮에 성의 후방인 북방을 공격하면 성공할 것이라고 대답했다.

과연 그 말대로 했더니 산적을 무찌를 수 있었다고 한다.《동국여지승람》

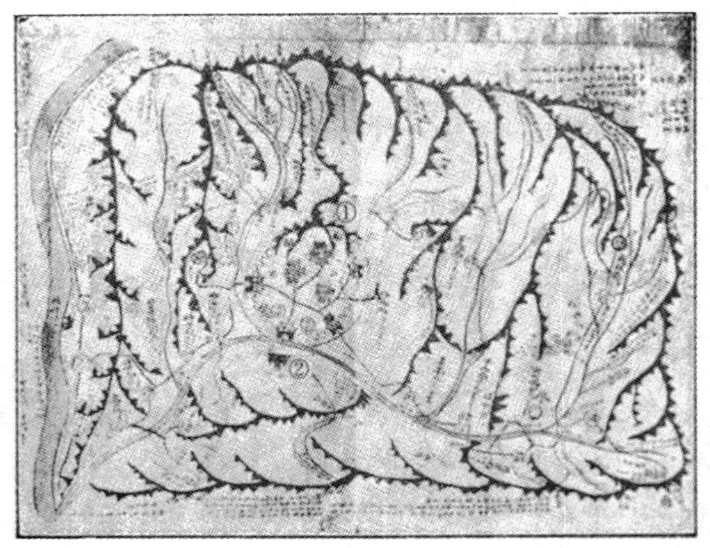

강계여지도(江界輿地圖 : ① 개화형, ② 독산)

11. 강계의 옥녀개화(玉女開花)

평안북도 강계군 강계읍(江界邑)은 옥녀개화형(玉女開花形)이다. 독로강(禿魯江)을 사이에 두고 독산(獨山 : 男根 類形의 산)과 서로 마주보고 서 있기 때문에 영원히 왕성한 생기가 용출(湧出)하여 강계는 예로부터 번영하고 있다. 또 여기(女氣)가 성한 까닭에 음풍(淫風)이 끊일 사이가 없었다고 한다. (자세한 것은 제 1 부 제 4 장을 참조)

12. 강서(江西)의 무학

평안남도 강서군의 강서읍 뒤에는 아름다운 무학형(舞鶴形)의 진산(鎭山)인 무학산(舞鶴山)이 있다. 이곳의 번영은 서조(瑞鳥)인 학이 춤을 추고 있기 때문이라고 한다. 이 학은 춤을 다 추고 나면 딴곳으로 날아갈지 모른다. 그러면 강서읍은 쇠망할 것이다. 그래서 수백 년 전에 어떤 군수가 술자(術者)를 시켜 무학(舞鶴)을 영원히 강서에 머물

강서읍과 무학산(舞鶴山)

도록 전방에 학란구(鶴卵丘)를 쌓고, 남방의 구룡산(九龍山)을 서학산
(栖鶴山)으로 개명했다. 학서지(鶴棲池)를 파서 학서(鶴栖)의 집과 무
학(舞鶴)의 휴게지(休憩池)와 알을 만들어 염승(厭勝)했다. (《여지승람》
에는 구룡산은 현남 15리, 학란구는 縣南 30리 지점에 있다. 때문에 지금도
읍내 5백 채의 민가 중 빈민은 한 집도 없다고 한다.) (제 1 부 제 4 장 제 5 절
참조)

13. 노서하전형(老鼠下田形)의 도읍

고려 왕씨 5백 년의 국도였던 개성과 황해도 은율군(殷栗郡)의 읍기
(邑基)는 다 '노서하전형(老鼠下田形)'이다. 이 '노서하전형(老鼠下田
形)'의 소응은 어미쥐가 밭에 내려가 먹이를 구하는 형상이기 때문에
기운이 마치 쥐가 새끼 낳는 것처럼 번성한다. 매우 양호한 지형이지
만 쥐는 고양이에게 위협을 받기 때문에 '노서하전형(老鼠下田形)'에
는 고양이를 염승(厭勝)하여야 한다. 그렇기 때문에 개성에서는 이것
을 누르기 위하여 호석(虎石)을 놓았다. 은율에서는 남방에 묘래산(猫
來山)이 솟아 읍기(邑基)를 노려보고 있기 때문에 읍치(邑治)의 터를
정할 때 청사(廳舍)의 문을 남쪽으로 내지 않고 서쪽으로 냈으며, 읍
의 남서로 흐르는 남천(南川)에 많은 나무를 심어서 고양이가 건너오

지 못하게 하고 또 노려보는 시선을 피하도록 하고 있다. (1929년)

14. 금계포란(金鷄抱卵)

충청남도 서산군 태안은 본래 태안군청(泰安郡廳)이 있었던 곳으로 (1914년 폐지) 그 뒤에 이 읍의 진산(鎭山)인 약 3백 미터 높이의 백화산이 서 있고, 그 중턱에 태을암(太乙庵)이 있다. 암자 뒤에는 바위에 새긴 석불상 2좌(座)가 있다. 이 읍기(邑基)는 예로부터 풍수사 말을 빌리면 금계포란형(金鷄抱卵形)이다. 면사무소, 국민학교, 금융조합, 우편국, 경찰관, 시장, 도수장(屠獸場), 피병사(避病舍) 등이 모두 이 곳에 있어서 풍부한 도읍이 되어 있다. (1925년 서산 군청)

또 이 백화산은 서울을 등지고 서 있기 때문에, 조선 시대에 태안인으로서 과거에 급제하는 자가 없었다고 한다. 후대에는 금관자(金貫子) 3말, 옥관자(玉貫子) 3말의 귀인이 나온다는 희망을 걸고 있다고 한다. (1929년)

경상남도 함안의 장원봉(壯元峯)

15. 필산(筆山)과 서가(書家), 호암(虎岩)과 과부(寡婦)

제즈도 남제주군 포목리 남쪽에 삼도(森島)가 있고 거기에 붓 모양의 큰 돌이 돌출해 있다. 이것을 흔히 문필봉(文筆峯)이라고 부른다. 이것 때문에 포목리에는 예로부터 서도가(書道家)가 많이 나온다고 하며, 서귀포 해변길은 법환리(法還里) 남쪽에 있는 호도(虎島)의 석굴(石窟 : 虎口라고도 한다)과 면해

있기 때문에, 이곳 남자는 요절하여 과부가 많다고 한다. (1929년)

이것을 풍수적으로 설명하면 호랑이는 음성(陰性)의 심벌이라 음기(陰氣)가 성하면 양성(陽性)의 남자가 요절한다는 것이다.

문필봉(文筆峯)이라는 것은 꼭대기가 뾰족하여 마치 모필(毛筆)의 붓끝과 같은 산이라는 뜻이다. 이것 때문에 이 지방에 과거 급제자가 많이 배출된다고 한다. 그래서 이 산을 일명 장원봉(壯元峯)이라고도 한다. 장원봉(壯元峯)이란 이름은 여기저기에 많은데 광주(光州), 함안(咸安)에도 장원봉이 있어서 명관(名官) 문장가(文章家)가 많이 배출된다고 한다.

3. 도읍의 염승(厭勝)

도읍풍수는 전술한 대로 그 유형에 따라 주민의 운명을 좌우하는 것으로 생각한다. 예컨대 '행주형(行舟形)'의 양기(陽基)는 행주(行舟)가 사람과 물건을 만재(滿載)하고 떠나는 배와 같아서 사람이 번식하고 재산이 느는 행운은 있어도 키, 돛대, 닻, 뱃사공 등이 없으면 그 임무를 다하지 못하고, 전복 표류할 위험이 있다. 그런 땅에 우물을 파는 일은 마치 배 밑바닥에 구멍을 뚫는 것과 같으므로, 절대로 삼가지 않으면 안 된다. 또 '비봉형(飛鳳形)' '무학형(舞鶴形)'은 모두 영조(靈鳥)로서, 성인군자가 나오는 극히 경하(慶賀)할 만한 때가 아니면 춤추지 않는다. 이런 모양의 도읍이 있다면 이 모양에 상응하는 훌륭한 인물이 나온다. 그러나 새라는 것은 날아가기 쉽기 때문에, 어떻게 해서라도 영구히 머물도록 난구(卵丘)를 만든다든가 서지(棲池)를 제공할 필요가 있다. 이와 같이 땅이 사람에게 미치는 힘은 완전히 유형(類形)이 가지는 영력(靈力)과 동일시되며, 행복을 가져올 운명을 영구히 잘 향수하자면 어떻게 해서라도 이것으로 하여금 힘을 발휘시켜야 할 필요가 있기 때문에 이 유형에 대한 염승(厭勝)이 사용된다.
또 집단양기(集團陽基)가 흉한 운명을 받는다 해도 쉽게 이전하기가
어려운 까닭에 인위적으로 악의 기운을 압박(壓迫)해서 미치지 못하
도록 하는 염승(厭勝)의 방법이 강구되었다.

염승은 도읍풍수에서 필수불가결한 것이다.《동국여지승람》에 나오
는 주요(主要)한 것을 열거해 보면 다음과 같다.

1. 비봉(飛鳳)을 누르다

전라북도 김제군 금구(金溝)의 동쪽에 봉두산이 있다. 옛적에 금구
현(金溝縣)이 있을 때의 진산인데 그 산의 모양이 비봉(飛鳳)처럼 생
겼다 하여 그렇게 불렸다. 왼쪽에는 양시산(陽翅山), 앞에는 난산(卵
山)이 있지만 비봉(飛鳳)이 오래 머물도록 하기 위하여 현의 남쪽에
있는 굴곤산(掘褌山)에 개동사(開同寺)라고 하는 절을 세워서 봉조비
동(鳳鳥飛動)의 세(勢)를 눌렀다.(《동국여지승람》 권34)

2. 행호(行虎)의 기세(氣勢)를 누르다

경기도 시흥군의 동쪽 십리께에 호암산(虎巖山)이 있다. 이 산의 바
위 중에는 산으로 향해 달리려는 듯한 행호형(行虎形)을 하고 있기 때
문에 유명한 산이 되었다. 이 범이 달려가 버리면 시흥군의 운명은
쇠퇴하고 만다고 해서 풍수술에 의거해서 이 바위의 북우(北隅)에 절
을 세워서 그 북쪽에 궁교(弓橋)를 만들고, 또 그 북쪽에 사자암(獅子
庵)을 만들어서 범의 일북(逸北)의 세를 눌렀다.(권10)

3. 거북으로써 산을 누르다

충청북도 청안(淸安)에 귀석사(龜石寺)라는 절이 있다. 고려 초기에
이 청안현(淸安縣)이 건읍(建邑)될 때 그 남동에 솟아 있는 속리산이

너무 지나치게 높기 때문에, 읍(邑)의 남쪽 산상(山上)에 귀석사(龜石寺)를 창건하여 그 산을 좌귀산(座龜山)이라 해서, 속리산을 눌렀다. 귀석(龜石)이란 수족(水族)의 신명(神名)이다.(권16)

4. 개명비보(改名裨補)

충청남도 서산군 태안(泰安)의 서쪽에 안흥량(安興梁)이라는 나루터가 있다. 이곳은 본래 난행량(難行梁)인데 해수(海水)가 허악하여 자주 배가 조난되기 때문에 그 이름을 안흥(安興)으로 고쳤다. 또 서쪽 지령산(知靈山)에 안파사(安波寺)라는 절이 있다. 이것도 고려 때 수로가 허악하여 배가 자주 난파하기 때문에 그 악을 면하기 위해 이 절을 세운 것이다.(권19)

5. 역명(驛名)을 바꾸어 염승(厭勝)하다

충청남도 학산(鶴山) 동쪽에 숙홍역(宿鴻驛)이 있다. 옛 이름은 비웅(非熊)이었는데, 조선조 태종 원년 홍산현(鴻山縣)의 지세가 비홍(飛鴻)의 세이므로 이를 염승(厭勝)하기 위하여 풍수가가 역명(驛名)을 숙홍역(宿鴻驛)이라고 고침으로써 그 비세(飛勢)를 막았다.(권19)

6. 현(縣)을 폐함으로써 유형(類形)의 영향을 면하다

충청남도 아산군 동림산(桐林山)의 동북쪽 기슭에 불암(佛岩)이라는 불상(佛像)을 닮은 암석이 수백 미터에 걸쳐서 늘어서 있다. 일찍이 아산현에 부임한 현감 가운데 발광하거나 향리의 흉간(凶奸) 때문에 3년 사이에 5명이나 경질된 일이 있다. 이것은 이 불암 때문이라고 생각하여 세조(世祖) 때 충청도 관찰사 황효원(黃孝源)이 이를 염승하기 위하여 그 땅을 삼 등분하여 온양, 평택, 신창에 분속시키고 관사와 관전(官田)은 향리의 소유로 했다. 그러나 그 뒤 읍인관(邑人官) 김구

(金鉤), 조규(趙圭) 등이 세조가 온양(溫陽)에 거동했을 때 다시 현을
둘 것을 상신하여 복원되었다. (권20)

7. 석귀(石龜)를 묻어서 진압(鎭壓)하다

대구시의 남쪽에 연귀산(連龜山)이 있다. 이것은 대구시의 진산(鎭
山)이지만, 전하는 바에 따르면 처음 읍을 만들 때 석귀(石龜)를 만들
어서 산 등〔脊〕에 두고 남두북미(南頭北尾)의 지맥으로 통하게 해서
읍을 진압(鎭壓)했으므로 연귀(連龜)라고 했다 한다. (권26)

8. 화철(火鐵)을 못에 가라앉히어 맹(盲)을 압(壓)하다

경상남도 하동군 이맹점(理盲岾)은 군 동쪽 20리 지점에 있는데 일
반인들은 이것을 동경(東京)의 비보(裨補)라 한다. 이 산마루에 오래
된 용(龍)이 사는 못이 있다. 이 용지(龍池) 때문에 경주(慶州) 사람
가운데 맹인이 많다고 하여 맹인들이 이것을 걱정하여 철석(鐵石)을
불에 달구어 그 못에 가라앉히었다. 그랬더니 못 물이 뜨거워져 용이
곤양(昆陽)의 진제산(辰梯山) 아래에 있는 심연(深淵)으로 옮겨 갔다.
그 뒤로는 동경인(東京人) 가운데 맹자(盲者)가 없어지게 됐다는 것이
다. (권31)

전라남도 장흥에도 이와 비슷한 전설이 있다. 읍의 동쪽에 사자산
(獅子山)이 솟아 있는데 예전에 어느 때쯤인지는 확실치 않으나 장흥
읍내는 이 산 때문에 번영할 수 없다고 알려져 이 산 꼭대기에 쇠로
만든 큰 못을 박아 넣어 그 왕기(旺氣)를 눌렀다. 그후부터는 장흥은
재해 없이 번영했고 어디든지 길지라고 일컬어지게 되었다. (1930년)

9. 왕위 찬탈의 오봉산(五峰山)

경기도 개성군 진봉면 흥왕리(興王里)에는 오봉산(五峰山)이 있다.

높이 약 1백 미터쯤의 다섯 개의 산이 논 가운데 나란히 서 있다. 이 산은 고려 말엽 미천한 자로서 왕의 총애를 받아 권세를 부린 신돈이 왕위 찬탈의 옳지 않은 욕망을 이루려고 자기 집이 있었던 홍왕리 남쪽 빈터에 풍수적인 비보(裨補)를 목적으로 축조한 것이라 한다. 그는 비참한 최후를 맞았지만, 그 혈통에서 왕위에 오른 자가 나왔다고 한다. (1929년)

10. 이름을 고치고 절을 지어 고목(瞽目)을 누르다

경상북도 안동군 안동 근처에 천등산(天燈山)이 있는데 그 산에는 개목사(開目寺)라는 초암(草菴)이 있다. 전하는 바에 의하면, 다음과 같다. 예전에 안동 부사로서 풍수술에 능하기로 유명한 맹사성(孟思誠)이 부임했을 때 안동에는 눈병을 앓는 사람이 퍽 많았다. 부사가 이상히 여겨 잘 조사해 보니, 부(府)의 서북방에 한 개의 산이 있는데 이것이 안동 읍기(邑基)에 대해서 고사(瞽砂)가 되어 있었다. 읍 사람 중에 안질(眼疾)을 앓는 자가 많은 것이 이 때문이라고 생각한 부사는 산 이름을 천등산(天燈山)이라고 고치고, 그 산허리에 개목사(開目寺)라는 절을 지어 산의 기운을 진압하였다. 그 뒤로는 눈병을 앓는 자가 완전히 사라지게 되었다고 한다. (672면, 〈安東古興地圖〉 참조)

11. 신석(賢石)을 세워서 음풍(淫風)을 누르다

안동읍의 뒤를 에워싸고 있는 영남산맥(映南山脈) 중 지금의 국민학교 뒷산이 있는 곳에 여근(女根) 모양의 작은 산이 있다. 일반적으로는 이것을 공알산, 즉 음핵산(陰核山)이라 한다. 그곳에 한 샘이 있는데 사철 가리지 않고 물이 나온다. 전하는 바에 의하면 맹부사(孟府使)가 부임했을 때 안동읍내에는 여자들의 음풍(淫風)이 성해서 행실이 올바르지 않은 자가 많았다. 그래서 그는 이 음풍을 고치려고 애를

안동 문묘 뒷산의 두꺼비돌

썼다. 먼저 이들 음풍자를 벌주면서 그 원인을 찾았다. 결국 음풍이 풍수적 결함 때문이라는 것을 알았다. 이 여근산(女根山)이 읍내를 보고 있기 때문에 성한 음기의 영향을 받아 읍내의 여자들이 음풍에 넘친다는 것이다. 그는 성한 산의 음기를 충화하고 압승(壓勝)하기 위하여, 이 산 기슭과 이 산이 잘 보이는 읍내 두 곳, 즉 세 곳에 한 개씩 남근석(男根石)을 세웠다(이 돌은 형무소 앞 길과 전기공사가 있는 부근과 남문 오층탑 부근에 십수년 전까지도 남아 있었다. 목격자의 말에 의하면 이 돌은 지상에 노출되어 있었고 길이 4자 가량, 둘레 3자 가량의 圓柱 모양이었다고 한다). (672면, 〈安東古輿地圖〉 참조)

12. 오공산(蜈蚣山)의 두꺼비 돌

안동 서쪽 목성산(木城山) 기슭에 있는 문묘(文廟)의 뒷산에 바위가 하나 있다. 반은 흙 속에 묻혀 있기 때문에 전체의 크기는 알 수 없으나 노출되어 있는 부분도 1평 남짓 된다. 노출된 부분은 삼각형으로 약 30도 각도로 위를 쳐다보는 자세이며, 동남쪽을 향하고 있다. 옛날 안동읍 손방(巽方)에는 오공산(蜈蚣山)이 안동읍내를 향해서 독기를 내뿜기 때문에 환자가 많이 나온다고 했다. 이 독기를 막기 위하여 문묘(文廟)의 뒷산에 두꺼비 돌을 두었는데, 노출된 큰 바위는 그 머리 부분이라는 것이다.

13. 읍내 안정(安定)의 마스트

안동읍내의 남문 밖 어채(魚菜) 시장 뒤쪽의 밭 속, 오층탑(五層塔)

나주 동문 밖의 석장(石檣)

과 남지(南池)와의 중간에 두 개의 석주(石柱)가 있다. 직경 3척 정도의 대석(臺石) 위에 세워진 이 석주(石柱)는 서로 보고 있는데, 그 높이는 약 8척이다. 상부엔 부러진 자취가 있고, 지상에서 5척, 또 7척께에 가로로 둥근 구멍이 뚫려 있어서 여기에 가로 막대를 꽂은 것 같이 보이며, 대석(臺石)의 중앙은 가운데가 높은 원반 모양인데, 그 지름 1자 3치이며, 그 주위에 두 군데의 토구(吐口)를 가진 2치 폭의 홈을 파 두었기 때문에, 얼른 보기에는 긴 기둥을 지탱한 가석(架石) 같다. 전하는 바에 의하면 안동읍이 '행주형(行舟形)'이기 때문에 건읍 당시부터 배에는 돛대[檣]가 있어야만 안정된다고 해서 여기에다 철(鐵) 돛대를 세워서 읍을 진압했다고 한다. 그때 사용한 대가(臺架)가 이것이라고 한다. 세월이 오래 되어 그 철제 돛대는 부식되어서 넘어져 그 대신 큰 나무 돛대를 세웠다. 그것이 썩으면 또 새것을 고쳐 세우곤 했는데, 지금부터 십년 전에 그 나무 돛대가 썩어 부러진 다음에는 그냥 버려졌다. 실제로 본 사람의 말에 의하면 돛대의 둘레는 3자가 넘고, 길이는 30자 정도였다고 한다.

　읍내 안정의 돛대라고 전해지는 현존하는 대표적인 것은 전라남도 나주군 나주읍 동문 밖에 있는 석장(石檣)이다. 이 석장(石檣)도 나주가 주형(舟形)을 하고 있기 때문에 그 안정을 위하여 세운 것이라 한다. 높이는 약 5척이고 돛대의 둘레가 약 7척이며, 길이 7척 정도의 석주(石柱)를 몇 개 이어서 돛대로 하고 기부(基部)에는 돛대에 철륜

(鐵輪)을 끼우고, 철
륜에서 돌출한 철봉
(鐵棒)을 양쪽 지석
(支石)에 끼워 쥔 것
이다. 석주와 석주의
이음매는 번갈아서
기둥 끝을 반쯤씩 물
려서 이를 맞추고 철
봉 두 개로 움직이지
않게 박고, 그 위 두
군데에 철륜(鐵輪)을
죄어 붙인 것이다.
맨 꼭대기에 8면(面)
의 연개석(蓮蓋石)을
얹고 그 위에 보구형
(寶球形)을 얹어 두었
다. 나주에는 동문
안에 또 목조물이 있
었다고 하나 현존하
지 않는다. 그것을
그림으로 그리면 오
른쪽과 같다.

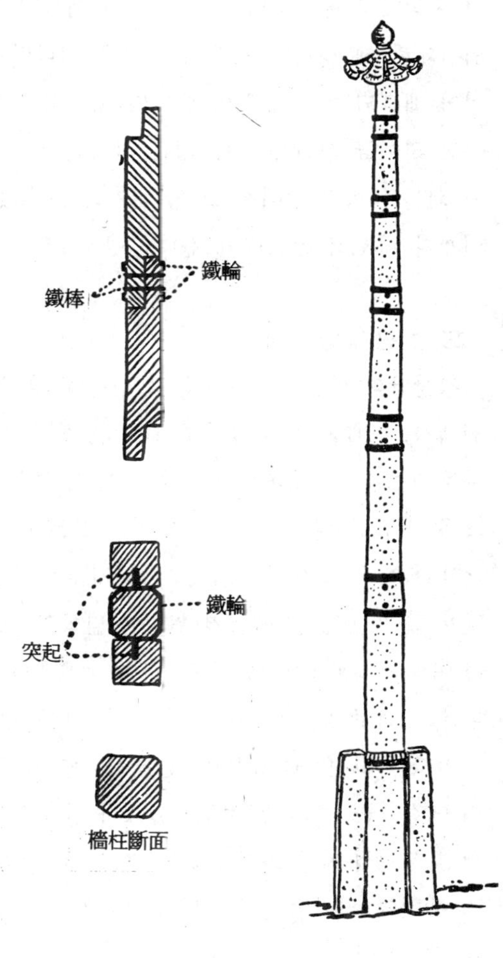

나주의 석장

14. 다사배출(多士輩出)을 질투하여 단맥(斷脈)

경상북도 선산(善山)은 산천이 맑고 아름답기 때문에 '한국 인재의
반은 영남에 있고 영남 인재의 반은 선산(善山)에 있다'고 한다. 사실

그 속담대로 예로부터 선비가 많이 배출되었다. 전하는 바에 의하면 임진왜란 때 명나라 사신이 이곳을 지나다가 한국에 이러한 인재가 많이 배출되는 곳이 있어서는 안 되겠다고 해서 술사에게 명하여 병졸로 하여금 선산읍 뒤에 있는 산맥을 끊고, 그 위에 숯불을 달구어 큰 쇠못을 박아 넣어서 그 왕기(旺氣)를 눌렀다. 그때 이후 이곳에서 인재가 나오지 않았다고 한다. 《팔역지》

15. 함안의 염승(厭勝)

경상남도 함안읍에는 풍수적 염승(厭勝)에 관한 세 가지 이야기가 전해지고 있다. 첫째 읍기(邑基)의 뒷산이 비봉형(飛鳳形)이기 때문에 억류(抑留)하기 위하여 난구(卵丘)를 두고 동수(桐藪) 죽수(竹藪)를 만든 것이다. 둘째, 읍기(邑基)를 중심으로 성국상(成局上) 남쪽에 높은 산이 솟아 있고 북쪽이 수구(水口)가 낮아 남강(南江)의 저지(低地)가 되어 있다. 이것을 누르기 위하여 남쪽의 고산(高山)을 물과 관계 있는 여항산(艅航山)이라 하고, 북쪽 낮은 곳의 부락에 죽산면(竹山面), 대산면(大山面), 남산면(南山面), 대산면(代山面) 등의 산명(山名)을 붙여 남북고저(南北高低)의 균형을 유지케 했다. 셋째로, 군읍(郡邑)이 예전에는 남면(南面)해 있었으나 남쪽에 있는 여항산이 화산(火山)처럼 생겨서 자주 화재(火災)를 당하게 되었다. 이 재난(災難)을 피하기 위하여 남향이던 군성(郡城)의 정문을 동향(東向)으로 변경했다. (1930년 11월)

4. 비보탑

지기가 충만한 자연의 길지를 쉽게 얻는다면 문제는 간단하다. 그런데 완전한 길지를 발견한다는 것이 결코 쉬운 일은 아니다. 특히 양

기는 음택과 달라 생활에 적합하지 않으면 아구리 그 땅이 길지라 하
더라도 정주(定住)의 양기로 할 수 없다. 또 만일 건읍(建邑)할 때는
둘도 없는 길지라고 생각되더라도 지덕이 쇠하거나 건읍 때에는 발견
되지 않았던 불길한 점이 뒤에 와서 발견될 경우가 있다. 그러한 경우
이곳을 버리고 달리 길지를 구한다면, 산 사람의 주거지인 양기는 점
점 그 범위가 좁아지고 말 것이다. 인구에 비해서 땅이 넓었던 원시
상고시대에는 구지(舊地)를 버리고 새로이 딴 길지로 이전하는 일이
그리 어려운 일은 아니었다. 또 그 생활과 주거지가 경제적·인문적
으로 밀접한 관련이 없었던 시대에는 살고 있던 토지에 대해서 아무
집착도 미련도 없이 떠날 수 있었을 것이다. 그러나 인구가 닳아지고
생활방식이 주거지와 떨어질 수 없이 딜접한 관계를 가지게 되면서부
터는 딴곳으로 이동한다는 것이 결코 쉽지 않았다. 생활이 즈거지와
밀접한 관계에서 오는 집착보다는 지력의 쇠미(衰微)나 결함 있는 땅
에 거주하는 두려움이 크다고 하더라도 새로이 주거를 정하기란 간단
하지 않다. 미개척지인 산야가 많을 때와는 달리 멀리 떨어진 산간수
변(山間水邊)의 황무지이거나, 이미 사람들의 주거지가 되어 있는 땅
에 거주하지 아니하면 안 된다. 땅의 넓이는 일정하므로 인구가 증가
했을 때에는 딴곳으로 이동한다고 하는 것은 대단히 어렵다.

　집단부락의 경우 이동이 곤란하다면 자연 예전 땅——그것이 아무
리 재미없는 장소라고 생각되더라도——을 달게 받아들이든가 무슨
방법을 써서라도 이 재미없는 원인을 제거하든가 하는 두 가지 방법
밖에 없다. 그런데 안주할 땅이라고 믿고 안일한 생활을 보내고 있던
사람에게, 가끔씩 참으로 불길한 위협을 가했던 풍수사는, 한편 새로
운 길지를 달리 구해서 이동하지 않고 구지(舊地)의 결함을 비보(裨
補)하여 지기(地氣)를 바꾸어 지력(地力)을 회복하고 왕성하게 할 수
있는, 인력에 의한 자연의 조화를 좌으하는 방법도 일러주었다.

이 지력을 보충하는 비보(裨補) 관념은 단순히 풍수설에 의해 시작된 것은 아니다. 예로부터 원시민족들은 어떤 영력(靈力)이 있다고 믿고 약한 힘을 강하게 하는 차력신앙(借力信仰) 및 주부신앙(呪符信仰)에 발단이 있었다. 어떤 주물(呪物)을 소유하고 부문(符文)을 첨부하면 악마에게도 대항할 수 있는 힘이 있다는 신앙이 바로 그것이다. 이러한 신앙이 비보신앙으로서 토지의 힘을 증가시키는 일에 응용된 것이다. 그런 관념으로 사탑건설을 하여 국운을 왕성하게 하려고 한 것이 비보탑(裨補塔)이다.

한국에 불교가 들어온 것은 삼국 시대 초기이지만, 삼국이 모두 왕성하게 사탑을 건설해서 국운 융성을 기도했다. 이것은 당시 전래한 불교가 입탑비보(立塔裨補)의 신앙을 동반했을 뿐만 아니라, 현실적 이익을 얻는 데 전념한 삼국이 불교의 높은 종교원리보다는 부수적인 비보신앙으로 인해 환영받은 것이라 할 수 있다. 또 삼국 시대의 사탑 건립은 오로지 국리민복(國利民福)을 위한 것이었고, 그것은 절을 짓고 탑을 세워 지력을 왕성히 하여 지운(地運)의 힘을 입어서 그 목적을 달성하고자 한 것이었다. 이 지력을 강하게 하여 국리민복을 도모하려는 관념 때문에 풍수설에 포함된 비보방술(裨補方術)을 환영하였고 쉽게 보급되었던 것이다. 이 유래를 뒷받침하는 다음과 같은 전설들이 있다.

1. 가락왕후(駕洛王后) 석탑(石塔)을 배에 실어 풍도(風濤)를 진압하다

《조선금석총람》 하권 1328면에 김해가락국(金海駕洛國) 태조릉숭선전(太祖陵崇善殿) 비문(碑文)이 실려 있다. 이 비문에는 태조의 후(后) 허씨(許氏)가 시집 올 때 배를 타고 왔는데, 그 배에 석탑을 실어 풍도(風濤)를 진압(鎭壓)했다는 전설이 있다.

"太后姓許氏名皇玉. 蓋云阿隃陀國君之女. 或曰南天竺國君之女. 或

曰西域許國君之女. 亦云許黃國. 方外別國譜及金官古事, 東史綱目等
書雜出者不一也. 駕洛七年戊申后乘大船浮海而來. 王設幔殿以迎之.
自言妾阿隃陀國君之公主也. 年今十六. 父語妾曰夢上帝命曰. 駕洛元
君未定配偶. 宜遣王女以后之. 爾其往哉. 乃載石塔干船鎭風濤. 故妾
得以至此. 王遂立以爲后."

이 전설에 의하면 탑을 배에 실었기 때문에 바람과 파도를 진정시
킬 수 있었다고 한다. 석탑이 풍도(風濤)를 진정시켜 배를 지키는 힘
이 있는 것으로 믿었다고 할 수 있다.

2. 신라 호국의 탑

《삼국유사》에는 황룡사 구층탑에 관한 전설이 있다. 27대 선덕왕은
여왕으로서 여러 외국으로부터 업신여김을 받게 되었다. 이를 누르기
위하여 황룡사에 구층탑을 세웠다. 규모는 철반(鐵盤) 6층 이상의 높
이가 42척, 그 이하가 183척으로 자장법사가 중국에서 가져온 사리(舍

신라탑(전북 익산군 금마면 所在)

利)를 탑 속에 안치했다. 이 탑을 세우고부터 천지(天地)가 열리며 태안(泰安)해지고, 삼한이 통일되었다고 한다. 그리고 《동도성립기(東都成立記)》에 의하면 9층의 제 1 층은 일본으로부터의 재액(災厄)을 진압하고, 제 2 층은 중국, 제 3 층은 오월(吳越), 제 4 층은 탁라(托羅), 제 5 층은 응유(鷹遊), 제 6 층은 말갈(靺鞨), 제 7 층은 단국(丹國), 제 8 층은 여적(女狄), 그리고 제 9 층은 예맥(穢貊)으로부터의 재액(災厄)을 진압하기 위한 것이었다고 한다. 이웃나라를 진압함과 동시에 여왕 때문에 업신여김을 받던 신라는 이 구층탑의 건립으로 타국의 멸시를 받지 않고 국운을 왕성히 할 수 있다고 믿었던 것이다.

3. 사탑(寺塔)의 건설로 삼한을 병합하다

《삼국유사》 권3 아도기라조하(阿道基羅條下)에 신라 불교의 번성을 기술한 구절이 있으니 다음과 같다.

"於是家家作禮. 必獲世榮. 人之行道. 當曉法利. 眞興大王卽位五年甲子(544). 造大興輪寺. 大淸之初. 梁使沈湖將舍利. 天壽六年陳使劉思幷僧明觀. 奉內經幷次. 寺寺星張. 塔塔鴈行. 竪法幢. 懸梵鍾. 龍象釋徒. 爲寰中福田. 大小乘法爲京國之慈雲. 他方菩薩出現於世. 西域名僧降臨於境. 由是倂三韓而爲邦. 掩四海而爲家."

이것은 불교의 성한 모양을 기술하고 그 불교 성행에 의하여 삼한을 통일하고 사해(四海)에 군림하기에 이르렀다는 뜻이다(사실 신라가 三韓을 통일한 것은 文武王 8년, 즉 668년이며 진흥왕으로부터 6대, 백여 년을 경과하고 나서이다). 그러나 이것은 불교의 공덕과 현세이익의 큼을 상탄한 것이다. 사사성장(寺寺星張) 탑탑안행(塔塔鴈行)이라고 한 것으로 보아 당시 얼마나 사탑을 많이 건설했는가를 알 수 있다. 법당을 세우고 범종을 거는 불사(佛事)도 국운의 융성을 초래하는 것이라고 생각하여, 엄청나게 행해졌다. 이것은 사탑 건립이 '지덕(地德)'이 증익(增益)하는 것, 국토에 영위(靈威)가 있게 하는 것'이라고 믿었던 데 있었음을 추측하기 어렵지 않다. 즉, 불교적 비보신앙의 표현에 지나지 않는다. 이들의 예를 보아 상상할 수 있는 것같이 삼국 및 신라시대의 사탑 건립은 주로 불교적 비보신앙의 표현이다. 가령 당시 이미 풍수적 지식이 전래되어 있고, 그 법술도 음택(陰宅)·양기(陽基) 양면에 잘 적용되어 있었다고 해도, 아직 불교와 같은 신앙적 세력은 되지 않았을 것이다. 즉 국운과 지덕(地德)의 비보(裨補)가 불교의 비보신앙과 나란히 어깨를 겨루지는 못했을 것이다.

그런데 고려 때도 신라 불교는 그대로 이어져 국교로 받들어지고 오히려 신라 때보다도 더 성행했다. 신라에서는 그렇게까지 빛을 보지 못하던 풍수신앙이 고려에 들어와서는 차차 두각을 나타내어 끝내는 불교와 나란히 민간신앙의 2대 주류를 이루게 된 것이다. 고려 시대의 지력비보(地力裨補)는 한편으로는 불교적 비보신앙으로, 또 한편으로는 풍수적 비보법술로 행해졌다. 불교에 비하면 풍수설은 단순한 신앙만이 아니고 지리적 이론이었다. 즉 동양문화의 일대 원천인 음양오행설에 그 근거를 둔 것이었다. 드디어는 지력적 비보가 전적으로 풍수법에 의하여 행해졌고 불교의 비보신앙도 흡수하기에 이르렀던 것이다. 이들을 문헌과 전설에서 살펴보자.

(가) 창사통삼(創寺統三)

《동국여지승람》〈진주불우조(晉州佛宇條)〉에, '용암사(龍岩寺), 고려(高麗) 박전지(朴全之) 적다. 옛적에 도선이 가로되, 만약 삼암사(三巖寺)를 창립하면 삼한이 하나가 되고, 전벌(戰伐)이 저절로 머물 것이라고 하므로 이에 선암(仙巖), 운암(雲巖)과 이 절을 창립함'이라 했고, 박전지(朴全之)의 《용암사중창기(龍岩寺重創記)》에는 '예전에 개국조사(開國祖師) 도선 지리산주(智異山主) 성모천왕(聖母天王)의

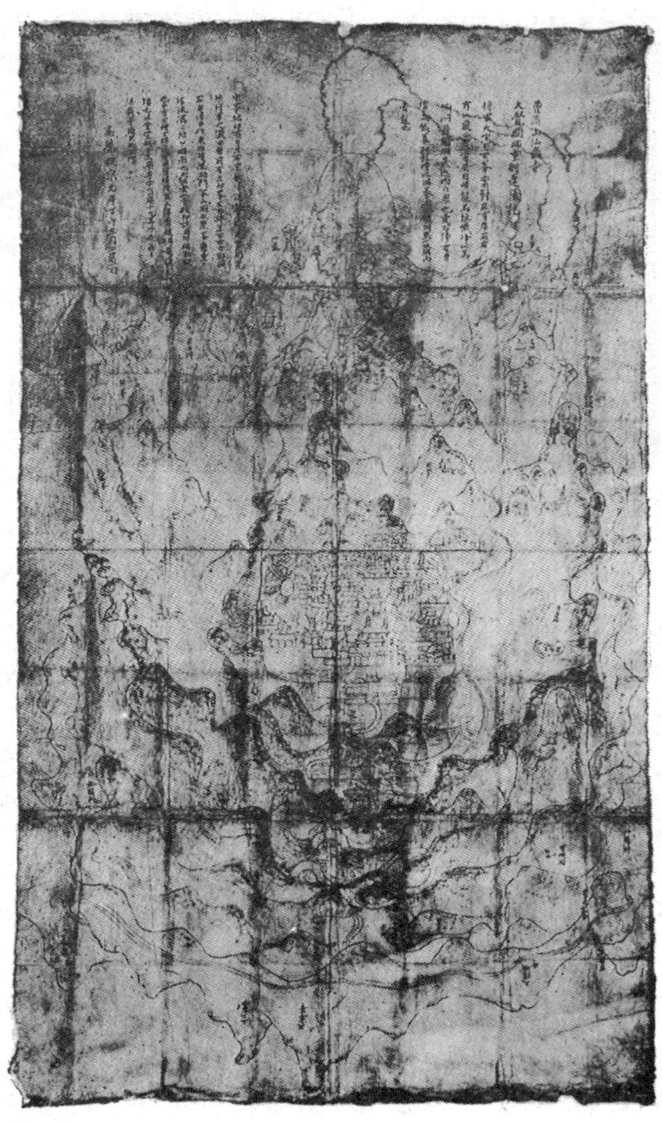

선암사여지도(仙巖寺輿地圖)

전라남도 순천군 선암사 전경

밀촉(密囑), 가로되 만약 삼암사(三巖寺)를 창건하면 삼한이 통일할 것이니라……'한 것을 보면, 세 개의 사원(寺院)을 창립하여 삼한을 통일할 수 있다고 하는 것은 지리산신(智異山神)의 탁의(托宜)을 받아, 도선이 승평(昇平)의 선암사(仙巖寺), 희양(晞陽)의 운암사(雲巖寺), 낭주(朗州)의 용암사(龍巖寺) 등 세 절을 창설했음을 말한다. 지리산신(智異山神)의 밀촉운운(密囑云云)은 별도르 하고, 어쨌든 이 전설은 사원 창립에 의하여 국운의 변혁이 주어진다고 하는 신앙임을 알 수 있다.

(나) 지덕(地德)을 증익(增益)케 하는 사원(寺院)

고려 태조가 지은 훈요십조에 다음과 같은 달이 있다.

"제사원(諸寺院)은 모두 도선의 산수(山水) 순역(順逆)을 추점(推占)하여 개창(開創)한 것이다. 도선이 점정(占定)한 바 외에 함부로 창건을 가하면 지덕(地德)을 손박(損薄)해서 조업(祚業)이 오래 가지 않는다고 짐(朕)은 생각한다. 후세의 국왕(國王), 공후(公侯), 후비(后妃), 조신(朝臣)이 각각 원당(願堂)이라 일컫고 창조(創造)를 더하면 이는 크게 걱정할 일이다. 신라 말에는 다투어 부도(浮屠)를 만들어 지덕(地德)을 쇠손(衰損)케 해서 멸망을 가져왔다. 이 어찌 경계하지 않을쏘냐.”(《고려사》〈世系太祖二〉)

여기서 말하는 원당(願堂)이라는 것은 기원을 위하여 세운 사원당우(寺院堂宇)를 말한다. 부도(浮屠)라는 것은 석탑(石塔)이다. 원당(願堂)·부도(浮屠) 등의 사탑(寺塔)을 난설(亂設)하는 일이 도리어 지덕(地德)을 손모(損耗)시키는 연유(緣由)가 됨을 조심시키고, 풍수술의 명사(明師)로 일컬어진 도선이 점정(占定)한 절은 반도(半島)의 산천의 순역(順逆)을 고사(考査)한 뒤 신중히 추점(推占)한 것이기 때문에 이것을 아무렇게나 함부로 증감(增減)하면 지덕(地德)을 쇠하게 된다고 가르친 것이다. 이 유훈(遺訓)에서 볼 때 고려 시대의 사탑이 풍수적 의의를 얼마나 많이 포함하고 있었던가를 짐작할 수 있다. 신라 말의 승려인 도선은 후세 풍수의 개조(開祖)처럼 숭앙되어 태조의 조상에게 왕자(王者)가 나오게 될 땅을 점정(占定)해 주었다고 일컬어질 정도이다. 이 풍수에 능한 도선이 선정한 사원(寺院)을 가지고 지덕왕성, 국조(國祚) 안전에 효능이 있다고 한 것을 볼 때, 고려의 지덕비보 신앙도 언뜻 보기에는 사탑이어서 불교비보에 의한 것 같지만 그 본질은 완전히 풍수의 지덕비보(地德裨補)에 있었다는 것을 알 수 있다.

고려 말 우왕 14년 대사헌 조준(趙浚) 등의 상언(上言)에 의해서 사사전(寺社田)의 급부(給付) 범위를 정했다. 그것은 국가의 비보소(裨補所)로 정해진 5대사(五大寺), 십대사(十大寺) 등 《도선밀기》에 적혀 있는 것이었다 (《고려사》〈百官〉). 도선이 정한 비보사원(裨補寺院)의 장소를 생각해 본다. ‘황주성불사(黃州成佛寺) 사적비문(事蹟碑文)’에

의하면,

> "在昔道詵國師. 刱設叢林道場. 岳瀆流峙之勢. 國門關防之形. 有以
> 燭照於慧眼. 要作千百世鎭護之地."(《조선금석총람》 下卷 1115면)

라고 하여 산수금대(山水襟帶)의 곳, 수구폐쇄(水口閉鎖)의 장소 등, 풍수적으로 길지(吉地)라 생각되는 곳인 듯하다.

도선(道詵)의 추점(推占)에 의해 창설된 비보사원(裨補寺院)의 수에 대해 《조선사찰사료(朝鮮寺刹史料)》 중에 실린 〈고려국사도선전(高麗國師道詵傳)〉에는 그 수가 명기되어 있다. 이 도선전(道詵傳)은 고려의 사문(沙門) 굉연(宏演)이 지은 것으로 찬술자(撰述者)의 전기(傳記)의 내용이나 고사 사문이라고 자칭한 점 등으로 미루어 보아 조선 시대 사람으로 생각된다. 그 주요 내용을 보면 다음과 같다. 도선이 입당(入唐)하여 풍수의 명사(明師) 일행(一行)에게 사사(師事)했다. 도선이 고려국도(高麗國圖)를 보이니, 일행은 도면을 한참 보더니 이 산천의 형세로서는 영원한 전장(戰場)이다. 그러나 사람 몸의 병처럼 산천에도 병이 있기 때문이니 사람의 혈맥에 해당되는 곳에 침을 놓으면 병이 낫는 것이다. 따라서 산천의 비보처(裨補處)에 절을 짓고 탑을 세우면 국운(國運)을 고칠 수 있다고 했다. 그리고 삼한도(三韓圖)의 산수(山水) 가운데 3천 8백 곳에 붓으로 점을 찍어 비보처가 되어야 할 곳을 가리켰다. 도선의 건사입탑(建寺立塔)은 이 교시(敎示)에 의한 것이다. 그가 세운 비보사원(碑補寺院)의 수가 5백에 이르렀다 하고 고려의 치세(治世)는 5백년이었다는 식으로 끌어 대어 말하고 있지만, 조선 시대 풍수신앙 및 비보관념의 강한 면을 엿볼 수 있을 것이다.

훈요(訓要)의 정신은 죽은 뒤에까지도 준봉(遵奉)되었으며, 11대 문종 10년(1057)에 왕이 덕수현(德水縣 : 개성군 중면 덕수리)을 양천(楊川)으로 옮기고, 그 터에다가 왕흥사(王興寺)를 창설코자 했을 때 중추원사(中樞院事) 최유선(崔惟善)이 왕에게 간(諫)한 것이 《동국통감》

에 나오는데 역시 그 간언도 훈요의 정신에서 비롯된 것이니, 그것은
다음과 같다.

　"아태조훈요(我太祖訓要)에 가로되 국사(國師) 도선이 국내산천(國
內山川)의 순역(順逆)을 살펴, 무릇 가람(伽藍)을 창조할 만한 땅에
는 하지 않음이 없으니 후세 사왕(嗣王) 및 공후귀척(公侯貴戚), 후
비(后妃), 신료(臣僚)들이 다투어 원우(願宇)를 지어 지덕(地德)을
훼손하지 말라고 했습니다. 지금 전하께서는 조종(祖宗) 적루(積累)
의 국기(國基)를 이어받아 승평(昇平) 일구(日久)한지라, 말할 나위
없이 모름지기 사용을 절약하고 백성을 사랑하며, 국고(國庫)가 충
영(充盈)하도록 유지하고, 성(城)을 지켜 후사(後嗣)에 전해야 합니
다. 어찌하여 민재(民財)가 비게 하고 민력(民力)을 다하게 하여서
불급(不急)의 비용(費用)을 공(供)케 하여 나라의 근본을 위태롭게
하시려는지, 신(臣)은 남몰래 혼자 어찌할 바를 모르겠사옵니다."

(다) 동산(童山)에 솔을 심으니 왕자가 나다

　고려 왕씨의 원조(遠祖) 강충(康忠)이 오관산(五冠山) 마하갑(摩河
岬)에 있었을 때, 신라의 감우 팔원(監于 八元)이 부소산(扶蘇山)이 동
산(童山)임을 보고 이 산에 소나무를 심어 산 남쪽으로 군기(郡基)를
옮기면 장차 삼한을 통일할 왕자가 난다고 했다. 강충이 그 말대로 했
던바, 마침내 그 자손에 이르러 삼한을 통일해서 고려를 세웠다(《고려
사》〈世系〉)라고 전해지는 것은 전적으로 풍수에 의한 지덕 때문이며,
불교의 지덕비보(地德裨補)에서 분리된 것이다. 이 동산(童山)을 변개
하여 청산(靑山)으로 만들어 삼한통일의 기초를 쌓은 풍수사 팔원은
신라 말엽의 사람이다. 이로써 생각해 보면, 고려에 앞서 신라 시대에
이미 불교적 비보신앙을 가미하지 않은 풍수적 법술만에 의한 지덕비
보법이 독립해서 쓰여졌다고 해야 할 것이다. 팔원의 조언전설(助言傳

說)이, 고려 왕씨가 신라를 대신하여 왕업을 이었다는 것은 순전히 천지(天地)의 기운 때문이라고 하는 것은 소위 군왕천명설(君王天命說)의 예에 따라서 꾸민 일이라고 하더라도, 이 전설이 정사(正史)에 실려 있는 점으로 보아 이 팔원조언설(八元助言說)은 당시의 사람들에게 진실로 받아들여졌던 것으로 보여진다. 그 시대 사람이 진실이라고 시인했다면 그것은 당시 사람들이 신라에는 우수한 풍수사가 있고, 이들 풍수사는 그 법술에 의해서 지덕을 잘 비보하고 변개(變改)할 수가 있었던 자라고 믿어졌다는 뜻이다. 그러므로 신라에서 고려 때까지는 순전히 풍수술만으로 지덕비보가 실제로 형해졌다고 단언할 수 있다.

송악(松岳)에 대한 식수비보(植樹裨補)는 예종(睿宗) 때도 행해졌다. 《고려사》〈세계(世系)〉에 '왕 2년(1107) 2월 일관(日官)이 주(奏)하여 송악(松岳)은 경도(京都)의 진산(鎭山)이다. 그런데 오랫동안 우수(雨水)에 의하여 사토(沙土)가 표류(漂流)하고 암석(岩石)이 폭로(暴露)하여 초목이 무성치 못하다. 마땅히 재식비보(栽植裨補)하여야 할 것이다. 왕이 가(可)하다고 교시했다'라고 하는 것이 그 한 예이다.

(라) 산천비보도감(山川裨補都監)을 두다

고려 제20대 신종 원년(1198)에 재추(宰樞) 및 중방(重房) 최충헌(崔忠獻) 등이 술사를 모아서 국내 산천을 비보(裨補)하여 지덕(地德)을 부활(復活)하여 국운연기(國運延基)를 의논하여, 마침내 산천비보도감(山川裨補都監)이라고 하는 임시관아(臨時官衙)를 두기로 했다.(《고려사》〈百官〉) 산천비보도감은 산천을 비보하여, 국운을 연장코자 한 것이다.

아마 산천의 순역(順逆)에 응해서 세운 사탑(寺塔)에 관한 일과 함부로 창건한 사탑의 정리 등에 관한 일을 취급했을 것이다.

(마) 보허(補虛)의 고안(高岸)

고려 제11대 문종 때 어사대(御史臺)가 상언(上言)한 풍수적 기사를 보면,

"공부상서(工部尙書)가 왕도(王都) 나성(羅城)의 동남우(東南隅)가 물로 말미암아 허물어져 평지가 되고 있으니, 여기는 원래 도읍(都邑)의 허결(虛缺)을 보(補)하기 위하여 강 언덕을 높이 쌓아 두었는데, 그것이 평지가 되고 말았으니 나성(羅城)에 허결(虛缺)이 생겨 재액(災厄)을 면하기 어려울 것이다. 모름지기 역부(役夫) 3,4천 명(三四千名)을 호출하여 수축(修築)해서 그 결허(缺虛)을 막아야 한다고 했다. 당사(當司)가 실지를 조사한바 그 강변은 모두 논밭으로 되어 있었다. 지금 곧 바로 수축(修築)해서는 모처럼 심어 둔 곡채(穀菜)가 쓸모없이 되겠으니 그 수확을 기다려 수축(修築)하는 쪽이 좋을 것으로 생각한다. 이에 따르다."(《고려사》 권7, 문종1)

여기서 나성(羅城)이라고 하는 것은 풍수상 도읍(都邑)의 주위를 에워싼 산을 말하는 것이다. 양기(陽基)에서는 그 동남쪽, 즉 손방(巽方)이 낮으면 살풍(殺風)이 들어오는 곳이라 한다. 강둑이 높은 것은 풍수적으로 보허(補虛)의 목적에서 쌓아올린 것이다.

인위(人爲)에 의해 지덕을 왕성하게 하려는 비보법이, 처음에는 영력(靈力)을 가지고 지덕을 기르는 데서 시작되었지만, 사탑 건설에 의한 불교신앙을 겪은 후에는 풍수지리에 의해서 행해지기에 이르렀던 것이다.

지금 이 풍수사탑(風水寺塔)의 변천을 간략하게 잘 기술한 '개성 연복사탑 중창비문(開城演福寺塔重刱碑文 : 朝鮮太祖三年甲戌)'을 그대로 전재(轉載)하였으니 참고하기 바란다.

"佛氏之道 以慈悲喜捨爲德. 以報應不差爲驗. 其言極濶大. 譯傳中國. 覃及四海. 緜歷千禩. 愈久而兪熾. 上自王公大臣, 下逮夫婦之

愚. 希冀福利, 靡不崇信. 寺院塔廟之設. 巍業相望彌天之下. 吾東
方, 自新羅氏之季. 奉事尤謹. 城中僧廬多於民屋. 其殿宇之宏壯峻特
者至于今尚存. 一時崇奉之至, 可想見矣. 高麗王氏統合之初. 率用無
替. 以資密佑. 迺於中外, 多置寺社. 所謂裨補是已. 演福實據城中圜
闠之側. 本號唐寺. 方言唐與大相似. 亦謂大寺. 爲屋最鉅. 至千餘
楹. 內鑿三池九井. 其南又起五層之塔. 以應風水. 其說備載舊籍. 玆
不贅陣."(《조선금석총람》 하권 725면)

다음에는 풍수에 의한 비보, 비보탑, 풍수탑의 종류와 그 응용에 대
해서 열거해 본다.

A. 철룡(鐵龍)을 묻어서 지맥(地脈)을 보(補)하다

《북새기략(北塞記略)》에 실린 〈북관고적기(北關古蹟記)〉에는
"舊德陵. 穆祖寢園. 舊安陵老妣寢園. 初在斡東地香角峰之陽. 陵之
左山腰稍低. 鑄鐵爲龍埋之. 以補地脈云."

즉 이태조의 선조묘(先祖墓)는 그 왼편 산허리가 좀 저허(低虛)했기
때문에 철룡(鐵龍)을 주조(鑄造)하여 그곳에 묻어서 지맥(地脈)을 보
(補)했다는 것이다. 이 비보(裨補)는 묘지, 즉 음택의 비보이지만, 그
지맥을 보한다는 점에 있어서는 음택도 양기도 같다. 철룡을 묻는 풍
수적 방법의 한 예를 들었다. 풍수상 룡(龍)은 지맥(地脈)이고 또 철
은 금속이니, 이것을 흙 속에 묻으면 '토생금(土生金)'의 오행상생(五
行相生)에 맞아 생기의 운이 성하게 된다고 하는 풍수 때문에 한 것임
에 틀림없다.

B. 절로 보(補)하다

조선 헌종 12년(1846)에 세운 '평양영명사비문(平壤永明寺碑文)'을
보면 다음과 같다.

"내가 생각건대 절이 폐하면 중이 흩어지고, 중이 흩어지면 북성(北城)이 허(虛)하다. 만약 일조 위급(一朝 危急)하면 북성(北城)을 못 지키며, 여기에 기성(箕城)이 없다. 기성(箕城)이 없으면 나라의 서문(西門)이 없다. 그러므로 절의 수선(修繕)을 느슨하게 할 수 없다. 이것이 경세원려자(經世遠慮者)가 전후(前後)에 급급(汲汲)한 까닭이다. 혹은 이 거동(擧動)으로써 영불구복(佞佛求福)의 자료(資料)로 돌리려고 하는 것은 또한 추한 일이 아니겠는가."(《조선금석총람》 하권 1303면)

즉 평양 모란대(牧丹臺)에 있는 고사(古寺) 영명사(永明寺)는 북성(北城)의 허(虛)를 보(補)하기 위한 것이다. 이의 퇴패(堆敗)는 하루도 소홀히 하지 말고 수축(修築)하지 않으면 안 된다. 유학자 가운데에는 사찰의 수축(修築)이 영불구복(佞佛求福) 때문이라고 욕하는 자가 있으나 그것은 눈앞을 내다보지 못하는 자의 말이며, 이러한 일은 전후(前後)를 생각하고 먼 앞을 생각하는 경세(經世)의 눈으로 보아야 할 일이라는 것이다. 위의 내용에서 영명사가 국방상 비보사(裨補寺)였던 것을 알 수 있다.

C. 산성(山城) 수호(守護)의 사찰(寺刹)

조선조 철종 6년(1855)에 만들어진 '양주(楊州 : 경기도) 북한산 승도(僧徒) 절목(節目)'에는

"북한산성(北漢山城)은 보장(保障)의 중지(重地)이다. 사찰(寺刹)의 창건, 승도(僧徒)의 모입(募入), 이것이 어찌 부질없는 일이겠느냐. 즉 산성(山城)의 수호(守護)가 되게 한다는 뜻에 말미암은 것이다."(《조선금석총람》 하권 1308면)

이는 북한산상(北漢山上)의 사찰(寺刹)은 여기에 사는 승도(僧徒)로 하여금 일단 위급한 일이 있을 때에 소중하게 지켜야 할, 중요한 북한

산성을 수호하기 위한 것이다. 사찰이 단순히 지덕(地德)을 비보(裨補)하기 위한 것이라는 것보다도, 여기에 사는 승도(僧徒)들이 급할 때 성을 수호케 하기 위한 것이기도 하다는 점이 주목된다.

D. 석불방허(石佛防虛)

전라북도 익산군에 있는 쌍석불 중건비(重建碑 : 哲宗 9년에 건립)에 대해 '군남석불중건기(郡南石佛重建記)'에 다음과 같이 적혀 있다.

"읍(邑)의 남(南)에 쌍석(雙石)의 증릉괴걸(嶒崚魁傑)한 모양이 부처와 같다. 생각건대 옛사람이 세울 때 아마 수문(水門)의 허(虛)를 막기 위한 것이었을 것이다."(《조선금석총람》 하권 308면)

이것은 익산읍을 창건할 때 수류(水流)의 유출구(流出口)가 낮아 공허하기 때문에, 비보(裨補)하기 위하여 이체(二體)의 석불(石佛), 즉 음양(陰陽)의 쌍불(双佛)을 석각(石刻)하여 진안(鎭安)한 것이다.

E. 기지(基址)를 지키는 절

함경남도 함흥(咸興)에 있는 귀주사(歸州寺) 중건기적비(重建紀蹟碑 : 고종 18년, 1881년)를 보면,

"우리 태조 강헌대왕(康獻大王)이 함산(咸山)의 동쪽 150리(里) 귀주동(歸州洞) 설봉산하(雪奉山下)에 용잠독서(龍潛讀書)하다. 그때 치도(緇徒)도 또한 역라(亦蘿)를 열고 있다. 참으로 이 산은 실로 기왕(基王)의 자취이니, 국초(國初)에 절을 세워서 성지(聖址)를 호위(護衛)하다."(《조선금석총람》 하권 1324면)

로 되어 있다.

이것을 보면 귀주사(歸州寺)는 이씨(李氏) 발상의 성지(聖址)를 위호(衞護)하고, 그 뿌리를 북돋우는 일로 지엽(枝葉)의 번무(繁茂)를 바란 풍수적 지력비보(地力裨補)의 일종이라고 볼 수 있다.

F. 오래 된 비보사(裨補寺)를 원찰(願刹)로 하다

‘오대산 사자암 중건기(五臺山獅子庵重建記)’(權近의 撰)에 다음과 같은 글이 있다.

“건문(建文) 3년(3대 太宗 원년 1401년) 태상왕전하(太上王殿下)가 참문하부사(參門下府事) 권근(權近)을 불러 다음과 같은 뜻을 전했다. ‘내 일찍 강릉부(江陵府) 오대산(五臺山)이 기수(奇秀)라 일컬어지고 예로부터 두드러지다는 말을 듣고, 원찰(願刹)을 두어 승과(勝果)를 심고자 생각한 지 오래다. 작년 여름 노납 운설악(老衲 雲雪岳)이란 자가 이 산에서 와 고(告)하기를, 산의 중대(中臺)에 암자(庵子)가 있으니 사자(獅子)라는 나라의 비보(裨補)인데, 창건(創建)이 오래 되어 폐암(廢庵)이 되었으나 유기(遺基)는 아직 존재(存在)한다고 했다. 내가 듣고 기뻐하여 장인(匠人)을 보내 둥근 기둥을 일으켜 세우고 불상을 안치(安置)하고 승(僧)을 살게 한 것은 그 때문이다. 아래에 십일간(十一間)을 두어 문을 흥세각(興洗閣)으로 한 것도 그 때문이다. 공(功)이 이미 끝나, 동(冬) 11월 친히 이에 왕림하여 낙성(落成)했다. 생각건대 이는 선서(先逝)를 추복(追福)하고 후세(後世)를 추리(推利)하며, 물아(物我)가 균점(均霑)하고, 유명(幽明)의 공뢰(共賴)를 위한 것이다.”

즉 태조가 은퇴하고 태종의 즉위 원년에 구래(舊來)의 숙원(宿願)을 다해서 오대산(五臺山)에 있는 사자암(獅子庵)을 중건한 것이다. 그 목적은 명산(名山)에 원찰(願刹)을 세워서 승과(勝果)를 심는 일이었다. 이 오대산은 신라 시대부터 이미 나라의 명산, 성산(聖山)으로서 숭배되어 온 산이다. 그런데 승(僧) 운설(雲雪)이 말하기를 중대(中臺)의 사자암(獅子庵)은 예로부터 나라의 비보사(裨補寺)였다고 하니, 상왕(上王)은 이 선성(先聖)에 의하여 선정된 절의 기지(基址)야말로 지덕(地德)을 얻는 데 적합(適合)한 곳이므로 이곳에 원찰(願刹)을 세

우고 승과(勝果)를 심고자 기꺼이 장인(匠人)을 보내서 중건(重建)하였을 것이다. 승과(勝果)란 상왕(上王) 혼자서 사후(死後)의 명복(冥福)을 비는 것만이 아니고, 복을 선서(先逝)에 좇고, 이(利)를 후세에 남긴다는 뜻이다. 지력(地力)에 의하여 사자(死者)와 생자(生者) 모두 이롭게 되고자 하는 풍수적 목적이었다. 비보사찰을 중건하는 것이 이씨 가문의 번영과 그 왕업의 영원함을 희망한 것에 지나지 않는다.

G. 흥불(興佛)을 투기(妬忌)하여 지맥절단(地脈切斷)

이능화(李能和)의 《조선불교통사(朝鮮佛敎通史)》에 다음과 같은 흥미있는 설화가 있다.

"조선 명종조(明宗朝 : 1546~1567) 명승(名僧) 보우화상(普雨和尙)이 광주(廣州 : 京畿道) 수도산(修道山) 봉은사(奉恩寺)의 주지가 되자 불과 10년 사이에 이 절에서 불법이 크게 발흥하여 왕가(王家)의 귀의(歸依)도 두터운 것이 되었다. 본래부터 배불주의(排佛主義)였던 당시의 유자(儒者)들은 이를 보고 매우 기질(忌嫉)하고 유감(遺憾)스럽게 생각하고 있다가 보우화상(普雨和尙)이 서거(逝去)하자, 봉은사(奉恩寺)의 주산(主山 : 後山)을 절단(切斷)하여 그 목을 없애고, 계점촌(鷄岾村)에 있는 안산(案山)을 파서 그 발을 없애 그곳에 모이는 지기(地氣)를 누설(漏洩)케 해서 불도(佛道)의 흥륭(興隆)을 방해(妨害)코자 했다."

이 설화(說話)가 꼭 비보탑(裨補塔)의 예는 아니지만, 비보(裨補)가 지기(地氣)의 누설(漏洩)을 막기 위한 것이라는 것을 다른 면에서 이야기하는 자료로서 참고된다. 당시는 풍수신앙이 성하여 산맥지세(山脈地勢)에 공결(空缺)을 만들면 지기(地氣)가 새고 그 양기(陽基)는 쇠미(衰微)하게 되는 것이라고 믿어졌다. 그렇게 믿었기에 당시 유자(儒者)가 당당하게 유학(儒學)의 지식으로서 불법(佛法)의 흥륭(興隆)에 대항하지 아니하고, 보우(普雨)가 죽자 불교의 발흥(勃興)은 보우(普雨)의 위재(偉才)에 의한 것이 아니고, 봉은사(奉恩寺)의 기지(基址)가 생기(生氣)에 차 있었기 때문이라고 믿고 지맥을 파헤치는 토목공사를 감행한 것이다.

H. 화방(火防)의 석귀(石龜)

경상북도 대구 시청에서 남쪽으로 140미터쯤 떨어진 봉산동(鳳山洞) 남쪽 끝에 월미산(月尾山)이라고 하는 산구(山丘)가 있다. 옛날 대구부(大邱府) 창설(創設) 때에 석조(石造) 거북 두 마리를 화신(火神)으로 제사(祭祀)지냈기 때문에 연귀산(連龜山)이라고도 한다. 이 연귀(連龜) 중 한 마리는 아직도 남아 산꼭대기에서 시내를 내려다보고 있다《大邱府勢一斑》.《동국여지승람》에 이 연귀산에 대해 다음과 같이 적고 있다.

> "연귀산(連龜山)은 부(府)의 남쪽 3리에 있다. 진산(鎭山)이다. 언전(諺傳)에 건읍(建邑)의 초에 석귀(石龜)를 만들어 산배(山背)에 두었다. 남두북미(南頭北尾)하여 지맥(地脈)이 통(通)한다. 고로 이 것을 연귀(連龜)라고 한다."

대구부(大邱府)의 창설(創設)은 신라 경덕왕 때이므로 만일 이 석귀(石龜)를 그때에 만든 것이라 한다면, 경덕왕은 신라 제35대 왕으로 742년부터 764년까지 재위했으니 적어도 1160년 전의 것이다. 그리고 《동국여지승람》에는 이 석귀(石龜)를 산배(山背)에 묻고 머리를 남으로 하고, 꼬리를 북으로 지맥을 통하게 했으므로 연귀(連龜)라 이름 붙였다고 한다. 부세일반(府勢一斑)에서는 이두(二頭)의 거북을 두었기 때문에 연귀(連龜)라 했다고 한다. 전설들이 일치하지 않으나 부세일반(府勢一斑)에서 산상(山上)에 현존하는 것은 일두(一頭)라 한 점으로 보아 처음부터 일두(一頭)밖에 없었던 것인지도 모른다. 그렇다

면 《동국여지승람》의 내용과 일치한다. 그것은 지맥을 연통(連通)하
기 위한 것이었다. 그런데 그 뒤 부내(府內)의 화재를 막기 위하여 이
귀석(龜石 : 거북은 水神으로 믿어졌기 때문에)을 제사지낸 일이 있는데
그때부터 화신(火神)으로 제사(祭祀) 지내게 된 것이라고 전해진 것이
리라.

I. 건탑복적(建塔伏敵)

《동국여지승람》에 의하면 충청북도 충주의 말흘산(末訖山) 밑에는
용두사(龍頭寺)라는 절이 있는데, 이 절은 삼국 시대에 북적(北狄)이
자주 침입할 때 창건하고 탑을 세워서 물리쳤다는 것이다.

충주 중앙탑(中央塔)

또 충주에는 읍의 북서쪽에 위치한 가금면 탑평리에는 중앙탑이라는 구층 석탑이 있다. 이것은 신라 원성왕 12년(769)에 건설한 것으로 그 유래에 대해서는 두 가지 설이 있다. 그 하나는, 이 땅이 당시 삼한의 중앙에 위치해 있었기 때문에 여기를 중진(重鎭)으로 하기 위하여 입탑(立塔)한 것이라고 하며, 하나는, 충주가 삼한의 중앙이고 또 왕기(王氣)가 있기 때문에, 그 왕기(王氣)를 염승(厭勝)하기 위하여 탑을 세운 것이라고 한다. 모두 풍수적 비보(裨補)의 탑이란 점에서 일치한다.

J. 개경원(開慶院)을 만들어 객(客)의 관섭(管攝)으로 하다

경상남도 진주의 동쪽에 개경원(開慶院)이라는 역원(驛院)이 있었다. 정이오(鄭以吾)의 원기(院記)에 의하면, 진주의 지세는 진산(鎭山)인 비봉산(飛鳳山)이 그 양소매를 뻗쳐서 진주의 읍을 안고, 지리산 동남 산곡(山谷)의 물이 돌아 나가 강이 되어 그 남(南)을 가로지르고, 이 산천이 합쳐진 좌포(左抱) 속에 북에서 남으로 뻗은 긴 언덕이 형성되어 있다.

군지(郡誌)에 의하면 옥봉(玉峰)인데 그 봉우리가 마치 빈객(賓客)을 맞아서도 향응(饗應)하지 않는 모양이기에 이것을 물리치기 위하여 이 개경원(開慶院)을 지었다고 한다. 개경(開慶)은 경연(慶宴)을 개설(開設)한다는 뜻으로 붙인 것이다.(《동국여지승람》 권30)

K. 해인사는 풍수사(風水寺)

경상남도 합천군 가야산 서쪽에 있는 해인사(海印寺)는 신라 애장왕이 창립한 절인데, 고기(古記)에 의하면 이 가야산의 형세가 천하에 비길 것이 없으며, 지덕(地德)도 해동 제일의 정수(精修)한 땅이라고 한다.

대장경판(大藏經版)이 소장되어 있는 해인사(海印寺)

고려 시대에는 해인사에서 대장경을 간행했고 현재에도 그 경문(經文)과 목판(木版)이 소장되어 있다.

ㄴ. 천사건립(千寺建立)으로 산령(山靈)을 빌다

전라남도 옥구군 천방산에 천방사(千房寺)라는 절이 있었다. 이응정(李膺挺)의 《중수기(重修記)》에 따르면 예전에 신라의 명장 김유신(金庚信)이 백제를 치려고 당(唐)에 군사를 청했다. 당은 소정방(蘇定方)으로 하여금 수군 12만을 거느리고 이 천방산 아래에 정박(艇泊)했다. 그러나 연무폐암(烟霧蔽暗), 천지회명(天地晦暝)하여 지척을 분간치 못하였다. 그래서 김유신은 산신에게 기도하여 말하기를 날이 개면 천사(千寺)를 지어 공양할 것이라고 서약했다. 그날로 천지가 청명하게 개었다. 그래서 김유신은 산에 올라 돌아보니 지세협착(地勢狹窄)한지라 도저히 천사(千寺)를 세울 수가 없었다. 그러나 서약(誓約)이 서약인만큼 천개의 돌을 배열하여 절 도양을 본뜨고 따로 한 절을

지어서 천방사(千房寺)라고 이름지었다.(《동국여지승람》 권34)

M. 풍수사(風水寺)를 지어서 재액악역(災厄惡疫)을 막다

함경남도 원산시 부내면 삼월리(三越里)에 있는 니사(尼寺) 재성암(再星庵)은 그 옛날 덕원군(德源郡) 읍내에 재액(災厄)이 심했기 때문에 당시 풍수사(風水師)에게 물은즉 덕원 읍내는 구형(狗形)이고, 삼월리는 호형(虎形)이라, 이 범이 항상 개를 노려보고 있기 때문에 재액(災厄)이 빈출(頻出)하는 것이라 했다. 그리고 삼월리에 사원을 건립하면 이 재액을 면할 수가 있을 것이라고 하였다. 당시 군수가 이 절을 건립했는데 그 뒤로는 악역(惡疫)이 유행하지 않아 재액(災厄)을 면했다고 한다.(1929년)

N. 보허(補虛)의 조산(造山)

풍수비보(風水裨補)의 일종으로 조산(造山)이라는 것이 있다. 이것은 보허(補虛) 또는 방쇄(防殺)를 위하여 봉토(封土)의 산을 만들고 돌을 쌓아올려서 언덕을 만든 것이다. 이 조산은 도읍의 나성(羅城)에 허결(虛缺)이 있어, 풍수상 완전하지 않다고 생각되는 곳에 만든다. 지금 경상북도 안동에 있는 조산이 대표적이다. 안동은 영남산(映南山)이 병풍(屛風)처럼 둘려 있고 낙동강 유역에 면한 도읍이다. 풍수적 성국(成局)으로 논한다면 너무 지나치게 개활(開闊)한 곳이다. 또 낙동강 본류가 허리띠처럼 흐르고 있어 득수(得水)로 인해 생기를 머물게 하더라도, 지국(地局)이 광활(廣闊)한 공야(空野)를 이루었기 때문에 그 생기의 저적(貯積)을 기대기 어렵다. 그래서 건읍(建邑)할 때 읍의 전면에 수십 개나 되는 사탑을 건설하여 읍기(邑基)를 포옹(包擁)하여 읍기를 진정(鎭定)케 했다고 한다. 이 사탑은 오랜 세월 동안에 폐절(廢絶)되었기 때문에(현재 잔존하는 것은 磚塔 2基와 古刹 2개뿐)

이 사탑 대신에 영위(營爲)된 것이
이 조산(造山)일 것이다.

선조(宣祖) 41년(1608)에 이루어
진 안동의 고읍지(古邑誌)인《영가
지(永嘉誌)》에는 이 조산에 관한 기
록이 있다. 다음의 열다섯 가지는
모두 풍수적 비보로서 둔 것이다.

① 안막곡(安莫谷) 조산(造山)

모두 세 개로 하나는 부성(府城)
북문 밖 20보쯤의 길 동쪽 계서(溪
西)에 있고, 하나는 빙고(氷庫)의
앞 계서(溪西)에 있고, 하나는 북

안동의 옛 전탑(塼塔)

문(北門) 밖 북동삼리(北洞三里)쯤 석불 아래 대로의 동쪽에 있다.

위의 세 산(山)은 모두 북거동구(北渠洞口)의 허(虛)를 진색(鎭塞)키
위하여 만들었다.

② 성내(城內) 조산(造山)

모두 넷인데, 하나는 관청(官廳) 앞 공수(公須)의 서쪽에 있다. 인
리(人吏)를 위하여 만들었다. 하나는 영청(營廳) 대로의 중앙에 있다.
관노비(官奴婢)를 위하여 만들었다. 하나는 사창(司倉)의 동에 있다.
백성을 위하여 만들었다.

위의 세 조산(造山)은 3대(臺) 귀인(貴人)에 준한 것이다.

나머지 하나는 사창(司倉)의 남 대지(大池) 안에 있어서 마치 섬과
같다. 옛적에는 읍내 죄인은 여기에 정배(定配)했다.

③ 삼가조산(三街造山)

성(城)의 서문(西門) 밖 20보쯤에 삼로(三路)가 합(合)쳐지는 곳에
있다.

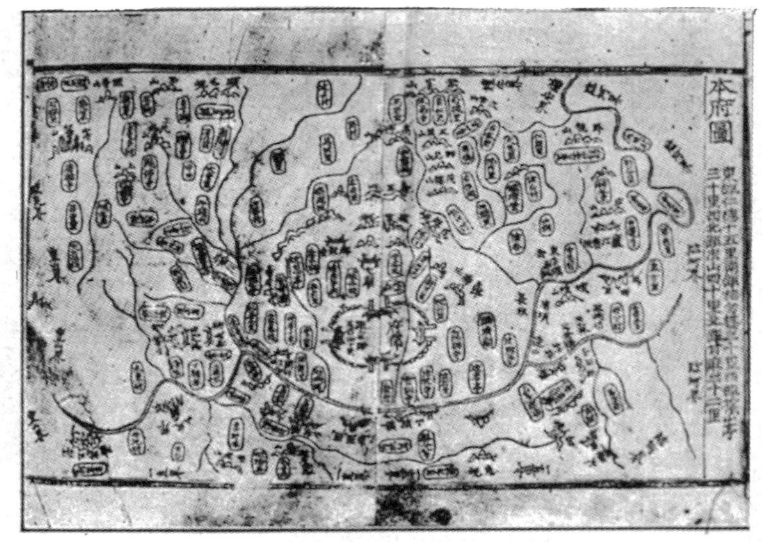

안동고여지도(安東古輿地圖)

④ 율곡리(栗谷里) 조산(造山)

서곡(西谷) 동구(洞口)에 있다. 동구(洞口)가 부기(府基)를 똑바로 보고 있는 것을 막기 위해서이다. 일설에 이 동 뒤에 고총(古塚)의 석곽(石槨)이 있기 때문에 이것을 막기 위하여 만들었다고 한다.

⑤ 신세리(新世里) 조산(造山)

모두 두 개인데, 하나는 영남산(映南山) 아래의 대로(大路) 곁에 위치해 있다.

하나는 법흥사(法興寺) 하견항(下犬項) 상두(上頭) 대로(大路) 동림(東林)가에 있다.

⑥ 유림조산(柳林造山)

포송항 양수(浦松項 兩水) 사이에 있다.

⑦ 존당(尊堂) 조산(造山)

모은루(慕恩樓) 서언적리(西諺的里)의 남쪽에 있다. 안동부(安東府)

의 부기(府基)가 '행주형(行舟形)'이기 때문에, 이 조산(造山)은 배를 매는 섬을 본떴고 쇠를 묻어서 금기(金氣)를 왕성하게 했다고 한다. 이 조산에는 한때 한 부관(府官)이 이 쇠를 뽑아 내려고 이 조산을 헤치니 갑자기 하늘에 검은 구름이 끼고 비바람이 몰아쳐 끝내 그 목적을 달성하지 못했다는 일화가 전해진다.

⑧ 안기(安奇) 조산(造山)

신당(神堂) 앞 영은정(迎恩亭 : 府北에 있다) 서쪽에 있다. 위에는 느릅나무, 수양버들을 심어서 북동(北洞)을 진색(鎭塞)했다.

⑨ 견항 조산(犬項 造山)

영춘정(迎春亭 : 府東에 있다) 서대로(西大路)의 동쪽에 있다. 입춘날 헌관(獻官)을 정해서 동황(東皇)을 여기에 제사지내며, 제일(祭日)에는 오곡의 씨를 그릇에 담아 조산에 놓고 그 곡(穀)의 자윤(滋潤)을 보고 그 해에는 어느 곡식이 잘 될까를 점쳤다.

또 일직현(一直縣)에도 조산이 다섯 개 있다. 모두 현(縣)의 서동(西洞) 가까이에 있어서 그곳의 공허(空虛)를 진색(鎭塞)하고, 풍산현(豊山縣)에도 두 개의 조산이 있어 현 남쪽의 공허(空虛)를 진색(鎭塞)했다고 기록되어 있다.

제 6 장 주택풍수

1. 택지의 풍수

양기풍수의 하나였던 개인 양기풍수(陽基風水)는 종래 집단 양기풍수보다 더 성했었다. 지금은 '풍수'라면 묘지상정법(墓地相定法)이 전부인 것처럼 생각하지만, 풍수는 이미 말한 바와 같이 길지(吉地) 상점(相占)이 목적이므로 묘지에 국한된 것이 아니라 양기(陽基)인 주거 주택에도 널리 이용된다. 개인적 양기(陽基)는 집단양기보다 이동의 어려움도 적고 집단 양기와 같이 광범위한 지역을 필요로 하지 않기 때문에 그 탐구와 선정이 용이하여 국도 도읍보다 더 널리 사람들에 의해 이용되고 있다.

개인적 양기인 주택의 풍수적 관념은 어떠한 것인가? 그것은 뒤에 열거하는 구체적 설명에 의해 분명해질 것이다. 집단적 양기처럼 택지도 그 땅의 형세 여하에 의해 길흉의 차이가 있다. 길한 땅에 거택을 조영한다면 저절로 행운을 입고 입신출세, 부귀영화를 누릴 수 있지만, 이와 반대로 흉지에 주택을 짓는다면 바로 재해질병(災害疾病)의 불행한 운명에 지배되고 드디어 유리절멸(流離絶滅)의 액운에 빠진다고 한다.

그러면 길지(吉地)란 어떤 것인가? 천지의 정기(精氣)가 모였다가 생기를 발하는 곳이며, 풍광명미(風光明媚)해 상탄(賞歎)해 마지않을 만한 형승(形勝)의 땅이며, 영초이수(靈草異獸)가 나타나는 곳이며,

생활의 발달 신장을 축복할 만한 땅이다. 생기를 탄다는 관념보다는 산하형세(山河形勢)의 유형유상(類形類象)이 인생에 영향을 끼친다고 하는 유형풍수(類形風水)에 그 무게를 두고 있다. 대저 양기는 음택과 달라서 그 거주를 지상에 두고 있다. 묘지처럼 땅 속에다 만드는 것이 아니다. 그러므로 땅 속에 매장해 직접 생기를 탈 수 있는 묘지보다는 생기에 대해서 그리 중요성을 두지 않는다. 그러나 양기에서는 일상 생활에서 직접 유형을 바라보고 접촉하기 때문에 유형영향(類形影響)의 힘을 중시한다고 할 수 있다.

이와 같이 주택풍수는 그 선정이 소규모이고 또 주로 그 표면적인 상징(象徵)에 의해서 길흉의 판별이 이루어지기 때문에, 묘지나 집단 양기에서처럼 풍수적 지식이나 조예(造詣)를 그리 필요로 하지 않는다. 따라서 주택조영(住宅造營)을 위하여 풍수사를 번거롭게 하는 일은 별로 없다. 조영자(造營者)가 상식적인 견해에 따라 그 길흉을 판단하고 상정(相定)하는 일이 많다. 그리하여 주택에 대한 풍수설이 적은 것처럼 간주되고, 조예 깊은 풍수사의 손을 빌려야 할 것은 묘지풍수로만 생각되기에 이르렀던 것이다(집단양기는 묘지만큼 풍수와 밀접한 관계를 가지고 있지 않다. 사망자가 있을 때마다 풍수적 지식을 필요로 하게 되니 묘지와 풍수와의 결합은 밀접할 수밖에 없다. 그러나 집단양기는 큰 재해가 있어서 그 원인이 풍수적 결함에서 온 것이라거나, 인구증가의 결과 그 땅이 생활의 터전으로서 적당치 못하게 되어 딴곳으로 이동해야 할 필요가 있을 때에 한해서 풍수적 지식을 필요로 한다. 집단양기 창설자로부터 2, 3대가 지나면 주민들도 자기들이 사는 집단양기가 어떠한 풍수적 존재인지조차 돌아보지 않는다. 집단양기는 묘지풍수처럼 관심의 빈도수가 잦지 않다. 따라서 묘지풍수만큼 강한 인상을 주지 않는다.

그러면 상식적 판단이란 어떠한 것인가? 그것은 뒤에 명백해지는 것처럼 미(美)를 미(美)로 느끼고, 추(醜)를 추(醜)로 보는 일반적 견

지에서의 길흉 판단을 말한다. 좋은 주택지의 선정은 앞으로 성해지
려는 땅, 성한 기운이 상승하려고 하는 기세가 있는 땅이다. 즉 발전
적인 느낌이 있는 형세의 땅이 길지이다. 이 발전적 형세를 길지라고
하는 것은 동서의 어떤 민족을 불문하고 공통된 현상이다. 어느 민족
이라도 발전적 형세를, 행복을 가져오게 할 징조로 보고 기쁘게 맞이
하는 것이다. 이는 실로 인류의 본능적 요구라고 할 수 있다. 신라 제
4대 탈해왕이 아직 왕이 되기 전 배를 타고 신라에 상륙하여 집을 지
을 터를 찾다가 궤계(詭計)로 주거(住居)를 빼앗았다. 그것은 발전적
이고 경사스러운 형세를 찾아냈기 때문이다.

> "其童子(脫解)曳杖率二奴. 登吐含山上作石塚. 留七日. 望城中可居
> 之地. 見一峯如三日月. 勢可久之地. 乃下尋之. 卽瓠公宅也. 乃說詭
> 計. 潛埋礪炭於其側. 詰朝至門云. 此是吾祖代家屋. 瓠公云否. 爭訟
> 不快. 乃告于官. 官曰. 以何驗是汝家. 童(脫解)曰. 我本冶匠. 乍出
> 隣鄕. 而人取居之. 請掘地檢看. 從之. 果得礪炭. 乃取而爲居. 時南
> 解王(第二世의 王)知脫解是智人. 以長公主妻之."(《삼국유사》〈紀異第
> 一〉)

위에 나온 '성중(城中)의 있을 만한 땅을 바라보니, 한 봉우리의 모
양이 초생달같이 둥글며, 그 세가 오래 갈 만한 땅임을 보고 내려와
이 땅을 찾았다'가 탈해(脫解) 상태지(相太地)의 안목이지만, '그 모
양이 초생달 같고, 그 세(勢)가 오래 갈 만함' 함은 초생달은 장차 날
로 커갈 것이며, 하늘에 나타나는 달빛으로는 초생달이 그 최초이고
장래성이 큰 것이기 때문에, 이 초생달의 증대와 장래의 장구함을 가
지고, 발전적이고 경사스러운 운명을 상징화한 것이며, 이러한 땅을
가거(可居)의 터로 상정(相定)한 것이다. 이 상지(相地)는, 주로 상식
적인 유형에 의해 길하다는 것이 인정되었기 때문에, 별로 풍수적 지
식을 필요로 하지 않는다(탈해는 뒤에 제4대 왕이 되었고, 이 집터는 나중

에 반월성이라고 하는 신라 왕성의 대표적인 성이 되었다. 여기에 주의할 것은 처음 탈해가 봤을 때는 초생달의 세(勢)였었는데, 이것이 왕성이 되었을 때는 반월성이라는 이름이 붙었다는 사실이다. 이 초생달이 반월로 된 것만 보아도 발전을 축복하는 신앙이 얼마나 강하게 그리고 구체적으로 표현되어 있는지를 알 수 있다).

이러한 유형신앙(類形信仰)은 나중에 풍수적 관념과 결부될 수밖에 없었다. 왜냐하면, 풍수설은 유형신앙(類形信仰)을 채용하여 그 생기설(生氣說)을 구체적으로 설명하려고 했기 때문이다. 신라 제27대 선덕여왕은 총명한 여왕이었는데, 그 왕의 삼대일화(三大逸話)의 하나로 전해지는, 영묘사(靈廟寺)의 옥문지(玉門池)에 개구리 우는 소리를 듣고 병(兵)을 보내어 여근곡(女根谷)에 숨어 있는 백제군을 몰살한 이야기는 그간의 사정을 잘 말해 준다. 그 일화(逸話)는 다음과 같다.

"於靈廟寺玉門地. 冬月衆蛙集鳴三四日. 國人怪之. 問於王. 王急命角干閼川, 弼呑等. 鍊精兵二千人. 連去西郊. 問女根谷. 必有賊兵. 掩取殺之. 二角干旣受命. 各率千人問西郊. 富山下果有女根谷. 百濟兵五百人. 來藏於彼. 並取殺之. 百濟將軍弓召者. 藏於南山嶺石上. 又圍而射之殪. 又有後兵一千二百人來. 亦擊而殺之. 一無子遺…….群臣啓於王曰. 何知蛙事之然乎. 王曰. 蛙有怒形. 兵士之像. 玉門者女根也. 女爲陰也. 其色白. 白西方也. 故知兵在西方. 男根入於女根. 則必死矣. 以是知其易捉. 於是群臣皆服. 其聖智."(《삼국유사》〈紀異〉 권1).

이 일화가 과연 선덕여왕 때의 일화인지, 혹은 꾸민 이야기인지는 차치하고, 이 일화를 보면 유형신앙과 풍수신앙이 접합되었음을 알 수 있다. 옥문(玉門)이 여근(女根)이고, 개구리가 그 성낸 모양으로 해서 군병(軍兵), 즉 남근(男根)이 되고, 남근이 여근 속에 들어가면 반드시 죽는 고로, 여근곡(女根谷)에 숨은 군병은 쉽게 잡을 수가 있다라고 말하는 것은 바로 유형신앙이다. 여자(女子)를 음(陰)으로 하고, 음(陰)의 색(色)은 백(白), 백(白)은 서방(西方)의 색(色)인 고로 서교(西郊)에 여근곡(女根谷)이 있음을 알았다는 것은 음양오행의 배속관념(配屬觀念)에 의해서이며, 이 음양오행의 배속관념은 풍수신앙의 기초이니, 이 일화는 유형신앙을 음양오행으로써 설명한 풍수적 유형신앙과 그 내용을 하나로 한 것이다.

신라 문무왕 때 당(唐) 고종이 신라의 비위(非違 : 唐이 평정한 고구려 땅을 掠倂했다)를 규탄하기 위하여, 50만의 병력을 동원하여 신라를 치려고 했다. 문무왕은 군신을 모아서 방어책을 강구하였다. 각간(角干) 김천존(金天尊)의 동의(動議)로 용궁(龍宮)에서 비법을 가지고 왔다는 명랑법사(明朗法師)를 불러 의논했다. 명랑의 상주(上奏)에 따라 사천황사(四天皇寺)를 창립하여 그곳에 수법(修法)의 도량(道場)을 개설하기로 하고, 그 부지(敷地)인 낭산(狼山)의 남쪽에 있는 신유림(神遊林)이 선정되었다. 그런데 이를 결정했을 때는 이미 당병(唐兵)이 가까이까지 쇄도했다는 소식이 들어왔기 때문에, 절을 지을 여유가 없어 명랑의 지시에 의해 채백(彩帛)을 그곳에 둘러서 절과 같이 꾸미고, 풀로 오방신상(五方神像)을 만들어 기도했다고 《삼국유사》 권2는 전하고 있다. 이것은 사천왕이 국계수호(國界守護)의 신장(神將)이므로 그 신장인 사천왕을 공양하는 절은 역시 신중(神衆)이 유락(遊樂)한다고 믿어지는 신유림(神遊林)에 창건하는 것이 적당하다고 생각되었기 때문이다. 신유림은 신이 유락(遊樂)하는 장소인만큼 가장 신성한 영험이 있는 장소로 믿어졌음에 틀림없다.

또 신라 제30대 문무왕과 그 부인 선화공주가 용화산(龍華山) 아래의 큰 못가에 거동했을 때, 그 못에서 미륵삼존이 출현했기 때문에 여기에(이 못을 메우고) 공주의 원찰(願刹)인 대가람(大伽藍)을 세운 일이 있다(《삼국유사》 권2). 가락국의 시조 수로가 그 궁궐을 정함이 그 지형

(地形)이 여뀌잎 같고 수이(秀異)하여 16나한(羅漢)의 주지(住地)가 될 만한 땅이므로 전우(殿宇)의 터로 정한 것이다(上同 〈駕洛國記〉). 혹은 의상법사가 영험 있었던 정취보살(正趣菩薩)의 석상(石像)이 시내〔川〕에서 나온 곳에 절을 지었다(上同 第三). 또는 신라의 보천(寶川), 효명(孝明)두 태자(太子)가 도(道)를 구하여 오대산에 들어가자 둘 다 산중의 청련(淸蓮)이 핀 곳에다가 결암(結庵)의 터를 잡았다(上同 興法第三). 또 신라 31대 신문왕 때 매 부리는 사람〔鷹匠〕이 띄운 매가 꿩을 쫓아가서 돌아오지 않으므로 찾아보니, 꿩은 우물 안에서 나래를 펴고 두 병아리를 품고 있었으며, 물은 붉은색으로 변해 있었다. 한편 매는 옆 나무 위에 앉아 있었는데 측은한 마음이 생겨 잡으려 하지 않았다. 이 광경을 본 재상(宰相) 충원공(忠元公)은 크게 느낀 바 있어 왕에게 상주(上奏)해서 이곳에다가 영취사(靈鷲寺)를 세웠다(上同). 또는 진표율사(眞表律師)가 속리산 안의 길상초(吉祥草)가 나는 곳에 정사(精舍)를 창립하여야 한다고 했다(上同 第五). 또 금강산 유점사(楡岾寺)에 53불(佛)이 내림(來臨)하여 이곳에 사는 못 속의 구룡(九龍)과 다투어 용을 쫓고 이곳을 안주(安住)의 땅으로 했기에 그 못을 메우고 세운 것이라고 전한다〈同寺緣起〉. 이 모두가 그 땅에 영기(靈氣)가 있기 때문에 영물(靈物)이 있고 영험(靈驗)이 있는 곳이라 해서 건사(建寺)의 터로 정한 것이다.

삼상(三相 : 총리격의 세 사람)을 산출(産出)하는 영실(靈室)이 있고, 도적의 넋을 잃게 하는 남문(南門)이 있고, 불사(不死)의 간(間)이 있는 집으로 유명(有名)한 경상북도 안동군 신세동(新世洞 : 塔洞)의 이상룡(李相龍)의 집은 지금으로부터 약 4백 년 전 그 조상이 안동성(安東城)의 남문(南門)에서 이 땅을 점쳐서 옮겨 지은, 건평(建坪) 99간(약 2백 평)짜리 큰 건물이다. 이 집의 평면도는 동쪽에서 봐서 '용자형(用字形)'이다. 집 뒤로 상산(象山)이 있고 집안 동남쪽에 낙동강이

경상북도 안동 신세동의 이씨가(李氏家)

이씨가의 퇴도문(退盜門)

이씨가에서 세 대신을 낳은 방

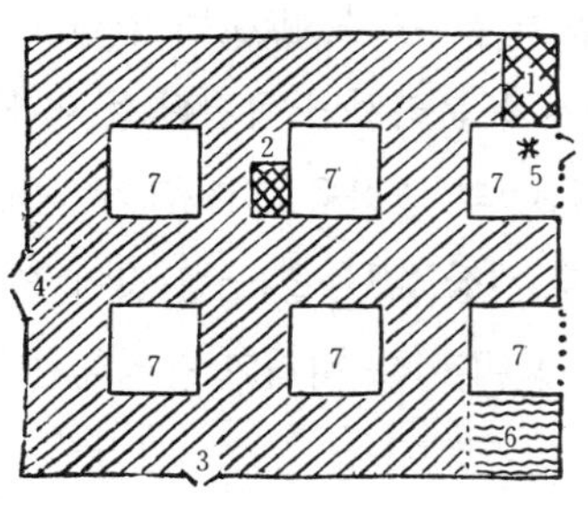

1. 세 대신을 낳은 방
2. 不死의 문
3. 退益門
4. 西門
5. 靈泉
6. 馬屋
7. 內房

안동이씨가(安東李氏家)의 평면도(平面圖 : 用字形)

흐르는, 풍수상 극히 좋은 지세로 미루어 보아 집의 구조도 풍수적 방법에 의한 것임을 알 수 있다.

집을 지을 때는 '일자형(日字形)', '월자형(月字形)', '길자형(吉字形)' 등 괄목할 만한 좋은 글자의 모양으로 만드는 것이 좋다고 하는 유형신앙(類形信仰)이 있다. 도면에서 보는 바와 같이 그 하반(下半)은 일자(日字)이고 상반(上半)은 월자(月字)이다. 이것을 합쳐서 '용자형(用字形)'으로 한 것이다. 용자(用字)의 좌측 일각(一角)을 마굿간으로 사용하는 것은 가옥의 왼쪽을 일자형(日字形)으로 표상(表象)하기 위한 것이다. 이 '일형(日形)'과 '월형(月形)'의 합형(合形)인 '용자형(用字形)'은 하늘의 일월(日月)을 지상으로 불러서, 천지의 정기(精氣)를 화합시켜 생기를 받으려 하는 풍수적 방술이다. 이러한 풍수적 지식이 없더라도 '일자형'과 '월자형'의 합자형(合字形)인 '용자형(用字形)'을 쓴다는 것은, 해나 달이 하늘의 정기(精氣)이고 길상(吉祥)한 것이기 때문에 좋은 유형에 의해서 축복받고자 하는 데서 비롯된 것이다.

여기에서 용자(用字)는, 일(日)과 월(月)의 합자(合字 : 日, 月)로 된 문자로서 '명(明)'자(字)라고 하는 것이 보통이지만 '명(明)'으로 하지 않고 '용(用)'으로 한 것은, 명자(明字)는 일월(日月)이 병렬(並列)

된 것이지 합쳐진 것은 아니기 때문이다. 용자(用字)는 일월(日月)이 완전히 합하여 한 자(字)가 되어 이것을 분리하면 독립된 문자가 되지 않기 때문이다. 풍수에서는 음양(陰陽)의 충화융합(冲和融合)을 중요시했기 때문에 일월을 합친 모양으로 길상(吉祥)을 구한 것이다. 분리할 수 있는 일월의 합자(合字)인 명자(明字)를 버리고 분리할 수 없는 용자(用字)를 쓴 것이다.

용자유형(用字類形)이 길형(吉形)으로 풍수상 중요시되는 것은 묘지에서도 마찬가지이다. 조선 시대 왕가의 능산(陵山)인 동구릉(東九陵)의 땅도 대관(大觀)하면 '용자형(用字形)'인데, 이것을 '천지음양일월도합격(天地陰陽日月都合格)'이라고도 한다. 일월(日月)의 다음으로 좋은 자형(字形)은 '다(多)', '야(也)', '내(乃)' 등이다. 모두가 포옹(抱擁)의 세(勢)를 하고 있을 뿐 아니라, 다(多)는 '다상(多祥)'을, 야(也)는 '유종(有終)'을, 내(乃)는 자(子)를 더해서 '잉(孕)', 즉 생산을 의미하는 경사스런 의미가 있기 때문이다.

이 길상자형(吉祥字形) 땅의 양기(陽基)로서 경상남도 함안에 그 대표적인 것이 있다. 이곳의 문묘(文廟)는 원래 주산(主山)인 봉산(鳳山)의 꼬리에 해당하는 야자형(也字形) 자리에 있었으나, 뒤에 현재의 자리가 내자형(乃字形)이니 저장(貯藏)이 깊다고 해서 이전한 것이다.

함안 문묘(文廟)의 기지(基地)

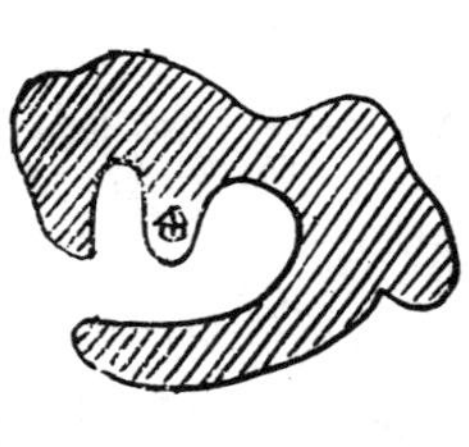

舊文廟基地形(也字形)

新文廟基地形(乃字形)

구신(舊新) 두 곳의 기지(基地)를 도시(圖示)하면 앞의 그림과 같다.

이상과 같이 주택풍수는 주로 발전적인 유형. 길상사물(吉祥事物)이 발생하는 곳, 또는 영지(靈地)라고 생각되는 당을 길기(吉基)로 하는 데 상식적 견해에 의한 것이 많다. 그러나 풍수의 이론에 준거(準據)해서 길지를 상정하는 일 또한 결코 적지 않다. 이 이론은 묘지나 집단양기(集團陽基)와 같기 때문에 여기서는 생략한다.

정약용이 지은 《산림경제》 제일(第一) 〈복거(卜居)〉편(編)에 실린 주택풍수에 관한 속신(俗信)을 주택풍수에 관한 자료로 소개하고자 한다.

1. 복거총론(卜居總論)

무릇 일구(一區)를 복축(卜築)할 계(計)가 있는 자(者)는 졸속(拙速)하게 거(居)를 정해서는 안 된다. 반드시 먼저 그 기풍(氣風)의 장취(藏聚), 면배(面背)의 안은(安穩)을 밀택(密擇)하여 영구(永久)를 도모(圖謀)해야 한다.

2. 지세론(地勢論)

① 치생(治生)은 반드시 지세를 택해야 한다. 수륙(水陸)이 아울러 통하는 곳을 가장 좋다고 한다. 고로 산을 등지고 호수(湖水)에 면해야 훌륭하다고 한다. 그 위에 또한 관대(寬大)하여야 하며, 또 긴속(緊束)함을 요한다. 무릇 관대(寬大)하면 재리(財利)가 나오며, 긴속(緊束)하면 재리(財利)가 모여들 것이다.

② 집을 정하고 분묘를 편안케 함에 있어서 음양(陰陽)이 다르다 하나, 산천풍기(山川風氣)의 취산(聚散)을 논한다면 이(理)는 동일(同一)하며, 그 조금 다른 곳은 용(龍)의 도두수각(到頭手脚)을 펼치면 양거(陽居)를 이루고, 수각(手脚)을 오므리면 음궁(陰宮)을 이룬다.

③ 양거(陽居)는 요컨대 좌하평형(坐下平衡), 좌우불박(左右不迫), 명당관창(明堂寬暢), 흙이 윤습(潤濕)한 기(氣)가 있고 샘이 달고, 광택양기(光澤陽氣)가 있고, 죽림총무(竹林叢茂)하여 그 기(氣)의 성함을 볼 수 있으면 길(吉)하나 토양(土壤)이 건조(乾燥)하고 윤택(潤澤)하지 아니하면 흉이다.

④ 양거(陽居)는 일산일수정(一山一水情)이 있되 그 국(局)이 작으면 좋다고 하나 장원(長遠)하지 않으며, 대세대형(大勢大形)의 입국(入局)은 대국(大局)이요 부귀하고 유원(悠遠)하다.

⑤ 무릇 가거(家居)는 대산(大山)에 의지하면 반드시 사태(沙汰)의 환(患)을 입으며, 강해(江海)에 영림(迎臨)하면 창경(漲境)의 염려(念慮)가 있다. 또 물이 나쁘고 또 극히 장기(瘴氣)가 있고, 시초(柴草)에 편리(便利)하지 않고, 표호(豹虎)가 종횡(縱橫)하고, 도적(盜賊)이 출몰(出沒)하는 곳 등은 모두 살만한 곳이 못 된다. 또 주차(舟車)가 주집(湊集)하며, 시정배(市井輩)가 이(利)를 다투는 곳도 피하는 것이 좋다. 열려(熱閭)를 싫어하여야 할 뿐 아니라, 민속(民俗)도 반드시 아름답지 않다.

⑥ 평지(平支)의 땅, 일망무제(一望無際)한 것 역시 반드시 용(龍)의 내력(來歷), 혈(穴)의 결작(結作)이 있을 것이므로 천지(泉地)보다는 높은 곳을 진(眞)으로 한다. 평지(平地)는 같은 모양으로 평탄하여 고하(高下)의 분간이 없고, 혹은 고저(高低)가 일정치 못한 것은 비(非)이다. 이른바 고(高)는 단지 한 자 남짓하든 몇 치밖에 안 되든 모두 고(高)라고 한다. 중원(中原)이 평택(平澤)하여 숫돌 같은 곳은 조실(祖室)이 일어나는 곳이다.

⑦ 산곡(山谷)의 양기(陽基)는 탈락(脫落)의 평지(平地)를 원한다. 그 터가 관광평이(寬廣平夷)하고, 사면공위(四面供衛)하고, 공결요함(空缺凹陷)이 없고, 하수(下手)가 힘있고 수구(水口)가 고교(固交)하

고, 명당(明堂)이 개창(開暢)하고, 하수(河水)에 의거(依據)하고, 계곡
에 의거(依據)함을 상(上)으로 한다. 단일 협용(狹容)하면 길하지 않
다. 또 고명(高明)을 요하고, 사산(四山)이 고입(高壓)하여 삼양(三陽)
을 질색(窒塞)함은 간절(懇切)히 피한다. 산곡(山谷)의 양기(場基)는
바람을 감추어 가짐을 요하며, 용기(龍氣)에 승득(乘得)해야 길(吉)하
다. 함부로 굴착(掘鑿)해서 이것을 넓게 하여 기맥(氣脈)을 상잔(傷殘)
하지 않아야 한다.

3. 택지론(宅址論)

① 무릇 택지(宅址)는 동(東)이 높고 서(西)가 낮아야 생기(生氣)가
성하다. 서(西)가 높고 동(東)이 낮으면 부호(富豪)가 되지 않는다. 앞
이 높고 뒤가 낮으면 문호(門戶)가 폐절(廢絶)한다. 뒤가 높고 앞이 낮
으면 우마(牛馬)가 많고, 영호(英豪)를 서상(世上)에 낸다. 사면(四面)
이 높고 중앙(中央)이 낮으면 처음엔 부(富)하지만 나중에는 빈(貧)하
다. 평탄함을 대길(大吉)로 친다.

② 택지(宅址)는 묘유(卯酉)에 있어야 길하고, 자오(子午)에 있으면
대흉(大凶)이다. 남북(南北)이 길고 동서(東西)가 좁으면 길(吉), 동서
(東西)가 길고 남북(南北)이 좁으면 초흉(初凶) 후길(後吉), 우(右)가
길고 좌(左)가 짧으면 부(富), 좌(左)가 길고 우(右)가 짧으면 자손(子
孫)이 적다. 앞이 넓고 뒤가 좁으면 빈(貧), 앞이 좁고 뒤가 넓으면 부
귀(富貴)하다.

③ 주택(住宅)의 좌(左)로 흐르는 물을 청룡(靑龍)이라고 하고, 우
(右)에 장도(長途)가 있으면 백호(白虎)라고 한다. 앞의 오지(汚池)를
주작(朱雀), 뒤의 구릉(丘陵)을 현무(玄武)라고 하고, 이를 귀지(貴地)
라고 한다.

④ 주택(住宅)이 궁관선거(宮觀仙居) 곁에 있으면 주인(住人)이 수

(壽)를 더하고, 사람은 평안(平安)하고 물재(物財)는 넉넉하다. 신전(神前), 불전(佛前), 고옥(古獄), 전장(戰場), 제구(祭丘), 폐지(廢址), 노야(爐冶), 대방(碓房), 유방(油房), 괴총(壞塚), 석단(石斷), 동강(童岡), 충수(衝水), 할교(割交), 도간(道間), 황거(隍居) 등의 재앙있는 곳에 있지 말아야 한다.

⑤ 지토(址土)의 길흉(吉凶)을 판단하는 데는 지상(址上) 부상(浮上)을 걷어 내고 생기(生氣)에 대해서 그 면(面)을 평정(平正)히 하고, 이것을 파기를 방법은 깊이 한 자 두 치로 하고, 흙을 잘게 가루로 한 뒤, 다시 이것을 본자리에 넣어 두어 이것을 안억(按抑)하는 일 없이 이튿날 아침에 이것을 봐서 그 분토(粉土)가 꺼져 있으면 흉(凶), 흙이 솟아 있으면 길(吉)이다.

4. 수론(水論)

① 물은 양양(洋洋)함을 요한다. 유유(悠悠)하여 나를 돌아보고 머물고자 하며, 괴어 있다가 흐르는 것이 좋고, 첩첩(疊疊)한 수전(水田)은 해조(海潮)보다 낫고, 모두 조당(朝堂)에 좋다. 배후(背後)에 감겨 있음을 가장 귀격(貴格)으로 친다. 만약 가로로 차고, 등을 찌르고, 옆을 쏘고, 팔을 뚫고, 혹은 대면(對面)해서 직거(直去)하거나 혹은 사주(斜走)하여 반도직사(反逃直射)하는 것 등은 모두 흉(凶)이다.

② 물소리는, 가(柯)를 울리는 것 같은 것은 길(吉), 처절(凄切)이나 잔계(潺溪) 등은 길(吉)하지 못하다.

③ 수구(水口)는 주밀(周密)을 존중(尊重)한다. 수구(水口)에 원산토돈(圓山土墩)이 있는 것을 나성(羅星)이라 한다(혹은 돌만 못함). 그 힘이 만산(萬山)에 필적(匹敵)한다. 혹은 기사괴석(奇砂怪石), 새나 짐승 같고, 머리는 흐름을 거슬러 위로 향하고, 꼬리는 끌어서 흐름에 따라 내림은 대길(大吉)이다. 나성은 수구(水口)를 보기 좋아하고 명

당(明堂) 보기를 피한다.

④ 수중(水中)에 사주(沙洲)가 있어서 그 머리가 흐름에 역(逆)하면 가(可)하고, 일주(一洲)는 거부(巨富), 삼주(三洲)는 더욱 좋다. 홀연(忽然)히 수구(水口)를 보는 것이 가장 길(吉)하다. 주(洲)가 만약 낮으면 귀(貴)하지 않다.

⑤ 물을 내치는 법은, 양국(陽局)은 양(陽)에 내치고, 음국(陰局)은 음(陰)에 내친다. 부디 음양(陰陽)을 착잡(錯雜)시키지 마라. 건(乾 : 北西), 진(震 : 東), 감(坎 : 北), 간(艮 : 北東)을 양(陽)으로 하고, 곤(坤 : 南西), 손(巽 : 南東), 이(離 : 南), 태(兌 : 西)를 음(陰)으로 한다.

5. 사론(砂論)

① 주택(住宅)의 좌우전(左右前)의 모래가 첨수단원(尖秀端圓)이면 과거(科擧)에 급제(及第). 손신(巽辛)에 탁필형(卓筆形)을 보면 문귀(文貴). 퇴갑둔군형(堆甲屯軍形)은 무귀(武貴). 두측항사(頭側項斜)는 도적(盜賊). 고요(孤曜 : 一山)는 승도(僧道). 조화온역(燥火瘟疫)은 화재(火災). 소탕(掃蕩)은 쟁송(爭訟), 남원유(男遠遊), 여무상(女無狀). 이런 방향은 모두 목성윤도(木星輪圖)해야 한다(목성윤도라는 것은 신방(申方)을 포(胞)로 한 24 방위도).

6. 풍론(風論)

① 자풍사입(子風射入)하면 자손(子孫)이 물에 떨어지며, 계풍(癸風)은 남녀(男女)의 음욕(淫慾), 축풍(丑風)은 투군낙진(投軍落陣)하고, 간풍(艮風)은 온황장질(瘟瘟瘴疾)에 인풍(寅風)은 호랑(虎狼)에게 상해(傷害)되며, 갑묘풍(甲卯風)은 도로(道路)에서 사망(死亡)하고, 을풍(乙風)은 자손(子孫)이 청육(青育)하며, 진손풍(辰巽風)은 주인(主人)이 두풍(頭風)을 앓으며, 기병풍(己丙風)은 사상(蛇傷)하며, 오정

풍(午丁風)도 수재(水災)가 있고, 미풍(未風)은 노채해수(勞瘵咳嗽)하고, 곤풍(坤風)은 공송(公訟)이 있고, 신경풍(申庚風)은 패복(敗覆)하고, 신풍(辛風)은 간고(艱苦)하고, 술건풍(戌乾風)은 고전(鼓癲)하고, 해임풍(亥壬風)은 빈천(貧賤)하다. 무릇 오목한 곳에서 불어 들어오는 바람이 있으면 기(氣)가 흩어지고, 바람이 좌입(左入)하면 장방(長房)이 결(缺)하며 우입(右入)하면 소방(少房)이 결(缺)한다. 이는 모두 마땅히 피해야 한다.

7. 조옥론(造屋論)

① 가사(家舍)는 식구(食口)의 반(半)을 계산(計算)하여 만든다. 많아도 스물 네댓 칸을 넘지 않는다. 고대(高大)함은 피한다. 대옥(大屋)은 시(尸)에 이르고 소옥(小屋)은 사람에게 길(吉)하다.

② 옥(屋)은 지나치게 고명(高明)하게 하지 마라. 양(陽)이 성하면 백(魄)을 상(傷)한다. 또 너무 비암(卑暗)케 하지 마라. 음(陰)이 너무 성하면 혼(魂)을 상(傷)한다(밝으면 발을 내리고, 어두우면 발을 걷어 올리는 것이 좋다).

③ 조옥(造屋)은 모양이 일(日), 월(月), 구(口), 길(吉) 등의 글자 모양으로 하면 길(吉), 그 모양이 공(工), 시(尸) 등의 글자 모양으로 하면 불길(不吉)하다.

④ 조옥(造屋)의 칸수(間數)는 반드시 한 칸, 세 칸 등 홀수로 써야 길하다. 기둥의 척수(尺數) 및 포연(布椽)의 다소(多少)를 잴 때도 또한 단수(單數)를 써야 한다.

⑤ 먼저 주방(住房)을 기조(起造)로 하고 나서 다음에 청방(廳房), 다음에 군방(群房)으로 하여 다 되어갈 때 대문(大門)을 짓는다. 대략 안에서 시작하여 바깥쪽으로 이른다. 대문(大門)을 먼저 개조(蓋造)하지 마라. 주인(主人)이 성하지 않게 된다. 앞서 울타리를 짓고 뒤에

집일을 일으키지 마라. 곤(困)자 모양이 되면 크게 불길(不吉)하다.

⑥ 측간(厠間)은 인가(人家)의 안팎에 반드시 각각 한 개씩 만든다. 고창(高敞), 명랑(明朗)하게 할 것이며 암유(暗幽)하게 하지 마라. 또 매일 적분(積糞)을 치워서 항상 측중(厠中)을 정결(淨潔)하게 하여야 한다. 여름에는 순채(蓴菜) 한 줌을 측중(厠中)에 넣으면 구더기가 생기지 않는다.

⑦ 잿간은 유방(酉方 : 西方)이 좋다. 그러나 반드시 측간(厠間)에 가까운 것이 좋다. 잿간의 삼면(三面)에 담을 쌓고 연목(椽木)을 걸쳐 진흙을 칠하고 띠〔茅〕를 덮는다. 늘 사람 오줌을 모아서 재 위에 뿌리고 겸(兼)하여 뜨거운 재에서 불이 나는 것을 막는다(우리나라에서는 尿盆 또는 요강이라고 하는 尿壺를 실내에 비치하여 소변을 보는 습관이 있다). 그러므로 잿간은 반드시 바람 부는 장소를 피하고 문을 열어 두어야 한다.

8. 조문론(造門論)

① 봄엔 동(東), 여름엔 남, 가을엔 서, 겨울엔 북쪽으로 문(門)을 내지 말아야 한다.

② 문(門)이 작고 집이 크면 재물이 모이고, 문(門)이 크고 가옥(家屋)이 작으면 허모(虛耗)하며 대문(大門), 중문(中門)은 마땅히 맞보고 열지 말아야 한다.

③ 양(兩) 문전(門栓)이 크거나 작고, 양(兩) 경계의 울타리 담 벽이 높거나 낮아 일반 높이가 아니면, 재앙을 불러 들이거나 혹은 문벽(門壁)이 파괴(破壞)된다. 문선(門搧)이 장벽(牆壁)보다 높은 것, 혹은 문구(門口)에 물구덩이 지는 것, 혹은 문피(門被)에 물이 솟은 것, 혹은 수로(水路)가 문에 닿는 것, 혹은 문중(門中)에서 물이 나오고, 혹은 우물물이 닿고, 신당(神堂)에 문이 맞바로 대하고, 분옥(糞屋)이 문에

바로 대한 것, 창구(倉口)가 문을 향한 것, 장두(牆頭)가 문을 찌르는 것, 교로(交路)가 문을 껴잡은 것, 중로(衆路)가 문을 찌른 것, 문전(門前)의 직옥(直屋) 등은 모두 피해야 한다. 동북쪽에 문을 내면 괴이(怪異)한 일이 많다. 두세 집 문이 서로 마주 대함은 불길하다. 문의 좌우(左右)에 신당(神堂)을 모시지 마라. 문전(門前)에 대수(大樹), 버들, 청죽류(靑竹類) 등을 두는 것은 피한다. 소추죽(掃箒竹)을 문하(門下)에 두면 사람으로 하여금 역골풍(歷骨風)을 앓게 하므로 조심해야 한다.

9. 정조론(井竈論)

① 우물을 내는 것은, 본산(本山 : 玄武)의 생왕(生旺)을 취하는 쪽을 길(吉)로 한다(本山이 金體인가 木體인가 등에 따라서 그 生旺의 방위를 달리한다. 즉 본산이 만일 목체이면 旺方은 東이며, 만일 금체이면 西가 되는 것과 같음).

② 우물을 당(堂)의 전후(前後)와 방(房) 앞 청내(廳內)에 내는 것을 피한다. 무릇 우물과 부엌은 마주 보지 말도록 하라. 풍기(風紀)가 문란(紊亂)해지기 때문이다. 우물 흙을 가지고서 부엌을 만들거나 부엌 흙을 가지고 우물을 메우는 것을 피한다. 또 자주 집을 지어서 헌 우물을 막는 것을 피한다. 이는 사람을 농맹(聾盲)으로 만든다.

③ 오월진일(五月辰日)에 저두(猪頭)를 가지고 조신(竈神)을 제사지내면 치산만배(治産萬倍)하고 사월정사일(四月丁巳日)에 제사지내면 치산백배(治産百倍)하고, 정월기축일(正月己丑日)에 백계(白鷄)로써 제사지내면 누에한테 좋다. 여자는 조왕(竈王)을 제사지내지 말아야 한다. 불상(不祥)이기 때문이다. 또 개를 써서 제사지내면 흉패(凶敗)한다.

④ 부엌을 만듦에 있어 서남쪽을 향함은 길(吉), 동북쪽을 향함은

흉(凶). 먼저 진사방(辰巳方)의 지면(地面)의 부토(浮土) 다섯 치를 제(除)하고, 즉 하면(下面)의 정토(淨土)를 취하여, 정화수(井華水), 향수(香水), 미주일승(美酒一升), 저간(猪肝)을 가지고 진흙에 합하여 새벽돌 및 세토(細土)를 써서 이것을 만든다. 벽(壁)의 흙이나 부엌의 남은 흙, 우물의 남은 흙을 써서 만들면 대흉(大凶)이다. 가마솥을 안치(安置)함은 일월(日月)의 본을 뜨고, 삼부(三釜)를 편히 하고 삼광(三光)을 본뜸은 길(吉)하다. 청(廳) 뒤에 부엌을 만들지 말아야 한다.

10. 택목론(宅木論)

① 인가(人家)의 거지(居地)에 나무를 심는 것은, 다만 창송취죽(蒼松翠竹)을 심으면 사반(四畔)이 울연(鬱然)하여 혼자 생왕(生旺)하므로 절로 속기(俗氣)가 없어진다. 양거(陽居)는 음(陰)을 좋아하고 음거(陰居)는 양(陽)을 좋아하는 양음(陽陰) 상화(相和)의 이치에 따른 것이다.

② 정심(庭心)의 수목(樹木)을 이름하여 간곤(間困)이라고 한다. 화앙(禍殃)을 주재(主宰)한다.

③ 과수(果樹)가 무성(茂盛)하여 집 좌우(左右)가 덮이는 것은 피한다. 질자(疾者)를 주장(主掌)한다. 또 대수(大樹)의 줄기에 닿고 혹은 문에 닿음을 피한다.

④ 무방(戊方)의 대수(大樹)를 피하며, 옥정(屋頂)의 고수(枯樹)는 귀(鬼)를 모은다. 문전(門前)의 고수(枯樹) 혹은 시수(柿樹)의 그늘의 큰 것을 피하며, 문수(門樹)가 두 갈래임을 기피한다. 독수동청(獨樹冬靑)이나 단풍나무를 피한다. 동청(冬靑 : 사철나무)처럼 뾰족한 모양의 것을 피하며, 양수(兩樹)가 가옥(家屋)을 싸안는 듯한 것도 피함이 좋다.

⑤ 나무 둥치 밑 쪽이 붓고, 혹은 허리가 붓고, 혹은 가운데가 비

고, 혹은 나무가 밖으로 향하고, 혹은 나무 꼭지가 수도(垂倒)하고, 혹은 고수(枯樹)에 등(藤)이 기어오르고, 혹은 나무에 눈을 뚫고, 혹은 오그라지고 굽은 나무 등은 모두 다 불길하다. 빨리 베어 버려야 한다.

⑥ 집터에 수명(壽命)이 긴 나무는 심지 말아야 한다. 오래 된 나무는 제거(除去)하기 어려운 걱정이 따르기 때문이다. 백년(百年)의 대수(大樹)를 함부로 베면 반드시 재앙(災殃)이 따른다.

⑦ 나무 뿌리가 처마 밑에 들어오는 것을 피한다.

⑧ 대추는 집의 서쪽에 있는 것이 좋으며 소를 덕되게 한다. 수양버들은 동쪽에 심으면 우마(牛馬)를 이롭게 한다. 느릅나무는 미(未)의 땅이나 집 뒤에 있으면 귀신(鬼神)이 감히 넘지 못한다. 복숭아는 남쪽에 있는 것이 좋고 우물가를 피한다. 오얏은 동쪽이 좋고 서·남·북쪽은 꺼린다. 살구는 북쪽이 좋고 진방(辰方)을 피한다. 오동은 술해방(戌亥方)에 삼주(三株)를 심으면 노비(奴婢)를 성하게 하며, 뜰 앞을 피한다. 괴목(槐木)은 중문(中門)에 세 그루 심으면 세세부귀(世世富貴), 택전대길(宅前大吉)하며, 신방(申方)에 심으면 도적(盜賊)을 피할 수 있다. 능금나무는 진방(辰方)이 마땅하며 저택내(邸宅內)는 피한다. 산뽕나무는 서쪽이 좋다. 매화(梅花)는 남쪽이 마땅하고, 무궁화나무는 택내(宅內)에서는 피한다. 석류(石榴)는 뜰 앞에 심으면 현자(賢子)를 낸다. 또 후사(後嗣)가 많고 대길(大吉)하다. 개암나무는 북쪽이 좋다.

⑨ 가옥(家屋)에 가까운 풍수(楓樹)에는 귀(鬼)가 산다고 한다. 중정(中庭)에는 식수(植樹)하지 말 것이며, 그늘을 취하는 데는 꽃을 재배(栽培)하여 난간(欄干)을 이루라.

⑩ 대개 저택(邸宅)이 왼쪽에 흐르고, 오른쪽으로 긴 길이 없고, 앞에 오지(汚池), 뒤에 구릉(丘陵)이 없으면, 반드시 동에 도류(桃柳)를,

서쪽에 자유(柘楡)를, 남쪽에 매(梅), 조(棗)를, 북쪽에 내행(柰杏)을 심어서 청룡(靑龍), 백호(白虎), 주작(朱雀), 현무(玄武)에 대(代)하는 것도 가하다.

⑪ 집 뒤에 분(墳)이 있으면 분(墳)이 택기(宅氣)를 모으기 때문에, 분(墳)이 흥하고 택(宅)이 쇠퇴한다(모두 그 所應의 興退함을 말함). 분(墳) 뒤에 집을 지으면, 택(宅)이 분맥(墳脈)을 끊으므로 분(墳)이 쇠퇴하고 택(宅)이 일어난다. 택(宅)이건 묘(墓)건 뒤로 내룡맥(來龍脈) 위를 행시(行尸) 및 가취(嫁聚)가 지나감을 피한다. 생기(生氣)를 빼앗기 때문이다.

⑫ 택(宅)에 오허(五虛)가 있으면 사람들로 하여금 빈모(貧耗)하게 한다.

일허(一虛)―택(宅)이 크고 사람이 적은 것.

이허(二虛)―택(宅)이 작고 문이 큰 것.

삼허(三虛)―장원(牆垣)이 완전치 못한 것.

사허(四虛)―정조(井竈)가 그 장소(場所)를 옳게 얻지 못한 것.

오허(五虛)―택지(宅地)가 많아 소옥(小屋)이면서 정원(庭院)이 넓은 것.

⑬ 택(宅)에 오실(五實)이 있으면 사람으로 하여금 부귀(富貴)하게 한다.

일실(一實)―택(宅)이 작고 사람이 많을 때.

이실(二實)―택(宅)이 크고 문이 작을 때.

삼실(三實)―장원(牆垣)이 완전할 때.

사실(四實)―택(宅)이 작고 육축(六畜)이 많을 때.

오실(五實)―수구(水溝)가 동남쪽으로 흐를 때.

⑭ 남몰래 부가(富家)의 지하토(地下土)를 떠다가 정수(淨水)를 써서 대문(大門) 위에 칠하면 재왕(財旺)을 일으키고, 더욱 부가(富家)를

해치지 않고 우각(牛角)을 취해서 축(丑) 쪽의 땅에 묻고, 우골(牛骨)을 남쪽에 묻으면 길(吉)하다.

⑮ 대석(大石)을 택(宅)의 사우(四隅)에 두면 재이(災異)가 일어나지 않는다.

2. 길기(吉基)의 소응(所應)

주택풍수가 풍수신앙의 하나로 민간신앙으로 믿어지고, 살 만한 땅이 주택풍수에 의해 선정되는 것이 상식화되어 완전히 관습화되기까지에는 그 신앙을 견고히 하는 소응(所應), 즉 주거풍수에 의한 실증(實證)이 없으면 안 된다. 그 실증은 무수히 많다. 엄밀히 말하면 주거풍수에 의한 소응의 실증이 실제로 풍수에 의한 것인지는 분명하지 않다. 그러나 신앙 현상인 이상, 비록 소응(所應)이 딴 원인에 의해서 이루어진 것이라 하더라도, 그 효과를 풍수적 원인으로 돌려 신앙 현상으로 설명하는 것이 보통이다. 즉 행복하게 사는 사람들의 주거를 풍수적으로 관찰해서 길지(吉地)라 하고 행복·번영의 이유가 주거지의 풍수로 말미암은 것이라고 믿는다는 것이다.

소응 가운데 몇 가지 대표적인 예를 들어 본다.

1. 초생달형의 기지(基地)에 거주(居住)하면 왕이 된다

신라 제 4 대 탈해왕은 초생달 모양의 기지(基地)에 살고 있는 호공(瓠公)의 집을 궤계(詭計)로써 빼앗아 살았다. 남해왕(南解王)은 집을 빼앗은 것을 보고 그의 지혜가 비범한 것을 알아 자기 딸과 결혼시켰다. 그가 뒤에 왕의 신임을 받아 드디어 제3대 궁예왕이 붕어하자 뒤를 이어 왕위에 올랐다. 그가 왕위에 오른 것은 그의 지력(智力)이 뛰어나고 신술(神術)을 가지고 있었기에 국인(國人)들의 존경을 받게 되고 신라 초기의 국정(國情)에 따라서 왕위에 오른 것이라고 생각되었지만, 후세에는 초생달 모양의 길지(吉地)의 택거(宅居) 때문에 왕위에 오른 것이라는, 주거풍수의 소응(所應)으로 받아들여졌던 것이다. 그의 신술(神術)이란 다음과 같다.

"어느 날 탈해(脫解)는 백의(白衣)의 종 한 사람을 데리고 동악(東嶽)에 올랐다. 돌아오는 길에 목이 달라 허리에 차고 있던 각배(角盃)를 종에게 건네 주고 물을 길어 오도록 명했다. 우물은 아주 먼 곳에 있었다. 그런데 그 종도 목이 말랐는지 또는 그 그릇에 호기심이 생겼는지, 물을 갖고 오던 도중에 한 모금 먼저 마셨다. 그랬더니 그 각배가 종의 입에 붙어서 떨어지지 않았다. 탈해가 이것을 보고 나무랐다. 그 종은 매우 놀라서 이후로는 이와 같은 짓을 하지 않겠다고 맹세하고 빌자 겨우 각배(角盃)가 떨어졌다. 그로부터 그 종은 절대로 기망(欺罔)을 하지 않았다."(《삼국유사》〈紀異第一〉)

초생달의 발전적 의미를 말해 주는 백제 멸망의 전설이 있으니 그것은 다음과 같다.

"백제의 마지막 왕이던 의자왕이 음란잔학(淫亂殘虐)하여 나라가 망하려 할 때 나라에는 불상사가 계속 일어났다. 현경(顯慶) 4년(659) 오회사(烏會寺)에 커다란 붉은 말이 나타나서 밤낮으로 여섯 번 절을 돌아 나갔다. 2월에는 많은 여우가 의자궁에 들어왔다. 한 마리 흰 여우가 좌평(佐平)의 책상 위에 앉았다. 4월에는 태자궁의 암탉이 작은 참새와 교미를 했다. 5월에는 사비강(泗沘江) 둑에 몸 길이가 세 길쯤 되는 죽은 큰 물고기가 떠올랐는데 이것을 먹은 자는 모두 죽었다. 9월에는 궁중에 있는 괴목이 사람의 울음소리를 내었고, 밤마다 귀신이 남로(南路)에서 곡을 했다. 5년 2월에는 도읍의 우물물이 혈색(血色)으로 변하고, 또 서해변(西海邊)에 죽은 고기가 올라와 아무리 잡아먹어도 끝이 없었다. 4월에는 두꺼비가 수만 마리 나무 위에 모이고, 왕도의 시민이 까닭없이 쫓기는 것 모양 공연히 놀라 달아나다가 넘어져 죽은 자가 백여 명, 재물을 잃은 자가 무수했다. 6월에는 사슴과 큰 개가 사비에서 나와서 왕궁을 향하여 짖으니 성중의 뭇 개가 이에 맞춰서 노상에 모여 짖고 혹은 울고 하다가 흩어졌다. 이때(6월) 한 귀신이 궁중에 들어와서 큰 소리로 '백제망(百濟亡), 백제망(百濟亡)'이라고 소리 지르고 곧 땅속으로 들어가 버렸다. 의자왕은 괴이하게 생각하여 땅을 파보도록 하였던바, 3척 가량 밑에서 한 마리의 거북이 나왔다. 그 등에는 '백제원월륜(百濟圓月輪), 신라여신월(新羅如新月)'이라는 글이 적혀 있었다. 이것을 어떤 무당에게 풀이하게 했더니 그 무(巫)는 원월륜(圓月輪)은 만(滿)이다. 차면 기운다. 여신월(如新月)은 차지 않은 것이다. 차지 않은 것은 점차 차게 될 것이다라고 풀이했다. 이것을 들은 왕은 격노하여 그 무당을 죽이고 말았다. 그로부터 3년 뒤에 백제는 멸망하였다. 《삼국유사》〈紀異第一〉

2. 고려 왕씨(王氏)의 발상(發祥) 전설

고려 왕씨 발상전설(發祥傳說)은 주거지(住居地)가 풍수상으로 비범하여 큰 영달(榮達)을 누렸다고 하는 것의 대표적인 예이다. 《고려사》〈세계(世系)〉에서 보면, 뒤에 국조(國祖) 원덕대왕(元德大王)이라고 추존(追尊)된 보육(寶育)이 그 형 제건(帝建)의 딸 덕주(德周)를 처로 하여, 거사(居士)가 되어서 마하갑(摩河岬)에 목암(木菴)을 짓고 살았다. 이때 신라의 풍수사가 이것을 보고, '이곳에 있으면 반드시 대당(大唐)의 천자(天子)가 와서 사위가 될 것이다'라고 말했다. 과연 당(唐)의 숙종(肅宗) 황제(皇帝)가 미복(微服)을 하고 산천을 편유(遍遊)하는 길에 이곳에 들러 보육의 둘째 딸 진의(辰義)와 인연을 맺고 작제건(作帝建)을 낳았다. 뒤에 추존(追尊)되어 세조대왕(世祖大王)이 된 작제건(作帝建)이 용녀(龍女)를 아내로 맞아 금돈(金豚)의 허(墟)에 살고 있는데, 신라의 승(僧)으로 유명한 풍수사 도선(道詵)이 한반도 풍수행각(風水行脚) 도중 이곳에 도착했다. 때마침 제건(帝建)이 새집을 지으려 하기에 산수(山水)의 이(理)를 가르치고, 신궁(新宮)의 기지(基地)도 잡아 주며 장차 통합삼한(統合三韓)의 주인을 낳을 것이라고 일러주었다. 그 예언이 적중하여서 새집에 옮겨 산 그 달에 왕후는 임신했고 달이 차서 낳은 아이가 고려 태조 왕건이었다고 한다. 이 이야기는 고려 시대는 물론 조선 시대에도 주택풍수의 소응(所應)을 믿고 있었다는 것을 말해 준다.

3. 이왕가(李王家)의 발상 전설

함경남도 덕원군 적전면 용주리(湧珠里)는 이왕가 발상지(發祥地)로 알려져 있다. 그 마을은 중간에 신적전천(新赤田川)이 흐르고 북쪽 산기슭에 남면(南面)해 있다. 마을 안에 기와집과 작은 비각(碑閣)이 있는데 그 비문에는 조선의 조상과 땅의 관계에 대해 적혀 있다. 이것을 풍수적으로 보면 이명(里名)부터 그럴 듯하다. 규모는 크지 않아도 천연적인 장풍득수(藏風得水)의 땅이고, 용주(湧珠)처럼 생긴 마을이다.

용주리(湧珠里)의 유래는 다음과 같다. 태조 이성계의 사대조(四代祖) 이안사(李安社 : 穆祖로 추증됨)는 본래 전라북도 전주(全州)에 살았으나, 어떤 일로 해서 전주관찰사의 미움을 받아 그곳에 안거(安居)할 수 없게 되자, 강원도 삼척으로 옮겨 살다가 다시 삼척에서 용주리로 이주했다고 한다. 그것이 고려 고종 때였으니 이 땅은 태조에 이르기까지 4대에 걸쳐 산 곳이다. 이안사는 여기서 태어난 이행리(李行里 : 翼祖로 추증됨)와 함께 한때 선주(宣州), 덕원(德源) 방어사(防禦使)에 임명되어서 몽고군을 고주(高州 : 지금의 高原)에서 막았으나, 드디어 몽고에 항복하여 원조(元朝)를 섬기면서 지금의 함북 경흥에 있는

두만강 밖의 간동(幹東)에 거주하게 되었다. 이안사(李安社)가 죽은
후 이행리는 북방(北方)의 난을 피해서 다시 용주리에 돌아와 살았는
데, 뒤에 함흥으로 옮겨서 살다가 이춘(李春 : 慶祖로 추증됨)을 낳았
다. 이춘도 또한 용주리에 돌아와 살다가 다시 함흥에 가서 이자춘(李
子春 : 桓祖로 추증됨)을 낳았다. 이자춘은 용주리보다는 함흥을 본거지
로 원말(元末)에 고려에 복사(復仕)하고 유병인(柳丙仁)과 함께 북진
(北進)하여 지금의 마천령까지 손아귀에 넣었다. 이자춘의 아들이 이성
계이다.

　이와 같이 4대에 걸쳐 본거의 땅이던 용주리는 조선의 발상지이므
로 이 땅을 성적(聖跡)으로 여겨 함부로 출입하지 못하도록 금지했었
다(원산 개항 조약문 중에 일본인의 용주리 출입을 금지한 조항이 있었던
것은 이 때문이며, 또 십여 년 전까지 원산중학교 부근 국도의 교차점에 閑
人은 함부로 용주리에 들어가지 말 것이라는 주의사항을 새긴 大石標가 세워
져 있었다).

　함경남도 영흥군 순녕면 정자리(亭子里)에 준원전(濬源殿)이 있고,
그 부근인 흑석리(黑石里)에 본궁(本宮)이 있다. 이 정자리와 흑석리
는 조선의 왕가로서 가장 존숭(尊崇)해야 할 기념의 땅이다. 흑석리
(黑石里)의 본궁은 이자춘(李子春)의 구거(舊居)이며, 원(元)의 순종
지원(至元) 2년, 고려 충숙왕 복위(復位) 5년(1336), 태조 이성계가 여
기서 고고(呱呱)의 소리를 울린 곳이며, 준원전은 태조의 태(胎)를 부
근의 용연(龍淵)에 넣었다 하여 후에 이름 붙이기를 깊은〔濬〕 원(源)
의 궁전(宮殿), 즉 준원전(濬源殿)이라고 한 것이다. 이 준원전 및 본
궁이 있는 땅은 그 일대가 약 십리도 넘는 구릉이며, 노송이 울창하여
영원히 번영할 듯하고 용흥강(龍興江)이 그 서북쪽으로 돌아 사신(四
神) 조대(朝對)가 잘 정비되어 있어 모두 봉사(奉仕)·위호(衛護)·조
공(朝貢)의 세를 가지고 있다. 이 구릉에 둘러싸여 있는 곳은 참으로

왕기(王氣)가 절로 피어 오르는 풍수적 길지인 것이다.

여기서 서남쪽으로 5리쯤에 있는 신사(薪寺)에 있던 승려 무학(無學)이 구상(丘上)에 왕기(王氣)가 서리어 있음을 보고 이상하게 생각하여, 하루는 이곳을 찾아갔다가 이자춘의 집을 발견했다. 무학은 이자춘에게 장차 귀자(貴子)를 낳을 운이 있음을 알려 주었다. 뒤에 아이를 배었다는 소식을 듣자 그가 다시 와서 쌀과 콩과 장(醬) 등 세 가지를 보내어 가로되, '반드시 왕자(王者)가 날 것이다. 모름지기 잘 보양(保養)하라'고 하였다. 이와 같이 해서 태어난 것이 태조라고 전한다. 준원전(濬源殿) 역시 무학의 지시에 따른 것이며, 처음에는 그 태(胎)를 용연(龍淵)에 보관했다가 후에 전라도 진산군 방인산(方仍山)에 이봉(移封)하여 못을 메우고 그곳에 전각을 세운 것도(태조 5년 5월에 세움) 무학의 지시에 의한 것이라고 전해지고 있다.(《조선금석총람》 하권 〈赤田社紀蹟碑〉, 〈조선태조 誕生舊旦碑〉, 〈함남의 사적명승〉 등 참조)

4. 국모와 왕후를 낸 택지

함경남도 안변군 위익면 금기리(琴基里)에 태조의 비(妃) 신의왕후(神懿王后) 한씨(韓氏)의 탄생구기(誕生舊基)라고 칭하는 곳이 있다. 순조(純祖) 때의 중추부사(中樞府事) 철제(喆濟)의 말에 의하면 다음과 같다.

"신의왕후(神懿王后) 탄강(誕降)의 구기(舊基)인 금귀(琴龜)의 땅은, 앞은 연암(輦巖)에 대하고, 옆은 용연(龍淵)에 접하고, 풍류산(風流山)이 그 남쪽에 있다. 이 동리는 안변(安邊)의 세가(世家)인 한씨(韓氏)가 대대(代代)로 살았던 곳으로 왕후(王后)의 아버지인 안천 부원군(安川 府院君)의 사저(私邸)가 있던 곳이며, 풍류산(風流山)은 그 조영(祖塋)이 안장(安葬)된 곳이다. 이 사저(私邸)에서 왕후(王后)가 탄생(誕生)했다. 그때 이 산마루에 채운(綵雲)이 걸리고 운중(雲中)에서 음악이 들렸다.”

지세는 평형(平衡)하고 강만환포(岡巒環抱)하며, 산천(山川)의 병령(炳靈)을 모으고 천지의 저복(儲福)을 받을 땅이기에 왕후는 이 영덕(靈德)을 향수(享受)하여 여기에서 태어났으며, 태조에게 좋은 배필이 되어 집이 곧 나라가 되게 하고, 정종·태종을 낳아 그 통(統)이 무극(無極)에 달한 것이라고 했다. 본도(本道) 관찰사 능악(能嶽), 안변부사(安邊府使) 치겸(致謙) 등에 의하면

“후비(后妃)의 일어남은 천명(天命)에 의한다고 하더라도 대저 지령(地靈)의 도움이 또한 있다.”(《조선금석총람》 참조)

고 했다. 즉 신의왕후의 출생(出生)은 천명지령(天命地靈)의 소치이며, 이 금귀동(琴龜洞)이 천지의 영기를 받은 땅이었으므로, 여기에 살던 안천부원군가(安川府院君家)가 국모(國母)를 탄생시킨 것이라고 한다.

황해도 곡산군 운중면 임계리는 태조의 제 2 후비(第二后妃)인 신덕왕후 강씨(康氏)가 탄생한 사저(私邸)의 구기(舊基)라고 전해지고 있다. 정조 23년에 세운 것이다. 숭록대부(崇祿大夫) 행의정부참찬(行議政府參贊) 홍양호(洪良浩)의 비문(碑文)에 의하면, 곡산(谷山)의 동쪽에 신모산(神冒山)이 있고, 이 용봉(龍峯)의 봉우리를 등에 지고 용연(龍淵)에 면(面)한 귀연(歸然)한 형세를 이루어 천작(天作)의 합(合), 지령협상(地靈協祥)의 곳이다. 여기가 상산 부원군(象山 府院君)의 구기(舊基)이며, 이곳에서 신덕왕후(神德王后)가 탄생된 것이다. 풍수적으로 말하면 이와 같은 천작협상(天作協祥)의 지기(地氣)를 받았으므로 왕후(王后) 강씨(康氏)는 태조가 아직 왕위에 오르기 전에, 태조가 이 용연(龍淵)에서 목을 축이고자 할 때, 마침 그곳에 강씨(康氏)가 있어서 물을 권했던 일이 인연이 되어 비(妃)가 되고, 신의(神懿)가 죽

자 정후(正后)가 되기에 이르렀던 것이다(舊傳에 의하면 康氏가 태조에게 물을 권할 때, 시냇물을 바가지에 담아 그 위에 버들잎을 띄워서 올렸다. 태조는 이러한 마음씨——목 마른 사람이 갑자기 찬물을 마시면 해가 되는 수가 있으니 버들잎을 띄워서 급하게 마시지 못하게 한 애정이 담겨 있는 자상한 마음씨——에 감동되어 드디어 왕비로 삼은 것이다).

5. 표암(瓢巖)에서 이천년 천억(千億)의 운용(雲容)을 낳다

경상북도 경주군 천북면(川北面) 동천리(東川里)에 신라 좌명공신(佐命功臣) 내량부(乃梁部) 대인(大人)이던 이갈평(李謁平) 유허비(遺墟碑)가 있다. 세상에서는 이것을 표암비(瓢岩碑)라고 한다. 조선 순조 6년(1806) 후손 대광보국(大匡輔國) 숭록대부(崇祿大夫) 이경일(李敬一)이 적은 비문(碑文)에 의하면, 표암봉(瓢岩峰) 밑에 내량대인(乃梁大人)의 유허(遺墟)가 있는데 이곳은 경주이씨(慶州李氏)의 근기(根基)이다. 그런데 이 땅이 '崧高靈淑之氣鍾. 精縡英篤生哲人. 理之所必然者.'해서 신라·고려 시대에는 잠조(簪組), 선련(蟬聯), 명석상망(名碩相望)이라, 조선 시대에 이르러서는 가지가 뻗고 갈라져 자손천억, 공경(公卿)이 나서 대대로 그 아름다움을 다하여 2천 년 동안 동방(東方)의 명족(名族)이 된 것이다. 즉 천지(天地)의 정기(精氣)를 받아서 철인(哲人)이 나고 자손이 번영했다고 풍수적 소응을 명확하게 말하고 있다(《조선금석총람》 하권 〈瓢岩碑〉).

이와 같이 천지의 정기를 받는 땅에서 살았기 때문에 자손이 번영을 계속할 수 있다고 믿어진 것은 주택풍수가 묘지풍수와 완전히 일치함을 의미한다. 묘지풍수의 목적은 부모의 유해가 땅 속의 생기(生氣)에 닿게 해서, 그 유해의 융화(融化)에 의해서 자손의 번영을 꾀하는 데 있다. 그런데 양호한 주택을 지어 여기에 모이는 정기(精氣)의 결정(結晶)으로써 그 자손의 번영을 꾀하고자 하는 것으로 해석된다

안동 천전동의 오자등과택(五子登科宅)

는 점에서 보면 그 취지가 동일하다. 한국의 풍수에서 부모존숭, 조상
숭배의 예의(禮儀)가 이러한 풍수적·공리적(功利的) 관념에 의해서
배양되고 있는 것임을 간과해서는 안 된다.

6. 오자등과택(五子登科宅)

  경상북도 안동군 임하면(臨河面) 천전동(川前洞)에 흔히 오자등과택
(五子登科宅)이라고 하는 풍수적 길기(吉基)가 있다. 이 땅은 조선 초
엽 고려의 신(臣) 김진(金進 : 그의 아들 金誠一은 관찰사가 되었다가 이조
판서를 추증받았다)이 자손번영의 땅으로서 이곳에 거처를 정한 것이
다. 이 땅은 대현산(大峴山)을 등지고 앞 내에 면하되, 멀리 그 왼쪽은
낙동강으로 통한 남향(南向)의 땅이다. 풍수적으로 '완사명월형(浣紗
明月形)'이라고 부르고, 3남(三南) 4대 길지(四大吉地 : 경주의 양좌동,
풍산의 하회, 임하의 천전, 내성의 서곡)의 하나로 알려진 곳이다. 완사명
월(浣紗明月)의 사(紗)는 본래 미려(美麗)한 직물(織物)이며 고귀한 사

람의 옷이 되는 좋은 것이다. 이것을 다시 명월하(明月下)에서 완탁(浣濯)한다면 더욱더 미려해지는 것같이 그 형의 소응(所應)은 자손 가운데 명성 있는 고관이 나온다는 것이다. 이곳에 살면서 김극일(金克一) 등 오형제가 나란히 등제(登第)하여 각기 고위고관(高位高官)에 임명되어 부귀영화를 누렸다. 지금 여기에 사는 가구수는 170호나 된다.

7. 연화(蓮華)와 행주(行舟)와의 성쇠(盛衰)

경상북도 안동군 하회는 유씨(柳氏) 일족(약 2백 호)의 동성(同姓) 부락이다. 주거풍수의 소응(所應)상 흥미있는 이야기가 전해지고 있다. 이 땅은 낙동강이 동남쪽으로 들어와 서남쪽으로 우회해서 한 평파지(平坡地)를 둘러싸고, 그 강의 북안(北岸)을 따라 수려하고 깎아지른 듯이 험한 석벽(石壁)이 있어 문자 그대로 금대(襟帶)의 산하에 에워싸인 평파지(平坡地)이다. 경작에 적당한 점, 방어에 적합한 점, 또 그 풍경이 좋은 점 등 그 어느 점으로 보아도 양호한 곳임에는 틀림이 없다. 풍수상으로 말하면 그 원형평파(圓形平坡)가 하안(河岸)에 가까운 곳은 '행주형(行舟形)'이다. 이것을 중앙에서 볼 때는 '연화부수형(蓮華浮水形)'이다.

'행주형(行舟形)'은 돛대, 키, 닻을 갖추면 그 소응이 길하고, 이것이 결하거나 우물을 파면 표류복멸(漂流覆滅)을 면치 못한다고 한다. '연화부수형(蓮華浮水形)'은 꽃도 열매도 일시에 구비한 유종의 미를 이룸과 동시에 방향(芳香) 높은 원만한 미화(美花)이므로, 그 소응으로 자손이 영구히 번식하고 청사(靑史)에 길이 남을 걸인(傑人)을 배출하게 된다. 이러한 경사스러운 꽃은 수외(水外), 수중(水中)에 피지 않고 수면에 떠서 개화(開花)하는 것이기 때문에, 가거(家居)의 기지(基地)를 수면(水面)보다 너무 높거나 낮게 하면 좋지 않다.

4백 년 전 유성일문(柳姓一門)의 조(祖)인 유공(柳公)이 풍산(豊山) 상리동(上里洞)에서 여기로 이주할 때, 그 하안(河岸) 가까이에 허(許)씨와 안(安)씨가 부락을 이루고 살았다. 전설에 의하면, 최초로 발을 들여놓은 자는 허(許)씨이고 다음에 안(安)씨, 그 다음에 유(柳)씨가 들어온 것이다. '이 땅은 이곳에 사는 자의 외손(外孫)의 것이 된다'라는 전설이 있다. 이 말대로 안(安)씨가 허(許)씨의 외손(外孫)을 낳기에 이르러 허(許)씨가 멸(滅)하고 안(安)씨가 주인이 되었으나, 유(柳)씨가 이주해 온 뒤로는 안(安)씨와 사돈간이 되어 안(安)씨의 외손(外孫)을 낳으니, 안(安)씨는 한 집 두 집 자취를 감추게 된 데 반하여 유(柳)씨는 나날이 번성하여 현재 3백 호 가량의 동족 부락이 되었다. 이 삼성(三姓)의 교체는 풍수적 영향에서이며, 하안(河岸)에 살았던 허(許)씨나 안(安)씨는 '행주형'임을 모르고 비보(裨補)하지 않았기 때문에 멸망한 것이다. 유(柳)는 허(許)·안(安) 양성(兩姓)의 구지(舊地)를 싫어하여 평파(平坡)인 중앙에 자리잡았다. 즉 '연화부

경상북도 안동의 하회(河回) 마을(멀리서 바라본 정경)

수(蓮華浮水)'에서 연화(蓮華)의 중심에 자리잡았고, 또 수평면(水平面)과 거의 비슷하게 기지(基地)를 정했기 때문에, 운(運)이 성(盛)하여 서애(西崖) 류성룡(柳成龍) 등의 명상(名相)이 나왔으며 지금도 하회(河回) 유씨(柳氏)라면 모르는 사람이 없을 정도이다.

3. 전국의 길지(吉地)

이상에서 말한 바와 같이 주택은 풍수의 길흉에 따라 생활상 지대한 영향을 받는 것이다. 따라서 풍수상으로 길지인 땅은 많은 사람들이 다투어 얻고자 한다. 길지라고 하면 경지(耕地)로서는 하등의 가치가 없어도 경지 가격의 몇 배 내지 수십 배까지 호가된다. 길택지(吉宅地)라고 일컬어지는 땅은 모두 빠짐없이 금력과 권력 있는 자의 손으로 들어가고, 이러한 경쟁 때문에 몰래 길지를 탐지해 두었다가 유력자에게 주선하여 거액의 수수료를 얻고자 하는 사람까지 나타나게 되었다.

이런 이유 때문에 각종 비기(秘記), 비서(秘書), 답산서(踏山書)가 나타났다. 이들 서책(書册)은 모두 풍수에 능한 자가 자기의 견해에 따라 정한 비밀기(秘密記)이기 때문에 서로 상당한 차이가 있다. 어느 것을 진(眞)이라고 믿어야 할 것인지에 대해서는 의문이 많다. 현재 각지에서 이야기되고 믿어지는 주택길지가 어디에 있는지 알아보기로 한다. 1929년 6월 조사한 것 중에서 대표적인 것을 예로 들어 보겠다.

① 경기도 여주군 흥천면(興川面) 외연리(外緣里) 부근에 풍수상 '금반형(金盤形)'이라고 하는 길지가 있다. 이곳에 가옥을 지어 주거하면 고귀부자(高貴富者)가 될 것이라는 전설이 있어서 예전에는 불과 30호 가량의 작은 부락이었던 것이 근래 충청남도와 강원도 등지에서 이주하는 자가 많아져 현재 백수십 호에 달하고 있다.

② 경기도 연천군 적성면(積城面) 자장리(紫長里) 자장촌(紫長村) 262번지는, 서산(西山) 동류(東流)가 이곳을 포위하고 흘러 '생양무궁(生陽無窮)'의 땅이라 일컬어진다. 예로부터 장수부귀의 땅이라고 전해오며, 지금부터 약 2백 년 전 정승 모(某)씨가 일가(一家)를 세운 다음 대대로 부귀한 지위를 이어 오늘에 이르고 있다.

③ 경기도 수원군 양감면(楊甘面) 대양리(大陽里) 301번지는 '천궁선녀옥반선주형(天宮仙女玉盤選珠形)'의 길지라고 일컬어지고 있다. 거주자 양기환(梁箕煥)의 5대조 때에 이곳을 택지로 정하여 집을 지었는데, 그 뒤 점차 재산이 불어 현재에 이르기까지, 그 자손은 면에서 제일가는 부자로 살아가고 있다.

④ 경기도 강화군 하점면(河岾面) 양오리(陽五里) 신성묵(辛成默)의 집터는 '옥녀봉반형(玉女奉盤形)'을 하고 있어 자손번영의 길지라고 일컬어지고 있다. 이 집에서 일찍이 왕의 시신(侍臣)이 나왔다 한다.

⑤ 경기도 강화군 내가면(內可面) 욱하리(旭下里)에 '괘등형(掛燈形)'의 땅이 있다. 수백 년 이래 이곳에서 거주한 자가 모두 유복할 뿐 아니라 벼슬하는 자가 끊이지 않고 나왔다고 한다.

⑥ 충청북도 진천군 백곡면(栢谷面) 갈월리(葛月里) 이호종(李護鍾)의 집터는 '금반형(金盤形)'이다. 지관(地官)의 말에 따르면 이 땅의 전방(前方) 약 5백여 미터 되는 곳에 표자산(杓子山)이 있다. 이곳에 거주하는 자는 부귀번영한다고 한다. 그 집이 이곳에 집을 짓고 나서 6대째가 되었는데 그 자손이 번성하여 면내 제일의 부자가 되었다.

⑦ 충청북도 진천군 초평면(草坪面) 용정리(龍亭里) 엄재영(嚴在永)의 집터는 '구미형(龜尾形)'으로, 그 집 자손은 대대로 관직에 나아가 상당한 부(富)를 이룬다는 소응(所應)대로 잘 살고 있다 한다.

⑧ 충청북도 영동군 매곡면(梅谷面) 돈대리(敦大里) 교동(橋洞) 강한수(姜漢秀)의 집터는 '옥녀산발형(玉女散髮形)'이댜. 이곳에 거주하

는 자는 자손이 번영한다고 한다. 강(姜)이 이곳에 거처를 잡은 것은 3,40년 전이었다. 그때까지 그는 나이가 23세에 달해도 자식이 없고 빈곤한 살림을 하고 있었다. 그런데 이곳에 복거(卜居)하고부터는 운이 열려 불과 30몇 년 사이에 3만여 원(圓)의 자산가가 되었고, 아들 사형제를 얻어 현재 모두 건강하고 가정이 원만하여 면내 굴지의 유지가 되었다.

⑨ 충청북도 영동군 매곡면(梅谷面) 장척리(長尺里) 이우방(李愚邦)의 집터는 '와우형(臥牛形)'이다. 이곳에 거주하는 자는 일생을 안락하게 지낼 수 있다고 한다. 이우방(李愚邦)의 양부(養父) 이재화(李在和 : 80)는 서른 살이 넘도록 남의 집 머슴살이, 해산물 행상 등을 하며 극히 빈곤한 생활을 하고 있었으나, 장가를 들어 현거주지에 거처를 정하고부터는 행운을 얻어 약 50년 동안 10관 원(圓)의 재산을 모았다고 한다.

⑩ 충청남도 논산군 가야곡면(可也谷面) 육곡리(六谷里)는 '손좌건향(巽坐乾向)'의 길지로 알려져 있다. 서씨(徐氏)가 이곳에 거주한 이래 수백 년 동안 자손이 끊긴 예가 없다. 자손이 번영하고 또 1천 석 이상의 소작료를 거둬들이는 자가 언제나 끊이지 않았다고 한다.

⑪ 충청남도 서천군 시초면(時草面) 신위리(新爲里)에 '구와형(狗臥形)'이라는 길택지(吉宅地)가 있는데, 현재 구병희(具秉喜)라는 부자가 주거하고 있다.

⑫ 충청남도 서천군 동면(東面) 수성리(水城里)에는 '운중낙매(雲中落梅)'라는 길지가 있다. 이곳에는 현재 약 20만 원(圓)의 재산을 소유한 부호 신태영(申泰榮)이 살고 있다.

⑬ 충청남도 홍성군 구항면 오봉리(五鳳里) 이병후(李秉厚)의 택지는 그 앞이 높아서 먼 곳을 볼 수가 없다. 이러한 지형에 살면 재산을 모으고 낭비자(浪費者)가 나오지 않는다고 한다. 지금부터 3백 년쯤

전에 이병후의 선조가 이곳에 거주하고부터 자손이 번성하고 고관도 내었으며, 현재도 유지로 행세한다.

⑭ 충청남도 당진군 송악면(松嶽面) 반촌리(盤村里) 구한서(具翰書)의 주택지는 '금반형(金盤形)'이라 한다. 금제(金製)의 밥상이란 뜻과 같이 금제(金製)의 밥상을 앞에 두고 식사할 정도로 부귀를 누릴 수 있다고 한다. 1928년에 이 구씨(具氏)가 주택을 신축했다. 구씨(具氏)는 군에서 이름난 부자이다.

⑮ 전라북도 금산군 남이면(南二面) 하금리(下金里) 466번지에 김용술(金龍述)의 택지가 있다. 그의 5대조인 김수영(金壽永)이 어린 시절에 가난해서 행상으로 겨우 그날 그날을 살아가던 어느 날 이곳(하금리 466)에 도착하니 갑자기 미묘우아(美妙優雅)한 풍악 소리가 들리는데 마치 몸이 신(神)의 경지에 들어갈 것 같은 감동을 받았다. 잠시 그곳에 머물고 있었더니 밤마다 일정한 시간에 풍악 소리가 되풀이되기 때문에, 이 땅이 비범한 길지임을 깨닫고 이곳에 주거를 정했다. 그후 욱일승천(旭日昇天)의 세(勢)를 얻어 가운이 융창(隆昌)하니, 30년도 되기 전에 군내 굴지의 재산가가 되었다. 그 자손 중에서 대대로 임관자(任官者)가 나왔다고 한다.

⑯ 전라남도 영광군 읍내(邑內) 국민학교 부지(敷地)는 예로부터 길지로 일컬어진다. 구한국시대(舊韓國時代)에는 이곳에 객사(客舍)가 있었다. 현재 큰 학교 건물이 들어서 있으며 매년 수백 명의 졸업생이 배출된다.

⑰ 전라남도 영광군 법성포(法聖浦)는 예로부터 '와우형천기(臥牛形千基)'의 땅으로 일컬어진다. 예전에는 그 부근 12군(郡)의 국세(國稅)를 거둬들이는 곳이었는데, 지금도 길지로 불린다.

⑱ 전라남도 화순군 도림면(道林面) 구례리(求禮里)에 《산수비결(山水祕訣)》에 실려 있다고 하는 '분재곡(分財谷)'이라는 산이 있다. 부

근의 사람들은 여기는 재물을 나눈다는 뜻이 있는 곳이니, 언젠가는 이 산 때문에 다대(多大)한 재물을 얻게 될 것이라고 풀이하면서 이 부근을 떠나지 않고 살고 있다. 현재 진행되고 있는 호남선철도(湖南線鐵道)의 선로부설(線路敷設) 공사 중 가장 난공사(難工事)인 터널 공사를 산기슭에서 개시하였으므로 부근의 사람들은 다시금 비기(祕記)의 소응(所應)을 확신하며 놀라고 있다.

⑲ 전라남도 화순군에는 군내의 길지로 외남면(外南面) 사평리(沙坪里)와 도곡면(道谷面) 월곡리(月谷里)를 들고 있다. 이 땅의 소응(所應)은 모두 부귀이다. 현재 두 부락에는 부귀를 누리는 자가 많다고 한다.

⑳ 경상북도 상주군 중동면(中東面) 우물리(于勿里) 지내 우천(地內愚川)이라는 부락은 태백산·속리산·팔공산 등 3대 산맥의 종단지(終端地)이며, 또 낙동강 위강(謂江)이 여기에 합류하므로 예로부터 '삼산반락청천외(三山半落靑天外) 이수중분백로주(二水中分白鷺州)로 일컬어졌던 길지이다. 여기서 구한말 좌의정 유후조(柳厚祚)가 나오고, 그 자손이 지금도 살고 있다고 한다.

㉑ 경상북도 청송군 현동면(縣東面) 도평동(道坪洞) 제일구(第一區)의 파출소가 있는 곳은 예로부터 주거로서의 길지라고 일컬어져 왔다. 그 중에서도 691번지 남석한(南錫翰)의 택지가 가장 우수한 곳이라 한다. 일찍이 지금의 남씨(南氏) 10대조 남돈(南墩)이란 자가 영양(英陽)에서 이곳으로 옮겨 와 자리를 잡았다. 그 거택(居宅)이 길지였으므로 대대로 학사(學士)가 끊이지 않고 부유함과 다복함을 지금까지 누리고 있다. 덧붙여서 말하자면 남석한은 1만 원의 재산을 가진 자이며 일찍 현동면장도 지낸 경력이 있다.

㉒ 경상북도 경산군 용성면(龍城面) 곡란동(谷蘭洞) 최한구(崔澣久)의 주택지는 그 지형이 '부용화(芙蓉花)' 같아 거주지로서 가장 좋다

고 한다. 현재 15대째 계속되고 있는 최씨의 자손은 번영을 누리고 있다. 이 땅이 길지이므로 구한말에 정부에서 특사(特使)를 보내서 택지를 시찰케 한 일도 있었다고 한다.

㉓ 경상남도 밀양군 삼랑진면(三浪津面) 작원(鵲院)의 원문(院門 : 현재 작원 터널 부근)은 예로부터 명산이라 불렸다. 수백 년 전 이름 높은 지사(地師)가 이곳을 조사하여, 이 땅이 밀양군의 인후(咽喉)를 누르는 지세이기 때문에 이곳에 원문(院門)을 세우면 밀양군 내에서 부자와 대관(大官)이 속출할 것이라고 예언했다. 그래서 당시의 군수 및 유지가 이곳에 원문(院門)을 건설했다. 과연 군내의 손씨(孫氏)·박씨(朴氏)가 다년간 영화가 계속되는 성운(盛運)을 누렸다. 그런데 경부선 철도 부설 때 원문부지(院門敷地)가 철로에 편입되어 이 원문은 딴 곳으로 이전하지 않으면 안 되었다. 이 원문이 이전(移轉)과 더불어 풍우(風雨)에 붕괴(崩壞)되면서부터 군내에는 부귀영달의 인물이 나오지 않게 되었다는 것이다.

㉔ 평안남도 성천군 영천면(靈泉面) 억동리(抑洞里) 한정렬(韓正烈) 및 한익렬(韓益烈)의 주택지는 수백 년 전부터 자자손손 부호를 내는 땅이라고 한다.

㉕ 평안북도 영변군 봉산면(鳳山面) 조양동(朝陽洞) 용산곡(龍山谷)은 피도산(避盜山) 남쪽 기슭에 위치해 현재 이현(李鉉)이 살고 있는 주택지는 '백학포란형(白鶴抱卵形)'의 길지로, 지세를 보면 후방에서 피도산(避盜山)이 일직선으로 와서 집 뒤에서 좌우로 갈라져 둥글게 가옥을 에워싸고 전방 약 백 미터쯤의 지점에서 다시 합쳐지고 있다. 이 집 주인은 약 3백 년간 재산가였으며, 한때는 소작미 150만 석을 거두는 만석꾼으로 전봉(前峰)에 별장을 세운 일도 있다고 한다.

㉖ 평안북도 구성군 이현면(梨峴面) 택인동(擇仁洞) 307번지 문명하(文明河)의 택지는 '연소형(燕巢形)'의 길지라 한다. 이 집에 사는 사

람은 80세 이상 장수하고 직계자손이 끊어지지 않는다고 한다.

㉗ 평안북도 구성군 이현면(梨峴面) 원창동(院倉洞) 149의 2, 최자현(崔子賢)의 택지는 '맹호출림형(猛虎出林形)'으로 불린다. 지금으로부터 약 50년 전부터 부자가 되었다고 한다.

㉘ 평안북도 구성군 구성면(龜城面) 하단동(下端洞) 연안(延安)의 차(車)씨 부락은 '계소형(雞巢形)'의 땅이라 한다. 풍경이 명미(明媚)할 뿐 아니라 자손이 번영한다고 한다.

㉙ 평안북도 희천군 장동면(長洞面) 관동(舘洞) 창참(倉站)의 김해(金海) 김(金)씨 부락은 '와우형(臥牛形)'의 땅으로 알려져 있다. 그 선조가 왔을 때는 극빈하여 남의 소작인으로 가난한 생활을 하고 있었으나, 풍수사를 불러서 현재의 거주지로 옮긴 다음부터는 상당히 부자가 되고, 현재 자손들이 번창하그 있다 한다.

㉚ 평안북도 희천군 직면(直面) 장평동(長坪洞) 이지화(李枝華)의 주택지는 '행주형(行舟形)'이므로 배의 짐을 싣고 내리는 것처럼 속성(速成) 속패(速敗)하는 땅이라고 하여, 십년 이상 이 집에 거주하면 불리하다고 한다. 이지화(李枝華)는 1929년 1월, 십년 동안 살았기 때문에 거처를 딴 곳으로 옮겼다.

㉛ 강원도 양양군 손양면(巽陽面) 수전리(水全里) 이종엽(李鍾燁)의 택지는 '해안형(蟹眼形)' 또는 '용안형(龍眼形)'의 땅이라 한다. 350여 년 전 이곳에 집을 지은 뒤 그의 9대조는 전라북도 홍덕군수가 되고 또 3백 석의 추수를 하는 재산가가 되었다. 파산하는 일 없이 자자손손 이어져 왔다고 한다.

㉜ 강원도 금화군 근남면(近南面) 육단리(六丹里) 차곡(車谷)이라는 산은 단동리(端同里)의 무명천(無名川)에 임해 있으며, 그 형세가 마치 말이 머리를 숙여 물을 마시는 것 같다〔渴馬飮水形〕. 이 산의 소유자인 동면(同面) 사곡리(沙谷里) 이(李)씨는 갈다(渴馬)가 물을 마시는

것처럼 무한히 재화를 모을 수 있다고 한다(물은 재물의 상징).

㉝ 강원도 원주군 흥업면(興業面) 무실리(茂實里)의 구자명(具滋明)의 집터는 '금계포란형(金雞抱卵形)'이다. 예로부터 이 땅에 거택(居宅)을 정하면 만석꾼이 된다고 한다.

동(同)씨의 증조부가 여기에 가옥을 신축한 이후 약 3만 원을 모아 현재에 이르고 있다고 한다.

㉞ 함경북도 회령군 벽성면(碧城面) 오봉동(五鳳洞) 278번지 및 784번지는 모두 길지라고 일컬어진다. 그 지세가 들판의 끝에 위치하여 초생달 모양을 이루고 있기 때문에 '반월형(半月形)'이라 부른다. 2백 년 전에 모두 현거주자의 조상에 의하여 복정건축(卜定建築)한 바 두 집 모두 번영하였다고 한다.

㉟ 함경남도 갑산군 회린면(會麟面) 송계리(松溪里)는 '즐형(櫛形)'의 길지라 한다.

그곳에 집터를 잡은 김(金)씨 일족은 구한말부터 풍요로워지고 출세한 자도 많다고 한다.

㊱ 전라남도 광주 사동(社洞 : 옛날에는 社稷壇이 있었던 곳이기 때문에 社稷村, 鄕社里라고도 불렀다)은 그 뒷산이 '자학형(紫鶴形)', 앞을 곡류(曲流)하는 광주천(光州川)이 '반월형(半月形)'이기 때문에 예로부터 현관부호(顯官富豪)가 나오는 길지라고 일컬어지고 있다. 자학형(紫鶴形)의 기(氣)에 의해서 자의학문(紫衣鶴紋)의 관복을 입는 고관이 나오고, 앞을 흐르는 반월형(半月形)의 물은 재산을 증가시킨다고 한다(물은 재화를 의미한다). 재미있는 것은 이 강이 홍수가 되어 읍내 쪽으로 쏠리면 읍내가 부해지고, 사직촌 쪽으로 쏠리면 사직촌이 부해진다고 한다.

그런데 하천공사를 했기 때문에 지금은 아무리 비가 와도 한쪽으로 쏠리는 일은 없다고 한다. (1930년 10월)

4. 이거신앙(移居信仰)

상고시대(上古時代) 사람들 사이에는 물과 풀을 찾아서 그 거처를 옮기곤 했다. 그러나 근대에는 생활의 자유와 향락과 변화를 찾아서 전원에서 도시로 움직이고 있다. 시대의 생활과 세상의 변화에 따라 이동해 가는 목적지에 차이가 생겼으나, 보다 나은 생활에 대한 희망이라고 하는 원동력에는 조금도 변화가 없다. 보다 나은 생활을 위한 이동은 각 방면에서 행해져 왔고, 또 현재도 행해지고 있다. 한국에서도 역시 마찬가지이다. 다만 전원에서 도시로의 이동이 아니고, 풍수상 길지라고 일컬어지는 땅을 바라보고 이동하는 것이 세계의 다른 곳과 다를 뿐이다. 도시의 문화생활을 향수하고자 한다든가, 공업지대에서 일을 찾아 많은 임금을 벌고자 한다든가, 비옥한 농업지대에 들어가 농업생산에 의한 수입을 올리고자 한다든가 하는 구체적인 것이 아니고, 풍수라고 하는 지력(地力)에 의해 쇠(衰)한 운명선(運命線)을 성한 쪽으로 전환코자 하는 추상적인 신앙에 의한 것이다. 따라서 아무리 농경에 적합하지 않는 구석진 야산이라고 해도 결코 불평하지 않는다. 사람의 생활을 지배하는 신앙의 힘이 얼마나 위대한 것인가를 알 수 있다.

이러한 풍수적인 주거 이전(移轉)의 풍습은 삼국 시대부터 이미 행해졌고 고려 중엽 이후에 더욱 성행하게 되었다. 그러나 국도(國都)의 이동 외에는 대부분 문헌에 기록된 것이 없기 때문에 상세히 논할 수는 없다. 한국의 마을이 동족부락을 구성하고 있다는 점으로 보아서 동족부락의 창설자가 자손의 번영과 부귀를 위한 땅을 찾아서 주거를 정했을 것이다. 고려에서 조선에 걸쳐 이 풍수적 이동이 얼마나 널리 행해졌는지를 짐작할 수 있다. 현재 행해지는 것만으로도 그러한 경

향을 알 수 있는데, 실례
두세 가지를 들기로 한
다.

1. 자손번영 부귀영달
(子孫繁榮 富貴榮達)의 땅
① 구례(求禮)의 금환
낙지(金環落地)

전라남도 구례군 토지
면(土旨面) 금내리(金內
里) 및 오미리(五美里)
부근 일대로 1912년경부
터 이주자(移住者)가 모
여들었다. 충청남도·전
라북도·경상남북도 각
처에서 행세하던 양반까
지 와서 집을 짓기 시작
하여 현재 이주해 온 집
이 1백여 호에 달하며 계
속 증가 추세에 있다. 비
기(祕記)에 말하기를, 이
곳 어디에 '금귀몰니(金

멀리서 바라본 오미리(五美里)

유씨가(柳氏家)에 소장되어 있는 돌거북

龜沒泥)' '금환낙지(金環落地)' 및 '오보교취(五寶交聚)'의 세 개의 진
혈(眞穴)이 있는데(이상의 셋을 上台, 中台, 下台라고 하며 하대가 가장 좋
은 길지로 되어 있다), 이것을 찾아 거기에 집을 짓고 살면 천운이 있어
힘 안 들이고 부귀영달한다고 한다. 이곳 제일의 구가(舊家) 유씨의

집이 오미리에 있는데, 그 택지는 유씨(柳氏)의 원조(遠祖) 유부천(柳富川)이란 사람이 지금부터 3백 년쯤 전에 복거(卜居)한 것이라고 한다. 유부천은 서울까지 밤마다 구름을 타고 왕복할 만한 방술에 통한 자였다. 그가 좋은 집의 초석(礎石)을 정하고자 할 때 뜻밖에 귀석(龜石)을 출토(出土)했다. 비기(祕記)에 이른바 '금귀몰니(金龜沒泥)'의 땅이라는 것을 알고 그곳에 집을 짓고 살았다. 과연 유(柳)씨는 번영을 계속하여 이 지방 제일의 부호가 되었다고 한다(출토한 龜石은 祕記에 말한 금귀몰니이다. 金龜는 현재 유씨 집안의 가보로 소중히 소장되어 있다. 크기가 어린아이 머리만하고 거북 모양을 한 석괴(石塊)이다. 이것을 넣어 둔 상자 뚜껑에는 '崇禎紀元後三丙卯年五美洞瓦家開基時所出石云耳, 壬戌五月十一日乙巳書'라고 적혀 있다).

이와 같이 삼진혈(三眞穴)의 하나가 출토된 이상 다른 두 개도 반드시 이 부근에서 나올 것이라고 믿게 되었다. 그러나 두 개는 아직도 발견되지 않았다. 그래서 유씨(柳氏)의 택지를 상대(上台)로 보고 중대(中台)·하대(下台)는 유씨(柳氏) 집에서 수백 미터 떨어진 막막한 벌판(유씨의 집에서 느리게 경사진 일대의 臺地)에 있을 것이라고 이주자가 계속해서 들어오고 있는 것이다. 이 땅에 이주하는 사람의 대부분은 길지에 복거(卜居)해서 일확천금의 행운을 바라는 자들이며(대개는 양반), 고향에 있던 자기 재산을 사회사업이라든가 종교단체 등에 기부해 버리고 남은 얼마간의 돈을 가지고 온 자들이다. 지금 이 대지(臺地)에는 몇 채의 다 쓰러져 가는 집이 그냥 버려져 있다. 이 집은 1912년경 재빨리 이주하여 집을 짓고 남브다 먼저 부귀영달의 행복을 획득하고자 기다렸으나, 아무런 기적도 나타나지 아니하고 얼마 안 되는 적은 재산마저 도식(徒食)하여 얼마 안 가서 다 떨어지고, 끝내는 하는 수 없이 유랑의 나그네 생활을 시작해야 했던 가련한 말로를 대변해 준다. 그러나 이러한 실패의 예 등은 아무런 반성의 자료도 안

되고, 이러한 실패가 기지(基地)의 복정(卜定)의 잘못 및 행복의 기대
가 너무 성급했기 때문이라 여기고, 나야말로 신중히 그 길지를 찾아
발복(發福)을 누려야겠다고 찾아드는 자의 그 수는 점점 많아지고 있
다. 1929년 봄 이곳을 방문했을 때만 해도 넓은 대지(臺地)의 여기저
기 십수 호의 집이 신축 중에 있었고 부근 일대에는 새로운 나무의 향
기가 감돌고 있었다. 또 이 부근에 이와 같이 길지라고 해서 타지방에
서 사람이 모여드는 곳으로 전주(全州) 고산면(高山面) 및 무주군(茂
朱郡) 안성면(安城面) 등이 있다고 한다.

  ② 경기도 여주군 홍천면(興川面) 외연리(外綠里)

  이 근처에도 집을 짓고 살면 자손이 번영하고 부귀부호(富貴富豪)가
되는 길지가 있다고 한다. '금반형(金盤形)'이라고 하는데 적지(適地)
에 복거(卜居)해야겠다며 근래 충청남북도, 강원도 방면에서 이주해
와서 이전에는 30호였으나 지금은 백수십 여 호에 이르고 있다. (1929년)

  ③ 안동 읍내 남문(南門) 밖의 밭은, 안동읍 뒤를 도는 영남산(映南
山)의 지맥(支脈)과 잠두산(蠶頭山)이 여기에서 만나 '쌍룡합구형(雙
龍合口形)'을 이루고 있다. 양산(兩山)의 생기(生氣)가 모이는 가장 좋
은 곳이라고 한다. 신라 시대에 이곳에 사탑(寺塔 : 오층탑이 지금도 아
직 밭 가운데 있다)을 세웠다. 이곳이 길지였기 때문이다. 현재 탑동(塔
洞)에 사는 이(李)씨가 안동에서 처음 복거(卜居)한 곳이라 한다(이씨
는 그 뒤 수해를 만나 법흥사 곁으로 이주했다). 주택지로서 길지임에 틀
림없을 것이라고 해서 근래 이곳에 많은 주택을 신축하였다. 그 때문
에 땅값이 올라 경지(耕地)가 1단보에 50원이라면, 이곳만은 1백원
이상이 아니면 손에 넣을 수가 없을 정도가 되었다. (1930년)

2. 장차 국도(國都)가 될 곳이라고 해서 이거(移居)하는 땅

  충청남도 논산군과 공주군의 중간에 장차 국도(國都)가 될 만한 대

길지(大吉地)라고 해서 각지에서 사람이 많이 이주해 오고, 또 각종의 종교업자가 본거지로 삼고 있다. 계룡산(鷄龍山) 신도내(新都內)라고 한다.

이 신도내라고 하는 땅은 계룡산맥 중의 최고봉 계룡산을 주산(主山)으로 하여, 그 산기슭에 있는 논산군 두마면(豆磨面) 중의 네 개 리(里) 및 대전군의 일부분, 공주군(公州郡) 계룡면의 일부분을 포함한 면적 약 십리, 동·서·북이 산으로 둘러싸이고 남면(南面)하여 경사진 광활한 땅이다.

이곳의 신도(新都)라는 명칭에 대해서는 전설과 사실(事實)의 두 가지가 있다. 전설에서는 신라 말의 풍수승 도선(道詵)의 《비기(秘記)》 중에 이 땅을,

"송도(松都)는 5백 년, 이씨(李氏)가 기국(其國)을 탈(奪)하여 한양(漢陽)에 천도(遷都)하다. 한양은 4백 년, 정씨(鄭氏)가 국권을 찬탈(簒奪)하여 계룡산에 축(築)하다. 신도(新都)는 산천이 풍부하고 조야(朝野)가 광(廣)하고, 인민(人民)을 치(治)함에 모두 손순(遜順)하니 팔백년 도읍지이다."

라고 예언했다. 사실(史實)에서는 이태조가 왕위에 오르자 국도(國都)를 딴곳으로 옮기고자 풍수에 적합한 땅을 팔도에 구했던바, 때마침 가까운 신하의 한 사람이 풍수에 능한 자가 태(胎)를 봉(封)하는 행도(行途)에 이곳을 지나다가 이 땅이 국도(國都)로서 적당하다고 보고, 신도(新都)의 도면까지 작성해서 상주(上奏)했기 때문에 태조는 드디어 이곳에 행차하여 친히 형세를 보고 곧 신도(新都) 공사에 착수케 했으나, 대신(大臣) 중에 신도(新都)로서 적합하지 못함을 지적해 반대하는 자가 있어 조의(朝議)의 결과 국도를 달리 정하기로 하여 공사가 중지되었다고 한다. 당시 공사의 규모를 보면 종로(鍾路), 남문(南門), 북문(北門), 동문(東門), 서문(西門), 수원(水原)과 아울러 신도

(新都) 기내(畿內)에 속할 주현(州縣), 부곡(部曲), 향(鄕)을 81로 정하는 등 신도(新都)로서 제대로 격을 갖춘 것이었다. 현재 남아 있는 마흔두 개의 초석(礎石)으로 봐서도 장대한 계획이었다고 생각된다. 이때부터 여기를 신도내라고 부르게 되었다고 한다(본편 제 3 장 서울의 풍수 참조).

계룡산 위의 방백비(方百碑)

이 땅이 장차 왕도(王都)가 된다는 신앙은 풍수적 도참(圖讖)과 풍수적 유형(類形)의 두 방면에서 그 근원을 더 듬어 볼 수 있다. 도참은 풍수술에 능한 명사(明師) 정(鄭)씨와 이(李)씨가 산천을 두루 돌아보고 국운을 고려하여 정했다고 하는 《정감록(鄭鑑錄)》에 '계룡정씨팔백년지지(鷄龍鄭氏八百年之地)'라든가, 그 시기는 '계룡석백(鷄龍石白), 초포행주(草浦行舟)……대소중화해망의(大小中華偕亡矣)' 또는 '한양이씨삼백년지지재어천수(漢陽李氏三百年之地在於天數), 약유소운즉사백년(若有小運則四百年), 이후지칠갑자(以後至七甲子), 이후신년가지야(以後申年可地也)' 등의 예언적 기사가 있다. 또 옛날부터 이 산의 연천봉(連天峰) 석면(石面)에 새겨진 '방백마각(方百馬角), 국혹화생(國或禾生)' 이란 예언적 글귀도 있다.

또 풍수적 유형(類形)을 말하면, 크게 볼 때는 계룡산의 모양이 제자(帝字) 모양을 하고 있고, 상제봉(上帝峯)이 중앙에 솟아서 주산(主山)이 되고, 금계산(金鷄山)이 청룡이 되고 일룡산(日龍山)이 백호(白虎)를 이루고 있다. 여기에 계(鷄)와 용(龍)과 상제(上帝)가 갖춰져 있기 때문에 계림(鷄林)에 군왕(君王 : 龍)이 될 자가 상제(上帝), 즉 제위에 오를 것을 자연물로 암시한 것이다. 그러므토 장차 왕이 될 자가 반드시 이곳에서 왕위에 오르고 이곳을 왕도(王都)로 정할 것임에 틀림없다고 하는 것이다. 또 이 금계(金鷄)오 일룡(日龍)이 포옹하는 신도내의 좌우에 작은 원구(圓丘)가 하나씩 있는데, 그 동쪽에 있는 것이 금계포란(金鷄抱卵)의 난구(卵丘)이고, 그 서쪽에 있는 것이 일룡농주(日龍弄珠)의 주구(珠丘)이다. 금계(金鷄)·일룡(日龍)이 모두 다 같이 살아 있고 또 이곳에 머물러 있기 때문에 풍수적으로 봐서 이곳만큼 훌륭한 곳은 없다는 것이다.

계룡산 신도는 이와 같이 풍수적 유형(類形)에서 보아 왕도(王都)로서 하늘이 낸 땅이며, 또 이미 이태조가 이곳에 도읍을 정하고자 한 일이 있는 땅이며, 더욱 비기(祕記)《정감록(鄭鑑錄)》에도 이곳이 국도(國都)가 될 것이라고 예언하고 있기 때문에 아무런 의심의 여지가 없는 것처럼 믿어지게 되었다. 그렇다면 이곳은 언제 국도(國都)가 될까? 《정감록》에서는 이 시기를 '鷄龍石白. 草浦行舟. 大小中華偕亡矣. 漢陽李氏三百年. 若有小運則四百年. 以後至七甲子.'라고 막연하게 지시하고 있다. 또 연천봉(連天峯)에 새겨진 참(讖)에는 '方百馬角, 國或禾生'이라고 전적으로 은어(隱語) 파자(破字)적으로 나타내고 있다. 이 연천봉의 석각(石刻) '方百馬角 國或禾生'이 세상에 전해지고 있는 《祕書光嶽遺訣》에 '連岐郡近地. 石詩題名. 忠淸道鷄龍山. 方夫人才國或多禾. 少六八年李花落地'와 비슷한 점으로 보아 조선이 그 천명을 잃을 시기를 지시한 것일 것이라고 생각되지만 정확하게 해명할 수는 없다.

《정감록》이 조선의 국운을 점칠 수 있는 것으로서 얼마나 인심을 끌었던가는 유성룡(柳成龍)의 《징비록(懲毖錄)》이 증거물이 될 것이다. 이각종(李覺鐘)씨의 〈鷄龍山迷信의 由來〉(《朝鮮社會事業》 7권 4호)에서는 '세상이 떨어져서 임진왜란이 나고, 전후(戰後)의 상처가 쉽게 회

금계포란(金鷄抱卵)의 난구(卵丘 : 新都內)

복되지 않고 나라의 운명이 점점 기울어져 갈 때 까닭없이 《정감록》의 조선 삼백년설이 고조되어 팔도의 인심이 더욱 흉흉해졌다. 당시 재상(宰相) 유성룡은 친히 《징비록》을 지어 전란의 유래를 밝히고, 안일을 경계하였고, 민심을 일으키고자 사서(私書) 《정감록》도 공개하여 조선 오백년설을 유포하여 인심을 안정시키고자 노력하였다. 후세 '《하회출정감록(河回出鄭鑑錄)》이라고 하는 것은 이런 관계를 말해 주는 것이다'라고 설명되어 있다.

1894년 최수운(崔水雲)에 의해서 시작된 동학당이 일어나, 그로 인해 청일전쟁의 실마리가 되어, 한국의 산야는 완전히 전장화(戰場化)되어, 계룡산 연천봉(連天峯) 위의 참문(讖文)'方百馬角 口或禾生'은 다음과 같이 해설되었다. 즉 方은 四, 馬는 午, 午는 八十의 합자(合字), 角은 보통 두 개이므로 二, 口或은 합쳐서 國자가 되며, 禾生은 합해서 移의 고자(古字)인 牲이 移가 되니, 이어서 쓰면 '四百八十二, 國移'가 된다. 따라서 조선은 《정감록》에서 지적한 바와 같이 오백년이 되면 국가가 망할 것이라고 하여 인심이 흉흉해졌던 것이다. 이에 대원군은 이 낭설을 소탕하고자 팔도의 《정감록》을 거두어 들여 불태우고, 계룡산에 사람의 왕래나 거주를 엄금하였다. 이어서 이태조(李太祖)가 황제의 제위(帝位)에 즉위하자 다음 해 계룡신사(鷄龍神祠)를 폐하고(이 신사는 일찍이 태조가 이곳에 행차한 이래 안치한 것이다), 또 천자오악봉선(天子五嶽封禪)의 옛 뜻에 따라 이를 중악단(中嶽壇)으로 고치고, 이미 있던 왕국 오백년을 여기서 끝내고, 새로운 제국의 신기원(新紀元)을 연다는 의미에서 신원사(神院寺)를 고쳐서 신원사(新元寺)로 했으며, 왕후 민비(閔妃)도 은밀히 승도(僧徒)로 하여금 연천봉 상의 등운암(騰雲庵)의 옛터에 압정사(壓鄭寺)를 세워 정씨의 왕기(王氣)를 누르는 기원소로 삼았다(전하는 바에 의하면 민비는 대신 女官을 보내어 연천봉 위의 靈泉에서 몸을 씻고 願生貴子를 기원하였다. 그 영험이 있어서 李王 拓 전하의 탄생을 보았기 때문에 머년 30석의 공양미를 하사했다고 하는데 이것은 그곳에 왕기가 있다고 믿고, 그 왕기를 받아 왕자를 탄생시켜 國祚를 견고하게 하고자 하였던 것이다).

그런데 신기원(新紀元)도 오래 계속되지 못하고 1910년 한일합방 조약을 맺음으로써 조선은 여기서 완전히 종말을 고하고 말았다. 1910년은 경술(庚戌)년이다. 여기서 광악유결(光嶽遺訣)의 참문 '方夫人才 口或多禾'가 음미된다. 方夫는 庚의 파자(破字), 人才는 戌의 파자, 口或은 國의 파자, 多禾는 移의 파자로서 이를 합하면 '庚戌國移'가 되니 이 참문은 전적으로 적중했다고 할 수 있다. 동시에 國移는 이왕(李王) 척(拓) 전하 때이며, 그는 개국 482년에 탄생했기 때문에 연천봉상의 석각(石刻) '方百馬角口或禾生' 즉 '四八二 國移'로 적중한 것이라고 말할 수 있다.

이어서 1911년 호남선이 개통됨으로써 정감록의 예언이 또 적중했다고 할 수 있다. 그것은 기차의 통행은 마치 선박이 육상을 달리는 것과 마찬가지이기 때문에 예언 중의 '草浦行船'설이 실현된 것이라 할 수 있다.

이상과 같이 한 가지뿐만 아니라 계속해서 참문이 신앙적으로 실증되어가는 것을 보면 신왕조가 나타나서 이 계룡산에 국도를 정할 날이 불과 얼마 남지 않았다는 것을 믿게 된다. 이것이 계룡 신도신앙(新都信仰)이며 이곳으로 이주하는 원인인 것이다.

지금 1926년의 조사에 의하면 이곳으로 이주해 온 호구수(戸口數)는 다음과 같다.

종별＼연도	1918	1919	1920	1921	1922	1923	합 계
가 구 수	70	91	142	610	148	63	1,124
인 구	350	455	710	2,443	744	237	4,939

약 1천호로 5천 명에 달하는데, 이를 토착(1918년 이전에 이주해 온 것) 515호, 2,317인에 비하면 가구수나 인구가 거의 2배에 달하고 있다. 그리고 이들 이주민의 생활을 보면 여유 있는 집은 겨우 250호, 의식(衣食)에 궁하지 않은 집은 650호, 겨우 그날그날을 보내는 집은 739호이다. 이를 보면 장차 국도(國都)가 될 때를 꿈꾸며 괴로운 생활을 참고 살아가는 자가 많음을 알 수 있다. 이곳을 버리고 고향으로 돌아간 사람은 전후(前後) 겨우 101호, 453명에 불과하며, 이주자는 매년 계속해서 그칠 줄 모른다. 이미 학교를 개설하고 시장을 설치하려는 기세이다.

譯者略歷

鄭鉉祐博士는 江原圖 原州 胎生으로 중앙대학교 동대학원에서 서양정치사로 학위를 취득한 후 서울대 신문대학원 수료 후 미국에서 조지워싱턴대학 대학원에서 정치학 과정을 수료하였다. 특히 東西洋의 接木에 관심이 많은 역자는 동양철학을 비롯한 중국고전의 오랜 연구 끝에 동아일보 문화센터와 한국일보 문화센터에서 중국고전과 풍수지리, 생활역학을 강의하기도 했다. 현재는 많은 베스트셀러를 출판하는 등 경제계 산업체의 경영학 특강으로 바쁜 나날을 보내고 있다. 저서로는 "경영과 제왕학" 외에 10여권이 있다.

韓國의　風水

初 版 1刷　發 行 ●1991年　1月　10日
初 版 5刷　發 行 ●2020年　8月　20日

著　者 ● 村 山 智 順

譯　者 ● 鄭　鉉　祐

發行者 ● 金　東　求

發行處 ● 明 文 堂 (1923. 10. 1 창립)
서울특별시 종로구 안국동 17~8
우체국　010579-01-000682
전화　　(영) 733-3039, 734-4798
　　　　(편) 733-4748
FAX 734-9209
Homepage : www.myungmundang.net
E - mail : mmdbook1@kornet.net
등록　1977. 11. 19. 제1~148호

값 25,000원
ISBN 978-89-7270-929-9 13140